Andrea Gröppel-Klein | Claas Christian Germelmann (Hrsg.)

Medien im Marketing

Andrea Gröppel-Klein I
Claas Christian Germelmann (Hrsg.)

Medien im Marketing

Optionen der Unternehmenskommunikation

Bibliografische Information der Deutschen Nationalbibliothek
Die Deutsche Nationalbibliothek verzeichnet diese Publikation in der
Deutschen Nationalbibliografie; detaillierte bibliografische Daten sind im Internet über
<http://dnb.d-nb.de> abrufbar.

Prof. Dr. Andrea Gröppel-Klein ist Inhaberin des Lehrstuhls für Betriebswirtschaftslehre, insbesondere Marketing an der Universität des Saarlandes und Direktorin des Instituts für Konsum- und Verhaltensforschung an der Universität des Saarlandes.

Dr. Claas Christian Germelmann ist wissenschaftlicher Assistent von Prof. Dr Andrea Gröppel-Klein.

1. Auflage 2009

Alle Rechte vorbehalten
© Gabler | GWV Fachverlage GmbH, Wiesbaden 2009

Lektorat: Barbara Roscher | Jutta Hinrichsen

Gabler ist Teil der Fachverlagsgruppe Springer Science+Business Media.
www.gabler.de

Das Werk einschließlich aller seiner Teile ist urheberrechtlich geschützt. Jede Verwertung außerhalb der engen Grenzen des Urheberrechtsgesetzes ist ohne Zustimmung des Verlags unzulässig und strafbar. Das gilt insbesondere für Vervielfältigungen, Übersetzungen, Mikroverfilmungen und die Einspeicherung und Verarbeitung in elektronischen Systemen.

Die Wiedergabe von Gebrauchsnamen, Handelsnamen, Warenbezeichnungen usw. in diesem Werk berechtigt auch ohne besondere Kennzeichnung nicht zu der Annahme, dass solche Namen im Sinne der Warenzeichen- und Markenschutz-Gesetzgebung als frei zu betrachten wären und daher von jedermann benutzt werden dürften.

Umschlaggestaltung: Ulrike Weigel, www.CorporateDesignGroup.de
Druck und buchbinderische Verarbeitung: Krips b.v., Meppel
Gedruckt auf säurefreiem und chlorfrei gebleichtem Papier
Printed in the Netherlands

ISBN 978-3-8349-0735-6

Vorwort

Konsumenten und Unternehmen bewegen sich heute einerseits in einem „Mediendschungel", so vielfältig und unübersichtlich ist das Angebot, was die Mediaplanung erheblich erschwert. Andererseits beeinflussen die Medien mehr denn je unsere Wahrnehmung von Marken, Unternehmen und Konsumenten. Der vorliegende Band bahnt einen Weg durch diesen „Mediendschungel" und erschließt das Thema „Medien im Marketing" durch State of the Art-Beiträge und aktuelle Forschungsergebnisse. Fallstudien und Analysen zur Bedeutung der Medien in verschiedenen Branchen zeigen Anwendungsfelder für die Medienorientierung im Marketing auf.

Dieses Buch hat ausdrücklich drei **Zielgruppen**: Einerseits sollen Marketingwissenschaftler angesprochen werden, die sich dafür interessieren, welche Bedeutung die zunehmende Relevanz die Medien auf klassischen Marketing-Feldern wie der Markenführung oder der Marketingkommunikation entfalten. Aber auch Wissenschaftler, die zu Medien-, Kommunikations- oder Publizistikforschern zählen (um nur einige der Disziplinen zu nennen, die sich mit Medien aus wissenschaftlicher Perspektive befassen), sollen mit diesem Herausgeberband angesprochen werden: Der Dialog zwischen Marketing und den verschiedenen Mediendisziplinen ist fruchtbar, und scheinbar eindeutige Trennungslinien zwischen den Gebieten erweisen sich bei näherem Hinsehen als künstlich errichtete Gräben, deren Überschreitung zu beiderseitigem Nutzengewinn ist. Last, but not least, soll dieses Buch auch ein Werk für Studierende sein, die Orientierung auf dem Feld der Medien im Marketing suchen und Anregungen für interessante und bislang wenig erforschte Diplomarbeits- und Masterthesis-Themen suchen.

„Medien im Marketing" will eine wissenschaftliche Orientierung zum Thema bieten. Dabei behandeln die Autorinnen und Autoren **Fragestellungen**, die an der Schnittfläche zwischen den beiden Feldern entstehen – Fragestellungen, bei denen das Aufeinandertreffen der mannigfaltigen Perspektiven Funken schlägt:

- Wie reagieren die Konsumenten auf die Angebote der Medien?

- Welche Wirkungen haben alte und neue Medien und neue Medienformate auf Konsumenten?

- Welche Medienoptionen stehen der Unternehmenskommunikation offen, um ihre Botschaften der Zielgruppe zu vermitteln?

- Was sind erfolgreiche „Medienmarken"?

Vorwort

- Welchen Einfluss haben fiktionale und nichtfiktionale Medieninhalte im Umfeld von Werbung auf die Werbewirkung?

- Wie können Unternehmen mit Marketingtechniken auf Krisen reagieren, die die Medien auslösen oder verstärken?

- Welche Konsequenzen hat eine konsequente Berücksichtigung der Medien für die Unternehmensorganisation und die Mediaplanung?

Zum Aufbau des Sammelbandes: Der Band ist in sechs Kapitel gegliedert. Im ersten Kapitel „Die Bedeutung der Medienperspektive für das Marketing" werden grundlegende und Ansatzpunkte zum Zusammenwirken von Medien und Marketing erörtert. Im zweiten Kapitel wird die Bedeutung der Medien für das Konsumentenverhalten untersucht. Im dritten Kapitel wird der Zusammenhang zwischen Medienwirkungen und Unternehmenskommunikation thematisiert. Das vierte Kapitel befasst sich mit den Rahmenbedingungen der Medienwirkung: Engagement, Glaubwürdigkeit und Vertrauen. Das fünfte Kapitel befasst sich mit den Konsequenzen für die Marketingorganisation und die Marketingplanung, die die Berücksichtigung der Medienperspektive im Marketing hat. Im sechsten Kapitel werden schließlich Anwendungsfelder für Medien im Marketing präsentiert. Auf unterschiedlichen Feldern wie dem Handel, der Vermarktung von Filmen oder von Sport und Sportereignissen, oder auch bei der Vermittlung von Berufsimages spielen die Medien eine zentrale Rolle, die im Marketing berücksichtigt werden muss. Ein Glossar zu wichtigen Begriffen aus dem Feld „Medien im Marketing" rundet den Herausgeberband ab.

Neben der wachsenden Bedeutung der Medien im Leben der Konsumenten machen zwei weitere Aspekte das Thema „Medien im Marketing" zu einem vielversprechenden Forschungsfeld: Einerseits die Öffnung und das Aufeinanderzugehen der Medien- und Marketingsdisziplinen, was neue Einsichten und Forschungserträge verspricht, und andererseits die Dynamik des Themas. Die Forschung zu Medien und Marketing bleibt in Bewegung, und die Herausgeber sind sich wohl bewusst, dass deshalb ein solches Sammelwerk nur einen ersten Pfad durch den Mediendschungel zu bahnen vermag. Nicht zuletzt deshalb sind wir offen für Ihre Anregungen, Kritik und Ergänzungen zu diesem Buch. Wissenschaft braucht **Dialog**, und daher freuen wir uns auf Ihre Hinweise an folgende Adresse:

Institut für Konsum- und Verhaltensforschung der Universität des Saarlandes
Direktorin: Univ.-Prof. Dr. Andrea Gröppel-Klein
Campus A5 4
66123 Saarbrücken
ikv@ikv.uni-saarland.de

Wir danken Ihnen bereits im Voraus für Ihre Rückmeldungen zu diesem Sammelband!

Vorwort

Ein Vorwort ist nach guter Tradition der Ort, an dem Dank gesagt wird. Auch hier soll dies geschehen, und zunächst gilt unser Dank allen Autorinnen und Autoren der Beiträge in diesem Band für die gute und ertragreiche Kooperation. Ohne die breite Unterstützung der Autorinnen und Autoren, ihre Ideen und Beiträge, hätte der vorliegende Überblick über die Relevanz der Medien im Marketing nie erscheinen können. Ein so umfangreiches Werk kann jedoch nicht ohne die Mitwirkung weiterer Menschen erstellt werden, die weder auf der Titelseite noch im Autorenverzeichnis erscheinen:

Wir bedanken uns beim Gabler-Verlag für die angenehme und professionelle Beratung und Begleitung über den gesamten Projektverlauf. Am Institut für Konsum- und Verhaltensforschung haben Frau Ams und Herr Stahl umsichtig und sorgfältig bei der Formatierung der Beiträge mitgeholfen; auch ihnen sei herzlichst gedankt.

Saarbrücken, im Sommer 2008

ANDREA GRÖPPEL-KLEIN

CLAAS CHRISTIAN GERMELMANN

Inhaltsverzeichnis

Vorwort V

Autorenverzeichnis XIII

Teil 1
Die Bedeutung der Medienperspektive für das Marketing 1

Die Bedeutung der Medienperspektive für das Marketing 3
Andrea Gröppel-Klein und Claas Christian Germelmann

Moderne Medienwirkungsforschung 5
Heinz Bonfadelli

Marken in Medien und Medien als Marken 41
Franz-Rudolf Esch, Kai Harald Krieger und Kristina Strödter

Markenorientierung von Medienmarken 69
Carsten Baumgarth

Teil 2
Medienwirkungen und Konsumentenverhalten 93

Medienwirkungen und Konsumentenverhalten 95
Andrea Gröppel-Klein und Claas Christian Germelmann

Die Relevanz fiktionaler Medienwelten für das Marketing 97
Andrea Gröppel-Klein und Anja Spilski

Medienbilder von Schönheit in der Werbung 131
Andrea Hemetsberger, Clemens Pirker und Herbert Pretterhofer

Wirkungen von Product Placement 151
Astrid Zipfel

Inhaltsverzeichnis

Teil 3
Medienwirkungen und Unternehmenskommunikation.. 175

Medienwirkungen und Unternehmenskommunikation 177
Andrea Gröppel-Klein und Claas Christian Germelmann

Der Beitrag von Public Relations für den Markenwert... 179
Manfred Bruhn

Zielgruppenorientierte Steuerung der Unternehmenskommunikation...................... 205
Manfred Kirchgeorg und Christiane Springer

Kommunikationsstrategien bei Produktkrisen und Rückrufsituationen.................... 227
Dirk Standop und Guido Grunwald

Teil 4
Rahmenbedingungen der Medienwirkung:
Engagement, Glaubwürdigkeit und Vertrauen 249

Rahmenbedingungen der Medienwirkung:
Engagement, Glaubwürdigkeit und Vertrauen.. 251
Andrea Gröppel-Klein und Claas Christian Germelmann

Media Engagement.. 253
Bobby J. Calder und Edward C. Malthouse

Aufbau von Vertrauen durch Öffentlichkeitsarbeit
mit Online-Medien aus attributionstheoretischer Perspektive.................................. 293
Sigrid Bekmeier-Feuerhahn und Angelika Eichenlaub

Medienmenschen als Quellen von Botschaften... 317
Christian Blümelhuber und Tobias Schnitzer

Medienberichte und Vertrauensverlust
von Spendern in Krisen von Spendenorganisationen... 343
Andrea Gröppel-Klein und Claas Christian Germelmann

Teil 5
Konsequenzen für die Marketingorganisation und Marketingplanung 369

Konsequenzen für die Marketingorganisation und Marketingplanung...................... 371
Andrea Gröppel-Klein und Claas Christian Germelmann

Marketing im medialen Zeitalter – Die Virtuelle Marketingabteilung...................... 373
Christian Scholz und Uwe Eisenbeis

Inhaltsverzeichnis

Die Berücksichtigung von Medienwirkungen in der Mediaplanung 397
Heribert Gierl und Verena Hüttl

Teil 6
Anwendungsfelder für Medien im Marketing 425

Anwendungsfelder für Medien im Marketing 427
Andrea Gröppel-Klein und Claas Christian Germelmann

Newspapers — image formation agents for retailers? 429
Åsa Thelander, Charlotte Hansson, Fredrik Hansson und Ulf Johansson

Handel und Medien 451
Joachim Zentes und Hanna Schramm-Klein

Vertrauen und Vertrauenswürdigkeit im Internet
am Beispiel von Internetapotheken 473
Sebastian Schulz, Oliver B. Büttner und Günter Silberer

Filmpreise und Filmerfolg 493
Michel Clement, Dominik Papies und Christina Schmidt-Stölting

Relevanz und Wirkung der Medien bei der Vermittlung von Berufsimages 511
Anja Geigenmüller, Tom Schöpe und Margit Enke

Sportmedien Marketing 529
Herbert Woratschek, Reinhard Kunz und Tim Ströbel

Glossar 551

Autorenverzeichnis

PD Dr. Carsten Baumgarth
Associate Professor (DAAD-Langzeitdozent) an der Marmara Universität, Istanbul.

Univ.-Prof. Dr. Sigrid Bekmeier-Feuerhahn
Univ.-Professorin für Öffentlichkeitsarbeit am Fach Medien und Öffentlichkeitsarbeit, Fachbereich Wirtschafts-, Sozial- und Kulturwissenschaften an der Leuphana Universität Lüneburg. (SBF)

Prof. Dr. Christian Blümelhuber
Professor für Marketing an der Solvay Business School - Université Libre de Bruxelles.

Univ.-Prof. Dr. Heinz Bonfadelli
Inhaber der Professur für Publizistikwissenschaft und Medienforschung und Leiter der Abteilung „Media Reality & Effects" am Institut für Publizistikwissenschaft und Medienforschung der Universität Zürich.

Univ.-Prof. Dr. Manfred Bruhn
Ordinarius für Betriebswirtschaftslehre, insbesondere Marketing und Unternehmensführung am Wirtschaftswissenschaftlichen Zentrum (WWZ) der Universität Basel.

Dipl.-Psych. Oliver B. Büttner
Wissenschaftlicher Mitarbeiter am Institut für Marketing und Handel (Univ.-Prof. Dr. Günter Silberer) der Georg-August-Universität Göttingen.

Prof. Bobby J. Calder, PhD.
Charles H. Kellstadt Professor of Marketing und Director of the Center for Cultural Marketing an der Kellogg School of Management, Evanston, Il.

Univ.-Prof. Dr. Michel Clement
Inhaber des Lehrstuhls für Marketing und Medienmanagement an der Universität Hamburg.

Dr. Angelika Eichenlaub
Ehemalige wissenschaftliche Mitarbeiterin an der Professur für Öffentlichkeitsarbeit (Univ.-Prof. Dr. Sigrid Bekmeier-Feuerhahn) an der Leuphana Universität Lüneburg. (AE)

Autorenverzeichnis

Dr. Uwe Eisenbeis	Mitarbeiter am Lehrstuhl für Betriebswirtschaftslehre, insbes. Organisation, Personal- und Informationsmanagement (Univ.-Prof. Dr. Christian Scholz) an der Universität des Saarlandes. (UE)
Univ.-Prof. Dr. Margit Enke	Inhaberin des Lehrstuhls für Marketing und Internationalen Handel an der Technischen Universität Bergakademie Freiberg.
Univ.-Prof. Dr. Franz-Rudolf Esch	Inhaber des Lehrstuhls für Marketing an der Justus-Liebig-Universität Gießen und Direktor des Instituts für Marken- und Kommunikationsforschung. (FRE)
Dr. Anja Geigenmüller	Wissenschaftliche Assistentin am Lehrstuhl für Marketing und Internationalen Handel (Univ.-Prof. Dr. Margit Enke) an der Technischen Universität Bergakademie Freiberg.
Dr. Claas Christian Germelmann	Wissenschaftlicher Assistent am Institut für Konsum- und Verhaltensforschung (Univ.-Prof. Dr. Andrea Gröppel-Klein) an der Universität des Saarlandes. (CCG)
Univ.-Prof. Dr. Heribert Gierl	Inhaber des Lehrstuhls für Betriebswirtschaftslehre mit den Schwerpunkten Marketing und Informationsmanagement und Marktforschung an der Universität Augsburg.
Univ.-Prof. Dr. Andrea Gröppel-Klein	Inhaberin des Lehrstuhls für Marketing und Direktorin des Instituts für Konsum- und Verhaltensforschung an der Universität des Saarlandes. (AGK)
Dipl.-Kfm. Guido Grunwald	Mitarbeiter am Lehrstuhl für Betriebswirtschaftslehre, insbesondere Absatz und Marketing (Univ.-Prof. Dr. Dirk Standop) an der Universität Osnabrück. (GG)
Charlotte Hansson	Master degree in Service Management vom Department of Service Management der Lund University, Schweden.
Fredrik Hansson	Master degree in Service Management vom Department of Service Management der Lund University, Schweden.

Autorenverzeichnis

a.o. Univ.-Prof. *Dr. Andrea Hemetsberger*	Associate Professor am Institut für Strategisches Management, Marketing und Tourismus der Universität Innsbruck und Associate Dean Master in Strategic Management der University of Innsbruck School of Management. (AH)
Dipl.-Kffr. Verena Hüttl	Wissenschaftliche Mitarbeiterin am Lehrstuhl für Betriebswirtschaftslehre mit den Schwerpunkten Marketing und Informationsmanagement und Marktforschung (Univ.-Prof. Dr. Heribert Gierl) an der Universität Augsburg.
Prof. Ulf Johansson, Ph.D.	Professor am Department of Business Administration der Lund University, Schweden.
Univ.-Prof. Dr. Manfred Kirchgeorg	Inhaber der Lehrstuhls für Marketingmanagement an der HHL – Leipzig Graduate School of Management.
Dipl.-Kfm. Kai H. Krieger	Wissenschaftlicher Mitarbeiter am Lehrstuhl für Marketing (Univ.-Prof. Dr. Franz-Rudolf Esch) an der Justus-Liebig-Universität Gießen. (KHK)
Dipl.-Kfm. Reinhard Kunz	Wissenschaftlicher Mitarbeiter am Lehrstuhl für Dienstleistungsmanagement (Univ.-Prof. Dr. Herbert Woratschek) an der Universität Bayreuth.
Prof. Edward C. Malthouse, Ph.D.	Theodore R. and Annie Laurie Sills Associate Professor of Integrated Marketing Communications an der Medill School of Journalism, Northwestern University, Evanston, Il.
Dipl.-Kfm. Dominik Papies	Wissenschaftlicher Mitarbeiter am Lehrstuhl für Marketing und Medienmanagement (Univ.-Prof. Dr. Michel Clement) an der Universität Hamburg.
Mag. Clemens Pirker	Ehemaliger Wissenschaftlicher Mitarbeiter am Institut für Strategisches Management, Marketing und Tourismus der Universität Innsbruck. Seit Mai 2008 Mitarbeiter am Danone Research - Centre Daniel Carasso, Palaiseau/Paris, France. (CP)

Autorenverzeichnis

Mag. Herbert Pretterhofer

Mitarbeiter in der Marketingabteilung der Ferrero Österreich Handelsges.m.b.H.

Dipl.-Kffr. Christina Schmidt-Stölting

Wissenschaftliche Mitarbeiterin am Lehrstuhl für Marketing und Medienmanagement (Univ.-Prof. Dr. Michel Clement) an der Universität Hamburg.

Dr. Tobias Schnitzer

Senior Consultant bei der Unternehmensberatung Vivaldi Partners (Münchner Büro).

Dipl.-Wirtsch.-Ing.
Dipl.-Ing. KTD Tom Schöpe

Wissenschaftlicher Mitarbeiter am Lehrstuhl für Marketing und Internationalen Handel (Univ.-Prof. Dr. Margit Enke) an der Technischen Universität Bergakademie Freiberg.

Univ.-Prof. Dr. Christian Scholz

Inhaber des Lehrstuhls für Betriebswirtschaftslehre, insbesondere Organisation, Personal- und Informationsmanagement an der Universität des Saarlandes. (CS)

PD Dr. Hanna Schramm-Klein

Privatdozentin am Lehrstuhl für Außenhandel und Internationales Management (Univ.-Prof. Dr. Joachim Zentes) der Universität des Saarlandes.

Dipl.-Kfm. Sebastian Schulz

Wissenschaftlicher Mitarbeiter am Institut für Marketing und Handel (Univ.-Prof. Dr. Günter Silberer) der Georg-August-Universität Göttingen.

Univ.-Prof. Dr. Günter Silberer

Inhaber des Lehrstuhls für Marketing und Direktor des Instituts für Marketing und Handel an der Georg-August Universität Göttingen.

Dipl.-Kffr. Anja Spilski

Wissenschaftliche Mitarbeiterin am Institut für Konsum- und Verhaltensforschung (Univ.-Prof. Dr. Andrea Gröppel-Klein) an der Universität des Saarlandes. (AS)

Dr. Christiane Springer

Wissenschaftliche Mitarbeiterin am Lehrstuhl für Marketingmanagement (Univ.-Prof. Dr. Manfred Kirchgeorg) an der HHL – Leipzig Graduate School of Management.

Autorenverzeichnis

Univ.-Prof. Dr. Dirk Standop	Inhaber des Lehrstuhls für Betriebswirtschaftslehre, insbesondere Absatz und Marketing an der Universität Osnabrück. (DS)
Dipl.-SpOec. Tim Ströbel	Wissenschaftlicher Mitarbeiter am Lehrstuhl für Dienstleistungsmanagement (Univ.-Prof. Dr. Herbert Woratschek) an der Universität Bayreuth.
Dipl.-Kffr. Kristina Strödter	Externe Doktorandin am Lehrstuhl für Marketing (Univ.-Prof. Dr. Franz-Rudolf Esch) an der Justus-Liebig-Universität Gießen und Consultant im Düsseldorfer Büro von Vivaldi Partners. (KS)
Prof. Åsa Thelander, Ph.D.	Assistant Professor am Department of Communication Studies (IKS) der Lund University, Schweden.
Univ.-Prof. Dr. Herbert Woratschek	Inhaber des Lehrstuhls für Dienstleistungsmanagement an der Universität Bayreuth.
Univ.-Prof. Dr. Joachim Zentes	Inhaber des Lehrstuhls für Außenhandel und Internationales Management der Universität des Saarlandes und Direktor des Instituts für Handel und Internationales Marketing an der Universität des Saarlandes.
Dr. Astrid Zipfel	Akademische Rätin am Lehrstuhl für Kommunikations- und Medienwissenschaft II (Univ.-Prof. Dr. Ralph Weiß) der Heinrich-Heine-Universität Düsseldorf.

Teil 1

Die Bedeutung der

Medienperspektive

für das Marketing

Andrea Gröppel-Klein und Claas Christian Germelmann

Die Bedeutung der Medienperspektive für das Marketing
Einführung in das erste Kapitel

Bis vor wenigen Jahren konnte man den Eindruck gewinnen, dass Marketing und die verschiedenen Kommunikations- und Medienwissenschaftlichen Disziplinen getrennte Welten darstellen. Zumeist unterschiedlichen Fakultäten zugeordnet, bestand vielfach wenig Austausch zwischen den Forschergruppen. „If you ask different people [from the communications or media departments], which kinds of subjects are core of media research, I expect marketing and consumer research at the bottom of the list", konstatiert der Kommunikationswissenschaftler Van den Bulck (2005, S. 881), wobei er zugleich darauf hinweist, wie wichtig und förderlich der Austausch der Disziplinen sein kann.

Der Beitrag von *Bonfadelli* im vorliegenden Herausgeberband bildet ein gutes Beispiel für die Schnittflächen, die sich zwischen Marketing und Kommunikationswissenschaft ergeben. Wie fruchtbringend der Austausch sein kann zeigt die Tatsache, dass das Elaboration-Likelihood-Modell, welches sicherlich zu den meistzitierten Modellen in der Konsumentenverhaltensforschung gezählt werden kann, seinen Ursprung in der Kommunikationswissenschaft hat. *Bonfadelli* zeigt in seinem Beitrag den „State of the Art" der empirisch verfahrenden und sozialpsychologisch orientierten Medienwirkungsforschung als einer der wichtigen Teildisziplinen der Publizistik- und Kommunikationswissenschaft auf. Dabei geht er auf die Konsequenzen dieser Erkenntnisse für das Marketing, und insbesondere für die Unternehmenskommunikation ein. Hier ergeben sich wichtige Forschungsfelder: Vor dem Hintergrund des Medien-Framing-Ansatzes kann beispielsweise gefragt werden, welche von den Medien gesetzten Frames die Unternehmenskommunikation und ihr Wirkung beim Konsumenten beeinflussen. Unter Framing (gerne auch „gerahmte Sicht" genannt) versteht man allgemein die Beschreibung von Ereignissen innerhalb eines kulturell oder soziologisch geprägten Rahmens, der verzerrend wirken kann, weil er die Perspektive einengt. Berichtet ein Private Capital-Fonds beispielsweise von guten Geschäftszahlen, kann das je nach aktiviertem Medienframe entweder als ein Ausweis besonderer Leistungsfähigkeit der Unternehmensleitung oder als weiterer Beleg für das „ungezügelte Gewinnstreben" interpretiert werden. Unternehmen tun daher gut daran, den „Kampf um die Deutungsmacht" mit höchster Aufmerksamkeit zu verfolgen.

Der Beitrag von *Esch, Krieger und Strödter* greift mit der Markenperspektive eine fast klassisch zu nennende Marketing-Sichtweise auf das Thema „Medien" auf. Sie wählen dazu jedoch eine neue Herangehensweise, die bilaterale Verzahnung von Medien und Marken offen legt: Zum einen treten Marken in Medien in Erscheinung und können bei gezielter Mediaplanung von der Positionierung des Mediums profitieren. Zum anderen sind Medien selbst Marken, die durch integrierte Kommunikation aufgebaut werden und den Status von „Einzigartigkeit" aus Konsumentensicht erlangen können. *Esch, Krieger und Strödter* weisen darauf hin, dass Marken als lebendige Objekte stets Veränderungen unterworfen sind. Für das Marketing bedeutet dies, dass im Zeitablauf immer wieder geprüft werden muss, ob die inhaltliche Übereinstimmung zwischen der im Medium platzierten Marke und dem Auftritt der Medienmarke selbst noch gegeben ist.

Die Markenführung von „Medienmarken" steht auch im Zentrum des Beitrages von *Baumgarth*. Unter „Medienmarken" sollen in diesem Band Marken verstanden werden, die nicht nur ein Medienprodukt (z. B. die Zeitschrift „Süddeutsche") umfassen, sondern weitere Produkte und Services (z. B. weitere Magazine als „Spin-offs" der Zeitung, Buchserien oder Online-Communities als Service für die Konsumenten) umschließen. Er geht in seinem Beitrag der Frage nach, ob die konsequente Markenführung von Medien nur eine Mode darstellt, oder ob es sich bei Medienmarken um ein nachhaltiges Erfolgskonzept handelt. Nach einer umfassenden Darstellung des Forschungsstandes untersucht er die Bedeutung von Medienmarken für den Unternehmenserfolg am Beispiel von Magazinen. Die Ergebnisse seiner Kausalmodellierung zeigen, dass markenorientierte Verhaltensweisen in Zeitschriftenverlagen einen wichtigen Erfolgsbeitrag leisten können. Dabei kommt es entscheidend darauf an, dass dieses markenorientierte Verhalten nach außen auch intern im Verlag verankert sein muss. Das von *Baumgarth* vorgeschlagene Modell lässt sich zudem auch als Prozessschema nutzen, das die Schritte aufzeigt, die notwendig sind, um eine Medienmarke in einem Medienunternehmen erfolgreich zu etablieren.

Literaturverzeichnis

VAN DEN BULCK, J. (2005): The Psychology of Entertainment Media: Blurring the Lines Between Entertainment and Persuasion (Book Review), in: Journal of Communication, 55 (4), 880-882.

Heinz Bonfadelli

Moderne Medienwirkungsforschung
Was die Unternehmenskommunikation von der
Kommunikationswissenschaft lernen kann

1 Einleitung 7

2 Theoretische Ansätze der modernen Medienwirkungsforschung 9

3 Mediennutzungsforschung: der Uses-and-Gratifications-Ansatz 11

4 Medienrezeptionsforschung: Aufmerksamkeit, Involviertheit und das
ELM-Modell 15

5 Kognitive Medienwirkungen 18
    5.1 Thematisierungsfunktion: die Agenda-Setting-Theorie 18
    5.2 Differentielle Medienwirkungen: die Wissenskluft-Perspektive 21
    5.3 Prägung von verzerrten Realitätsvorstellungen: die Kultivierungsanalyse ... 25
    5.4 „Kampf um Deutungsmacht": der Medien-Framing-Ansatz 26

6 Fazit 31

1 Einleitung

Im Fokus des folgenden Beitrags stehen nicht Einzelphänomene der Unternehmenskommunikation wie Kommunikationsmanagement, Marketing, Public Relations oder Werbung, sondern es wird versucht, den „State of the Art" der empirisch verfahrenden und sozialpsychologisch orientierten *Medienwirkungsforschung* als einer der wichtigen Teildisziplinen der Publizistik- und Kommunikationswissenschaft zu skizzieren, aber auch Konsequenzen für die verschiedenen Bereiche der Unternehmenskommunikation wenigstens anzudeuten. Die *theoretische Perspektive* ist somit eine publizistik- bzw. kommunikationswissenschaftliche (Bonfadelli, Jarren und Siegert 2005: 3ff.) und der Verfasser selbst versteht sich als empirisch orientierter Mediennutzungs- und Medienwirkungsforscher. Die gewählte Darstellung selbst zielt nicht in die Tiefe, sondern ist eher breit angelegt, insofern möglichst die ganze Palette der zurzeit aktuellen und relevanten theoretischen Ansätze und ihr Forschungsertrag vorgestellt werden soll. Von Relevanz scheint eine solche Überblicksdarstellung der modernen Medienwirkungsforschung nicht zuletzt auch darum zu sein, weil in den meisten aktuellen Monographien und Sammelbänden zur Unternehmenskommunikation (vgl. z. B. Mast 2002; Bruhn 2005; Schmid und Lyczek 2006; Piwinger und Zerfaß 2007) zwar vielfältige Wirkungen bei unterschiedlichsten Zielgruppen (Pepels 1997) mittels strategisch geplanter Unternehmenskommunikation intendiert und realisiert werden sollen, aber explizit von Medienwirkungsforschung nicht oder allenfalls nur nebenbei die Rede ist.

Die akademische *Medienwirkungsforschung* selbst, wurzelnd in der amerikanischen Tradition der sog. „Communication bzw. Media Effects Research" (Perse 2001; Bryant und Zillmann 2002; Sparks 2002), hat im Verlaufe ihrer Geschichte mehrere *Paradigmenwechsel* durchgemacht (Bonfadelli 2004a: 27ff.; Jäckel 2005: 65ff.; Schenk 2007: 57ff.). Die Einschätzung der Wirkungsstärke der Medien hat dabei in der Wirkungsforschung geschwankt zwischen den Polen *„Medienmacht"* im Sinne der Postulierung von starken persuasiven Effekten beispielsweise von politischer Propaganda oder Konsumwerbung in den frühen 1930er und 1940er Jahren einerseits und *„Medienohnmacht"* in der sog. klassischen Phase der Medienwirkungsforschung in den 1950er und 1960er Jahren, in der den Medien nur limitierte Wirkungen im Sinne von Bestätigung und Verstärkung schon bestehender Meinungen und Einstellungen zugeschrieben wurde, dies vor allem auf der Basis von amerikanischen Wahlstudien. Nach einer gewissen Stagnation sowohl in theoretischer Hinsicht als auch in der empirischen Forschung wurden ab den 1970er Jahren verschiedene neue erfolgversprechende Ansätze der Wirkungsforschung – Stichworte: Uses-and-Gratifications-Approach bzw. Nutzen-und-Belohnungs-Ansatz, Agenda-Setting-Theorie, Wissenskluftperspektive oder Kultivierungsanalyse und Framing-Effekte – entwickelt und in der Folge auch empirisch getestet (Schorr 2000; Bryant und Zillmann 2002. Diese neuen theoretischen Perspektiven basieren nicht zuletzt auf einer Ausweitung, aber auch Dynamisierung des in der

Heinz Bonfadelli

klassischen Wirkungsforschung im Zentrum stehenden und relativ eng verstandenen *Wirkungsphänomens* der Beeinflussung und des Wandels von Einstellungen.

Im Unterschied dazu basieren die neueren Ansätze der Medienwirkungsforschung auf der Einsicht, dass die Hauptfunktion der modernen Medien nicht so sehr in der persuasiven Beeinflussung von Meinungen und Einstellungen bestehe, sondern in der Produktion und Diffusion von Information und Orientierung, indem das ausdifferenzierte und sich als autonom verstehende moderne Mediensystem die Selbstbeobachtung der Gesellschaft durch die Herstellung einer institutionalisierten Medienöffentlichkeit ermögliche, und zwar gemäß eigenen Organisationsstrukturen und redaktionellen Ablaufprogrammen sowie auf der Basis einer eigenen sog. Medienlogik (Luhmann 1996). Dementsprechend stehen nicht mehr so sehr Meinungen oder Einstellungen und deren Beeinflussung im Zentrum der modernen Medienwirkungsforschung, sondern *kognitive Medieneffekte* wie die Selektion, Priorisierung und öffentliche Durchsetzung von (kontroversen) Themen, die Vermittlung von Wissen oder die Konstruktion und Präsentation von Medienrealität. Neben diesen kognitiven Wirkungsphänomenen befasst sich die neue Medienwirkungsforschung aber auch verstärkt mit *affektiven Medienwirkungen* etwa von Werbung oder Unterhaltung. Gleichzeitig wurde die *Fixierung auf den passiven Rezipienten*, der durch Medienstimuli beispielsweise der Werbung beeinflusst wird, abgeschwächt, indem in der Mediennutzungsforschung (Meyen 2004; Schweiger 2007) stärker *prozessorientiert* der *aktive Rezipient*, nicht zuletzt auch in Form des sog. „widerspenstigen Publikums", in den Fokus der Wirkungsforschung rückte, und zwar mit der Frage: „Was machen die Menschen mit den Medien?" – Eine solche dynamische Perspektive, welche den wechselseitigen und prozesshaften Austausch zwischen Kommunikator und Rezipient betont, wurde beispielsweise von Früh und Schönbach (2005) in ihrem *dynamisch-transaktionalen Ansatz* der Medienwirkungsforschung entwickelt.

Vor diesem Hintergrund wird den Medien in der modernen Medienwirkungsforschung nicht mehr quasi fixiert und transsituational ein mehr oder weniger starkes Wirkungspotential im Sinne eines Reiz-Reaktions-Modells bzw. Stimulus-Organismus-Response-Modells zugeschrieben. Vielmehr gehen die neuen Ansätze davon aus, dass Medien *situational* und im Einzelfall durchaus starke Wirkungen haben können, etwa in Form der Fokussierung der öffentlichen Aufmerksamkeit auf bestimmte soziale Probleme, wie beispielsweise die intensive Debatte um „Die Migration der Gewalt – Junge Männer: Die gefährlichste Spezies der Welt" (Spiegel, Nr. 2, 7.1.200) illustriert; gleichzeitig kann aber selbst mit aufwendigen und strategisch geplanten öffentlichen Umwelt- oder Gesundheitskampagnen das Verhalten der Bevölkerung nur mäßig beeinflusst werden. Je nach Kontext sind somit die Kommunikatoren, aber auch die Rezipienten von Medienbotschaften sowohl *aktiv* als auch *passiv* und zwar in unterschiedlichem Ausmaß. Aktiv ist das Publikum etwa, indem es sich den Medien und ihren Botschaften selektiv zuwendet; passiv aber auch, weil es abhängig ist von dem zur Verfügung stehenden Medienangebot. Es wird dabei also weder das Publikum noch der Absender der medienvermittelten Kommunikation verabsolutiert.

Moderne Medienwirkungsforschung

Parallel dazu intensivierte sich nicht zuletzt auch in einer *medienpsychologischen Perspektive* die Forschung zu den während der Rezeption stattfindenden *kognitiven und affektiven Verarbeitungsprozessen* (Wirth und Schramm 2005). In dieser Rezeptionsforschung (Rössler,Hasebrink und Jäckel 2001) interessieren nicht zuletzt sowohl die *Aufmerksamkeits- und Verstehensprozesse* während der Medien-Interaktion als auch die Erlebnisdimensionen und psychischen Prozesse, welche im Rezipienten als sog. „Black-Box" ablaufen, und die zwischen den Medienbotschaften als Stimuli oder Input und den Reaktionen der Rezipienten als Output oder Response vermitteln. Zu ergänzen ist diese medienpsychologische Sichtweise durch eine *mediensoziologische Perspektive*, welche soziale und gesamtgesellschaftliche Rahmenbedingungen der Kommunikation thematisiert wie beispielsweise den Einfluss der Sozial- und Bildungsstruktur oder *Aspekte des Medienwandels* – Globalisierung, Ökonomisierung, Beschleunigung, Konvergenz – wie des *Gesellschaftswandels* – Individualisierung, Pluralisierung, Wertewandel – (Bonfadelli und Wirth 2005: 595ff.).

Medienwirkungen erweisen sich vor diesem Hintergrund der Ausweitung und des Wechsels weg von einer aussagen-zentrierten Perspektive und hin zu einer stärker rezipienten-orientierten Sicht als ein äußerst vielschichtiges und komplexes Phänomen. *„Die Medienwirkung"* als quasi statisches Endprodukt gezielter medialer Einflussnahme auf bestehende Einstellungen des Publikums gibt es nicht bzw. erweist sich als Spezialfall einer Palette ganz unterschiedlicher Wirkungsphänomene, die dementsprechend mit einer Vielzahl von Modellen, theoretischen Perspektiven und Forschungstraditionen bearbeitet werden, und zwar als Folge der seit den 1970er Jahren sich immer stärker ausdifferenzierenden und spezialisierenden Medienwirkungsforschung.

2 Theoretische Ansätze der modernen Medienwirkungsforschung

Im Folgenden werden einige der zentralen sog. „neuen" Ansätze der Medienwirkungsforschung dargestellt und diskutiert sowie bezüglich ihrer Relevanz für die Unternehmenskommunikation befragt. Diese theoretischen Perspektiven können in einem ersten Schritt den drei *Phasen des Kommunikationsprozesses* zugeordnet werden:

- Präkommunikative Phase:
  - Mediennutzungsforschung
  - Nutzen-und-Belohnungs-Ansatz (U&G)

- Kommunikative Phase:
  - Rezeptionsforschung
  - Elaboration-Likelihood-Modell (ELM)

Heinz Bonfadelli

■ Postkommunikative   - Agenda-Setting-Theorie
  Phase: - Wissenskluft-Perspektive
                       - Kultivierungsanalyse
                       - Medien-Framing-Ansatz

In einer gesellschaftsorientierten Perspektive können die modernen Ansätze der Wirkungsforschung zudem in einer ersten *Wirkungsdimension* danach befragt werden, ob sie eher zu einer *Differenzierung* oder aber zu einer *Homogenierung* des Wissens, der Vorstellungen über die Realität oder der Meinungen führen. Die Ansätze können zudem in einer zweiten *Bewertungsdimension* danach beurteilt werden, ob die gesellschaftlichen Auswirkungen der Massenmedien eher funktional und darum optimistisch oder eher dysfunktional und darum pessimistisch bewertet werden.

Abbildung 2-1:   *Typologisierende Verortung von Ansätzen der Medienwirkungsforschung*

Bewertungs-dimension:	Wirkungsdimension:	
	Differenzierung	Homogenisierung
Funktionalität	**Nutzen-and-Belohnungs-Ansatz** Blumler/Katz 1974 **Medien-Framing** Scheufele 1999; Scheufele 2004	**Agenda-Setting-Theorie** (Lippmann Walter 1922; McCombs/Shaw 1972/73; Eichhorn 1995; Rössler 1997)
Dysfunktionalität	**Wissenskluft-Perspektive** Tichenor/Donohue/ Olien 1970; Bonfadelli 1994	**Kultivierungsanalyse** Gerbner/Gross 1976; Keppler 1994

Nach Abbildung 1 geht der *Uses-and-Gratifications-* oder deutsch der *Nutzen-und-Belohnungs-Ansatz* davon aus, dass Menschen sich Medien zuwenden, um ihre Bedürfnisse zu befriedigen. In einer durch Individualisierung geprägten Gesellschaft haben sich auf der einen Seite die Bedürfnisse der Mediennutzer individualisiert und auf der anderen Seite hat sich das Mediensystem immer stärker ausdifferenziert und versucht möglichst viele dieser Bedürfnislagen durch immer stärker spezialisierte *Zielgruppenmedien* anzusprechen, was auch für die Unternehmenskommunikation zutrifft. In einer

Moderne Medienwirkungsforschung

medienökonomischen Perspektive reagiert der Medienmarkt mit einem Angebot an ausdifferenzierten Medienprodukten auf diese individualisierte Nachfrage des fragmentierten Medienpublikums (Handel 2000); Angebotsvielfalt und Wahlfreiheit in der Nutzung werden dabei als positiv bewertet (Jäckel 1996). Auch die *Wissenskluft-Perspektive* (Tichenor, Donohue und Olien 1970; Gaziano und Gaziano 1996; Bonfadelli 2007) geht von differentiellen Medieneffekten aus, indem postuliert wird, dass nicht alle Mediennutzer gleichermaßen vom Medienangebot zu profitieren vermögen, aber die bildungsspezifisch ungleich verteilten Zugangs- und Lernchancen werden als problematisch betrachtet und negativ bewertet, da sie die soziale Exklusion verstärken und zu einem Identitätsverlust führen können. In der *Agenda-Setting-Theorie* (Eichhorn 1995; Rössler 1997; McCombs 2000; McCombs und Reynolds 2002), aber auch in der *Kultivierungs-Analyse* (Gerbner und Gross 1976; Gerbner 2000; Weimann 2000; Gerbner et al. 2002) wird betont, dass die durch das Mediensystem kumulativ und vielfach konsonant verbreiteten Botschaften tendenziell zu einer Homogenisierung der Wissensbestände und der Weltsichten führen, was je nach Ansatz als funktional oder dysfunktional bewertet wird. Ein gemeinsam geteilter Themenvorrat, wie ihn die Agenda-Setting-Theorie postuliert, wird für die Demokratie als positiv bewertet, weil er für die politische Meinungsabstimmung, aber auch in der Marktkommunikation notwendig ist. Durch das Fernsehen oder die Werbung u. U. verbreitete verzerrte Weltbilder – z. B. „Mediengewalt" oder „Geschlechterstereotype – hingegen, aber auch die Dominanz von uniformen Meinungen werden als für die Gesellschaft problematisch betrachtet und negativ bewertet (Bonfadelli, Jarren und Siegert 2005: 594ff.).

3 Mediennutzungsforschung: der Uses-and-Gratifications-Ansatz

In den meisten Ländern gibt es eine *institutionalisierte Mediennutzungsforschung*, die im Auftrag der Printmedien, aber auch des Rundfunks (Reitze und Ridder 2006) auf repräsentativer Basis die Zuwendung zu und Nutzung der einzelnen Medien periodisch erhebt. Diese Forschungstradition ist prioritär anwendungsorientiert und weitgehend deskriptiv. Sie soll folgende Leitfragen beantworten: Wer ist für welche Medien erreichbar bzw. wer wird erreicht? Wie lange und zu welchen Zeiten werden welche Medien genutzt? Ausgewertet und dargestellt werden die Befunde der angewandten Mediennutzungsforschung (Hasebrink 2003; Meyen 2004: 53ff.; Marr und Bonfadelli 2005: 502ff.) meist nach den gängigen soziodemographischen Kriterien wie Alter, Geschlecht, Bildung und Einkommen. Vor dem Hintergrund der verstärkten Individualisierung von Werthaltungen und Pluralisierung von Verhaltensweisen (Schulze 1993) werden seit einigen Jahren zudem *Lebensstil-Typologien* – z. B. die SINUS-Typologie in Deutschland – zur Segmentierung von Zielgruppen und zur Medienwahl bei Werbe-

Heinz Bonfadelli

kampagnen, aber auch in der Unternehmenskommunikation benutzt (Krotz 1991; Hasebrink 1997; Pepels 1997; Hartmann und Neuwöhner 1999).

Zu den *Stärken* der angewandten Mediennutzungsforschung gehören neben der Kontinuität, der Schnelligkeit und der Genauigkeit der Kontaktmessung zum einen die Größe und Repräsentativität der Stichproben und zum anderen die zahlreichen Möglichkeiten der Segmentierung mittels immer raffinierterer Auswertungssoftware. Als *Schwächen* gewertet werden müssen aber die Reduktion des Publikums auf als meist nur passiv konzipierte Zielgruppen und die Beschränkung der Mediennutzung auf die Dimension des bloßen Kontakts zum Medium als Werbeträger, aber auch die nur deskriptive Beschreibung des Medienumgangs. Hier setzt die *akademische Nutzungsforschung* ein, und zwar mit dem Anspruch, die Mediennutzung nicht nur zu beschreiben, sondern auch theorieorientiert zu erklären, und zwar meist durch den Rückgriff auf die hinter der Nutzung stehenden Motive der Rezipienten (Meyen 2004; Marr und Bonfadelli 2005; Schweiger 2007).

Der prominenteste theoretische Ansatz zur Erklärung des Mediennutzungsverhaltens ist ohne Zweifel der sog. *Uses-and-Gratifications-Approach (U&G)* bzw. *Nutzen-und-Belohnungs-Ansatz,* der von Jay Blumler und Elihu Katz 1974 erstmals in einem Reader vorgestellt wurde und in der Folge sowohl in theoretischer Hinsicht als auch auf empirischer Ebene eine Vielzahl an Veröffentlichungen und Forschungen nach sich gezogen hat (Ruggiero 2000; Rubin 2002). Forschungsleitend ist die *funktionalistische Prämisse,* dass Medienzuwendung als intendiertes soziales Handeln aus der Sicht der Rezipienten zu verstehen sei. Rezipienten werden somit als aktiv handelnde Individuen konzipiert, die durch Zuwendung zu den Medien ihre individuellen Bedürfnisse zu befriedigen suchen. Mittels empirischer Forschung wird nun untersucht, a) welche Bedürfnisse oder kommunikationsrelevante Probleme verschiedene soziale Gruppen haben, und b) wie sie diese durch die Nutzung verschiedener Medien und meist auch im Vergleich zur interpersonalen Kommunikation zu befriedigen versuchen. Medienbezogen gefragt bedeutet dies: Welche Medien werden zur Befriedigung welcher Bedürfnisse genutzt oder anders formuliert: Welche Funktionspotentiale haben welche Medien, und wie spezialisiert bzw. wie breit ist das Funktionsspektrum eines bestimmten Mediums, wie dies etwa in der Langzeitstudie Massenkommunikation 2005 untersucht wird (Reitze und Ridder 2006). Bezogen auf die Medienentwicklung wird kann zudem gefragt werden, inwiefern neue Medien wie beispielsweise das Internet das funktionale Spektrum bestehender Medien beeinflussen und u. U. zur Substitution oder Funktionsverlagerung führen können.

Moderne Medienwirkungsforschung

Tabelle 3-1: *Nutzungsmotive der Medien im Direktvergleich (Reitze und Ridder 2006, S. 72).*

Ich nutze das Medium, weil ... „Trifft voll und ganz bzw. weitgehend zu" in %		Fern sehen	Hör- funk	Tages- zeitung	Inter- net
Kognitive Funktionen	ich mich informieren möchte	69	41	59	30
	ich Denkanstösse bekomme	71	46	52	31
	es hilft, mich im Alltag zurechtzufinden	66	51	55	27
Affektive Funktionen	es mir Spaß macht	85	62	22	31
	ich dabei entspannen kann	88	77	21	13
Eskapismus	ich damit den Alltag vergessen möchte	88	72	19	19
Soziale Funktionen	damit ich mitreden kann	75	45	56	24
	ich mich dann nicht allein fühle	86	75	18	18
Ritual	es aus Gewohnheit dazu gehört	78	67	40	14

Personen ab 14 Jahren, die das Medium mindestens mehrmals pro Monat nutzen; N=4402

Sowohl in der Theorie, auf der Basis des sog. Symbolischen Interaktionismus, als auch in der empirischen Forschung, meist mittels standardisierter Befragung, stellt sich dabei die Frage, wie man zu den *Bedürfniskatalogen* kommt, welche dem Uses-and-Gratifications-Ansatz zugrunde liegen. Solche Bedürfnistypologien können entweder theorieorientiert deduktiv abgeleitet werden oder induktiv beispielsweise durch offene Verfahren wie Gruppengespräche oder Aufsätze – z. B. „Wieso schaue ich fern?" – gewonnen werden. In der Praxis zeigt sich trotz durchaus unterschiedlichen Lösungsansätzen immerhin eine gewisse Konvergenz: Zum einen gibt es dualistische Konzeptionen mit einer polaren Unterscheidung zwischen Informations- und Unterhaltungsbedürfnissen, zum anderen wird vielfach mit vier Bedürfnisfaktoren gearbeitet, denen wiederum eine variierende Menge an Einzelfragen unterliegt (Bonfadelli 2004a, S. 168ff.):

- Kognitive Bedürfnisse: Medieninformation zur Befriedigung von Neugier, Information, Umweltorientierung, Wissenserwerb, Lernen, Identitätsstiftung, Selbsterfahrung etc.

- Affektive Bedürfnisse: Medienunterhaltung zur Spannung und Entspannung sowie Zerstreuung, aber auch zur Flucht vor Alltagsproblemen (sog. Eskapismus), oder Musik zur Regulierung und Kontrolle von Stimmungen.

Heinz Bonfadelli

■ Interaktive Bedürfnisse: Medienzuwendung stiftet Themen für Gespräche und erleichtert den Kontakt zu anderen Menschen, wie z. B. Radiohören als Ersatz für nicht anwesende Personen.

■ Integrative Bedürfnisse: Gemeint sind habitualisierte Muster der Mediennutzung, die dem Tagesablauf Struktur verleihen, aber auch Inhalte die Vertrauen und Glaubwürdigkeit schaffen. TV-Nachrichten als Ritual und Zeitgeber; das Lokalradio als medialer „Dorfbrunnen" bzw. Buchlesen, das Sozialprestige verleiht.

Trotz seiner nachhaltig großen Popularität und weiten empirischen Verbreitung, z. B. auch in der Langzeitstudie „Massenkommunikation" (Reitze und Ridder 2006), ist dem Uses-and-Gratifications-Ansatz aber *vielfache Kritik* erwachsen (Mehling 2001; Bilandzic 2006), welche zu seiner *Weiterentwicklung* geführt hat: Aus kulturkritischer Perspektive werden ungenügend geklärte Grundkonzepte wie „Bedürfnis" oder „Publikumsaktivität" kritisiert. Gefragt wurde, ob das Medienpublikum tatsächlich über seine Bedürfnisse Bescheid wisse, und noch grundlegender, ob und inwieweit Mediennutzung überhaupt (immer) aktiv und zweckorientiert sei. Unter Hinweis auf routinisierte oder beiläufige *Mediennutzung als „Niedrigkosten-Situation"* (Jäckel 1992 und 2003; Schweiger 2007, S. 188ff.) kann tatsächlich bezweifelt werden, dass Rezipienten die Vor- und Nachteile von Medien immer sorgfältig gegeneinander abwägen. Weiter wurde darauf hingewiesen, dass *„Aktivität" kein eindimensionales Konstrukt* sei, sondern Aspekte wie Selektivität, Involviertheit und Nützlichkeit umfasse und zudem in allen drei Phasen des Kommunikationsprozesses – vor, während, nach der Rezeption – vorkomme (Levy und Windahl 1984; Schweiger 2007, S. 162ff.). Zudem wurde auch auf die *Gefahr versteckter Tautologien* hingewiesen, etwa derart, dass bestehende Mediennutzung oft als Indikator für dahinter stehende Bedürfnisse betrachtet wird, und diese dann wiederum zur Erklärung der Nutzung herangezogen werden. Eher soziologisch basiert ist der Vorwurf, dass Menschen nicht Medienangebote aufgrund von vorher schon fixierten Bedürfnissen nutzen würden, sondern dass das Medienangebot selbst sich seine Nachfrage schaffe und *Bedürfnisse durch Medienmarketing künstlich erzeugt* würden. Bemängelt wird auch, dass die meisten empirischen Studien in der Tradition des Uses-and-Gratifications-Ansatzes *nicht auf konkrete Medieninhalte* eingehen und so kaum Aussagen über die Qualität der effektiven Bedürfnisbefriedigung gemacht werden können. Dieser Einwand hat zur wichtigen Entwicklung des sog. *Nutzen-Bewertungs-Ansatzes* (Palmgren und Rayburn 1982) geführt, indem in neueren Studien zwischen gesuchten „gratifications sought" und tatsächlich erhaltenen Gratifikationen „gratifications obtained" unterschieden wird, aber auch dem Umstand Rechnung getragen wird, dass differenziert werden muss zwischen den medienbezogenen Erwartungen, d.h. dem Nutzen, einerseits und deren Bewertung als persönlicher Wichtigkeit andererseits. Zu betonen ist ferner, dass der Uses-and-Gratifications-Ansatz als psychologische Perspektive die Erklärungskraft der individuellen Bedürfnisse und situativen Motivlage ins Zentrum stellt und weitere eher soziologische Faktoren wie soziale Milieus und Lebensstile, aber auch das zeitlich und räumlich zur Verfügung stehende u. U. restringierte Medienangebot unterschätzt bzw. weitgehend ausblendet.

Abschließend soll noch kurz nach der *Praxisrelevanz* des Uses-and-Gratifications-Ansatzes für die Unternehmenskommunikation gefragt werden. Dazu fällt auf, dass das Thema „Medienselektion" in den meisten Veröffentlichungen der Unternehmenskommunikation nur aus der Perspektive der Medien angegangen wird, indem bestimmte meist medientechnische Attribute offenbar als Basis für die Medienwahl benutzt werden, aber kaum rezipientenorientierte Überlegungen in Richtung von *vorherrschenden Nutzungsmotiven bei den anvisierten Zielgruppen* angestellt werden. Umgekehrt wiederum können die Medien selbst aufgrund der ihnen zugeschriebenen Gratifikationspotentiale etwa im Sinne von Medienqualität, Medienbewertung, Medienimages oder Medienglaubwürdigkeit (Self 1996) medienvergleichend und rezipientenorientiert typologisiert werden (Meyen 2004, S. 221ff.; Schweiger 2007, S. 249ff.). Die empirischen Befunde zum Uses-and-Gratifications-Ansatz zeigen weiter, dass Medienzuwendung oft wegen affektiver und sozialer und weniger wegen kognitiver Motive erfolgt. Zu berücksichtigen ist in diesem Zusammenhang, dass eine solche Unterhaltungsorientierung, vorherrschend etwa beim Fernsehen oder bei bildungsfernen Zielgruppen, die Informationsaufnahme erschweren kann, was beim Design von Medienbotschaften in der Unternehmenskommunikation berücksichtigt werden sollte.

4 Medienrezeptionsforschung: Aufmerksamkeit, Involviertheit und das ELM-Modell

In der aktuellen Rezeptionssituation von Informations- und Unterhaltungsangeboten der Medien (Bonfadelli 2004, S. 209ff.; Wirth und Schramm 2005) laufen vielfältige und äußerst komplexe kognitive Prozesse der *Aufmerksamkeit* und des *Verstehens* von Medienbotschaften (Schweiger 2007, S. 137ff.), aber auch der *physiologischen Erregung* und der *affektiven Aktivierung* (Mangold 1998; Mangold und Winterhoff-Spurk 2001; Schramm und Wirth 2006) ab, zu deren Erhellung unterschiedlichste Teiltheorien der Rezeptionsforschung entwickelt und empirisch erprobt worden sind.

Die empirische Beschäftigung mit den Rezeptionsprozessen vorab bei den auditiven (Radio und Musik) und den audiovisuellen Medien (Fernsehen) hat gezeigt, dass heute meist die flüchtige, unaufmerksame und oberflächliche Rezeption die Regel ist. Das *Radio* hat sich beispielsweise im Gefolge der Zulassung privater Anbieter zum prototypischen *Medium der Nebenbei-Nutzung* gewandelt. Aber auch beim Fernsehen

Heinz Bonfadelli

sind heute *Paralleltätigkeiten* wie Gespräche führen, Essen oder Hausarbeiten erledigen die Regel. Zudem variiert nicht nur das Ausmaß an medienbezogener Aufmerksamkeit, sondern auch die *Sehmodalitäten* selbst haben sich verändert. In der angewandten Werbeforschung sind hier vor allem dysfunktionale Phänomene wie *Switching oder Zapping*, d.h. der Kanalwechsel bei Beginn eines Werbeblocks, aber auch während TV-Sendungen, diskutiert und empirisch untersucht worden (Bonfadelli 2004b, S. 184ff.).

Solche Fragen der *selektiven Aufmerksamkeit* in der Rezeptionssituation, aber auch der zur Verfügung stehenden *begrenzten Aufmerksamkeitsressourcen* haben ihre Konsequenzen nicht zuletzt für die Verstehens- und Lernprozesse, und zwar besonders dann, wenn beispielsweise komplex aufgebaute Fernsehnachrichten eher nebenbei und erst noch unterhaltungsorientiert gesehen werden. Brosius (1995) hat dazu die differentielle Aufmerksamkeit der Rezipienten in Interaktion mit der Lebhaftigkeit – engl. vividness – und der mehr oder weniger optimalen Text-Bild-Verschränkung bei Fernsehnachrichten und ihre Konsequenzen auf die Wissensaneignung untersucht. Als Folge kommt er zu einer nüchternen und weniger normativ geprägten Einschätzung der Wirkungschancen solcher Informationsangebote. In seiner Analyse der *Alltagsrationalität in der Nachrichtenrezeption* hält er fest, dass 1) Rezipienten nicht alle ihnen zur Verfügung stehenden Informationen verarbeiten und 2) zur Urteilsbildung bevorzugt solche Informationen heranziehen, die ihnen zum Zeitpunkt der Urteilsbildung leicht zugänglich sind. 3) Rezipienten überführen zudem Einzelheiten der präsentierten Meldungen schon während der Informationsaufnahme in allgemeine semantische Konzepte; 4) und bilden sie ihre Urteile schon während der Rezeption und nicht erst danach. 5) Dabei verkürzen und vereinfachen Zuschauer die rezipierten Probleme und Sachverhalte, wobei sie Faustregeln, Verallgemeinerungen, Schlussfolgerungen und Stereotype verwenden, die sich bewährt haben. 6) Insbesondere orientieren sich Rezipienten bei der Beurteilung von Medienangeboten hauptsächlich an Informationen, die ihnen aus ihrem Alltag vertraut sind. 7) Schließlich wenden sich Zuschauer den Nachrichten in der Regel mit geringer Involviertheit zu.

Die obigen theoretischen Einsichten und empirischen Befunde, dass sowohl die Prozesse der Medienrezeption als auch die Effekte der Medien variieren, und zwar je nach dem Ausmaß der Involviertheit des Rezipienten in der Situation der Medienkommunikation, bilden die Basisprämissen des *Elaboration-Likelihood-Modells (ELM)* von Petty & Cacioppo (1986). Es ist der einzige neuere Ansatz der Medienwirkungsforschung, welcher auch breit in der Konsum- und Werbeforschung als Teilgebiet der Unternehmens- und Marketingforschung rezipiert worden ist. Ausgangspunkt des ELM-Modells ist die Überlegung, dass sich das Wirkungsgeschehen von Medienbotschaften allgemein und speziell von Werbebotschaften fundamental unterscheidet, und zwar je nach dem Ausmaß der Involviertheit (engl. involvement) von Rezipienten, wobei die Rezeptionsintensität gegenüber Werbung sich vielfach als eher gering erweist. Unter *kognitiver Involviertheit* wird das Interesse und die Motivation einer Person verstanden, einen Medieninhalt oder eine Werbebotschaft aufmerksam wahrzu-

Moderne Medienwirkungsforschung

nehmen und aktiv darüber nachzudenken. Davon abzugrenzen ist die affektive Involviertheit, welche sich in emotionaler Ergriffenheit und Erregtheit während der Rezeption äußert.

Das Elaboration-Likelihood-Modell (Petty und Cacioppo 1986; Petty, Priester und Briñol 2002; Bonfadelli 2004a, S. 119ff.) ist die am meisten beachtete sog. *Dual-Process-Theorie des Persuasionsprozesses*, wobei es weitere ähnliche Ansätze gibt wie beispielsweise das sog. Heuristic-Systematic-Modell (HSM) von Todorov, Chaiken und Henderson (2002) oder das Limited-Capacity-Modell (Lang 2000). Aufgrund der dichotomen Unterscheidung zwischen Rezeptionssituationen mit hoher bzw. geringer Involviertheit werden in idealtypischer Form *zwei unterschiedliche Formen der Verarbeitung* von Medienbotschaften unterschieden: 1) Bei hoher Involviertheit erfolgt die Verarbeitung auf der sog. zentralen Route; 2) bei geringer Involviertheit hingegen erfolgt die Verarbeitung auf der peripheren Route. Dabei wurden folgende Unterschiede im Rezeptionsprozess postuliert und auch empirisch untersucht:

- **Zentrale Route** mit systematischer Verarbeitung: Bei hoher Involviertheit nehmen die Rezipienten die Medienaussagen bzw. die Konsumenten die Werbebotschaften aufmerksam und gründlich wahr, denken darüber aktiv nach, stellen Verbindungen zu ihrem Vorwissen her, wägen die in der Botschaft vorhandenen Argumenten systematisch gegeneinander ab und treffen auf dieser Basis rationale Entscheidungen.

- **Periphere Route** mit heuristischer Verarbeitung: Bei niedriger Involviertheit hingegen ist die Aufmerksamkeit nur flüchtig und die Informationsaufnahme beschränkt sich auf die nötigsten, auffälligsten und am schnellsten zu erfassenden Inhalte, ohne dass vertieft darüber nachgedacht wird oder die Argumenten systematisch miteinander verglichen werden.

Wie leicht einsehbar ist, wird das ELM für den Erfolg einer Werbebotschaft darum relevant, weil je nach der Involviertheit in der Rezeptionssituation eine andere Verarbeitungsroute relevant wird, und dementsprechend die Werbebotschaft auch anders gestaltet werden muss. Obwohl bei der peripheren Verarbeitung die Involviertheit gering, die Aufmerksamkeit flüchtig und die Verarbeitung nur oberflächlich ist, kann trotzdem eine mehr oder weniger starke Wirkung erzielt werden, indem beispielsweise nicht die Qualität der Argumente ins Zentrum gestellt wird, sondern eher formale Eigenheiten der Botschaft wie die Attraktivität von Bildern, angenehme Farben, Geräusche und Musik sowie Prominenz und Glaubwürdigkeit der Akteure betont werden.

Aufgrund einer etwas anderen Argumentation als das ELM postuliert das *Limited-Capacity-Modell* (Lang 2000), dass einfache, reizarme und redundante Medien bzw. Medienbotschaften dem Verständnis förderlicher sind als auffallende, komplexe und emotionalisierte Stimuli, weil weniger *kognitiver Aufwand* für den Prozess der Decodierung gebraucht wird und mehr Ressourcen für den Abruf von Vorwissen und die

Heinz Bonfadelli

Kohärenzbildung zur Verfügung stehen. Auf dieser Basis können verschiedene Phänomene differentieller Medieneffekte interpretiert werden, etwa die immer wieder geäußerte Vermutung, dass Texte und Hörspiele darum lernfördernd seien, weil sie eine gewisse Imaginationsfähigkeit erfordern; die sog. „fehlende Halbsekunde" beim Medium Fernsehen, welches mit seinen raschen Schnitten, Kameraschwenks und Einstellungswechseln nach Hertha Sturm die Zuschauer überfordere; oder die beobachtete Konkurrenz zwischen Information und Unterhaltung beim sog. Infotainment, wobei Emotionalisierung zwar ein intensives Rezeptionserleben schafft, aber so viel kognitive Ressourcen bindet, dass ein umfassendes Verständnis unterbleibt (Schweiger 2007, S. 208f.).

5 Kognitive Medienwirkungen

Während bis jetzt theoretische Perspektiven einerseits der präkommunikativen Phase der Medienzuwendung und bedürfnisbasierten Mediennutzung, andererseits der kommunikativen Phase der Rezeption im Zentrum standen, sollen abschließend Wirkungsmodelle vorgestellt und bezüglich ihrer Relevanz für die Unternehmenskommunikation befragt werden, welche sich mit *kognitiven Wirkungsphänomenen* befassen, die der postkommunikativen Phase zugeordnet werden, wie die Thematisierungsleistung und die Wissensvermittlung durch Medien, aber auch Prozesse des Medien-Framings und der Kultivierung von Realitätsbildern.

5.1 Thematisierungsfunktion: die Agenda-Setting-Theorie

Die Entdeckung und Betonung der *Thematisierungsfunktion der Medien* für die Öffentlichkeit hat wohl auch außerhalb der Wirkungsforschung die größte Verbreitung gefunden, und zwar kommunikator-zentriert unter den Stichworten „Issues Monitoring" und „Issues Management" auch in der Unternehmenskommunikation (Ingenhoff und Röttger 2006; Wiedemann und Riess 2007). Eine der wichtigsten Leistungen, die Massenmedien für die Gesellschaft erbringen, besteht nach den neuen Ansätzen der Medienwirkungsforschung in der Sammlung und Selektion von Themen und Ereignissen und deren Bereitstellung und Verbreitung in der Öffentlichkeit. Damit schaffen Medien nicht zuletzt die Voraussetzung dafür, dass sich komplexe und ausdifferenzierte Gesellschaften auf einen Kanon von zu lösenden Problemen verständigen und darüber austauschen können, was zur Diskussion und Entscheidung ansteht, und zwar sowohl für das politische als auch für das Wirtschafts- und Kultursystem. Und weil den Me-

Moderne Medienwirkungsforschung

dien eine so entscheidende Funktion zukommt, worüber Politiker, Wirtschaftsvertreter und Kulturschaffende debattieren sowie Bürgerinnen und Bürger nachdenken und miteinander sprechen, spielt für Unternehmen das proaktive Monitoring von relevanten Medienthemen im Sinne einer Frühwarnfunktion, aber auch die (re)aktive Beeinflussung der Medien-Agenda mittels Public Relations eine immer wichtigere Rolle.

Schon 1922 hatte nämlich der amerikanische Publizist Walter Lippmann im ersten Kapitel „The World Outside and the Pictures in Our Heads" seines Werks „Public Opinion" die Basisidee der Agenda-Setting-Funktion sehr pointiert formuliert: Nachrichtenmedien sind für Bürgerinnen und Bürger, aber auch die Eliten der Gesellschaft zu einem unerlässlichen „Fenster zur Welt" geworden, weil sie durch ihre Berichterstattung die Wirklichkeitsvorstellung der Menschen beeinflussen, ja diese überhaupt erst ermöglichen. Das ist darum so relevant, weil die Sammlung und Selektion von Medienthemen auf der Basis journalistischer Wahrnehmungs- und Selektionsroutinen erfolgt, die sich im Kern an einem Katalog von konventionalisierten Nachrichtenwerten orientiert. Die *Medienrealität* ist also nach einer Medienlogik konstruiert, die auf Nachrichtenwerten wie Aktualität, Neuigkeit, Überraschung, Abweichung, Konflikt, Negativität, Nähe, Prominenz etc. beruht (Bonfadelli, Jarren und Siegert 2005, S. 311), und darf nicht als quasi „1 zu 1"-Abbildung der primären und quasi objektiven Wirklichkeit verstanden werden.

Abbildung 5-1: Visualisiertes Agenda-Setting-Modell

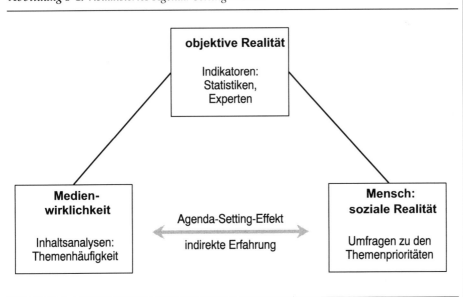

Heinz Bonfadelli

McCombs & Shaw führten 1972/73 die erste empirische Agenda-Setting-Studie durch, auf die mittlerweile mehr als 350 weitere empirische Untersuchungen gefolgt sind, welche Agenda-Setting-Effekte der Medien dokumentieren (Dearing und Rogers 1996; McCombs und Reynolds 2002). Sie postulierten in ihrer limitierten Ausgangsstudie, „that mass media set the agenda for each political campaign, influencing the salience of attitudes toward the political issues" (McCombs und Shaw 1972/73, S. 177). Dabei untersuchten sie diese Basishypothese am US-Präsidentschaftswahlkampf von 1968, indem sie die Rangfolge der persönlichen Themenprioritäten bei 100 noch unentschlossenen Wählern in Chapel Hill, North Carolina, mittels Befragung erhoben und mit der Liste der wichtigsten Medienthemen verglichen, gemessen mittels einer Inhaltsanalyse ausgewählter nationaler und lokaler Zeitungen sowie den Nachrichtensendungen von CBS und NBC. Die relativ hohen Rangkorrelationen interpretierten sie als Bestätigung ihrer These.

Die äußerst fruchtbare Weiterentwicklung der Agenda-Setting-Theorie reagierte sowohl auf vielfältige theoretische als auch auf methodische Kritik. In *theoretischer Hinsicht* wurde das Konzept der Medien-Agenda ausdifferenziert, indem zwischen der *Intensität der Thematisierung* eines Themas (engl. issue) und der *Strukturierung von mehreren Themen* im Vergleich unterschieden wurde, weil verschiedenen Themen durch unterschiedliche Häufigkeit sowie je andere redaktionelle Gewichtung verschiedene Prioritäten zugewiesen werden können. Umgekehrt kann beim Publikum nach der „Awarness" bzw. Thematisierung oder der „Salience" bzw. Dinglichkeit oder Relevanz gefragt werden. Offen bleibt dabei zunächst einerseits die Beziehung zwischen Medien-Agenda als Medienwirklichkeit und allfälligen Indikatoren einer *primären „objektiven" Realität*, beispielsweise beim Thema „Mediengewalt von Jugendlichen" in Form von Kriminalitätsstatistiken, andererseits die Frage, ob das Medienpublikum der von den Medien gesetzten Agenda als getroffener Auswahl und Hierarchisierung auch folgt und dementsprechend „Jugendgewalt" als Thema wahrnimmt und sogar als wichtiges soziales Problem betrachtet. Dabei stellt sich die *Frage der Kausalität:* Ist es die Medien-Agenda, welche die Publikums-Agenda beeinflusst, oder reagiert das Mediensystem allenfalls im Sinne eines gesellschaftlichen Seismographen auf bestehende soziale Probleme bzw. latent vorhandene Konflikte? In methodischer Hinsicht hatte dies einen Wechsel von Querschnitt- zu *Längsschnittstudien* zur Folge, welche sowohl die Medien-Agenda mittels Inhaltsanalysen und die Publikums-Agenda mittels Befragungen zu verschiedenen Zeitpunkten erfassen. Weiter öffnete sich der Blick auf die den Medien vor- und nachgelagerten Instanzen (Ingenhoff und Röttger 2006; Wiedemann und Ries 2007): Wer versucht vorgängig aufgrund von Medien-Monitoring und mittels Public Relations bzw. reaktiv mittels Krisenkommunikation auf die Medien-Agenda Einfluss zu nehmen? Und weiter: Welche Folgen hat die öffentliche Thematisierung von Problemen beispielsweise für die *politische bzw. Policy-Agenda* (Rogers und Dearing 1996: 5)? Eine Weiterentwicklung der Forschung war zudem, nicht nur mittels *aggregierter Daten* als „Durchschnitts"-Agenda Zusammenhänge auf der Makroebene zu untersuchen, sondern mittels *Individualdaten* auf der

Moderne Medienwirkungsforschung

Mikroebene mediatisierende Einflüsse auf die Stärke und Richtung von Agenda-Setting-Effekten zu analysieren wie beispielsweise den Einfluss von a) Trigger-Events oder Schlüsselereignissen, b) von interpersonaler Anschlusskommunikation, c) direkter Erfahrung oder d) der Sichtbarkeit (engl. obtrusiveness) bzw. persönlichen Relevanz von Themen. So zeigte sich etwa, dass Agenda-Setting-Wirkungen bei wenig sichtbaren Themen wie z. B. Kriminalität stärker sind als bei persönlich erfahrbaren Themen wie z. B. Inflation. Ähnliches gilt bezüglich internationalen im Vergleich zu lokalen Themen, wobei im letzteren Fall die Effekte schwächer sind, weil direkte Erfahrung und interpersonale Kommunikation die Medieneffekte meist überlagern. Auch *im Zeitverlauf* wurde versucht, typische *Agenda-Setting-Verläufe* zu bestimmen, etwa in Form von Kumulations-, Schwellen-, Beschleunigungs-, Trägheits- oder Echo-Modellen (Kepplinger et al. 1989).

Schliesslich begann sich die Agenda-Setting-Forschung zunehmend für die Konsequenzen der Thematisierungseffekte in Wahlkämpfen zu interessieren, wobei die Forschungen von Shanto Iyengar zum *Priming-Effekt* (Iyengar und Kinder 1987; Iyengar und Simon 1993) grosse Aufmerksamkeit fanden und auch von praktischer Relevanz waren (Kosicki 2002). Darunter wird das Phänomen verstanden, dass die *Massstäbe*, welche von den Wählern bei der Wahrnehmung und Bewertung von Politikern angewendet werden, durch das vorangegangene Agenda-Setting im Wahlkampf (z. B. Betonung von Wirtschaftspolitik anstatt von Arbeitslosigkeit) beeinflusst werden, und zwar als Auswirkung von zuvor im assoziativen Gedächtnis aktivierten Bedeutungsinhalten (Peter 2002). Schließlich wurde unter dem Label *„Attribute-Agenda-Setting"* bzw. *„Second-Level-Agenda-Setting"* die Frage aufgeworfen, inwiefern die Mediennutzer nicht nur die Themen, sondern auch die von den Medien hervorgehobenen Eigenschaften und Attribute dieser Themen übernehmen. Damit konvergiert das Erkenntnisinteresse der Thematisierungsforschung zunehmend mit dem der „Framing-Forschung" (dazu in Kap. 5.4).

5.2 Differentielle Medienwirkungen: die Wissenskluft-Perspektive

Eine Forschergruppe der Minnesota University, Phillip Tichenor, George Donohue und Calrice Olien, formulierte 1970 erstmals die *Hypothese von der wachsenden Wissenskluft* und belegte diese mit Evidenzen aus einer eigenen Studie und weiteren Forschungen: „Wenn der Informationszufluss in ein Sozialsystem wächst, tendieren die Bevölkerungssegmente mit höherem sozio-ökonomischem Status und/oder höherer formaler Bildung zu einer rascheren Aneignung dieser Information als die status- und bildungsniedrigeren Segmente, so dass die Wissenskluft zwischen diesen Segmenten tendenziell zu- statt abnimmt" (Tichenor, Donohue und Olien 1970, S. 159; dt. in Bonfadelli 1994, S. 57). Von der medienvermittelten Information vermögen somit nicht alle gleichermassen zu profitieren. Oder: Mehr Information allein genügt nicht, um eine homogene Informiertheit aller Bürger zu erreichen. – In den letzten 25 Jahren hat sich eine breite Wissenskluft-Forschung mit unterschiedlichen und zum Teil widersprüchlichen Befunden entwickelt, aber auch die Ausgangshypothese ist mittlerweile zu einer Wissenskluft-Perspektive ausgeweitet, weiterentwickelt und ausdifferenziert worden (Bonfadelli 1994; Gaziano und Gaziano 1996; Viswanath und Finnegan 1996; Wirth 1997; Kwak 1999).

Abbildung 5-2: Visualisierte Wissenskluft-Hypothese

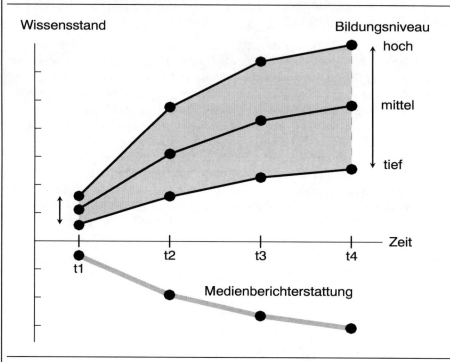

Die *gesellschaftspolitische Brisanz* der Hypothese liegt darin, dass die Medien potentiell nicht zur Informiertheit aller beitragen, sondern als Trendverstärker die bestehenden sozialen Ungleichheiten bezüglich Bildung, sozialer Schicht und ungleicher Verteilung von Macht auch auf der Ebene der Verteilung von gesellschaftlichem Wissen reproduzieren. Dies gilt insbesondere auch für neue Medien wie das Internet, weist doch das Phänomen der „Digital Divide" darauf hin, dass die Verbreitung und der Zugang zum Internet sozial und bildungsmässig ungleich erfolgt ist. Der typische Onliner ist nach wie vor jung, männlich, gebildet und beruflich erfolgreich (vgl. Arnhold 2003; Marr 2005).

Moderne Medienwirkungsforschung

Zur *Begründung ihrer Ausgangshypothese* verweisen die Autoren auf folgende Faktoren und Prozesse:

- Die *Sensibilisierung* gegenüber neuen Themen und Problemen ist in den bildungs- und statushohen sozialen Segmenten grösser.

- Ihr umfangreiches *Vorwissen*, durch Schulbildung und Mediennutzung erworben, macht sie gegenüber neuer Information motivierter und erlaubt wegen der vorhandenen Konzepte bessere Lernleistungen.

- Ihre *Kommunikations- und Medienkompetenz* ist differenzierter und dies vor allem im Zusammenhang mit der Printmediennutzung.

- Ihre *Mediennutzung* ist vielfältiger und richtet sich eher auf informationsreiche Quellen.

- Sie haben bezüglich vieler Themen Ko-Orientierung und nutzen so auch *interpersonale Quellen* intensiver.

Auch die Wissenskluft-Hypothese ist nicht unwidersprochen geblieben und ist sowohl in theoretischer als methodischer Hinsicht kritisiert worden, was zu ihrer *Weiterentwicklung* beigetragen hat. In methodischer Hinsicht wurde zum einen die in der Forschung häufig verwendete Erhebung des Wissensstandes mittels geschlossener Antwortvorgaben als Abfrage von normativ gesetztem Fakten- bzw. Schulbuchwissen kritisiert und als Alternative die offene Erhebung des Wissens in der Perspektive der Rezipienten gefordert. In diesem Zusammenhang wurde auch konstatiert, dass es nicht weiter vermehrbares Wissen gibt wie das Awareness-Wissen beim Agenda-Setting-Phänomen, was *Deckeneffekte* (engl: ceiling effects) impliziert, weil die Privilegierten ihren Wissensvorsprung nicht weiter ausbauen können, und die benachteiligten Segmente darum nur aufholen können. Theoretisch grundsätzlicher zielt jedoch die Kritik von Dervin (1980), welche zu bedenken gibt, dass das abgefragte Wissen nicht in allen sozialen Segmenten von gleicher Relevanz sein muss, die festgestellten Unterschiede darum nicht automatisch als *Defizite* interpretiert werden dürften, sondern als *Differenzen* aufgrund unterschiedlicher Motivation und Interessen verstanden werden können.

Damit verknüpft ist die Überlegung, dass für das Entstehen von Wissensklüften nicht nur Faktoren wie Bildung und sozioökonomischer Status relevant sind, sondern auch die *unterschiedlich ausgeprägte Motivationen*. Kwak (1999) synthetisierte die rivalisierenden *Defizit- und Differenz-Erklärungen* im sog. *Kontingenzmodell*: Nach diesem spielen beim Entstehen von Wissensklüften sowohl Bildung als auch Motivation eine wichtige Rolle. Während sich bei hoher Motivation im Zeitverlauf bestehende Wissensklüfte nur unwesentlich oder gar nicht verstärken, akzentuieren sich bei nur schwacher Motivation diese deutlich. Viswanath et al. (1993, S. 559) beschreiben diesen multifaktoriellen Zusammenhang folgendermaßen: „In our view, the issue is not motivation or education; it is motivation and education as they operate jointly to affect knowledge."

Heinz Bonfadelli

Schließlich zeigte sich aufgrund der Analysen von Präsidentschaftsdebatten oder Informationskampagnen, dass auch nach Phasen bzw. Ebenen im Rezeptionsprozess unterschieden werden muss: Wissensklüfte können entstehen, weil der Zugang zur Information je nach sozialem Segment unterschiedlich sein kann (engl.: access gap), aber auch bei gleicher Erreichbarkeit etwa von Zielgruppen durch Kampagnen kann die angebotene Information im Rezeptionsprozess unterschiedlich schnell oder verschieden effizient (engl.: usage gap) aufgenommen werden. Darüber hinaus wird in jüngeren Studien auch untersucht, inwiefern Wissensklüfte Konsequenzen für die politische Partizipation (engl.: gaps in participation) haben können (vgl. Eveland und Scheufele, 2000).

Seit der Formulierung der Ausgangshypothese sind weit über 100 empirische Studien zu verschiedensten thematischen Fragestellungen durchgeführt worden wie Nachrichtendiffusion, Abstimmungen, Debatten und Wahlen; Informationskampagnen, Entwicklungsländerkommunikation, Berichterstattung über Medienereignisse oder die Diffusion neuer Medien wie Computer und Internet (vgl. Bonfadelli 2002; Marr 2005). Sie basieren mehrheitlich sowohl auf Querschnitt- und Paneldesigns oder vereinzelt auch auf Experimenten (z. B. Wirth 1997) und verwenden je andere Operationalisierungen von Wissen wie Fakten- vs. Struktur- oder Hintergrundwissen.

Während in Querschnittstudien mehrheitlich bildungsbasierte Wissensklüfte belegt werden konnten, sind die Befunde aus Längsschnittstudien uneinheitlich geblieben, nicht zuletzt bei Kommunikationskampagnen, die speziell zur Vermeidung von Wissensklüften konzipiert werden (Bonfadelli und Friemel 2006, S. 49ff.). Weiter zeigte sich etwa auf der Makroebene, dass *soziale Konflikte* zu einer breiten Aufmerksamkeit und homogeneren Diffusion des Wissens auch in den bildungsfernen Segmenten führen können (Holst 2000); auf der Mikroebene wiederum belegt die Evaluation von Informationskampagnen, dass auch benachteiligte Gruppen erreicht und sensibilisiert werden können, wenn die Kampagnenbotschaften als persönlich relevant und nützlich geframt und wahrgenommen werden. Dies kann zu einem Ausgleich des Wissens und wenigstens teilweise zu einer Kompensation bestehender Bildungsnachteile führen (Wanta und Elliott 1995).

Für die Unternehmenskommunikation stellt sich praxisorientiert die Frage, wie dem Entstehen von Wissensklüften entgegengewirkt werden kann. Wie können beispielsweise komplexe und nicht direkt persönlich relevante Wirtschaftsthemen in der Berichterstattung auch für bildungsferne Segmente verständlich aufbereitet (z. B. durch Visualisierung, Emotionalisierung, Redundanz und Wiederholung, angepasstes Vokabular etc.) und Rezeptionsmotivation (z. B. mit Personalisierung, Lebensweltbezug, konkretem Gebrauchswert etc.) geschaffen werden?

5.3 Prägung von verzerrten Realitätsvorstellungen: die Kultivierungsanalyse

Im Unterschied zur Wissenskluft-Forschung, die sich mit dysfunktionalen Folgen der differentiellen Verbreitung und Aneignung von politischer Information befasst, stehen in der *Kultivierungsforschung* homogenisierende Effekte der Fernsehunterhaltung im Zentrum, die aber ebenfalls als problematisch bewertet werden. Die Kultivierungsanalyse basiert auf periodisch durchgeführten Inhaltsanalysen der Unterhaltungsprogramme des amerikanischen Fernsehens, die sog. *Message-System-Analyse*, welche durch ein Forscherteam um George Gerbner an der Annenberg School of Communications seit Ende der 1960er Jahre vor allem zum Ausmaß an Gewalt in den TV-Programmen durchgeführt wurde (Gerbner 2000). Die Befunde dieser standardisierten Inhaltsanalysen belegten im Vergleich zu sog. „Real-World"-Indikatoren (z. B. Kriminalitätsstatistiken) das überproportional hohe Vorkommen von Gewaltakten im Fernsehen. In einem zweiten Schritt, der sog. *Cultivation-Analyse*, wurden dann die Weltbilder von Wenig- und Vielsehern miteinander verglichen, wobei sich immer wieder zeigte, dass Vielseher Realitätsvorstellungen über Alltagsgewalt äußerten, die näher an der TV-Realität lagen, während jene der Wenigseher näher an der faktischen Wirklichkeit lagen (Gerbner und Gross 1976). Dies wurde als problematischer *Kultivierungseffekt des Fernsehens* interpretiert: Das *Fernsehen als Mainstream-Medium* kultiviere bei Vielsehern längerfristig homogen verzerrte Bilder von der Realität. Erklärt wurde dies auf Seite des Fernsehens aufgrund seiner zentralisierten Massenproduktion, welche sich am Mehrheitsgeschmack eines weltweiten Publikums orientiere und nicht inhaltliche Vielfalt anbiete, sondern ein kohärentes und kumulatives System von Bildern und Botschaften hervorbringe. Auf Seiten des Publikums erlaube das Fernsehen wiederum nur begrenzte Wahlmöglichkeiten, und das Sehverhalten selbst sei zudem wenig selektiv.

Während die Kultivierungsanalyse in der Öffentlichkeit sofort auf große Resonanz stieß, reagierte die akademische Kommunikationswissenschaft zunächst reserviert, ja sogar abweisend. Mittlerweile (Weimann 2000; Gerbner et al. 2002) liegen aber sehr viele empirische Studien aus verschiedensten Ländern, so auch aus dem deutschen Sprachraum (Bonfadelli 1983; Groebel 1982; Vitouch 1993; Roßmann 2002) und zu verschiedensten Themen vor: neben Gewalt auch zu Geschlechterstereotypen, Schlankheitsbildern, Familienbildern, Altersstereotypen, Ärzteidealen, Umweltvorstellungen, politischen Ansichten etc. (Morgan 1982; Harrison und Cantor 1997; Roßmann 2002; Shanahan, Morgan und Stenbjerre 1997; Gerbner et al. 2002). Und die meisten dokumentieren Kultivierungseffekte, allerdings auf einem eher geringen Niveau.

Die an der Kernthese geäußerte zum Teil heftige methodologische Kritik (z. B. Hirsch 1980+1981) etwa in Bezug auf die unklare Definition von Viel- und Wenigsehern oder fehlende Kausalitätsbelege durch die für Kultivierungsforschung typischen Quer-

Heinz Bonfadelli

schnittstudien, aber auch die am Anfang zu wenig berücksichtigten mediatisierenden Faktoren (Rubin, Perse und Taylor 1988) wie gesehene Programmgenres oder Persönlichkeitsaspekte wie Alter und Geschlecht, Neurotizismus und Ängstlichkeit oder direkte Erfahrungen und die unterliegenden psychologischen Wirkungsprozesse (Potter 1991), haben zu einer fruchtbaren Weiterentwicklung des Ansatzes geführt. Insbesondere wurde auch die Prämisse moniert, dass die TV-Inhalte durch die Zuschauer auf ähnliche Weise verstanden und nicht uminterpretiert werden (Newcomb 1978; Potter 1993), und es wurde gefragt ob Vielsehen nicht als ein Persönlichkeitssyndrom von besonders ängstliche Menschen zu verstehen sei (Groebel 1982; Vitouch 1983).

Von Praxisrelevanz ist für die Unternehmenskommunikation vor allem der in der Öffentlichkeit immer wieder erhobene und durch die Kultivierungsforschung tendenziell empirisch belegbare Vorwurf, das Fernsehen und speziell die Werbung verbreiteten gesundheitsrelevante verzerrte Realitätsbilder (Lücke, Rössler und Willhöft 2003; Will et al. 2005) und kultivierten so vorab bei der Zielgruppe der jungen Menschen falsche Realitätsvorstellungen, welche beispielsweise im Kontext von überzogenen Schlankheitsbildern durchaus zu Essstörungen beitragen können (Harrison und Cantor 1997).

5.4 „Kampf um Deutungsmacht": der Medien-Framing-Ansatz

In jüngster Zeit ist allerdings die Kultivierungsanalyse durch das neue Konzept *Medien-Framing* etwas in den Hintergrund gedrängt worden, nicht zuletzt wegen seiner breiteren Anwendbarkeit auch auf Informationsangebote der Medien, seiner Anschlussfähigkeit an die Agenda-Setting-Theorie und seinem konstruktivistischen Hintergrund. Der Framing-Ansatz hat seinen Ausgangspunkt in der Beobachtung, dass Medien nicht nur Themen auf die Medien-Agenda setzen, sondern zudem darüber entscheiden, aus welcher Perspektive ein Thema behandelt wird und welche Aspekte des Themas hervorgehoben bzw. vernachlässigt werden, was auch als „Second-Level Agenda-Setting" bezeichnet wird. Die Praxisrelevanz der Perspektive liegt darin, dass in der Öffentlichkeit meist Interessensgruppen mit unterschiedlichen Perspektiven und Ansichten, um die Deutungshoheit über ein umstrittenes politisches oder wirtschaftliches Thema kämpfen (Pan und Kosicki 2002). Dabei stellt sich nicht zuletzt die Frage, wie Journalisten und Medien damit umgehen, und welche Perspektiven sie ihrer Berichterstattung zugrunde legen. So kann beispielsweise das Thema „Abtreibung" in einer Kampagne oder in den Medien aus der Perspektive „Tötung ungeborenen Lebens" oder aus der Blickrichtung „freie Entscheidung der Frau" betrachtet und bewertet werden.

Moderne Medienwirkungsforschung

Abbildung 5-3: Stationen im Framing-Prozess
(Scheufele 1999, S. 48; Bonfadelli und Friemel 2006, S. 48)

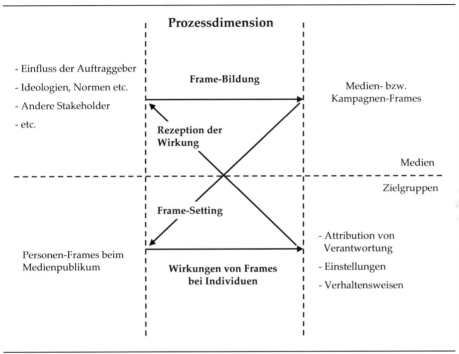

Während sich ein großer Teil der Framingforschung (vgl. Abbildung 5-3) inhaltsanalytisch damit beschäftigt, die von den Journalisten und Medien angebotenen Interpretationsmuster (Medien-Frames) und ihre Entstehung etwa aufgrund von gezielter Public Relations (Hallahan 1999) zu analysieren und zu rekonstruieren (Frame-Building), fragt die *wirkungsbezogene Forschung* (Scheufele 1999, Scheufele 2000) in einem ersten Schritt danach, inwiefern Mediennutzer zur Wahrnehmung ihrer sozialen Realität überhaupt kognitive Schemata (Personen-Frames) gebrauchen; in einem zweiten Schritt, ob sie den von den Medien angebotenen Perspektiven folgen und in ihre Themenwahrnehmung integrieren (Frame-Setting), und schließlich in einem dritten Schritt, welche Konsequenzen sich daraus für die Meinungsbildung und das Handeln von Personen ergeben (Consequences of Framing).

Heinz Bonfadelli

Tabelle 5-1: *Forschungslogik der Framing-Perspektive (nach Scheufele 1999, S. 109)*

Ebene der Fragestellung	Frames als...	
	unabhängige Variable	abhängige Variable
■ Medien-Frames	Wie beeinflussen Medien-Frames die Person-Frames von Rezipienten?	Inwiefern sind Medien-Frames das Resultat von journalistischen Routinen?
■ Personen-Frames	Wie beeinflussen Personen-Frames die Motivation, sich so und nicht anders zu verhalten?	Inwiefern ist z. B. die Attribuierung von Verantwortung beeinflusst durch spezifische Medien-Frames?

Tabelle 5-1 illustriert mögliche Fragestellungen in einer forschungslogischen Perspektive, wobei in der Medienwirkungsforschung meist gefragt wird, inwiefern bestimmte *Medien-Frames als unabhängige Variable* die Personen-Frames des Medienpublikums als abhängige Variable beeinflussen. Die Personen-Frames können darüber hinaus aber ebenfalls als unabhängige Faktoren beispielsweise in Bezug auf mögliche Handlungskonsequenzen untersucht werden.

Während schon die allgemeine *Definition* und noch mehr die konkrete Operationalisierung von *Medien-Frames* sehr unterschiedlich gehandhabt werden, stellen sich insbesondere bei den Person-Frames des Medienpublikums die Herausforderungen noch verstärkt:

Medien-Frames: Entman (1993, S. 52) definiert beispielsweise in einem Überblicksartikel Medien-Frames wie folgt: „To frame is to select some aspects of a perceived reality and make them more salient in a communicating text, in such a way as to promote a particular problem definition, causal interpretation, moral evaluation and/or treatment recomenddation." Und Reese (2001, S. 11) stellt heraus: "Frames are organizing prinziples that are socially shared and persistent over time, that work symbolically to meaningfully structure the social world." Medien-Frames haben also in der Berichterstattung die Funktion, eine ganz bestimmte Sicht bzw. Deutungsperspektive auf ein Ereignis oder einen Sachverhalt dem Medienpublikum anzubieten und nahezulegen, wobei dies durch Selektion, Hervorhebung und Folgerungen, aber auch durch Weglassen und Ausblenden erreicht wird.

Person-Frames: Im Unterschied zur inhaltsanalytischen Erfassung von Medien-Frames müssen Personen-Frames bei Befragungen nachträglich erschlossen oder bei experimentellen Studien vorgängig festgelegt werden, weil es sich um kognitive Deutungsmuster handelt, die in einem ersten Schritt darüber bestimmen, welche Informa-

Moderne Medienwirkungsforschung

tionen einer Medienbotschaft aufgenommen und weiterverarbeitet werden, und in einem zweiten Schritt diese bewertet und in breiterer Deutungsmuster integriert werden. In qualitativen Studien wird meist mittels fokussierten Leitfadengesprächen gefragt, wie Personen über ein Thema denken, welche Gefühle das Thema bei ihnen evoziert, wie wichtig man das Thema erachtet und wie sie dieses Thema anderen Personen erklären würden. Just, Cringler und Neuman (1996) synthetisierten so auf der Basis von Gesprächen mit 28 Personen und bezogen auf vier aktuelle Themen der amerikanischen Politik folgende vier Personen-Frames:

- Beim „Human Impact"-Frame wird das Thema vor allem in Bezug auf seine persönlichen Konsequenzen wahrgenommen.

- Im Unterschied dazu stehen die wahrgenommenen wirtschaftlichen Konsequenzen beim „Economic"-Frame im Zentrum.

- Beim „Us-and-Them"-Frame wird Politik konfliktiv und polarisiert erlebt.

- Schließlich bezieht sich das „Control"-Frame darauf, ob man sich in Bezug auf ein politisches Problem als hilflos und ohnmächtig erlebt oder ob Kontrollmöglichkeiten wahrgenommen werden.

Im Unterschied dazu wird bei *Experimenten* den Probanden meist ein Thema vorgegeben, das in Form von Zeitungsberichten durch die Forscher vorgängig unterschiedlich geframt wird. In einer frühen Studie fanden Iyengar und Simon (1993) Belege für Framing-Effekte aufgrund von Survey-Daten, welche im Umfeld des ersten Golf-Krieges erhoben wurden. Forschungsleitend war die inhaltsanalytisch basierte Überlegung, dass die Kriegsberichterstattung des US-Fernsehens vor allem episodisch orientiert war, während Hintergrundberichte als sog. thematische Frames eher die Ausnahme bildeten. Als Wirkung der Dominanz solcher „episodischer" Frames wurde vermutet und konnte auch bestätigt werden, dass die Nutzung von TV-News mit der Tendenz korrelierte, den Golf-Konflikt nicht diplomatisch, sondern militärisch zu lösen. Price, Tewksbury und Powers (1997) konnten Framing-Effekte experimentell beim Thema „mögliche Einschnitte bei der staatlichen Subventionierung von Universitäten" nachweisen. Schuck und de Vreese (2006) wiederum framten das Thema der EU-Erweiterung einerseits als Chance und andererseits als Risiko in einer experimentellen Situation, wobei in der Opportunity-Situation ein höheres Ausmass an Akzeptanz resultierte als beim Risiko-Frame. In einem weiteren Experiment von Aday (2006) zeigten sich Framing-Effekte derart, dass sog. Advocy-Frames in der Berichterstattung wirksamer waren als objektivistisch geframte Nachrichten der Auslandberichterstattung.

Zusammenfassend kann festgehalten werden, dass sich das *Framing-Konzept* in den letzten Jahren sowohl im Bereich der Medienberichterstattung als auch in der Medienwirkungsforschung als *vielversprechende neue theoretische Perspektive* hat etablieren können; der Forschungsbereich ist aber bis heute heterogen geblieben. Nicht zuletzt verdankt der Framing-Ansatz seine Popularität zum einen seinem *integrativen theoreti-*

Heinz Bonfadelli

schen Anspruch und zum anderen seiner *breiten empirischen Anwendbarkeit*. Allerdings zeigt eine kritische Analyse des aktuellen Forschungsstands (D'Angelo 2002), dass das zentrale Konstrukt „Frame" in theoretischer Hinsicht nach wie vor *klärungsbedürftig* ist. Aber auch auf empirischer Ebene, etwa bezüglich Kausalität und Einflussrichtung von Framing-Effekten, bleibt offen, in welchen Situationen sog. saliente Merkmale der Medienbotschaft als Schlüsselreize bzw. Medien-Frames bei den Rezipienten analoge kognitive Schemata als Personen-Frames aktivieren, oder inwiefern allenfalls bestehende Personen-Frames als Prädispositionen im Rezeptionsprozess zu selektiver Wahrnehmung und Interpretation von Medienbotschaften führen können. Neben solchen *Aktivierungs-Effekten* sind aber auch *Transformations-Effekte* anzunehmen, indem wiederholtes konsonantes Medien-Framing bestehende Vorstellungen in Richtung des medialen Bezugsrahmens verändern kann. Zudem postuliert Scheufele (2003+2004) sog. *Etablierungs-Effekte* für solche Situationen, wo es durch Medien-Framing überhaupt erst zur Herausbildung von neuen Personen-Frames kommt wie etwa bei neuartigen, der Bevölkerung vorher noch nicht bekannten Technologien. Im Gefolge des je spezifischen Medien-Framings auf der kognitiven Ebene können sich aber auch *Einstellungs-Effekte* auf der affektiven Ebene ergeben. So führte beispielsweise die starke Betonung der positiv als nützlich und hoffnungsvoll geframten medizinischen Anwendungen der roten Gentechnologie vermutlich 1998 zur Ablehnung der sog. Gen-Schutz-Initiative in der Schweiz, während die Befürworter der Initiative erfolglos die negativ als riskant geframten Anwendungen der grünen Gentechnologie im Bereich der Landwirtschaft und Lebensmittel ins Zentrum ihrer Kampagne stellten (Hardmeier 1999).

Sowohl Medien-Frames als auch Personen- bzw. Publikum-Frames scheinen für die Unternehmenskommunikation interessante wie relevante Konzepte zu sein (Hallahan 1999). Unternehmen müssen nach der Agenda-Setting-Theorie die für sie und ihre Stakeholder relevanten Issues in der Medienöffentlichkeit beobachten und gegebenenfalls mit Issues-Management darauf reagieren (Ingenhoff und Röttger 2006; Wiedemann und Ries 2007). Das allein ist aber noch nicht hinreichend. Nach dem Framing-Ansatz müssen zudem die beobachteten kontroversen Issues bezüglich der ihnen unterliegenden Frames hin analysiert werden, und darauf bezogen u. U. alternative Frames entwickelt und im Hinblick auf sog. Transformations-Effekte kommuniziert werden.

Medien beeinflussen somit nach der Agenda-Setting-Theorie, worüber Menschen nachdenken, aber nicht nur, sondern sie liefern nach dem Framing-Ansatz auch Interpretationsrahmen dafür, wie Menschen denken können bzw. denken sollen. Und schließlich beeinflussen Medien über Priming-Effekte auch die Maßstäbe, aufgrund derer Rezipienten Politiker, aber auch Wirtschaftsführer beurteilen. Hier wäre als Beispiel etwa auf die jüngst immer wieder publizierten Berichte über Manager als „Abzocker" hinzuweisen. Es liegt nahe, entsprechende Effekte von Agenda-Setting, Medien-Framing und Priming beim Publikum anzunehmen.

6 Fazit

Ein Ausgangspunkt der hier präsentierten neueren Ansätze der Medienwirkungsforschung ist die Beobachtung, dass im Rahmen von Unternehmenskommunikation zwar vielfältige zielgerichtete Kommunikationsaktivitäten geplant und realisiert werden, mit denen relevante Zielgruppen zielorientiert angesprochen und auch beeinflusst werden sollen, aber in den aktuellen theorie- und praxisorientierten Veröffentlichungen zur Unternehmenskommunikation die theoretischen Ansätze und Befunde der Wirkungsforschung bislang kaum zur Kenntnis genommen wurden. Die Zielsetzung des Beitrags besteht folglich darin, den „State of the Art" der Medienwirkungsforschung und deren Befunde wenigstens in einer Auswahl überblicksartig vorzustellen und zu diskutieren, wobei notwendigerweise vieles weglassen werden musste, so etwa Ansätze wie die Diffusions- und Innovationsforschung (Rogers 2003), die soziale Netzwerk-Forschung (Stegbauer 2005), die Theorie der Schweigespirale (Noelle-Neumann 2001), und den Third-Person-Effekt – „Medien beeinflussen zwar die anderen, aber doch nicht mich" – (Brosius und Engel 1997; Moser und Hertel 1998) oder die für die Werbung speziell relevante Persuasionsforschung (Dillard und Pfau 2002). Die Übersicht versucht die Vielfalt und Reichweite der bestehenden theoretischen Perspektiven und Modelle anzudeuten, aber auch darauf hinweisen, dass es die Medienwirkung nicht gibt, und dementsprechend gibt es auch keine einzige, umfassende Theorie der Medienwirkungsforschung. Vielmehr haben sich je spezifische Ansätze im Sinne von Theorien mittlerer Reichweite herausgebildet, die sich vertieft mit jeweils einem Teilbereich aus der breiten Palette an möglichen Wirkungsphänomen beschäftigen, was mitunter die Übersicht erschert. Es bleibt zu hoffen, dass sich die Unternehmenskommunikation in Zukunft weniger nur auf die „alten" stimulusorientierten Ansätze abstützt, sondern vermehrt auch Konzepte der modernen Medienwirkungsforschung zur Kenntnis nimmt und in der Kommunikationspraxis berücksichtigt.

Literaturverzeichnis

ADAY, S. (2006): The Framing Effects of News: An Experimental Test of Advocy versus Objectivist Frames, in: Journalism & Mass Communication Quarterly, 83 (4), S. 767-784.

ARNHOLD, K. (2003): Digital Divide. Zugangs- oder Wissenskluft?, München.

BILANZIC, H. (2006): Zur Forschungslogik im Uses-and-Gratifications-Ansatz, in: W. Wirth, A. Fahr, und E. Lauf (Hrsg.): Forschungslogik und -design in der Kommunikationswissenschaft, Köln, S. 195-216.

BLUMLER, J.G. UND KATZ, E. (HRSG.) (1974): The Uses of Mass Communications. Current Perspectives on Gratifications Research, London.

BONFADELLI, H. (2007): Die Wissenskluft-Perspektive, in: Schenk, M. (Hrsg.): Medienwirkungsforschung, Tübingen, S. 614-646.

BONFADELLI, H. (2004A): Medienwirkungsforschung Band I: Grundlagen und theoretische Perspektiven, Konstanz.

BONFADELLI, H. (2004B): Medienwirkungsforschung Band II: Anwendungen in Politik, Wirtschaft und Kultur, Konstanz.

BONFADELLI, H. (2002): The Internet and Knowledge Gaps. A Theoretical and Empirical Investigation, in: European Journal of Communication, 17 (1), S. 65-84.

BONFADELLI, H. (1994): Die Wissenskluft-Perspektive: Massenmedien und gesellschaftliche Information, Konstanz.

BONFADELLI, H. (1983): Der Einfluss des Fernsehens auf die Konstruktion der sozialen Realität: Befunde aus der Schweiz zur Kultivierungshypothese, in: Rundfunk und Fernsehen, 31 (3-4), S. 415-430.

BONFADELLI, H. UND FRIEMEL, T. (2006): Kommunikationskampagnen im Gesundheitsbereich. Grundlagen und Annwendungen.

BONFADELLI, H., JARREN, O. UND SIEGERT, G. (HRSG.) (2005): Einführung in die Publizistikwissenschaft, Bern/Stuttgart/Wien.

BROSIUS, H.-B. UND ENGEL, D. (1997): „Die Medien beeinflussen vielleicht die anderen, aber mich doch nicht": Zu den Ursachen des Third-Person-Effekts, in: Publizistik, 42 (3), S. 325-345.

BROSIUS, H.-B. (1995): Alltagsrationalität in der Nachrichtenrezeption. Ein Modell zur Wahrnehmung und Verarbeitung von Fernsehnachrichten, Opladen.

BRUHN, M. (2005): Unternehmens- und Marketingkommunikation. Handbuch für ein integriertes Kommunikationsmanagement, München.

BRYANT, J. UND ZILLMANN, D. (HRSG.) (2002): Media Effects. Advances in Theory and Research, Mahwah New Jersey.

D'ANGELO, P. (2002): News Framing as a Multiparadigmatic Research Programme: A Response to Enntman, in: Journal of Communication, 52 (4), S. 870-888.

DEARING, J.W. UND ROGERS, E.M. (1996): Agenda-Setting, Thousand Oaks, CA.

DERVIN, B. (1980): Communication Gaps and Inequities: Moving Toward a Reconceptualization, in: M. Voigt und B. Dervin (Hrsg.): Progress in Communication Sciences, Norwood N.J., S. 73-112.

DILLARD, J.P. UND PFAU, M. (HRSG.) (2002): The Persuasion Handbook. Developments in Theory and Practice, Thousand Oaks / London / New Delhi.

EICHHORN, W. (1995): Agenda-Setting-Prozesse. Eine theoretische Analyse individueller und gesellschaftlicher Themenstrukturierung, München.

ENTMAN, R.M. (1993): Framing: Toward Clarification of a Fractured Paradigm, in: Journal of Communication, 43 (4), S. 51-58.

EVELAND, W.P. UND SCHEUFELE, D.A. (2000): Connecting News Use with Gaps in Knowledge and Participation, in: Political Communication 17, S. 215-237.

FRÜH, W. UND SCHÖNBACH, K. (2005): Der dynamisch-transaktionale Ansatz III: Eine Zwischenbilanz, in: Publizistik, 50 (1), S. 4-20.

GAZIANO, C. UND GAZIANO, E. (1996): Theories and Methods in Knowledge Gap Research since 1970, in: M. Salwen und D. Stacks (Hrsg.): An Integrated Approach to Communication Theory and Research, Mahwah, N.J., S. 127-143.

GERBNER, G. (2000): Die Kultivierungsperspektive: Medienwirkungen im Zeitalter von Monopolisierung und Globalisierung, in: A. Schorr (Hrsg.): Publikums- und Wirkungsforschung, Wiesbaden, S. 101-121.

GERBNER, G. UND GROSS, L. (1976): Living with Television: The Violence Profile, in: Journal of Communication, 26 (2), S. 173-199.

GERBNER, G., GROSS, L., MORGAN, M., SIGNORIELLI, N. UND SHANAHAN, J. (2002): Growing Up With Television: Cultivation Processes, in: J. Bryant und D. Zillmann (Hrsg.): Media Effects. Advances in Theory and Research, Hillsdale, N.J., S. 43-67.

GROEBEL, J. (1982): „Macht" das Fernsehen die Umwelt bedrohlich? Strukturelle Aspekte und Ergebnisse einer Längsschnittstudie zu Fernsehwirkungen, in: Publizistik, 27 (1-2), S. 152-165.

HALLAHAN, K. (1999): Seven Models of Framing: Implications for Public Relations, in: Journal of Public Relations Research, 11 (3), S. 205-242.

HANDEL, U. (2000): Die Fragmentierung des Medienpublikums. Bestandsaufnahme und empirische Untersuchung eines Phänomens der Mediennutzung, Wiesbaden.

HARDMEIER, S. (1999): Thematisierungsstrategien bei der Abstimmung über die Gen-Schutz-Initiative, in: Bonfadelli, H. (Hrsg.): Gentechnologie im Spannungsfeld von Politik, Medien und Öffentlichkeit, Zürich, S. 201-227.

HARRISON, K. UND CANTOR, J. (1997): The Relationship Between Media Consumption and Eating Disorders, in: Journal of Communication, 47 (1), S. 40-67.

HARTMANN, P. UND NEUWÖHNER, U. (1999): Lebensstilforschung und Publikumsseg-mentierung, in: Media Perspektiven, 10/1999, S. 531-539.

HASEBRINK, U. (1997): „Ich bin viele Zielgruppen." Anmerkungen zur Debatte um die Fragmentierung des Publikums aus kommunikationswissenschaftlicher Sicht, in: H. Scherer und H.-B. Brosius (Hrsg.): Zielgruppen, Publikumssegmente, Nutzer-gruppen. Beiträge aus der Rezeptionsforschung, München, S. 262-280.

HASEBRINK, U. (2003): Nutzungsforschung, in: G. Bentele, H.-B. Brosius und O. Jarren (Hrsg.): Öffentliche Kommunikation. Handbuch Kommunikations- und Medien-wissenschaft, Wiesbaden, S. 101-127.

HIRSCH, P.M. (1981): On Not Learning from One's Own Mistakes. A Reanalysis of Gerbner et al.'s Findings on the Cultivation Hypothesis, in: Communication Re-search, 8 (1), S. 3-37.

HIRSCH, P.M. (1980): The „Scary World" of the Nonviewer and Other Anomalies. A Reanalysis of Gerbner et al.'s Findings on the Cultivation Hypothesis, in: Commu-nication Research, 7 (4), S. 403-456.

HOLST, I.-A. (2000): Realitätswahrnehmung in politischen Konflikten. Grundlagen einer Theorie der Wissenskluft, Konstanz.

INGENHOFF, D. UND RÖTTGER, U. (2005): Issues Management. Ein zentrales Verfahren der Unternehmenskommunikation, in: B.F. Schmid und B. Lyczek (Hrsg.): Unter-nehmenskommunikation. Kommunikationsmanagement aus Sicht der Unterneh-mensführung, Wiesbaden, S. 321-350.

IYENGAR, S. UND KINDER, D.R. (1987): News that Matter. Television and American Opin-ion, Chicago, IL.

IYENGAR, S. UND SIMON, A. (1993): News Coverage of the Gulf Crisis and Public Opin-ion. A Study of Agenda-Setting, Priming, and Framing, in: Communication Re-search 20 (3), S. 365-383.

JÄCKEL, M. (2005): Medienwirkungen. Ein Studienbuch zur Einführung, Verlag für Sozialwissenschaften, Wiesbaden.

JÄCKEL, M. (2003): Medienwirtschaftliches Handeln der Rezipienten, in: K.-D. Altmep-pen und M. Karmasin (Hrsg.): Medien und Ökonomie, Wiesbaden, S. 15-45.

JÄCKEL, M. (1996): Wahlfreiheit in der Fernsehnutzung: eine soziologische Analyse zur Individualisierung der Massenkommunikation, Opladen.

JÄCKEL, M. (1992): Mediennutzung als Niedrigkostensituation. Anmerkungen zum Nutzen- und Belohnungsansatz, in: Medienpsychologie, 4 (4), S. 246-266.

JUST, M.R., CRINGLER, A.N. UND NEUMAN, R. (1996): Cognitve and Affective Dimensions of Political Conceptualization, in: A.N. Cringler (Hrsg.): The Psychology of Political Communication, Ann Arbor, S. 133-147.

KEPPLER, A. (1994): Wirklicher als die Wirklichkeit? Das neue Realitätsprinzip der Fernsehunterhaltung, Frankfurt a.M.

KEPPLINGER, H. M., GOTTO, K., BROSIUS, H.-B. UND HAAK, D. (1989): Der Einfluss der Fernsehnachrichten auf die politische Meinungsbildung, Freiburg / München.

KOSICKI, G. (2002): The Media Priming Effect. News Media and Considerations Affecting Political Judgments, in: J.P. Dillard und M. Pfau (Hrsg.): The Persuasion Handbook. Developments in Theory and Practice, Thousand Oaks / London / New Delhi, S. 63-81.

KROTZ, F. (1991): Lebensstile, Lebenswelten und Medien: Zur Theorie und Empirie individuenbezogener Forschungsansätze, in: Rundfunk und Fernsehen, 39 (3), S. 317-342.

KWAK, N. (1999): Revisiting the Knowledge Gap Hypothesis. Education, Motivation, and Media Use, in: Communication Research, 26, S. 385-413.

LANG, A. (2000): The Limited Capacity Model of Mediated Message Processing, in: Journal of Communication, 50 (1), S. 46-70.

LEVY, M.R. / WINDAHL, S. (1984): Audience Activity and Gratifications. A Conceptual Clarification and Exploration, in: Communication Research, 11 (1), S. 51-78.

LIPPMANN, W. (1990/1922): Die öffentliche Meinung, Bochum.

LÜCKE, S., RÖSSLER, P. UND WILLHÖFT, C. (2003): Appetitlich verpackt, aber schwer zu verdauen? Darstellung und Wirkung von Ernährung in Massenmedien: ein Forschungsüberblick, in: Medien und Kommunikationswissenschaft, 51 (2-3), S.407-430.

LUHMANN, N. (1996): Die Realität der Massenmedien, Opladen.

MANGOLD, R. (1998): Emotionale Wirkungsaspekte während der Fernsehrezeption, in: W. Klingler, G. Roters und O. Zöllner (Hrsg.): Fernsehforschung in Deutschland. Themen – Akteure – Methoden, Band 2, Baden-Baden, S. 641-660.

MANGOLD, R., UNZ, D. UND WINTERHOFF-SPURK, P. (2001): Zur Erklärung emotionaler Medienwirkungen. Fortentwicklung theoretischer Ansätze, in: P. Rössler, U. Hasebrink und M. Jäckel (Hrsg.): Theoretische Perspektiven der Rezeptionsforschung, München, S. 163-180.

MARR, M. (2005): Internetzugang und politische Informiertheit. Zur digitalen Spaltung der Gesellschaft, Konstanz.

MARR, M. UND BONFADELLI, H. (2005): Mediennutzungsforschung, in: H. Bonfadelli, O. Jarren und G. Siegert (Hrsg.) (2005): Einführung in die Publizistikwissenschaft, Bern/Stugart/Wien, S. 497-526.

MAST, C. (2002): Unternehmenskommunikation. Ein Leitfaden, Stuttgart.

MCCOMBS, M. (2004): Setting the Agenda: the Mass Media and Public Opinion, Cambridge.

MCCOMBS, M. (2000): Agenda-Setting: Zusammenhänge zwischen Massenmedien und Weltbild, in: A. Schorr (Hrsg.): Publikums- und Wirkungsforschung, Wiesbaden, S. 123-136.

MCCOMBS, M. UND REYNOLDS, A. (2002): News Influence on Our Pictures of the World, in: J. Bryant und D. Zillmann (Hrsg.): Media Effects. Advances in Theory and Research, Hillsdale, N.J., S. 1-18.

MCCOMBS, M.E. UND SHAW, D.L. (1972): The Agenda-Setting Function of Mass Media, in: Public Opinion Quarterly, 36, S. 176-187.

MEHLING, G. (2001): Fernsehen ist kein „Problem". Zu den handlungstheoretischen Vorstellungen des Uses-and-Gratifications Approach, in: P. Rössler, U. Hasebrink und M. Jäckel (Hrsg.): Theoretische Perspektiven der Rezeptionsforschung. München, S. 97-119.

MEYEN, M. (2004): Mediennutzung. Mediaforschung, Medienfunktionen, Nutzungsmuster, Konstanz.

MORGAN, M. (1982): Television and adolescents' sex-role stereotypes: a longitudinal study, in: Journal of Personality and Social Psychology, 43 (5), S. 947-955.

MOSER, K. UND HERTEL, G. (1998): Der Dritte-Person-Effekt in der Werbung, in: Zeitschrift für Sozialpsychologie, 29, S. 147-155.

NEWCOMB, H. (1978): Assessing the Violence Profile of Gerbner and Gross: A Humanistic Critique and Suggestions, in: Communication Research, 5 (3), S. 264-282.

NOELLE-NEUMANN, E. (2001): Die Schweigespirale. Öffentliche Meinung – unsere soziale Haut, München.

PALMGREN, P. UND RAYBURN, J.D. (1982): Gratification Sought and Media Exposure: an Expectancy-Value Model, in: Communication Research, 9 (4), S. 561-580.

PAN, Z. UND KOSICKI, G.M. (2002): Framing as Strategic Action in Public Deliberation, in: S.D. Reese, O.H. Gandy und A.E. Grant (Hrsg.): Framing Public Life. Perspectives on Media and Our Understanding of the Social World, Mahwah, N.J., S. 35-65.

PEPELS, W. (1997): Typologien zur Zielgruppenbeschreibung auf dem Prüfstand, in: Media Spektrum, Heft 6, S. 30-35.

PERSE, E.M. (2001): Media Effects and Society, Mahwah, New Jersey.

PETER, J. (2002): Medien-Priming – Grundlagen, Befunde, und Forschungstendenzen, in: Publizistik, 47 (1), S. 21-44.

PETTY, RICHARD / CACIOPPO, J.T. (1986): Communication and Persuasion. Central and Peripheral Routes to Attitude Change. New York.

PETTY, R., PRIESTER, J. UND BRIÑOL, P. (2002): Mass Media Attitude Change: Implications of the Elaboration Likelihood Model of Persuasion, in: J. Bryant und D. Zillmann (Hrsg.): Media Effects. Advances in Theory and Research, Mahwah, New Jersey, S. 155-198.

PIWINGER, M. UND ZERFAß, A. (HRSG.) (2007): Handbuch Unternehmenskommunikation, Wiesbaden.

POTTER, J.W. (1993): Cultivation Theory and Research. A Conceptual CRITIQUE, IN: HUMAN COMMUNICATION RESEARCH, 19 (4), S. 564-601.

PRICE, V., TEWKSBURY, D. UND POWERS, E. (1997): Switching Trains of Thought: The Impact of News Frames on Readers' Cognitive Responses, in: Communication Research 24 (2), S. 481–506.

REESE, S. (2001): Prologue – Framing Public Life: A Bridging Model for Media Research, in: S.D. Reese, O.H. Gandy und A.E. Grant (Hrsg.): Framing Public Life. Perspectives on Media and Our Understanding of the Social World, Mahwah, N.J., S. 7-31.

REITZE, H. UND RIDDER, C.-M. (HRSG.) (2006): Massenkommunikation VII. Eine Langzeitstudie zur Mediennutzung und Medienbewertung 1964-2005, Baden-Baden.

ROGERS, E.M. (2003): Diffusion of Innovations, New York / London.

RÖSSLER, P. (1997): Agenda-Setting. Theoretische Annahmen und empirische Evidenzen einer Medienwirkungshypothese, Opladen.

RÖSSLER, P., HASEBRINK, U. UND JÄCKEL, M. (HRSG.) (2001): Theoretische Perspektiven der Rezeptionsforschung, München.

ROßMANN, C. (2002): Die heile Welt des Fernsehens. Eine Studie zur Kultivierung durch Krankenhausserien, München.

RUBIN, ALAN (2002): The Uses-and-Gratifications Perspective of Media Effects, in: J. Bryant und D. Zillmann (Hrsg.): Media Effects. Advances in Theory and Research. Hillsdale, N.J., S. 525-548.

RUBIN, A., PERSE, ELIZABETH M. UND TAYLOR, D.S. (1988): A Methodological Examination of Cultivation, in: Communication Research, 15 (2), S. 107-134.

Heinz Bonfadelli

RUGGIERO, T. E. (2000): Uses and Gratifications Theory in the 21st Century, in: Mass Communication and Society, 3 (1), S. 3-37.

SCHENK, M. (2007): Medienwirkungsforschung, Tübingen.

SCHEUFELE, B. (2004): Framing-Effekte auf dem Prüfstand. Eine theoretische, methodische und empirische Auseinandersetzung mit der Wirkungsperspektive des Framing-Ansatzes, in: Medien & Kommunikationswissenschaft, 52 (1), S. 30-55.

SCHEUFELE, B. (2003): Frames – Framing – Framing-Effekte. Theoretische und methodische Grundlegung des Framing-Ansatzes sowie empirische Befunde zur Nachrichtenproduktion, Wiesbaden.

SCHEUFELE, D.A. (2000): Agenda-Setting, Priming, and Framing Revisited: Another Look at Cognitive Effects of Political Communication, in: Mass Communication & Society 3 (2&3), S. 297-316.

SCHEUFELE, D. (1999): Framing as a Theory of Media Effects, in: Journal of Communication 49 (1), S. 103-122.

SCHMID, B.F. UND LYCZEK, B. (HRSG.) (2006): Unternehmenskommunikation. Kommunikationsmanagement aus Sicht der Unternehmensführung, Wiesbaden.

SCHORR, A. (HRSG.) (2000): Publikums- und Wirkungsforschung. Ein Reader, Wiesbaden.

SCHRAMM, H. UND WIRTH, W. (2006): Medien und Emotionen. Bestandsaufnahme eines vernachlässigten Forschungsfeldes aus medienpsychologischer Perspektive, in: Medien und Kommunikationswissenschaft, 54 (1), S. 25-55.

SCHUCK, A. UND DE VREESE, C.H. (2006): Between Risk and Opportunity. News Framing and its Effects on Public Support for EU Enlargement, in: European Journal of Communication, 21 (1), S. 5-32.

SCHULZE, G. (1993): Die Erlebnisgesellschaft. Kultursoziologie der Gegenwart. Campus, Frankfurt / New York.

SCHWEIGER, W. (2007): Theorien der Mediennutzung. Eine Einführung, Wiesbaden.

SELF, C. (1996): Credibility, in: M. Salwen und D. Stacks (Hrsg.): An Integrated Approach to Communication Theory and Research, Mahwah, S. 421-441.

SHANAHAN, J., MORGAN, M. UND STENBJERRE, MADS (1997): Green or Brown? Television and the Cultivation of Environmental Concern, in: Journal of Broadcasting and Electronic Media, 41, S. 305-323.

SPARKS, G. (2002): Media Effects Research. A Basic Overview, Belmont, CA.

STEGBAUER, C. (2005): Medien und soziale Netzwerke, in: M. Jäckel (Hrsg.): Mediensoziologie. Grundfragen und Forschungsfelder, Wiesbaden, S.319-334.

Moderne Medienwirkungsforschung

TICHENOR, P., DONOHUE, G. UND OLIEN, C. (1970): Mass Media Flow and Differential Growth in Knowledge, in: Public Opinion Quarterly, 34 (2), 159-170.

TODOROV, A., CHAIKEN, S. UND HENDERSON, M. (2002): The Heuristic-Systematic Model of Social Information Processing, in: J.P. Dillard und M. Pfau (Hrsg.): The Persuasion Handbook. Developments in Theory and Practice, Thousand Oaks / London / New Delhi, S. 195-211.

VISWANATH, K. UND FINNEGAN, J. (1996): The Knowledge Gap Hypothesis: Twenty-Five Years Later, in: B. Burleson und A. Kunkel (Hrsg.): Communication Yearbook 19, Thousand Oaks/London/New Delhi, S. 187-227.

VISWANATH, K., KAHN, E., FINNEGAN, J.R., HERTOG, J. UND POTTER, J.D. (1993): Motivation and the Knowledge Gap. Effects of a Campaign to Reduce Diet-Related Cancer Risk, in: Communication Research 20 (4), S. 546-563.

VITOUCH, P. (1993): Fernsehen und Angstbewältigung: zur Typologie des Zuschauerverhaltens, Opladen.

WANTA, W. UND ELLIOTT, W. (1995): Did the "Magic" Work? Knowledge of HIV/AIDS and the Knowledge Gap Hypothesis, in: Journalism and Mass Communication Quarterly 72 (2), S. 312-321.

WEIMANN, G. (2000): Communicating Unreality. Modern Media and the Reconstruction of Reality, Thouand Oaks / London / New Delhi.

WIEDEMANN, P.M. UND RIES, K.-P. (2007): Issues Management und Issues Monitoring, in: M. Piwinger und A. Zerfaß (Hrsg.): Handbuch Unternehmenskommunikation, Wiesbaden, S. 285-302.

WILL, K. ENGLAND ET AL. (2005): Is Television a Health and Safety Hazard? A Cross-Sectional Analysis of At-Risk Behavior on Primetime Television, in: Journal of Applied Social Psychology, 35 (1), S. 198-222.

WIRTH, W. (1997): Von der Information zum Wissen. Die Rolle der Rezeption für die Entstehung von Wissensunterschieden, Opladen.

WIRTH, W. UND SCHRAMM, H. (2005): Medienrezeption, in: H. Bonfadelli, O. Jarren und G. Siegert (Hrsg.): Einführung in die Publizistikwissenschaft, Bern/Stuttgart/Wien, S. 527-559.

Franz-Rudolf Esch, Kai Harald Krieger und Kristina Strödter

Marken in Medien und Medien als Marken

1 Beziehungen zwischen Marken und Medien im digitalen Zeitalter 43

2 Marken in Medien 44
   2.1 Bedeutung der Medien für Marken 44
   2.2 Markenidentität und Markenpositionierung sowie Weiterentwicklungen der Marke als Ausgangspunkt der Medienwahl.. 46
   2.3 Zielgruppenorientierte Platzierung der Marke in geeigneten Medien........... 49
      2.3.1 Ableitung des optimalen Medien-Mix für die Markenkommunikation 50
      2.3.2 Bestimmung der Platzierung der Marke im Medienumfeld 52

3 Medien als Marken.. 55
   3.1 Schaffung einer einzigartigen Medienmarke... 56
   3.2 Integrierte Kommunikation zum effizienten Aufbau einer Medienmarke 59
      3.2.1 Formale Integration durch einheitliches Corporate Design................. 61
      3.2.2 Inhaltliche Integration bei Medienmarken 62

1 Beziehungen zwischen Marken und Medien im digitalen Zeitalter

Die Medienlandschaft wird zunehmend komplexer, das Angebot an Kanälen steigt weiter an und Massenmedien werden immer häufiger durch Zielgruppenmedien ersetzt. Mittlerweile kämpfen über 170 Fernsehsender, 330 Radiosender, fast 2.000 Zeitschriften und über 400.000 Plakatanschlagstellen um die Gunst der Konsumenten. Medien begleiten Menschen durch ihren gesamten Alltag, wie der Medienmogul Rupert Murdoch (1999, S. 13) beschreibt: „Virtually every minute of the day, in every time zone on the planet, people are watching, reading and interacting with our products. We're reaching people from the moment they wake up until they fall asleep.".

Trotz des Vorurteils, dass Medien soziale Interaktion verhindern, fördern sie auch die zwischenmenschliche Kommunikation (vgl. Lee und Lee 1995). So werden manche Sendungen geschaut, damit man in der sozialen Interaktion „mitreden" kann (vgl. Morley 1980; Rubin und Perse 1987). TV-Serien werden zu Ritualen, die über das Erlebnis des Sehens hinausgehen und mit weiteren Aktivitäten verbunden sind (vgl. Russell und Puto 1999). Fans einer Serie können oftmals die Serie gemeinsam mit anderen auf Partys verfolgen, das Gesehene in Büchern zur Serie nachlesen oder Hintergrundinformationen in der begleitenden Zeitschrift bekommen. Zudem haben auch TV-Serien eigene Internetauftritte mit einer Vielzahl von Informationen (z. B. Emergency Room, Sex and the City oder Verbotene Liebe) (vgl. Lewis 1991; Fiske 1992; Kozinets 2001).

Medien sind somit ein zentraler Bestandteil unseres Lebens geworden. Marken können Medien gezielt zum Aufbau eines einzigartigen Markenbildes nutzen. Dabei geht es nicht nur um die Frage, wie die Marke in den Medien dargestellt werden soll, sondern auch um die richtige Auswahl der Medien, über die der Marke ein besonderes Gesicht verliehen wird. Denn auch das Medium über das kommuniziert wird, prägt das Markenimage. Im ersten Teil dieses Beitrags wird somit dargestellt, warum die Medienwahl für die Markenkommunikation einen wichtigen Erfolgsfaktor darstellt und wie die Auswahl und Platzierung innerhalb eines Medium markenbezogen erfolgen sollte.

Aber auch Medien stehen heute mehr denn je vor der Herausforderung, ein eigenständiges Markenimage aufzubauen, um aus der Masse gleichartiger aber auch substituierender Medien herauszustechen. Im zweiten Teil dieses Beitrages wird daher anhand von Best Practice-Beispielen dargestellt, wie Medien zu Marken aufgebaut werden können, die aus der Medienlandschaft herausstechen.

Franz-Rudolf Esch, Kai Harald Krieger und Kristina Strödter

2 Marken in Medien

2.1 Bedeutung der Medien für Marken

Laut Nielsen stieg in Deutschland im Jahr 2007 gegenüber 2006 der Bruttowerbeaufwand in den klassischen Medien um 3,7% auf 20,9 Mrd. Euro an, von denen knapp 42% in Fernsehwerbung investiert wurden. Stärkster Zuwachs mit 14,6% gegenüber dem Vorjahr erhielt die Plakatwerbung, die mit knapp 0,8 Mrd. Euro nur einen geringen Anteil an den Werbespendings ausmacht. Neue Medien wie das Internet, bei dem sich mit 1,14 Mrd. Euro im Jahr 2007 in den letzten Jahren die Investments mehr als verdoppelten, gewinnen zunehmend an Bedeutung (vgl. Nielsen 2007). Ein veränderter Medienalltag, fehlende Aufmerksamkeit, ein begrenztes Zeitbudget, Werbevermeidung und die Tendenz zu „Information on demand" der Konsumenten führen allerdings dazu, dass klassischen Medien immer weniger Beachtung geschenkt wird. Der Konsument beteiligt sich zunehmend aktiv an der Informationserstellung, während mediale Nutzung und Kommunikation stetig weiter verschmelzen. Laut einer Studie von OMD (2007) soll die TV-Mediennutzung pro Person von 220 Minuten pro Tag im Jahr 2005 auf 190 Minuten in 2015 zurückgehen. Die Aufmerksamkeit für Print soll ebenfalls von 40 Minuten täglich auf unter 30 Minuten sinken. Mit über 2 Stunden täglich wird der Studie nach das Internet zum relevantesten Medium in der Gesellschaft. Die Nutzung aller Medien soll von derzeit 9,5 Stunden auf über 10 Stunden pro Tag im Jahr 2015 ansteigen. Durch Nutzer und Anbieter geht der Trend zunehmend zu einer digitalen, audiovisuellen und interaktiven Medienlandschaft, ob im Berufsalltag oder im privaten Umfeld. Moderne Bluetooth-Plakate, bei denen der Passant per Bluetooth Werbebotschaften und weiterführende Informationen auf sein Handy gesendet bekommt oder Erlebnis-Bus- und Bahnhaltestellen, bei denen der Betrachter neben visuellen Eindrücken auch akustische und olfaktorische Reize geboten bekommt, verdeutlichen diese Veränderung (vgl. Corell und Stoffers 2007; Fösken 2007).

Bei Werbung in Medien handelt es sich in erster Linie um die Massenkommunikation im Sinne der klassischen Werbung. Diese stellt eine unpersönliche, mehrstufige und indirekte Kommunikationsform dar, die öffentlich mit Hilfe technischer Übertragungsmittel überwiegend einseitig an ein nicht physisch präsentes Publikum gerichtet ist (vgl. Bruhn 2005, S. 223). Die Mediaplanung umfasst allerdings auch Bereiche der Öffentlichkeitsarbeit sowie zum Teil Below-the-line-Maßnahmen wie das Sponsoring oder Publicity (vgl. Unger et al. 2007). Medien stellen zum einen werbetreibende Organisationen dar und zum anderen repräsentieren sie die Kommunikationskanäle, die Werbung an die Adressaten transportieren (vgl. Bruhn 2005, S. 265).

Markenauftritten in Medien kommt in der Kommunikationspolitik als Teil des Marketingmix eine zentrale Rolle zu (vgl. Unger et al. 2007; Kroeber-Riel und Esch 2004). Zum Aufbau eines Markenimages, der Verankerung von Markenbildern und der brei-

Marken in Medien und Medien als Marken

tenwirksamen Zielgruppenerreichung eignet sich die Kommunikation über Massenmedien (vgl. Esch 2008, S. 278 ff.). Havlena et al. (2007) belegen die synergetische Wirkung von kombinierter Print- und Fernsehwerbung, die den Markenaufbau über Schaffung von Bekanntheit und Veränderung der Wahrnehmung durch die Konsumenten fördert. Die Mediawerbung nimmt daher in vielen Branchen eine führende Position in der Kommunikationspolitik ein. Allerdings verschärfen sich zunehmend die Erfolgsbedingungen in den klassischen Medien im Wettbewerb um die Gunst der Konsumenten. Die Kommunikation von Marken in Medien muss ein klares Profil der Marke herausstellen und zielgruppenorientiert gestaltet werden (vgl. Kroeber-Riel und Esch 2004; Esch 2008).

Grundlegend lassen sich Medien in drei große Gruppen klassifizieren (vgl. Bruhn 2005, S. 224 ff.). Bei den **Print- oder Insertionsmedien** stellen Zeitungen und Zeitschriften die wichtigsten Untergruppen der periodisch erscheinenden Druckerzeugnisse dar. Zeitschriften lassen sich weiter in Publikums- und Fachzeitschriften unterteilen. Hinzu kommen auch Anzeigenblätter sowie Gratis- und Pendlerzeitungen, die zunehmend an Anzahl, Auflagen und Bedeutung gewinnen (vgl. Bücker 2007a). **Elektronische und audiovisuelle Medien** untergliedern sich zunächst in Rundfunk, Fernsehen, Kino, Internet und Mobilfunk. Eine weitere neue Untergruppe stellt Werbung in Computer- und Videospielen, sogenanntes In-Game-Advertising (z. B. Belegung von Bandenwerbung in Sportspielen), bei den audiovisuellen Medien dar (vgl. Nelson 2002; Yang et al. 2006; Reitbauer 2007). Bei dieser Mediengruppe ist eine Kombination aus Text, Bild und Ton möglich. Das Internet bietet darüber hinaus durch die vielfältige Einsetzbarkeit der Online-Medien eine Kombination aller klassischen Medien. **Medien der Außenwerbung** umfassen in erster Linie Plakat- und Verkehrsmittelwerbung, die aber zunehmend durch Ambient-Medien und neue Formen der Außenwerbung ergänzt werden.

Die Markenkommunikation ist systematisch und strukturiert aufzubauen und bedarf eines ganzheitlichen und strategischen **Planungsprozesses**. Der gesamte Planungsprozess umfasst eine Situationsanalyse, die Festlegung der Werbeziele, die Zielgruppenplanung, die Festlegung der Werbestrategie, die Budgetierung des Mediamixes, die Mediaplanung, eine Maßnahmenplanung, die Integration der Mediawerbung in den Kommunikationsmix sowie eine abschließende Erfolgskontrolle der Mediawerbung (vgl. Unger et al. 2007, S. 2; Bruhn 2005, S. 299). Zentrale Bereiche der Mediaplanung sind die Festlegung der Werbeziele, die Abstimmung der Kommunikation auf die Zielgruppen, Bestimmung des Zeitpunktes und des Ortes der Konsumentenansprache sowie der damit verbundenen Bestimmung der auszuwählenden Werbeträgergattungen und die Festlegung der Art deren Belegung (vgl. Unger et al. 2007, S. 24 ff.; Kroeber-Riel und Esch 2004, S. 29; Pepels 2005, S. 219 ff.). Werbung bzw. die Werbebotschaft und die verwendeten Medien müssen stärker aufeinander sowie auf die Zielgruppe abgestimmt werden.

Franz-Rudolf Esch, Kai Harald Krieger und Kristina Strödter

2.2 Markenidentität und Markenpositionierung sowie Weiterentwicklungen der Marke als Ausgangspunkt der Medienwahl

Ziel der Markenführung ist der Aufbau von Markenwissen bei den relevanten Anspruchsgruppen, das letztendlich die Präferenzen für eine Marke prägt. Markenwissen wird, vereinfacht gesprochen, in sogenannten Schemata repräsentiert, die typische und standardisierte Eigenschaften von Marken und Produkten bzw. Services umfassen. So verknüpfen wir mit der Automarke Mini automatisch Vorstellungen wie modern, sportlich, wendig, flippig, britisch, Go-Kart oder hochwertiges Design. Dieses Markenwissen wird üblicherweise in die Bekanntheit und das Image einer Marke operationalisiert. Die Bekanntheit gilt als notwendige Bedingung für den Aufbau einer starken Marke, das Markenimage als hinreichende Bedingung, weil erst durch das Markenimage eine Marke ein klares und präferenzprägendes Profil in den Köpfen der Anspruchsgruppen erhält (vgl. Esch 2006, S. 85 ff.; Esch 2008, S. 63 ff.).

Zum Aufbau von Markenwissen spielt die Markenidentität eine entscheidende Rolle. Die **Markenidentität** ist das Fundament der Markenführung. Diese umfasst die wesensprägenden Merkmale einer Marke. Dies sind Eigenschaften, die eine Marke aufweist (z. B. Innovationen bei Audi oder ein gutes Vertriebsnetz bei Würth), Nutzen, über die eine Marke verfügt (z. B. sachlich-funktionale Nutzen wie ein gutes Preis-Leistungsverhältnis bei Dell oder besondere Reinigungskraft bei Meister Proper und psychosoziale Nutzen wie „sich gut aufgehoben fühlen" bei der Versicherungskammer Bayern), Tonalitäten, wie die Marke ist (z. B. Apple als jung und frisch oder Yello Strom als pfiffig, frech und einfach), Markenbild, das den kommunikativen Auftritt der Marke mit allen Modalitäten umfasst und abschließend die Markenkompetenz, welche die zentralen Markencharakteristika (Herkunft der Marke, Zeitdauer und Rolle der Marke im Markt oder zentrale Markenassets wie spezielle Produktionsverfahren oder Technologien) beinhaltet. Die Markenidentität ist aus Sicht der Manager des Unternehmens abzuleiten. Dabei ist eine Justierung mit der Wahrnehmung externer Anspruchsgruppen (z. B. den Kunden) erforderlich, um zu ermitteln, inwiefern identitätsprägende Merkmale schon verankert wurden (vgl. Esch 2008, S. 79 ff.).

Aus der Markenidentität wird wiederum die Markenpositionierung abgeleitet, die den Aufbau wirksamer Vorstellungsbilder zur Marke zum Ziel hat. Es gilt die Marke und ihr Angebot so herauszustellen und gegenüber der Konkurrenz abzugrenzen, dass diese in den Augen der Zielgruppen als attraktiv wahrgenommen und gegenüber den Konkurrenzmarken vorgezogen wird. Je besser diese Markenpositionierung umgesetzt wird, umso stärker sind Marken in den Köpfen der Kunden verankert und umso klarer und stärker ist das Markenimage (vgl. Esch 2008, S. 152 ff.).

Für die Umsetzung der Markenidentität spielt die Kommunikation als Gesicht der Marke eine entscheidende Rolle. Durch die Kommunikation soll einerseits sicherge-

Marken in Medien und Medien als Marken

stellt werden, dass die Marken bei den Zielgruppen bekannt wird oder die Bekanntheit über einen längeren Zeitraum gewährleistet bleibt und die Markenpositionierung wahrnehmbar, eigenständig und integriert, d. h. inhaltlich und formal aufeinander abgestimmt, vermittelt wird. Der Aufbau von Markenschemata braucht Zeit, weil sich erst über entsprechende Lernprozesse und Erfahrungen mit einer Marke tiefe und verfestigte Schemavorstellungen bilden können (vgl. Esch 2006, S. 101 ff.).

Die **Auswahl der Medien** sollte sich demnach nach **drei wesentlichen Kriterien** richten, die nicht überschneidungsfrei sind:

1. Wie gut ist ein Medium geeignet, um die Bekanntheit einer Marke aufzubauen oder zu verstärken?

2. Wie gut passt das Medium inhaltlich zur Identität und Positionierung der Marke, um einen Misfit zu vermeiden, der der Marke abträglich sein kann?

3. Wie gut erreicht man mit dem Medium die anvisierte Zielgruppe?

Da allerdings Marken lebende Objekte sind, unterliegen diese auch Veränderungen. Ansonsten wäre eine einmal getroffene Medienwahl grundsätzlich fix und nur dann zu ändern, wenn neue Medien als Optionen auftreten würden.

Solche **Veränderungen** resultieren daraus, dass

■ eine Notwendigkeit besteht, die Marke umzupositionieren (wie dies beispielsweise bei FA im Markenlebenszyklus häufiger der Fall war) oder gänzlich neu zu positionieren (z. B. wurde die Marke Puma völlig neu als sportliche Lifestylemarke ausgerichtet), weil die bisherige Positionierung nicht den gewünschten Erfolg gebracht hat oder sich veränderten Kundenbedürfnisse anpassen muss,

■ neue Produkte oder Dienstleistungen unter einer Marke eingeführt werden und die Marke gedehnt wird (z. B. wurde unter der Marke Frosch ein Raumbedufter eingeführt), um die Marke weiter zu kapitalisieren, oder

■ neue Zielgruppen bzw. Märkte angesprochen werden sollen (z. B. richtet sich Nivea in den letzten Jahren verstärkt an das Zielpublikum der Männer und expandiert in China), um den Wirkungsbereich der Marke ebenfalls auszudehnen und diese weiter zu kapitalisieren.

Sind solche Veränderungen nicht erforderlich, würde eine Marke die Positionierung beibehalten. Es ginge demnach darum, die vorhandenen Schemavorstellungen zu verstärken.

Bei der **Verstärkung vorhandener Schemata** gilt es, die im Gedächtnis vorhandenen Schemata einer Marke oder einer übergeordneten Kategorie durch die integrierte Kommunikation und zielgerichtete Nutzung von Medien zu verstärken. So hat z. B. Coca Cola schon früh das Schema einer jungen Musikkultur, u. a. in den 80ern mit dem Song „Can't beat the feeling" aufgegriffen. Derzeit sollen durch die virtuelle Onlinewelt „MyCoke" vor allem Jugendliche angesprochen werden. Hier kann die junge Zielgruppe, die sich vermehrt zur Kommunikation und Freizeitvertreib im Internet aufhält, mit ihren eigenen individuellen Charakteren eigene Musikbeats und Songs zusammenstellen und anderen Usern auf verschiedenen virtuellen Plätzen präsentieren. In der realen Welt kooperiert Coca Cola mit iTunes um Songs und Podcasts zum Download bereit zustellen und veranstaltete 2007 die „Coca Cola Soundwave" in Deutschland, um engagierte und kreative Newcomertalente sowohl auf Konzertevents und als auch im Internet zu fördern (siehe Abbildung 2-1).

Abbildung 2-1: My Coke und Coke Music mit der Coca-Cola Soundwave
Quelle: mycoke.com und music.coca-cola.com.

In allen anderen Fällen kommt es zu einer Veränderung der Schemavorstellungen, die umso schwieriger zu vollziehen sind und umso langwieriger sind, je verfestigter das Markenschema ist. Inwieweit das Markenschema zu verändern ist, resultiert aus den angesprochenen Veränderungen und der Notwendigkeit einer Markenanpassung.

Bei einer **Veränderung oder Erweiterung vorhandener Schemata** sind vorhandene Wissensstrukturen zu einer Marke durch den Einsatz kommunikativer Maßnahmen zu verändern oder zu ergänzen (z. B. durch den Aufbau eines neuen Images oder die Verwendung neuer Medien). Dies ist vor allem dann der Fall, wenn neue Produkte unter der Marke aufgenommen werden oder neue Zielgruppen angesprochen bzw. Märkte erobert werden. Dabei gilt: Je geringer der Fit zwischen einer Marke und dem neuen Produkt, umso größer ist der Anpassungsbedarf. Entsprechend kommen mehr Inhalte zu dem vorhandenen Schema hinzu. Ähnliches gilt für die Zielgruppen: Je unterschiedlicher die Ansprüche der Zielgruppen, umso mehr Anpassungsbedarf ist erforderlich. Allerdings sollten die Kernwerte der Marke dadurch nicht berührt werden und sowohl für die neuen Produkte als auch die neuen Zielgruppen Relevanz haben. Aus diesen Veränderungen ergibt sich in aller Regel die Notwendigkeit, neue Medien zu wählen, um die neuen Angebote unter einer Marke entsprechend promoten zu können oder um neue Zielgruppen zu erreichen (vgl. Kroeber-Riel und Esch 2004, S. 244 ff., S. 279 f.; Esch 2006, S. 94 ff.).

Marken in Medien und Medien als Marken

Beim **Aufbau neuer Schemata** sollen Gedächtnisstrukturen zu einer Marke entweder völlig neu aufgebaut werden oder bestehende Strukturen in erheblichem Maße erweitert bzw. ergänzt werden. Dies war bei der neuen Marke Red Bull sowie bei der Neupositionierung der Marke Puma als sportliche Lifestylemarke der Fall. Als die Marke Red Bull 1997 auf dem amerikanischen Markt für kohlensäurehaltige Erfrischungsgetränke einstieg, waren Energydrinks mit Taurin zunächst unbekannt. Von Beginn an setzte Red Bull auf unkonventionelle Kanäle und Below-the-line-Aktivitäten, um vor allem das junge Partypublikum anzusprechen (vgl. Bryce und Dyer 2007, S. 55). Mittlerweile nutzt die Marke einzigartige Sponsoring und Eventaktivitäten im Bereich des Extremsports und Partys wie die „Red Bull Flugtage", das „Red Bull Air-Race" oder der „Red Bull Soundclash", die über TV-Shows und das Internet an die jungen Zielgruppen und an das breite Publikum kommuniziert werden. Red Bull, welches „Flügel verleiht", gelingt eine gezielte Verknüpfung derartiger Veranstaltungen mit der eigenen Positionierung und dem eigenen Image. Durch die Schemaattribute wie Fliegen, wach sein, Adrenalin, Leistung, Freiheit oder an die Grenzen gehen, die mit den Sportarten und den promoteten Veranstaltungen verbunden werden, wird das Markenschema von Red Bull stetig produkt- und zielgruppengerecht verstärkt und ausgebaut. Während im erstgenannten Fall die Medienwahl neu zu entwickeln ist, besteht im letztgenannten Fall Veränderungsbedarf auch bei der Wahl geeigneter Medien.

Die hier skizzierten Überlegungen bilden die Basis für die Medienwahl für Marken. In den Folgekapiteln wird nun auf die konkrete Auswahl der Medien sowie auf die Platzierung der Marke in den ausgewählten Medien eingegangen.

2.3   Zielgruppenorientierte Platzierung der Marke in geeigneten Medien

Unter Berücksichtigung der festgelegten Kommunikationsziele ist bei der Planung der Markenkommunikation in Medien festzulegen, welche Zielgruppen mit welchem Medienmix optimal angesprochen werden können. Neben potentiellen Käufern sind vor allem Meinungsführer und Referenzpersonen von Interesse, die einen Einfluss auf Entscheidungen und Meinungen anderer Konsumenten auswirken (vgl. Schmalen 1992, S. 33 f.). Gerade interpersonelle Informationsquellen, die nicht der direkten Kontrolle des Marketings unterliegen, werden als besonders vertrauenswürdige und einflussreiche Quellen angesehen (vgl. Cox 1967, S. 606; Tölle 1983, S. 192; Belz 2005).

Franz-Rudolf Esch, Kai Harald Krieger und Kristina Strödter

2.3.1 Ableitung des optimalen Medien-Mix für die Markenkommunikation

Die Markenkommunikation muss gemäß des Prinzips der differenzierten Marktbearbeitung die unterschiedlichen Käuferschichten mit ihren unterschiedlichen Prädispositionen unter Berücksichtigung verschiedener situativer Einflussfaktoren (soziales Umfeld, Mediennutzungsgewohnheiten, Konsumverhalten usw.) differenziert ansprechen. Daher sind potenzielle Empfänger sorgfältig und präzise zu identifizieren. Eine gründliche **Zielgruppenplanung** umfasst darüber hinaus die Aufteilung des relevanten Marktes in einzelne Kundengruppen, die Beurteilung der Zielgruppenalternativen sowie die Festlegung der anzusprechenden Zielgruppen (vgl. Bruhn 2005, S. 351 f.; Pepels 2005, S. 236 f.). Im Vordergrund jeder Zielgruppenauswahl muss jeweils die Zielsetzung der Mediawerbung stehen, z. B. Steigerung der Markenbekanntheit, der Aufbau eines unverwechselbaren Images oder die Aktualisierung neuer Angebote (vgl. Kroeber-Riel und Esch 2004; Bruhn 2005, S. 356). Bei diesen Überlegungen spielt die Markenstärke eine wichtige Rolle, ebenso wie situative Aspekte. Bei begrenzten Budgets ist daher eine Hierarchisierung zentraler Anspruchsgruppen unter Berücksichtigung der Markenstärke vorzunehmen. So kann es durchaus sinnvoll sein, bei Zielgruppen die über eine hohe Markenbekanntheit und ein klares Markenimage verfügen, die Anstrengungen auf ein Niveau zu senken, dass sich diese Werte nicht wesentlich verschlechtern, um dafür in Zielgruppen, bei denen noch Defizite erkennbar sind, zu investieren.

Nach den für die jeweiligen Zielgruppen festgelegten **Segmentierungsmerkmalen** sind die passenden Medien auszuwählen. Hierzu lassen sich folgende Kriterien heranziehen (vgl. Freter 1983, S. 44 f.; Bruhn 2005, S. 355 ff.; Unger et al. 2007, S. 6 f., S. 50):

- demographische Merkmale (Alter, Geschlecht, Einkommen, Beruf, Familienstand),

- sozioökonomische Merkmale (Rollenverhalten, Bevölkerungswachstum, Altersstruktur, Veränderung des Bildungsniveaus),

- psychographische Merkmale (Persönlichkeitsmerkmale, Lebensstil, Motive, Werte, Interessen, Einstellungen) und

- beobachtbare Verhaltensmerkmale (Kaufmengen, -häufigkeit, -zeitpunkte, Einkaufsstätten, Kommunikationsverhalten, usw.).

Demographische Angaben sind zwar leicht erfassbar, geben allerdings nur eine geringe Aussagekraft für das Kaufverhalten der Konsumenten. Für die Mediaplanung gewinnen daher psychografische Merkmale wie Lebensstil, Interessen, Werte oder geschmackliche Präferenzen an Bedeutung, die die Einstellung und Verhaltensabsichten der Konsumenten prägen, jedoch schwer zu erheben sind. Zur Ausdifferenzierung werden meist vor allem Konsumententypologisierungen verwendet, die u. a. von Marktforschungsinstituten und großen Zeitschriftenverlagen wie Gruner + Jahr, Springer oder Burda erhoben werden. Bei den überwiegenden Erhebungen handelt es

Marken in Medien und Medien als Marken

sich um allgemein persönlichkeitsbezogene, lifestyleorientierte, themenbezogene (z. B. Hobbymusiker oder Harry Potter-Leser), kaufverhaltens- oder produktartspezifische, einkaufsstättenwahl- und kommunikationsverhaltensbezogene Typologien sowie soziale Milieu- oder Wertetypologien (z. B. das Sinus-Milieu-Konzept) (vgl. Bruhn 2005, S. 360 ff.; Pepels 2005, S. 236; Unger et al. 2007, S. 7 ff.).

Wurde die Zielgruppe bestimmt, ist deren Erreichbarkeit durch die verschiedenen Werbeträger festzustellen. Hier stellt sich die Frage welche Personen welche Medien nutzen. In diesem Zusammenhang hat die Wahl der Zielgruppe bereits einen erheblichen Einfluss auf die **Auswahl der Werbemedien** (vgl. Unger et al. 2007). Mittlerweile existieren eine Reihe von Verfahren und Analysen, die darüber Aufschluss geben, welche Personengruppen zu welcher Zeit welche Medien nutzen, z. B. die Media-Analyse (MA) der Arbeitsgemeinschaft Media-Analysen e.V. oder die Allensbacher Werbeträgeranalyse (AWA). Für die Medienplanung in der Außenwerbung bieten sich neben der Kontaktfrequenz auch Analysen des Geomarketing an. Hier wird analysiert, welche Zielgruppen welche Wohngegenden bevorzugen und welche Zielgruppen sich bevorzugt an welchen Orten in ihrer Freizeit, ihrem Alltag und Berufsleben aufhalten (vgl. Seybold 2006, S. 17). Bei der Auswahl der Werbemedien wird zwischen dem Intermediavergleich (Gegenüberstellung der Werbeträgergattungen) und dem Intramediavergleich (vergleichende Beurteilung verschiedener Werbeträger der gleichen Gattung) unterschieden. Ziel sollte es sein, ein optimales Medium bzw. einen optimalen Medien-Mix für das Kommunikationsziel zur Erreichung der anvisierten Zielgruppen in bestimmten Situationen zu finden (vgl. Bruhn 2005, S. 428; Unger et al. 2007, S. 393). Zur **Überprüfung der medialen Kommunikationsinstrumente** hinsichtlich ihrer Leistungsfähigkeit sind folgende Entscheidungskriterien zu beachten (vgl. Esch 2008, S. 282 f.):

- Aufbau der Markenbekanntheit: Hier ist das Kriterium die Kongruenz zwischen den Zielgruppen der Marke und den Nutzern des jeweiligen Mediums nach den entsprechend vorgegebenen Segmentierungskriterien.

- Vermittlung des Markenimages: Hier ist die inhaltliche Passung des Mediums zur Marke zu bewerten. So wäre es sicherlich aus Markensicht nicht ideal, die Marke VW in der Bild-Zeitung zu bewerben, wenngleich man damit durchaus eine entsprechende Reichweite bei der relevanten Zielgruppe erzielen könnte.

- Involvement der Zielgruppe zum Zeitpunkt der Kommunikation: Je geringer das Involvement der Zielgruppe ist, umso mehr Wiederholungen benötigt man zur Durchsetzung von Markenbotschaften. Mehr Wiederholungen in einem Medium, die in einem solchen Fall notwendig wären, schränkt wiederum die Zahl der Medien ein, die man bei gegebenem Budget nutzen kann.

- Informations- und Aktivierungskonkurrenz durch Wettbewerbsmarken und Umfeld allgemein: Natürlich wäre eine Alleinstellung der Marke das Ideal, weil es dann zu weniger Interferenzen mit Wettbewerbsmarken käme. Wachsende Infor-

Franz-Rudolf Esch, Kai Harald Krieger und Kristina Strödter

mations- und Aktivierungskonkurrenz impliziert zum anderen auch eine geringere Durchsetzung der eigenen Marke mit der Konsequenz, die Gestaltung entsprechend darauf abzustimmen und die Wiederholungen bzw. Größe und Länge der Kommunikation zu beeinflussen.

- Abbruchwahrscheinlichkeit mit der Kommunikation und dem Grad der Beachtung der Kommunikationsinstrumente: Daraus ergibt sich die Eignung eines Mediums zur Vermittlung komplexer Markenbotschaften. Zudem lassen sich daraus Gestaltungsmaßnahmen für die Markenkommunikation ableiten.

- Kontaktchance mit der Kommunikation: Medien, in denen die Kontaktchance der Markenkommunikation gering ist, stellen erhöhte Anforderungen an die Umsetzung der Kommunikation. Zudem ergeben sich daraus auch Konsequenzen für die Zahl der Wiederholungen (siehe oben).

- Reichweite und Abdeckung der Zielgruppe (siehe oben).

- Ansprache der Zielgruppe durch den Medien-Mix (siehe oben).

So hat z. B. das Fernsehen eine hohe Reichweite, allerdings eine geringe Kontaktchance mit einem durchschnittlich geringen Involvement der Zielgruppe beim Kommunikationszeitpunkt. Hingegen haben z. B. Broschüren eine geringe Reichweite aber dafür ein überwiegend hohes Involvement bei einer hohen Werbemittelkontaktchance. Weitere Faktoren bilden die Budget- und Kostenplanung für die Gestaltung und Schaltung der Werbung in den einzelnen Medien.

Darüber hinaus ist immer zu prüfen: Passt das Medium zur Marke und unterstützt es den Markenaufbau langfristig? Der Fit zwischen Marke, Medium und der anvisierten Zielgruppe ist, wie die obigen Beispiele von Red Bull, Coca Cola oder Puma verdeutlichen, sowohl für den Aufbau, die Verstärkung oder die Veränderung von Markenschemata wichtig als auch für den Imageaufbau.

2.3.2 Bestimmung der Platzierung der Marke im Medienumfeld

Für die Wirkung der Werbebotschaft und des Werbemittels spielen vor allem **Platzierungs- und Frequenzentscheidungen** in den ausgewählten Medien eine bedeutende Rolle. Letztere umfasst die Häufigkeit und Wiederholungen der Werbung in den Medien (vgl. Kroeber-Riel und Esch 2004, S. 205; Bruhn 2005, S. 492 ff.; Pepels 2005, S. 261 f.). Bei der Platzierung von Marken in Medien kann man grob gesprochen danach unterscheiden, ob

1. durch die Platzierung die Kontaktwahrscheinlichkeit erhöht und die Zahl erreichbarer Mediennutzer maximiert wird, oder

Marken in Medien und Medien als Marken

2. durch die Platzierung der Marke in einem entsprechenden Medienumfeld die inhaltliche Passung zur Marke gewährleistet ist.

Beispiel: Wenn eine Marke wie Krombacher für Frische und Natürlichkeit steht, kämen aus inhaltlicher Sicht z. B. Natursendungen zur Platzierung der Marke in Frage. Wahrscheinlich würde man in einem solchen Medienumfeld jedoch nicht viele Menschen erreichen. Umgekehrt verhält es sich, wenn man Krombacher bei Formel 1-Übertragungen platziert. Hier schauen viele Männer fern, die auch bevorzugt Bier trinken, was die Bekanntheit der Marke Krombacher steigert. Allerdings passt das Umfeld nicht zur Markenpositionierung. Last but not least hat Krombacher bei den Formel 1-Übertragungen von RTL eine einzigartige Platzierung (ohne Wettbewerbsmarken), was den Erinnerungseffekt an die Marke ebenfalls erhöhen wird. Werbung im Umfeld von Sportberichterstattungen bietet eine attraktive Platzierung, da Sportveranstaltungen auf ein hohes Interesse in der Bevölkerung stoßen und hohe Reichweiten erzielen. Werbeeinblendung sowie Sponsoring sind hier mittlerweile weitgehend akzeptiert und werden seltener als störend empfunden (vgl. Yelkur, Tomkovick und Traczyk 2004; Gleich 2005b). Häufig konkurrieren Marken jedoch in einem Konkurrenzumfeld mit anderen Marken um die Aufmerksamkeitsgunst, so dass man auch hier entsprechende Platzierungsempfehlungen berücksichtigen sollte.

Zu 1: Platzierungen innerhalb eines Mediums

Hierzu liegen bereits einige Erkenntnisse vor, die exemplarisch für Fernseh- und Printwerbung vorgestellt werden. Bei Fernsehwerbung sind Platzierungen in einem Werbeblock am Besten, bei denen die Markenwerbung als Erstes oder als Letztes gezeigt wird. Neben dem Primacy- und Recency-Efekt (das Erste und das Letzte werden immer besser erinnert als Inhalte, die dazwischen liegen) (vgl. Mayer 1993, S. 161; Brunel und Nelson 2003; Terry 2005), spielt auch die Tatsache eine Rolle, das viele Zuschauer bei Werbung zappen, aus dem Raum gehen und sich mit anderen Dingen beschäftigen (vgl. Lorson 1994, S. 199 f.). Somit nehmen sie den ersten Impuls und wahrscheinlich auch den letzten Impuls mit, um nichts von den Inhalten, die sie interessieren, zu verpassen. Bei Printwerbung empfiehlt sich eine Platzierung im ersten Drittel des Heftes, bei einseitigen Anzeigen auf der rechten Seite oder auf dem Heftrücken. Grundsätzlich wird die obere Hälfte einer Seite gegenüber der unteren und bei einer doppelseitigen Anzeige die rechte Seite bevorzugt (vgl. Mayer 1993, S. 155). Eine verbesserte Aufmerksamkeit und eine erhöhte Reichweite erzielen Sonderwerbeformen oder -platzierungen. Im Print umfassen diese Beilagen, ausklappbare Seiten, Hologramm- und Zip-Anzeigen oder beschichtete Seiten. Im TV bieten sich Splitscreens, Einzelspotplatzierungen (z. B. in der ARD kurz vor der Tagesschau), Überblendungen oder Programmsponsoring (z. B. von Sport- und Unterhaltungsprogrammen oder Wetterberichten) als Sonderwerbeformen an (vgl. Gleich 2005a; Bücker 2007c).

Franz-Rudolf Esch, Kai Harald Krieger und Kristina Strödter

Zu 2: Inhaltliche Passung des Mediums:

Bei den klassischen Medien sind Konsumenten zunächst primär an redaktionellen Inhalten des jeweiligen Mediums und weniger an der darin geschalteten Werbung interessiert. Hinzu kommt, dass in der Kommunikationspraxis nicht davon ausgegangen werden kann, dass zum Zeitpunkt der Informationsaufnahme das Schema für die beworbene Marke aktiviert ist. Dies erhöht die Anforderungen an die Abstimmung der Kommunikation mit dem Markenschema. Es muss sichergestellt werden, dass durch die Kommunikation der Zugriff auf das eigene Markenschema möglich wird. Wesentliche Einflussfaktoren bilden neben Markt- und Kommunikationsbedingungen und dem Involvement vor allem die Integration der Werbemaßnahmen und der Kontext der verwendeten Medien (vgl. Esch 2006, S. 104).

Der **Medienkontext**, sprich die Charakteristiken und Eigenschaften des Mediums (z. B. redaktionelle Artikel und Anzeigen in einem Magazin oder einer Zeitung sowie Sendungen und Werbespots im Fernsehen), hat neben der Gestaltung der Werbung einen entscheidenden Einfluss auf die Wahrnehmung und Effizienz der Werbung sowie auf die Einstellung zu ihr und zur Marke (vgl. Yi 1990; Dahlén 2005, S. 89; Janssens und De Pelsmacker 2005). Malthouse et al. (2007) sprechen sogar von der subjektiv wahrgenommen Qualität des Kontextes durch den Konsumenten. Ein positiver emotionaler Kontext führt bei bekannten Produkten zu einer verbesserten Einstellung zur Werbung und zur Marke. Bei unbekannten Produkten bietet sich hingegen ein informativer Kontext an, der die kognitiven Reaktionen anregt (vgl. Janssens und De Pelsmacker 2005). Unter dem Label „Welt-Klasse" und „Welt-Premiere" etablierte der Axel-Springer-Verlag erfolgreich eine Werbeplattform für Premium-Marken. In den Zeitungen Welt und Welt am Sonntag werden Weltneuheiten und Produkteinführungen vor allem aus den Bereichen Unterhaltungselektronik, Lifestyle, Reisen oder Dienstleistungen in redaktionell gestalteten Beilagen vorgestellt. Die Printmedien werden ebenfalls online auf welt.de und durch TV-Spots oder Infomercials auf den Nachrichtensendern N-TV und N24 in einem passenden Umfeld ergänzt. Weitere crossmediale Unterstützung bieten Haushaltspromotions, Point-of-Sale- oder Direktmarketing-Aktionen (vgl. Bücker 2007b). Weitere Studien belegen, dass ein fröhliches und positives Kontext- bzw. Programmumfeld zu einer besseren Bewertung und Erinnerung von Werbung führt, als trauriges oder negatives durch das Medienangebot erzeugtes Umfeld (vgl. Goldberg und Gorn 1987, S. 398 f.; Coulter 1998). Darüber hinaus nehmen niedrig involvierte Konsumenten Werbung in einem kongruenten Kontextumfeld klarer und angenehmer war, während hoch involvierte Konsumenten kontrahierende Inhalte besser wahrnehmen und bewerten (vgl. De Pelsmacker, Geuens und Anckaert 2002) wie z. B. im Falle der Bierwerbung von Krombacher zur Formel 1, die vermutlich als Sportereignis von zahlreichen Zuschauern mit einem höheren Involvement verfolgt wird als ein herkömmliches TV-Programm. Grundsätzlich sollte man darauf achten, dass das Umfeld zur Marke passt wie es beim Maggi-Kochstudio der Fall ist.

Marken in Medien und Medien als Marken

Neben **Platzierungs- und Frequenzentscheidungen** sind bei der Medienauswahl vor allem auch die Kosten (z. B. Tausenderkontaktpreis) und die Effizienz zu berücksichtigen. Es sollten gerade so viele Medien verwendet werden wie nötig sind, um die Mediaziele effizient zu erreichen (vgl. Engel 2006). Durch die Ansprache der Konsumenten über mehrere Kanäle oder unterschiedlicher Intensität lässt sich die Werbewirkung steigern (vgl. Havlena, Cardarelli und Montigny 2007). **Crossmediale Kampagnen**, die den Dialog mit dem Kunden fördern, lassen sich entweder durch eine Top-Down-Kommunikation über die klassischen Medien oder über eine Bottom-Up-Kommunikation durch Below-the-line Medien wirkungsvoll aufbauen, wie erfolgreiche Kommunikationsstrategien von Mini, Red Bull oder Jägermeister eindrucksvoll verdeutlichen. Kreative, ideenreiche und vor allem glaubwürdige Konzepte sind gefragt, die integriert auf allen relevanten Marketingkanälen kommuniziert werden.

3 Medien als Marken

In der bisherigen Betrachtung wurde dargestellt, wie Marken über Medien aufgebaut werden können, aber auch Medien können als Marken aufgebaut werden. Insbesondere vor dem Hintergrund der zunehmenden Anzahl an Medien wird es immer wichtiger das Medium als Marke in den Köpfen der Konsumenten zu betrachten. Dies gilt sowohl für klassische Medien wie Zeitungen, Zeitschriften, Radio und TV, als auch für digitale Medien.

Medien stehen vor der besonderen Herausforderung, dass nicht nur ein Produkt, sondern ein ganzes Programm durch die Medienmarke repräsentiert werden muss. Denkt man an Fernsehsender wie ZDF, umfasst ein solches Produktprogramm Sendungen von „Heute Journal" über „Wetten, dass…" bis hin zu „Leute heute" und „Aktuelles Sportstudio". Die Aufgabe der Medienmarke ist es, all diese Programme unter einem Dach zu vereinen. Die Markenidentität muss daher weit genug gefasst sein, um das gesamte Programmspektrum unter ihr vereinen zu können und eng genug, um eine Differenzierung von der Konkurrenz zu bewirken.

Ein Beispiel für den Erfolg der Differenzierung eines Mediums zeigt die Entwicklung des TV-Senders Vox. Durch die Auswahl hochwertiger Serien und Spielfilmen, Magazine und Dokumentationen bietet Vox seinen Zuschauern gute Unterhaltung. Insbesondere die Eigenproduktionen spielen bei VOX eine wichtige Rolle, mit erfolgreichen Kochsendungen („Das perfekte Dinner", „Schmeckt nicht, gibt's nicht") und Deko-Soaps („Wohnen nach Wunsch") ist es VOX gelungen, am Vorabend neue Akzente zu setzen und sich somit von den Konkurrenzsendern klar abzugrenzen.

Medienmarken stehen zudem vor der Herausforderung, sich ständig neu zu erfinden. Da Medienprodukte rechtlich nur schwer schützbar sind, werden diese schnell von

Franz-Rudolf Esch, Kai Harald Krieger und Kristina Strödter

anderen Sendern imitiert. Durch den Erfolg der Telenovelas, wurden diese auch auf anderen Sendern in das Programm aufgenommen. Noch drastischer war die Flut neuer Gerichtshows auf RTL und Sat. 1 sowie die Vielzahl an Koch- und Do-it-yourself-Sendungen. Diese Imitationen führen auch dazu, dass die Inflation gleichartiger Sendungen sehr schnell zu einem Wear-Out führt.

In der Einleitung dieses Beitrages wurde dargestellt, wie Medien Menschen durch ihren gesamten Alltag begleiten. Damit Medienmarken auch zu zuverlässigen „Lebenspartnern" werden und das Programm für den Zuschauer **„mental convenient"** gestaltet ist, gestaltete RTL als Vorreiter das TV-Programm bis in den Vorabend täglich gleich. Andere Fernsehsender zogen nach. TV-Sendungen wurden somit zu täglichen Weggefährten mit denen man regelmäßig „Dates" hat, sei es das Morgenmagazin beim Frühstück, die Oliver-Geißen-Show zum Mittagessen, Gute Zeiten, Schlechte Zeiten als Einstimmung in den Feierabend oder die Tagesschau zur Information über das Tagesgeschehen. Der Blick in das Fernsehprogramm ist bei einer solchen Gestaltung des TV-Programms überflüssig bzw. sogar lästig geworden. Verstärkt wird dieser Trend zur Mental Convenience durch Themenkanäle im digitalen Fernsehen und im Pay-TV. Fußballfans verpassen auf dem Bundesligakanal von Premiere kein Spiel, Soap-Opera-Fans sehen auf Passion-TV rund um die Uhr ihre Lieblingsserien und Filmliebhaber können auf Kabel 1 Classics ununterbrochen Filmklassiker sehen. Bei einer solchen Programmgestaltung wird beinnahe der Blick auf die Uhr überflüssig.

3.1 Schaffung einer einzigartigen Medienmarke

Medien können genauso wie Konsumgüter Marken darstellen. Daher ist es das Ziel des Aufbaus einer Medienmarke, diese in den Köpfen der Anspruchsgruppen zu verankern. Um ein klares Markenimage aufzubauen, bedarf es zunächst der Festlegung des Selbstbildes der Marke aus Innensicht, also der Bestimmung der Markenidentität.

Das Markensteuerrad zur Erfassung der Identität einer Marke baut auf Erkenntnissen der Hemisphärenforschung auf. Diese geht grundlegend von einer Arbeitsteilung der beiden Gehirnhälften aus. So ist die rechte Gehirnhälfte für die Verarbeitung emotionaler und bildhafter Reize verantwortlich, während rationale Reize maßgeblich über die linke Gehirnhälfte verarbeitet werden (vgl. Esch 2008, S. 100 f.).

Dieser Aufgabenteilung des menschlichen Gehirns wird das Markensteuerrad gerecht. Während die rechte Seite des Markensteuerrads die Tonalitäten und das Bild einer Marke widerspiegelt, erfasst die linke Seite die Markennutzen und die dahinter stehenden Markenattribute. In der Mitte des Markensteuerrads steht die Markenkompetenz, die den Kern der Marke repräsentiert und somit emotionale und rationale Elemente enthalten kann.

Abbildung 3-1 zeigt das Markensteuerrad am Beispiel der Medienmarke BILD. An diesem Best Practice-Beispiel soll im Folgenden das Markensteuerrad detailliert beschrieben werden.

1. Die Kompetenz der Marke BILD:

Mit der Kompetenz werden zentrale Markencharakteristika erfasst (vgl. Esch 2008, S. 101 ff.). Diese beziehen sich vor allem auf die Markenhistorie, die Herkunft der Marke, die Rolle der Marke im Markt, sowie zentrale Markenassets.

Die Kompetenz der BILD ist die „Erklärung der Welt in Bildern". Diese Art der Darstellung von Nachrichten differenziert BILD von anderen Zeitungen, die Inhalte hauptsächlich durch geschriebene Sprache übermitteln. Die Konzentration auf Bilder sah Axel Springer, der Gründer der Bildzeitung, als die gedruckte Antwort auf das Fernsehen (vgl. Lobe 2004, S. 95).

Abbildung 3-1:   *Das Markensteuerrad am Beispiel der Medienmarke BILD*

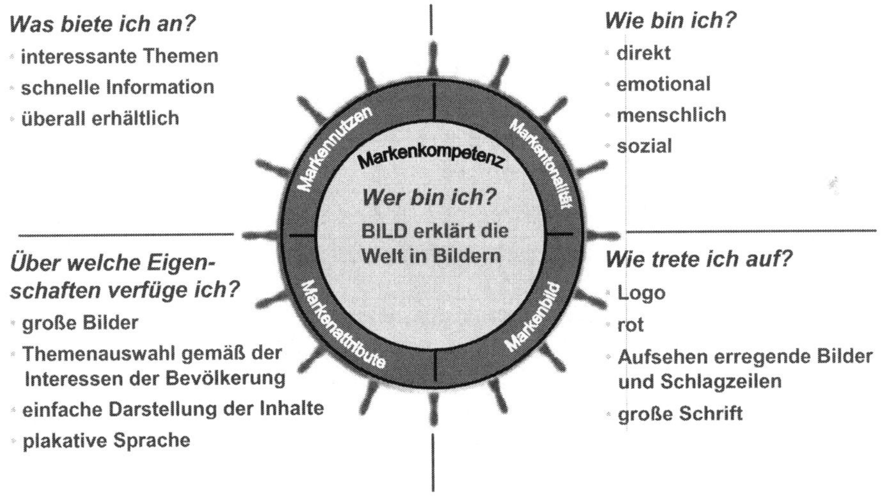

2. Markennutzen und Markenattribute der Marke BILD:

Bei den Nutzen und Beweggründen, die eine Marke ihren Anspruchsgruppen bietet, ist es erforderlich zwischen Eigenschaften und Nutzen zu unterscheiden. Dabei kommt den Nutzen die bedeutendere Rolle zu, da Konsumenten keine Eigenschaften sondern Nutzen kaufen (vgl. Esch 2008, S. 103 ff.).

Franz-Rudolf Esch, Kai Harald Krieger und Kristina Strödter

Ein zentraler Nutzen der BILD ist die Darstellung von Themen, die Menschen wirklich interessieren. Leseranalysen hatten Anfang der 50er Jahre ergeben, dass Zeitungsleser sich nicht primär für Themen wie Wirtschaft und Politik, sondern vielmehr für vermischte, bunte Themen interessierten (vgl. Lobe 2004, S. 95). Daher verfolgte auch Axel Springer mit der BILD die Vision, eine Zeitung zu machen, die nur Themen beinhaltet, an denen 90 % der Leser interessiert sind (vgl. Kohlrusch 1977). Die BILD-typische Auswahl der Inhalte begründet den Nutzen der BILD, interessante Themen zu liefern.

Zudem gelingt es BILD, Inhalte einfach aufzubereiten und somit eine schnelle Information zu ermöglichen. Durch die plakative und eingängige Sprache wird das Lesen einer Zeitung unterhaltsamer und somit für eine größere Zielgruppe interessanter. Auch durch diese Art der Darstellung der Inhalte unterscheidet sich BILD klar von der Konkurrenz und bietet einen einzigartigen Nutzen.

3. Tonalitäten der Marke BILD:

Die Tonalitäten einer Marke beziehen sich auf die Emotionen und Gefühlswelten, die mit ihr verbunden sind. Diese können über die Markenpersönlichkeit, Markenbeziehungen und durch die Festlegung relevanter Markenerlebnisse bestimmt werden (vgl. Esch 2008, S. 104 ff.).

Als Persönlichkeit nimmt die Marke BILD oftmals die Rolle eines Richters und Helfers ein, der für Gerechtigkeit eintritt. Diese Rolle manifestiert sich durch Aktionen wie „BILD hilft", „Ein Herz für Kinder" oder „Der Teuro-Sheriff". Diese Aktionen der BILD begründen Tonalitäten wie menschlich und sozial. Zudem kann die Marke auch als emotional und direkt beschrieben werden. Diese Tonalitäten entstehen durch die typische Sprache der BILD. Trotz täglicher Neuartigkeit beinhaltet die Schlagzeile immer etwas markentypisches. Sie ist direkt, indem sie Dinge unverblümt ausspricht und emotional durch die Wahl der Titelthemen.

Aber auch Markenbeziehungen zeichnen die Marke BILD aus. Bei einer aktuellen Auflage von über 4 Mio. Exemplaren kaufen 57% der Leser jede Ausgabe der BILD. Eine hohe Zahl, wenn man bedenkt, dass BILD nicht als Abo erhältlich ist (vgl. Lobe 2004, S. 100). Die Beziehungen, die Leser zu BILD haben, sind daher sehr tief, auch wenn es sich dabei oftmals um eine geheime Beziehung handelt. Aber auch in der Etablierung dieser Markenbeziehungen wird der menschliche und soziale Charakter der BILD offenbar. In den frühen 60er Jahren war BILD die erste Zeitung, die auch auf dem Land erhältlich war. Ziel war es, dass Jedermann BILD bequem morgens kaufen konnte (vgl. Lobe 2004, S. 102 f.). Seitdem ist der morgendliche Kauf der BILD für viele Menschen ein Ritual geworden, ob sie es zugeben möchten oder nicht. Die Ubiquität in Deutschland und an Urlaubsorten fördert dieses Ritual.

4. Das Markenbild der BILD:

Das Markenbild wird aus einer Fülle von Eindrücken geprägt, die alle Modalitäten umfassen können. Diese gehen weit über bildliche Eindrücke hinaus und umfassen

Marken in Medien und Medien als Marken

auch akustische, olfaktorische, haptische und gustatorische Eindrücke (vgl. Esch 2008, S. 105 f.).

Das Markenbild der BILD ist bestimmt durch die Farbe Rot und das Markenlogo. Durch dieses klare und einprägsame Logo hat BILD ein starkes Präsenzsignal geschaffen. 95% der Deutschen, denen das Logo bekannt ist, würden jede kleinste Veränderung in diesem Logo sofort bemerken (vgl. Lobe 2004, S. 100). Das Markenlogo und das markentypische Rot werden zudem auch stark in der Markenkommunikation eingesetzt. Weitere Erkennungsmerkmale der BILD, die sich in den Köpfen der Menschen festgesetzt haben, sind der typische Schrifttyp und insbesondere die Größe der Schrift, die jede Ausgabe der BILD kennzeichnet.

Die Einzigartigkeit einer Marke bestimmt sich nicht nur durch deren Konzeption in Form einer Markenidentität sondern insbesondere auch in deren Umsetzung. Besonders in diesem Punkt scheitern einige Medienmarken. Denkt man an das Nachmittagsprogramm einiger Fernsehsender, kommen einem sofort Gerichtsshows und Telenovelas in den Sinn. Dem Normalverbraucher fällt es schwer den Unterschied zu erkennen, eine Zuordnung zu einem Sender ist hier nahezu unmöglich. Um ein klares Markenimage bei den Zuschauern aufzubauen, ist es essentiell durch eine eigenständige Programmgestaltung, die Markenidentität zum Leben zu erwecken und somit eigenständig zu werden. Dem deutsch-französischen Kultur-Sender Arte ist dies durch die auf eine anspruchsvolle Zielgruppe ausgerichtete Auswahl hochwertiger Sendungen und Filme sowie die Einführung der Themenabende gelungen, sich von dem Rest der Fernsehsender abzuheben. Aber auch in dem Bereich der Mainstream-Sender ist es möglich, sich durch die Ausgestaltung des Programmes von der Konkurrenz zu differenzieren. So hat sich der TV-Sender Pro 7 zu einem der Trendsetter entwickelt. Unter dem Motto „We love to entertain you" präsentiert Pro 7 Serien-Highlights, die zu einem Muss für alle Zuschauer geworden sind. Durch Shows wie „Schlag den Raab", „Germany's Next Top Model" und regelmäßige Sportevents kann sich Pro 7 klar von anderen Sendern abheben.

Um eine Medienmarke stringent aufzubauen, bedarf es einer einzigartigen Markenidentität und einer entsprechenden Programmgestaltung, die sie von anderen Medienmarken unterscheidet. Zudem gilt es, die weitere Markenkommunikation auf die Markenidentität auszurichten, um Bekanntheit und Image der Marke zu fördern.

3.2 Integrierte Kommunikation zum effizienten Aufbau einer Medienmarke

Unter integrierter Kommunikation versteht man die inhaltliche und formale Abstimmung aller Maßnahmen der Marktkommunikation. Das verfolgte Ziel der integrierten Kommunikation ist die Vereinheitlichung und Verstärkung der durch die Kommunikation erzeugten Eindrücke, indem sich die durch die Kommunikationsmittel hervorgerufenen Wirkungen gegenseitig unterstützen (vgl. Kroeber-Riel 1993). Auch wenn bestimmte Inhalte schon erlernt sind, bedarf es regelmäßiger Wiederholung, um den leichten Rückgriff auch in Zukunft zu ermöglichen (vgl. Kroeber-Riel und Esch 2004, S. 113). Insbesondere durch die Masse an Kommunikation konkurrierender Marken, ist es notwendig, kontinuierlich gegen das Verblassen der Inhalte in den Köpfen der Konsumenten anzukämpfen. Die integrierte Kommunikation stellt hierbei ein wirksames Mittel dar, da sie schon gespeicherte Informationen erneut hervorruft und somit die Erinnerung an diese verstärkt. Jeder Markenkontakt eines Konsumenten verstärkt bei integrierter Kommunikation das Markenimage.

Bei Medien besteht eine besondere Herausforderung, da sie, im Gegensatz zu Produkten, deren Verpackungen immer gleich bleiben, täglich andere Inhalte umfassen. Durch integrierte Kommunikation soll trotz wechselnder Schlagzeilen, Programminhalte oder Titelbilder die Medienmarke in den Köpfen der Konsumenten verankert werden, so dass sie mit einzigartigen Assoziationen verknüpft wird.

Abbildung 3-2: Dimensionen und Mittel der integrierten Kommunikation
Quelle: Esch 2006, S. 71.

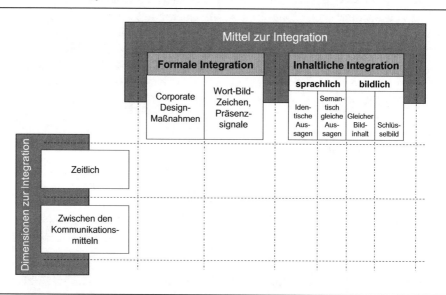

Trotz der ändernden Inhalte gelingt es Medien starke Marken aufzubauen. Durch den markentypischen Farbton und die unverwechselbare Schrift, wird z. B. die Zeitschrift Spiegel sofort wiedererkannt. Zudem sind die wechselnden Titelbilder durch ihre

Marken in Medien und Medien als Marken

oftmals provozierende Gestaltung zu einem Markenzeichen des Spiegels geworden. Neben formalen Mitteln der Integration, die die Wiedererkennung und die Bekanntheit fördern, kann über inhaltliche Integrationsmittel ein spezifisches Markenimage aufgebaut werden.

Die integrierte Kommunikation kennzeichnet die durchgängige Umsetzung eines Kommunikationskonzeptes durch die Abstimmung der Kommunikation im Zeitablauf und der eingesetzten Kommunikationsinstrumente zur Optimierung der Kontaktwirkungen (vgl. Esch 2006, S. 71). Die Mittel und Dimensionen der integrierten Kommunikation stellt Abbildung 3-2 zusammenfassend dar.

Für den Aufbau und den Erhalt einer starken Marke ist es essentiell, über alle Kontaktpunkte hinweg, ein einheitliches Bild der Marke zu vermitteln (vgl. Kroeber-Riel und Esch 2004, S. 117). Hierbei können Unternehmen sowohl auf formale Mittel (Corporate-Design-Maßnahmen, Wort-Bild-Zeichen, Präsenzsignale) oder inhaltliche Mittel, welche sowohl sprachlich als auch bildlich genutzt werden können, zurückgreifen (vgl. Esch 2006, S. 71; Kroeber-Riel und Esch 2004, S. 117).

3.2.1 Formale Integration durch einheitliches Corporate Design

Formale Möglichkeiten zur integrierten Kommunikation einer Marke bieten klassische CD-Gestaltungsmaßnahmen (z. B. durch Verwendung bestimmter Farben und Formen, aber auch Präsenzsignale und Wort-Bild-Zeichen). BILD verwendet bspw. durchgängig die Farbe rot mit weißem Schriftzug. Der Farbcode wird durchgängig an allen Kontaktpunkten eingesetzt. Es fällt einem Kunden daher sehr leicht, Anzeigen der Marke BILD zuzuordnen, zudem ist auch das Schriftbild gleichbleibend, so dass auch dieses einen hohen Wiedererkennungswert besitzt.

Weitere Möglichkeiten der formalen Integration sind bspw. das Wort-Bild-Zeichen mit der in das Logo integrierten Weltkugel der Zeitschrift FOCUS oder der bunte Ball von Sat. 1 als Präsenzsignal, also als bildliches Wiedererkennungssignal für die Marke (vgl. Esch 2006, S. 263). Diese formalen Gedächtnisanker erleichtern es dem Konsumenten, die aufgenommenen Informationen „richtig" abzuspeichern, also der entsprechenden Marke zuzuordnen.

Denkt man zurück an das Beispiel der Marke BILD, verbindet man mit dieser nicht nur die rote Farbe und die großen Buchstaben. Auch inhaltliche Assoziationen kommen einem in den Sinn. Man denkt an skandalöse Titelstories oder Schlagzeilen wie „Wir sind Papst", die den einzigartigen Stil dieser Marke widerspiegeln. Der Aufbau eines besonderen Markenimages wird auch bei Medienmarken maßgeblich durch inhaltliche Mittel getrieben.

Franz-Rudolf Esch, Kai Harald Krieger und Kristina Strödter

3.2.2 Inhaltliche Integration bei Medienmarken

Neben formalen können auch inhaltliche Mittel zur integrierten Kommunikation herangezogen werden. Insbesondere wenn eine bestimmte Positionierung einer Marke vermittelt werden soll, muss eine inhaltliche Integration durch Bilder oder Sprache angestrebt werden. Bei den sprachlichen Mitteln zur Integration finden Slogans in der Praxis am häufigsten Verwendung. Neben diesen verbalen Integrationsklammern können auch Bilder zur Integration eingesetzt werden. Hinsichtlich der Vermittlung einer Markenpositionierung sind Bilder besonders gut geeignet, da sie Emotionen besser vermitteln können.

Neben der Verwendung gleicher Bildinhalte kann eine inhaltliche Integration auch über Schlüsselbilder erfolgen. Ein Schlüsselbild wird hierbei verstanden als „ein bildliches Grundmotiv für den langfristigen Auftritt der Firma oder Marke, das dazu dient, sachliche oder emotionale Angebotsvorteile im Gedächtnis zu verankern" (Kroeber-Riel 1993, S. 201). Ein typisches Beispiel für ein Schlüsselbild stellt hierbei der Marlboro-Cowboy dar, der in unterschiedlichen Szenen Freiheit und Abenteuer illustriert.

Abbildung 3-3: Kampagne der Medienmarke ZDF „Mit dem Zweiten sieht man besser"[1]

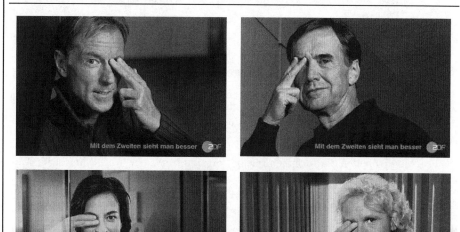

---

[1] Zu den Bildquellen vgl. die ausführlichen Angaben am Ende des Literaturverzeichnisses.

Marken in Medien und Medien als Marken

Die inhaltliche Integration wird auch bei dem Fernsehsender ZDF durch die Kampagne „Mit dem Zweiten sieht man besser" umgesetzt. Die verwendeten Bilder greifen dabei die Thematik des Slogans auf und verdeutlichen diesen plakativ, indem Moderatoren des ZDF in Fernsehspots und Anzeigen abgebildet werden, die sich ein Auge zuhalten (vgl. Abbildung 3-3). Der Slogan „Mit dem Zweiten sieht man besser" wird dabei direkt in das Schlüsselbild übersetzt. Dies erhöht die Wirksamkeit der Anzeigen, da wissenschaftlichen Erkenntnissen zufolge, Bilder das Tor zum Anzeigenverständnis darstellen.

Abbildung 3-4:   *Erfolgswirkungen der ZDF-Kampagne*

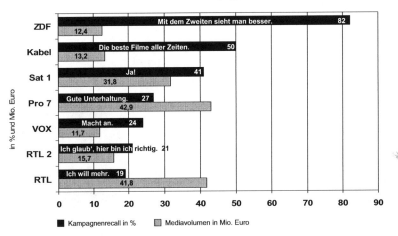

Die Überlegenheit bildlicher Informationsvermittlung wird durch Gail und Eves (1999) belegt: In einer Analyse von 40 Werbekampagnen, für die kontinuierlich Effizienzmaße durch Befragung erfasst werden, zeigte sich die Überlegenheit bildbezogener Werbung mit Darstellungen, die eine Aussage, einen Slogan oder eine Eigenschaft einer Marke visuell symbolisieren gegenüber Werbung ohne bildliche Vermittlung relevanter Informationen. Diese wurden besser erinnert und lösten zudem ein höheres Kaufinteresse aus. Diese Ergebnisse zeigten sich unabhängig von der beworbenen Produktkategorie. Es ist daher wichtig, Schlüsselinformationen durch Bilder zu vermitteln. Die wesentlichen Informationen können von den Betrachtern in sehr kurzer Zeit aufgenommen werden, so dass den Gefahren eines Kontaktabbruchs entgegengewirkt werden kann (vgl. Kroeber-Riel und Esch 2004, S. 206).

Die Ergebnisse von Gails und Eves (1999) spiegeln auch die Recallwerte der ZDF-Kampagne wider. Trotz des relativ niedrigen Mediaspendings erreichte ZDF mit seiner Kampagne mit Abstand den höchsten Kampagnenrecall mit einer ungestützten Erinnerung von 82 % (vgl. Abbildung 3-4). Zudem verfügte das neue Markenlogo des ZDF schon drei Tage nach der Markteinführung im Jahr 2001 über eine Bekanntheit von 56 % im deutschen Markt (vgl. Hefter 2004, S. 264). Dieser Erfolg der Kampagne liegt in der Eigenständigkeit der Positionierung und der konsequenten integrierten Kommunikation bei der Umsetzung.

Literaturverzeichnis

BELZ, C. (2005): Vertrauensmarketing, in: Marketing Journal, 38 (5/2005), S. 8-9.

BRUHN, M. (2005): Unternehmens- und Marketingkommunikation: Handbuch für integriertes Kommunikationsmanagement, München.

BRUNEL, F. F. UND M. R. NELSON (2003): Message Order Effects and Gender Differences in Advertising Persuasion, in: Journal of Advertising Research, 43 (3/September), S. 330-341.

BRYCE, D. J. UND J. H. DYER (2007): Wie Newcomer etablierte Märkte erobern, in: Harvard Business Manager, (August 2007), S. 53-63.

BÜCKER, M. (2007A): Diskussion um Gratistitel beunruhigt die Verlage, in: Absatzwirtschaft – Zeitschrift für Marketing, 50 (12/2007), S. 66-74.

BÜCKER, M. (2007B): Innige Umarmung, in: Absatzwirtschaft – Zeitschrift für Marketing, 50 (12/2007), S. 93.

BÜCKER, M. (2007C): Werbetreibende suchen weiter nach dem Besonderen, in: Absatzwirtschaft – Zeitschrift für Marketing, 50 (8/2007), S. 84-90.

CORELL, A. UND B. STOFFERS (2007): Erlebniswelt Kreativkampagnen – neue Wege der Außenwerbung, in: Marketing Journal, 40 (5/2007), S. 13-15.

COULTER, K. S. (1988): The Effects of Affective Responses to Media Context on Advertising Evaluations, in: Journal of Advertising, 27 (4/Winter), S. 41-51.

COX, D. F. (1967): Risk Taking and Information Handling in Consumer Behavior, in: D. F. Cox. (Hrsg.): Risk Taking and Information Handling in Consumer Behavior, Boston, S. 370-369.

DAHLÉN, M. (2005): The Medium as a Contextual Cue: Effects of Creative Media Choice, in: Journal of Advertising, 34 (3/Fall), S. 89-98.

DE PELSMACKER, P. M. GEUENS UND P. ANCKAERT (2002): Media Context and Advertising Effectiveness: The Role of Context Appreciation and Context/Ad Similarity, in: Journal of Advertising, 31 (2/Summer), S. 49-61.

ENGEL, D. (2006): Wie viele Massenmedien braucht der Mediaplan, in: Media, Sonderheft Marketing Journal, 39, S. 7.

ESCH, F.-R. (2006): Wirkung integrierter Kommunikation: Ein verhaltenswissenschaftlicher Ansatz für die Werbung, 4. Auflage, Wiesbaden.

ESCH, F.-R. (2008): Strategie und Technik der Markenführung, 5. Auflage, München.

FISKE, J. (1992): Television Culture, London.

FÖSKEN, S. (2007): Außenwerbung wird digital, in: Absatzwirtschaft – Zeitschrift für Marketing, 50 (4/2007), S. 78-79.

FRETER, H. (1983): Marktsegmentierung, Stuttgart u.a.

GAIL, T. UND A. EVES (1999): The Use of Rhetorical Devices in Advertising, in: Journal of Advertising Research, 39 (4/July,August), S. 1-5.

GLEICH, U. (2005A): Neue Werbeformate im Fernsehen, in: Media Perspektiven, 1/2005, S. 33-36.

GLEICH, U. (2005B): Werbung im Umfeld des Sports, in: Media Perspektiven, 11/2005, S. 590-594.

GOLDBERG, M. E. UND G. J. GORN (1987): Happy and Sad TV Programs: How They Affect Reactions to Commercials, in: Journal of Consumer Research, 14 (3/December), S. 387-403.

HAVLENA, W., R. CARDARELLI UND M. DE MONTIGNY (2007): Quantifying the Isolated and Synergistic Effects of Exposure Frequency for TV, Print, and Internet Advertising, in: Journal of Advertising Research, 47 (3/September), S. 215-221.

HEFTER, A. (2004): BRANDING DER MEDIENMARKE ZDF, IN: C. BAUMGARTH (HRSG.): Erfolgreiche Führung von Medienmarken, Wiesbaden, S. 251-264.

JANSSENS, W. UND P. DE PELSMACKER, (2005): Advertising for New and Existing Brands: The Impact of Media Context and Type of Advertisement, in: Journal of Marketing Communications, 11 (2/June), S. 113-128.

KOHLRUSCH, E. (1977): 25 Jahre – und kein bisschen weise, in: Deutsches Allgemeines Sonntagsblatt, (26.6.1977).

KOZINETS, R. V. (2001): Utopian Enterprise: Articulating the Meanings of Star Trek's Culture of Consumption, in: Journal of Consumer Research, 28 (1/June), S. 67-88.

KROEBER-RIEL, W. (1993): Bildkommunikation, München.

KROEBER-RIEL, W. UND F.-R. ESCH (2004): Strategie und Technik der Werbung. Verhaltenswissenschaftliche Ansätze, 6. Auflage, Stuttgart u.a.

LEE, B. UND R. S. LEE (1995): How and Why People Watch TV: Implications for the Future of Interactive Television, in: Journal of Advertising Research, 35 (6/November,December), S. 9-18.

LEWIS, L. A. (1991): The Adoring Audience: Fan Culture and Popular Media, New York.

LOBE, T. (2004): BILD – Von der Vision eines Verlegers zur nationalen Institution, in: C. Baumgarth (Hrsg.): Erfolgreiche Führung von Medienmarken, Wiesbaden, S. 87-110.

LORSON, T. (1994): Medienspezifische Umsetzung des CAAS-Diagnosesystems zur Fernsehwerbung, in: F.-R. Esch (Hrsg.) unter Mitwirkung von W. Kroeber-Riel: Expertensysteme für die Werbung, Vahlen Verlag, S. 198-203.

MALTHOUSE, E. C., B. J. CALDER UND A. TAMHANE (2007): The Effects of Media Context Experiences on Advertising Effectiveness, in: Journal of Advertising, 36 (3/Fall), S. 7-18.

MAYER, H. (1993): Werbepsychologie, 2. Auflage , Stuttgart.

MORLEY, D. (1980): The "Nationwide" Audience: Structure and Decoding, London.

MURDOCH, R. (1999): Chief executive's review, in: News Corporation Annual Report, S. 11–16.

NELSON, M. R. (2002): Recall of Brand Placements in Computer/Video Games, in: Journal of Advertising Research, 42 (2/March,April), S. 80-92.

NIELSEN (2007): Aktueller Werbetrend, http://www.nielsen-media.de/pages/template. aspx?level=2&treeViewID=3.53.0.0.0, abgerufen am: 31.01.08, erstellt am: 31.01.08.

OMD (2007): OMD launcht Top-Studie zu Mediennutzung und Mediaspendings der Zukunft – OMD media map 2010-2015, http://www.omdgermany.de/index.php? id=49&tx_ttnews%5Btt_news%5D=73, abgerufen am: 06.01.08, erstellt am: 01.11.07.

PEPELS, W. (2005): Marketing-Kommunikation: Werbung – Marken – Medien, 1. Auflage, Rinteln.

REITBAUER, S. (2007): Nicht ohne meine Games, in: Absatzwirtschaft – Zeitschrift für Marketing, 50 (11/2007), S. 66-74.

RUBIN, A. M. UND E. M. PERSE (1987): Audience Activity and Soap Opera Involvement, in: Human Communication Research, 14 (2/December), S. 246-268.

RUSSELL, C. A. UND C. P. PUTO (1999): Rethinking Television Audience Measures: An Exploration into the Construct of Audience Connectedness, in: Marketing Letters, 10 (4/November), S. 387-401.

SCHMALEN, H. (1992): Kommunikationspolitik: Werbeplanung, 2. Auflage, Stuttgart u.a.

SEYBOLD, M. (2006): Regionale Mediaplanung als Schlüssel für mehr Markterfolg, in: Media, Sonderheft Marketing Journal, 39, S. 16-18.

TERRY, W. S. (2005): Serial Position Effects in Recall of Television Commercials, in: The Journal of General Psychology, 132 (2/April), S. 151-163.

TÖLLE, K. (1983): Das Informationsverhalten der Konsumenten, 1. Auflage, Frankfurt/New York.

UNGER, F., N.-V. DURANTE, E. GABRYS, R. KOCH UND R. WAILERSBACHER (2007): Mediaplanung: Methodische Grundlagen und praktische Anwendungen, 5. Auflage, Berlin, Heidelberg, New York.

YANG, M., D. R. ROSKOS-EWOLDSEN, L. DINU UND L. M. ARPAN (2006): The Effectiveness of „In-Game" Advertising, in: Journal of Advertising, 35 (4/Winter), S. 143-152.

YELKUR, R., C. TOMKOVICK UND P. TRACZYK (2004): Super Bowl Advertising Effectiveness: Hollywood finds the Games Golden, in: Journal of Advertising Research, 44 (1/March), S. 143-159.

YI, Y. (1990): Cognitive and Affective Priming Effects of the Context for Print Advertiments, in: Journal of Advertising, 19 (2/Summer), S. 40-48.

QUELLENANGABE ZUR ABBILDUNG 3-3:

ZDF-KAMPAGNE: „MIT DEN ZWEITEN SIEHT MAN BESSER".
Start der Kampagne: 2000
Agentur: Serviceplan
Auszeichnung mit dem Gold-Award 2002 in der Kategorie „Total Package Design" auf der Konferenz Promax & BDA Europe

Carsten Baumgarth

Markenorientierung von Medienmarken

1 Medienmarke: Mode oder nachhaltiges Erfolgskonzept? 71

2 Konzept der Markenorientierung 72
   2.1 Definition 72
   2.2 Forschungsstand 73
   2.3 Konzeptionelles Modell 75

3 Empirische Überprüfung am Beispiel von Fachzeitschriften 78
   3.1 Branchenskizze 79
   3.2 Operationalisierung 79
   3.3 Design und Stichprobe der Studie 82
   3.4 Messmodelle 83
   3.5 Markenorientierung als Erfolgsfaktor 84

4 Fazit 85
   4.1 Grenzen der Studie und zukünftiger Forschungsbedarf 85
   4.2 Implikationen für die Medienpraxis 87

Anmerkungen 88

1 Medienmarke: Mode oder nachhaltiges Erfolgskonzept?

Tanja Madsen, Marketingleiterin der FTD, charakterisiert das Konzept „One Brand – All Media" als einen zentralen Erfolgsfaktor von FTD (Madsen 2004); Tobias Lobe beschreibt in seinem Buch „BILD ist Marke" ausführlich die konsequente und differenzierende Führung der Marke BILD als Erfolgskonzept der Zeitung sowie der verschiedenen Markentransfers (Lobe 2002); die Absatzwirtschaft zeichnete den SÜD-DEUTSCHE Verlag im Jahre 2006 als „Beste Marken-Dehnung" aus (o.V. 2006b); die Deutsche Fachpresse stellte den Jahreskongress 2006 unter das Motto „Von der Print- zur Medienmarke" (o.V. 2006a).

Im Gegensatz zu diesen Einzelbelegen für die praktische Relevanz des Markenkonzeptes im Printmedienbereich zeigt sich in der Praxis überwiegend eine hohe Unsicherheit über die tatsächliche Relevanz einer starken Medienmarke sowie ein geringer Grad der Professionalisierung der Markenführung (z. B. o.V. 1998). Die geringe Professionalisierung betrifft insbesondere die fehlende konsequente Verankerung des Markenkonzeptes innerhalb des Medienunternehmens.

Ganz im Gegensatz betont die aktuelle Markendiskussion neben einer hohen Relevanz der Marke für den Unternehmenserfolg speziell für Dienstleistungen die hohe Bedeutung der internen Verankerung der Marke für den (Marken)-Erfolg. Interne Markenführung (z. B. Wittke-Kothe 2001; Zeplin 2006) und identitätsorientierte Markenführung (z. B. Meffert et al. 2005) stehen stellvertretend für diese intern orientierte Betrachtung der Markenführung. Ein relativ neues Konzept, das die interne Verankerung des Markenkonzeptes umfassend thematisiert, bildet die Markenorientierung (synonym: Brand Orientation).

Da die Medienmarke als eine spezielle Form der Dienstleistungsmarke (z. B. Wirtz 2001, S. 30 ff.) besonders stark von dieser internen Verankerung, sprich der Markenorientierung, abhängt, bietet dieser Zugang einen sinnvollen Ansatz zur Analyse des Markenkonzeptes in der Medienbranche. Neben deskriptiven Aussagen zum Stand der Markenführung im Medienbereich erlaubt die Verknüpfung der Markenorientierung mit dem Erfolg auch Aussagen über die Relevanz des Markenkonzeptes für den (wirtschaftlichen) Erfolg in der Medienbranche.

Ziel dieses Beitrags ist daher die Beantwortung der Frage, welchen Einfluss die Markenorientierung als interne Verankerung des Markenkonzeptes auf den Erfolg eines Medienangebots tatsächlich ausübt. Daraus abgeleitet bildet die Entwicklung eines konzeptionellen Markenorientierungsmodells ein erstes Ziel. Darüber hinaus soll dieses allgemeine Modell für den Medienbereich operationalisiert und mit Hilfe einer empirischen Studie in einer ausgewählten Medienkategorie validiert werden. Aufbauend auf der Messung der Markenorientierung lässt sich dann als drittes Ziel der Zu-

Carsten Baumgarth

sammenhang zwischen Markenorientierung und Erfolg im Medienkontext empirisch analysieren.

2 Konzept der Markenorientierung

2.1 Definition

Eine einheitliche Definition des Konstrukts Markenorientierung (im Folgenden abgekürzt als MO) findet sich in der Literatur bislang nicht. Dabei lassen sich zwei Definitionsansätze voneinander abgrenzen: Die erste Richtung versteht unter MO die wahrgenommene Relevanz der Marke aus Sicht des (Top-)Managements. Exemplarisch definiert Hankinson MO als „…the extent to which the organisation regards itself as a brand" (Hankinson 2001a, S. 232; ähnlich Urde 1999, S. 117 f.). Problematisch an dieser Definition ist zum einen, dass der Begriff der Marke unbestimmt bleibt und damit die Gefahr der Tautologie besteht. Zum anderen schränkt diese Definition die MO auf eine explizite, dem Top-Management bewusste Ausrichtung ein.

Die zweite Richtung hingegen definiert MO als eine spezifische Ausrichtung der Unternehmensführung und konkretisiert diese Ausrichtung durch die explizite Angabe von Merkmalen. Exemplarisch definieren Schramm et al. MO als „… eine spezifische Unternehmensphilosophie, in welcher der Markenwert die zentrale Steuerungsgröße darstellt […] Notwendig sind (1) eine Langfristorientierung des Markenmanagement und damit ein strategisches Markenverständnis, (2) eine Differenzierungsstrategie durch Marktsegmentierung und integrierte Markenkommunikation, (3) eine dezentrale, auf die Markenführung ausgerichtete Organisationsform (Brand Management), die hierarchisch hoch aufgehängt ist, (4) marken(wert-)bezogene Steuerungsinstrumente wie die Balanced Scorecard und (5) intensive Marktforschungsbemühungen." (Schramm et al. 2004, S. 77 f.; Ewing und Napoli 2005). Diese zweite Definitionsrichtung weist zwar den Vorteil auf, dass sie sowohl den Begriff der MO semantisch detaillierter festlegt als auch eine implizite MO umfasst. Allerdings ist speziell der vorgelegte Merkmalskatalog problematisch, da dieser nur eine bestimmte Ausprägung der MO zulässt. Darüber bleibt die Abgrenzung zwischen MO und anderen Orientierungen wie insbesondere Marktorientierung unklar.

Daher wird aufbauend auf diesen beiden Definitionsrichtungen im Folgenden eine eigenständige Definition und Konzeptualisierung vorgeschlagen, die durch den Rückgriff auf das Konzept der Unternehmenskultur sowohl eine explizite als auch eine implizite MO beinhaltet. Ferner werden nicht konkrete Instrumente, sondern allgemeine Charakteristika der Marke als Bestandteile der Definition berücksichtigt. Diese allgemeinen Merkmale leiten sich insbesondere aus den Arbeiten zur Markenstärke ab

Markenorientierung von Medienmarken

(zum Überblick z. B. Schimansky 2004). Insgesamt zeigt die Forschung zur Markenstärke, dass eine zeitliche Konstanz der Positionierung und der Umsetzung, eine hohe Konsistenz der einzelnen Markenkontakte, eine Relevanz der Positionierung für die Zielgruppe sowie eine Differenzierung gegenüber Wettbewerbsmarken die zentralen Merkmale einer starken Marke darstellen. Durch diesen Rückgriff auf die Merkmale starker Marken lässt sich auch die im Kern auf Kundenbedürfnisse und deren Erfüllung abzielende Marktorientierung von der MO abgrenzen (vgl. auch Huber 2004, S. 17 ff.).

Darauf aufbauend lässt sich MO als eine spezielle Ausrichtung der Unternehmenskultur definieren, die das Angebot eines aus Sicht der Zielgruppe im Zeitablauf relativ konstantes, konsistentes, relevantes und im Vergleich zu Wettbewerbsangeboten unterscheidbares Leistungsversprechen fördert.

2.2 Forschungsstand

Bislang liegen zum Konzept der MO nur wenige Forschungsarbeiten vor. Abbildung 2-1 skizziert chronologisch die bisherigen Arbeiten.

Abbildung 2-1:   *Forschungsstand zur MO*

Autor(en)	Art	Konzeptualisierung/Operationalisierung	Empirische Untersuchung	Zentrale Ergebnisse
Urde 1999	konz.	sieben Dimensionen: - Target Audience - Product category - Product - Vision & mission - Brand name - Company name - Positioning	keine emp. Studie	MO ist eine Alternative zur Marktorientierung
Hankinson 2001a	konz.	vier Dimensionen: - Undestanding the brand - Communicating the brand - Using the brand as a strategic resource - Managing the brand deliberately and actively	keine emp. Studie	Entwicklung eines Bezugsrahmens mit Determinanten und Konsequenzen der MO

Carsten Baumgarth

Autor(en)	Art	Konzeptualisierung/Operationalisierung	Empirische Untersuchung	Zentrale Ergebnisse
Hankinson 2001b	emp.	sieben Dimensionen	schriftliche Befragung (n = 316); Manager von Spendenorganisationen; Explorative Faktorenanalyse	Skalenentwicklung
Hankinson 2002	emp.	eine Dimension	schriftliche Befragung (n = 316); Manager von Spendenorganisationen; ANOVA	MO beeinflusst das Verhalten der Manager sowie das ad-hoc-Spendenaufkommen
Schramm et al. 2004	emp.	sieben Dimensionen (konzeptionell) Reduktion auf drei Dimensionen: - Markenorganisation - Markensteuerung - Markeninnovation	Online Befragung (n = 73); Manager von genossenschaftlich organisierten Lebensmittelproduzenten; zusätzlich: Fallstudien; Explorative Faktorenanalyse	Entwicklung einer Skala
Ewing und Napoli 2005	emp.	drei Dimensionen: - Interaction - Orchestration - Affect	schriftliche Befragung (n_1 = 233, n_2 = 170); Manager von Non-Profit-Organisationen; Explorative. und konfirmatorische Faktorenanalyse	Entwicklung einer Skala
Wong und Merrilees 2005	emp.	keine explizite Konzeptualisierung	Fallstudien von KMUs (n = 8); Interpretation	Modellentwicklung: Barrieren wie Zeit und Budgets behindern die MO; echte Differenzierungsvorteile fördern die MO; MO und echte Differenzierungsvorteile beeinflussen positiv den Erfolg
Napoli 2006	emp.	drei Dimensionen: - Interaction - Orchestration - Affect	schriftliche Befragung (n = 403); Manager von Non-Profit-Orgnisationen; Regressionsanalyse	Orchestration und Interaction beeinflussen signifikant den kurzfristigen und langfristigen Erfolg; Affect beeinflusst nur tendenziell den Erfolg.

Der überwiegende Teil der bisherigen Forschung beschäftigt sich mit der Entwicklung von Messansätzen. Dies erfolgt überwiegend im Kontext von ganz speziellen Branchen (z. B. Spendenorganisationen) bzw. Marktkonstellationen (z. B. Genossenschaften in der Ernährungsindustrie). Weiterhin fällt auf, dass der überwiegende Teil der empirischen Arbeiten mit einer relativ geringen theoretischen Fundierung auskommt. Weiterhin untersuchen die bisherigen Arbeiten mit Ausnahme der Arbeiten von Hankinson (2002) und Napoli (2006) lediglich die Ausprägung der MO, d. h. eine empirische

Markenorientierung von Medienmarken

Analyse des Zusammenhangs zwischen MO und Erfolg fehlt bislang fast vollständig. Schließlich mangelt es auch an einer strukturelle Analyse, die den Aufbau und das Entstehen von MO theoretisch beschreibt und empirisch überprüft.

2.3   Konzeptionelles Modell

Aufbauend auf der Definition sowie dem skizzierten Forschungsstand wird ein eigenständiges konzeptionelles Modell der MO vorgeschlagen.

Wie in der Definition festgelegt, handelt es sich bei der MO um eine spezifische Ausrichtung der Unternehmenskultur. Daher wird als Bezugsrahmen auf den Ansatz der Unternehmenskultur von Schein (z. B. Schein 2003) sowie die Erweiterungen dieses Modells im Rahmen des Marktorientierungskonzeptes von Pflesser (Pflesser 1999; Homburg und Pflesser 2000) zurückgegriffen. Dieser Ansatz, der die Marktorientierung als eine spezielle Ausprägung der Unternehmenskultur interpretiert, unterscheidet die drei Ebenen Werte, Normen und Artefakte. Da diese drei Ebenen nur intern wirken und damit keine direkte Verbindung zum Erfolg auf den Absatzmärkten existiert, hat Pflesser (Pflesser 1999; Homburg und Pflesser 2000) die Unternehmenskultur durch konkrete Verhaltensweisen ergänzt. Diese Grundstruktur wird auch für die MO angenommen.

Werte umfassen relativ bewusste, von einer Unternehmung geteilte Vorstellungen über das Wünschenswerte, die sich durch eine hohe zeitliche Stabilität auszeichnen. Normen hingegen stellen explizite oder implizite Regeln dar, die die Einhaltung bestimmter Verhaltensweisen bzw. deren Resultate kontrollieren und bei Abweichung sanktionieren. Artefakte sind direkt wahrnehmbare Objekte und Rituale, die einen hohen symbolischen Wert besitzen. Verhaltensweisen grenzen sich gegenüber Artefakten durch ihren ausgeprägten instrumentellen Charakter und die externe Ausrichtung am Absatzmarkt ab. Dabei lassen sich sowohl Instrumente auf der Informations- als auch der Aktionsseite identifizieren. Abbildung 2-2 verdeutlicht an Beispielen aus der Medienbranche Fachzeitschriften die vier Elemente der MO.

Carsten Baumgarth

Abbildung 2-2:   Beispiele der Elemente einer MO[1]

Markenorientierte Werte	Markenorientierte Normen
"Wir wollen der Industrie eine Plattform für den Austausch direkter Marktinformationen bieten. Damit soll ein möglichst umfassendes Angebot unterbreitet werden.„ Positionierungsstatement des Unternehmensgründers C.G. Vogel zum Start des Industriemagazins MaschinenMarkt 1895	
	Erstausgabe 1957 1988 2007 1948
Neben der Zeitschrift MaschinenMarkt (Auflage ca. 44.000 Exemplare) wurde die Marke systematisch auf Subbrands (z. B. MM Zulieferer), internationale Ausgaben (10 internationale Ausgaben) sowie den Onlinebereich (z. B. www.mm-boerse.de, www.maschinenmarkt.de) ausgedehnt.	Nach einem Relaunch des Covers im Jahre 1988 wird das Cover der Zeitschrift DER BETRIEB konstant gehalten. Auf Bilder auf dem Cover wird zugunsten des Nutzwerts konsequent verzichtet. Zum 60 jährigen Jubiläum wird ausnahmsweise mit dem Cover „gespielt"
Markenorientierte Artefakte	**Markenorientiertes Verhalten**
Goldener Zuckerhut: Seit 1958 vergibt die Lebensmittelzeitung für herausragende Leistungen in der Lebensmittelwirtschaft diesen Preis im Rahmen eines großen Events.	Die Begründung der Jury lautete: „…Sauberer Journalismus macht das Heft zur Lieblingslektüre der Ärzte und bringt seit Jahren Spitzenwerte in der LA-MED."

Diese vier Elemente – Werte, Normen, Artefakte und Verhaltensweisen – sind dann als markenorientiert zu bezeichnen, wenn diese die Markenstärke fördern, d. h. wenn sie zur zeitlichen Konstanz, zur Konsistenz, zur Relevanz und zur Differenzierung des jeweiligen Leistungsangebots beitragen.

Im Rahmen des Modells wird eine kausale Kette ausgehend von der Werteebene über die Normenebene zu der konkreten Artefakt- und Verhaltensebene angenommen. Das Modell basiert darauf, dass die Werte als interne Markenrelevanz und als Verständnis der grundlegenden Mechanismen der Markenführung das konkrete markenorientierte Verhalten steuern. Allerdings weist diese Werteebene einen relativ generellen Charakter auf und ist damit nur bedingt in der Lage, konkretes Markenführungsverhalten zu erklären. Werte bilden aber die Basis für die Formulierung oder Herausbildung von expliziten und impliziten markenorientierten Normen. Solche Normen werden auch nur dann innerhalb des Medienunternehmens akzeptiert, wenn sie auf einer gemein-

---

[1]   Zu den Bildquellen vgl. die ausführlichen Angaben am Ende des Literaturverzeichnisses.

samen Werteebene basieren (Pflesser 1999, S. 65). Daher wird als erste Hypothese folgendes formuliert:

H_1: Je stärker die markenorientierten Werte ausgeprägt sind, desto stärker sind die markenorientierten Normen vorhanden.

Im Gegensatz zu Werten beeinflussen markenorientierte Normen durch die Festlegung von Erwartungen und den damit verbundenen Sanktionsmechanismen das konkrete markenorientierte Verhalten. Daher lässt sich folgende Hypothese formulieren:

H_2: Je stärker die markenorientierten Normen ausgeprägt sind, desto stärker ist markenorientiertes Verhalten vorhanden.

Normen als Regeln können aber nur dann wirksam das Verhalten der Organisationsmitglieder beeinflussen, wenn diese verstanden und akzeptiert werden. Speziell die (symbolische) Kommunikation dieser Normen durch Artefakte, durch die die Mitarbeiter intern die Marke direkt wahrnehmen können, unterstützt diesen Akzeptanzprozess. Dieser positive Zusammenhang zwischen Normen und Artefakten wird in der Literatur im Bereich des symbolischen Managements explizit diskutiert (z. B. Ulrich 1990). Daher wird als dritte Hypothese angenommen:

H_3: Je stärker die markenorientierten Normen sind, desto stärker sind markenorientierte Artefakte vorhanden.

Weiterhin wird argumentiert, dass neben den Normen insbesondere auch die Artefakte durch ihre kommunikative Funktion bei der Vermittlung der Normen das markenorientierte Verhalten beeinflussen. Als vierte Hypothese lässt sich daher folgendes formulieren:

H_4: Je stärker die markenorientierten Artefakte ausgeprägt sind, desto stärker ist markenorientiertes Verhalten vorhanden.

Ergänzt wird das Basismodell durch eine Verknüpfung zum Markterfolg. Dabei wird angenommen, dass nur konkrete Maßnahmen, die im Konstrukt der markenorientierten Verhaltensweisen zusammengefasst sind, den Markterfolg direkt positiv beeinflussen. Die Werte-, Normen- und Artefaktebene wirken innerhalb des Medienunternehmens und können daher keinen direkten Einfluss auf den Markterfolg ausüben. Daraus ergibt sich die fünfte Hypothese:

H_5: Je stärker das markenorientierte Verhalten ausgeprägt ist, desto höher fällt der Markterfolg aus.

Der Markterfolg wiederum beeinflusst positiv den ökonomischen Erfolg, was sich in folgender Hypothese niederschlägt:

H_6: Je höher der Markterfolg ausfällt, desto höher fällt auch der ökonomische Erfolg aus.

Abbildung 2-3 fasst das Modell sowie die vermuteten Wirkungsbeziehungen im Überblick zusammen.

Abbildung 2-3:   Konzeptionelles Modell der MO

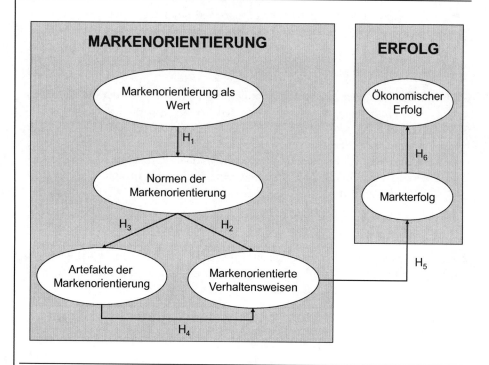

3 Empirische Überprüfung am Beispiel von Fachzeitschriften

Die Überprüfung des Modells im Medienbereich fokussiert mit den Fachzeitschriften auf ein bestimmtes Teilsegment der Medienlandschaft. Eine solche Beschränkung ist deshalb sinnvoll, da dadurch eine relativ homogene Gruppe von Medien gebildet wird, die sich in Bezug auf weitere Determinanten wie z. B. Art des Zielpublikums oder Medienleistung nicht grundsätzlich voneinander unterscheiden. Damit lässt sich das hier interessierende Konstrukt der MO und deren Einfluss auf den Erfolg unabhängig von weiteren Einflussfaktoren und Moderatoren analysieren.

3.1 Branchenskizze

Die Begriffe Fachmedien, Fachpresse und Fachzeitschriften sind vielschichtig und werden unterschiedlich definiert. Die Deutsche Fachpresse als Interessenvertretung der Fachmedien in Deutschland fasst Fachzeitungen und Fachzeitschriften unter dem Begriff Fachzeitschriften zusammen und grenzt diese zu anderen Medien durch folgende Merkmale ab (o.V. 2005):

- Erscheinungsweise: periodische Druckwerke (langfristig, mindestens vier Ausgaben pro Jahr),
- Content: überwiegend wissenschaftlicher, technischer oder wirtschaftlicher Art,
- Zweck: berufliche Information und Weiterbildung,
- Zielgruppe: Fachleute, die professionelle Kaufentscheidungen treffen (z. B. professionelle Nutzer, Absatzmittler, Experten für Klienten).

In Deutschland gibt es rund 3.800 Fachzeitschriftentitel, die im Jahre 2006 eine Jahresauflage von rund 490 Mio. Exemplare erreichten (o.V. 2007, S. 11). Die knapp 500 Fachverlage erwirtschaften trotz zunehmender Digitalisierung rund 65 % ihrer Umsätze mit „klassischen" Fachzeitschriften (o.V. 2007, S. 3). Aufgrund dieser wirtschaftlichen, aber auch historischen Dominanz der Fachzeitschriften für die Fachverlage, fokussiert die empirische Studie auf die klassischen Printprodukte.

3.2 Operationalisierung

Bei den sechs Konstrukten des Modells handelt es sich jeweils um latente, d. h. nicht direkt beobachtbare Größen. Um den Zusammenhang zwischen diesen Größen zu analysieren, bedarf es einer Messung der Konstrukte. Dies erfolgt mithilfe von Indikatoren, wobei sich jedes Konstrukt durch eine Multi-Item-Scale auszeichnet. In der Literatur wird seit einigen Jahren verstärkt darüber diskutiert, ob bestimmte Konstrukte eine formative oder reflektive Struktur aufweisen (z. B. Jarvis et al. 2003; Fassott und Eggert 2005; Fassott 2006). Im Folgenden wird auf der Basis der Kriterien von Jarvis et al. (2003) für die vier Konstrukte der MO davon ausgegangen, dass es sich um formative Konstrukte handelt. Dieser formative Charakter zeigte sich auch im Rahmen der Expertengespräche. Beispielsweise nannten die interviewten Manager bei den Verhaltenswiesen der MO unterschiedliche Instrumente.

Bei der Messung des Markterfolges sowie des ökonomischen Erfolges wird hingegen jeweils eine reflektive Struktur angenommen, da die einzelnen Marktziele bzw. die ökonomischen Ziele untereinander stark zusammenhängen und die Items damit mehr oder weniger stark austauschbar sind.

Carsten Baumgarth

Insgesamt wird zur Auswahl und Formulierung der Items für die einzelnen Konstrukte auf eine Kombination von getesteten Skalen und Expertenurteilen zurückgegriffen. Insbesondere zur Konstruktion der vier Konstrukte der MO wurden zum einen individuelle Expertengespräche [1] und zum anderen mehrere Diskussionen mit einem Expertenteam [2] durchgeführt. Um die Zuordnung der Items zu den Konstrukten zu überprüfen wurde zusätzlich die Routine von Anderson und Gerbing (1991) eingesetzt [3]. Insgesamt ordneten 27 Marketingstudierende nach entsprechender Einweisung die gewählten Items zu Konstrukten zu. Abbildung 4 zeigt die Items sowie die von Anderson und Gerbing (1991) vorgeschlagenen Kennwerte. Für den p_{sa}-Index, der angibt, in wie viel Prozent der Fälle das jeweilige Item mit dem richtigen Konstrukt verknüpft wurde, wird in der vorliegenden Studie ein Grenzwert von kleiner als 0,3 verwendet. Beim c_{sv}-Index, der zusätzlich zum p_{sa}-Index noch die Zuordnung eines Items zu einem falschen Konstrukt berücksichtigt, legen negative Werte einen Ausschluss des jeweiligen Items nahe. Die in der Abbildung 3-1 grau schattierten Items erfüllen nicht die festgelegten Grenzwerte und werden daher in der Hauptstudie nicht berücksichtigt.

Abbildung 3-1:   *Operationalisierung der MO von Fachzeitschriften*

Kon-strukt	Items	Q	p_{SA}/ c_{SV}	Gewicht (t-Wert)	VIF
Werte	Wir sehen unsere Fachzeitschrift als eine starke Marke.	H2	0,70/ 0,48	0,44 (2,06)	2,82
	Die Marke unterstützt den Erfolg unserer Zeitschrift.	H2	0,56/ 0,24	0,00 (0,00)	2,40
	Bei allen unseren Maßnahmen streben wir an, dass sich unsere Fachzeitschrift von anderen Titeln deutlich unterscheidet.	S	0,48/ 0,22	0,52 (3,74)	1,40
	Wir achten darauf, dass die Positionierung unserer Fachzeitschrift über einen langen Zeitraum im Wesentlichen gleich bleibt.	E	0,63/ 0,33	0,36 (1,71)	2,23
	Wir legen großen Wert darauf, dass die direkt erfahrbaren Merkmale der Fachzeitschrift (z. B. Covergestaltung, Inhaltliche Schwerpunkte) über einen langen Zeitraum unverändert bleiben.	EN	0,58/ 0,35	-0,08 (0,46)	1,70
Normen	Wünsche von Anzeigenkunden in Bezug auf redaktionelle Inhalte, die den Kern unserer Titelmarke verletzen, werden von uns abgelehnt.	E	0,48/ 0,19	0,13 (1,25)	1,05
	Bei der Auswahl von Medienpartnerschaften achten wir darauf, dass diese zu unserer Titelmarke passen.	E	0,44/ 0,16	0,36 (4,14)	1,27
	Wir überprüfen regelmäßig, dass die Gestaltungsrichtlinien unserer Titelmarke (z. B. CD-Richtlinien) eingehalten werden.	E	0,74/ 0,52	0,09 (0,89)	1,55
	Wir kontrollieren bei jeder Ausgabe, dass die Titelcover unserer Fachzeitschrift im Zeitablauf eine hohe optische Konstanz aufweisen.	E	0,33/ 0,04	0,08 (1,07)	1,17
	Wir überprüfen, dass unsere Kommunikation für die Titelmarke auf dem Lesermarkt in formalen und inhaltlichen Aspekten aus einem „Guss" ist (integrierte Kommunikation).	S	0,35/ 0,04	0,33 (2,89)	1,70
	Wir haben die Markenpositionierung (z. B. Markenkern) für unsere Titelmarke detailliert schriftlich fixiert.	E	0,52/ 0,22	0,20 (2,51)	1,35

Kon-strukt	Items	Q	p_{SA}/ c_{SV}	Gewicht (t-Wert)	VIF
	Für unsere Fachzeitschrift gibt es eindeutig bestimmte Verantwortliche, die darauf achten, dass die Positionierung und die formale Gestaltung der Marke eingehalten werden.	S	0,81/ 0,74	0,17 (0,15)	1,79
	Die Markenverantwortlichen haben die Kompetenz und die Macht die formalen Richtlinien und die Positionierung unserer Titelmarke intern durchzusetzen.	E	0,60/ 0,40	0,19 (2,22)	1,37
	Für unsere Fachzeitschrift wird regelmäßig kontrolliert, ob sich der Titel von Konkurrenztiteln unterscheidet.	E	0,22/ -0,33	n. b.	
Artefak-te	Unsere Mitarbeiter tragen bei Kundenkontakt (z. B. Verkaufsgespräche, Messe) sichtbar das Logo unserer Titelmarke (z. B. Bekleidung).	E	0,63/ 0,44	-0,11 (0,99)	1,18
	Unser Messestand ist so gestaltet, dass dieser die Positionierung unserer Titelmarke ausdrückt.	E	0,62/ 0,39	0,18 (1,46)	1,52
	Es finden regelmäßig Meetings zur Diskussion des Status-quo und der Entwicklung unserer Titelmarke statt.	E	0,30/ 0,07	0,69 (7,08)	1.20
	Unsere Events spiegeln die Positionierung unserer Titelmarke wieder und machen die Marke erlebbar.	E	0,67/ 0,48	0,45 (4,31)	1,37
Ver-halten	Unsere Titelmarke wird auf dem Lesermarkt durch eine im Vergleich zu Konkurrenztiteln höhere redaktionelle Qualität untermauert.	E	0,62/ 0,42	0,14 (1,89)	1,52
	Unseren Anzeigenkunden bieten wir im Vergleich zu Konkurrenzanbietern einen klaren und konkreten Nutzenvorteil.	E	0,35/ 0,04	0,37 (4,79)	1,58
	Auch in wirtschaftlich schweren Zeiten investieren wir viel in die Pflege unserer Titelmarke (z. B. Werbung, Redaktionelle Qualität).	S	0,37/ 0,04	0,44 (5,13)	1,65
	Wir schulen die Mitarbeiter unserer Titelmarke regelmäßig zum Thema Markenführung und zur aktuellen Situation der eigenen Marke.	S	0,48/ 0,19	0,18 (2,57)	1,42
	Wir betreiben für unsere Titelmarke auf dem Lesermarkt über Abowerbung hinausgehend intensive Imagewerbung.	E	0,67/ 0,48	0,09 (1,11)	1,57
	Wir führen zusätzlich zu Empfängerstrukturanalysen regelmäßig Marktforschung zur Analyse unserer Titelmarke (z. B. Imagemessung, Markenwertanalysen) durch.	E	0,70/ 0,44	0,14 (1,97)	1,22
	Neue Mitarbeiter der Titelmarke werden bei uns intensiv geschult, damit sie die „Philosophie" unseres Titels ganzheitlich verstehen.	E	0,22/ -0,15	n. b.	

Q: Quelle der Items (E = Expertengespräche/Expertenteam; S =Schramm et al. 2004; H1 =Hankinson 2001b; H2 =Hankinson 2002; EN =Ewing und Napoli 2005)
n. b.: nicht berücksichtigt in der Hauptstudie.

Der Markterfolg der Fachzeitschriften wurde im Sinne des zielorientierten Ansatzes über die Relevanz und die Zielerreichung von neun Zielen gemessen (z. B. Evanschitzky 2003, S. 58 ff.; Schmidt 2001). Aufgrund der Besonderheit von Medienunternehmen, dass diese mit dem Rezipienten- und dem Werbemarkt auf zwei Absatzmärkten agieren (z. B. Wirtz 2001, S. 19 ff.), umfasst die Messung des Markterfolges sowohl Ziele des Reziepientemarktes (z. B. „Reichweite im Lesermarkt") als auch des Werbemarktes (z. B. „Marktanteil auf dem Anzeigenmarkt"). Die konkrete Auswahl der Ziele

Carsten Baumgarth

orientiert sich an einer Studie aus dem Zeitschriftenbereich (Bleis 1996) und an den Ergebnissen der Expertengespräche.

Der ökonomische Erfolg wird durch die subjektive Einschätzung der Zielerreichung bei den Zielen Umsatz und Rentabilität in den jeweils letzten drei Jahren sowie dem Vergleich des wirtschaftlichen Erfolgs des jeweiligen Titels mit Konkurrenztiteln operationalisiert.

3.3 Design und Stichprobe der Studie

Die Studie wurde als Onlinefragebogen mit Hilfe der Software umfragecenter (Globalpark) [4] als personalisierter Fragebogen programmiert. Anschließend wurde der Fragebogen sowohl von Wissenschaftlern als auch von Personen aus der Zielpopulation durch einen Pretest in Bezug auf Verständlichkeit und Länge der Befragung überprüft.

Als Befragungssample stand eine Adressdatenbank der Deutschen Fachpresse mit den Top-Führungskräften der Fachverlage (n = 322) zur Verfügung, die praktisch eine Vollerhebung für den deutschen Markt darstellt.

Die Feldphase der Online-Befragung fand im Sommer 2006 statt. Neun Befragte konnten aufgrund von Adressfehlern in der Feldphase nicht erreicht werden (Ausgangsstichprobe: 313). Fragebögen, die mehr als 10 % Missings, d. h. mehr als vier fehlende Antworten aufwiesen, wurden von der Auswertung ausgeschlossen. Insgesamt lagen 87 auswertbare Fragebögen vor (Response: 27,8 %). Die auswertbaren Fragebögen beinhalten insgesamt 123 fehlende Werte (1,87 %), wobei diese zum größten Teil (36,6 % aller Missings) bei der Beurteilung des ökonomischen Erfolges aufgetreten sind. Die vorhandenen Missings wurden in SPSS mit Hilfe des EM-Verfahrens durch plausible Schätzwerte ersetzt (z. B. Göthlich 2007, S. 129).

Die Befragten wählten im Rahmen der Befragung eine konkrete Fachzeitschrift als Beurteilungsobjekt aus. Um die Gefahr der Ergebnisverzerrung durch die Berücksichtigung von überwiegend erfolgreichen Titeln zu reduzieren (Denrell 2006: 102), beantworteten die Vertreter von größeren Verlagen (Verlage mit mehr als fünf Titeln) jeweils einen erfolgreichen und einer weniger erfolgreichen Titel. Neben dem inhaltlichen Vorteil erhöhte sich dadurch auch die Anzahl der in der Auswertung zur Verfügung stehenden Fachzeitschriften auf 137 Titel.

Die Gruppe der Antwortenden setzt sich überwiegend aus Verlegern bzw. Geschäftsführern zusammen (66 %). Die teilnehmenden Verlage sind vor allem relativ große Fachzeitschriften-Verlage mit mehr als 10 Mio. € Umsatz (44 %) und mit mehr als 5 Titeln (68 %). Die meisten beurteilten Titel lassen sich den Kategorien Industrie/Produktion/Technik (40 Titel) und Handel/Fachhandel/Dienstleistung (29 Titel)

Markenorientierung von Medienmarken

zuordnen. Weiterhin liegt ein Schwerpunkt der beurteilten Titel auf seit Jahren etablierten Titeln (67 % der Titel wurden bereits vor über 20 Jahren in den Markt eingeführt).

3.4 Messmodelle

Aufgrund der relativ geringen Fallzahl, der überwiegend nicht erfüllten Anforderung der Multinormalverteilung der Variablen, dem frühen Forschungsstadium sowie der gemischt formativ-reflektiven Struktur der Konstrukte wurde auf ein PLS-Verfahren (SmartPLS, Version 2.0 M3, Ringle et al. 2006) zur Modellschätzung abgestellt (Jöreskog und Wold 1982). Die Gütebeurteilung der reflektiven und formativen Konstrukte orientiert sich an den Empfehlungen von Diamantopoulos und Winklhofer (2001), Krafft et al. (2005) und Götz und Liehr-Gobbers (2004). Zur Beurteilung des formativen Messmodells der MO ist zunächst die Multikollinearität zu überprüfen. Diese Überprüfung zeigt für alle vier Konstrukte unkritische Werte (alle VIF < 3; empfohlener Grenzwert VIF < 10, vgl. Abbildung 4).

Darüber hinaus sind insbesondere die Gewichte und die durch eine Bootstrapping-Routine (n = 500) ermittelten t-Werte der formativen Variablen von Interesse (vgl. Abbildung 4). Eine Betrachtung der Gewichte zeigt, dass vier unter dem Wert von 0,1 und zwei Indikatoren negative Vorzeichen aufweisen. Diese Variablen tragen nur sehr gering zur Erklärung der Varianz der jeweiligen latenten Variablen bei. In der Literatur gibt es eine Diskussion darüber, ob solche Indikatoren bei formativen Konstrukten eliminiert werden sollten (z. B. Seltin und Keeves 1994, Jöreskog und Wold 1982) oder nicht (z. B. Rossiter 2002, Helm 2005). Im Folgenden wird den Argumenten der „Elimationskritiker" gefolgt, d. h. auch geringgewichtige Indikatoren werden beibehalten. Dies scheint auch deshalb gerechtfertigt, da in zwei weiteren Studien in anderen Branchenkontexten (B-to-B-Unternehmen, Museen) ähnliche Indikatoren verwendet wurden, allerdings die Gewichte sich von den hier präsentierten deutlich unterscheiden.

Zur Überprüfung der Diskriminanzvalidität zwischen den vier MO-Konstrukten wurden die Korrelationen zwischen den latenten Variablen berechnet. Diese liegen mit einer Spanne zwischen 0,51 und 0,77 unter den in der Literatur empfohlenen Grenzwert von 0,90 (Huber et al. 2007, S. 38).

Das Konstrukt des Markterfolges wurde mit Hilfe von neun Zielen reflektiv gemessen. Die Beurteilung der einzelnen Ziele setzt sich jeweils aus der Multiplikation der Zielwichtigkeit und der Zielerreichung zusammen. Das reflektive Kosntrukt weist zufrieden stellende Gütwerte auf (α = 0,87; Konstruktrealiabilität = 0,90, DEV = 0,50).

Der ökonomische Erfolg wurde ebenfalls reflektiv mit Hilfe von sieben Indikatoren gemessen (ökonomischer Erfolg im Vergleich zum Wettbewerb, Umsatz- und Rentabilitätsziel der letzten drei Jahre). Auch die Messung des ökonomischen Erfolges weist eine zufriedenstellende Güte auf (α = 0,91; Konstruktreliabilität = 0,93, DEV = 0,65).

Insgesamt werden daher die Messmodelle nicht weiter modifiziert und als ausreichend reliable und valide Messung der Konstrukte angesehen.

3.5 Markenorientierung als Erfolgsfaktor

Aufbauend auf der Überprüfung der einzelnen Konstrukte lässt sich das Gesamtmodell sowie die darin abgebildeten Hypothesen überprüfen. Abbildung 3-2 fasst die Ergebnisse grafisch zusammen.

Abbildung 3-2: MO als Erfolgsfaktor von Fachzeitschriften

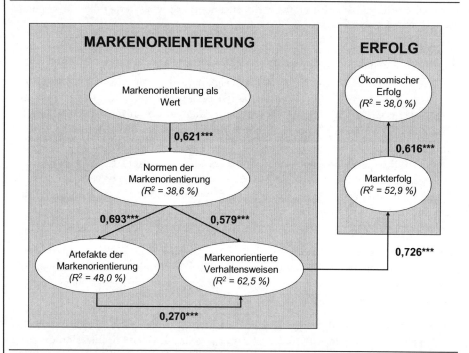

Die Überprüfung des Gesamtmodells in Bezug auf die Prognoserelevanz mit Hilfe des Stone-Geisser-Tests zeigt zunächst, dass Q^2 für den Markterfolg mit 0,26 deutlich über

Markenorientierung von Medienmarken

dem Grenzwert 0 liegt (z. B. Krafft et al. 2005, S. 85). Auch die erklärte Varianz von rund 53 % des Markterfolges durch die MO belegt die hohe Relevanz der MO.

Die Ergebnisse für die einzelnen Strukturkoeffizienten bestätigen durch signifikante Zusammenhänge alle sechs Hypothesen. Im Einzelnen bestätigen damit die Ergebnisse sowohl die Grundstruktur des Konstruktes der MO als auch den positiven Zusammenhang zwischen MO und Markterfolg. Schließlich zeigt der Zusammenhang zwischen Markterfolg und ökonomischen Erfolg, dass die MO nicht nur den Markterfolg beeinflussen kann, sondern dadurch auch einen Beitrag zum ökonomischen Erfolg der berücksichtigten Fachzeitschriften leistet.

Um die Qualität des vorgeschlagenen Modells weiter zu prüfen, wurde das Modell mit Alternativmodellen verglichen. Dazu wurde auf das Maß der Effektstärke f^2 zurückgegriffen, welches sich wie folgt berechnet (Chin 1998):

$$f^2 = \frac{R^2_{incl.} - R^2_{excl.}}{1 - R^2_{incl.}}$$

Diese Effektgröße gibt Aufschluss darüber, ob ein zusätzlicher Pfad einen substantiellen Beitrag zur Erklärung einer abhängigen Größe beiträgt. Von einem geringen, mittleren bzw. starken Effekt ist bei Werten von über 0,02, 0,15 bzw. 0,35 auszugehen. Die Werte für die drei zusätzlichen MO-Konstrukte erreichen maximal einen geringen Effekt (f^2: Werte = 0,11; Normen = 0,08; Artefakte = 0,01). Aufgrund der Forderung möglichst sparsame Modelle zu entwickeln, wird daher das Ausgangsmodell als überlegen angesehen.

4 Fazit

4.1 Grenzen der Studie und zukünftiger Forschungsbedarf

Zunächst sind die Ergebnisse vor dem Hintergrund der Grenzen der empirischen Studie zu interpretieren.

Bei dem vorliegenden Modell handelt es sich um ein Partialmodell, wodurch das Modell nur einen bestimmten Anteil der Varianz des Markterfolges erklären kann. Auch ist nicht auszuschließen, dass durch die isolierte Betrachtung der Markenorientierung der Einfluss auf den Markterfolg überschätzt wird. Weiterhin basiert die Studie auf einer Querschnittuntersuchung, womit zeitliche Abhängigkeiten zwischen den Konstrukten unberücksichtigt bleiben.

Carsten Baumgarth

Zusätzlich ist zu berücksichtigen, dass die Studie nur eine bestimmte Meidenkategorie (Titelmarken im Fachzeitschriftenbereich) berücksichtigte. Unklar ist daher, ob die Ergebnisse der Messmodelle und des Strukturmodells auf andere Medienkategorien übertragbar sind.

Darüber hinaus handelt es sich bei den verwendeten Skalen um ad-hoc-Skalen, die zum ersten Mal im Rahmen der Studie empirisch überprüft wurden. Auch ist aufgrund des formativen Charakters der Skalen trotz der sorgfältigen Ermittlung der Items nicht sichergestellt, dass die gewählten Items das jeweilige Konstrukt tatsächlich vollständig abdecken.

Schließlich sind mit der Art der Befragung einige methodische Probleme verknüpft. Neben den generellen Problemen der Onlinebefragung (relativ geringe Ausschöpfung der Stichprobe, fehlende Kontrolle über den Befragten) ist insbesondere auf das Problem der Schlüsselinformanden (z. B. Nicolai und Kieser 2002, S. 584; Mezias und Starbuck 2003) zu verweisen.

Aus den skizzierten Grenzen ergeben sich direkte Empfehlungen für die zukünftige Forschung. Das Problem des Partialmodells ist dadurch zu lösen, dass zukünftig neben der MO weitere Ausprägungen der Unternehmenskultur Berücksichtigung finden sollten. Einen Ausgangspunkt für eine solche Studie liefert z. B. die Arbeit von Fritz (1992). Die Problematik der Querschnittuntersuchung ist nur durch Paneldaten oder durch aufwendige experimentelle Ansätze zu lösen.

Die Kontextgebundenheit der Ergebnisse ist durch die Replikation der Studie für andere Medien- (z. B. Publikumszeitschriften, TV-Sender, Online-Portale) und Leistungskategorien (z. B. Konsum- und Industriegüter) und in anderen kulturellen Kontexten (z. B. USA, Asien) zu reduzieren (allg. Baumgarth und Evanschitzky 2005). Auch das Problem der ad-hoc-Skala lässt sich durch den wiederholten Einsatz der Skalen in zukünftigen Studien abschwächen.

Die Nachteile der Onlinebefragung sind durch den Einsatz von alternativen Befragungsformen wie mündliche Befragung reduzierbar, wobei sich dadurch neue Probleme wie stärkerer Interviewereinfluss ergeben. Zur Reduzierung des Schlüsselinformandenproblems werden in der Literatur einige Ansätze (z. B. mehrere Befragte pro Untersuchungseinheit) vorgestellt, die aber letztlich häufig an dem damit verbundenen Aufwand scheitern.

Neben diesen Ansatzpunkten für die zukünftige Forschung, die sich direkt aus den Grenzen der empirischen Vorgehensweise ergeben, lassen sich einige weitergehende Forschungsideen generieren. Das vorliegende Modell untersucht als interne Voraussetzung einer starken Marke die MO im Medienbereich. Daraus lassen sich zwei Erweiterungen ableiten. Zum einen könnte der Zusammenhang zwischen der MO und der bei den Zielgruppen (Rezipienten, Werbekunden) gemessenen Markenstärke analysiert werden. Zum anderen sind Forschungsarbeiten zum Thema Verbesserung der MO (Implementierung) in Medienunternehmen sinnvoll und notwendig.

4.2 Implikationen für die Medienpraxis

Trotz der skizzierten Grenzen lassen sich aus den konzeptionellen Überlegungen und den Ergebnissen der empirischen Analyse wichtige Implikationen für das Management im Fachzeitschriftenbereich im Speziellen und das Medienmanagement im Allgemeinen ableiten.

Zunächst belegt die Studie erstmalig für ein Segment des Medienmarktes, dass die MO einen starken Einfluss auf den Markterfolg und den ökonomischen Erfolg ausübt. Daher stellt das Thema Marke für jeden Fachverlag einen zentralen Hebel für den Markterfolg und den ökonomischen Erfolg dar.

Ferner zeigt die Studie, dass das konkrete markenorientierte Verhalten stark von den internen Dimensionen der MO beeinflusst wird. Für das Management von Fachzeitschriften bedeutet dies, dass eine erfolgreiche Markenführung ohne eine interne Verankerung nicht effektiv ist.

Neben diesen direkten Implikationen aus den Studienergebnissen erlaubt die grundsätzliche empirische Bestätigung des Modells die Ableitung von zwei weiteren Managementimplikationen. Zunächst lässt sich dieses Modell als Analyseinstrument einsetzen. Um das Modell als Analyseinstrument nutzbar zu machen, lassen sich die verwendeten Indikatoren für die vier Konstrukte der MO in eine Checkliste oder ein Scoringmodell überführen (Baumgarth 2006).

Daneben lässt sich das Modell auch als Prozessschema zur Implementierung einer Marke in Medienunternehmen verwenden. Das theoretisch begründete und empirisch bestätigte Modell empfiehlt zur Steigerung der MO eine bestimmte Reihenfolge. In einem ersten Schritt ist die MO als Wert zu implementieren. In einem zweiten Schritt sind Marken unterstützende Normen (z. B. schriftliche Fixierung der Markenpositionierung, Bestimmung eines Markenverantwortlichen) festzulegen. Im dritten Schritt sind dann zur internen Umsetzung Artefakte (z. B. Gestaltung von Events) auszuwählen und zu gestalten. Im letzen Schritt sind schließlich die Marketinginstrumente sowohl auf der Informations- als auch der Aktionsseite Marken fördernd zu gestalten. Damit dient das Modell auch dazu, Implementierungsprojekte für Marken in Fachverlagen und anderen Medienunternehmen inhaltlich zu gestalten und zeitlich zu planen.

Carsten Baumgarth

Anmerkungen

[1] Folgende Experten wurden im Vorfeld der Hauptstudie persönlich befragt: Gerrit Klein (ehemaliger Geschäftsführer Vogel Business Medien), Peter Esser (Geschäfts- und Verlagsleitung Lebensmittelzeitung/Deutscher Fachverlag), Rüdiger Sprunkel (Verlagsleiter Deutsches Ärzteblatt), Werner Pagé (Geschäftsführer AT-Fachverlag), Karl-Heinz Behrens (Geschäftsführer vertriebsunion meynen), Dr. Heinz Weinheimer (ehemaliger Geschäftsführer GWV Fachverlage).

[2] Das Expertenteam setzte sich aus folgenden Personen zusammen: Britta Westerholz (ehemalige Geschäftsführung Deutsche Fachpresse), Hans Oppermann (Geschäftsführer Alfons W. Gentner Verlag), Dr. Carsten Thiel (Verlagsleiter Auto Business Verlag/Springer Science+Business Media), Adrian Schommers (Geschäftsführung Verlag Stahleisen). Der Verfasser bedankt sich bei dem Expertenteam für anregende und weiterführende Diskussionen. Bei der Deutschen Fachpresse bedankt sich der Verfasser für die Bereitstellung der Adressdatenbank sowie die finanzielle Unterstützung bei der Datenerhebung.

[3] Die Anwendung dieser Vorgehensweise zur Expertenvalidierung von formativen Konstrukten empfehlen z. B. Krafft et al. 2005, S. 76 ff.; Fassott und Eggert 2005, S. 41 f.; Götz und Liehr-Gobbers 2004, S. 719.

[4] Der Verfasser bedankt sich bei der Fa. Globalpark für die Unterstützung und insbesondere bei Frau Anette Mey für die angenehme Zusammenarbeit sowie die professionelle Programmierung des Fragebogens.

Literaturverzeichnis

ANDERSON, J. C. UND D. W. GERBING (1991): Predicting the Performance of Measures in a Confirmatory Factor Analysis with a Pretest Assessment of their Substantive Validities, in: Journal of Applied Psychology, 76 (5), S. 732-740.

BAUMGARTH, C. (2006): Die Macht der Marke: wie wichtig ist sie für den Erfolg einer Fachzeitschrift, in: Deutsche Fachpresse (Hrsg.), Jahrbuch 2006 der Fachinformation, Frankfurt, S. 88-91.

BAUMGARTH, C. UND H. EVANSCHITZKY (2005): Die Rolle von Replikationen in der Marketingwissenschaft, in: Marketing Zeitschrift für Forschung und Praxis, 27 (4), S. 253-262.

BLEIS, T. (1996): Erfolgsfaktoren neuer Zeitschriften: Empirische betriebswirtschaftliche Untersuchung zur Entwicklung und Markteinführung von Publikumstiteln, München.

CHIN, W. W. (1998): The Partial Least Squares Approach to Structural Equation Modelling, in: G. A. Marcoulides (Hrsg.), Modern Business Research Methods, Mahwah, S. 295-336.

DENRELL, J. (2006): Erfolg ist (oft) kein guter Ratgeber, in: Harvard Business Manager, o. Jg. (2), S. 100-107.

DIAMANTOPOULOS, A. UND H. M. WINKLHOFER (2001): Index Construction with Formative Indicators: An Alternative to Scale Development, in: Journal of Marketing Research, 38 (2), S. 269-277.

EVANSCHITZKY, H. (2003): Erfolg von Dienstleistungsnetzwerken: Ein Netzwerkmarketingansatz, Wiesbaden.

EWING, M. T. UND J. NAPOLI (2005): Developing and validating a multidimensional nonprofit brand orientation scale, in: Journal of Business Research, 58 (6), S. 841-853.

FASSOTT, G. (2006): Operationalisierung latenter Variablen in Strukturgleichungsmodellen: Eine Standortbestimmung, in: Schmalenbach Zeitschrift für betriebswirtschaftliche Forschung, 58 (1), S. 67-88.

FASSOTT, G. UND A. EGGERT (2005): Zur Verwendung formativer und reflektiver Indikatoren in Strukturgleichungsmodellen: Bestandsaufnahme und Anwendungsempfehlungen, in: F. Bliemel, A. Eggert, G. Fassott und J. Henseler (Hrsg.), Handbuch PLS-Pfadmodellierung: Methode, Anwendung, Praxisbeispiele, Stuttgart, S. 31-47.

FRITZ, W. (1992): Marktorientierte Unternehmensführung und Unternehmenserfolg: Grundlagen und Ergebnisse einer empirischen Analyse, Stuttgart.

GÖTHLICH, S. E. (2007): Zum Umgang mit fehlenden Daten in großzahligen empirischen Erhebungen, in: S. Albers, D. Klapper, U. Konradt, A. Walter und J. Wolf (Hrsg.), Methodik der empirischen Forschung, 2 Aufl., Wiesbaden, S. 119 - 134.

GÖTZ, O. UND K. LIEHR-GOBBERS (2004): Analyse von Strukturgleichungsmodellen mit Hilfe der Partial-Least-Squares(PLS)-Methode, in: Die Betriebswirtschaft, 64 (6), S. 714 - 738.

HANKINSON, P. (2001A): Brand orientation in the charity sector: A framework for discussion and research, in: International Journal of Nonprofit and Voluntary Sector Marketing, 6 (3), S. 231-242.

HANKINSON, P. (2001B): Brand orientation in the Top 500 fundraising charities in the UK, in: Journal of Product & Brand Management, 10 (6), S. 346-360.

HANKINSON, P. (2002): The impact of brand orientation on managerial practice: A quantitative study of the UK's top 500 fundraising managers, in: International Journal of Nonprofit and Voluntary Sector Marketing, 7 (1), S. 30-44.

HELM, S. (2005): Entwicklung eines formativen Messmodells für das Konstrukt Unternehmensreputation, in: F. Bliemel, A. Eggert, G. Fassott und J. Henseler (Hrsg.), Handbuch PLS-Pfadmodellierung, Stuttgart, S. 241-254.

HOMBURG, C. UND C. PFLESSER (2000): A Multiple-Layer Model of Market-Oriented Organizational Culture: Measurement Issues and Performance Outcomes, in: Journal of Marketing Research, 37 (4), S. 449-462.

HUBER, F. (2004): Erfolgsfaktoren von Markenallianzen: Analyse aus Sicht des strategischen Markenmanagement, Wiesbaden.

HUBER, F., A. HERRMANN, F. MEYER, J. VOGEL UND K. VOLLHARDT (2007): Kausalmodellierung mit Partial Least Squares, Wiesbaden.

JARVIS, C. B., S. B. MACKENZIE UND P. M. PODSAKOFF (2003): A Critical Review of Construct Indicators and Measurement Model Misspecification in Marketing and Consumer Research, in: Journal of Consumer Research, 30 (2), S. 199-218.

JÖRESKOG, K. G. UND H. WOLD (1982): The ML and PLS Technique for Modeling with Latent Variables: Historical and Comparative Aspects, in: K. G. Jöreskog und H. Wood (Hrsg.), Systems under Indirect Observation, Amsterdam et al., S. 263-270.

KRAFFT, M., O. GÖTZ UND K. LIEHR-GOBBERS (2005): Die Validierung von Strukturgleichungsmodellen mit Hilfe des Partial-Least-Squares (PLS-)-Ansatzes, in: F. Bliemel, A. Eggert, G. Fassott und J. Henseler (Hrsg.), Handbuch PLS-Pfadmodellierung, Stuttgart, S. 71-86.

LOBE, T. (2002): BILD ist Marke, Hamburg.

MADSEN, T. (2004): Die Medienmarke FTD, in: C. Baumgarth (Hrsg.), Erfolgreiche Führung von Medienmarken: Strategien für Positionierung, Markentransfers und Branding, Wiesbaden, S. 129-142.

MEFFERT, H., C. BURMANN UND M. KOERS EDS. (2005): Markenmanagement, 2 Aufl., Wiesbaden.

MEZIAS, J. M. UND W. H. STARBUCK (2003): Studying the Accuracy of Managers' Perceptions: A Research Odyssey, in: British Journal of Marketing, 14 (1), S. 3-17.

NAPOLI, J. (2006): The Impact of Nonprofit Brand Orientation on Organisational Performance, in: Journal of Marketing Management, 22 (7/8), S. 673-694.

NICOLAI, A. UND A. KIESER (2002): Trotz eklatanter Erfolglosigkeit: Die Erfolgsfaktorenforschung weiter auf Erfolgskurs, in: Die Betriebswirtschaft, 62 (6), S. 579-596.

O.V. (2005): Definition Fachzeitschrift, in: Deutsche Fachpresse (Hrsg.), Jahrbuch 2005 der Fachinformation, Frankfurt, Berlin, S. 110.

O.V. (2007): Fachpresse Statistik 2006, Frankfurt.

O.V. (2006A): Kongress der Deutschen Fachpresse 2006, http://www.deutsche-fachpresse.de/pages/static/2238.aspx, abgerufen am: 20.6.2006.

O.V. (2006B): Marken-Award, http://www.marken-award.de/psma/fn/ma/sfn/bp/index.html, abgerufen am: 25.6.2006.

O.V. (1998): Markenführung im Medienmarkt, Teil 1, in: Markenartikel, 60 (5), S. 20-29.

PFLESSER, C. (1999): Marktorientierte Unternehmenskultur: Konzeption und Untersuchung eines Mehrebenenmodells, Wiesbaden.

RINGLE, C. M., S. WENDE UND A. WILL (2006): SmartPLS 2.0(M3), Hamburg.

ROSSITER, J. R. (2002): The C-OAR-SE Procedure for Scale Development in Marketing, in: International Journal of Research in Marketing, 19 (4), S. 305-335.

SCHEIN, E. H. (2003): Organisationskultur, Bergisch-Gladbach.

SCHIMANSKY, A. ED. (2004): Der Wert der Marke: Markenbewertungsverfahren für ein erfolgreiches Markenmanagement, München.

SCHMIDT, H. (2001): MARKENMANAGEMENT BEI ERKLÄRUNGSBEDÜRFTIGEN PRODUKTEN, WIESBADEN.

SCHRAMM, M., A. SPILLER UND T. STAACK (2004): Brand Orientation in der Ernährungsindustrie: Erfolgsdeterminanten der Markenführung am Beispiel genossenschaftlicher Hersteller, Wiesbaden.

Carsten Baumgarth

SELTIN, N. UND J. P. KEEVES (1994): Path Analysis with Latent Variables, in: T. Husen und T. Postlethwaite (Hrsg.), The International Encyclopaedia of Education, 2 Aufl., Oxford, S. 4352-4359.

ULRICH, P. (1990): Symbolisches Management, in: C. Lattmann (Hrsg.), Die Unternehmenskultur, Heidelberg, S. 277-302.

URDE, M. (1999): Brand Orientation: A Mindset for Building Brand into Strategic Resources, in: Journal of Marketing Management, 15 (1-3), S. 117-133.

WIRTZ, B. W. (2001): Medien- und Internetmanagement, 2 Aufl., Wiesbaden.

WITTKE-KOTHE, C. (2001): Interne Markenführung: Verankerung der Markenidentität im Mitarbeiterverhalten, Wiesbaden.

WONG, H. Y. UND B. MERRILEES (2005): A brand orientation typology for SMEs: a case research approach, in: Journal of Product & Brand Management, 14 (3), S. 155-162.

ZEPLIN, S. (2006): Innengerichtetes identitätsbasiertes Markenmanagement, Wiesbaden.

QUELLENANGABE ZUR ABBILDUNG 2-2:

PREIS „ZUCKERHUT" DER LEBENSMITTELZEITUNG:
www.lz-net.de/dossiers/persepktiven/pages/index.prl?id=3534 (letzter Abruf: 10.5.2008)

COVER „DER BETRIEB": Persönliche Korrespondenz mit Frank Rachowiak (Marketingleiter Der Betrieb)

„FACHZEITSCHRIFT DES JAHRES":
http://www.deutsche-fachpresse.de/a_fachmedien_vorjahre/ (letzter Abruf: 10.5.2008)

COVER ÄRZTEBLATT: http://www.aerzteblatt.de/v4/archiv/hefte.asp

Teil 2

Medienwirkungen und

Konsumentenverhalten

Andrea Gröppel-Klein und Claas Christian Germelmann

Medienwirkungen und Konsumentenverhalten
Einführung in das zweite Kapitel

Im zweiten Kapitel des Sammelbandes wird aus verschiedenen Perspektiven gezeigt, wie die Medien das Konsumentenverhalten beeinflussen. Deutlich wird, dass eigentlich gar nicht pauschal von „den" Medien gesprochen werden kann, sondern dass bei der Formulierung von Aussagen zu Wirkungszusammenhängen immer konkretisiert werden muss, *welche* Medien genau gemeint sind.

Gröppel-Klein und *Spilski* untersuchen in ihrem Überblicksartikel die Wirkung fiktionaler Medienwelten auf die Konsumenten. Sie zeigen, wie sich Fiktionen in den Medien mit Marketingmaßnahmen vermischen können, und wie diese Effekte im Marketing genutzt werden können. Dazu wird analysiert, inwiefern bei der Konstruktion der subjektiven Realität des Konsumenten auch Medieninhalte beteiligt sind, die aus Sicht des Mediengestalters fiktionale Elemente sind. Neben der Wirkung in der Medienkontaktsituation gehen *Gröppel-Klein* und *Spilski* besonders auf mögliche Nachwirkungen der Medienwelten für das Konsumverhalten ein, die Bestand haben, wenn die Konsumenten die fiktionale Medienwelt schon wieder verlassen haben. Sie zeigen, wie derartige Wirkungen für verschiedene Marketingziele – auch im Bereich des Social Marketing – nutzbar gemacht werden können.

Mit den Auswirkungen spezifischer Aspekte der Medienwelt befassen sich auch *Hemetsberger, Pretterhofer* und *Pirker*. Sie widmen sich dem aktuellen Thema der Wirkung von verschiedenen Bildern von Schönheit, die in der Werbung vermittelt werden, auf die Wahrnehmung von Schönheit in der Gesellschaft. In einer empirischen Studie zur Werbung der Firma Dove, die bewusst nicht-idealisierte Models in der Werbung einsetzt, kommen sie zu einem Ergebnis mit hoher Marketingrelevanz: Sie können zeigen, dass das vorherrschende gesellschaftlich akzeptierte und von der Werbung überzeichnete Bild von Schönheit veränderbar ist und damit sogar die Marke gestärkt werden kann. *Hemetsberger, Pretterhofer* und *Pirker* warnen jedoch davor, nun unkritisch und ausschließlich solche nicht-idealisierten Bilder von Schönheit in der Werbung zu verwenden bzw. diese Werbestrategie einfach zu kopieren: Zum einen besaß die Werbung von Dove durch ihre Vorreiterrolle einen einzigartigen Status und konnte damit einen

Andrea Gröppel-Klein und Claas Christian Germelmann

Kontrasteffekt auslösen. Zum anderen zeigt die Dove-Kampagne, wie durch Werbung das Korsett der idealisierten Schönheitsdarstellung gesprengt werden kann.

Nach der Fernsehrichtlinie, die am 29.11.2007 vom Europäischen Parlament verabschiedet wurde, wird es den Staaten der EU ermöglicht, Product Placement unter bestimmten Auflagen als Werbeform im Fernsehen zuzulassen. Marken und Produkte können gezielt in den Medien platziert werden, um der Gefahr der Reaktanz gegenüber „klassischen" Werbeformen zu entgehen. Der Beitrag von *Zipfel* aus der Perspektive einer Kommunikations- und Medienwissenschaftlerin zeigt die verschiedenen Wirkungsmuster solcher Product Placements auf und diskutiert die Theorien, mit denen die Wirkung von Product Placement erklärt werden kann. Dabei geht sie auch auf Widersprüche und mögliche Lösungsansätze ein, mit denen die Frage beantwortet werden kann, ob Placements auch ohne Erinnerung daran eine Einstellungswirkung entfalten können. In ihrem Beitrag macht *Zipfel* zudem deutlich, welcher Forschungsbedarf auf dem Feld der Product Placements noch besteht, und welche methodischen Probleme in der weiteren Forschung Berücksichtigung finden sollten.

Andrea Gröppel-Klein und Anja Spilski

Die Relevanz fiktionaler Medienwelten für das Marketing

1 Geschichten, Fiktionen und Marketing 99
    1.1 Fiktionalität von Medieninhalten 100
    1.2 Verschwimmende Grenzen von Fiktion und Realität? 101
        1.2.1 Formale Vermischungen 101
        1.2.2 Realitätsgehalt innerhalb fiktionaler Formate 102
        1.2.3 Vermischungen zwischen Fiktionen und Marketing 103
    1.3 Marketing innerhalb und im Umfeld von Fiktionen:
        James Bond-Fallstudie 105

2 Theoretische Aspekte des Erlebens fiktionaler Medienwelten 107
    2.1 Messung der Wahrnehmung von Realität vs. Fiktion? 107
    2.2 „Transportation" als Prozess des Erlebens fiktionaler Medienwelten 110
    2.3 Mentale Verarbeitung von Fakten und Fiktionen 111

3 Nachwirkungen fiktionaler Elemente über die fiktionale Geschichte hinaus 113
    3.1 Bedeutungserzeugung 113
    3.2 Verfügbarkeit fiktionaler Medieninhalte 114
        3.2.1 Kultivierungseffekte 114
        3.2.2 Medienkontexteffekte 116
    3.3 Beziehungen zu Charakteren 117

4 Ausblick 119

1 Geschichten, Fiktionen und Marketing

Von welcher Schuhmarke träumen *Carrie Bradshaw* und seither Millionen von *Sex and the City*-Fans? – Wer kauft *Harry Potters* Zauberstab und den „Zeitumkehrer" von *Professor Dumbledore*? – Buchen Touristen eine Kreuzfahrt auf der „MS Deutschland", um einmal selbst auf dem *Traumschiff* zu reisen? – Wie wird der Schauspieler Dustin Hoffman wahrgenommen, wenn er 37 Jahre nach seinem Film *Die Reifeprüfung* die Geschichte in einem Werbespot weiterspielt? – Wäre Arnold Schwarzenegger zum Gouverneur von Kalifornien gewählt worden, hätte er als Schauspieler nicht den mächtigen *Terminator*, sondern einen Verlierer verkörpert?

Neben den Auswirkungen faktisch-sachlicher Medieninhalte (z. B. Berichterstattung in Nachrichten) lassen sich auch Auswirkungen fiktionaler Medieninhalte auf Konsumenten untersuchen. Allerdings scheint die Erforschung von Rhetorik/Argumentation in Medieninhalten die Erforschung von Geschichten in Medieninhalten zu übertrumpfen (Green und Brock 2000, 701). Dies ist insofern erstaunlich, als dass ein Großteil der Medieninhalte fiktionaler Natur ist: Romane und Kurzgeschichten, Kino- und Fernsehfilme, TV-Serien und Seifenopern, Hörspiele im Radio und als Hörbuch, Gedichte und Musiktexte etc. umgeben den Konsumenten zu einem großen Teil seiner Zeit (Green und Brock 2000, S. 701; Maurer und Reinemann 2006, S. 218).

Fiktionale Medienwelten und deren Handlungen, Orte und Charaktere scheinen als Fantasieprodukte zunächst oft weit entfernt von der eigenen Realität des Konsumenten zu sein. Wie die oben genannten Beispiele zeigen, hinterlassen fiktionale Medienwelten jedoch häufig ihre Spuren in der Realität des Konsumenten, und umgekehrt reicht die (Marketing-)Realität in die fiktionale Welt hinein. Wie lassen sich die anfangs genannten Fragen erklären? Welche Wirkungsmuster liegen solchen Phänomenen zugrunde? Welche Konsumenten sind mehr, welche weniger empfänglich für Marketingmaßnahmen im Zusammenhang mit „fiktionalen Medienwelten"? Diesen Fragen will dieser Beitrag nachgehen.

Zur Wirkungskraft fiktionaler Medieninhalte gibt es heftige Diskussionen. Einerseits existiert die normative Ansicht, dass erwachsene Konsumenten Fiktion und wahres Leben auseinander halten können und Wissen aus den Kategorien „Fakt" und „Fiktion" nicht miteinander vermischen (vgl. für Quellen Rothmund, Schreier und Groeben 2001a, S. 34). Auf der anderen Seite gibt es seit langem die Diskussion um die negativen Wirkungen von Gewaltdarstellungen in fiktionalen Medien auf das Verhalten von Konsumenten im realen Leben. So konzentrierte sich die Erforschung fiktionaler Medieninhalte auch lange Zeit auf die Wirkungen von Gewaltdarstellungen (vgl. Übersicht in Comstock 2004). Traten hier Fälle des fiktionalen Einflusses auf, so wurden diese anfangs als Fälle mangelnder Medienkompetenz oder als mentale Defizite abgestempelt (vgl. für Quellen Rothmund, Schreier und Groeben 2001a, S. 34). Im Laufe der Zeit zeigten empirische Studien – über die Untersuchungen zu fiktionaler Gewalt

Andrea Gröppel-Klein und Anja Spilski

hinaus –, dass auch bei „normalen" Konsumenten mit durchschnittlicher Medienkompetenz fiktionale Einflüsse auftreten können. Dieser Beitrag gibt einen Überblick über die Wirkungsmuster fiktionaler Medieninhalte und deren Relevanz für das Marketing.

Betrachtet man zunächst den allgemeinen Begriff „Geschichten", dann lassen sich „personal und public narratives" (Green und Brock 2000, S. 702) unterscheiden. „Personal narratives" sind Geschichten, die Konsumenten selbst erzeugen und die sie anderen Konsumenten übermitteln („consumer storytelling", Woodside, Sood und Miller 2008). Dieser Bereich von Geschichten wird in diesem Beitrag nicht weiter verfolgt. Stattdessen geht es hier um sog. „public narratives", die der Konsument aus der Medienumwelt (Film, Fernsehen, Radio, Printmedien, Literatur, Internet etc.) aufnimmt. Dazu finden sich häufig Untersuchungen, die sich auf Werke der sog. „Hochkultur", vor allem der Literatur, beziehen. Die oben bzw. in den folgenden Abschnitten beschriebenen Beispiele betreffen jedoch vorwiegend Medieninhalte der sog. „Populärkultur", da diese aufgrund ihrer Ansprache eines Massenpublikums im Fokus des Marketinginteresses stehen. In diesem Beitrag liegt der Schwerpunkt auf fiktionalen Medieninhalten aus Film und Fernsehen (z. B. Inhalte aus Spielfilmen, TV-Serien).

1.1 Fiktionalität von Medieninhalten

In der Kommunikationswissenschaft gelten die Begriffe „Information" und „Unterhaltung" als grundlegende Motive der Mediennutzung (Maurer und Reinemann 2006, 217). Im Bereich der Literatur findet sich diese Unterscheidung in den Begriffen Fach-/Sachbuch und Unterhaltungsliteratur wieder. Im Fernsehen wird zwischen Berichterstattung und Unterhaltung unterschieden. Im Hinblick auf das Motiv Unterhaltung wird insbesondere im Fernsehbereich weiter in non-fiktionale und fiktionale Angebote unterschieden (Krüger und Zapf-Schramm 2008). Zur non-fiktionalen Unterhaltung zählen dort vor allem Quiz-, Show- und Comedy-Formate, Reality-TV, Magazine und viele Talk-Sendungen. Als fiktionale Unterhaltung werden vor allem Spiel- und Fernsehfilme sowie Fernsehserien bezeichnet, die die filmische Umsetzung ausgedachter Handlungen beinhalten (Maurer und Reinemann 2006, S. 220ff).

Im Hinblick auf Fiktionen lässt sich zwischen Produkt- und Rezeptionssicht unterscheiden (Rothmund, Schreier und Groeben 2001b, S. 86). Der Begriff „Fiktion" leitet sich aus dem lateinischen Wort „fictio" ab und bedeutet „Erdichtung" oder „Erdachtes" (Kluge 1995, S. 264). „Fiktional" als Gegensatz zu „faktisch" bedeutet jedoch nicht zwangsläufig „unmöglich". Als „fiktional" wird etwas Erfundenes ohne zwingenden Bezug zur Wirklichkeit oder ein Sachverhalt, der so oder ähnlich ablaufen könnte, beschrieben (Trepte, Reinecke und Bruns 2008). Nichtsdestotrotz umfassen Fiktionen oft Inhalte, die sich durch einen besonders hohen Grad an Erfundenheit auszeichnen. In solchen fantastischen Medieninhalten (z. B. in Science Fiction- oder Fantasy-Formaten), sind sich die dem Konsumenten bekannte Welt und die mediale Welt sehr

Die Relevanz fiktionaler Medienwelten für das Marketing

unähnlich (z. B. Vorherrschen anderer physikalischer Gesetze, Bevölkerung durch fantastische Kreaturen). Trotzdem sind solche Unähnlichkeiten zur „realen" Welt *innerhalb* der fiktionalen Welt oft plausibel (Tröhler 2002, S. 19). Zudem gibt es auch in solchen fiktionalen Formaten meist Elemente, die als möglich erachtet werden können: Obwohl z. B. eine Figur wie *Spiderman* fantastische Fähigkeiten besitzt, enthält die Beziehung zu seiner Freundin typische Elemente einer romantischen Beziehung wie sie im realen Leben auftreten könnte (Shapiro und Chock 2003, S. 168). Schon aus Produktsicht, d.h. aus Sicht der Medienproduzenten, sind daher fiktionale Medieninhalte häufig „gemischte Systeme" (Tröhler 2002, S. 23). In diesem Beitrag werden als *fiktionale Medieninhalte solche Medieninhalte behandelt, die vordergründig auf Ereignissen und/oder Charakteren beruhen, die erdacht sind, deren Charakteristika jedoch innerhalb des fiktionalen Systems Sinn ergeben. Die tatsächliche Existenz dieser Ereignisse und Charaktere kann, muss aber nicht möglich sein.* Auch aus Rezeptionssicht, d.h. aus Sicht der Konsumenten, stellt Fiktionalität eine graduelle anstatt kategoriale Eigenschaft von Medieninhalten dar (Argo, Zhu und Dahl 2008, S. 616). Die Teile der fiktionalen Welt nehmen eine „simultane, parallele und manchmal konkurrierende Existenz zur Vorstellung über die tatsächliche Welt" (Tröhler 2002, S. 23) ein. Daher geht es hier nicht darum, fiktionale Welten aus einem Wahrheitsverständnis heraus zu untersuchen, sondern „die Grenzen, Distanzen und Überschneidungen zwischen den Bereichen der Realität und der Fiktion" (Tröhler 2002, S. 14) beim Konsumenten zu betrachten und in Bezug zu Marketingmaßnahmen zu setzen.

1.2 Verschwimmende Grenzen von Fiktion und Realität?

In der Medienliteratur wird im Zusammenhang mit Unterhaltungsmedien und insbesondere mit Fiktionen häufig von „verschwimmenden Grenzen" zur Realität gesprochen (Green, Garst und Brock 2004, S. 164; Shrum 2004a), was aus unterschiedlichen Perspektiven betrachtet werden kann.

1.2.1 Formale Vermischungen

Es wird zunehmend schwieriger, Unterhaltung und Information als Gegenpole zu betrachten. Man spricht auch von Konvergenz (Schmid und Wünsch 2001). Vor allem die in jüngster Zeit vorangetriebene Entwicklung neuer Sendeformate wie „Infotainment" und „Edutainment" vermischen – sogar namentlich – diese beiden Konsummotive von Medieninhalten. Dokumentationen und Reportagen werden dabei oft unter Zuhilfenahme unterhaltender Elemente „inszeniert". Gerade in historischen Dokumentationen findet man dieses Stilmittel häufiger: Hier werden Originalaufnahmen

101

Andrea Gröppel-Klein und Anja Spilski

oft mit von Schauspielern nachgestellten Szenen vermischt, um so ein lebendigeres Bild der historischen Geschehnisse darzustellen (Tröhler 2002, S. 32). Solche Vermischungen zeigen sich auch in Bezug auf die „Dramatisierung" in der Politik, z. B. in Wahlkampfzeiten. Insbesondere der frühere Bundeskanzler Gerhard Schröder nutzte sämtliche Medien – non-fiktionale wie fiktionale – zur Kommunikation und wurde für diese Art von „Politainment" (Dörner 2001, S. 121) häufig auch heftig kritisiert. Auch der umgekehrte Fall, die Einbindung von nicht-fiktionalen Stilmitteln in eigentlich fiktionale Formate, existiert: Es gibt Fiktionen, die stilistisch wie non-fiktionale Formate (Dokumentationen, Reportagen) anmuten. Ein Beispiel ist die ZDF-„Doku-Fiction" *2030 – Der Aufstand der Alten*, bei der ein Zukunftsszenario einer überalterten Gesellschaft in Form einer Reportage mit Hilfe von Interviews der fiktionalen Charaktere und Einwebung von Presseausschnitten realer Politiker erzählt wird.

1.2.2 Realitätsgehalt innerhalb fiktionaler Formate

Zudem ist es innerhalb der eigentlich fiktionalen Unterhaltungsformate oft nicht einfach, Fiktion und Non-Fiktion als Gegenpole zu betrachten (Green, Garst und Brock 2004, S. 164). Ein Grund dafür ist der häufig sehr unterschiedlich ausgeprägte Grad an Erfundenheit in fiktionalen Handlungen. Beispielsweise bietet sich in Filmen die Möglichkeit, Geschehnisse auf wahren Begebenheiten basieren zu lassen und mittels dramatischer Elemente „auszuschmücken", so dass sich dem Zuschauer die Frage stellen kann, was in dem Film wahr und was erfunden ist. Beispielsweise wurde dem Film *JFK – Tatort Dallas* von Kritikern vorgeworfen, dass er historisch relevante Berichte ignoriere und eine zweifelhafte These hinsichtlich der Hintergründe des Kennedy-Attentats vertrete. Dennoch hatte der Film großen Erfolg und mag die Konspirationstheorie in den Köpfen vieler Zuschauer zusätzlich verankert haben (Tröhler 2002, S. 22; Green, Garst und Brock 2004, S. 165). Zudem entstehen Vermischungen zwischen Realität und Fiktion, wenn die Charaktere der Handlung nicht erfunden sind, sondern auf echten Persönlichkeiten beruhen, bspw. wenn berühmte Persönlichkeiten in Filmen „as himself/as herself" auftreten. Ein Beispiel: 1998 spielte sich Gerhard Schröder in einer Folge der TV-Serie *Gute Zeiten, schlechte Zeiten* selbst – einen Kandidaten auf Wahlkampftour – der in die Hochzeitsfeier eines Serienpärchens hineingerät. Sein selbstironischer Text nahm Bezug zur seiner kurz vorher erfolgten Wiederheirat und beglückwünschte das Serienpaar mit den Worten „Herzlichen Glückwunsch zur Hochzeit. Ich weiß, wie schwer das ist." (Dörner 2001, S. 121). Auch die Darstellung des Ortes einer Handlung kann erfunden sein oder auf wahren Orten basieren. Romane des Schriftstellers Dan Brown (*Illuminati, The Da Vinci Code*) spielen in Rom, Paris und London, wobei die Darstellung der einzelnen Schauplätze durch hohe Detailtreue gekennzeichnet ist, was auch Reiseveranstalter dazu bewegt hat, Touren zum Nacherleben der „Spuren" der fiktionalen Charaktere in diese Städte anzubieten. Nicht zuletzt sind auch Requisiten von Bedeutung: Ein von Filmemachern oft genanntes Ar-

Die Relevanz fiktionaler Medienwelten für das Marketing

gument für Product Placement in fiktionalen Medieninhalten ist – neben der Refinanzierung von Produktionskosten – das Ziel, das Umfeld der Handlung möglichst realitätsnah darzustellen und mit Produkten auszustatten, die der Konsument auch im realen Leben vorfinden könnte (Gupta, Balasubramanian und Klassen 2000, S. 43).

Ein Aspekt der Vermischung von Realität und Fiktion soll hier nicht ungenannt bleiben, obwohl es sich vermutlich eher um Einzelfälle als um die Regel handelt. Konsumenten können von fiktionalen Handlungselementen annehmen, sie seien real, auch wenn sie sich der fiktionalen Natur bewusst sein müssten. Ein Beispiel: In der Polizeiwache der schwedischen Stadt Ystad fragten Touristen gezielt nach *Kommissar Wallander*, nach seiner Adresse sowie nach Schauplätzen der von ihm untersuchten Mordfälle, da sie den Wunsch hatten, den Kommissar kennen zu lernen. Schließlich wurden sie von den Polizeibeamten vor Ort aufgeklärt, dass *Wallander* eine fiktionale Figur aus den Kriminalromanen des Autors Henning Mankell sei und auch die dort beschriebenen Kriminalfälle frei erfunden seien (Spiegel Online 2004). Der Autor Mankell bettet die Handlungen seiner Kriminalromane in reale Orte seiner Heimatregion und Heimatstadt ein. Die im Roman beschriebenen Städte und Straßen existieren auch in Wirklichkeit und verleihen so dem Geschehen Authentizität. Vielleicht sind solche Kombinationen – reale Orte, fiktionale Figuren – besonders geeignet, um Fälle der besonders starken Vermischung zwischen Realität und Fiktion hervorzurufen?

1.2.3 Vermischungen zwischen Fiktionen und Marketing

Schließlich finden sich oft Überschneidungen zwischen fiktionalen Medieninhalten und dem Marketing für reale Produkte und Dienstleistungen (Shrum 2004a; Solomon und Englis 1994). Dabei lassen sich fiktionale Medieninhalte aus der Perspektive betrachten, wie sie die Kommunikation, Vermarktung und Einstellungsbildung zu *anderen*[1] Meinungsgegenständen beeinflussen.

Konkrete Elemente aus Filmen, TV-Serien, Romanen etc. können das Umfeld und die Kommunikationsplattform für Marketingmaßnahmen für andere Produkte bilden, d.h. andere Produkte werden mit fiktionalen Elementen verknüpft. Ein Ziel ist dabei, den Erfolg fiktionaler Medieninhalte zu nutzen und in Form eines Imagetransfers auf andere Produkte und Dienstleistungen zu übertragen. Dabei lassen sich zwei grundsätzliche Perspektiven der Verknüpfung ableiten – Verknüpfungen *innerhalb* des fiktionalen Medieninhalts, indem andere Meinungsgegenstände in den Medieninhalt in-

---

[1] Fiktionale Medieninhalte lassen sich selbst als Produkte charakterisieren. Für deren Vermarktung werden ähnlich wie bei anderen Produkten Erfolgsfaktoren und Wirkungsmuster untersucht (z. B. Hennig-Thurau und Wruck 2000; Basuroy, Chatterjee und Ravid 2003; Eliashberg, Elberse und Leenders 2005), auf deren Basis Marketingmaßnahmen *für* fiktionale Medieninhalte durchgeführt werden können. Dieser Aspekt des Marketings im Zusammenhang mit fiktionalen Medieninhalten soll hier jedoch nicht weiter betrachtet werden.

Andrea Gröppel-Klein und Anja Spilski

tegriert werden, sowie Verknüpfungen *außerhalb* des fiktionalen Medieninhalts, indem über das fiktionale Geschehen hinaus die Bekanntheit fiktionaler Elemente zur Vermarktung anderer Meinungsgegenstände genutzt wird. Ersteres lässt sich als **Product Placement**, letzteres als **Merchandising** zusammenfassen.

Product Placement ist die Darstellung von Produkt- und Dienstleistungsmarken in Film und Fernsehen[2] zu Kommunikationszwecken (Johansson 2001, S. 18). Neben der Modalität (visuell, akustisch, audiovisuell) solcher Platzierungen lassen sich Unterschiede hinsichtlich der Einbindung in die fiktionale Handlung feststellen (Russell 2002). Möglich ist die Einbindung des Markenartikels als Requisite, so dass dieser recht austauschbar bleibt. Dies wird als On-Set-Placement oder Background Placement bezeichnet (Johansson 2001, S. 19; Russell 2002). Wird die Handlung dagegen auf ein Markenprodukt abgestimmt (z. B. Tom Hanks als FedEx-Angestellter in *Cast Away*, der nach einem Flugzeugabsturz auf einer einsamen Insel mit Hilfe der Inhalte der FedEx-Päckchen überlebt) oder spielt das Produkt sogar eine Rolle (z. B. ein Volleyball der Marke Wilson als „Gefährte" von Tom Hanks auf der einsamen Insel), dann handelt es sich um Creative Placement oder Plot Placement (Johansson 2001, S. 19; Russell 2002).

Der Begriff Merchandising wird in dem hier betrachteten Zusammenhang der fiktionalen Medieninhalte verstanden als „Sammelbezeichnung für die Vermarktung von fiktiven Figuren … und literarischen und erdichteten Figuren, realen Personen …, Namen, Titeln, Signets, Logos, Ausstattungselementen, Filmszenen und sonstigen Bildern für die Absatzförderung von Waren und Dienstleistungen einschließlich Werbung" (Hertin 1998, S. 280). Dabei kann der Medienproduzent die Vermarktung durch Übertragung von Nutzungsrechten an Dritte mittels Lizenzvergabe erlauben (Licensing als Form des Merchandisings) (Böll 1999, S. 4f; Hertin 1998, S. 280). Licensing nutzt dabei die Popularität der Elemente fiktionaler Medieninhalte mit dem Ziel, Produkte, Firmen und/oder Marken emotional zu positionieren. Diese Elemente können von Produktherstellern im Rahmen von Produktlizenzen (zur Dekoration, Verpackung, Markierung von Produkten) oder Werbelizenzen (Werbung, Public Relations, PoS-Material) genutzt werden (Böll 1995, S. 372ff). Für diese Lizenzstrategien existieren verschiedene Lizenzinstrumente (vgl. Böll 1999, S. 129f):

- Das sog. Klassische Licensing beinhaltet die Herstellung von Produkten nach Vorlagen aus Filmen oder Fernsehserien. So sind zum Beispiel *Harry Potters* Zauberstab oder der Ring aus *Der Herr der Ringe* als Merchandising-Produkte erhältlich.

- Promotional Licensing betrifft das Versehen von Produkten, die in keinem Zusammenhang zum Filminhalt stehen (z. B. T-Shirts, Schreibwaren etc.), mit lizenzrechtlich geschützten Begriffen, Logos oder Figuren.

---

[2] Allerdings ist das deutsche Rundfunkrecht bisher restriktiv gegenüber Product Placements in für das Fernsehen produzierten Sendungen und toleriert diese nur in im TV gezeigten Kinofilmen (Johansson 2001).

Die Relevanz fiktionaler Medienwelten für das Marketing

- Die Verwendung von fiktionalen Charakteren für andere Produkte bzw. für Werbekampagnen für andere Produkte fällt unter den Aspekt des Character Licensing.

- Beim Promotional Tie-in erwerben Markenhersteller Rechte an einem Film, um die Filmthematik (d.h. Figuren in ganzen Filmszenen) in ihren Werbekampagnen verwenden zu dürfen (Böll 1999, S. 129). In der Werbekampagne für den „VW Touareg" wurde z. B. Bezug zum Film *King Kong* genommen (Biswurm 2005).

Neben diesen „reinen" Formen des Product Placement und des Merchandising/Licensing bestehen auch Formen, die beide Instrumente kombinieren. Promotional Tie-in wird häufig mit Product Placement verknüpft, in der Form, dass Szenen mit den im Film platzierten Produkten auch als Werbespots genutzt werden. Eine ähnliche Kombinationsmöglichkeit besteht in der Integration von Orten in Filme, die dann als Reiseziele („auf den Spuren von …") vermarktet werden. Es handelt es sich dabei um die „Platzierung von Orten" in fiktionale Medieninhalte und wird auch als Country-, Landside- oder Location Placement bezeichnet. Später kann für solche Reiseziele mit Bezug auf den Film geworben werden. Die touristischen Auswirkungen dieser Marketingmaßnahme werden „Film-Induced Tourism" (Beeton 2005) genannt.

Während die Ziele der Hersteller bzgl. der Verknüpfung von Fiktionen und Marketing recht eindeutig sind, ist bisher noch recht unerforscht, welche Konsumenten sich aus welchen Motivationen heraus für welche Merchandisingangebote und platzierten Produkte begeistern. Gründe wie die kurzfristige Partizipation an aktuellen Trends, die Vertrautheit mit fiktionalen Figuren und entsprechende Nachahmungsreaktionen (Russell, Norman und Heckler 2004; Russell und Stern 2006) sind möglich. Eine andere Motivation könnte sein, dass die fiktionale Welt für den Konsumenten im Nachhinein selbst „erlebbar" wird.

1.3 Marketing innerhalb und im Umfeld von Fiktionen: James Bond-Fallstudie

Werden Marketingmaßnahmen innerhalb oder im Umfeld fiktionaler Medieninhalte durchgeführt, dann steht der Bezug auf konkrete fiktionale Inhaltselemente im Vordergrund. Die abhängigen Variablen sind hier nicht die Verkaufserlöse des Kinofilms selbst, sondern die Einstellungen und Verhaltensweisen von Konsumenten gegenüber anderen Produkten, die mit Hilfe der fiktionalen Elemente vermarktet werden. Anhand eines zusammenhängenden Beispiels, hier exemplarisch für die „James Bond"-Filmreihe[3], sollen diese Marketingmaßnahmen verdeutlicht werden.

---

3 Die „James Bond"-Filmreihe startete 1962. Im Jahr 2008 wird der 22. Film der offiziellen Reihe anlaufen. Damit ist die Reihe die zeitlich am längsten bestehende der Filmgeschichte und zudem durch wirtschaftlichen Erfolg gekennzeichnet. Aufgrund der Langjährigkeit dieses Pro-

Andrea Gröppel-Klein und Anja Spilski

Die „James Bond"-Filmreihe ist bekannt für die stets sehr präsenten und bewusst eingesetzten *Product Placements*, z. B. von Luxusbekleidung, Autos, Getränken, Uhren und technischen Geräten. Für die Vermarktung des aktuellen Films (*Casino Royal*, 2006) entschied das Filmstudio, auf weniger Partnermarken als in den bisherigen Filmen zu setzen, stattdessen aber deren Verknüpfung zum Film auch außerhalb des Films zu fördern (Rose 2006). Diese Strategie wurde bereits in früheren Filmen (z. B. *Golden Eye*, 1995) durch *Promotional Tie-ins* mit der Marke BMW begonnen, wobei BMW Filmausschnitte in den eigenen Werbekampagnen verwendete. Die Product Placements von Sony werden im aktuellen Film *Casino Royal* von einer Werbekampagne begleitet, die sich auf den Charakter „James Bond" als Werbeperson bezieht und mit dem Slogan „Equip yourself like Bond" unterstützt wird. Diese Art der Werbeansprache führt den schon früher verwendeten Slogan „Bonds Choice" weiter (Hügel 1999, 17), indem bewusst versucht wird, die Persönlichkeitseigenschaften des *fiktionalen Charakters* für die Vermarktung der Produkte zu nutzen. Das Product Placement von Smirnoff Vodka wird außerhalb des Films durch *Verkaufsförderungsmaßnahmen* am Point-of-Sale weitergeführt. Im Rahmen von *Merchandising- und Licensing-Aktivitäten* können auch Produkte von der Filmpopularität profitieren, die nicht im Film platziert wurden, z. B. Spielzeugautos, James-Bond-Quiz, Spielkarten. Die Filme können auch die *Attraktivität einzelner unmarkierter Produkte fördern*, die in der Handlung vorkommen oder als Requisiten verwendet werden, ursprünglich jedoch nicht als Brand Placement gedacht waren. Der aktuelle Film *Casino Royal* löste eine Beliebtheit des Poker-Spiels aus, was sich in dem verstärkten Angebot von Poker-Sets im Einzelhandel ausdrückte (Geinitz 2006a). 2002 erlebte die Modewelt eine Wiederbelebung des „Dr. No-Bikinis", ausgelöst durch die Wiederholung einer Strandszene von Ursula Andress (aus *James Bond jagt Dr. No*, 1962) durch Halle Berry (*Stirb an einem anderen Tag*, 2002). Auch die „Reise" in die Welt von James Bond lässt sich durch Marketing ermöglichen. Die Entwicklung von *Videospielen*, die auf den Handlungen der jeweiligen Filme aufbauen, bietet Konsumenten die Möglichkeit, selbst in die fiktionale Handlung „einzusteigen". In „realer" Kulisse dagegen, auf einem ehemaligen Truppenübungsplatz können Bond-Fans im Rahmen eines Erlebnis-Paketes für ein Wochenende selbst Geheimagent sein. „Dort springen die Hobbyspione mit dem Fallschirm ab, knattern per Luftkissenboot über modrige Tümpel, … keuchen unter der Gasmaske durch rauchgeschwängerte Bunker … und setzen zuweilen kryptische Funksprüche ab wie „Moneypenny, Agent 005 konnte Code 2 knacken. Over."" (Geinitz 2006b). Nicht zuletzt können Filme und TV-Serien die Bekanntheit der Orte fördern, an denen sie spielen oder gedreht wurden („*Film-Induced Tourism*", Beeton 2005). Der Film *Casino Royal* (2006) spielt zu großen Teilen in Montenegro, so dass sich der Staat Hoffnungen auf verstärkten Tourismus machte (o.V. 2006a; o.V. 2006b). Allerdings können Touristen auch Enttäuschungen erleben: Im Film wird zwar Montenegro als Handlungsort ausgegeben,

---

duktes und der Marken „James Bond" und „007" lassen sich zahlreiche Beispiele für Marketingbezüge zu dieser Filmreihe finden. Daher wurde diese Filmreihe für die Verdeutlichung der Relevanz fiktionaler Medieninhalte hier ausgewählt.

Die Relevanz fiktionaler Medienwelten für das Marketing

gedreht wurden die entsprechenden Szenen jedoch nicht dort, sondern in Tschechien (sog. „mistaken identities", Beeton 2005, S. 10).

2 Theoretische Aspekte des Erlebens fiktionaler Medienwelten

Der Einsatz solcher Marketinginstrumente basiert auf der Annahme, dass fiktionale Erlebnisse über die Rezeptionssituation der Geschichte hinaus Bestand haben. Allerdings sieht man sich hier einer Art von Paradoxon gegenüber: Eigentlich müssten Informationen aus fiktionalen Werken von Konsumenten explizit als unzuverlässige Quellen angesehen werden, da es sich per Definition um ausgedachte Ereignisse, Personen und Plätze handelt und Konsumenten dies normalerweise auch wissen (Prentice und Gerrig 1999, S. 529). Dennoch existieren Belege für einen Einfluss fiktionaler Informationen auf Wissensstrukturen über die „reale Welt". Im Folgenden werden theoretische Ansätze des Erlebens fiktionaler Welten vorgestellt, die die Gegensätzlichkeit bzw. Vermischung von Fakten und Fiktionen berücksichtigen.

2.1 Messung der Wahrnehmung von Realität vs. Fiktion?

Aus Sicht des Gestalters von fiktionalen Medieninhalten ist es meist unproblematisch, Medieninhalte oder Elemente daraus als eher real oder eher fiktional zu kennzeichnen[4]. Die Erfassung der Konsumentensicht in dieser Frage ist schon schwieriger. Bei der Frage der Wahrnehmung fiktionaler Medieninhalte stößt man zwangsläufig auf die Diskussion um die *Existenz* von Realität. Empfinden und Wahrnehmung werden nach den Auffassungen der erkenntnistheoretischen Richtung des Konstruktivismus (vgl. zusammenfassend Schmidt 1994) jeweils individuell erlebt und zusammengesetzt („konstruiert"). Diese jeweilige Konstruktion der Welt bildet die vom Einzelnen subjektiv erlebte Realität. *Die eine* objektive Realität existiert nach den Auffassungen des Konstruktivismus daher nicht, stattdessen gibt es „so viele Wirklichkeiten, wie es Systeme gibt, die zu beobachten in der Lage sind" (Schmidt 1994, S. 8). Auch im Konsumentenverhalten orientiert man sich an dieser Auffassung des Realitätsbegriffes (Kroeber-Riel und Weinberg 2003, S. 570). Für die Frage der Wirkung von Fiktionen

---

4 Wobei es auch bei der Erzeugung von Medieninhalten Unklarheiten zwischen beiden „Kategorien" geben kann: vgl. die Vermischung von Formaten (z. B. Infotainment) oder die Diskussion um Authentizität im Bereich des Journalismus (vgl. Schmidt 1994).

107

Andrea Gröppel-Klein und Anja Spilski

hat diese Diskussion große Bedeutung. Wie soll eine Unterscheidung von Realität und Fiktion untersucht werden, wenn der objektive Maßstab, was denn real ist, fehlt? Die Forschung begegnet diesem Problem auf unterschiedliche Weise und definiert – je nach Forschungsrichtung – unterschiedliche Maßstäbe für einen solchen Vergleich.

Der Realitätsbegriff umfasst die Dimensionen der physischen und der sozialen Realität (Shapiro und McDonald 1992, S. 95). Die *physische* Realitätswahrnehmung betrifft die Frage nach dem Erkennen, dass Dinge bloße Abbildungen oder Nachbildungen eines real existierenden Objekts sein können[5]. Zu Beginn des Aufkommens „bewegter Bilder" hatten Irritationen in dieser Realitätsdimension auch für Erwachsene Relevanz. Bei der Aufführung der ersten Filme soll es in den Kinos Paniken gegeben haben, weil die Zuschauer z. B. eine scheinbar „auf sie zufahrende" Lokomotive oder einen scheinbar „in die Zuschauermenge schießenden" Gangster als reale Gefahr ansahen und aus dem Kino flüchteten (Winterhoff-Spurk 1989, S. 113). Aus heutiger Sicht sind solche Reaktionen bei Erwachsenen schwer vorstellbar, da das Kennenlernen von Medien bereits im Kindesalter beginnt. Ab einem bestimmten Alter wissen Kinder, dass es sich bei TV-Inhalten nicht um „in einen Kasten eingesperrte" Menschen oder Gegenstände handelt, sondern lediglich um eine Abbildung dieser. Im Alter zwischen 3-4 Jahren verstehen Kinder bspw., dass im Fernsehen in einer Schüssel enthaltenes Popcorn nicht ausschüttet, wenn man das TV-Gerät umdrehen würde (Flavell et al. 1990).

Neben dem Aspekt der physischen Realitätswahrnehmung beschäftigen sich verschiedene Ansätze mit der Konstruktion und Rekonstruktion der *sozialen Realität* (Shapiro und McDonald 1992, S. 95ff), d.h. mit der Frage, wie gut die Medienwirklichkeit die „reale Außenwelt" widerspiegelt. Hier wird einerseits untersucht, ab welchem Alter Kinder erkennen, dass nicht alles medial Präsentierte tatsächlich wahr sein muss (Wright et al. 1994). Andererseits hat diese Frage auch bei Erwachsenen große Relevanz und wird in verschieden Ansätzen problematisiert.

▨ Unter dem Aspekt der **„wahrgenommenen Realität"** wird untersucht, wie Konsumenten die Realitätsnähe von Medieninhalten bewerten. Diese Bewertung des Konsumenten hängt dabei ab von seinen vorherigen Erfahrungen mit dem gezeigten Ereignis oder seinen Einschätzungen, ob Handlungselemente typisch für eine bestimmte Situation sind (Potter 1988, S. 38; Shapiro und Chock 2003). Zum Beispiel erscheinen Anwaltsserien vielen Zuschauern als realistisch, werden jedoch von Anwälten als unrealistisch eingeschätzt, da diese die Fähigkeit besitzen, mögliche Unstimmigkeiten zum realen Gerichtsprotokoll zu erkennen (Shapiro und Chock 2003, S. 166). Komik und Witze im Gerichtsaal werden von Konsumenten vermutlich als untypisch für Gerichtssituationen beurteilt, was Einfluss auf die empfundene Realität des Gezeigten (z. B. in der TV-Serie *Boston Legal*) haben kann.

---

[5] Insofern bestreitet auch der Konstruktivismus nicht, dass die wirkliche Welt („Außenwelt") existiert, sondern postuliert vielmehr, dass die Wahrnehmung dieser jeweils subjektiv geprägt und individuell unterschiedlich ist (Luhmann 2005, S. 39).

Die Relevanz fiktionaler Medienwelten für das Marketing

- Bei Medieninformationen handelt es sich häufig um Abbildungen, die in den Medien anders dargestellt werden als sie in der Realität im Allgemeinen vorzufinden sind, z. B. indem sie übertrieben oder untertrieben dargestellt werden. Daraus wird innerhalb der **Kultivierungsforschung** eine „Verzerrung der Realität" des Konsumenten geschlussfolgert. Untersuchungen berücksichtigen dabei einen Kultivierungseffekt erster und zweiter Ordnung (Shrum 2004b, S. 328). Zum einen wird die Einschätzung von demographischen Maßen durch Probanden (z. B. Bevölkerungsanteile bestimmter Berufsgruppen, Anzahl an Gewaltverbrechen usw.) erhoben und mit vorliegenden statistischen (quasi objektiven) Daten verglichen. Zum anderen wird untersucht, ob eine Übernahme der medialen Informationen in die *eigene* reale Welt des Konsumenten erfolgt, d.h. inwieweit Konsumenten eigene Einstellungen, Denk- und Verhaltensmuster ändern (Shrum 2004b, S. 329).

- Die Wahrnehmung von Medieninhalten kann auch aus der Perspektive der „richtigen" Zuordnung dieser Inhalte zu den jeweils „richtigen" Quellen betrachtet werden. Dabei wird ermittelt, inwiefern der Konsument (auch mittel- und langfristig) auseinander halten kann, aus welchen Quellen die jeweiligen Wissenseinheiten stammen. Dieses sog. **Quellengedächtnis** kann auf verschiedene Aspekte bezogen werden (Johnson und Mitchell 2002). Dazu zählt auch die Frage, welche Medienquellen (z. B. Nachrichten oder fiktionale Stoffe) erinnert werden (Johnson 2006).

- Schließlich nutzen verschiedene Forschungsrichtungen **Experimente**, um Nachwirkungen fiktionaler Inhalte über den Rezeptionsprozess hinaus abzubilden. Dabei werden Probanden fiktionale Medieninhalte gezeigt, die bestimmte Argumente beinhalten, welche entweder der „Realität" entsprechend oder konträr zur „Realität" sind. Im Nachhinein werden Probanden Statements zu solchen und anderen Argumenten vorgelegt, die sie möglichst schnell als wahr oder falsch beurteilen müssen. Aus Messungen der Reaktionszeiten der Zuordnung zur jeweiligen Kategorie schließen diese Experimente auf fiktionale Einflüsse (z. B. Green und Brock 2000; Gilbert, Tafadori und Malone 1993; Prentice und Gerrig 1999).

Insgesamt gesehen wenden verschiedene Forschungsrichtungen unterschiedliche Maßstäbe zur Erfassung von „Realität" an. Bzgl. der Wirkung von Marketingmaßnahmen im Zusammenhang mit fiktionalen Medieninhalten scheint von besonderer Bedeutung zu sein, inwiefern aus fiktionalen Quellen erworbenes Wissen über die Rezeptionssituation hinaus Bestand hat. Hier wird vor allem von Interesse sein, inwiefern bei der Konstruktion der subjektiven Realität des Konsumenten auch Medieninhalte beteiligt sind, die aus Sicht des Mediengestalters fiktionale Elemente sind.

109

Andrea Gröppel-Klein und Anja Spilski

2.2 „Transportation" als Prozess des Erlebens fiktionaler Medienwelten

Der Begriff „Transportation" beschreibt „a convergent process, where all mental systems and capacities become focused on events occuring in the narrative" (Green und Brock 2000, S. 701). Transportation ist demnach ein Aufmerksamkeitsprozess, geht jedoch darüber hinaus und beinhaltet – was der Bezug zu „Transport" andeutet – zusätzlich den mentalen Prozess des sich Hineinversetzens in die Geschichte, verbunden mit dem Empfinden, „sich in der Geschichte zu verlieren" (Nell 1988). Obwohl Transportation bisher vor allem in „Lese-Studien" untersucht wurde (Green und Brock 2000; Wang und Calder 2006), wird davon ausgegangen, dass dieser Prozess auch auf Zuhörer und Zuschauer übertragen werden kann (Green und Brock 2000, S. 702). Unabhängig vom Medium kann Transportation demnach hier als ein Prozess des „Hineinversetzens und Eintauchens in narrative Medienwelten" beschrieben werden. Green und Brock (2000, S. 702) beschreiben drei Auswirkungen von Transportation:

- Teile der „realen Welt" des Lesers verlieren (für eine gewisse Zeit) an Bedeutung. Damit ist sowohl eine physische Distanz (man bemerkt z. B. nicht, was um einen herum gerade passiert) als auch eine psychische Distanz zur Realität gemeint. Letzteres beschreibt den Umstand, dass der Leser Wissen über die reale Welt hinten anstellt und die fiktionalen Ereignisse in der Geschichte akzeptiert, selbst wenn diese z. B. fantastischer Natur sind (Green und Brock 2000, S. 702).

- Der Leser zeigt emotionale Reaktionen gegenüber den Charakteren der Handlung (Green und Brock 2000, S. 702). Charakteren wird Sympathie oder Antipathie entgegengebracht, und abhängig davon wird mitgelacht, mitgeweint und mitgefiebert oder gehasst, geschimpft und Schadenfreude empfunden. Schließlich hofft der Leser auf ein glückliches Ende für seine Helden. Im Falle von anders erwarteten oder „unhappy endings" kann es passieren, dass sich Leser im Nachhinein als „Hobby-Drehbuchautoren" versuchen und sich Gedanken darüber machen, wie die Geschichte ausgegangen wäre, wenn dieses oder jenes passiert wäre (Gerrig 1993; Green und Brock 2000, S. 702). Dieses Nachwirken fiktionaler Informationen bezieht sich auf die Verarbeitung der Geschichte an sich. Ein Beispiel sind sog. „Fanfictions" – Geschichten, Gedichte und Videos von Konsumenten, wobei „eine bereits existierende Geschichte … von einem Fan derselben weitererzählt, ausgeschmückt oder auch umgeschrieben" (FanFiktion.de 2008) wird.

- Der Leser kehrt in einer gewissen Weise verändert von seiner „Reise in die fiktionale Welt" zurück in die „reale Welt" (Gerrig 1993, S. 10f; Green und Brock 2000, S. 702). Beispielsweise können Einstellungen zu Aspekten der realen Welt von zuvor aus Geschichten aufgenommenen Informationen beeinflusst werden (Green und Brock 2000; Prentice und Gerrig 1999). Studien zeigen, dass es keinen Unterschied macht, ob die Geschichte vorher als wahre Geschichte („fact") oder als erfundene Geschichte („fiction") ausgegeben wurde. Auch bei Konsumenten, die wussten, dass es sich um erfundene Geschichten handelte, zeigten sich Einflüsse der fiktionalen Informationen auf später erfasste Ansichten zu „realen" Phänomenen (Green und Brock 2000; Gilbert, Tafadori und Malone 1993; Prentice und Gerrig 1999).

Ein solcher Einfluss fiktionaler Informationen wird jedoch seit jeher aus philosophischer und aktuell auch aus gedächtnistheoretischer Sicht scharf diskutiert, so dass im Folgenden auf Modelle der Wirkungen fiktionalen Wissens im Zusammenhang mit Informationsverarbeitungsmodellen eingegangen werden soll.

2.3 Mentale Verarbeitung von Fakten und Fiktionen

Verschiedene kognitiv orientierte Modelle berücksichtigen die Frage, wie Konsumenten Wissen aus Fiktionen mit ihren Ansichten über die Realität in Einklang bringen und beschäftigen sich dabei mit den mentalen Abläufen bei der Verarbeitung fiktionaler Informationen (Prentice und Gerrig 1999, S. 529). „To believe" (Gilbert 1991), d.h. etwas zu glauben, scheint dabei ein Schlüsselprozess zu sein. Eine Aussage gilt als „geglaubt", wenn ihre Bedeutung im mentalen System repräsentiert und gespeichert ist (Prozess der Repräsentation) und wenn diese Repräsentation als wahr behandelt wird (Prozess der Akzeptanz) (Gilbert 1991, S. 107).

Die Theorie des „Glaubens von Aussagen" stützt sich dabei historisch auf philosophische Diskussionen darüber, wie der Prozess des Glaubens ablaufen könnte. Ein traditionelles Verständnis des Glaubens, das von dem Philosophen René Descartes (1596-1650) ausgeht, betrachtet Verstehen und Akzeptanz als zwei getrennte und nacheinander ablaufende Prozesse. Danach werden Aussagen automatisch aus der Umwelt aufgenommen und mental repräsentiert, und erst ein folgender aktiv kontrollierter Vorgang des Individuums führt dazu, dass diese Aussagen akzeptiert oder abgelehnt werden. Diese Ansicht (das sog. Cartesianische System) sieht den anschließenden Bewertungsprozess als „willful force oft he psyche" (Gilbert 1991, S. 108), bei dem Individuen „have power ... to give or to withhold [their] assent at will" (Descartes 1644/1984, zitiert in Gilbert 1991, S. 108).

Problematisch an dieser Denkrichtung ist, dass sie die Begrenztheit der Ressourcen des menschlichen Informationsverarbeitungssystems nicht berücksichtigt, sondern einen idealtypischen Prozess abbildet, in dem für die Akzeptanz einer Aussage stets der Bewertungsprozess ablaufen muss. Eine andere Ansicht, ausgehend von dem Philosophen Baruch Spinoza (1632-1677), nimmt an, dass Verstehen und Akzeptanz im ersten Moment der Wahrnehmung nicht voneinander getrennt werden können. Erst wenn das Individuum die Motivation aufbringt, eine Aussage zu überdenken, erfolgt

Andrea Gröppel-Klein und Anja Spilski

deren Nicht-Akzeptanz oder Bestätigung. Solange diese Motivation fehlt, werden Aussagen entsprechend dieser Denkrichtung (dem sog. Spinozanischen System) automatisch akzeptiert (Spinoza 1677/1982, zitiert in Gilbert 1991, S. 108f). Diese beiden Denkrichtungen haben zahlreiche empirische Untersuchungen angestoßen, in denen sich – insbesondere aufgrund der Begrenztheit menschlicher Verarbeitungsressourcen – Hinweise auf die Gültigkeit der letzteren Perspektive finden lassen (z. B. „You Can't Not Believe Everything You Read", Gilbert, Tafarodi und Malone 1993). Gilbert (1991, S. 111) zeigte zudem, dass sich auch im Konsumentenverhalten anerkannte Theorien wie das Elaboration Likelihood Model (Petty und Cacioppo 1986) eher mit dem Spinozanischen Denkmuster vereinbaren lassen.

Auch im Zusammenhang mit fiktionalen Aussagen bilden diese Denkrichtungen die Basis für Diskussionen. Wird reales und fiktionales Wissen getrennt voneinander abgespeichert (vgl. Adams 1975), d.h. nachdem bei jeder Aussage bewusst bewertet wird, ob es sich um reale oder fiktionale Aussagen handelt (Cartesianisches System)? Oder wird jeder Information zunächst Eingang in das Wissenssystem des Menschen gewährt und erst bei entsprechender Motivation zwischen realen und fiktionalen Aussagen getrennt (Prentice und Gerrig 1999)? Empirische Studien (Prentice und Gerrig 1999; Green und Brock 2000) weisen eher auf die Gültigkeit der letzteren Möglichkeit hin und bieten damit eine Erklärung für Nachwirkungen fiktionaler Informationen über den Rezeptionsprozess hinaus. Falls keine deutlichen Hinweise innerhalb des fiktionalen Medieninhaltes den bisher bekannten Informationen widersprechen, wie es oft in realitätsnah gestalteten Fiktionen der Fall ist, dann gibt es wenig Motivation zum Nicht-Glauben, und Informationen aus fiktionalen Medieninhalten werden akzeptiert. Dieser Effekt ist umso stärker im Bereich des Fernsehens, wo – im Gegensatz zum Lesen von Literatur – der *Stimulus,* und nicht der Konsument, die Geschwindigkeit der Informationen vorgibt und die Verarbeitungskapazitäten zu einem Zeitpunkt limitiert (Shapiro und Chock 2003, S. 164).

Einen Aspekt, der die Motivation zum Nicht-Glauben fördern kann, bilden fiktionale Gestaltungsmerkmale, sogenannte „cues". Falls deutliche Hinweise die Unähnlichkeiten zwischen der Realität und den in der Fiktion präsentierten Informationen anzeigen, wie es oft in Fantasy- und Science Fiction-Inhalten der Fall ist (irreale Wesen wie Monster und Drachen, irreale Fähigkeiten der Charaktere etc.), zieht diese Unähnlichkeit die Motivation zum Überdenken der Inhalte nach sich. Die Möglichkeit des Hineinversetzens und realitätsähnlichen Erlebens solcher fiktionalen Medieninhalte wird dann durch eine Art Toleranzprozess (Böcking 2008) ermöglicht, der „willing suspension of disbelief" (willentliches Unterdrücken des Zweifels) genannt wird. Diese Annahme stammt von dem Dichter und Philosophen Samuel Taylor Coleridge (1772-1834) und beschreibt das Phänomen, dass sich Konsumenten bei der Rezeption fiktionaler Medieninhalte weder von unrealistischen Szenen noch von kleineren logischen Brüchen in der Handlung in ihrem Rezeptionsgenuss stören lassen, sondern vielmehr bestimmte Informationen unterdrücken, indem sie den Inhalt einer fiktionalen Geschichte nicht hinterfragen, sondern sich darauf einlassen (Böcking 2008, siehe auch den ersten Aspekt im Prozess des „Transportation" im vorherigen Abschnitt). Strittig ist dabei der Aspekt der Bewusstheit, nach der Konsumenten *willentlich* bestimmte Informationen unterdrücken. Theoretische Ansätze (Schmidt 1994, S. 5) und empirische Studien (vor allem zum „fact vs. fiction labeling") weisen darauf hin, dass dieser Prozess auch unbewusst ablaufen kann und dass dessen Beendigung nicht immer gesichert ist, so dass fiktionale Informationen über den Rezeptionsprozess hinaus Bestand haben können (Prentice und Gerrig 1999; Green und Brock 2000; Gilbert, Tafadori und Malone 1993). Solchen Nachwirkungen widmet sich das folgende Kapitel.

3 Nachwirkungen fiktionaler Elemente über die fiktionale Geschichte hinaus

3.1 Bedeutungserzeugung

Semiotik beschäftigt sich mit der Interpretation von Themen, die stellvertretend durch so genannte „Zeichen" oder Symbole in der Umwelt – und damit auch in der Medienumwelt – des Konsumenten vorkommen (Mick 1986). Dahinter steht die Frage, welche besonderen Bedeutungen bestimmte Produkte aufweisen und für welche Ausprägungen von Selbstkonzepten bestimmte Produkte stehen (Belk 1988; Holt 2004). Darunter fallen auch Arbeiten (z. B. Hirschman 1988; Holbrook und Grayson 1986), die diese Frage anhand der Konsummuster *fiktionaler* Figuren analysieren.

Konsumenten lernen bestimmte Werte und Normen, kulturelle Ideologien und Produktbedeutungen auch aus fiktionalen Medieninhalten. Hirschman (1988) untersuchte dazu TV-Serien wie *Dallas* und *Denver-Clan*. In diesen Fiktionen werden in einer oft vereinfachten (z. B. „Gut gegen Böse") und oft überspitzten Form (z. B. Probleme sehr wohlhabender Familien) Wertesysteme dargestellt. Diese Werte werden durch die Konsummuster („consumption ideologies") der Charaktere versinnbildlicht (z. B. *materialistischer Konsum* durch Produkte wie Privatjets, Limousinen mit Chauffeur, Essen in Restaurants, Designer-Mode, Freizeitaktivitäten wie Cocktailparties, Yachten, Swimmingpools; *idealistischer Konsum* durch Produkte wie Jeeps, selbst gekochte Gerichte, Kleidung aus Jeans, Leder, Baumwolle, Freizeitaktivitäten wie Camping, Barbequeues, Handarbeiten (Hirschman 1988, S. 349).

Diese Konsummuster stehen wiederum für bestimmte Persönlichkeitseigenschaften: Die Möglichkeit, z. B. den materialistischen Konsumstil zu verfolgen, wird von den fiktionalen Figuren häufig durch Verrat, Betrug oder Täuschung erlangt. Fiktionalen Figuren, die diesen Konsumstil verfolgen (z. B. *J.R. Ewing, Alexis Carrington*), werden Persönlichkeitseigenschaften wie Habgier, Geiz und Neid attribuiert. Sie sind typi-

Andrea Gröppel-Klein und Anja Spilski

scherweise einsam, werden nicht geliebt, sondern beneidet, ihnen wird misstraut und sie sind unfähig, harmonische Beziehungen aufrecht zu erhalten (Hirschman 1988, S. 347f). Im Unterschied dazu ist idealistischer Konsum orientiert an Motiven wie Liebe, Ehre und Rechtschaffenheit. Fiktionale Figuren, die diesen Konsumstil verfolgen (z. B. *Bobby Ewing, Krystle Carrington*), genießen häufig Vertrauen, sind in soziale Netzwerke und harmonische Familienverhältnisse eingebunden. Allerdings leiden sie häufig unter der Unehrlichkeit und Intrigen ihrer Mitmenschen (Hirschman 1988, S. 348). Unter den (vor allem in Seifenopern) offensichtlichen Handlungssträngen wie Liebesgeschichten, Intrigen, Krankheiten, finanziellen Hoffnungen und Sorgen etc. liegt ein tieferer „Text", der die Persönlichkeitseigenschaften der fiktionalen Helden widerspiegelt (Hirschman 1988, S. 346). Demnach haben populäre fiktionale Med900charaktere eine Art Projektionsfunktion für Konsumenten, d.h. während Konsumenten fiktionale Charaktere und deren Verhalten betrachten, können sie ihr eigenes Verhalten dadurch reflektieren. In Kombination mit diesen Konsummustern bilden fiktionale Informationen insofern Quellen für die Konstruktion des eigenen positiven („so möchte ich sein") und negativen („so möchte ich nicht sein") Selbstkonzeptes von Konsumenten. Weitere Studien sollten klären, wie Produkte und Marken die Zuordnung zu bestimmten Charaktertypen erhalten (Hirschman 1988, S. 357) und wie, wie schnell und wie nachhaltig Konsumenten die „Texte" hinter der fiktionalen Handlung verinnerlichen.

3.2 Verfügbarkeit fiktionaler Medieninhalte

3.2.1 Kultivierungseffekte

Die Kultivierungstheorie untersucht den Einfluss des Fernsehens auf Wissensstrukturen und Denkweisen über die Realität. Die Kultivierungshypothese (Gerbner et al. 1977) besagt, dass häufiger Medienkonsum (sog. „Vielseher" im Vergleich zu „Wenigsehern") dazu führt, dass Konsumenten um so mehr glauben, die reale Welt sei so wie die medial dargestellte Welt. Der Begriff „medial dargestellte Welt" umfasst dabei das gesamte Fernsehprogramm, d.h. nicht-fiktionale als auch fiktionale Medieninhalte.

Inhaltsanalysen zeigen, dass Geschehnisse im TV häufig übertrieben, verzerrt oder idealisiert dargestellt werden. So sind Themen wie Gewalt und Verbrechen, im Vergleich zu ihrem realen Auftreten, im Fernsehen überrepräsentiert (Gerbner et al. 2002, S. 52). Weibliche „body images" sind in TV-Serien (Silverstein et al. 1986; Fouts und Burggraf 1999) im Vergleich zur realen Welt verzerrt dargestellt, indem sehr dünne Frauen über- und sehr dicke Frauen unterrepräsentiert sind. Der Anteil bestimmter Berufsgruppen (Ärzte, Anwälte, Manager) ist im Fernsehen deutlich höher ausgeprägt als im realen Leben, während Berufsgruppen mit geringerem Status unterdurchschnittlich präsent sind (Lichter, Lichter und Rothman 1994). Insbesondere die sog. Vielseher neigen dazu, solche (und andere, vgl. Gerbner et al. 2002) TV-Informationen

Die Relevanz fiktionaler Medienwelten für das Marketing

in die Wahrnehmung der „realen Welt" zu integrieren, indem sie deren Ausmaß im realen Leben entsprechend des im Fernsehen gezeigten Ausmaßes einschätzen und/oder sich diese Informationen auf Einstellungen des Konsumenten auswirken.

Aufgrund von Kritik (z. B. Hawkins und Pingree 1990) an der fehlenden theoretischen Fundierung der älteren Studien, beschäftigen sich aktuellere Arbeiten der Forschungsgruppe um Shrum (z. B. O'Guinn und Shrum 1997; Shrum, Wyer und O'Guinn 1998) mit den zugrunde liegenden Prozessen und diskutieren die sog. Verfügbarkeitsheuristik (Tversky und Kahneman 1973) als Hintergrund für Kultivierungseffekte. Danach führen Konsumenten bei der Bewertung sozialer Stimuli nicht immer eine bewusste und aufwendige Suche nach Informationen aus dem Gedächtnis durch, sondern verlassen sich oft auf sog. Heuristiken. Der Verfügbarkeitsheuristik entsprechend, verlassen sich Konsumenten oft auf solche Informationen, die besonders leicht aus dem Gedächtnis zugänglich sind, wie z. B. auf bestimmte häufig gesehene Fernsehbilder (Shrum, Wyer und O'Guinn 1998, S. 448f).

Während frühere Kultivierungsstudien vorwiegend den allgemeinen TV-Konsum als Einflussgröße betrachteten, berücksichtigen aktuelle Studien explizit auch die Wirkungen *fiktionaler* Medieninhalte, z. B. bzgl. Idealisierungseffekten von Arztserien, denen Desillusion bei eigenen Krankenhausaufenthalten der Konsumenten folgen kann (Rossmann 2003), bzgl. unrealistischer Erwartungen in Bezug auf Liebe und Ehe (Segrin und Nabi 2002), bzgl. negativer Darstellungen von Stiefeltern (Leon und Angst 2005) oder bzgl. des Glaubens an eine gerechte Welt mit Happy End (Appel 2008). Fiktionale Medieninhalte enthalten in der Regel zahlreiche Hinweise auf (nicht markierte) Produkte und Dienstleistungen, die von den fiktionalen Charakteren konsumiert werden. Insbesondere in „Seifenopern" beziehen sich die Handlungen oft auf sehr vermögende Charaktere (O'Guinn und Shrum 1997). Einige Studien beschäftigen sich mit der Wirkung solcher medialen materiellen Reize auf die Einschätzung von Konsumenten bzgl. des Auftretens dieser materiellen Reize in der Realität. O'Guinn und Shrum (1997) konnten zeigen, dass Vielseher von Soap Operas das Ausmaß an Besitzern von Produkten wie Swimming Pools oder Luxusautos in der amerikanischen Bevölkerung signifikant höher einschätzen als Wenigseher von Soap Operas. Zudem gibt die Studie anhand von Reaktionszeiten Hinweise darauf, dass dieser Kultivierungseffekt auf einem Verfügbarkeitseffekt beruht. Shrum, Burroughs und Rindfleisch (2005) zeigten zudem, dass häufiger TV-Konsum auch die persönlichen materialistischen Wertevorstellungen von Konsumenten beeinflusst.

Da der Ursprung der Kultivierungstheorie in den Kommunikationswissenschaften liegt, ist es nicht verwunderlich, dass die Studien zwar zum Teil einen allgemeinen Bezug zum Konsumentenverhalten aufweisen, jedoch keine Effekte bzgl. konkreter Markenbeurteilungen berücksichtigen. Zudem betrachten Kultivierungsstudien stets das Ausmaß des TV-Konsums insgesamt („master text", Gerbner et al. 2002, S. 48) oder eines Genres (Chory-Assad und Tamborini 2003) als unabhängige Variable, jedoch nicht die Wirkungen einzelner Elemente dieser Medieninhalte (Busselle, Ryabovolova

Andrea Gröppel-Klein und Anja Spilski

und Wilson 2004). Die Wirkung und Nachwirkung solcher konkreter fiktionaler Medieninhalte kann aus Sicht der Medienkontextforschung betrachtet werden, die sich ebenfalls auf Verfügbarkeitseffekte stützt.

3.2.2 Medienkontexteffekte

Die Medienkontextforschung untersucht, wie Wirkungen des Programms (sog. Medienkontext) auf Werbespots ausstrahlen, die im Werbeblock dieses Programms angesiedelt sind. Eine generelle Voraussetzung der Werbewirkung ist es, dass Emotionen und Images innerhalb weniger Sekunden vermittelt werden können. Bei den durch den Medienkontext erzeugten Emotionen und inneren Bildern ist dagegen davon auszugehen, dass „sie auf längeren, reichhaltigen und dadurch wohl auch intensiveren Reizen beruhen" (Jenzowsky und Friedrichsen 1999, S. 269). Es kann daher versucht werden, diese intensiven Reizwirkungen zu nutzen und Ausstrahlungseffekte durch Abstimmung zwischen Programm und Werbung zu erzeugen. Eine solche Abstimmung kann sich auf verschiedene Aspekte beziehen wie auf die Kongruenz hinsichtlich Stimmungen (Goldberg und Gorn 1987; Lord, Burnkrant und Unnava 2001), Involvement (Lord und Burnkrant 1993), Produktkategorie (Moorman, Neijens und Smit 2002), Produktattribute (Yi 1993) oder der gezeigten Charaktere (Spilski und Groeppel-Klein 2008). Insbesondere die Abstimmung in Bezug auf die in Programm und Werbung gezeigten Charaktere scheint im Zusammenhang mit Nachwirkungen spezieller fiktionaler Inhalte relevant zu sein. Beispiele aus der Werbepraxis zeigen, dass eine solche Verflechtung von Programm und Werbung bereits durchgeführt wird: So spielte der Schauspieler Manfred Krug in der TV-Serie *Liebling Kreuzberg* einen Rechtsanwalt und war in einem Werbespot für eine Rechtschutzversicherung tätig. Die US-amerikanische Schauspielerin Marcia Cross, die in der TV-Serie *Desperate Housewives* die nach außen perfekte und pedantische Hausfrau, Ehefrau und Mutter *Bree Van de Kamp* verkörpert, empfiehlt in einem Werbespot ein Waschmittel, wobei dieser Spot im Werbeblock von *Desperate Housewives* ausgestrahlt wurde. Der Schauspieler Rainer Hunold, in der TV-Serie *Dr. Sommerfeld – Neues vom Bülowbogen* als Arzt zu sehen, wirbt in einem TV-Spot für ein Medikament. Betrachtet man diese Beispiele, so entsteht die Frage, wie Konsumenten auf solche Verknüpfungen reagieren und inwieweit sie sich bei der Beurteilung der aus Filmen oder TV-Serien „entsprungenen" Werbepersonen an deren Charakteristika aus dem fiktionalen Programm orientieren.

Als Wirkungsmechanismus werden Priming-Effekte entsprechend der „Spreading-Activation"-Theorie (Collins und Loftus 1975) und der „Congruency/Accessibility"-Hypothese (Goldberg und Gorn 1987) herangezogen, die einen Enkodierungsvorteil für kongruente Reize annehmen. Die durch Stimuluskontakt (TV-Programm) aktivierten Gedächtnisknoten breiten die neuronale Aktivierung netzwerkartig zu anderen Wissensknoten aus und machen passende Emotionen, erinnerte Situationen und Handlungsweisen im Gedächtnis eher verfügbar („accessible"). Das Niveau der neu-

Die Relevanz fiktionaler Medienwelten für das Marketing

ronalen Aktivierung bildet sich nicht sofort wieder zum Ausgangsniveau zurück, sondern baut sich erst verzögert ab. Aufgrund dieser fortbestehenden neuronalen Aktivierung stehen bei späterem Kontakt mit einem passenden Stimulus (anschließende passende Werbung) die aktivierten Gedächtnisinhalte eher für die Verarbeitung zur Verfügung (Chartrand und Jefferis 2004). Aus diesem Verfügbarkeitseffekt wird ein Beurteilungsbias zugunsten der zugänglichen Inhalte geschlossen. Die Eigenschaften fiktionaler Charaktere können mit Hilfe eines solchen Priming auf nachfolgende Werbung ausstrahlen, wenn die Schauspieler als Werbepersonen dort ebenfalls in ihren fiktionalen Rollen gezeigt werden. In den Experimenten von Spilski und Groeppel-Klein (2008) konnte gezeigt werden, dass Konsumenten Werbepersonen als kompetenter und vertrauenswürdiger einschätzen, wenn sie diese vorher in einem zum Werbespot passenden (vs. nicht passenden) Medienkontext gesehen hatten.

3.3 Beziehungen zu Charakteren

Über das reine Interesse an Medienpersonen hinaus zeigen Konsumenten oft auch ganz unterschiedliche Arten beziehungsähnlicher Reaktionen (Hoffner und Cantor 1991). So trifft man u.a. auf Konstrukte wie *Empathie* (Zillmann 1991; Escalas und Stern 2003), *Empfinden von Ähnlichkeit* (Reeves und Miller 1978), *Identifikation* (Cohen 2001), *parasoziale Interaktion* (Horton und Wohl 1956), *parasoziale Beziehung* (Horton und Wohl 1956; Gleich und Burst 1996), *„Connectedness"* (Russell, Norman und Heckler 2004), *Imitation* (Hoffner und Buchanan 2005) etc.

Diese Konstrukte lassen sich auf die „realen" Medienpersonen wie Moderatoren, Sportler, Sänger und Schauspieler beziehen, aber auch auf die in fiktionalen Medieninhalten von Schauspielern verkörperten Charaktere (Giles 2002; Vorderer 1996). In jüngeren Studien (Russell, Norman und Heckler 2004; Russell und Stern 2006) zu Auswirkungen fiktionaler Charaktere auf den Marketingbereich finden sich insbesondere die Begriffe parasoziale Interaktion bzw. Beziehung und „Connectedness" und werden daher im Folgenden näher betrachtet.

Der Begriff der parasozialen Beziehung wurde von Horton und Wohl (1956) bzw. Horton und Strauss (1957) geprägt und basiert auf dem vorgelagerten Konzept der parasozialen Interaktion. Soziale Interaktionen entstehen, „wenn das Verhalten von zwei Menschen voneinander abhängig ist, so dass jedes Verhalten des einen eine Reaktion auf das vorangehende Verhalten des anderen ist" (Asendorpf und Banse 2000, S. 3). Im Gegensatz dazu existiert bei medial vermittelten Situationen keine Wechselseitigkeit der Reaktion zwischen Medienperson und Rezipient. Stattdessen verhält sich die Medienperson völlig unabhängig davon wie die Zuschauer reagieren. Es existiert

117

Andrea Gröppel-Klein und Anja Spilski

lediglich *eine* Richtung des Einflusses[6] – von der Medienperson auf den Rezipienten –, was die Interaktion zu einer asymmetrischen Interaktionsform macht, die als parasozial bezeichnet wird (Hartmann, Schramm und Klimmt 2004). Aus wiederholten parasozialen Interaktionen entwickelt sich die parasoziale Beziehung (Gleich und Burst 1996, S. 184), die als „Interpretationen des Gegenübers mit Blick auf das eigene Selbst" (Wulff 1992, S. 286) angesehen werden kann. Diese Interpretationen umfassen Bewertungen, Attributionen und Urteile über die Medienperson und werden als subjektive Beziehungsdefinitionen ähnlich wie bei realen Beziehungen im Gedächtnis repräsentiert (Baldwin 1995). Ermöglicht werden diese Interpretationen dadurch, dass Medienakteure ihr Publikum indirekt immer wieder zu bestimmten Reaktionen „auffordern", indem sie in fiktionalen Formaten „durch die Exposition von Emotionen beim Publikum ganz gezielt bestimmte Teilnahmeerfahrungen hervorzurufen suchen" (Vorderer und Knobloch 1996, S. 203). In einer ähnlichen Konzeption benennen Russell, Norman und Heckler (2004, S. 152) das Ausmaß parasozialer Beziehungen als „Connectedness".

Besteht eine parasoziale Beziehung, so können Konsumenten den fiktionalen Charakteren ganz bestimmte Eigenschaften zuweisen, die in einem sehr genauen Bild von diesen Figuren münden. In diesem Vorstellungsbild sind nicht nur die Eigenschaften und Handlungsweisen gespeichert, die auf dem Bildschirm im Zusammenhang mit der fiktionalen Figur zu sehen sind, sondern auch solche, die der Konsument für passend erachtet, z. B. welche Marken und Produkte die fiktionale Figur in der realen Welt konsumieren würde. Je stärker die parasoziale Beziehung ausgeprägt ist, d.h. in einer Studie von Russell, Norman und Heckler (2004) je mehr sich der Konsument der fiktionalen Figur verbunden fühlt, desto umfassender sind auch diese der fiktionalen Person zugeordneten Konsummuster. Russell und Stern (2006) empfehlen daher, solche Assoziationen hinsichtlich der vorgestellten Konsumpräferenzen der fiktionalen Figuren zu verwenden, um daraus geeignete Product Placements für Kinofilme und Fernsehserien zu kreieren. Da die Wirksamkeit von Product Placements u.a. davon abhängt, wie gut (im Sinne von „passend") diese in den Handlungsstrang eingeflochten sind, sei dies eine Möglichkeit, Reaktanz beim Konsumenten zu vermeiden (Russell 2002). Zudem nehmen Russell, Norman und Heckler (2004, 151) an, dass Konsumenten fiktionale Charaktere, zu denen sie starke Verbundenheit empfinden, auch als starke Vorbildmodelle wahrnehmen, mit denen sie sich identifizieren, vergleichen und denen sie nacheifern. Denkbar ist daher auch, dass parasoziale Beziehungen, die durch die Wahrnehmung der Medienperson als fiktionale Figur geprägt sind, als Moderatorvariablen die Wirkung von Werbecharakteren im fiktionalen Medienkontext, die Emp-

---

[6] Dabei ist nicht notwendigerweise eine direkte Adressierung des Zuschauers durch die Medienperson enthalten. In Anlehnung an Hartmann, Schramm und Klimmt (2004) kann direkte Adressierung durch eine Medienperson als parasoziale Kommunikation bezeichnet werden. Diese Form der Interaktion wird hier nicht näher betrachtet, da sie eher in non-fiktionalen Medienformaten (Nachrichten, Moderation) auftritt, jedoch in fiktionalen Medienformaten von geringer Relevanz ist (Hartmann und Klimmt 2005, S. 91).

Die Relevanz fiktionaler Medienwelten für das Marketing

findungen beim Reisen zu aus Fiktionen bekannten Orten oder die Beurteilung von Merchandising-Artikeln beeinflussen.

4 Ausblick

„The power of fiction" (Green, Garst und Brock 2004) repräsentiert sich insbesondere in Vermischungstendenzen, die sich auf verschiedenen Ebenen zeigen können. Dazu gehören die Vermischung von Formaten wie Information und Unterhaltung, die Vermischung von realen und fiktionalen Elementen innerhalb fiktionaler Formate sowie insbesondere die Vermischung von Marketingmaßnahmen und Unterhaltungsmedieninhalten. Die (fiktionale) Medien- und Marketingwelt scheint für den Konsumenten zunehmend komplexer zu werden und damit auch schwerer durchdringbar zu sein. Im vorliegenden Beitrag wurden mögliche Marketingmaßnahmen vorgestellt und in Bezug zu den psychischen Prozessen gesetzt, die bei der Rezeption fiktionaler Medieninhalte bzw. über die Rezeptionssituation hinausgehend ablaufen. Daraus lassen sich Hinweise darauf ableiten, dass Konsumenten eben nicht immer kritisch mit fiktionalen Informationen umgehen, sondern dass Fiktionen stattdessen ihre Wirkung auch in Situationen des „realen" Lebens von Konsumenten entfalten können. In diesem Zusammenhang sind auch kritische Stimmen hinsichtlich solcher Vermischungen zu nennen, die insbesondere die Kommerzialisierung und Standardisierung der Kultur (Solomon und Englis 1994) betreffen, die sich auf weitere Lebensbereiche ausdehnt. Hier wird oft das Beispiel der „heilen Welt" von Disney herangezogen und von einer „Disneyization of society[7]" (Bryman 2004) oder einer „Disneyfizierung der Städte" (Roost 2000) gesprochen.

Neben diesen kritischen Stimmen ist jedoch zu bedenken, dass fiktionale Medieninhalte auch die Chance bieten, sozial erwünschte Verhaltenstendenzen bei Konsumenten hervorzurufen. Nicht zuletzt beschäftigt sich ein Forschungsstrang mit der Wirksamkeit von „Entertainment Education", wobei gezeigt werden konnte, dass Konsumenten „eher geneigt sind, prosozialen Verhaltenstendenzen Beachtung zu schenken und sich entsprechend zu verhalten, wenn ihnen dies von Serienhelden und -heldinnen … vorgelebt wird, als wenn ihnen die gleichen … Verhaltensratschläge von offiziellen Stellen verlautbart werden" (Strange 1996, S. 178).

Die Beeinflussung von Einstellungen und Verhalten durch fiktionale Medieninhalte macht sich das Marketing mit verschiedenen Marketinginstrumenten zunutze. Durch die Anknüpfung einzelner Instrumente (z. B. Product Placement, Character Licensing,

---

[7] Disneyization: „the process by which the principles of the Disney theme parks are coming to dominate more and more sectors of American society as well as the rest of the world" (Bryman 2004, S. 1).

Andrea Gröppel-Klein und Anja Spilski

Film-Induced Tourism) an fiktionale Medieninhalte können Produkte, Dienstleistungen, Orte und Personen von (positiven) fiktionalen Bedeutungen profitieren. Ein großes Potential birgt insbesondere die Abstimmung der verschiedenen Instrumente untereinander. Durch solch ein „integriertes" Anknüpfen verschiedener Instrumente an fiktionale Bedeutungen können fiktionale Medienwelten auch im realen Leben für Konsumenten „erlebbar" gemacht werden. Befürchtungen, dass Konsumenten solche fiktionalen Welten als Ersatz für die reale Welt nutzen, konnten in bisherigen empirischen Studien nicht eindeutig bestätigt werden (Vorderer und Knobloch 1996). Stattdessen bilden fiktionale Welten oft eine Ergänzung zum Alltagsgeschehen.

Es bleibt zu untersuchen, in welcher Beziehung Konstrukte wie Transportation als Hineinversetzen in den Medieninhalt, das Fortbestehen fiktionaler Bedeutungen oder die Intensität der parasozialen Beziehung von Konsumenten zu fiktionalen Charakteren die Wirkung von Marketinginstrumenten beeinflussen, die an diese Fiktionen anknüpfen. Aktuelle Studien bzgl. des Product Placements (Russell, Norman und Heckler 2004, Russell und Stern 2006) und der Werbung mit Charakteren im fiktionalen Medienkontext (Spilski und Groeppel-Klein 2008) geben erste Hinweise auf die Existenz solcher Einflüsse.

Literaturverzeichnis

ADAMS, J. K. (1985): Pragmatics and fiction, Amsterdam.

APPEL, M. (2008): Fictional Narratives Cultivate Just-World Beliefs, in: Journal of Communication, 58 (1), S. 62-83.

ARGO, J. J., R. (J.) ZHU UND D. W. DAHL (2008): Fact or Fiction: An Investigation of Empathy Differences in Response to Emotional Melodramatic Entertainment, in: Journal of Consumer Research, 34 (February), S. 614-623.

ASENDORPF, J. UND R. BANSE (2000): Psychologie der Beziehung, Bern.

BALDWIN, M. W. (1995): Relational schemas and cognition in close relationships, in: Journal of Social and Personal Relationships, 12 (4), S. 547-552.

BASUROY, S., S. CHATTERJEE UND S. A. RAVID (2003): How Critical Are Critical Reviews? The Box Office Effects of Film Critics, Star Power, and Budgets, in: Journal of Marketing, 67 (October), S. 103-117.

BEETON, S. (2005): Film-Induced Tourism, Clevedon.

BELK, R. W. (1988): Possessions and the Extended Self, in: Journal of Consumer Research, 15 (September), S. 139-168.

BISWURM, M. (2005): Programming nach Maß. Die Kooperation zwischen Volkswagen und NBC Universal, Präsentation im Rahmen der Medientage München 2005, http://www.medientage-muenchen.de/archiv/2005/Biswurm_Martin.pdf, abgerufen am: 23.05.2006.

BÖCKING, S. (2008): Grenzen der Fiktion? Von Suspension of Disbelief zu einer Toleranztheorie für die Filmrezeption, Köln.

BÖLL, K. (1995): Merchandising – Die neue Dimension der Verflechtung zwischen Medien und Industrie, Dissertation, LMU München.

BÖLL, K. (1999): Merchandising und Licensing. Grundlagen, Beispiele, Management, München.

BRYMAN, A. (2004): The Disneyization of society, London.

BUSSELLE, R., A. RYABOVOLOVA UND B. WILSON (2004): Ruining a good story: Cultivation, perceived realism and narrative, in: Communications, 29 (3), S. 365-378.

Andrea Gröppel-Klein und Anja Spilski

CHARTRAND, T. L. UND V. E. JEFFERIS (2004): Priming, in: M. Lewis-Beck, A. Bryman und T. Futing Liao (Hrsg.): Encyclopaedia of social science research methods, New York, S. 854-855.

CHORY-ASSAD, R. M. UND R. TAMBORINI (2003): Television Exposure and the Public's Perception of Physicians, in: Journal of Broadcasting & Electronic Media, 47 (2), S. 197-215.

COHEN, J. (2001): Defining Identification: A Theoretical Look at the Identification of Audiences With Media Characters, in: Mass Communication & Society, 4 (3), S. 245-264.

COLLINS, A. M. UND E. F. LOFTUS (1975): A Spreading-Activation Theory of Semantic Processing, in: Psychological Review, 82 (6), S. 407-428.

COMSTOCK, G. (2004): Paths From Television Violence to Aggression: Reinterpreting the Evidence, in: L. J. Shrum (Hrsg.): The Psychology of Entertainment Media. Blurring the Lines Between Entertainment and Persuasion, Mahwah, NJ, S. 193-211.

DESCARTES, R. (1644/1984): Principles of philosophy, in: J. Cottingham, R. Stoothoff und D. Murdoch (Hrsg. und Übers.): The philosophical writings of Descartes, Vol. 1, Cambridge, England, S. 193-291. (Original veröffentlicht 1644)

DÖRNER, A. (2001): Politainment. Politik in der medialen Erlebnisgesellschaft, Frankfurt am Main.

ELIASHBERG, J., A. ELBERSE UND M. A. A. M. LEENDERS (2005): The Motion Picture Industry: Critical Issues in Practice, Current Research, and New Research Directions, in: Marketing Science, 25 (6, November-December), S. 638-661.

ESCALAS, J. E. UND B. B. STERN (2003): Sympathy and Empathy: Emotional Responses to Advertising Dramas, in: Journal of Consumer Research, 29 (March), S. 566-578.

FANFIKTION.DE (2008): Das FanFiktion Archiv, http://www.fanfiktion.de/, abgerufen am: 02.03.2008.

FLAVELL, J. H., E. R. FLAVELL, F. L. GREEN UND J. E. KORFMACHER (1990): Do young children think of television images as pictures or real objects?, in: Journal of Broadcasting and Electronic Media, 34 (4, Fall), S. 399-419.

FOUTS, G. UND K. BURGGRAF (1999): Television Situation Comedies: Female Body Images and Verbal Reinforcements, in: Sex Roles, 40 (5/6), S. 473-481.

GEINITZ, C. (2006a): Poker-Boom: James Bond zockt mit Spielkarten aus Ostdeutschland, in: Frankfurter Allgemeine Zeitung, Nr. 273, 23.11.2006, Seite 24, online unter FAZ.net,
http://www.faz.net/s/RubEC1ACFE1EE274C81BCD3621EF555C83C/Doc~E5C D3C3DDB8934C5F92595C498904A81F~ATpl~Ecommon~Scontent.html, abgerufen am: 10.03.2008.

GEINITZ, C. (2006b): Freizeitagenten: James Bond für ein Wochenende, in: FAZ.net, 14.11.2006, http://www.faz.net/s/RubEC1ACFE1EE274C81BCD3621EF555C83C/Doc~E 5CD3C3DDB8934C5F92595C498904A81F~ATpl~Ecommon~Scontent.html, abgerufen am: 10.03.2008.

GERBNER, G., L. GROSS, M. ELEEY, M. JACKSON-BEECK, S. JEFFRIES-FOX UND N. SIGNORIELLI (1977): TV Violence Profile No. 8: The Highlights, in: Journal of Communication, 27 (2), S. 171-180.

GERBNER, G., L. GROSS, M. MORGAN, N. SIGNORIELLI UND J. SHANAHAN (2002): Growing Up with Television: Cultivation Processes, in: J. Bryant und D. Zillmann (Hrsg.): Media Effects. Advances in Theory and Research, 2. Aufl., Mahwah, NJ, S. 43-67.

GILES, D. C. (2002): Parasocial Interaction: A Review of the Literature and a Model for Future Research, in: Media Psychology, 4 (3), S. 279-304.

GERRIG, R. J. (1993): Experiencing Narrative Worlds. On the Psychological Activities of Reading, New Haven und London.

GILBERT, D. T. (1991): How Mental Systems Believe, in: American Psychologist, 46 (2), S. 107-119.

GILBERT, D. T., R. W. TAFADORI UND P. S. MALONE (1993): You Can't Not Believe Everything You Read, in: Journal of Personality and Social Psychology, 65 (2), S. 221-233.

GLEICH, U. UND M. BURST (1996): Parasoziale Beziehungen von Fernsehzuschauern mit Personen auf dem Bildschirm, in: Medienpsychologie, 8 (3), S. 182-200.

GOLDBERG, M. E. UND G. J. GORN (1987): Happy and Sad TV Programs: How They Affect Reactions to Commercials, in: Journal of Consumer Research, 14 (December), S. 387-403.

GREEN, M. C. UND T. C. BROCK (2000): The Role of Transportation in the Persuasiveness of Public Narratives, in: Journal of Personality and Social Psychology, 79 (5), S. 701-729.

GREEN, M. C., J. GARST UND T. C. BROCK (2004): The Power of Fiction: Determinants and Boundaries, in: L. J. Shrum (Hrsg.): The Psychology of Entertainment Media. Blurring the Lines Between Entertainment and Persuasion, Mahwah, NJ, S. 161-176.

GUPTA, P. B., S. K. BALASUBRAMANIAN UND M. L. KLASSEN (2000): Viewers' Evaluations of Product Placements in Movies: Public Policy Issues and Managerial Implications, in: Journal of Current Issues and Research in Advertising, 22 (2, Fall), S. 41-52.

HARTMANN, T. UND C. KLIMMT (2005): Ursachen und Effekte Parasozialer Interaktionen im Rezeptionsprozess. Eine Fragebogenstudie auf der Basis des PSI-Zwei-Ebenen-Modells, in: Zeitschrift für Medienpsychologie, 17 (3), S. 88-98.

HARTMANN, T., H. SCHRAMM UND C. KLIMMT (2004): Vorbereitende Überlegungen zur theoretischen Modellierung parasozialer Interaktionen im Prozess der Medienrezeption, http://www.ijk.hmt-hannover.de/psi/, abgerufen am: 31.03.2008, erstellt am: 10.01.2004.

HAWKINS, R. P. UND S. PINGREE (1990): Divergent Psychological Processes in Constructing Social Reality from Mass Media Content, in: N. Signorielli und M. Morgan (Hrsg.): Cultivation Analysis: New Directions in Media Effects Research, Newbury Park, CA, 33-50.

HENNIG-THURAU, T. UND O. WRUCK (2000): Warum wir ins Kino gehen: Erfolgsfaktoren von Kinofilmen, in: Marketing ZFP, Heft 3, 3. Quartal 2000, S. 241-256.

HERTIN, P. W. (1998): Nutzungsrechte. Vorbemerkung, in: F. K. Fromm und W. Nordemann (Hrsg.): Urheberrecht. Kommentar zum Urheberrechtsgesetz und zum Urheberrechtswahrnehmungsgesetz, 9. Aufl., Stuttgart, S. 236-284.

HIRSCHMAN, E. C. (1988): The Ideology of Consumption: A Structural-Syntactical Analysis of "Dallas" and "Dynasty", in: Journal of Consumer Research, 15 (December), S. 344-359.

HOFFNER, C. UND J. CANTOR (1991): Perceiving and Responding to Mass Media Characters, in: J. Bryant und D. Zillmann (Hrsg.): Responding to the Screen: Reception and Reaction Processes, Hove und London, S. 63-101.

HOFFNER, C. UND M. BUCHANAN (2005): Young Adults´ Wishful Identification With Television Characters: The Role of Perceived Similarity and Character Attributes, in: Media Psychology, 7 (4), S. 325-351.

HOLBROOK, M. UND M. W. GRAYSON (1986): The Semiology of Cinematic Consumption: Symbolic Consumer Behavior in *Out of Africa*, in: Journal of Consumer Research, 13 (December), S. 374-381.

HOLT, D. B. (2004): How brands become icons, Cambridge, MA.

HORTON, D. UND A. STRAUSS (1957): Interaction in audience-participation shows, in: The American Journal of Sociology, 62 (6), S. 579-587.

HORTON, D. UND R. R. WOHL (1956): Mass communication and para-social interaction: Observations on intimacy at a distance, in: Psychiatry, 19 (3), S. 215-229.

HÜGEL, H.-O. (1999): Spieler und Spion – eleganter Profi und Mann von Welt. Zur Geschichte und Einheit der Figur James Bond, in: montage/av, 8 (2), S. 7-28.

JENZOWSKY, S. UND M. FRIEDRICHSEN (1999): Fernsehwerbung: Werbewirkung im Kontext des Fernsehprogrammmaterials, in: M. Friedrichsen und S. Jenzowsky (Hrsg.): Fernsehwerbung. Theoretische Analysen und empirische Befunde, Opladen, S. 261-306.

JOHANSSON, A. (2001): Product Placement in Film und Fernsehen. Ein Vergleich der rundfunk- und wettbewerbsrechtlichen Zulässigkeit der Einblendung von Markenprodukten in Kinofilm und Fernsehen unter besonderer Berücksichtigung der Kunstfreiheit nach Art. 5 III GG, Berlin.

JOHNSON, M. K. (2006): Memory and Reality, in: American Psychologist, 61 (8), S. 760-771.

JOHNSON, M. K. UND K. J. MITCHELL (2002): Source monitoring, in: J.H. Byrne (Hrsg.): Learning & Memory, 2. Aufl., New York, S. 628-631.

KLUGE, F. (1995): Etymologisches Wörterbuch der deutschen Sprache, 23. Aufl., Berlin.

KROEBER-RIEL, W. UND P. WEINBERG (2003): Konsumentenverhalten, 8. Aufl., München.

KRÜGER, U. M. UND T. ZAPF-SCHRAMM (2008): Sparten, Sendungsformen und Inhalte im deutschen Fernsehangebot 2007. Programmanalyse von ARD/Das Erste, ZDF, RTL, SAT.1 und ProSieben, in: Media Perspektiven, 4/2008, S. 166-189.

LEON, K. UND E. ANGST (2005): Portrayals of Stepfamilies in Film: Using Media Images in Remarriage Education, in: Family Relations, 54 (January), S. 3-23.

LICHTER, S. R., L. S. LICHTER UND S. ROTHMAN (1994): Prime Time: How TV Portrays American Culture, Washington, DC.

LORD, K. R. UND R. E. BURNKRANT (1993): Attention Versus Distraction: The Interactive Effect of Program Involvement and Attentional Devices on Commercial Processing, in: Journal of Advertising, 22 (1, March), S. 47-60.

LORD, K. R., R. E. BURNKRANT UND H. R. UNNAVA (2001): The Effects of Program-induced Mood States on Memory for Commercial Information, in: Journal of Current Issues and Research in Advertising, 23 (1, Spring), S. 1-15.

LUHMANN, N. (2005): Soziologische Aufklärung 5: Konstruktivistische Perspektiven, 3. Aufl., Wiesbaden.

MAURER, M. UND C. REINEMANN (2006): Medieninhalte. Eine Einführung, Wiesbaden.

MICK, D. C. (1986): Consumer Research and Semiotics: Exploring the Morphology of Signs, Symbols, and Significance, in: Journal of Consumer Research, 13 (September), S. 196-213.

MOORMAN, M., P. C. NEIJENS UND E. G. SMIT (2002): The Effects of Magazine-Induced Psychological Responses and Thematic Congruence on Memory and Attitude toward the Ad in a Real-Life Setting, in: Journal of Advertising, 31 (4, Winter), S. 27-40.

NELL, V. (1988): Lost in a Book. The Psychology of Reading for Pleasure, New Haven, CT.

Andrea Gröppel-Klein und Anja Spilski

O'GUINN, T. C. UND L. J. SHRUM (1997): The Role of Television in the Construction of Consumer Reality, in: Journal of Consumer Research, 23 (March), S. 278-294.

O.V. (2006a): Filmschauplätze: Reisebüro Bond, in: Frankfurter Allgemeine Zeitung, Nr. 273, 23.11.2008, Seite R1, online unter FAZ.net, http://www.faz.net/s/Rub8A25A66 CA9514B9892E0074EDE4E5AFA/Doc~E6D4367EC8CBA41A08DC70345BF282B52~ ATpl~Ecommon~Scontent.html, abgerufen am: 10.03.2008.

O.V. (2006b): James Bond the greatest commercial for tourism, http://www.visit-montenegro.com/article537.htm, abgerufen am: 07.05.2008, erstellt am: 29.11.2006.

PETTY, R. E. UND J. T. CACIOPPO (1986): The Elaboration Likelihood Model of Persuasion, in: L. Berkowitz (Hrsg.): Advances in Experimental Social Psychology, Vol. 19, New York, S. 123-205.

POTTER, W. J. (1988): Perceived Reality in Television Effects Research, in: Journal of Broadcasting & Electronic Media, 32 (1, Winter), S. 23-41.

PRENTICE, D. A. UND R. J. GERRIG (1999): Exploring the Boundary between Fiction and Reality, in: S. Chaiken und Y. Trope (Hrsg.): Dual-Process Theories in Social Psychology, New York, S. 529-546.

REEVES, B. UND M. M. MILLER (1978): A multidimensional measure of children's identification with television characters, in: Journal of Broadcasting, 22, S. 71-86.

ROOST, F. (2000): Die Disneyfizierung der Städte. Großprojekte der Entertainmentindustrie am Beispiel des New Yorker Times Square und der Siedlung Celebration in Florida, Opladen.

ROSE, L. (2006): James Bond: Licensed to Sell, http://www.forbes.com/2006/11/16/bond-movie-advertising-tech-media-cx_lr_1116bond.html, abgerufen am: 10.03.2008, erstellt am: 16.11.2006.

ROSSMANN, C. (2003): Zu Risiken und Nebenwirkungen fragen Sie die Patienten. Eine Studie zur Darstellung von Ärzten in Krankenhausserien und ihrem Einfluss auf das Arztbild von Patienten, in: Medien- und Kommunikationswissenschaft, 51 (3-4), S. 497-522.

ROTHMUND, J., M. SCHREIER UND N. GROEBEN (2001a): Fernsehen und erlebte Wirklichkeit I: Ein kritischer Überblick über die Perceived Reality-Forschung, in: Zeitschrift für Medienpsychologie, 13 (N.F. 1) (1), S. 33-44

ROTHMUND, J., M. SCHREIER UND N. GROEBEN (2001b): Fernsehen und erlebte Wirklichkeit II: Ein integratives Modell zu Realitäts-Fiktions-Unterscheidungen bei der (kompetenten) Mediennutzung, in: Zeitschrift für Medienpsychologie, 13 (N.F. 1) (2), S. 85-95.

RUSSELL, C. A. (2002): Investigating the Effectiveness of Product Placements in Television Shows: The Role of Modality and Plot Connection Congruence on Brand

Memory and Attitude, in: Journal of Consumer Research, 29 (December), S. 306-318.

RUSSELL, C. A., A. T. NORMAN UND S. E. HECKLER (2004): The Consumption of Television Programming: Development and Validation of the Connectedness Scale, in: Journal of Consumer Research, 31 (June), S. 150-161.

RUSSELL, C. A. UND B. B. STERN (2006): Consumers, Characters, and Products. A Balance Model of Sitcom Product Placement Effects, in: Journal of Advertising, 35 (1), S. 7-21.

SCHMID, I. A. UND C. WÜNSCH (2001): Definition oder Intuition? Die Konstrukte „Information" und „Unterhaltung" in der empirischen Kommunikationsforschung, in: W. Wirth und E. Lauf (Hrsg.): Inhaltsanalyse. Perspektiven, Probleme, Potentiale, Köln, S. 31-48.

SCHMIDT, S. J. (1994): Die Wirklichkeit des Beobachters, in: K. Merten, S. J. Schmidt und S. Weischenberg (Hrsg.): Die Wirklichkeit der Medien. Eine Einführung in die Kommunikationswissenschaft, Opladen, S. 3-19.

SEGRIN, C. UND R. L. NABI (2002): Does Television Viewing Cultivate Unrealistic Expectations About Marriage?, in: Journal of Communication, 52 (2), S. 247–263.

SHAPIRO, M. A. UND T. M. CHOCK (2003): Psychological Processes in Perceiving Reality, in: Media Psychology, 5 (2), S. 163-198.

SHAPIRO, M. A. UND D. G. MCDONALD (1992): I'm Not a Real Doctor, but I Play One in Virtual Reality: Implications of Virtual Reality for Judgments about Reality, in: Journal of Communication, 42 (4, Autumn), S. 94-114.

SHRUM, L. J. (2004a) (Hrsg.): The Psychology of Entertainment Media. Blurring the Lines Between Entertainment and Persuasion, Mahwah, NJ und London.

SHRUM, L. J. (2004b): The cognitive processes underlying cultivation effects are a function of whether the judgments are on-line or memory-based, in: Communications, 29 (3), S. 327-344.

SHRUM, L. J., J. E. BURROUGHS UND A. RINDFLEISCH (2005): Television's Cultivation of Material Values, in: Journal of Consumer Research, 32 (December), S. 473-479.

SHRUM, L. J., R. S. WYER UND T. C. O'GUINN (1998): The Effects of Television Consumption on Social Perceptions: The Use of Priming Procedures to Investigate Psychological Processes, in: Journal of Consumer Research, 24 (March), S. 447-458.

SILVERSTEIN, B., L. PERDUE, B. PETERSON UND E. KELLY (1986): The role of the mass media in promoting a thin standard of attractiveness for women, in: Sex Roles, 14 (9/10), S. 519-532.

SOLOMON, M. R. UND B. G. ENGLIS (1994): Reality Engineering: Blurring the Boundaries Between Commercial Signification and Popular Culture, in: Journal of Current Issues and Research in Advertising, 16 (2, Fall), S. 1-17.

SPIEGEL ONLINE (2004): Wallander auf der Spur, http://www.spiegel.de/reise/aktuell/0,1518,293571,00.html, abgerufen am: 02.04.2004.

SPILSKI, A. UND A. GROEPPEL-KLEIN (2008): The Persistence of Fictional Character Images Beyond the Program and Their Use in Celebrity Endorsement: Experimental Results from a Media Context Perspective, in: A. Y. Lee und D. Soman (Hrsg.): Advances in Consumer Research, Vol. XXXV., Duluth, MN, im Druck.

SPINOZA, B. (1677/1982): The ethics and selected letters, S. Feldman und S. Shirley (Hrsg. und Übersetzer), Indianapolis, IN. (Original veröffentlicht 1677)

STRANGE, J. J. (1996): Leben in Bildschirmwelten – Formen der narrativen Involviertheit, in: P. Vorderer (Hrsg.): Fernsehen als „Beziehungskiste". Parasoziale Beziehungen und Interaktionen mit TV-Personen, Opladen, S. 173-180.

TREPTE, S., L. REINECKE UND C. BRUNS (2008): Psychologie in den Medien, in: B. Batinic und M. Appel (Hrsg.): Medienpsychologie, Berlin, im Druck.

TRÖHLER, M. (2002): Von Weltenkonstellationen und Textgebäuden. Fiktion - Nichtfiktion – Narration in Spiel- und Dokumentarfilm, in: montage/av, 11 (2), S. 9-41.

TVERSKY, A. UND D. KAHNEMAN (1973): Availability: A Heuristic for Judging Frequency and Probability, in: Cognitive Psychology, 5 (September), S. 207-232.

VORDERER, P. (1996): Picard, Brinkmann, Derrick und Co. als Freunde der Zuschauer. Eine explorative Studie über parasoziale Beziehungen zu Serienfiguren, in: P. Vorderer (Hrsg.): Fernsehen als „Beziehungskiste". Parasoziale Beziehungen und Interaktionen mit TV-Personen, Opladen, S. 151-171.

VORDERER, P. UND S. KNOBLOCH (1996): Parasoziale Beziehungen zu Serienfiguren: Ergänzung oder Ersatz?, in: Medienpsychologie, 8 (3), S. 201-216.

WANG, J. UND B. J. CALDER (2006): Media Transportation and Advertising, in: Journal of Consumer Research, 33 (September), S. 151-162.

WINTERHOFF-SPURK, P. (1989): Fernsehen und Weltwissen. Der Einfluß von Medien auf Zeit-, Raum- und Personenschemata, Opladen.

WOODSIDE, A. G., S. SOOD UND K. E. MILLER (2008): When Consumers and Brands Talk: Storytelling Theory and Research in Psychology and Marketing, in: Psychology & Marketing, 25 (2, February), S. 97-145.

WRIGHT, J. C., A. C. HUSTON, A. LEARY REITZ UND S. PIEMYAT (1994): Young Children's Perception of Television Reality: Determinants and Developmental Differences, in: Developmental Psychology, 30 (2), S. 229-239.

WULFF, H. J. (1992): Fernsehkommunikation als parasoziale Interaktion: Notizen zu einer interaktionistischen Fernsehtheorie, in: Semiotische Berichte, 16, S. 279-295.

YI, Y. (1993): Contextual Priming Effects in Print Advertisements: The Moderating Role of Prior Knowledge, in: Journal of Advertising, 22 (1, March), S. 1-10.

ZILLMANN, D. (1991): Empathy: Affect From Bearing Witness to the Emotions of Others, in: J. Bryant und D. Zillmann (Hrsg.): Responding to the Screen: Reception and Reaction Processes, Hove und London, S. 135-167.

Andrea Hemetsberger, Clemens Pirker und Herbert Pretterhofer

Medienbilder von Schönheit in der Werbung

1 Die Produktion von Schönheit in der westlichen Gesellschaft.................................. 133
    1.1   Schönheit als gesellschaftliches Korsett... 133
    1.2   Schönheit in der Werbung 134

2 Auswirkungen unterschiedlicher Bilder von Schönheit in der Werbung.............. 135

3 Das Prinzip der Selbstwerterhaltung.. 137

4 Ein verändertes Bild von Schönheit in der Werbung 139

5 Effekte von idealisierten und nicht idealisierten Models in der Werbung auf
    Selbstwert und Markenwahrnehmung 141
    5.1   Untersuchungsdesign... 141
    5.2   Analyse der Ergebnisse 143

6 Eine Taube macht noch keinen Sommer 145

1 Die Produktion von Schönheit in der westlichen Gesellschaft

Die schlanke weiße Frau in der Werbung als soziales Symbol für Schönheit und weibliche Eleganz dominiert die Werbelandschaft seit Jahrzehnten (Redmond 2003), ganz besonders natürlich in der Mode- und Schönheitsindustrie. Der Schönheits- und Pflegeproduktmarkt ist ein hart umkämpfter Markt, in dem sehr große Unternehmen wie z. B. der Marktführer L'Oréal, Unilever, Beiersdorf, oder Procter & Gamble um Marktanteile und Marktpositionen ringen und dabei enorme Summen in die mediale Kommunikation investieren. Der Einsatz von Models und ihre Trimmung zu unrealistischen Idealen dienen nicht nur der Aktivierung der Aufmerksamkeit, sondern auch als Beweis für die Wirkung der unterschiedlichsten „Schönmacher". Auch für die Besetzung der Werbefilme mit den attraktivsten Schauspielerinnen sprechen nicht nur die Effekte eines Celebrity Endorsers, sondern es erhöht zudem die Professionalität einer Marke, wenn sich Weltstars in Sachen Schönheit dieser anvertrauen. In Bezug auf die Wahrnehmung weiblicher Schönheit hat die Werbung einen nicht unerheblichen Anteil daran „...ein absurdes Ideal in Umlauf zu setzen, aufrecht zu erhalten, zu verstärken und zu verzerren" (Posch 1999). Problematisch daran ist, dass diese Bilder als real wahrgenommen und als Vergleichsmaßstab herangezogen werden. Vor allem Frauen orientieren sich an der medialen Darstellung der Frau und der Weiblichkeit und entwickeln fragwürdige Selbstverständnisse und Verhaltensmuster in Bezug auf ihre Schönheit. „Im heutigen massenmedial verbreiteten Bild der Frau werden jahrtausendealte Vorstellungen von Weiblichkeit ins Gegenteil verkehrt" (Mühlen-Achs 1990, S. 96f). Die Kritik an der sozialen Symbolik schlanker Frauen richtet sich auch an den zugeschriebenen psychischen und gesundheitlichen Auswirkungen dieses von der Werbung produzierten Schönheitsbildes aus. Die Folgen reichen von Anorexie und Bulimie bis zu geringem Selbstwertgefühl bei jungen Frauen.

1.1 Schönheit als gesellschaftliches Korsett

Schönheit ist keine konstante Größe; ihre Beurteilung ist sehr kulturabhängig (vgl. Posch 1999; Englis et al. 1994) und vielschichtig (Solomon et al. 1992). Schönheit unterliegt Trends, ist wandelbar und gleicht sich den jeweiligen Vorstellungen einer Kultur an, die die Schönheitsnormen definieren (Bergler 1992). Obwohl Körperkult im Allgemeinen eine Eigenschaft des Menschen ist, wird das Thema Schönheit vor allem den Frauen zugesprochen. Die vor allem in den Medien demonstrativ dargestellte Reduktion der Frau auf ihre Schönheit bzw. Weiblichkeit wurde auf die patriarchalischen Strukturen in unserer Gesellschaft zurückgeführt (vgl. Mühlen-Achs 1990; Posch 1999; Wilk 2002). Paradoxerweise wurde weibliche Schönheit umso wichtiger, je mehr Macht

Andrea Hemetsberger, Clemens Pirker und Herbert Pretterhofer

der Frau zuteil wurde. Mit den ersten Emanzipationsbewegungen verstärkte sich auch das Ideal von schlanker Schönheit. In diesem Zusammenhang ist auch vom „Nancy-Reagan-Effekt" (Wilk 2002, S. 219; Posch 1999) die Rede; je höher die Macht bzw. die soziale Position des Mannes, desto schlanker ist seine Frau. Schönheit und Schlankheit werden aber auch dann zu einem immer wichtiger werdenden Thema, wenn die Frau selbst an Macht und Einfluss gewinnt.

Neben der Konzentration auf ein Schönheitsbild mit (unrealistisch) perfekten Ausmaßen, ist die Frau zusätzlich mit der Vereinigung widersprüchlicher Rollen und Anforderungen belastet. Es gilt Familie, Karriere und Partnerschaft harmonisch zu vereinen und traditionellen und modernen Erwartungen gerecht zu werden. Es wird vermutet, dass gerade dieser Rollenkonflikt Ursache für den Trend zum Schönheits- und Schlankheitswahn ist. 1965 wog ein Model etwa acht Prozent weniger als die durchschnittliche amerikanische Frau, während das Gewicht der heutigen Models schon 23 Prozent darunter liegt (Posch 1999). Die Magerkeit wird als Resultat des Spannungsfeldes Emanzipation und Femininität gesehen (vgl. Lawrence 1992), denn sie erlaubt die Kontrolle über den eigenen Körper – ein Gefühl der Überlegenheit, und hilft zugleich, sich dem Idealbild der Weiblichkeit der heutigen westlichen Gesellschaft zu nähern (vgl. Chapkis 1986).

Zusammenfassend kann festgehalten werden, dass der soziale Druck dem westlichen Schönheitsideal zu entsprechen, trotz wachsender Probleme der Dickleibigkeit in der westlichen Welt, enorm gestiegen ist. In der Überbrückung verschiedener Rollenklischees und Widersprüchlichkeiten hat sich eine starke Konzentration am schlanken, fast jungenhaften Körper und ewiger Jugend etabliert, die sich in der Werbung ausdrückt und widerspiegelt.

1.2 Schönheit in der Werbung

Die diskutierte Reduktion von, vor allem weiblicher, Schönheit hat ihren Eingang in die Werbung gefunden und wird seither mittels klischeehafter Darstellungen weitergegeben (vgl. Schmerl 1990). Werbung ist einerseits Resonanzkörper der Gesellschaft (Schmidt und Zurstiege 1999), wirkt aber zugleich auch als einflussreiches Vorbild auf ihre Adressaten. In der Werbebranche ist es Standard, überdurchschnittlich schöne und vor allem überdurchschnittlich schlanke Menschen zu präsentieren (vgl. Peck und Loken 2004; Wood et al. 2003; Lin und Kulik 2002; Richins 1991; Wilk 2002). In der Mode-, sowie der Pflegeproduktbranche sind extreme Ausprägungen davon zu sehen, deren perfekte Schönheit mittels verschiedener Techniken zu einem unrealistischen Ideal getrimmt wird (vgl. Wood et al. 2003; Richins 1991). Dass die in Werbungen gezeigten Fotografien kaum der Wirklichkeit entsprechen und retouchiert sind, ist dem Betrachter oft nicht bekannt oder bewusst. Heute gelten die Abbildungen der Supermodels als nachahmenswerte Vorbilder und mit Hilfe von ausreichender Wil-

Medienbilder von Schönheit in der Werbung

lensstärke als erreichbarer Schönheitsstandard. Dieses perfekte Schönheitsbild wird durch, gerade um dessen Perfektion Willen, austauschbare Schönheiten beworben. Die Vorstellung von Schönheit hat sich in noch nie da gewesener Weise vereinheitlicht und zu einer weitgehenden Homogenisierung der Körperideale geführt (Posch 1999). Problematisch ist dies nicht nur für eine gesellschaftlich differenzierte Sichtweise von Schönheit, sondern auch für die Mode- und Schönheitsbranche selbst.

Der Einsatz austauschbarer Models schadet der Differenzierung einer Marke. Anstrengungen sich von der Konkurrenz abzuheben und zu distanzieren, werden durch die immer ähnlicher werdenden Werbemodels und -sujets zunehmend schwieriger. Wären auf Werbeanzeigen keine Markennamen ersichtlich, könnte man viele von ihnen keiner Marke zuordnen. Darunter leidet die Markendifferenzierung und als Konsequenz dafür erscheinen den Konsumentinnen die Produkte als austausch- und ablösbar. Kroeber-Riel und Esch (2004, S. 57) sprechen in diesem Zusammenhang von „austauschbarer Werbung", die eine Beeinträchtigung der Abgrenzung des Angebots gegenüber den konkurrierenden Angeboten bewirkt. Gröppel-Klein und Spilski (2006) konnten in diesem Zusammenhang eindeutig belegen, dass Werbung mit nicht-idealisierten, authentischen Testimonials als informativer und origineller beurteilt wird. Weiters unterstreichen Untersuchungen zur Übereinstimmung von Schönheits-typen mit dem Produkt- bzw. Markenimages (Solomon et al. 1992; Englis et al. 1994) die Wichtigkeit, auf den markengerechten Einsatz von Models in Werbekampagnen zu achten. Durch eine angemessene Besetzung mit dem zum Produkt bzw. zur Marke passenden Schönheitstyp kann das Image deutlicher und auf eindrucksvollere Weise kommuniziert werden (Solomon et al. 1992; Englis et al. 1994).

2 Auswirkungen unterschiedlicher Bilder von Schönheit in der Werbung

Den Medien, und vor allem der Werbung, wird aufgrund ihrer idealtypisierenden Bilder von Schönheit vorgeworfen, mitverantwortlich für eine Reihe von Problemen in psychologischen, physischen und sozialen Bereichen zu sein (vgl. Wood et al. 2003). Untersucht wurden vor allen Dingen Effekte idealisierter Darstellungen von Frauen auf verzerrte Körperwahrnehmung, -unzufriedenheit, und Selbstwertgefühl. (vgl. Richins 1991; Meyers and Biocca 1992; Champion und Furnham 1999; Pinhas et al. 1999; Posch 1999; King et al. 2000; Lin und Kulik 2002; Posavac und Posavac 2002; Green und Pritchard 2003; Peck und Loken 2004). Die Ergebnisse dazu waren teils unterschiedlich, was laut Wood et al. (2003) darauf zurückgeführt werden kann, dass die Effekte idealisierter Models teils kurzfristiger, teils erst langfristiger Natur sein können.

Andrea Hemetsberger, Clemens Pirker und Herbert Pretterhofer

Ogden und Mundray (1996) untersuchten den Einfluss idealisierter Models in der Werbung auf die Unzufriedenheit mit dem eigenen Körper und stellen einen signifikanten Zusammenhang fest. Champion und Furnham (1999) konnten dies nicht feststellen, berichten aber von einer Fehleinschätzung der eigenen Körperwahrnehmung, als Auswirkung auf das Betrachten idealisierter Models. Vor allem junge Frauen vergleichen ihren eigenen Körper mit jenem der Models in der Werbung (Richins 1991; Hamilton und Waller 1993; Wood et al. 2003). Aus diesem Vergleich resultieren eine geringere Zufriedenheit mit dem eigenen Erscheinungsbild und eine Erhöhung des eigenen Maßstabs zur Beurteilung von Attraktivität. Gemäß dem Kontrasteffekt kann Werbung mit idealisierten Models eine Veränderung (Erhöhung) der Kriterien zur Schönheitsbeurteilung bewirken (vgl. Richins 1991).

Nicht nur die Körperwahrnehmung verändert sich durch die Kontrastierung des eigenen Körpers mit jenem von idealisierten Models, auch negative Emotionen sind die Folge. Pinhas et al. (1999) fanden heraus, dass Frauen, die Ganzkörperbilder von Models aus Anzeigen verschiedener Modezeitschriften zu sehen bekamen, depressiver und verärgerter waren als die Kontrollgruppe. Green und Pritchard (2003) befassten sich mit allgemeinen Faktoren, die das Zustandekommen von Körperunzufriedenheit bei Frauen und Männern hervorrufen können. Die Untersuchung ergab, dass das Alter, Druck der Familie und Selbstwert in signifikanter Weise die Körperunzufriedenheit bei Frauen u n d Männern vorhersagen kann.

Angesichts solcher Ergebnisse stellten sich Wilcox und Laird (2000) in ihrer Untersuchung die Frage, warum Zeitschriften mit Inhalten über idealisierte Schönheit sich immer noch großer Beliebtheit erfreuen, wenn längst erforscht und bestätigt wurde, dass das Betrachten solcher Anzeigen bei Frauen negative Auswirkungen auf Körperzufriedenheit und Selbstwert haben. Ihrer Meinung nach muss es also Frauen geben, die auch Gefallen an den Darstellungen der extrem schlanken Models haben. Die Ergebnisse belegen, dass Frauen, die sich selbst mit den Models vergleichen, beim Betrachten von überdurchschnittlich schlanken Models mehr über ihr Gewicht besorgt waren und von eingeschränktem Selbstwert berichteten. Die andere Gruppe der Frauen erfreute sich an den schönen Werbeanzeigen, ohne einen Vergleich anzustellen. Es finden sich sogar Anhaltspunkte, dass idealisierte Models zu einem höheren Selbstwertgefühl und besseren Selbsteinschätzungen führen können, wenn das idealisierte Frauenbild als positives ‚role model' betrachtet wird (Stapel and Kooman 2001). Nach Smeesters und Mendel (2006) ist außerdem ausschlaggebend, wie extrem dünn bzw. dick die Models sind. Je moderater die Ausprägung, desto eher identifiziert man sich in positiver Weise mit den Models, was zu einem höheren Selbstwertgefühl beiträgt.

Peck and Loken (2004) stellten sich angesichts der Forschungsergebnisse die gegenteilige Frage, ob nicht-idealisierte Darstellungen von Frauen in der Werbung eher positive Reaktionen auslösen würden. Dies konnte allerdings nur eingeschränkt beobachtet werden und zwar dann, wenn der inhaltliche Kontext einer Werbung noch zusätzlich unterstützend für eine positivere Sichtweise des eigenen Körpers sprach. Es scheinen demnach kontextuale Faktoren ausschlaggebend zu sein für einen positiven Effekt nicht idealisierter Models, aber auch – wie aus vorangegangenen Untersuchungen hervorgeht – die Tatsache, ob ein Vergleich der eigenen Schönheit mit jener des Models angestellt wird oder nicht. Beides ist für den Erhalt des Selbstwertes von entscheidender Bedeutung und kann mithilfe der Theorie der Selbstwerterhaltung erklärt werden.

3 Das Prinzip der Selbstwerterhaltung

Nach Tesser et al. (1988) strebt eine Person sowohl nach Erhaltung bzw. Erhöhung des Selbstwertes als auch nach Vermeidungen von Selbstwertminderungen (vgl. Dauenheimer et al. 2002). Ein hohes Selbstwertgefühl wird mit psychischer Gesundheit assoziiert (vgl. Schütz 2000) und weist auf ein beständigeres, widerstandsfähigeres und strapazierfähigeres Selbstkonzept hin (vgl. Gollwitzer et al. 2002).

Die Möglichkeiten zur Selbstwerterhaltung basieren auf einer Selbstevaluation durch soziale Vergleiche, die über zwei psychologische Prozesse verlaufen können: über einen Vergleichsprozess und über einen Reflexionsprozess. Welcher der beiden Prozesse ausschlaggebend wird, ist von der Relevanz der für das Selbstbild notwendigen Dimension abhängig. Wird eine Person auf einer für das Selbstbild relevanten Dimension von einem (ihr nahe stehenden) Menschen überflügelt, setzt der Vergleichsprozess ein, welcher Selbstwertminderung zur Folge hat; ist man selber besser, führt dies zu keiner Selbstwertminderung. Wird hingegen eine Person auf einer für das Selbstbild irrelevanten Dimension von einem (ihr nahe stehenden) Menschen übertroffen, setzt der Reflexionsprozess ein, welcher eine bessere Selbstevaluation (Selbstwerterhöhung) bewirkt, da sich die Person gemäß des BIRGing (=basking in reflected glory) im Ruhm und Glanz des anderen sonnen kann (vgl. Tesser et al. 1988; 1989; Agree et al. 1994).

Für das Modell der Selbstwerterhaltung gibt es demnach drei zentrale Größen: Relevanz, Leistung und Nähe (vgl. Tesser et al. 1988, S. 50). Unter der Relevanz ist die persönliche Wichtigkeit einer Dimension für das Selbstbild zu verstehen. Leistung benennt den Grad der Fähigkeit, diese Dimension zu erfüllen (z. B. das Beherrschen eines Musikinstruments, einer Sprache, etc.). Die Variable Nähe drückt die psychologische Verbundenheit zur Vergleichsperson aus. Ein Beispiel soll das Zusammenwirken dieser drei Variablen verdeutlichen:

Eine vielgereiste Person hat das Merkmal «Sprachentalent» als wichtige Dimension für ihr Selbstbild auserkoren und sieht sich daher selbst als jemanden, der mehrere Sprachen gut beherrscht. Bei einem internationalen Meeting wird diese Person nun von ihrem Freund sprachlich übertroffen. Da auf einer zentralen Dimension des Selbstbildes die Person weniger erfolgreich war als ihr Freund, verringert sich der Selbstwert der Person – es hat ein Vergleichsprozess eingesetzt. Ein anderer Freund dieser Person ist ein anerkannter und berühmter Weinkritiker, den die Person bei Gelegenheiten wie z. B. einem Abendessen mit Bekannten erwähnt und von der Freundschaft zu ihm erzählt. Die Person ist stolz ihn zu kennen und hofft darauf, durch den Erfolg seines Freundes bei den Bekannten Eindruck erwecken zu können. Im Zuge des Reflexionsprozesses wird der Selbstwert erhöht. Was diese Situation nun von der vorhergehenden unterscheidet ist die Tatsache, dass es für die Person nicht relevant ist, als exzellenter Weinkritiker (und -kenner) von seiner Umwelt wahrgenommen zu werden. Das Können seines Freundes auf dem Gebiet der Weinverkostung stellt keine Bedrohung für das Selbstbild der Person dar. Hingegen erzeugt das Übertreffen des Freundes bei der für das Selbstbild zentralen Dimension «Sprachentalent» Dissonanz (vgl. Aronson et al. 2004) und verschlechtert die Selbstbeurteilung (vgl. Tesser et al. 1988; Agree et al. 1994).

Für das Ziel der Selbstwerterhaltung bzw. der Dissonanzreduktion wird das Ausmaß der Variablen je nach Situation neu festgelegt. Die Variablen stehen dabei in einem reflexiven Kausalzusammenhang, der in Abbildung 3-1 verdeutlicht wird.

Abbildung 3-1: *Wirkungszusammenhang von wahrgenommener Leistung, Nähe und Relevanz im Rahmen der Selbstwerterhaltungstheorie (vgl. Herkner 2001, S. 371)*

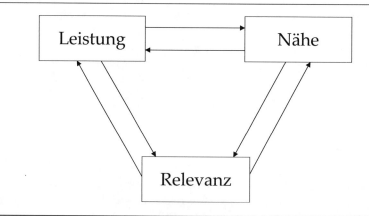

Eine Veränderung der drei Variablen kann helfen, die durch den Vergleichsprozess hervorgerufene Selbstwertminderung wieder aufzuheben. Dabei stehen zur Selbstwerterhaltung folgende Möglichkeiten offen (Aronson et al. 2004; Herkner 2001; Dauenheimer et al. 2002):

Medienbilder von Schönheit in der Werbung

Man kann eine Verbesserung der eigenen Leistung anstreben um die Vergleichsperson auf der relevanten Dimension (wieder) zu übertreffen bzw. die Leistung der Vergleichsperson durch Manipulationen herabsetzen.

Der Selbstwert kann auch wieder hergestellt werden, indem der Abstand zur Vergleichsperson vergrößert wird. Kontakte werden abgebrochen bzw. die psychologische Verbundenheit wird vermindert, indem eine vermehrte Feststellung von Unterschiedlichkeiten zwischen sich selbst und der Vergleichsperson stattfindet.

Schlussendlich gibt es auch die Möglichkeit, die für die Selbstdefinition ausgewählte zentrale Dimension abzuwerten und dem Selbstbild auszugrenzen. In diesem Fall kann der Vergleichsprozess in einen Reflexionsprozess übergehen, wobei dann die psychologische Nähe zu der Vergleichsperson wieder gesucht wird.

Weitere Forschungen führten zu dem Ergebnis, dass die beschriebenen Prozesse der Selbstwerterhaltung mit Veränderung der Gefühlslage und körperlicher Erregung einhergehen und ihnen eine wichtige Rolle zuteil wird (Tesser et al. 1989; Agree et al. 1994). Prozesse der Selbstwerterhaltung können das Entstehen positiver Gefühle erleichtern und negative Gefühle vermeiden helfen. Der Vergleichsprozess ist dabei von negativen Gefühlen begleitet (z. B. Neid, Missgunst, Eifersucht,…), während der Reflexionsprozess positive Gefühle (z. B. Stolz sein auf den anderen, Freude,…) hervorruft.

4 Ein verändertes Bild von Schönheit in der Werbung

Für die Mode- und Schönheitsindustrie würde das bedeuten, dass Vergleichsprozesse mit „schöneren" Models zu vermeiden sind, wenn Schönheit für einen Menschen relevant ist, Reflexionsprozesse aber sehr wohl förderlich sein können. Voraussetzung dafür ist allerdings, dass eine bestimmte Wahrnehmung von Nähe zu einem Model gegeben sein muss. Da der Vergleich mit idealisierten Models meist zu Ungunsten der Betrachterinnen ausfallen wird, könnte es von Vorteil sein, nicht-idealisierte Models zu verwenden, um den Vergleich zu Gunsten der Konsumentinnen ausfallen zu lassen. Ein großes Unternehmen hat diese Strategie versucht.

Die Marke DOVE von Lever Fabergé, Tochtergesellschaft der Unilever Gruppe, hat nun als Hersteller von verschiedenen Körperpflegeprodukten, entgegen dem Trend in der Pflegeproduktbranche, für die am 1. März 2004 gestartete Werbekampagne keine idealisierten Models als Werbebotschafterinnen eingesetzt, sondern laut DOVE „natürlich schöne Frauen", die nicht dem schlanken und perfekten Schönheitsideal entsprechen (vgl. www.dove.de).

Andrea Hemetsberger, Clemens Pirker und Herbert Pretterhofer

| Abbildung 4-1: | Key-Visual der ersten, am 1. März 2004 von DOVE gestarteten Werbekampagne |

Diese Werbekampagne hat sehr positive Reaktionen unter den Frauen ausgelöst und DOVE spricht von einem Erfolg, der diese Kampagne bestätigt. Nicht zuletzt aufgrund dieser Erfolge hat DOVE im Herbst 2004 in einer nachfolgenden Werbekampagne Frauen und ihre Haut so natürlich abgebildet wie sie sind – mit Sommersprossen, Narben oder Tätowierungen. Später kam noch die Einführung einer Pflegeserie für ältere Frauen hinzu, die - ebenso erfolgreich - ein anderes Bild von Schönheit zu werblichen Zwecken verwendete (http://www.proage-netzwerk.de/). Die erfolgreiche Kampagne wurde von PR Maßnahmen und Initiativen begleitet, die die Marke DOVE zum Sprecher für alle natürlich schönen Frauen und für mehr Selbstwert machte.

Es stellt sich nun die zentrale Frage, warum in diesem Fall nicht-idealisierte Models gegenüber idealisierten Models als positiv und sympathisch wahrgenommen werden. Welche Effekte sind ausschlaggebend für eine positive bzw. negative Beurteilung von Werbekampagnen mit idealisierten und nicht-idealisierten Models? Sind es die Models, die ausschlaggebend sind für eine so positive Wahrnehmung nicht idealisierter Models, oder ist es vielmehr der Markenkontext? Im Folgenden werden diese Fragen im Rahmen einer Untersuchung aufgeworfen und deren Ergebnisse diskutiert.

5 Effekte von idealisierten und nicht-idealisierten Models in der Werbung auf Selbstwert und Markenwahrnehmung

5.1 Untersuchungsdesign

Um den Einfluss von idealisierten und nicht-idealisierten Models auf die Prozesse der Erhaltung des Selbstwertes, als auch auf die Einstellung zum Werbemittel zu testen wurde ein experimentelles Design gewählt.

Aufgrund der bisherigen Untersuchungsergebnisse und Tesser's Selbstwerttheorie, wurden folgende Hypothesen aufgestellt und untersucht:

H1: Frauen, die mit nicht-idealisierten Models konfrontiert werden berichten eine höhere relative Leistung in Bezug auf Attraktivität, als Frauen, die mit idealisierten Models konfrontiert werden.

H2: Frauen fühlen sich idealisierten Models näher als nicht-idealisierten Models und gleichen damit gegebenenfalls die Gefahr der Selbstwertverringerung aus.

Treffen diese Hypothesen zu, dann dürfte sich die Einstellung gegenüber idealisierten und nicht-idealisierten Werbesujets nicht unterscheiden, da der Selbstwert durch diese Mechanismen erhalten wird.

H3: Wird durch die gezeigten Bilder zusätzlich der Markenkontext aktiviert, ist die Beurteilung des Werbemittels positiver als bei Nichtaktivierung des Markenkontexts.

Als Stimuli wurden zunächst sechs unterschiedliche fiktive Sujets ohne Markennamen und Slogans entworfen, jeweils drei mit idealisierten und drei mit nicht-idealisierten Models. Diese wurden daraufhin getestet, ob sie von den Betrachterinnen klar unterschieden werden können, und anschließend die besten zwei ausgewählt.

Als Probandinnen wurden Studentinnen herangezogen, da Attraktivität und Schönheit in der Studienzeit besondere Aufmerksamkeit erhalten (Richins 1991) und sich Studentinnen verstärkt mit ihrem Selbstkonzept beschäftigen (Fournier 1998). Die Stichprobe wurde über verschiedene Studienrichtungen und Altersstufen hinweg gezogen und die Probandinnen dann zufällig einer von beiden Experimentalgruppen zugeordnet.

Andrea Hemetsberger, Clemens Pirker und Herbert Pretterhofer

Tabelle 5-1: *Beschreibung der Stichprobe*

Demografische Daten	Verwendete Marken:	Verwendete Produkte:
Alter M = 23,96 (5,09)	Nivea 76,3%; Bebe 48,0%;	Gesichtscreme 80,8%
BMI M = 20,81 (2,51)	Dove 46,5%; L'Oréal 29,8%	Körperlotion 65,7%
Semester M = 6,14 (3,34)		Make Up 41,9%

Im ersten Schritt wurden die Probandinnen gebeten, jeweils eine Selbstwert - Skala (Deusinger 1986) und eine Selbst-Relevanz Skala für Attraktivität (Netemeyer et al. 1995) auszufüllen. Anschließend wurde Gruppe 1 (n = 93)[1] eine Darstellung mit idealisierten Models präsentiert, Gruppe 2 (n=105) eine Darstellung mit nicht-idealisierten Models. Beide Darstellungen enthielten keinerlei werbliche Botschaft oder Produkte, sondern lediglich die Darstellungen der unterschiedlichen Models, um vorerst Einflüsse von Produkt- oder Markenkontexten zu vermeiden. Beide Gruppen wurden anschließend gebeten, eine Skala zur Einschätzung der eigenen physischen Attraktivität und eine Skala für die Nähe zum dargestellten Model (Netemeyer et al. 1995) zu vervollständigen. Alle Skalen wurden auf Deutsch verwendet, nicht auf Deutsch verfügbare von muttersprachigen Übersetzern übersetzt und zur Kontrolle rückübersetzt. Sämtliche Variablen wurden auf einer 7-teilige Skalen von 1 = stimme stark zu bis 7 = lehne stark ab gemessen.

Im folgenden Schritt zeigten wir den Probandinnen die jeweiligen Models in einem werblichen Kontext, wobei nur selbst gestaltete Werbungen verwendet wurden um direkte Markeneffekte zu vermeiden. Danach wurde die Einstellung zur Werbung anhand von Well's (1964) Skala gemessen. Im Anschluss daran wurden die Teilnehmerinnen gebeten bekannt zu geben, ob die gezeigten Werbungen sie an bestimmte Marken erinnert haben. Während diese Assoziationen in Gruppe 1 variierten und kein Muster festgestellt werden konnte, so trat in Gruppe 2 die Marke Dove verstärkt auf. Insgesamt wurde in dieser Gruppe bei 55 Probandinnen Dove als Marke assoziiert, während 50 keine oder unterschiedliche Assoziationen hatten.

---

[1] Die Stichprobengröße wurde gemäß einer Teststärke von min. 0,8 für die Haupttests gewählt.

5.2 Analyse der Ergebnisse

Vor der Analyse wurden 2 Probandinnen aufgrund von „klinischen" Niveaus beim Selbstwert ausgeschlossen. Um die Gültigkeit der Skalen zu testen, wurden diese vorerst mit einer Hauptkomponentenanalyse mit Varimax-Rotation auf Unabhängigkeit und Eindimensionalität überprüft. Dabei wurden Faktorladungen über 0,6 auf die vorgesehenen Dimension und Cronbach Alphas von 0,72 bis 0,93 gemessen (KMO = 0,82; Bartlett p < 0,01, erklärte Varianz: 63,6%). Die Faktorstruktur wurde daher für die Verwendung als geeignet erachtet.

In einem ersten Schritt interessierten wir uns dafür, ob sich die beiden Gruppen hinsichtlich wahrgenommener Relevanz von Schönheit, Nähe und Leistung unterscheiden. Durch die zufallsbasierte Einteilung der Probandinnen in Gruppen und die Befragung ohne Stimulus ergibt sich erwartungsgemäß bei der Relevanz ein minimaler, nicht signifikanter Unterschied (T(196) = 0,98); p = 0,33; r = 0,28). Für beide Gruppen hat also Schönheit fast gleich hohe Relevanz. Bei der relativen Leistung schätzten sich die Probandinnen in der Experimentalgruppe, die mit nicht-idealisierten Models konfrontiert wurden, wesentlich besser ein als die Vergleichsgruppe (T(196) = -4,09 p = 0,00). Die Probandinnen der nicht-idealisierten Gruppe fühlen sich allerdings den Models weniger nah als die Vergleichsgruppe (T(196) = 2,24; p = 0,026; r = 0,16). Die Resultate in Abb. 5-1 unterstützen die Vermutung, dass Frauen bei Anblick nicht-idealisierter Models Vergleichsprozesse anstellen, die zu ihren Gunsten ausfallen. Die Probandinnen fühlen sich in jedem Fall den Models nahe und vergleichen sich daher mit diesen Frauen. Allerdings ist eine größere empfundene Nähe zu den idealisierten Models festzustellen. Frauen fühlen sich dafür im Vergleichsprozess mit den nicht-idealisierten Models wesentlich attraktiver, als im Vergleich mit den idealisierten Models. Dies bestätigt auch eine Aussage von Tesser: „The closer the other, the more likely comparisons are to be drawn, but there is little threat in such comparisons unless the other's performance is better than one's own" (Tesser et al. 1989, S. 442).

Andrea Hemetsberger, Clemens Pirker und Herbert Pretterhofer

Abbildung 5-1: *Ausprägung auf den Komponenten Relevanz, Leistung und Nähe*

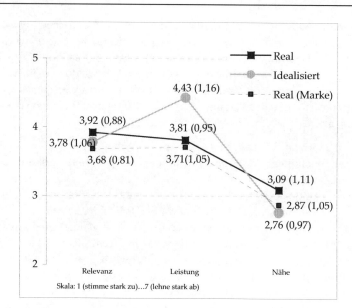

Zur Überprüfung der Theorie von Tesser in Bezug auf die Erhaltung des Selbstwertes durch die Variation der drei Variablen Relevanz, Leistung und Nähe wurden sämtliche Komponentenwerte aufsummiert und über die zwei Gruppen verglichen. Dabei konnte ein geringer, jedoch nicht signifikanter Unterschied festgestellt werden (M_{real} = 10,82 (1,81), M_{ideal} = 10,96 (1,88); T(196)= -0,55; p=0,58; r = 0,04). Dies bedeutet, dass über die Gruppen hinweg, Vergleichs- und Reflexionsprozesse dazu eingesetzt werden, um den eigenen Selbstwert stabil zu halten. Der Selbstwert bleibt stabil, die Einschätzung der eigenen Attraktivität (Leistung) bzw. der empfundenen Nähe zum Model wird zur Erhaltung des Selbstwertes variiert. Freilich liegt auch die Frage nahe, wie Frauen mit unterschiedlichem Body Mass Index (BMI) auf idealisierte und nicht-idealisierte Models reagieren. Unsere Analyse hat gezeigt, dass die Beurteilung der drei Variablen unanhängig vom BMI ist.

Hinsichtlich der Beurteilung des Werbesujets konnte ein geringer, jedoch nicht signifikanter Unterschied zwischen den Gruppen festgestellt werden (T(196) = -1,68; p= 0,10; r= 0,12). Wie Abb. 5-2 darstellt, ist es unerheblich, ob idealisierte oder nicht idealisierte Models verwendet werden, wenn keine oder gänzlich unterschiedliche Marken mit einem Werbemittel assoziiert werden.

Abbildung 5-2: Einstellung zur Werbung

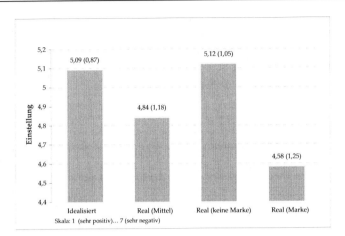

Um den Effekt der Marke zu eruieren, wurden jene Probandinnen, die die Marke „Dove" mit dem nicht idealisierten Werbesujet assoziierten, einer Subgruppenanalyse unterzogen. Dabei konnte festgestellt werden, dass die Probandinnen das Werbemittel wesentlich positiver beurteilen, wenn sie dazu die Marke „Dove" assoziieren (T(103) = 2,36; p=0,02; r = 0,23)[2]. Daher kann nicht allgemein behauptet werden, dass nicht-idealisierte (reale) Models per se positiver beurteilt werden als idealisierte, sondern dass hier der Markenkontext einen wesentlichen Einfluss ausübt.

6 Eine Taube macht noch keinen Sommer

Die vorliegende Untersuchung hat eindrucksvoll gezeigt, dass das vorherrschende gesellschaftlich akzeptierte und von der Werbung überzeichnete Bild von Schönheit veränderbar ist und damit sogar die Marke gestärkt werden kann. Die Marke Dove hat sich in diesem Zusammenhang weit vorgewagt und jene alte Weisheit der Werbebranche Lügen gestraft, die behauptete, man könne nur mit schönen, idealisierten Models eine positive Einstellung zur Werbung und zur Marke hervorrufen. Die Untersuchungsergebnisse sprechen eindeutig für die Marke Dove, nicht jedoch für den uneingeschränkten Einsatz nicht-idealisierter Models. Die positive Wahrnehmung der Mar-

---

[2] Durch einen etwas geringer als erwartet ausgefallenen Effekt ergibt sich hier eine Teststärke von 0,67.

Andrea Hemetsberger, Clemens Pirker und Herbert Pretterhofer

ke ist zweierlei Dingen zuzuschreiben. Dove war die erste Marke, die gewagt hat, ein anderes Bild von Schönheit zu zeigen – und sie hat gewonnen. Hier kam also in der Untersuchung ein klarer Kontrasteffekt zutage, der dadurch zustande kommt, dass Dove die bisher einzige Marke ist, die mit nicht-idealisierten Models wirbt. Zweitens wurde die Markenbotschaft mit einem klar unterstützenden Kontext versehen und eine Kampagne für mehr Selbstbewusstsein von Frauen und anderen, realen Formen von Schönheit gestartet. Das wurde von Frauen über alle Maßen honoriert.

Dennoch geben die Ergebnisse der Untersuchung auch preis, dass junge Frauen sich schlanken und idealisierten Models näher fühlen, obwohl ihr durchschnittlicher Body Mass Index signifikant höher ist als der für die Untersuchung verwendeten Models. Unbewusst ist das idealisierte Bild junger und schlanker Schönheit so stark in uns verankert, dass eine größere Nähe zu diesen Frauen empfunden wird. Nicht-idealisierte Models helfen Frauen lediglich sich besser zu fühlen, weil der Vergleichs-prozess zugunsten der Betrachterinnen ausfällt. Auswirkungen durch die Verwen-dung nicht-idealisierter Models auf die Einstellung zum Werbemittel als solches gibt es keine. Die Marke macht den Unterschied! Es liegt also in der Verantwortung der Marke und der Markenverantwortlichen, auf gesellschaftlicher Ebene eine Verände-rung dieser Wahrnehmung zu bewirken und den Vergleichsmaßstab zurechtzurücken. Dies gelingt offensichtlich am besten, wenn eine Marke sich in authentischer Art und Weise für die Sache selbst stark macht und allen Frauen und allen Formen von Schön-heit Achtung schenkt. Dennoch geht es nicht darum, möglichst viele Nachahmer in der Mode- und Schönheitsindustrie zu finden, da dies der Glaubwürdigkeit der Sache schaden könnte und – als neue Werbestrategie entlarvt – ihre Kraft zur Veränderung verlieren könnte. Erst wenn sich das gesellschaftliche Korsett nachhaltig verändert hat, wird Platz sein für verschiedenste Formen von Schönheit in den Medien – auch für andere Marken. Diese Veränderung ist derzeit noch nicht ersichtlich – im Gegenteil. Die Idealisierung von männlicher Schönheit in der Werbung steht erst am Anfang. Eine Taube (‚Dove') macht eben noch keinen Sommer.

Literaturverzeichnis

AGREE, J., A. TESSER UND C. PILKINGTON (1994): Social Perception: A Test of the Role of Arousal in Self-evaluation Maintenance Processes, in: European Journal of Social Psychology, 24 (1), S. 147-159.

ARONSON, E., T. D. WILSON UND R. M. AKERT (2004): Sozialpsychologie, Verlag Pearson Studium, München.

BEARDEN, W. O. UND R. G. NETEMEYER (1999): Handbook of Marketing Scales. Multi-Item Measures for Marketing and Consumer Behavior Research, Sage Publications, Thousand Oaks (Calif.).

BERGLER, R., B. PÖRZGEN UND K. HARICH (1992): Frau und Werbung. Vorurteile und Forschungsergebnisse, Deutscher Instituts-Verlag, Köln.

CHAMPION, H. UND A. FURNHAM (1999): The Effect of the Media on Body Satisfaction in Adolescent Girls, in: European Eating Disorders Review, 7 (3), S. 213-228.

CHAPKIS, W. (1986): Schönheitsgeheimnisse – Schönheitspolitik, Orlanda-Frauenverlag, Berlin.

DAUENHEIMER, D., D. STAHLBERG, D. FREY UND L.-E. PETERSEN (2002): Die Theorie des Selbstwertschutzes und der Selbstwerterhöhung, in: D. Frey und M. Irle (Hrsg.): Theorien der Sozialpsychologie. Band III: Motivations-, Selbst-, und Informations-verarbeitungstheorien, Verlag Hans Huber, Bern, S. 159-190.

DEUSINGER, I. M. (1986). Die Frankfurter Selbskonzeptskalen (FSKN), Hogrefe, Göttingen.

ENGLIS, B. G., M. R. SOLOMON UND R. D. ASHOMORE (1994): Beauty Before the Eyes of Beholders: The Cultural Encoding of Beauty Types in Magazine Advertising and Music Television, in: Journal of Advertising, 23 (2), S. 49-64.

FOURNIER, S. (1998): Consumers and Their Brands: Developing Relationship Theory in Consumer Research, in: Journal of Consumer Research, 24 (4), S. 343-373.

GOLLWITZER, P. M., U. C. BAYER UND R. A. WICKLUND (2002): Das handelnde Selbst: Symbolische Selbstergänzung als zielgerichtete Selbstentwicklung, in: D. Frey und M. Irle (Hrsg.): Theorien der Sozialpsychologie. Band III: Motivations-, Selbst-, und Informationsverarbeitungstheorien, Verlag Hans Huber, Bern, S. 191-211.

GREEN, SH. P. UND M. E. PRITCHARD (2003): Predictors of Body Image Dissatisfaction in Adult Men and Women, in: Social Behavior And Personality, 31 (3), S. 215-222.

GRÖPPEL-KLEIN, A. UND A. SPILSKI (2006): Ist normal originell? Die Wirkung authentischer Werbemodels, in: A. Strebinger, W. Mayerhofer und H. Kurz (Hrsg.): Werbe- und Markenforschung. Meilensteine – State of the Art – Perspektiven, Gabler Verlag, Wiesbaden, S. 277-306.

HERKNER, W. (2001): Sozialpsychologie, Verlag Hans Huber, Bern.

KING, N., S. TOUYZ UND M. CHARLES (2000): The Effect of Body Dissatisfaction on Women's Perceptions of Female Celebrities, in: International Journal of Eating Disorders, 27 (3), S. 341-347.

KROEBER-RIEL, W. UND F.-R. ESCH (2004): Strategie und Technik der Werbung. Verhaltenswissenschaftliche Ansätze, Kohlhammer, Stuttgart.

LAWRENCE, M. (1992): Koedukation und Identität: Die gesellschaftlichen Ursprünge von Magersucht, in: L. Marilyn (Hrsg.): Satt aber hungrig. Frauen und Essstörungen, Rowohlt Verlag, Hamburg, S. 185-207.

LIN, L. F. UND J. A. KULIK (2002): Social Comparison and Women's Body Satisfaction, in: Basic And Applied Social Psychology, 24 (2), S. 115-123.

MEYERS, P. N. UND F. A. BIOCCA (1992): The Elastic Body Image: The Effect of Television Advertising and Programming on Body Image Distortions in Young Women, in: Journal of Communication, 42 (September), S. 108-133.

MÜHLEN-ACHS, G. (1990): Von Männern und Mäuschen. Zur psychologischen Funktion männlicher und weiblicher Rollen in Film und Fernsehen, in: G. Mühlen-Achs (Hrsg.): Bildersturm. Frauen in den Medien, Verlag Frauenoffensive, München, S. 88-106.

OGDEN, J. UND K. MUNDRAY (1996): The Effect of the Media on Body Satisfaction: The Role of Gender and Size, in: European Eating Disorders, 4 (3), S. 171-182.

PECK, J. UND B. LOKEN (2004): When will Larger-Sized Female Models in Advertisements Be Viewed Positively? The Moderating Effects of Instructional Frame, Gender, and Need for Cognition, in: Psychology & Marketing, 21 (6), S. 425-442.

PINHAS, L., B. B. TONER, A. ALI, P. E. GARFINKEL UND N. STUCKLESS (1999): The Effects of the Ideal of Female Beauty on Mood and Body Satisfaction, in: International Journal of Eating Disorders, 25 (2), S. 223-226.

POSAVAC, S: S. UND H. D. POSAVAC (2002): Predictors of Women's Concern with Body Weight: The Roles of Perceived Self-Media Ideal Discrepancies and Self-Esteem, in: Eating Disorders, 10 (2), S. 153-160.

POSCH, W. (1999): Körper machen Leute. Der Kult um die Schönheit, Campus Verlag, Frankfurt.

RICHINS, M. L. (1991): Social Comparison and the Idealized Images of Advertising, in: Journal of Consumer Research, 18 (1), S. 71-83.

SCHMERL, CH. (1990): Frauenbilder in der Werbung, in: G. Mühlen-Achs (Hrsg.): Bildersturm. Frauen in den Medien, Verlag Frauenoffensive, München, S. 183-204.

SCHMIDT, S. J. UND G. ZURSTIEGE (1999): Starke Männer, schöne Frauen: Geschlechterklischees in der Werbung, in: A. Gutenberg und R. Schneider (Hrsg.): Gender – culture – poetics: zur Geschlechtsforschung in der Literatur- und Kulturwissenschaft, Festschrift für Natascha Würzbach, Wissenschaftlicher Verlag Trier, Trier, S. 227-246.

SCHÜTZ, A. (2000): DAS SELBSTWERTGEFÜHL ALS SOZIALES KONSTRUKT: BEFUNDE UND WEGE DER ERFASSUNG, IN: W. GREVE (HRSG.): PSYCHOLOGIE DES SELBST, PSYCHOLOGIE VERLAGS UNION, WEINHEIM, S. 189-207.

SMEESTERS, D. UND N. MENDEL (2006): Positive and Negative Media Effects on the Self, in: Journal of Consumer Research, 32 (March), S. 576-582.

SOLOMON, M. R. (1992): Consumer Behavior. buying, having, being, Allyn and Bacon, Boston.

SOLOMON, M. R., R. D. ASHMORE UND L. C. LONGO (1992): The Beauty Match-Up Hypothesis: Congruence Between Types of Beauty and Product Images in Advertising, in: Journal of Advertising, 21 (4), S. 23-34.

STAPEL, D. A. UND W. KOOMEN (2001): I, We and the Effects of Others on Me: How Self-Construal Level Moderates the Social Comparison Effects, in: Journal of Personality and Social Psychology, 80 (May), S. 766-781.

TESSER, A., M. MILLAR, UND J. MOORE (1988): Some Affective Consequences of Social Comparison and Reflection Processes: The Pain and Pleasure of Being Close, in: Journal of Personality and Social Psychology, 54 (1), S. 49-61.

TESSER, A., C. J. PILKINGTON, UND W. D. MCINTOSCH (1989): Self-Evaluation Maintenance and the Mediational Role of Emotion: The Perception of Friends and Strangers, in: Journal of Personality and Social Psychology, 57 (3), S. 442-456.

WELL, W. D. (1964): Recognition, Recall and Rating Scales, in: W. O. Bearden, R Netemeyer und M. F. Mobley (Hrsg.): Handbook of Marketing Scales, Sage, Newbury Park, S. 199-201.

WILCOX, K. UND J. D. LAIRD (2000): The Impact of Media Images of Super-Slender Women on Women's Self- Esteem: Identification, Social Comparison, and Self-Perception, in: Journal of Research in Personality, 34, S. 278-286.

WILK, N. M. (2002): Körpercodes. Die vielen Gesichter der Weiblichkeit in der Werbung, Campus-Verlag, Frankfurt/Main.

Andrea Hemetsberger, Clemens Pirker und Herbert Pretterhofer

WOOD, N. T., M. R. SOLOMON UND B. G. ENGLIS (2003): "No One Looks That Good In Real Life!". Projections of the Real Versus Ideal Self in the Online Visual Space, in: L. M. Scott und R. Batra (Hrsg.): Persuasive Imagery – A Consumer Response Perspective, Lawrence Erlbaum, London, S. 383-395.

Astrid Zipfel

Wirkungen von Product Placement

1	Einleitung	153
2	Wirkungen von Product Placement	153
	2.1 Gestaltung des Placements	154
	2.2 Placement-Umfeld	156
	2.3 Platziertes Produkt	156
	2.4 Rezipient	157
	2.5 Zwischenfazit	159
3	Das Verhältnis von Erinnerungs- und Einstellungswirkungen	160
	3.1 Widersprüche	160
	3.2 Erklärungsansätze	161
	3.2.1 Sozial-kognitive Lerntheorie	161
	3.2.2 Evaluative Konditionierung	162
	3.2.3 Priming	163
	3.2.4 Mere-Exposure-Effekt	164
	3.3 Zwischenfazit	165
4	Methodische Probleme und offene Fragen	166
5	Folgerungen für die Praxis	167

1 Einleitung

Durch die am 29.11.2007 vom Europäischen Parlament verabschiedete Fernsehrichtlinie wird es den Staaten der EU ermöglicht, Product Placement unter bestimmten Auflagen als Werbeform im Fernsehen zuzulassen.[1] Eine Legalisierung von Produktplatzierungen wäre für die werbetreibende Wirtschaft insofern interessant, als mit der zunehmenden Konkurrenz von Werbebotschaften auch die Gefahr wächst, dass Rezipienten mit Reaktanz auf klassische Werbung reagieren. In dieser Situation erscheint die Integration von Marken und Produkten in Medieninhalte als attraktive Alternative. Allerdings stellt sich die Frage, ob Produktplatzierungen tatsächlich halten, was sie versprechen, und ob der oft propagierte Vorteil dieser Werbeform – ihre geringere Aufdringlichkeit – nicht zugleich ihr größter Nachteil ist, d.h. Placements von den Rezipienten kaum bemerkt und nur in geringem Maße erinnert werden. Der vorliegende Forschungsüberblick soll aufzeigen, was wissenschaftliche Studien bislang an Erkenntnissen zur Wirkung von Placements in Film und Fernsehen sowie in Computerspielen erbracht haben, inwieweit diese Befunde einer methodenkritischen Betrachtung standhalten und welche Folgerungen für die Praxis sich daraus ableiten lassen.[2]

2 Wirkungen von Product Placement

Die Forschung hat sich bislang mit Erinnerungs-, Einstellungs- und Verhaltenswirkungen von Placements beschäftigt. Zwar konnten auf allen drei Ebenen Effekte nachgewiesen werden, die Befunde sind allerdings ausgesprochen heterogen. Die wenigen Studien, die einen direkten Vergleich zwischen Werbespots und Placements vorgenommen haben, fanden zudem für Produktplatzierungen zwar z.T. ausgeprägtere Einstellungs-, allerdings geringere Erinnerungswirkungen als für die klassische Werbung.[3] Die teilweise widersprüchliche Befundlage verlangt eine genauere Betrachtung der Wirkungsbedingungen von Placements und der dabei relevanten Einflussfaktoren.

---

1 Vgl. Richtlinie 2007/65/EG vom 11.12.2007. Nicht erlaubt sind Placements in Nachrichten- oder Kindersendungen. Zudem ist eine Kennzeichnung entsprechender Sendungen zu Beginn und am Schluss sowie nach jeder Werbepause vorgeschrieben.
2 Produktplatzierungen in Printmedien werden hier nicht behandelt, da sich ihre Wirkungsbedingungen von denen audiovisueller Placements stark unterscheiden (vgl. Hormuth 1993; Cameron 1994; Cameron und Curtin 1995; Höpfner 1997; Lord und Putrevu 1998; Kim, Pasadeos und Barban 2001; Bhatnagar, Aksoy und Malkoc 2004; van Reijmersdal, Neijens und Smit 2005).
3 Vgl. Gupta und Lord 1998; Mangold 1998; Weaver und Oliver 2000; Woelke 1998; 1999; 2004.

Astrid Zipfel

Hierzu zählen die Gestaltung des Placements, das Platzierungsumfeld, das platzierte Produkt und Rezipientenmerkmale.

2.1 Gestaltung des Placements

Ein zentraler Aspekt bei der Placement-Gestaltung ist die **Häufigkeit**, mit der eine Produktplatzierung gezeigt wird. Bisherige Befunde weisen darauf hin, dass ein wiederholtes Zeigen des Produkts die Erinnerungsleistung[4] und unter bestimmten Umständen (vgl. Kapitel 3.2.4.) auch die Markenbewertung verbessert. Allerdings sind noch keine Aussagen darüber möglich, wie viele Wiederholungen für eine Wirkungssteigerung erforderlich sind und ab wann Reaktanz-Effekte entstehen.

Darüber hinaus ist anzunehmen, dass die optimale Wiederholungshäufigkeit mit weiteren Gestaltungsmerkmalen zusammenhängt. Hierzu gehört v.a. die **Auffälligkeit**. Prominent präsentierte Placements weisen bessere Erinnerungswerte auf als subtile.[5] Allerdings lässt sich auf Basis der meisten Untersuchungen nicht entscheiden, auf welchen Aspekt der Darstellung diese bessere Wirkung zurückzuführen ist, da „Prominenz" oft mehrere Dimensionen umfasst (z. B. Größe, Dauer, Bildposition und Einbindung in die Handlung). Dass vermutlich alle diese Dimensionen einen Beitrag leisten, kann man aus einzelnen Studien schließen, die versucht haben, diese Aspekte getrennt zu analysieren. Auch diese Untersuchungen konnten jedoch meist nicht vermeiden, dass sich die betrachteten Placements in mehr als einer Hinsicht unterschieden, bzw. sind z.T. auf schwierig zu interpretierende Interaktionseffekte gestoßen.[6]

Genauere Betrachtung verdient insbesondere die Art und Weise, in der das Placement in das Umfeld eingebunden wird. Um gute Erinnerungswirkungen zu erzielen, sollte der **Grad der Integration** (im Sinne einer harmonischen und unauffälligen Positionierung des Produkts) gering, der **Grad der Handlungsrelevanz** (im Sinne der Zentralität für den Ablauf der Ereignisse) jedoch hoch sein. Dementsprechend erzielen reine On-Set-Placements (Produkt wird nur im Hintergrund gezeigt) zumeist deutlich schlechtere Erinnerungswerte als Creative Placements (Produkt ist in die eigentliche Handlung eingebunden).[7] Was die Markenbewertung betrifft, erwies sich eine hohe Hand-

---

[4] Vgl. Hormuth 1993; Scott und Craig-Lees 2004; Matthes u.a. 2005; Schemer, Matthes und Wirth 2007.

[5] Vgl. Babin und Carder 1996a; Gupta und Lord 1998; Garza und Callison 2005; Schneider und Cornwell 2005; Fontaine 2006.

[6] Vgl. z. B. Hormuth 1993; Mangold 1998; Nelson 2002; Schneider und Cornwell 2005. Brennan, Dubas und Babin (1999) fanden z. B. einen Einfluss der Dauer nur bei handlungsintegrierten Placements und nur bei solchen, die nicht länger als 10 Sekunden dauerten.

[7] Vgl. Hormuth 1993; Babin und Carder 1996a; Brennan, Dubas und Babin 1999 (in den zwei letztgenannten Studien werden On-Set- und Creative Placement mit umgekehrter Bedeutung verwendet); D'Astous und Chartier 2000; Law und Braun 2000; Scott und Craig-Lees 2004;

Wirkungen von Product Placement

lungsrelevanz bei Choi (2007) zwar als förderlich, allerdings nur dann, wenn der Rezipient ein hohes Produktinvolvement besaß.[8]

Woelke (1998; 1999) stellt heraus, dass Placements ein höheres Handlungsintegrationspotenzial aufweisen als Werbespots. Wenn dieses ausgeschöpft werde, seien auch geringere Erinnerungseffekte, aber (aufgrund geringerer Reaktanz) bessere Wirkungen auf die Markenbewertung zu erwarten als bei Werbespots. Dies bestätigte sich in Woelkes eigener Studie, in der dieselben Produkte besser erinnert und schlechter bewertet wurden, wenn sie in Spots zu sehen waren, als wenn sie als gut integriertes Placement gezeigt wurden. Dafür, dass hier der Grad der Handlungsintegration bedeutsamer war als das Format (Spot bzw. Placement), spricht die Tatsache, dass sich ein sehr wenig integriertes Lufthansa-Placement in seiner Wirkung nicht vom Werbespot unterschied.

Die Bedeutung der Handlungsrelevanz für die Erinnerung wird auch bei Computerspielen deutlich. So erinnerten sich die Probanden in einer Studie von Nelson (2002) v.a. an die Marke des Autos, das sie als Fahrzeug in einem Rennspiel ausgewählt hatten. Schneider und Cornwell (2005) konstatierten, dass auch eher subtil platzierte Banner dann gut erinnert wurden, wenn sie einen Bezug zu den Handlungen des Spielers aufwiesen (z. B. einen Punkt markierten, an dem in einem Autorennspiel das Tempo gedrosselt werden musste).[9]

Ein weiterer wichtiger Aspekt, der die Auffälligkeit eines Placements betrifft, ist die so genannte **Modalität**. Audiovisuelle, d.h. sowohl im Bild gezeigte als auch verbal genannte Placements erwiesen sich in Bezug auf Erinnerungseffekte rein verbalen und rein visuellen Placements überlegen.[10] Im Vergleich zwischen verbalen und visuellen Placements bewirkten erstere zumeist die stärkeren Erinnerungseffekte.[11] In Bezug auf die Markenbewertung ergab sich allerdings ein anderes Bild: Bei Law und Braun (2000) zeigte sich, dass audiovisuelle Placements die schlechtesten, visuelle hingegen die besten Wirkungen besaßen.

Bock und Izquierdo 2006; Bock, Kirchgäßner und Seeliger 2006; Fontaine 2006; Yang und Roskos-Ewoldsen 2007.

[8] Zur Bedeutung der Handlungsrelevanz für Einstellungswirkungen vgl. auch Auer, Kallweit und Nüssler 1991; Law und Braun 2000 (keine Effekte).

[9] Grigorovici und Constantin (2004) stellten fest, dass auch eine geringe Handlungsrelevanz die Erinnerung fördern kann, wenn das Placement prominent ist (Darstellung auf einem im Spiel platzierten Plakat).

[10] Vgl. Sabherwal, Pokrywczynski und Griffin 1994; Law und Braun 2000 (das audiovisuelle Placement war hier jedoch zugleich prominenter); Brennan und Babin 2004. Gupta und Lord (1998) fanden keine Unterschiede, allerdings war das visuelle Placement so prominent, dass vermutlich ein Deckeneffekt eintrat.

[11] Vgl. Gupta und Lord 1998; Russell 2002. Bei Scott und Craig-Lees (2004) war das visuelle Placement das effektivste. Bei Law und Braun (2000) hing das Ergebnis davon ab, ob Recall- oder Recognition-Maße verwendet wurden.

155

Astrid Zipfel

Eine weitere wichtige Rolle für die Wirkung von Placements spielt schließlich die **produktverwendende Figur**. Offensichtlich wird die Erinnerung verbessert, wenn die Hauptfigur des Films während des Placements anwesend ist, v.a. wenn es sich bei dem Schauspieler um einen beliebten Star handelt.[12]

2.2 Placement-Umfeld

Ob das **Medium**, in dem eine Platzierung vorgenommen wird, Einfluss auf die Placement-Wirkung hat, ist mangels vergleichender Studien nicht bekannt, und auch ob es ein für Placements besonders prädestiniertes **Genre** gibt, ist noch eine offene Frage.[13]

In Bezug auf die Veränderung des Markenimages durch das Placement-Umfeld sind van Reijmersdal, Neijens und Smit (2007) zu dem Schluss gelangt, dass keine generelle Verbesserung eines Markenimages eintritt, sondern die Verbesserung sich nur auf die Dimensionen bezieht, die dem Programmimage entsprechen (so wurde „Slim Fast" im Rahmen einer Doku-Soap über gesunde Lebensführung nach Rezeption des Placements für „gesünder" gehalten). Offensichtlich ist also eine Bedeutungsübertragung des Programmumfeldes auf das Produkt möglich.

2.3 Platziertes Produkt

Ein wichtiger Aspekt ist die **Produkt- bzw. Markenbekanntheit**. Zwar gibt es auch Studien, in denen Erinnerungs- und Einstellungseffekte stärker ausfielen, wenn Rezipienten mit der Produktkategorie weniger vertraut waren bzw. wenn es sich um fiktive, neue und unbekannte Marken handelte;[14] in der Gesamtbilanz überwiegen jedoch Untersuchungen, in denen reale, bereits bekannte Marken bessere Erinnerungs- und Einstellungswirkungen aufweisen.[15]

Zudem werden Marken mit besonderer **Relevanz** für den Rezipienten gut erinnert.[16] Offensichtlich haben auch Marken Chancen auf hohe Erinnerungswerte, die dadurch auffallen, dass sie für ein bestimmtes Placement-Umfeld untypisch sind.[17] Hierbei

---

[12] Vgl. D'Astous und Chartier 2000; Scott und Craig-Lees 2003; 2004; Yang und Roskos-Ewoldsen 2007.

[13] Zu einem ersten Untersuchungsansatz vgl. Garza und Callison 2005.

[14] Vgl. Karrh 1994; Johnstone und Dodd 2000; Nelson 2002; Schemer u.a. 2006; Schemer, Matthes und Wirth 2007.

[15] Vgl. Harbrücker und Wiedmann 1987; Hormuth 1993; Scott und Craig-Lees 2003; 2004; Brennan und Babin 2004; Chaney, Lin und Chaney 2004; Schneider und Cornwell 2005; Fontaine 2006; Nelson, Yaros und Keum 2006; Winkler und Buckner 2006.

[16] Vgl. Nelson 2000.

[17] Wie z. B. ein Placement für „Google" in einem Autorennspiel (vgl. Nelson 2002).

Wirkungen von Product Placement

handelt es sich allerdings offenbar eher um Ausnahmen, denn mehrere Studien fanden besonders gute Erinnerungs- und Einstellungseffekte für Produkte, die **zum Placement-Umfeld passen.**[18]

2.4 Rezipient

Bisherige Forschungsergebnisse sprechen dafür, dass eine **positive Einstellung zur Werbeform Product Placement** die Erinnerungswirkung steigert, zu einer besseren Bewertung von Produkten und Marken führt und auch die Kaufabsichten erhöht.[19]

Ein weiterer zentraler Faktor ist das Involvement des Rezipienten. In Bezug auf das **Produktinvolvement** zeigen die bisherigen Studien, dass sich hohes Produktinvolvement positiv auf die Placement-Erinnerung auswirkt.[20] Interessant sind auch die Befunde von Choi (2007), der nicht nur feststellte, dass ein hohes Produktinvolvement auch Markenbewertung und Kaufabsicht erhöht, sondern zudem Hinweise darauf fand, dass Placements lediglich in der Lage sind, bereits existierende positive Markenbewertungen noch zu verbessern, nicht jedoch eine negative Markenbewertung positiv zu beeinflussen.

Weniger eindeutig stellt sich die Forschungslage im Hinblick auf das **Involvement des Rezipienten in das Platzierungsumfeld** dar. In Bezug auf Einstellungseffekte zeigte sich zwar relativ übereinstimmend, dass die Produktbewertung positiver ausfällt, wenn der Rezipient das Platzierungsumfeld mag[21] und wenn er die entsprechenden Inhalte mit hohem Involvement[22] verfolgt, in Bezug auf Erinnerungswirkungen sind die Befunde jedoch widersprüchlich. Es liegen sowohl Studien vor, die negative als auch solche, die positive Auswirkungen eines hohen Involvements in einen Film oder ein Computerspiel fanden.[23] Dies ist vermutlich damit zu erklären, dass das Involvement-Konzept sehr unterschiedlich verstanden und operationalisiert wurde. Betrachtet man die Untersuchungen unter diesem Blickwinkel, legen die bisherigen Befunde nahe, dass ein hohes kognitives Involvement im Sinne einer aufmerksamen Rezeption sowie einer positiven Einstellung zum Platzierungsumfeld die Erinnerung fördert. Der

---

[18] Vgl. z. B. Hormuth 1993; D'Astous und Séguin 1999; Tiwsakul, Hackley und Szmigin 2005; Bauer u.a. 2006.

[19] Vgl. Gould, Gupta und Grabner-Kräuter 2000; Morton und Friedman 2002; Bacher und Rössler 2004; Nelson, Keum und Yaros 2004; Bauer u.a. 2006. Zu gegenteiligen Befunden vgl. Torrano Palazón und Flores López 2004.

[20] Vgl. z. B. Hormuth 1993; Nelson 2002.

[21] Vgl. Weaver und Oliver 2000; Bock, Kirchgäßner und Seeliger 2006; Nelson, Yaros und Keum 2006.

[22] Vgl. Grigorovici und Constantin 2004; Matthes u.a. 2005; Fontaine 2006; Nelson, Yaros und Keum 2006; Schemer, Matthes und Wirth 2007.

[23] Vgl. Scott und Craig-Lees 2003; Matthes u.a. 2005; Pokrywczynski 2005; Breidler 2006; Nelson und Devanathan 2006; Schemer, Matthes und Wirth 2007.

Astrid Zipfel

Effekt kann allerdings sehr leicht umschlagen, denn ein hohes kognitives Involvement im Sinne einer zu starken geistigen Beanspruchung zum Verständnis der Filmhandlung bzw. zur Beherrschung des Spiels kann die Erinnerung durch den damit einhergehenden Ablenkungseffekt ebenso negativ beeinflussen wie ein hohes affektives Involvement im Sinne starker Erregung.

Eine wichtige Rolle spielt darüber hinaus die Wahrnehmung des **produktverwendenden Protagonisten**. Zu den hierbei relevanten Aspekten zählen z. B. dessen Attraktivität und dessen Kongruenz mit der Marke.[24] Dass die positive bzw. negative Bewertung eines mit einem Produkt in Verbindung gebrachten Akteurs einen starken Einfluss auf das Markenimage besitzt, haben z. B. Schemer u.a. (2006) gezeigt. Die Bewertung einer zuvor neutral eingeschätzten Marke auf dem Sweatshirt eines Rappers veränderte sich zum Positiven bzw. zum Negativen, je nachdem, ob die Probanden vor der Rezeption des Rap-Musik-Videos einen Artikel mit positiven oder mit negativen Informationen über die Rap-Gruppe gelesen hatten.

Offenbar ist darüber hinaus auch die **Intensität der Beziehung zwischen Rezipient und Protagonist** von Bedeutung für die Markenbewertung. Stern und Russell (2006) konstatierten, dass eine positive Verbindung zwischen der Figur in einer Sitcom und dem von ihr verwendeten Produkt die Haltung des Rezipienten zu diesem Produkt positiv beeinflussen kann. Eine negative Veränderung der Haltung zum Produkt war ebenfalls möglich, allerdings musste die Verbindung zwischen Filmfigur und Produkt dafür als sehr ausgeprägt wahrgenommen werden. Diese positive Übertragungswirkung trat allerdings in dieser Form nur ein, wenn eine parasoziale Beziehung zwischen Rezipient und Filmfigur bestand. Wurde die Filmfigur lediglich positiv bewertet, zeigten sich nur die negativen Übertragungswirkungen, und auch dies war nur bei stark negativer Verbindung zwischen Filmfigur und Produkt der Fall.[25]

Wenig untersucht wurde bislang der Einfluss von **Persönlichkeitseigenschaften** der Rezipienten. Johnstone und Dodd (2000) prüften, ob ein hoher Level an „Self Monitoring" die Erinnerung an Placements beeinflusst. „High Self-Monitorers" (Personen, die ihr Verhalten dem Verhalten ihrer Umwelt anpassen und sensibel für soziale Reize sind) wiesen eine bessere Erinnerung an Placements auf als „Low-Self-Monitorers".

---

[24] Vgl. Bauer u.a. 2006.
[25] Zur Bedeutung parasozialer Beziehungen vgl. auch Russell, Norman und Heckler 2004 und mit Einschränkungen Andriasova und Carson 2004. Nach Morton und Friedman (2002) fördert die Verwendung durch einen positiv bewerteten Schauspieler auch die Kaufabsicht der Rezipienten.

2.5 Zwischenfazit

Unter dem Vorbehalt, dass zu vielen der hier behandelten Aspekte nur sehr wenige, teils widersprüchliche und teils auch methodisch problematische Studien vorliegen, lassen sich die Ergebnisse folgendermaßen zusammenfassen: Besonders gut **erinnert** werden häufig gezeigte, auffällige, audiovisuelle, nicht zu stark handlungsintegrierte, aber durchaus handlungsrelevante Placements, die einen Bezug zu einer zentralen Filmfigur aufweisen. Die Placement-Erinnerung ist v.a. für zum Umfeld passende und bekannte Marken ausgeprägt, es ist allerdings auch durchaus möglich, dass für das Umfeld untypische und neue Produkte einen Aufmerksamkeitseffekt bewirken. An Placements erinnern sich v.a. solche Rezipienten, die der Werbeform Product Placement generell positiv gegenüberstehen und sich für das dargestellte Produkt interessieren. Dies ist v.a. dann der Fall, wenn sie eine enge Beziehungen zu den produktverwendenden Filmfiguren aufbauen und der Handlung mit hohem Involvement folgen, aber nicht so stark von ihr absorbiert werden, dass es zu Ablenkungseffekten kommt. Auch ein hohes Bedürfnis, sich seiner Umwelt konform zu verhalten, fördert die aufmerksame Placement-Wahrnehmung.

Deutlich weniger gut untersucht sind Effekte von Placements auf die **Markenbewertung** und v.a. auf die **Kaufentscheidung**. Vermutet werden kann, dass häufiger (dabei aber nicht zu prominent) gezeigte, visuelle, gut handlungsintegrierte und unter Umständen auch deutlich handlungsrelevante Placements die besten Einstellungseffekte mit sich bringen. Es gibt Hinweise darauf, dass das Placement-Umfeld im Sinne eines Imagetransfers die Bewertungsveränderung der Marke bestimmt. Dies steht in Einklang mit dem Ergebnis, dass Effekte v.a. für Produkte eintreten, die mit dem Umfeld kongruent sind. Auch im Hinblick auf Einstellungs- und Verhaltenseffekte hat sich eine generell positive Haltung zur Werbeform des Placements als vorteilhaft erwiesen, ebenso wie ein hohes Produktinvolvement und eine sehr enge, parasoziale Beziehung zu einem möglichst zudem attraktiven und als markenkongruent wahrgenommenen Protagonisten. Wichtig ist die Erkenntnis, dass sich ein Markenimage durch Placements auch zum Negativen verändern kann, und dass es offenbar zwar möglich ist, Einstellungen zur Marke zu beeinflussen, nicht aber, sie völlig umzukehren.

Astrid Zipfel

3 Das Verhältnis von Erinnerungs- und Einstellungswirkungen

3.1 Widersprüche

Viele, insbesondere ältere Studien gehen von der Annahme aus, dass Einstellungseffekte eine mehr oder weniger ausgeprägte Erinnerung an ein Placement voraussetzen.[26] Einige aktuellere Untersuchungen haben allerdings festgestellt, dass Markenimages bzw. Markenpräferenzen auch ohne (bewusste) Erinnerung verbessert werden können bzw. solche Einstellungseffekte gerade bzw. sogar nur dann eintreten, wenn keine (bewusste) Erinnerung vorliegt. Bei Auty und Lewis (2004b) war ein Einfluss des Placements auf die Markenpräferenz z. B. sowohl bei Kindern festzustellen, die sich an die platzierte Marke erinnern konnten, als auch bei denjenigen, die dies nicht konnten. Auch van Reijmersdal, Neijens und Smit (2007) konstatierten Auswirkungen auf das Markenimage unabhängig von der Markenerinnerung. In der Untersuchung von Schemer u.a. (2006) verbesserte die positive Bewertung eines Rappers die Einstellung zur Marke auf seinem Sweatshirt v.a. bei den Probanden, die sich nicht daran erinnern konnten, ein Placement gesehen zu haben, und Fontaine (2006) stellte in einer französischen Studie in Bezug auf eine Zigarettenmarke eine signifikante Einstellungsverbesserung nur dann fest, wenn die Marke nicht erinnert wurde. In der Untersuchung von Woelke (1999) setzte eine Verbesserung des Markenimages zwar eine gewisse Erinnerung voraus, dennoch zeigten sich bei den besser erinnerten Werbespots geringere Einstellungseffekte als bei den schlechter erinnerten Placements. Die Annahme einer Dissoziation von Erinnerungs- und Einstellungswirkungen wird durch Ergebnisse weiterer Studien gestützt, in denen die Bedingungen, die einen Erinnerungseffekt vergrößerten, dieselben waren, die positive Einstellungseffekte behinderten, und umgekehrt. Bei Russell (2002) führte Kongruenz zwischen Modalität und Handlungsintegration eines Placements zu schlechteren Erinnerungs-, aber besseren Einstellungswirkungen als Inkongruenz. Bei Law und Braun (2000) wurden für die Handlung zentrale Placements besser erinnert als periphere, aber nicht häufiger präferiert, und audiovisuelle Placements hatten zwar die höchsten Recall- und Recognition-Werte, aber den geringsten Einfluss auf die Präferenz der Versuchspersonen. Bei Chartier und D'Astous (2000) wurden gut handlungsintegrierte Placements positiver beurteilt, aber schlechter erinnert, und bei Grigorovici und Constantin (2004) fiel bei hohem Involvement die Erinnerung schlechter, die Markenbewertung aber besser aus.

Aufgrund solcher Befunde wird vermutet, dass es neben **expliziten Erinnerungen**, die auf einer bewussten und intensiven Informationsverarbeitung beruhen, auch **implizite Erinnerungen** gibt, die der Rezipient nicht auf ein bestimmtes Ereignis bzw. eine be-

---

[26] Vgl. hierzu Woelke 2004, 153.

Wirkungen von Product Placement

stimmte Darstellung zurückführen kann und derer er sich nicht bewusst ist, die aber dennoch Einfluss auf seine Einstellungen nehmen können (und die möglicherweise sogar nur in Abwesenheit expliziter Erinnerungen wirksam werden). Eine automatische, unbewusste Informationsverarbeitung hinterlässt nach dieser Vorstellung „Erinnerungsspuren", die den üblichen Recall- und Recognition-Messungen nicht zugänglich sind und mit indirekten Verfahren gemessen werden, die die Versuchspersonen veranlassen sollen, auf gespeichertes Wissen zurückzugreifen, ohne dieses bewusst abzurufen.[27] Solche impliziten Erinnerungen an Produktplatzierungen wurden in mehreren Studien gefunden.[28]

Aus den bisherigen Ausführungen folgt, dass es offensichtlich verschiedene Verarbeitungswege von Produktplatzierungen gibt, die sich im Grad der dabei aufgebrachten und sich in der Erinnerungsleistung niederschlagenden Aufmerksamkeit wie auch in den dadurch ausgelösten Einstellungswirkungen unterscheiden. Zu diesen Verarbeitungsmechanismen gibt es verschiedene Theorien, die erstmals von Siegert u.a. (2007, S. 183-210) übersichtlich zusammengestellt wurden. Diese Ansätze sollen im Folgenden erläutert werden, um ein klareres Bild davon zu erhalten, mit welcher Art von Effekten unter welchen Bedingungen zu rechnen ist. Dabei ist darauf hinzuweisen, dass sich diese Verarbeitungswege zwar teilweise gegenseitig ausschließen, teilweise aber auch parallel verlaufen können, weshalb McCarty (2004, S. 54) z. B. meint, Product Placement sei „a complex, multidimensional concept that may operate at different levels and affect viewers through a variety of psychological processes."

3.2   Erklärungsansätze

3.2.1   Sozial-kognitive Lerntheorie

Der sozial-kognitiven Lerntheorie[29] zufolge können Menschen lernen, indem sie das Verhalten anderer beobachten und daraus Regeln und Handlungsmuster ableiten („Lernen am Modell"). Dieser Lernprozess sowie die Frage, ob das erlernte Verhalten auch zur Anwendung kommt, hängen von verschiedenen Faktoren ab, die den Rezipienten und sein soziales Umfeld, die Rezeptionssituation und Eigenschaften des Modells betreffen. Von zentraler Bedeutung ist hierbei v.a. das Identifikationspotenzial des Modells sowie die Funktionalität des beobachteten Verhaltens, d.h. Handlungen,

---

27 Dies geschieht z. B. durch die Aufgabe, Wortfragmente zu ergänzen, Anagramme aufzulösen, beliebige Assoziationen mit einer Produktkategorie zu äußern oder Auswahlentscheidungen in einer Situation zu treffen, die der zuvor im Film gesehenen ähnelt, ohne dass explizit auf diese Bezug genommen wird.
28 Vgl. Law und Braun 2000; Auty und Lewis 2004b; Pridham und Craig-Lees 2004; Yang u.a. 2006; Yang und Roskos-Ewoldsen 2007. Kaum implizite Erinnerungen fanden Bock und Izquierdo (2006) und Bock, Kirchgäßner und Seeliger (2006).
29 Vgl. dazu die Arbeiten von Albert Bandura (z. B. Bandura 1979).

Astrid Zipfel

die für das Modell bzw. für den Beobachter mit Erfolg bzw. Belohnung verbunden sind, werden mit höherer Wahrscheinlichkeit erlernt und angewendet. Für die Wirkung von Product Placements bedeutet dies, dass eine für einen Filmakteur mit positiven Konsequenzen verbundene Produktverwendung vom Rezipienten mit besonderer Aufmerksamkeit wahrgenommen und mit höherer Wahrscheinlichkeit übernommen wird – insbesondere dann, wenn es sich um einen Protagonisten handelt, mit dem sich der Rezipient in hohem Maße identifizieren kann. Auf diese Weise kann auch eine positive Produktbewertung bzw. ein Imagetransfer vom Protagonisten auf das Produkt erfolgen. Bei dieser Form der Verarbeitung ist eine Einstellungsveränderung stark von der deutlichen Erkennbarkeit, der Handlungsrelevanz, der inhaltlichen Qualität des Placements (Verbindung mit dem Darsteller, Art der Produktverwendung) sowie dem Bezug zwischen Rezipient und Darsteller abhängig. Allerdings genügt bereits ein einmaliger Kontakt für eine mittel- bis langfristige Wirkung. Zudem ist ein hoher Grad an Aufmerksamkeit erforderlich und daher neben Effekten für das Markenimage auch eine ausgeprägte explizite Erinnerung zu erwarten.

3.2.2 Evaluative Konditionierung

Bei der evaluativen Konditionierung[30] kommt es allein durch die mehrfache gemeinsame Darbietung eines zunächst neutralen Stimulus (der Marke / des Produkts) und eines unkonditionierten, positiv oder negativ bewerteten Stimulus (z. B. Schauspieler, Stimmung eines Films) zu einer Übertragung der Valenz auf den neutralen Stimulus. Hierbei handelt es sich um einen Prozess, der dem Rezipienten nicht bewusst sein muss und der vermutlich sogar in stärkerem Maße auftritt, wenn er unbewusst abläuft. Auf Product Placement angewendet, bedeutet dies, dass eine Marke, die beispielsweise häufiger in Verbindung mit einem beliebten Schauspieler oder in einem angenehmen Kontext gezeigt wird, schließlich eine positive Bewertung erfährt. Einen solchen Effekt konnten z. B. Schemer u.a. (2006) in dem bereits beschriebenen Experiment mit einem Rap-Musik-Video nachweisen, in dem sich die positive bzw. negative Bewertung eines Musikers auf die Bewertung eines unbekannten und zuvor neutral eingeschätzten Produktes übertrug und dies v.a. bei positiver Einstellung zum Musikgenre, d.h. hohem Involvement in das Platzierungs-Umfeld, der Fall war. Auch Bock, Kirchgäßner und Seeliger (2006) fanden zumindest schwache Hinweise darauf, dass die positive Bewertung einer Filmszene (bei insgesamt geringen Erinnerungswerten) auch die Markenbewertung verbesserte.

Der Effekt der evaluativen Konditionierung ist relativ stabil und erfordert nur wenig Aufmerksamkeit bei der Informationsverarbeitung. Es genügt folglich eine unauffällige Hintergrundplatzierung in einem stimmungsmäßig ansprechenden Umfeld. Allerdings ist eine mehrfache gemeinsame Reizdarbietung notwendig. Wie viele Wiederho-

---

[30] Vgl. z. B. Bente 1990; Felser 2001.

lungen der Reizkombination erfolgen müssen, ist schwierig zu prognostizieren. Bei einer zu großen Häufigkeit wird Bewusstsein für die Placements geschaffen, das Konditionierungseffekten im Wege steht oder sogar Reaktanzeffekte auslöst. Wirkungen sind v.a. bei noch unbekannten bzw. neutral bewerteten Marken zu erwarten. Zudem ist zu berücksichtigen, dass auch negative Bewertungen konditioniert werden können.

3.2.3 Priming

Dem Konzept des Priming[31] zufolge bewirkt die frühere, unbewusste Verarbeitung eines Reizes, dass mit diesem Reiz zusammenhängende Informationen im Gedächtnis leichter zugänglich sind, was spätere Reaktionen auf einen ähnlichen Reiz erleichtert bzw. prägt. Der Priming-Ansatz geht davon aus, dass im Gehirn des Rezipienten Kognitionen, Gefühle und Verhaltenstendenzen über neuronale Netzwerke miteinander verbunden sind. Wird eine Einheit innerhalb dieses Gefüges durch einen Reiz angeregt, strahlt diese Aktivierung auf damit verbundene Kognitionen, Gefühle und Verhaltenstendenzen aus. Die aktivierten Einheiten befinden sich in einem Zustand erhöhter Verfügbarkeit und werden bevorzugt zur Verarbeitung und zur Interpretation aktueller Reize herangezogen.

Dafür, dass ein Placement Gedächtnisspuren reaktiviert, die eine frühere Rezeption dieses Reizes hinterlassen hat, sprechen z. B. die Befunde von Auty und Lewis (2004b), die feststellten, dass Unterschiede in der Produktauswahl zwischen Experimental- und Kontrollgruppe nur dann auftraten, wenn die Probanden (in diesem Fall Kinder) den als Stimulusmaterial verwendeten Film früher schon einmal gesehen hatten *und* im Experiment mit dem Placement konfrontiert wurden. Kinder der Experimentalgruppe, die den Film nicht kannten, zeigten ebenso wenig einen Auswahleffekt wie Kinder der Kontrollgruppe, die den Film früher schon einmal gesehen hatten. Ob sich die Kinder an das Placement erinnerten, spielte dabei keine Rolle. Allerdings stellt sich hier die Frage, ob angesichts des unbekannten zeitlichen Abstandes zwischen den Reizen tatsächlich von einem Priming-Effekt ausgegangen werden kann, der den bisherigen Annahmen zufolge eher kurzfristiger Natur ist.

Auch für Priming-Effekte ist eine häufigere Reizdarbietung, idealerweise in immer derselben Form, erforderlich, die allerdings ebenfalls nicht mit besonderer Aufmerksamkeit wahrgenommen werden muss. Durch ein entsprechendes Umfeld ist es über Priming möglich, bestimmte Kriterien zur Bewertung eines Produkts bzw. bestimmte Produkteigenschaften in der Wahrnehmung des Rezipienten zu prägen.

Kritisch betrachtet Percy (2005) die Auswirkungen impliziter Erinnerungen, speziell des Primings. Seiner Ansicht nach reichen derartige implizite Erinnerungen nicht aus, um Markeneinstellungen oder Verhalten zu verändern, da implizites Lernen nur nicht-

---

31 Vgl. z. B. Roskos-Ewoldsen, Roskos-Ewoldsen und Dillman Carpentier 2002.

Astrid Zipfel

intentionale Erinnerungen bewirke, so dass das Interesse an einer Marke nicht beeinflusst werde. Präferenzeffekte könnten zwar entstehen, sich aber nur gegenüber anderen unbekannten Marken manifestieren. Percy gesteht allenfalls zu, dass implizite emotionale Erinnerungen einen gewissen Einfluss auf Markenentscheidungen haben und die Reaktionen auf eine erneute Reizdarbietung beeinflussen können.

3.2.4   Mere-Exposure-Effekt

Dem in der Forschung schon länger bekannten Mere-Exposure-Effekt (MEE)[32] liegt die Vorstellung zugrunde, dass die wiederholte Darbietung eines Reizes ausreicht, eine positivere Einstellung diesem Reiz gegenüber herbeizuführen. Zu erklären ist dieser Effekt vermutlich damit, dass ein mehrfach dargebotener Reiz einfacher verarbeitet werden kann, da er „implizite Erinnerungsspuren" hinterlässt. Diese flüssigere Verarbeitung wird vom Rezipienten als positiv erlebt und auf den Reiz selbst übertragen, der dann ebenfalls positiv bewertet wird. Es wird angenommen, dass der MEE bei unbekannten und komplexen Reizen und einer kurzen, unauffälligen Darbietung am stärksten auftritt. Wichtig ist die beiläufige Wahrnehmung des Reizes, da auf diese Weise keine intensivere Auseinandersetzung mit weiteren Informationen über den Stimulus oder die Quelle der eigenen Urteilsbildung stattfindet, die als Störgrößen wirken könnten. Bei einem Placement tritt eine solche beiläufige Verarbeitung v.a. dann ein, wenn die kognitiven Kapazitäten des Rezipienten durch ein hohes Involvement in die Filmhandlung gebunden sind, so dass für die Wahrnehmung des Placements nur noch begrenzte Ressourcen zur Verfügung stehen. Die Befunde zur idealen Häufigkeit der Darbietung variieren, lassen aber den Schluss zu, dass der stärkste MEE bei ca. 10-20 Wiederholungen zu erwarten ist. Während bei einigen Stimuli ein Sättigungseffekt eintritt, ist bei anderen eine Verschlechterung der Bewertung bei zu hoher Darbietungshäufigkeit beobachtet worden. Vermutlich führen zu häufige Wiederholungen in der Reizdarbietung dazu, dass beim Rezipienten ein zunächst latentes Persuasionswissen[33] aktiviert wird, das den ja gerade auf unbewussten Prozessen basierenden MEE zunichte macht.

Belege für einen MEE in Bezug auf Placements wurden in zwei Experimenten an der Universität Zürich und in einer österreichischen Studie gefunden.[34] Drei andere Studien konnten ihn nicht nachweisen. Bei van Reijmersdal, Neijens und Smit (2007) veränderte sich nach maximal drei Folgen einer Serie mit einem platzierten Produkt dessen Markenimage nur in den vom Programm nahe gelegten Imagedimensionen und nicht generell. Ebenso wie für die Studien von Bock und Izquierdo (2006) sowie Bock,

---

[32]   Vgl. Zajonc 1968; Grimes und Kitchen 2007.
[33]   Vgl. z. B. Shavitt und Wänke 2003.
[34]   Vgl. Matthes u.a. 2005; Breidler 2006; Schemer, Matthes und Wirth 2007.

Kirchgäßner und Seeliger (2006) gilt allerdings auch für diese Untersuchung, dass die Zahl der Wiederholungen für einen MEE evtl. zu gering gewesen ist.

Für einen MEE bei Product Placements ist es insgesamt entscheidend, ein Produkt unauffällig (d.h. als Hintergrundplacement) in einen stark involvierenden Programmkontext zu integrieren und mehrfach, aber nicht zu oft darzubieten. Auch ist es wichtig, das Placement möglichst wenig zu variieren, um nicht Aufmerksamkeit und damit Reaktanz auszulösen.

3.3 Zwischenfazit

Wie die vorangegangenen Ausführungen gezeigt haben, sind die Bedingungen, die Erinnerungseffekte begünstigen, nicht dieselben wie die, die sich positiv auf die Markenbewertung auswirken und umgekehrt. Auch wurden trotz nicht nachweisbarer expliziter Erinnerung Einstellungsänderungen gefunden. Zum besseren Verständnis dieser Befundlage wurden verschiedene Ansätze betrachtet, die das Zustandekommen von Einstellungswirkungen bei Placements erklären können. Der Lerntheorie, der evaluativen Konditionierung und dem Priming-Ansatz ist gemeinsam, dass sie assoziative Prozesse unterstellen, d.h. die Wirkung ist von der Verbindung zwischen Produktdarstellung und Placement-Umfeld abhängig. Der MEE hingegen unterstellt einen nicht-assoziativen Lernprozess, d.h. Markenbewertungen können sich unter bestimmten Bedingungen auch lediglich durch mehrfache Wahrnehmung, völlig unabhängig von der inhaltlichen Qualität ihrer Darstellung, verbessern.[35] Die Konzepte der evaluativen Konditionierung, des Primings und des MEE stimmen in der Annahme überein, dass Einstellungseffekte vor allem bzw. sogar nur dann eintreten, wenn sich die Wahrnehmung automatisch und weitgehend unbewusst vollzieht, wobei der Grad der notwendigen Aufmerksamkeit für ein Placement in der Reihenfolge der Ansätze abnimmt. Alle drei Mechanismen sind folglich mit der Vorstellung impliziter Erinnerungseffekte kompatibel, die erklären könnte, weshalb Einstellungs- und Verhaltenseffekte auch ohne explizite Erinnerung nachweisbar sind. Allerdings liegen zu diesem Aspekt noch sehr wenige auf Placements bezogene Untersuchungen vor, so dass die Ergebnisse mit Vorsicht behandelt werden sollten. Insbesondere gibt es im Hinblick auf die Bedingungen, unter denen solche Effekte auftreten, noch viele offene Fragen.

---

[35] Vgl. Siegert u.a. 2007, S. 185.

Astrid Zipfel

4 Methodische Probleme und offene Fragen

Obwohl die Wirkung von Product Placements in letzter Zeit in der Forschung verstärktes Interesse findet, ist die empirische Basis für viele Aussagen zu den Wirkungsbedingungen dieser Werbeform noch sehr schmal. Bei der Beurteilung der Forschungsbefunde sind zudem einige methodische Probleme zu berücksichtigen.

Zunächst ist die **Verallgemeinerbarkeit** vieler Ergebnisse fraglich, da die vorliegenden Studien fast ausschließlich mit Studierenden und v.a. in den USA durchgeführt wurden. Ob die Effekte bei älteren Rezipienten und beim deutschen, an Placements weniger gewöhnten Publikum in ähnlicher Weise auftreten, bedarf der Überprüfung.

In Bezug auf das **Stimulusmaterial** ist zu berücksichtigen, dass in vielen Studien aus pragmatischen Erwägungen keine ganzen Filme eingesetzt werden, wie es für realitätsnahe Versuchsbedingungen erforderlich wäre. Stattdessen wird vielfach mit z.T. sogar nur wenige Minuten langen Filmausschnitten gearbeitet. Einflussfaktoren wie das Filminvolvement können auf diese Weise nicht untersucht werden. Vielmehr werden so Situationen geschaffen, die eher der Präsentation von Produkten in Werbespots ähneln und daher nur sehr eingeschränkt in der Lage sind, die Besonderheiten in der Wirkung von Placements zu erfassen. Darüber hinaus wird das Stimulusmaterial nur in sehr wenigen Studien eigens für das Untersuchungsziel erstellt. Der Rückgriff auf bestehendes Filmmaterial aber macht es fast unmöglich, einzelne Wirkungsfaktoren der Placement-Gestaltung zu untersuchen. Vielmehr sind zumeist mehrere Faktoren miteinander konfundiert. Für einen Vergleich zwischen visuellem und verbalem Placement muss man z. B. in Kauf nehmen, dass es sich um Placements für zwei verschiedene Produkte handelt, die unterschiedlich prominent bzw. handlungsrelevant sind, usw. Mit der Problematik der Erstellung eigenen Stimulusmaterials dürfte es auch zusammenhängen, dass nur wenige Studien einen direkten Vergleich der Wirksamkeit von Placements mit anderen Werbeformen vorgenommen haben.[36]

Eine weitere Einschränkung der Aussagekraft geht mit der **Kurzfristigkeit** der gemessenen Effekte einher. Nur wenige Studien haben auch zeitverzögerte Wirkungen untersucht,[37] meist wird die direkte Erinnerung an ein Placement abgefragt.

Eine noch offene Frage ist auch die nach der Wirkung von Placements in **unterschiedlichen Medien**. Ein direkter Wirkungsvergleich wurde bislang allenfalls in Ansätzen

---

[36] Zu Ausnahmen vgl. z. B. Gupta und Lord 1998; Woelke 1998; 1999; 2004.
[37] Vgl. D´Astous und Chartier 2000; Nelson 2002.

Wirkungen von Product Placement

vorgenommen.[38] Auch die Wirkung von Placements in **verschiedenen Genres** (z. B. informative vs. fiktive Umfelder) wurde noch nicht systematisch untersucht.[39]

Auch in Bezug auf die **Art der Effekte** und die **Mechanismen ihrer Entstehung** sind noch viele Fragen offen. Zumeist werden Recall- und Recognition-Werte erhoben; Auswirkungen auf Einstellungen und v.a. auf das (Kauf)verhalten sind deutlich seltener untersucht worden. Die wenigen Studien zu Verhaltenswirkungen verwenden meist Selbstangaben und sind daher wenig aussagekräftig.[40] Ein besonderes Problem geht mit der **Messung impliziter Erinnerungen** einher. Was als implizite Erinnerung bezeichnet und als solche erhoben wird, sind zumeist deren Auswirkungen, d.h. Einstellungs- oder Verhaltenseffekte, von denen auf die Existenz automatischer Informationsverarbeitungsprozesse geschlossen wird. Ob implizite Erinnerungen tatsächlich Präferenzen und Verhaltensweisen beeinflussen können, ist trotz einiger Hinweise in dieser Richtung immer noch genauso umstritten wie die Frage, ob implizite und explizite Erinnerungen gemeinsam auftreten können oder sich gegenseitig behindern.

Ein bislang zu wenig untersuchter Aspekt ist schließlich die Frage, wie es sich mit der Erinnerung an **Produktkategorien** bzw. **konkrete Marken** verhält. Es wäre plausibel, dass gerade bei gut handlungsintegrierten Placements zwar das zum Verständnis der Handlung erforderliche Produkt, nicht aber die konkrete Marke erinnert wird.[41]

5 Folgerungen für die Praxis

Wie dargelegt wurde, lässt es der derzeitige Forschungsstand noch nicht zu, alle Fragen zur Wirkung von Placements abschließend und befriedigend zu beantworten. Dennoch soll im Folgenden versucht werden, aus den vorliegenden Hinweisen mit aller Vorsicht erste Empfehlungen für die Werbepraxis abzuleiten.

Die Erkenntnis, dass eine Maximierung der einen Art von Wirkung (z. B. Erinnerungseffekten) leicht mit einer Minimierung einer anderen Art von Wirkung (z. B. Einstellungseffekten) einhergehen kann, lässt es angeraten erscheinen, die Gestaltung eines Placements bewusst an einer konkreten Zielsetzung auszurichten, d.h. entweder primär auf Aufmerksamkeits- und Erinnerungswirkungen oder primär auf eine Verbes-

---

38 Vgl. z. B. Ong 2004; Sung und de Gregorio 2005.
39 Vgl. z. B. D'Astous und Séguin 1999; Garza und Callison 2005.
40 Zu Ausnahmen vgl. Law und Braun (2000), die ihre Probanden nach der Rezeption von Placements entscheiden ließen, welche Gegenstände sie für die neue Wohnung eines Freundes einkaufen würden, sowie Auty und Lewis (2004b) und Yang und Roskos-Ewoldsen (2007), die die Probanden nach der Filmrezeption zwischen zuvor platziert gesehenen bzw. nicht im Film enthaltenen Getränken wählen ließen.
41 Vgl. z. B. Nelson 2002; Scott und Craig-Lees 2003; Bock und Izquierdo 2006.

Astrid Zipfel

serung des Markenimages zu setzen. In Bezug auf die Erinnerungswirkung ist hierbei zu berücksichtigen, dass Placements zwar Rezipienten erreichen mögen, die Werbeblöcke generell vermeiden, im Hinblick auf die Effektstärke aber tendenziell schlechter abschneiden als klassische Werbespots.

Auch im Hinblick auf die Überzeugungswirkung von Placements ist es notwendig, eine durchdachte Strategie zu verfolgen. Mit hoher Wahrscheinlichkeit als wirkungslos erweisen dürfte sich die einmalige Hintergrundplatzierung eines Produkts. On-Set-Placements können zwar positive Effekte entfalten, allerdings müssen sie dazu häufig wiederholt und dabei möglichst wenig variiert werden (Mere-Exposure-Effekt). Zudem ist es wichtig, auf ein positives, möglichst zum Produkt bzw. zum gewünschten Image passendes Handlungs- und Stimmungsumfeld zu achten (evaluative Konditionierung; Priming).

Creative Placements, d.h. in die Handlung integrierte Produktplatzierungen, dürfen bzw. sollten durchaus prominent sein. Es ist damit zu rechnen, dass die Rezipienten deutlich erkennbaren Placements, die nicht den Verdacht einer unterschwelligen Beeinflussung erwecken, nicht ablehnend gegenüberstehen[42] – zur Vermeidung von Reaktanzeffekten sollte allerdings auf zu häufige Wiederholung verzichtet werden. Gerade bei auffälligen Placements ist es wichtig, dass diese einen sinnvollen Bezug zur Handlung aufweisen und idealerweise auch Aussagen über die positiven Konsequenzen der Produktverwendung ermöglichen. Sie sollten in positiv besetzten Szenen vorkommen und von sympathischen Figuren bzw. beliebten Schauspielern verwendet werden. Wird dies nicht beachtet, besteht die Gefahr, dass zwar Imagetransfer-Effekte eintreten, diese aber in negativer Richtung wirksam werden.

Insgesamt ist festzustellen, dass sich mit Produktplatzierungen zwar positive Wirkungen erzielen lassen, deren Eintreten aber noch schwieriger zu prognostizieren ist, als dies schon bei der klassischen Werbung der Fall ist. Generell gilt in Bezug auf die meisten Gestaltungsfaktoren, dass es nicht einfach sein dürfte, die wirkungsoptimale „Dosierung" zu finden. Zu seltene Placements wirken nicht, zu häufige aktivieren Persuasionswissen und Reaktanzeffekte; ein zu wenig involvierendes Umfeld führt zu mangelnder Aufmerksamkeit, ein zu stark involvierendes lenkt ab. Ein an sich optimales Aufmerksamkeitsniveau erweist sich als kontraproduktiv, wenn das Handlungsumfeld negativ ausfällt, weil dann auch das Markenimage negativ beeinflusst wird, usw. Es gibt zwar einige Anhaltspunkte dafür, welche Einflussfaktoren bei der Wirkung von Placements eine Rolle spielen; es zeigt sich aber auch, dass diese Faktoren in komplexer Weise interagieren, so dass Patentrezepte zur Gestaltung von Produktplatzierungen nur sehr eingeschränkt abgeleitet werden können. Hinzu kommt, dass die konkrete Ausgestaltung der Produktplatzierung – v.a. im Hinblick auf das Platzierungsumfeld – vom Werbetreibenden in der Regel nicht bis ins Detail beeinflussbar ist.

---

[42] Aus der umfangreichen Literatur zur Akzeptanz von Placements vgl. z. B. Gould, Gupta und Grabner-Kräuter 2000; Mennicken 2000; Bacher und Rössler 2004; Schmoll u.a. 2006.

Festzuhalten ist daher, dass bei Placements auf keinen Fall nach dem Motto „Dabei sein ist alles" verfahren werden sollte. Auf Produktplatzierungen zu setzen, ist nur dann ratsam, wenn das Placement orientiert an einer klaren Zielsetzung optimiert werden kann und in einem positiven Gesamtkontext vorkommt. Product Placement kann Werbetreibenden unter Umständen einen über die klassische Werbung hinausgehenden Mehrwert bringen, ist aber angesichts z.T. noch sehr heterogener Forschungsbefunde mit diversen Risiken verbunden.

Literaturverzeichnis

ANDRIASOVA, A. UND C. WAGNER (2004): Are product placements too subtle to persuade? Proposing strength of association as a measure of effectiveness. Paper submitted to the Advertising Division for presentation at the 87th Annual Convention of the Association for Education in Journalism and Mass Communication, Toronto.

AUER, M., U. KALWEIT UND P. NÜSSLER (1991): Product Placement: Die neue Kunst der geheimen Verführung, Düsseldorf.

AUTY, S. UND C. LEWIS (2004A): The „delicious paradox": Preconscious processing of product placements by children, in: L. J. Shrum (Hrsg.): The psychology of entertainment media. Blurring the lines between entertainment and persuasion, Mahwah, N.J. und London, S. 117-136.

AUTY, S. UND C. LEWIS (2004B): Exploring children's choice: The reminder effect of product placement, in: Psychology & Marketing, 21, S. 697-713.

BABIN, L. A. UND S. T. CARDER (1996A): Viewer's recognition of brands placed within a film, in: International Journal of Advertising, 15, S. 140-152.

BABIN, L. A. UND S. T. CARDER (1996B): Advertising via the box office: Is product placement effective? In: Journal of Promotion Management, 3, S. 31-51.

BACHER, J. UND P. RÖSSLER (2004): Product Placement in Spielfilmen, in: M. Friedrichsen und S. Friedrichsen (Hrsg.): Fernsehwerbung, quo vadis? Wiesbaden, S. 199-225.

BALASUBRAMANIAN, S. K., J. A. KARRH UND H. PATWARDHAN (2006): Audience response to product placements, in: Journal of Advertising, 35, S. 115-141.

BANDURA, A. (1979): Sozial-kognitive Lerntheorie, Stuttgart.

BAUER, H. H. (U.A.) (2006): Effective Product Placement, Mannheim.

Astrid Zipfel

BENTE, K. (1990): Product Placement. Entscheidungsrelevante Aspekte in der Werbepolitik, Wiesbaden.

BHATNAGAR, N., L. AKSOY UND S. MALKOC, S. (2004): Embedding brands within media content. The impact of message, media, and consumer characteristics on placement efficacy, in: L. J. Shrum (Hrsg.): The psychology of entertainment media. Blurring the lines between entertainment and persuasion, Mahwah, N.J. und London, S. 99-116.

BOCK, M. UND S. G. IZQUIERDO (2006): Product Placement, Markengedächtnis, Markenimage (1). Literaturübersicht und ein weiterführendes Experiment, in: Zeitschrift für Medienpsychologie, 18, S. 106-118.

BOCK, M., B. KIRCHGÄßNER UND V. SEELIGER (2006): Product Placement, Markengedächtnis, Markenimage (2), in: Zeitschrift für Medienpsychologie, 18, S. 146-159.

BREIDLER, B. (2006): Wirkungen von Ingame-Advertising. Eine Untersuchung zum Mere-Exposure-Effekt in Computerspielen. Magisterarbeit, Univ. Salzburg.

BRENNAN, I. UND L. A. BABIN (2004): Brand placement recognition: The influence of presentation mode and brand familiarity, in: M.-L. Galician (u.a.) (Hrsg.): Handbook of product placement in the mass media, Binghamton, NY, S. 185-202.

BRENNAN, I., K. M. DUBAS UND L. A. BABIN (1999): The influence of product-placement type and exposure time on product placement recognition, in: International Journal of Advertising, 18, S. 323-337.

CAMERON, G. T. (1994): Does publicity outperform advertising? An experimental test of the third-party endorsement, in: Journal of Public Relations Research, 6, S. 185-207.

CAMERON, G. T. UND P. A. CURTIN (1995): Tracing sources of information pollution: A survey and experimental test of print media's labelling policy for feature advertising, in: Journalism & Mass Communication Quarterly, 72, S. 178-189.

CHANEY, I. M., K.-H. LIN UND J. CHANEY (2004): The effect of billboards within the gaming environment, in: Journal of Interactive Advertising, 5, S. 54-69.

CHOI, S. (2007): Effectiveness of product placement: The role of plot connection, product involvement, and prior brand evaluation. Paper submitted to the ICA Conference in San Francisco.

D'ASTOUS, A. UND F. CHARTIER (2000): A study of factors affecting consumer evaluations and memory of product placements in movies, in: Journal of Current Issues and Research in Advertising, 22, S. 31-41.

D'ASTOUS, A. UND N. SÉGUIN (1999): Consumer reactions to product placement strategies in television sponsorship, in: European Journal of Marketing, 33, S. 896-910.

FELSER, G. (2001): Werbe- und Konsumentenpsychologie, Stuttgart, 2. Auflage.

FONTAINE, I. (2006): Etude du changement d'attitude pour les marques placées dans les films: Persuasion ou effet d'exposition? In: Recherche et Applications en Marketing, 21, S. 1-18.

GARZA, S. D. UND C. CALLISON (2005): The influence of movie genre on audience reaction to product placement. Paper presented at the Association for Education in Journalism and Mass Communication in San Antonio.

GOULD, S. J., P. B. GUPTA UND S. GRABNER-KRÄUTER (2000): Product placements in movies: A cross-cultural analysis of Austrian, French and American consumers' attitudes toward this emerging, international promotional medium, in: Journal of Advertising, 29, S. 41-58.

GRIGOROVICI, D. M. UND C. D. CONSTANTIN (2004): Experiencing interactive advertising beyond rich media: Impacts of ad type and presence on brand effectiveness in 3D gaming immersive virtual environments, in: Journal of Interactive Advertising, 5, S. 30-53.

GRIMES, A. UND P. J. KITCHEN (2007): Researching mere exposure effects to advertising, in: International Journal of Market Research, 49, S. 191-219.

GUPTA, P. B. UND K. R. LORD (1998): Product placement in movies: The effect of prominence and mode on audience recall, in: Journal of Current Issues and Research in Advertising, 20, S. 47-59.

HARBRÜCKER, U. UND K.-P. WIEDMANN (1987): Product Placement – Rahmenbedingungen und Gestaltungsperspektiven, Mannheim.

HÖPFNER, J. (1999): Advertorials – Empirische Studie zur Zielsetzung und zur Rezeption von redaktionell gestalteten Anzeigen in Publikumszeitschriften, in: Public Relations Forum, 5, S. 200-204.

HORMUTH, S. (1993): Placement: Eine innovative Kommunikationsstrategie, München.

JOHNSTONE, E. UND C. A. DODD (2000): Placements as mediators of brand salience within a UK cinema audience, in: Journal of Marketing Communications, 6, S. 141-158.

KARRH, J. A. (1994): Effects of brand placements in motion pictures, in: Proceedings of the 1994 Conference of the American Academy of Advertising in Athens, S. 90-96.

KIM, B.-H., Y. PASADEOS UND A. BARBAN (2001): On the deceptive effectiveness of labelled and unlabeled advertorial formats, in: Mass Communication & Society, 4, S. 265-281.

LAW, S. UND K. A. BRAUN (2000): I'll have what she's having: Gauging the impact of product placement on viewers, in: Psychology & Marketing, 17, S. 1059-1075.

LORD, K. R. UND S. PUTREVU (1998): Communicating in print: A comparison of consumer responses to different promotional formats, in: Journal of Current Issues and Research in Advertising, 20, S. 1-18.

Astrid Zipfel

MANGOLD, R. (1998): Fernsehwerbung auf dem medienpsychologischen Prüfstand, in: M. Jäckel (Hrsg.): Die umworbene Gesellschaft, Opladen und Wiesbaden, S. 17-35.

MATTHES, J. (U.A.) (2005): Zur Wirkung von Product Placements. Theoretische Überlegungen und experimentelle Befunde zum Mere Exposure-Effekt in audiovisuellen Medien, in: Medien Journal, 4, S. 23-37.

MCCARTY, J. A. (2004): Product placement: The nature of the practice and potential avenues of inquiry, in: L. J. Shrum (Hrsg.): The psychology of entertainment media. Blurring the lines between entertainment and persuasion, Mahwah, N.J. und London, S. 45-62.

MENNICKEN, C. (2000): Product Placement in Kinofilmen. Ein internationaler Vergleich zwischen der Bundesrepublik und den USA, in: Jahrbuch der Absatz- und Verbrauchsforschung, 1, S. 36-58.

MORTON, C. R. UND M. FRIEDMAN (2002): „I saw it in the movies": Exploring the link between product placement beliefs and reported usage behavior, in: Journal of Current Issues and Research in Advertising, 24, S. 33-40.

NELSON, M. R. (2002): Recall of brand placements in computer / video games, in: Journal of Advertising Research, 42, S. 80-92.

NELSON, M. R. UND N. DEVANATHAN (2006): Brand placements Bollywood style, in: Journal of Consumer Behaviour, 5, S. 211-221.

NELSON, M. R., H. KEUM UND R. A. YAROS (2004): Advertainment or adcreep. Game players' attitudes toward advertising and product placement in computer games, in: Journal of Interactive Advertising, 5, S. 3-30.

NELSON, M. R., R. A. YAROS UND H. KEUM (2006): Examining the influence of telepresence on spectator and player processing of real and fictious brands in a computer game, in: Journal of Advertising, 35, S. 87-99.

ONG, B. S. (2004): A comparison or product placements in movies and television programs: An online research study, in: M.-L. Galician (u.a.) (Hrsg.): Handbook of product placement in the mass media, Binghamton, NY, S. 147-158.

PERCY, L. (2005): Unconscious processing of advertising and its effects upon attitude and behaviour, in: S. Diehl, R. Terlutter und P. Weinberg (Hrsg.): Advertising and communication. Proceedings of the 4th International Conference on Research in Advertising (ICORIA), Saarbrücken, S. 109-121.

POKRYWCZYNSKI, J. (2005): Product placement in movies: A preliminary test of an argument for involvement, in: Proceedings of the American Academy of Advertising.

PRIDHAM, E. UND M. CRAIG-LEES (2004): Product placement: An implicit measure of effects, in: Proceedings of the Australian and New Zealand Marketing Academy Conference in Wellington.

Roskos-Ewoldsen, D. R., B. Roskos-Ewoldsen und F. R. Dillman Carpentier (2002): Media priming: A synthesis, in: J. Bryant und D. Zillmann (Hrsg.): Media effects. Advances in theory and research, Mahwah, N. J. und London, S. 97-120.

Russell, C. A. (2002): Investigating the effectiveness of product placements in television shows: The role of modality and plot connection congruence on brand memory and attitude, in: Journal of Consumer Research, 29, S. 306-318.

Russell, C. A., A. T. Norman und S. E. Heckler (2004): The consumption of television programming: Development and validation of the connectedness scale, in: Journal of Consumer Research, 31, S. 150-161.

Russell, C. A. und B. B. Stern (2006): Consumers, characters, and products. A balance model of sitcom product placement effects, in: Journal of Advertising, 35, S. 7-21.

Sabherwal, S., J. Pokrywczynski und R. Griffin (1994): Brand recall for product placements in motion pictures: A memory-based perspective. Paper presented at the Conference of the Association for Education in Journalism and Mass Communication in Atlanta.

Schemer, C., J. Matthes und W. Wirth (2007): Werbewirkung ohne Erinnerungseffekte? Eine experimentelle Studie zum Mere Exposure-Effekt bei Product Placements, in: Zeitschrift für Medienpsychologie, 19, S. 2-13.

Schemer, C. (u.a.) (2006): Does „Passing the Courvoisier" always pay off? Positive and negative evaluative conditioning effects of brand placements in music videos. Paper presented at the Association for Education in Journalism and Mass Communication Conference in San Francisco.

Schmoll, N. M. (u.a.) (2006): Baby boomer's attitude towards product placements, in: Journal of Current Issues and Research in Advertising, 28, S. 33-51.

Schneider, L.-P. und T. B. Cornwell (2005): Cashing in on crashes via brand placement in computer games. The effects of experience and flow on memory, in: International Journal of Advertising, 24, S. 321–343.

Scott, J. und M. Craig-Lees (2003): Audience characteristics and product placement effects, in: Proceedings of the Australian and New Zealand Marketing Academy Conference in Adelaide.

Scott, J. und M. Craig-Lees (2004): Optimising success: Product Placement quality and its effects on recall, in: Proceedings of the Australian and New Zealand Marketing Academy Conference in Wellington.

Shavitt, S. und M. Wänke (2003): Consumer behavior, in: A. Tesser und N. Schwarz (Hrsg.): Blackwell handbook of social psychology: Intraindividual processes, Malden und Oxford, S. 569-590.

Astrid Zipfel

Siegert, G. (u.a.) (2007): Die Zukunft der Fernsehwerbung. Produktion, Verbreitung und Rezeption von programmintegrierten Werbeformen in der Schweiz, Bern.

Sung, Y. und F. De Greogorio (2005): Attitudes towards brand placements in popular songs vs. films: A secondary analysis (Abstract unter: www.allbusiness.com/print/3506831-1-22eeq.html, abgerufen am 14.2.2008).

Torrano Palazón, J. und E. Flores López (2006): Efficacia del product placement (PPL) en las series de TV: Estudio de la actitud del telespectador. Vortrag auf dem Kongress „Marketing Trends" in Venedig.

Van Reijmersdal, E., P. Neijens und E. Smit (2005): Readers' reactions to mixtures of advertising and editorial content in magazines, in: Journal of Current Issues and Research in Advertising, 27, S. 39-53.

Van Reijmersdal, E., P. Neijens und E. Smit (2007): Effects of television brand placement on brand image, in: Psychology & Marketing, 24, S. 403-420.

Weaver, D. T. und M. B. Oliver (2000): Television programs and advertising: Measuring the effectiveness of product placement within Seinfeld. Paper presented to the Mass Communication Division at the 50th Annual Conference of the International Communication Association in Acapulco.

Winkler, T. und K. Buckner (2006): Receptiveness of gamers to embedded brand messages in advergames: Attitudes towards product placement, in: Journal of Interactive Advertising, 7, S. 37-46.

Woelke, J. (1998): Product Placements oder Werbespots? Zwei Werbepräsentationsformen im Vergleich, in: Zeitschrift für Sozialpsychologie, 29, S. 165-174.

Woelke, J. (1999): Die Wirkung von Product Placement im Vergleich zu „herkömmlicher" Fernsehwerbung, in: M. Friedrichsen und S. Jenzowsky (Hrsg.): Fernsehwerbung. Theoretische Analysen und empirische Befunde, Opladen, S. 167-197.

Woelke, J. (2004): Durch Rezeption zur Werbung. Kommunikative Abgrenzung von Fernsehgattungen, Köln.

Yang, M. und D. R. Roskos-Ewoldsen (2007): The effectiveness of brand placements in the movies: Levels of placements, explicit and implicit memory, and brand-choice behaviour, in: Journal of Communication, 57, S. 469-489.

Yang, M. (u.a.) (2006): The effectiveness of „in-game" advertising. Comparing college students' explicit and implicit memory for brand names, in: Journal of Advertising, 34, S. 143-152.

Zajonc, R. B. (1968): Attitudinal effects of mere exposure, in: Journal of Personality and Social Psychology Monographs, 9, S. 1-27.

Teil 3

Medienwirkungen und

Unternehmens-

kommunikation

Andrea Gröppel-Klein und Claas Christian Germelmann

Medienwirkungen und Unternehmenskommunikation
Einführung in das dritte Kapitel

Wenn Medien in der Marketingforschung thematisiert wurden, dann geschah dies früher nahezu ausschließlich unter dem instrumentellen Aspekt der kommunikationspolitischen Entscheidung, welches Medium als Werbeträger besonders geeignet wäre. Im dritten Kapitel des vorliegenden Sammelbandes soll diese Perspektive deutlich erweitert und gezeigt werden, welche Bedeutung Medien in den verschiedenen Aufgabenbereichen der Unternehmenskommunikation zukommt.

In seinem umfassenden Beitrag zur Bedeutung der Medien im Rahmen der Public Relations geht *Bruhn* auf den „Dreiklang" zwischen Unternehmens-, Marketing- und Dialogkommunikation in Bezug auf Public Relations und Marke ein. Ziel der Public Relations ist eine Steigerung des Markenwertes, weshalb im Mittelpunkt des Beitrages die PR-relevante Markenerfolgskette steht. Sie umfasst die Stufen Input des Unternehmens (hier: Einsatz und Ausgestaltung der Öffentlichkeitsarbeit), Psychologische Wirkungen, Verhaltenskonsequenzen (z. B. Markentreue) und zuletzt den als ökonomische Erfolgsgröße messbaren Output des Unternehmens. *Bruhn* zeigt jedoch in seinem Beitrag nicht nur die Bedeutung der Public Relations für den Markenwert, sondern auch für das Beziehungsmarketing auf, und verdeutlicht damit die Relevanz der Medien auch für diese wichtige, dialogische Gestaltungsform des Marketing.

Der Beitrag von *Kirchgeorg* und *Springer* schließt inhaltlich an den Beitrag von *Bruhn* an, thematisiert er doch die zielgruppenorientierte Steuerung der Unternehmenskommunikation über den gesamten Kundenbeziehungszyklus hinweg. *Kirchgeorg* und *Springer* zeigen, mit welchen Mitteln den Herausforderungen „Fragmentierung", „Informationsüberflutung" und „Wertorientierung der heutigen Kommunikationspolitik" begegnet werden kann, denen sich die Unternehmenskommunikation heute gegenübergestellt sieht. Sie zeigen anhand des Ansatzes des Stakeholder Relationship Management (SRM) die Notwendigkeit, die Kommunikationsinstrumente und -inhalte für die jeweiligen Stakeholdergruppen differenziert anzupassen.

Andrea Gröppel-Klein und Claas Christian Germelmann

Mit dem Kommunikationsmanagement in Produktkrisen setzen sich *Standop* und *Grunwald* in ihrem Beitrag auseinander – ein Thema, das bisher in der Marketingpolitik sträflich vernachlässigt wurde! Sie geben einen umfassenden Überblick über die verschiedenen Strategien, die einem Unternehmen zur Bewältigung von Produktkrisen zur Verfügung stehen, und diskutieren ausführlich ausgewählte Inhalte von Kommunikationsstrategien in Produktkrisen. Dabei weisen *Standop* und *Grunwald* auf weitergehenden Forschungsbedarf hin: Zwar wird der Strategie des Eingeständnisses von Fehlern in der Literatur eine hohe Bedeutung zugewiesen, doch fehlen bislang Studien zum Zusammenwirken von Strategieelementen im Hinblick auf das Ziel, verschiedene Strategien zu einem optimalen Kommunikationsmanagement in Produktkrisen zusammenzuführen.

Manfred Bruhn

Der Beitrag von Public Relations für den Markenwert
Konzeptualisierung und Stand der Forschung

1 „Dreiklang" zwischen Unternehmens-, Marketing- und
Dialogkommunikation in Bezug auf Public Relations und Marke 181

2 Konzeptualisierung einer PR-relevanten Markenerfolgskette 183
   2.1 PR-relevante Markenerfolgskette im Überblick 183
   2.2 PR-Maßnahmen als strategische Erfolgsfaktoren 185
   2.3 Psychologische Wirkungen der Public Relations 187
      2.3.1 Image/Reputation als Konstrukt der Wissensebene 187
      2.3.2 Konstrukte der Beziehungsebene 190
   2.4 Markenbindung als Verhaltenswirkung der Public Relations 191
   2.5 Ökonomische Wirkungen der Public Relations 193

3 Nutzenpotenziale für den Einsatz der PR-relevanten Markenerfolgskette 195

4 Zukunftsperspektiven der Public Relations für den Markenwert 197

1 „Dreiklang" zwischen Unternehmens-, Marketing- und Dialogkommunikation in Bezug auf Public Relations und Marke

Public Relations ist ein Kommunikationsinstrument mit vielen unterschiedlichen definitorischen sowie funktionalen Facetten, die sowohl in den Bereichen Wissenschaft als auch in der Praxis Beachtung finden. Ein gemeinsames und einheitliches (Begriffs-) Verständnis steht noch aus (vgl. Röttger 2008; für eine Diskussion zum Begriff Public Relations vgl. Ronneberger und Rühl 1992, S. 26ff.). Fokus der Diskussion bildet die Frage, welche Rolle die Public Relations in der unternehmerischen Kommunikation einnimmt. Die Öffentlichkeitsarbeit steht dabei oftmals im Disput zu den anderen Kommunikationsinstrumenten, die ebenfalls die Führung in der unternehmerischen Gesamtkommunikation beanspruchen (vgl. Bruhn und Ahlers 2004; 2008). Die Maßnahmen der Public Relations lassen sich entsprechend ihrer Funktionen den Instrumenten der Unternehmens-, Marketing- oder Dialogkommunikation zuordnen. Gemäß ihrer jeweiligen Zielsetzungen lassen sich die Instrumentekategorien – nicht immer überschneidungsfrei – wie folgt charakterisieren und die Rolle von Public Relations jeweils spezifizieren:

- Die **Unternehmenskommunikation** umfasst die Gesamtheit sämtlicher Kommunikationsinstrumente und -maßnahmen eines Unternehmens, die eingesetzt werden, um das Unternehmen, Produkte und seine Leistungen den relevanten internen und externen Zielgruppen der Kommunikation darzustellen (vgl. Bruhn 2005, S. 4). Der Einsatz der Public Relations fokussiert sich hierbei auf die Unternehmensdarstellung (Corporate PR); d.h. die Positionierung, die Markenbekanntheit und das Image des Unternehmens bilden die primären Kommunikationsziele der Corporate-PR. Schwerpunkt dieser Instrumentekategorie stellt somit das Generieren von psychologischen Wirkungen bei den Stakeholdern dar.

- Die **Marketingkommunikation** unterstützt primär den Verkauf von Produkten und Dienstleistungen (vgl. Bruhn 2007, S. 347f.). Oberstes Ziel der Marketingkommunikation ist eine Förderung des Abverkaufs und hierdurch die direkte Steigerung des ökonomischen Unternehmenserfolges. Der Öffentlichkeitsarbeit kommt im Rahmen der Marketingkommunikation eine untergeordnete Bedeutung zu, lediglich Formen der Produkt-PR unterstützen die Zielsetzung der Marketingkommunikation.

- Die **Dialogkommunikation** dient dem Austausch des Unternehmens mit den verschiedenen Anspruchsgruppen. Kommunikativer Schwerpunkt bildet der Aufbau sowie die Intensivierung von Beziehungen und des Dialogs. Aktivitäten der Dialogkommunikation zielen demnach primär auf psychologische Wirkungen ab, insbesondere auf Beziehungsgrößen. Der Einsatz der Public Relations (Dialog-PR) nimmt für den Dialog mit den Stakeholdern eine zentrale Rolle ein; wesentliche Maßnahmen werden z. B. im Rahmen von Investor Relations eingesetzt.

Die **Public Relations** (Öffentlichkeitsarbeit)[1] beinhaltet demnach eine Vielzahl unterschiedlicher Zielsetzungen. Der Aufbau, die Gestaltung und Pflege von allgemeinen Beziehungen zu den verschiedenen Stakeholdern stellen den Schwerpunkt der PR-Aufgaben dar (vgl. z. B. Besson 2004; Bruhn und Ahlers 2008). Diese resultieren in psychologischen, nicht-monetären Wirkungen bei den verschiedenen Zielgruppen, z. B. Vertrauen oder Sympathie. Die kommunikativen Ziele der Public Relations beinhalten jedoch ebenfalls eine aktive Beeinflussung des (öffentlichen) (Kauf-)Verhaltens, eine Zielgröße z. B. zur Verbesserung des ökonomischen Unternehmenserfolges. Je nach Zielausrichtung kommen deshalb im Rahmen der Public Relations Maßnahmen in Form von Corporate Social Responsibility, Issue Management, Investor Relations sowie der Produkt-PR, Editorials oder informativer, leistungsbezogener Berichterstattung u.a.m. zum Einsatz.

Abbildung 1-1: „Dreiklang" der Kommunikationsinstrumente in Bezug auf PR und Marke

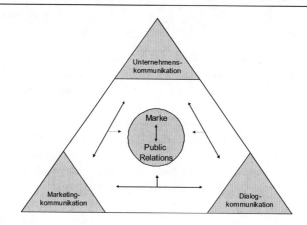

Unabhängig von den konkreten Einzelzielen der Instrumentekategorien steht die Marke bzw. das übergeordnete Marken- und Unternehmensziel im Zentrum der Kommunikation (vgl. Abbildung 1-1). Der Einsatz unterschiedlicher PR-Maßnahmen zielt demnach auf eine Wertsteigerung ab, d.h. eine **Erhöhung des Markenwertes**. Eine **finanzorientierte Perspektive des Markenwertes** bezieht sich auf monetäre Ergebnisgrößen, d.h. eine Quantifizierung realer Geldeinheiten (vgl. Gerpott und Tho-

---

[1] Im Folgenden werden diese beiden Begriffe synonym verwendet, unabhängig von der verfolgten Zielsetzung oder Erscheinungsform einer Kommunikationsmaßnahme.

mas 2004, S. 397f.). Eine Steigerung des finanziellen Markenwertes erfolgt sowohl durch direkte als auch häufig durch indirekte Einflüsse; der ökonomische Markenwert stellt also das Ergebnis unterschiedlicher kundenseitiger Reaktionen dar. Dementsprechend ist dem monetären ein nicht-ökonomischer, **verhaltenswissenschaftlicher Markenwert** vorgelagert. Der verhaltenswissenschaftliche Markenwert bezieht sich auf die Gedächtnisstrukturen und Markenvorstellungen der Stakeholder und beinhaltet Determinanten wie die Markenbekanntheit, das Image oder die Markentreue (vgl. Aaker 1992; Keller 1993; Esch 1998). Die Wirkungen bei den Stakeholdern lassen sich weiter differenzieren und in psychologische Effekte und Verhaltenswirkungen unterteilen. Die psychologischen Wirkungen lösen bei den Zielgruppen ein bestimmtes Verhalten aus; dieses Verhalten wiederum resultiert in anbieterseitigen Erfolgswirkungen. Das kommunikative Wertpotenzial, d.h. eine Markenwertsteigerung, wird primär durch die vorökonomischen Größen determiniert. Erfolgsketten strukturieren diese aus Stakeholder- und Anbietersicht relevanten Aspekte. In diesem Beitrag erfolgt eine Einordnung der Public Relations in eine PR-relevante Markenerfolgskette und die Abbildung von Ursache-Wirkungs-Zusammenhängen zwischen der Öffentlichkeitsarbeit und der Marke bzw. dem Markenerfolg.

2 Konzeptualisierung einer PR-relevanten Markenerfolgskette

2.1 PR-relevante Markenerfolgskette im Überblick

Die Grundüberlegung der Erfolgskette besteht in der inhaltlichen Verknüpfung zwischen unternehmens- und stakeholderbezogenen Größen. Die Markenerfolgskette dient dementsprechend der Strukturierung; als unternehmensbezogene Inputgrößen werden in diesem Beitrag Aspekte der Public Relations betrachtet und entsprechend ihrer Wirkungen in die Markenerfolgskette integriert (vgl. Abbildung 2-1). Die **Grundstruktur** der Markenerfolgskette besteht aus vier Ebenen (vgl. Bruhn, Hennig-Thurau und Hadwich 2004, S. 400f.):

1. **Input des Unternehmens** stellen alle unternehmerischen Aktivitäten dar, die in Bezug zum Einsatz und der Ausgestaltung der Öffentlichkeitsarbeit stehen.

2. **Psychologische Wirkungen** eines strategischen PR-Einsatzes beziehen sich sowohl auf die Wahrnehmung und das Wissen über die Marke seitens der Stakeholder als auch auf den Aufbau und die Pflege von Stakeholderbeziehungen.

3. **Verhaltenskonsequenzen** betreffen alle Änderungen des Umgangs und Verhaltens der Zielgruppen gegenüber der Marke, beispielsweise die Markentreue.

4. Der **Output des Unternehmens** bezieht sich auf die ökonomischen Erfolgsgrößen, z. B. Umsatz, Marktanteil, finanzieller Markenwert u.a.

Abbildung 2-1: PR-relevante Markenerfolgskette im Überblick

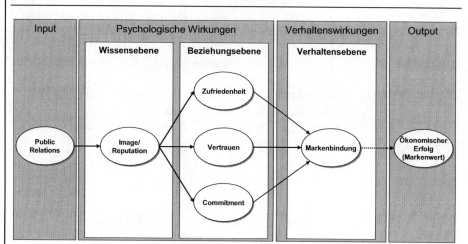

Die Konzeptualisierung einer PR-relevanten Markenerfolgskette führt jene Konstrukte auf, die die stakeholderbezogenen Wirkungen bzw. Zielgrößen des PR-Einsatzes repräsentieren und den langfristigen, finanziellen Markenerfolg determinieren. Abbildung 2-1 zeigt exemplarisch eine PR-relevante Markenerfolgskette im Überblick. Sie enthält drei, der Öffentlichkeitsarbeit nachgelagerten Wirkungsebenen: Der Aufbau eines positiven Unternehmensimages stellt eine zentrale Zielsetzung und Aufgabe der Public Relations dar (vgl. Rolke 2003). Die Reputation bildet demnach die zentrale Wirkung auf der **Wissensebene**. Speziell die Public Relations zielt zudem auf den Beziehungsaufbau und die Beziehungspflege mit den Zielgruppen ab (im Sinne von Public Relationships) (vgl. Bruning und Ledingham 1999, S. 167; Jo 2004; Bruhn 2005, S. 727; Yang 2007), sodass eine Ergänzung der psychologischen Wirkungen um eine **Beziehungsebene** – mit den Größen Zufriedenheit, Vertrauen und Commitment – erfolgt. Die **Ebene der Verhaltenskonsequenzen** geht auf die Markenbindung ein, die das Ausmaß angibt, zu dem durch einen strategischen Einsatz der Public Relations das Erreichen von vorökonomischen Markenzielen realisiert wird. Finale Zielsetzung jeglicher unternehmerischer Aktivität – einschließlich Maßnahmen der Öffentlichkeitsarbeit – stellt der Beitrag zur unternehmerischen Wertsteigerung dar. Der **ökonomi-**

Der Beitrag von Public Relations für den Markenwert

sche Markenerfolg bildet dementsprechend die finale Wirkungsebene; diese wird von der Public Relations verstärkt indirekt beeinflusst, indem die realisierten, nicht-monetären Wirkungsgrößen auf den Unternehmenserfolg einwirken (vgl. Chaudhuri und Holbrook 2001; Delgado-Ballester und Munuera-Alemán 2001).

Im Folgenden findet eine detaillierte Betrachtung der jeweiligen Ebenen, der Ausgestaltung bzw. der Wirkungsgrößen der PR-relevanten Markenerfolgskette sowie der Wirkungszusammenhänge innerhalb dieser Erfolgskette statt.

2.2 PR-Maßnahmen als strategische Erfolgsfaktoren

Der Einsatz strategischer Public-Relations-Maßnahmen stellt eine Investition in und einen Werttreiber des Markenwertes dar; insbesondere fungiert die Öffentlichkeitsarbeit als Erfolgsfaktor zur Verbesserung des stakeholderorientierten Markenwertes. Vor dem Hintergrund der Wertsteigerung steht der Öffentlichkeitsarbeit eine Vielfalt unterschiedlicher Maßnahmen zur Ansprache (externer) Zielgruppen zur Verfügung. Diese lassen sich unterschiedlichen **Aktivitätsbereichen** zuordnen (vgl. Bruhn 2005, S. 779ff.):

■ Die **Pressearbeit** dient primär der Vermittlung von Nachrichten über Leistungen und Unternehmensaktivitäten. Sie beinhaltet Maßnahmen wie z. B. Pressekonferenzen, -mitteilungen oder die Erstellung von Unternehmensprospekten. Die Online-PR weist ebenfalls für die Pressearbeit eine starke Bedeutung auf. Die Bereitstellung und Verbreitung von Informationen mit Hilfe der Pressearbeit stärkt insbesondere das Markenwissen und zielt hierdurch auf den verhaltenswissenschaftlichen Markenwert ab.

■ **Maßnahmen des persönlichen Dialogs** dienen der zielgenauen Ansprache bestimmter Stakeholder(-gruppen). Die Schaffung von Verständnis und Vertrauen sowie die Initiierung eines langfristigen Dialogs erfolgt durch die Einladung von unternehmensrelevanten Personen zu persönlichen Gesprächen, z. B. Investoren, Meinungsführern und Pressevertretern, durch persönliche Engagements, z. B. Halten von Vorträgen oder Teilnahmen an Podiumsdiskussionen usw. Der Aufbau und die Pflege von Beziehungen stehen im Vordergrund der kommunikativen Aktivitäten; diese Maßnahmen unterstützen dementsprechend die Beziehungsebene des nicht-monetären Markenwertes.

■ Die Public Relations beinhaltet zudem **Aktivitäten für spezifische Zielgruppen**. Die Verteilung von Informationsbroschüren und Aufklärungsmaterialien für bestimmte Stakeholder – z. B. Geschäftsberichte für Investoren, Broschüren zu Karrieremöglichkeiten an Schüler und Studenten als potenzielle Arbeitnehmer, Nach-

Manfred Bruhn

haltigkeitsberichte für Umweltverbände u.a.m. – stellen Maßnahmen dieser Kategorie dar. Diese Aktivitäten zielen auf eine Imageprofilierung sowie die Schaffung von Goodwill und Vertrauen ab; sie resultieren demnach nicht direkt in einer Steigerung des ökonomischen Erfolges, sondern tragen zum verhaltenswissenschaftlichen Markenwert bei.

- Botschaften der Öffentlichkeitsarbeit, die über mediale Kommunikationsträger transportiert werden, zählen zu den PR-Maßnahmen im Rahmen der **Mediawerbung**. Unternehmen sprechen über massenmediale Träger, z. B. via TV-Spots oder Printanzeigen, primär Kommunikationsinhalte und Themen an, die in der Gesellschaft Beachtung finden oder auf Interesse stoßen. Beispielsweise stellen Maßnahmen des Issue Management eine Reaktion von Unternehmen auf öffentlich diskutierte Streitpunkte dar. Der Einsatz der Mediawerbung im Rahmen der Public Relations zielt auf eine breite Ansprache der Zielgruppen ab, dient der Information sowie der Profilierung eines spezifischen Unternehmensbildes in der Gesellschaft und hierdurch der Steigerung des verhaltenswissenschaftlichen Markenwertes.

Die Ausführungen verdeutlichen, dass die Public Relations verstärkt auf den stakeholderorientierten, verhaltenswissenschaftlichen Markenwert abzielen; eine Beeinflussung des ökonomischen Markenwertes erfolgt nur indirekt. Die direkten Wirkungen der Public Relations lassen sich entsprechend der verfolgten Zielsetzungen in kognitive, affektive und konative Wirkungen untergliedern. Eine Einteilung der unterschiedlichen PR-Wirkungen geht aus Abbildung 2-2 hervor.

Abbildung 2-2:   *Wirkungen eines strategischen Einsatzes der Public Relations*

Die **kognitiven Wirkungen** betreffen das Wissen der Stakeholder. Durch die Teilhabe der Öffentlichkeit an den unternehmerischen Geschehnissen steigen die Informations-

Der Beitrag von Public Relations für den Markenwert

transparenz sowie der Kenntnisstand der verschiedenen Zielgruppen bezüglich der Leistungen und Aktivitäten des Unternehmens. Zentraler Wirkungsbereich der Public Relations stellen die **affektiven Wirkungen** (das Gefühl betreffend) dar. Durch das Management von Beziehungen zu sämtlichen relevanten Anspruchsgruppen werden Glaubwürdigkeit, Vertrauen und Akzeptanz generiert (vgl. Ledingham und Bruning 1998). Des Weiteren ist die positive Wirkung der Öffentlichkeitsarbeit auf das Image bzw. die Reputation[2] eines Unternehmens bzw. einer Marke wesentlich (vgl. z. B. Dozier 1993, S. 230ff.; Zerfaß und Pfannenberg 2005; Rolke 2007; Röttger 2008); eine Größe, die sowohl kognitive als auch affektive Wirkungen beinhaltet. Der Einsatz von Public Relations resultiert ebenfalls in **konativen Wirkungen**, d.h. in einer (langfristigen) Verhaltensänderung (vgl. Dozier und Ehling 1992). Zu den konativen Wirkungen zählen insbesondere ein gesteigertes Informations- und Kommunikationsverhalten der Stakeholder, resultierend z. B. durch Besuche von Events, Informationsbeschaffung auf der Unternehmenshomepage usw.

Im Folgenden findet eine Darstellung empirischer Arbeiten zum Einsatz der Public Relations und der erzielten Wirkungen statt, auf Basis der entsprechenden Wirkungsebene der Erfolgskette (vgl. weiter oben Abbildung 2-1).

2.3 Psychologische Wirkungen der Public Relations

Psychologische Wirkungsgrößen fungieren aufgrund ihrer kommunikativen Reagibilität sowie ihres hohen Erklärungsgehalts für die nachgelagerten Verhaltensgrößen (vgl. Selnes 1998; Homburg und Giering 2001; Huber, Herrmann und Weis 2001; Wang 2002) als zentraler Ansatzpunkt für die Kommunikationspolitik und ihre instrumentespezifische Ausgestaltung. Psychologische Größen, die im Zusammenhang mit dem Einsatz der Public Relations diskutiert werden, sind das Image bzw. die Reputation auf der Wissensebene sowie die Zufriedenheit, das Vertrauen und das Commitment auf der Beziehungsebene.

2.3.1 Image/Reputation als Konstrukt der Wissensebene

Die Gesamtheit aller wahrgenommenen, erlebten und im Gedächtnis gespeicherten Markenassoziationen sowie deren Bewertung formieren die Reputation einer Marke (vgl. van Riel und Fombrun 2007). Für eine Konzeptualisierung der Reputation sind demnach die Bewertung und die sich hieraus ergebende (emotionale) Einstellung

---

2   Image wird häufig – so auch in diesem Beitrag – als Synonym für Reputation u.Ä. verwendet (vgl. Grunig 1993, S. 263).

Manfred Bruhn

gegenüber der Marke von wesentlicher Bedeutung. Sie wird durch den Einsatz von Unternehmens- bzw. Marken-PR geprägt. Des Weiteren kann sich die Reputation auf bestimmte wahrgenommene Eigenschaften von Produkten und Leistungen sowie auf Eigenschaften der Marke beziehen. Die Einschätzungen der (Leistungs-)Eigenschaften stellen das Ergebnis der Wahrnehmung und Verarbeitung von medial vermittelten Informationen dar (vgl. Yang 2005).

Die Reputation als Wirkungsgröße der Öffentlichkeitsarbeit bildet den Schwerpunkt der bestehenden Forschungsarbeiten (vgl. Tabelle 2-1). Die mediale Berichterstattung konnte als Einflussfaktor des Kenntnisstandes der Öffentlichkeit sowie deren Einstellung bezüglich eines Unternehmens bzw. einer Marke identifiziert werden. Grunig und Hunt (1984) bezeichnen diesen Prozess der Wirkung auf die Reputation – von der Botschaft, über das Wissen zur Einstellungsänderung – als „domino model of communcation effects". Allerdings sprechen einige Forschungsarbeiten gegen dieses Modell; eine Relativierung des Wirkungsverlaufs erfolgt durch die Einschränkung, dass Public Relations sich lediglich verstärkend auf bereits bestehende Kenntnisse und Einstellungen der Zielgruppen auswirkt (vgl. Klapper 1960; Dozier 1993). Dies bedeutet, dass der Aufbau einer Reputation im Vorfeld der Medienarbeit erfolgt und verdeutlicht die Notwendigkeit, die Public-Relations-Maßnahmen in den Kommunikationsmix eines Unternehmens zu integrieren. Insgesamt herrscht jedoch ein Konsens hinsichtlich der generellen – alleinigen oder lediglich verstärkenden – Wirkung der Public Relations auf die Reputation (vgl. Fombrun und Shanley 1990; Hon 1997; Hutton et al. 2001; Kim 2001; Carroll und McCombs 2003). Diese Beziehung gilt sowohl für die Wirksamkeit der Public Relations auf eine Veränderung der Einstellung gegenüber der Marke (vgl. z. B. Hallahan 1999) als auch in Bezug auf Leistungseigenschaften (vgl. z. B. Jo 2004).

Einige der Forschungsarbeiten differenzieren noch stärker auf der Inputebene und betrachten vereinzelte Aspekte des Einsatzes einer strategischen Public Relations. In ihrer Studie untersucht und bestätigt Kim (2001) den positiven Einfluss der Höhe monetärer PR-Aufwendungen auf die Reputation eines Unternehmens. Die Wirkung der Intensität von Public Relations ist dagegen umstritten. Zum einen bestätigen Studien über die Vertrautheit von Unternehmen, bedingt durch Medienpräsenz und dementsprechend der PR-Intensität zurechenbar, den positiven Einfluss auf die Reputation (vgl. Yang 2007). Zum anderen erhalten Fombrun und Shanley (1990) – entgegen ihrer ursprünglichen Hypothese – eine starke negative Wirkungsbeziehung. Sie führen dafür drei mögliche Erklärungsansätze an: (1) die Berichterstattung der Journalisten beschränkt sich auf strittige Ereignisse, (2) externe Zielgruppen reagieren generell negativ auf (zu viel) Öffentlichkeit eines Unternehmens oder (3) lediglich Personen mit negativer Grundhaltung gegenüber der Marke beziehen sich in ihrer Meinungsbildung auf solche Berichterstattung. Dieser negative Wirkungszusammenhang bestätigt

Der Beitrag von Public Relations für den Markenwert

Tabelle 2-1: *Empirische Studien zum Einfluss von PR auf das Image/die Reputation*

Autor(en)	Jahr	Stichprobe	Branche	Zentrale Ergebnisse/Inhalte
Kim/Carvalho/Cooksey	2007	n = 191	Dienstleistungen (Universitäten)	Zusammenhang zwischen Public Relations und Reputation bestätigt; negative Meldungen über ein Unternehmen wirken sich negativ auf die Wahrnehmung und Beurteilung des Unternehmens aus (β = -0,13).
Yang	2007	n = 1.200 (4 Organisationen mit je 300 Fällen)	unterschiedliche Branchen	PR-induzierte Unternehmensbekanntheit hat einen positiven Einfluss auf die Reputation (β = 0,37 bis 0,57, je nach Organisation).
Jo	2004	n = 160	Konsumgüter	Aufmerksamkeit der Public Relations im Vergleich zur Mediawerbung höher, dies wirkt sich positiv auf Bewertung der Einstellung aus.
Grunig/Hung	2002	n = 140	unterschiedliche Branchen	Reputation als Ergebnis des öffentlichen Beziehungsmanagements (im Sinne von Public Relationships).
Hutton/Goodman/Alexander/Genest	2001	n = ca. 600	unterschiedliche Branchen	Starker positiver Zusammenhang zwischen den Aufwendungen für bestimmte PR-Maßnahmen und Reputation: Identifikation der Stiftungsgründung (r = 0,69), Investor Relations (r = 0,63), Präsentation des Management in der Öffentlichkeit (executive outreach) (r = 0,39) und Media Relations (r = 0,35) als einflussreichste Maßnahmen. Stark negative Wirkung von Industrie Relations auf die Reputation (r = -0,68).
Kim	2001	n = 157	unterschiedliche Branchen (Firmen der Fortune 500)	Positiver Einfluss der PR-Aufwendungen auf die Reputation (β = 0,34).
Hallahan	1999	n = 329	Konsumgüter	Vergleich der PR- und Werbewirksamkeit: signifikant stärkere Ausprägungen der Markeneinstellungen bei PR-Berichterstattung als bei Werbebotschaft.
Fombrun/Shanley	1990	n = 269	k.A. (Großfirmen/Konzerne)	Negative Wirkungsbeziehung zwischen Public Relations (Visibility) und Reputation (β = -0,20).

Manfred Bruhn

sich sowohl für positive als auch negative Botschaften, d.h. unabhängig von der Tonalität der Berichterstattung (vgl. Fombrun und Shanley 1990). Kim, Carvalho und Cooksey (2007) widerlegen diesen fehlenden Zusammenhang; das Ergebnis ihrer Untersuchung weist nach, dass negative Meldungen sich negativ auf die Wahrnehmung und Beurteilung des Unternehmens auswirken. Demnach gibt es in Bezug auf die Auswirkungen der Tonalität von Public-Relations-Maßnahmen noch keine eindeutigen Erkenntnisse. Die Interaktion zwischen den Zielgruppen und einem Unternehmen, die durch den strategischen Einsatz einer Public Relations gefördert wird, konnte dagegen eindeutig als Einflussfaktor der Reputation identifiziert werden (vgl. Deephouse 2000; Espinosa und Trombetta 2004). Dies deckt sich mit den Ergebnissen von u.a. Grunig und Grunig (1989), die Public Relations als Modell der zweiseitigen, symmetrischen Beziehung zwischen Unternehmen und Zielgruppen verstehen. Bei allen Ergebnissen ist jedoch zu beachten, dass sich der Einfluss von Public Relations teilweise erst zeitverzögert, einige Monate nach der jeweiligen Maßnahme, einstellt (vgl. Deephouse 2000).

Die direkte Wirkung der Public Relations auf die nachfolgenden Beziehungsgrößen (Zufriedenheit, Vertrauen und Commitment) erweiternd, erfolgt die zusätzliche Annahme des indirekten Einflusses über die Reputation. Dieser Zusammenhang zwischen Reputation und Größen der Beziehungsebene wurde in vergangenen Studien bereits vielfach bestätigt (vgl. z. B. Anderson und Sullivan 1993; Michell, Reast und Lynch 1998; Garbarino und Johnson 1999; Bou-Llusar, Camisón-Zornoza und Escrig-Tena 2001; Bauer, Mäder und Huber 2002).

2.3.2 Konstrukte der Beziehungsebene

Das Ergebnis eines Soll-Ist-Vergleichs zwischen den Erwartungen eines Individuums und den tatsächlich erbrachten Leistungen bedingt die **Zufriedenheit** (bzw. die Unzufriedenheit) der Stakeholder. Die Leistungen beziehen sich im Rahmen der PR-relevanten Markenerfolgskette auf sämtliche zielgruppengerichteten Verhaltensweisen. Unter Zufriedenheit ist daher die Gesamtzufriedenheit der Zielgruppen, d.h. der Vergleich der Marke mit den Erwartungen an die Marke sowie der Vergleich mit einer idealen Marke, zu verstehen.

Die gefühlsmäßige Bindung der Zielgruppen zu einer Marke bedingt das **Commitment** (in Anlehnung an Commitment von Konsumenten; vgl. Delgado-Ballester und Munuera-Alemán 2001; Bruhn und Eichen 2007). Das Commitment manifestiert sich in dem Glauben der Beziehungspartner, dass die Aufrechthaltung der Beziehung erstrebenswert ist (vgl. Morgan und Hunt 1994, S. 23; Yang 2007, S. 94). Der Einsatz der Public Relations dient in diesem Zusammenhang der Vermittlung von Glaubwürdigkeit, Aufrichtigkeit und Nachhaltigkeit, um Commitment bei den Stakeholdern aufzubauen.

Der Beitrag von Public Relations für den Markenwert

Die generelle positive Erwartung bezüglich des zukünftigen Verhaltens eines Unternehmens repräsentiert das **Vertrauen** in eine Marke. Diese Erwartungen stellen das Ergebnis einer subjektiven Beurteilung des Unternehmens bzw. der Marke in Bezug auf die Zuverlässigkeit, die Vertrauenswürdigkeit, die Integrität usw. dar (vgl. Morgan und Hunt 1994, S. 23). Positive Erwartungen sind aktiv durch die mediale Berichterstattung über unternehmerische Aktivitäten sowie weitere gezielte PR-Maßnahmen zu generieren.

Untersuchungen bezüglich des direkten Einflusses des strategischen Einsatzes und der professionellen Ausgestaltung der Public Relations auf die Beziehungsebene liegen bereits vor (vgl. Tabelle 2-2). Eine explizite Unterscheidung in die Elemente Zufriedenheit, Vertrauen und Commitment ist jedoch nur bedingt anzutreffen; teilweise werden mehrere oder alle dieser Zielgrößen simultan im Rahmen der Studien betrachtet. Eine ganzheitliche Denkweise der Beziehungsgrößen nehmen beispielsweise Coombs und Holladay (2001) bei der Betrachtung von Krisensituationen eines Unternehmens ein. Die Untersuchung von Bruning und Ledingham (1999) resultiert in einer Aufteilung der Beziehung nach verschiedenen Arten. Entsprechend der Rolle, die eine Unternehmung gegenüber ihren Zielgruppen einnimmt, wird zwischen professioneller, persönlicher sowie gemeinschaftlicher Beziehung unterschieden. Yang (2007) untersucht verschiedene Elemente der Beziehung. Seine Studie weist nach, dass sowohl das Vertrauen, das Commitment als auch die (Beziehungs-)Zufriedenheit Wirkungen der Public Relations darstellen. Yang bestätigt somit die Erkenntnisse aus früheren Studien (vgl. z. B. Ledingham und Bruning 1998; Huang 2001), die ebenfalls den Einfluss von Public-Relations-Maßnahmen auf u.a. diese Wirkungsgrößen untersuchen und empirisch belegen.

Public Relations wirkt sich durch die Beziehungsgrößen indirekt auf die Verhaltensebene aus. Eine hohe Zufriedenheit begünstigt das (Kauf-)Verhalten der Zielpersonen und verhindert eine Abkehr von der Marke (vgl. Garbarino und Johnson 1999; Bou-Llusar, Camisón-Zornoza und Escrig-Tena 2001; Esch et al. 2006, S. 102). Verfügen die Zielpersonen über ein hohes Commitment, tendieren sie zu einem ausgeprägteren Weiterempfehlungsverhalten sowie einer höheren Bereitschaft, sich positiv gegenüber der Marke zu verhalten (vgl. z. B. Fullerton 2005). Des Weiteren belegen empirische Studien, dass das Vorhandensein von Vertrauen das Verhalten positiv beeinflusst (vgl. z. B. Morgan und Hunt 1994).

2.4 Markenbindung als Verhaltenswirkung der Public Relations

Die Verhaltensebene zeigt auf, inwiefern durch den strategischen Einsatz der Public

Tabelle 2-2: *Empirische Studien zum Einfluss von PR auf Beziehungsgrößen*

Autor(en)	Jahr	Stichprobe	Branche	Zentrale Ergebnisse/Inhalte
Kim/Carvalho/Cooksey	2007	n = 191	Dienstleistungen (Universitäten)	Zusammenhang zwischen Public Relations und Vertrauen bestätigt; negative Meldungen über ein Unternehmen wirken sich negativ auf das Vertrauen gegenüber dem Unternehmen aus (ß = -0,16).
Yang	2007	n = 1.200 (4 Organisationen mit je 300 Fällen)	unterschiedliche Branchen	PR-Intensität wirkt sich positiv auf die Beziehung zwischen Stakeholdern und Organisation aus (ß = 0,31 bis 0,55, je nach Organisation).
Huang	2001	n = 535 (2 Erhebungen)	Mitglieder der Legislative	Operationalisierung der Public-Relationship mit den Wirkungsdimensionen Vertrauen, Commitment und Zufriedenheit bestätigt (Cronbach's Alpha zwischen 0,71 und 0,79).
Bruning/Ledingham	1999	n = 183	Finanzdienstleistungen	Operationalisierung von Public Relationships durch die Wirkungsdimensionen bestätigt: „Professionelle Beziehung" (Cronbach's Alpha = 0,85), „Persönliche Beziehung" (Cronbach's Alpha = 0,84) und „Beziehung zum Gemeinwesen" (Cronbach's Alpha = 0,88).
Ledingham/Bruning	1998	n = 12 Fokusgruppengespräche mit je 6 Teilnehmern	Telekommunikation	Identifizierung von Markenvertrauen, Commitment und Zufriedenheit als Dimensionen einer beziehungsintensiven Ausgestaltung der Public Relations.

Relations das Erreichen von Markenzielen realisiert wird. Der direkte Einfluss des strategischen Einsatzes der Public Relations auf das Verhalten der Zielgruppen wurde theoretisch schon früh von Grunig (1989) herausgestellt. Aus Tabelle 2-3 ist ersichtlich, dass dieser Zusammenhang zwischen der Public Relations und der nachgelagerten Verhaltensgröße bisher lediglich vereinzelt in empirischen Untersuchungen Beachtung findet; beispielsweise hat Hallahan (1999) in einer Studie u.a. den Einfluss von Botschaftsinhalten der Public-Relations-Maßnahmen auf das Verhalten bestätigt.

Im Rahmen der Verhaltenswirkung steht die Markenbindung im Fokus der Betrachtung. Sie repräsentiert die emotionale Bindung der Konsumenten bzw. der Zielpersonen zu einer Marke (vgl. Geus 2005, S. 20) und basiert demnach auf der subjektiven Einstellungsbewertung gegenüber der Marke. Zentrale Bestandteile der Markenbindung sind die generellen Verhaltensabsichten der Zielgruppen. PR-induzierte Verhaltensweisen sind z. B. die Bereitschaft, positiv über die Marke zu reden (Weiterempfehlung), die Akzeptanz und das Einverständnis des unternehmerischen Handelns sowie die aktive Unterstützung der Marke (beispielsweise durch Konsum der Unternehmensleistungen, Investitionen usw.). Diese wiederum resultieren direkt in der Steigerung des ökonomischen Unternehmenserfolges (vgl. z. B. Hutton 1997; Sullivan 1998).

2.5 Ökonomische Wirkungen der Public Relations

Systematische und umfassende empirische Untersuchungen des direkten Einflusses der Public Relations auf den ökonomischen Markenerfolg stecken noch in den Anfängen (vgl. Tabelle 2-3). Den direkten – wenn auch schwachen – Zusammenhang zwischen Medienaufmerksamkeit und dem finanziellen Erfolg haben Kiousis, Popescu und Mitrook (2007) zumindest teilweise nachgewiesen. Zudem liegt eine positive Wirkung einer „gefälligen" Mediendarstellung auf die ökonomische Unternehmensleistung vor (vgl. Deephouse 2000).

Die Unterteilung der Public Relations in „Financial PR" (zielt auf monetäre Werte ab), „Corporate PR" (steigert das Unternehmens- bzw. Markenimage) und „Marketing PR" (trägt zum Produkt- und Leistungsimage bei) (vgl. Tosun 2004) berücksichtigt nicht nur die direkte Wirkung der Public Relations auf den ökonomischen Wert. Der Einfluss der Öffentlichkeitsarbeit auf den unternehmensbezogenen Markenwert schlägt sich meist in zwei Schritten nieder: Indirekt wirkt sich Public Relations über die Reputation, die Beziehungselemente und die Verhaltensebene auf den ökonomischen Erfolg aus (vgl. Kim 2001). Als Kennzahlen des ökonomischen Erfolgs bzw. des finanzorientierten Markenwertes sind z. B. der Umsatz oder Marktanteilssteigerungen zu nennen. Diese können in der Zielgruppe (potenzieller) Konsumenten durch die Erhöhung von Kauffrequenzen, positive Mund-zu-Mund-Kommunikation, Cross-Buying-Verhalten sowie eine höhere Preisakzeptanz realisiert werden (vgl. Schuster 2005, S. 222f.).

Manfred Bruhn

Tabelle 2-3: *Empirische Studien zum Einfluss von PR auf Verhaltens- und Erfolgsgrößen*

Autor	Jahr	Stichprobe	Branche	Zentrale Ergebnisse/Inhalte (Ökonomische Größen)
Jo	2004	n = 160	Konsumgüter	Stärke der Botschaftsargumentation weist positive Wirkung auf Kaufabsicht auf.
Hallahan	1999	n = 329	Konsumgüter	Vergleich der PR- und Werbewirksamkeit: signifikant stärkere Ausprägungen der Verhaltensabsicht bei PR-Berichterstattung als bei Werbebotschaft.

Autor(en)	Jahr	Stichprobe	Branche	Zentrale Ergebnisse/Inhalte (Verhaltensgrößen)
Kiousis/Popescu/Mitrook	2007	n = 28 Firmen mit je 19.564 Fällen	k.A. (Großfirmen und Konzerne)	Direkter Zusammenhang zwischen Medieninhalten und finanziellem Erfolg bestätigt (Profits r = 0,34; Assets r = 0,46; Revenues r = 0,32). Negativer Zusammenhang zwischen Tonalität und Profits (r = -0,33).
Pollock/Rindova	2003	n = 225	unterschiedliche Branchen; Initial Public Offering/Börsengang	Zusammenhang zwischen der Häufigkeit des medialen Unternehmensauftritts und der finanziellen Bewertung der Marke. PR-Intensität reduziert den Verkauf von Aktion unter Wert ($\beta = -0,15$). PR-Intensität steigert den Absatz bzw. Aktienumschlag ($\beta = 0,12$).
Kim	2001	n = 157	unterschiedliche Branchen	Indirekter, positiver Einfluss der PR-Aufwendungen (via Reputation) auf den monetären Ertrag ($\beta = 0,34*0,18 = 0,06$).
Deephouse	2000	n = 526	Finanzdienstleistungen Branchen	Positive Wirkung einer gefälligen Mediendarstellung auf die ökonomischen Unternehmensleistungen (r = 0,14).
Balasubramanian/Kumar	1990	n = 256	Konsum-, Industriegüter und Dienstleistungen	Positiver Einfluss der Kommunikationsintensität auf den Marktanteil im Konsumgütermarkt ($\beta = 0,66$ bis $0,87$) und Industriegütermarkt ($\beta = 0,54$ bis $0,85$). Negative Wirkung der PR-Intensität auf den Marktanteil von Dienstleistungen ($\beta = -0,26$ bis $-0,75$).

Der Beitrag von Public Relations für den Markenwert

Verbesserte Beziehungen zu anderen Stakeholdern bewirken jedoch ebenfalls positive Entwicklungen des unternehmensbezogenen Markenwertes. Beispielsweise führen Investor-Relations-Maßnahmen zu verbesserten Konditionen einer Finanzierung oder die Berichterstattung über die guten Arbeitsbedingungen eines Unternehmens zu motivierten und qualifizierten Mitarbeitenden sowie einer geringen Mitarbeiterfluktuation. Diese Veränderungen bewirken wiederum Kostensenkungen, die ebenfalls in einer Steigerung des ökonomischen Erfolges resultieren.

Aus den Ausführungen wird ersichtlich, dass die (Wirkungs-)Forschung im Bereich der Public Relations bereits einige zentrale Erkenntnisse liefert. Dennoch bestehen in diesem Bereich noch wesentliche Defizite und Fragen, insbesondere in Bezug auf den Nachweis der Public Relations auf den übergeordneten Unternehmens- und Markenerfolg. Die Schwierigkeit lässt sich auf das Vorhandensein von primär indirekten Wirkungsbeziehungen zurückführen. Die Ursächlichkeit der Beeinflussung ist selten direkt dem Einsatz der Public Relations zuzuordnen. Im Zusammenhang mit der Messung der ökonomischen Wirkungen der Public Relations ist somit auf das **Problem der Zurechenbarkeit** hinzuweisen (vgl. Bruhn 2006, S. 317; 2007, S. 548). Aus diesem Grund wird im Rahmen der Modellkonzeptualisierung mit der Markenbindung auf eine Größe ausgewichen, die dem ökonomischen Erfolg vorgelagert ist und einen stärkeren Zusammenhang zu diesem aufweist (vgl. Chaudhuri und Holbrook 2001; Delgado-Ballester und Munuera-Alemán 2001).

3 Nutzenpotenziale für den Einsatz der PR-relevanten Markenerfolgskette

Der Einsatz der PR-relevanten Markenerfolgskette bietet verschiedene Nutzungspotenziale; insbesondere dient es den Management- und Controllingfunktionen Analyse, Planung, Steuerung und Kontrolle (vgl. z. B. Ehrmann 1995; Bruhn 2005, S. 744ff.). Diese Funktionen stehen in einer ständigen Wechselbeziehung zueinander und bilden eine Art Regelkreis (vgl. Abbildung 3-1).

Manfred Bruhn

Abbildung 3-1: Nutzenpotenziale der PR-relevanten Markenerfolgskette im Managementprozess

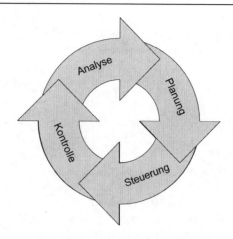

Für die aktive Nutzung der PR-relevanten Markenerfolgskette in der Kommunikationspraxis ist eine unternehmensspezifische Anpassung erforderlich. Hierfür sind im Rahmen der **Analyse** sowohl unternehmensinterne als auch -externe Informationen notwendig. Bereits bestehende Angaben sind dementsprechend zu sammeln sowie nicht vorhandene Informationen neu zu generieren. Eine regelmäßige Anwendung und Optimierung der PR-relevanten Markenerfolgskette liefert dementsprechend eine kontinuierliche aktualisierte Datenbasis.

Eine unternehmensspezifische Modifizierung des hier vorgestellten konzeptionellen Modells erfordert zudem das Aufstellen eines Zielsystems. Die PR-Verantwortlichen haben im Rahmen der **Planung** zwischen strategischen (z. B. Verbesserung der Markenreputation oder Aufbau und Pflege der Stakeholderbeziehungen) und taktischen Zielen (z. B. kurzfristige Krisenabwendung zur Vermeidung von Imageverlusten) zu unterscheiden (vgl. Bruhn 2005). Ergebnis dieses Prozesses stellt eine Zielpriorisierung dar, die als Ausgangspunkt für die weitere operative Gestaltung der Public Relations dient sowie eine spätere Kontrolle der Zielerreichung ermöglicht.

Primär dient die PR-relevante Markenerfolgskette als **Steuerungsinstrument**, um aus ihren (Wirkungs-)Erkenntnissen Empfehlungen für den aktuellen und zukünftigen PR-Einsatz abzuleiten. Die im Rahmen der Kontrolle identifizierten Werttreiber stellen die Basis für die Ableitung von Handlungsempfehlungen dar. Sie liefern einen ersten Ansatzpunkt, um daraus Optimierungspotenziale zu erkennen und Verbesserungsmaßnahmen abzuleiten. Für die zukünftige Public Relations lassen sich dann konkrete Hinweise für eine effiziente sowie effektive Steuerung des Einsatzes verschiedener PR-Maßnahmen bestimmen (z. B. die Ableitung konkreter Allokationsentscheidungen für

Der Beitrag von Public Relations für den Markenwert

einen effizienten PR-Einsatz). Diese neuen und zusätzlichen Informationen sind in dem sich wiederholenden Prozess der PR-Planung zu berücksichtigen.

Schließlich besteht die Möglichkeit, am Ende des Managementprozesses die Markenerfolgskette als Instrument der **Erfolgskontrolle** zum Wirkungsnachweis der Public Relations zu verwenden. Auf Grundlage empirisch erhobener Werte sind die zugrunde gelegten Zusammenhänge zu untersuchen. Die Anwendung von Strukturgleichungsmodellen ermöglicht es beispielsweise, die Stärke dieser Wirkungsbeziehungen zu ermitteln und gewährt hierdurch Rückschlüsse auf die Relevanz und Effektivität einzelner Public-Relations-Maßnahmen und Gestaltungsformen für die Zielerreichung. Es gilt, die Stärken und Schwächen des Einsatzes der Public Relations zu analysieren und durch Rückrechnungen der Wirkungen verschiedene Werttreiber der Public Relations zu identifizieren und bei der zukünftigen Analyse, Planung und Steuerung zu berücksichtigen.

Insgesamt dient die PR-relevante Markenerfolgskette der regelmäßigen Analyse und Informationsdarstellung, fungiert als Planungstool, beinhaltet die Möglichkeit der Ableitung von Steuerungsmaßnahmen zur Optimierung des Public-Relations-Einsatzes sowie der einfachen und praxisnahen Wirkungskontrolle. Hierdurch unterstützt sie die Markenführung und fördert die Wertsteigerung einer Marke.

4 Zukunftsperspektiven der Public Relations für den Markenwert

In der Marketingpraxis hat im letzten Jahrzehnt ein Umdenken stattgefunden: ein Paradigmenwechsel von der Transaktions- zur Beziehungsorientierung (vgl. Grönroos 2000; Sheth 2000). Der Aufbau und die Pflege von Beziehungen eines Unternehmens zu seinen Zielgruppen stellt einen wesentlichen Werttreiber in der unternehmerischen Wertschöpfung dar. Dieser Entwicklung wurde durch die Einbindung der Beziehungsebene in die PR-relevanten Markenerfolgskette Rechnung getragen. Public Relations bringt die Fähigkeit zum Dialog und zur Interaktion eines Unternehmens zum Ausdruck, sodass sich der strategische Einsatz der Public Relations besonders gut für das Beziehungsmanagement eignet. Eine systematische **Beziehungsorientierung** der Public Relations gegenüber den unterschiedlichen Anspruchsgruppen ist demnach auch in Zukunft unerlässlich, um zum Unternehmenserfolg beizutragen.

Mit Hilfe eines strategischen Einsatzes der Public Relations bauen Marken eine eigenständige und individuelle Identität auf, kreieren ein spezifisches Bild in den Köpfen der Stakeholder und generieren somit das Markenimage (vgl. Schulze van Loon 2005). Eine positive Reputation sowie gute Beziehungen zu den Zielgruppen resultieren

Manfred Bruhn

wiederum in der Beeinflussung des Verhaltens und indirekt in der Steigerung des monetären Markenwertes. Die Public Relations erhält demnach eine hohe Bedeutung im Rahmen der Wertschöpfung und zur Verbesserung des Unternehmenserfolgs. Trotz der allgemeinen Anerkennung der Öffentlichkeitsarbeit zu Förderung des Markenwertes steigt die Notwendigkeit, den effizienten und effektiven Einsatzes der Public Relations quantitativ nachzuweisen und den spezifischen Wertbeitrag zu bemessen. Die Konzeptualisierung einer PR-relevanten Markenerfolgskette liefert erste Ansatzpunkte für eine solche **Kontrolle**, da sich aus ihr Informationen sowohl in Bezug auf die Effizienz (Wirtschaftlichkeit) als auch auf die Effektivität (Wirksamkeit) ableiten lassen. Das Erfordernis der weiteren Erforschung dieses Gebietes bleibt jedoch bestehen; z. B. steht eine empirische Validierung des bisher nur konzeptionellen Modells noch bevor.

Die Stakeholder sind nicht nur Rezipienten der Öffentlichkeitsarbeit, sondern ebenfalls Empfänger der Kommunikationsanstrengungen, die sich an das Massenpublikum richten. Der strategische Einsatz der Public Relations ist demnach nicht unabhängig von den weiteren Kommunikationsaktivitäten der Unternehmen, sondern alle kommunikativen Maßnahmen tragen gemeinsam zu der Formierung eines Markenimages bei. Um Widersprüche in der Kommunikation zu vermeiden, ist daher dem Aspekt der **Integrierten Kommunikation** besondere Beachtung zu schenken. Durch eine konsistente und einheitliche Darstellung der Marke über alle Kommunikationsinstrumente hinweg hat das Unternehmen die Effektivität und Effizienz der Kommunikation zu steigern und somit einen positiven Beitrag zum langfristigen Erfolg der Marke beizutragen.

Literaturverzeichnis

AAKER, D.A. (1992): Managing Brand Equity, New York.

ANDERSON, E.W. UND M.W. SULLIVAN (1993): The Antecedents and Consequences of Consumer Satisfaction for Firms, in: Marketing Science, 12 (2), S. 125-143.

BALASUBRAMANIAN, S.K. UND V. KUMAR (1990): Analyzing Variations in Advertising and Promotional Expenditures: Key Correlates in Consumer, Industrial, and Service Markets, in: Journal of Marketing, 54 (2), S. 57-68.

BAUER, H.H., R. MÄDER UND F. HUBER (2002): Markenpersönlichkeit als Determinante von Markenloyalität, in: Zeitschrift für betriebswirtschaftliche Forschung, 54 (4), S. 687-709.

BESSON, N.A. (2004): Strategische PR-Evaluation. Systematische Erfassung, Bewertung und Kontrolle von Öffentlichkeitsarbeit, in: PR Magazin, 35 (9), S. 45-52.

BOU-LLUSAR, J.C., C. CAMISÓN-ZORNOZA UND A.B. ESCRIG-TENA (2001): Measuring the relationship between firm perceived quality and customer satisfaction and its influence on purchase intentions, in: Total Quality Management, 12 (6), S. 719-734.

BRUHN, M. (2005): Unternehmens- und Marketingkommunikation. Handbuch für ein integriertes Kommunikationsmanagement, München.

BRUHN, M. (2006): Integrierte Unternehmens- und Markenkommunikation. Strategische Planung und operative Umsetzung, 4. Aufl., Stuttgart.

BRUHN, M. (2007): Kommunikationspolitik. Systematischer Einsatz der Kommunikation für Unternehmen, 4. Aufl., München.

BRUHN, M. UND G.M. AHLERS (2004): Der Streit um die Vormachtstellung von Marketing und Public Relations in der Unternehmenskommunikation – Eine unendliche Geschichte?, in: Marketing ZFP, 26 (1), S. 71-80.

BRUHN, M. UND G.M. AHLERS (2008): Zur Rolle von Marketing und Public Relations in der Unternehmenskommunikation. Bestandsaufnahme und Ansatzpunkte zur verstärkten Zusammenarbeit, in: K. Röttger (Hrsg.): Theorien der Public Relations. Grundlagen und Perspektiven der PR-Forschung, 2. Aufl., Wiesbaden, im Druck.

BRUHN, M. UND F. EICHEN (2007): Marken-Konsumenten-Beziehungen: Bestandsaufnahme, kritische Würdigung und Forschungsfragen aus Sicht des Relationship Marketing, in: A. Florack und M. Scarabis (Hrsg.): Psychologie der Markenführung, München, S. 221-256.

Manfred Bruhn

BRUHN, M., T. HENNIG-THURAU UND K. HADWICH (2004): Markenführung und Relationship Marketing, in: M. Bruhn (Hrsg.): Handbuch Markenführung. Kompendium zum erfolgreichen Markenmanagement. Strategien, Instrumente, Erfahrungen. Band 1, 2. Aufl., Wiesbaden, S. 391-420.

BRUNING, S.D. UND J.A. LEDINGHAM (1999): Relationships Between Organizations and Publics: Development of a Multi-Dimensional Organization-Public Relationship Scale, in: Public Relations Review, 25 (2), S. 157-170.

CARROLL, C.E. UND M. McCOMBS (2003): Agenda-setting Effects of Business News on the Public's Images and Opinions about Major Corporations, in: Corporate Reputation Review, 6 (1), S. 36-46.

CHAUDHURI, A. UND M.B. HOLBROOK (2001): The Chain of Effects from Brand Trust and Brand Affect to Brand Performance: The Role of Brand Loyalty, in: Journal of Marketing, 65 (2), S. 81-93.

COOMBS, W.T. UND S.J. HOLLADAY (2001): An Extended Examination of the Crisis Situations: A Fusion of the Relational Management and Symbolic Approaches, in: Journal of Public Relations Research, 13 (4), S. 321-340.

DEEPHOUSE, D.L. (2000): Media Reputation as a Strategic Resource: An Integration of Mass Communication and Resource-Based Theories, in: Journal of Management, 26 (6), S. 1091-1112.

DELGADO-BALLESTER, E. UND J.L. MUNUERA-ALEMÁN (2001): Brand Trust in the Context of Consumer Loyalty, in: European Journal of Marketing, 35 (11/12), S. 1238-1258.

DOZIER, D.M. (1993): Image, Reputation and Mass Communication Effects, in: W. Armbrecht, H. Avenarius und U. Zabel (Hrsg.): Image und PR. Kann Image Gegenstand EINER PUBLIC RELATIONS-WISSENSCHAFT SEIN?, OPLADEN, S. 225-250.

DOZIER, D.M. UND W.P. EHLING (1992): Evaluation of Public Relations Programs: What the Literature Tells Us About Their Effects, in: J.E. Grunig (Hrsg.): Excellence in Public Relations and Communication Management, Hillsdale, S. 159-184.

EHRMANN, H. (1995): Marketing-Controlling, 2. Aufl., Ludwigshafen.

ESCH, F.-R. (1998): Aufbau und Stärkung von Dienstleistungsmarken durch integrierte Kommunikation, in: T. Tomczak, M. Schögel und E. Ludwig (Hrsg.): Markenmanagement für Dienstleistungen, St. Gallen, S. 104-133.

ESCH, F.-R., T. LANGNER, B. SCHMITT UND P. GEUS (2006): Are Brands Forever? How Brand Knowledge and Relationships Affect Current and Future Purchases, in: Journal of Product and Brand Management, 15 (2), S. 98-105.

ESPINOSA, M. UND M. TROMBETTA (2004): The Reputational Consequences of Disclosures, Working Paper, Universidad de Alicante/Universidad Carlos III de Madrid, Universidad de Alicante/Universidad Carlos III de Madrid, Alicante/Madrid.

FOMBRUN, C.J. UND M. SHANLEY (1990): What's in a name? Reputation building and corporate strategy, in: Academy of Management, 33 (2), S. 233-258.

FULLERTON, G. (2005): The Impact of Brand Commitment on Loyalty to Retail Service Brands, in: Canadian Journal of Administrative Sciences, 22 (2), S. 97-110.

GARBARINO, E. UND M.S. JOHNSON (1999): The Different Roles of Satisfaction, Trust, and Commitment in Customer Relationships, in: Journal of Marketing, 60 (2), S. 70-87.

GERPOTT, T.J. UND S.E. THOMAS (2004): Markenbewertungsverfahren. Einsatzfelder und Verfahrensüberblick, in: Wirtschaftswissenschaftliches Studium, 33 (7), S. 394-400.

GEUS, P. (2005): WIRKUNGSGRÖßEN DER MARKENFÜHRUNG. ENTWICKLUNG UND EMPIRISCHE PRÜFUNG EINES VERHALTENSWISSENSCHAFTLICHEN WIRKUNGSMODELLS DER MARKENFÜHRUNG, DISSERTATION, JUSTUS-LIEBIG-UNIVERSITÄT GIEßEN, BERLIN.

GRÖNROOS, C. (2000): Relationship Marketing – The Nordic School Perspective, in: J. Sheth und A. Parvatiyar (Hrsg.): Handbook of Relationship Marketing, Thousand Oaks, S. 95-117.

GRUNIG, J.E. (1989): Symmetrical presuppositions as a framework for public relations theory, in: C. Botan und V. Hazleton (Hrsg.): Public Relations Theory, Hillsdale, S. 17-44.

GRUNIG, J.E. (1993): On the Effects of Marketing, Media Relations, and Public Relations: Images, Agendas, and Relationships, in: W. Armbrecht, H. Avenarius und U. Zabel (Hrsg.): Image und PR. Kann Image Gegenstand einer Public Relations-Wissenschaft sein?, Opladen, S. 263-295.

GRUNIG, J.E. UND C.-J.F. HUNG (2002): The Effect of Relationships on Reputation and Reputation on Relationships: A Cognitive, Behavioral Study, Paper presented at the PRSA Educator's Academy 5th Annual International, Interdisciplinary Public Relations Research Conference, Miami, Florida, March 8-10, 2002.

GRUNIG, J.E. UND L.A. GRUNIG (1989): Toward a Theory of the Public Relations Behavior of Organizations: Review of a Program of Research, in: Public Relations Research Annual, 1, S. 27-63.

GRUNIG, J.E. UND T. HUNT (1984): Managing public relations, New York.

HALLAHAN, K. (1999): Content Class as a Contextual Cue in the Cognitive Processing of Publicity Versus Advertising, in: Journal of Public Relations Research, 11 (4), S. 293-320.

HOMBURG, C. UND A. GIERING (2001): Messung von Markenzufriedenheit und Markenloyalität, in: F.-R. Esch (Hrsg.): Moderne Markenführung. Grundlagen – Innovative Ansätze – Praktische Umsetzungen, 3. Aufl., Wiesbaden, S. 1159-1170.

HON, L.C. (1997): What Have You Done For Me Lately? Exploring Effectiveness in Public Relations, in: Journal of Public Relations Research, 9 (1), S. 1-30.

HUANG, Y.-H. (2001): OPRA: A Cross-Cultural, Multiple-Item Scale for Measuring Organization-Public Relationships, in: Journal of Public Relations Research, 13 (1), S. 61-90.

HUBER, F., A. HERRMANN UND M. WEIS (2001): Markenloyalität durch Markenpersönlichkeit. Ergebnisse einer empirischen Studie im Automobilsektor, in: Marketing ZFP, 23 (1), S. 5-15.

HUTTON, J.G. (1997): A study of brand equity in an organizational-buying context, in: Journal of Product & Brand Management, 6 (6), S. 428-439.

HUTTON, J.G., M.B. GOODMAN, J.B. ALEXANDER UND C.M. GENEST (2001): Reputation management: the new face of corporate public relations?, in: Public Relations Review, 27 (3), S. 247-261.

JO, S. (2004): Effect of content type on impact: editorial vs. advertising, in: Public Relations Review, 30 (4), S. 503-512.

KELLER, K.L. (1993): Conceptualizing, Measuring, and Managing Customer-Based Brand Equity, in: Journal of Marketing, 57 (1), S. 1-22.

KIM, S.-H., J.P. CARVALHO UND C.E. COOKSEY (2007): Exploring the effects of negative publicity: News coverage and public perceptions of a university, in: Public Relations Review, 33 (2), S. 233-235.

KIM, Y. (2001): Measuring the Economic Value of Public Relations, in: Journal of Public Relations Research, 13 (1), S. 3-26.

KIOUSIS, S., C. POPESCU UND M. MITROOK (2007): Understanding Influence on Corporate Reputation: An Examination of Public Relations Efforts, Media Coverage, Public Opinion, and Financial Performance From an Agenda-Building and Agenda-Setting Perspective, in: Journal of Public Relations Research, 19 (2), S. 147-165.

KLAPPER, J.T. (1960): The effects of mass communication, Gleonceo.

LEDINGHAM, J.A. UND S.D. BRUNING (1998): Relationships Management in Public Relations: Dimensions of an Organization-Public Relationship, in: Public Relations Review, 24 (1), S. 55-65.

MICHELL, P., J. REAST UND J. LYNCH (1998): Exploring the Foundations of Trust, in: Journal of Marketing Management, 14 (1/2), S. 159-172.

MORGAN, R.M. UND S.D. HUNT (1994): The Commitment-Trust Theory of Relationship Marketing, in: Journal of Marketing, 58 (3), S. 20-38.

POLLOCK, T.G. UND V.P. RINDOVA (2003): Media legitimation effects in the market for initial Public Offerings, in: Academy of Management Journal, 46 (5), S. 631-642.

ROLKE, L. (2003): Produkt- und Unternehmenskommunikation im Umbruch. Was die Marketer und PR-Manager für die Zukunft erwarten, Frankfurt/Main.

ROLKE, L. (2007): Unternehmenskommunikation nach Kennzahlen managen. Eine Einführung, in: pr-Magazin, 38 (3), S. 49-54.

RONNEBERGER, F. UND M. RÜHL (1992): Theorie der Public Relations. Ein Entwurf, Opladen.

RÖTTGER, U. (2008): Public Relations, in: M. Bruhn, F.-R. Esch und T. Langner (Hrsg.): Handbuch Kommunikation – Grundlagen, innovative Ansätze, praktische Umsetzungen, Wiesbaden, S. 67-83.

SCHULZE VAN LOON, D. (2005): GPRA – das Qualitätssiegel für Public Relations; Online unter: http://www.pr-quide.de/index.php?id=190&tx_ttnews[tt_news]=665&tx_tt news[backPid]=4&cHash=9816a90d88 (Zugriff vom 31.01.2007).

SCHUSTER, H. (2005): Wie misst man Markenerfolg? Eine Systematisierung entlang der Markenerfolgskette, in: GfK – Jahrbuch der Absatz- und Verbrauchsforschung, 51 (3), S. 220-241.

SELNES, F. (1998): Antecedents and consequences of trust and satisfaction in buyer-seller relationships, in: European Journal of Marketing, 32 (3/4), S. 305-322.

SHETH, J. (2000): Relationship Marketing – Paradigm Shift or Shaft, in: J. Sheth und A. Parvatiyar (Hrsg.): Handbook of Relationship Marketing, Thousand Oaks, S. 609-620.

SULLIVAN, M.W. (1998): How Brand Names Affect the Demand for Twin Automobiles, in: Journal of Marketing Research, 35 (2), S. 154-165.

TOSUN, N. (2004): Financial value and public relations, in: Corporate Communications: An International Journal, 9 (3), S. 202-208.

VAN RIEL, C.B.M. UND C.J. FOMBRUN (2007): Essentials of Corporate Communication. Implementing practices for effective reputation management, London, New York.

WANG, G. (2002): Attitudinal Correlates of Brand Commitment: An Empirical Study in: Journal of Relationship Marketing, 1 (2), S. 57-74.

YANG, S.-U. (2005): The Effects of Organization-Public Relationships on Organizational Reputation from the Perspective of Publics, Dissertation, Faculty of the Graduate School of the University of Maryland, Maryland.

YANG, S.-U. (2007): An Integrated Model for Organization-Public Relational Outcomes, Organizational Reputation, and Their Antecedents, in: Journal of Public Relations Research, 19 (2), S. 91-121.

ZERFAß, A. UND J. PFANNENBERG (2005): Kommunikations-Controlling: Neue Herausforderungen für das Management, in: J. Pfannenberg und A. Zerfaß (Hrsg.): Wertschöpfung durch Kommunikation. Wie Unternehmen den Erfolg ihrer Kommunikation steuern und bilanzieren, Frankfurt/Main, S. 14-26.

Manfred Kirchgeorg und Christiane Springer

Zielgruppenorientierte Steuerung der Unternehmenskommunikation

1 Herausforderungen für die Unternehmenskommunikation 207

2 Stakeholderorientierung in der Zielgruppenbetrachtung 208

3 Differenzierung von stakeholderspezifischen Beziehungszyklen 211

4 Analyse des Kundenbeziehungszyklus
 zur Steuerung der Kundenkommunikation 215

5 Ableitungen für eine stakeholderübergreifende
 Unternehmenskommunikation 218

1 Herausforderungen für die Unternehmenskommunikation

Obwohl die Unternehmenskommunikation gerade auf stagnierenden und gesättigten Märkten zu einem wesentlichen Erfolgsfaktor avanciert (Esch 1992, S. 9 ff.; Tomczak und Müller 1992, S. 18 ff.), stehen Marketingmanager vor der Herausforderung, welche Kommunikationsinstrumente für eine effektive und effiziente Zielgruppenansprache auszuwählen sind (Bruhn 2001, S. 1 f.). Die Frage nach dem optimalen Mix der Kommunikationsinstrumente ist nicht neu, jedoch erlangt sie vor dem Hintergrund der folgenden Problemfelder in den letzten Jahren eine besondere Brisanz (Riesenbeck und Perry 2007, S. 11 ff.; Kirchgeorg und Springer 2006, S. 13 ff.; Burmann und Heemann 2006, S. 5 f.; Bruhn 2005, S. 74 ff.; Piwinger und Porák 2005, S. 47; Tomczak et al. 2005, S. 28 ff.; Pürer 2003, S. 59 ff.; Schaller et al. 2003, S. 152 ff.; Brünne et al. 1987, S. 1 ff.):

■ Fragmentierung
Die Auswahl und Koordination der Kommunikationskanäle wird angesichts der Instrumentevielfalt und den über verschiedene Unternehmensabteilungen verantwortlichen Zuständigkeiten für einzelne Zielgruppen erschwert. Darüber hinaus haben die zur Verfügung stehenden Medien und Kommunikationsinstrumente, die einen Zugang zu den Unternehmenszielgruppen schaffen können, in hohem Maße zugenommen. Obgleich das Angebot von vielfältigen Kommunikationswegen eine individuellere Zielgruppenansprache erlaubt, so wirkt sich die Zunahme der Werbe- und Kommunikationsimpulse bei gleichzeitiger Verringerung der Reichweiten kontraproduktiv aus.

■ Informationsüberflutung
Durch die Zunahme der von den Unternehmen gesendeten Kommunikationsimpulse bei relativ konstantem Medienkonsum der Zielgruppen treten Phänomene der Informationsüberflutung in verstärktem Umfang auf. Die Ursache kann einerseits in einer großen Informationsmenge begründet sein (quantitative Informationsbelastung) und andererseits auf einer schlechten Informationsqualität beruhen (qualitative Informationsbelastung). Beide Formen haben zur Folge, dass die Informationen durch die biologischen Grenzen des Menschen und die eingeschränkt zur Verfügung stehenden Zeitressourcen nur begrenzt und selektiv aufgenommen und verarbeitet werden.

■ Wertorientierung
Bedingt durch den stattfindenden Umbruch im Kommunikationsmarkt und durch steigende Ausgaben für die Bereitstellung von Kommunikationsmaßnahmen verschärft sich die Dringlichkeit der Wertorientierung in der Unternehmenskommunikation. Trotz der wachsenden Bedeutung fehlt es bisher an leistungsfähigen An-

Manfred Kirchgeorg und Christiane Springer

sätzen zur umfassenden, integrierten, systematischen Steuerung und Kontrolle des Kommunikationserfolges von beworbenen Marken. Die gegenwärtig praktizierten Methoden sind insgesamt stark einzeldisziplinär geprägt und weisen lediglich Teilaspekte der Gesamtkommunikation eines Unternehmens aus. Damit wird ein gravierendes Controlling-Defizit deutlich, das Fehleinschätzungen bei der Bewertung von Kommunikation fördert und in der Konsequenz zu einer Fehlallokation des Budgets führt.

Die hier aufgeführten Aspekte verdeutlichen, dass der Grenznutzen einzelner Kommunikationsmaßnahmen sinkt, die Differenzierung via Kommunikation immer schwieriger wird und der wirtschaftliche Nutzen oftmals schwer nachweisbar ist (Zerfaß 2007, S. 22). Somit sind die bisherigen traditionellen Strategien und Techniken im Kommunikationsbereich zu überdenken und weiterzuentwickeln. Die veränderten Rahmenbedingungen, die sich aus der Wettbewerbsintensität auf sämtlichen Absatz- und Ressourcenmärkten (Bramann 2004, S. 1 ff.; Ambler und Barrow 1996, S. 185 ff.) ergeben, akzentuieren die Notwendigkeit einer differenzierten kommunikationsspezifischen Marktbearbeitung. Eine zielgruppengerechte und kontrollierte Ansprache verschiedener Stakeholdergruppen gewinnt an Relevanz für den langfristigen Unternehmenserfolg (Grobe 2003, S. 2 ff.; Kirchgeorg und Lorbeer 2002, S. 4 ff.; Gomez und Wunderlin 2000, S. 432), sodass in direkter Konsequenz eine verstärkte Stakeholderorientierung in der Zielgruppenbetrachtung zu verzeichnen ist.

2 Stakeholderorientierung in der Zielgruppenbetrachtung

Der Stakeholderbezug hat auch in die Marketingdefinitionen als konstitutiver Bestandteil Einzug gehalten (AMA 2008; Meffert et al. 2008, S. 12 ff.). Im Rahmen einer integrierten Kommunikationsstrategie eines Unternehmens gilt es die verschiedenen Stakeholdergruppen, gemäß ihren Beziehungsstatus mit Inhalten sowie Instrumenten auf möglichst effektive und effiziente Weise anzusprechen. Vielfach stellt jedoch die Koordination der Unternehmenskommunikation gegenüber den verschiedenen Stakeholdergruppen eine besondere Herausforderung dar, weil unterschiedliche Abteilungen (HR, Investor Relations, Corporate PR, Marketing, CRM, Sales etc.) für einzelne Stakeholdergruppen verantwortlich sind. Die Fragmentierung dieser Verantwortlichkeiten erschwert den Anspruch einer integrierten Kommunikationsstrategie für die Unternehmensziel- bzw. Stakeholdergruppen.

Der Begriff Stakeholder, der sich bis in das Jahr 1703 zurückverfolgen lässt (Fiedler 2007, S. 13), wird gemäß Freeman als "any group or individual who can affect or is affected by the achievement of an organizations purpose"(Freeman 1984, S. 46) de-

208

Zielgruppenorientierte Steuerung der Unternehmenskommunikation

finiert. Die anfänglich abstrakten und schwer abgrenzbaren Versuche der Stakeholdereinteilung (Freeman und Reed 1983, S. 93 f.) wurden sukzessive durch vereinfachte Ansätze abgelöst, die eine bessere Nachvollziehbarkeit gewährleisteten. Zu diesen Heuristiken zählt der „Zürcher Ansatz", der eine theoretische Einordnung der generischen Stakeholder in vier, sich gegenseitig bedingende Sphären vorschlägt (Rauschenberger 2002, S. 32):

- Unternehmenssystem
  Die Innenwelt umfasst die internen Stakeholdergruppen, wie z. B. Eigentümer, Manager, Aufsichtsräte und Mitarbeiter.

- Wirtschaftssystem
  Zur Außenwelt gehören Stakeholdergruppen des Absatz- und Beschaffungsmarktes, wie z. B. Kunden, Lieferanten, Händler, Konkurrenten, externe Kapitalgeber, Banken, Analysten und potenzielle Mitarbeiter.

- Gesellschaftssystem
  Die Außenwelt umfasst darüber hinaus weitere Stakeholdergruppen, wie z. B. Politiker, Behörden, Medien, Gewerkschaften, Bildungsanstalten und sonstige Interessengruppen.

- Ökologisches System
  Die Außenwelt schließt ebenso die Interessen der natürlichen Umwelt ein, die durch spezielle Interessengruppen, wie z. B. Anwaltsgruppen, vertreten werden.

Die hierbei rollenbasierte Definitionsbetrachtung der Stakeholdergruppen beruht allerdings auf der undifferenzierten normativen Annahme, dass die Interessen und Ansprüche innerhalb der Gruppen homogen sind. Bereits Freeman übte 1984 Kritik an diesem Primat der Rolle (Freeman 1984, S. 54), auch wenn die klassische Sichtweise aus Praktikabilitätsgründen bis heute Anwendung in den empirischen Untersuchungen findet. Aus diesem Grund sollten die ermittelten Ergebnisse stets unter Einbeziehung der impliziten Prämissen gewürdigt werden.

Neben der Einteilung und Einordnung der verschiedenen Stakeholdergruppen existieren in der Literatur weiterführend zahlreiche Ansätze, die Gruppen hinsichtlich ihrer Bedeutung für ein Unternehmen zu strukturieren. Die hierbei aufgestellten Hierarchien beruhen auf den wesentlichen Erkenntnissen, dass jede Gruppe einen spezifischen Wertbeitrag für ein Unternehmen leistet und dass diese Wertbeiträge letztlich von unterschiedlicher Wichtigkeit für den langfristigen Unternehmenserfolg sein können (Fiedler 2007, S. 68 ff.). Die Abschätzung des Bedeutungsgrades und die adäquate Berücksichtigung berechtigter Stakeholderinteressen (Herrmann 2005, S. 107 ff.) sind erforderlich, um die Unternehmenskommunikation entsprechend auszurichten. Formal gesehen würde dabei einer Person, die mehreren Gruppen angehört, eine dominantere Rolle zugeordnet werden. Dieser Fakt der multiplen Stakeholderbeziehung wird jedoch von der Mehrzahl der in der Literatur zu findenden Strukturierungsversuche (vgl. Tabelle 2-1) vernachlässigt. Folglich werden die Gruppen als generisch

Manfred Kirchgeorg und Christiane Springer

gegeben angesehen, um ihre Bedeutung für die Unternehmen vereinfacht bewerten zu können.

Tabelle 2-1: *Sekundärempirische Ergebnisse zu Rangreihen der Stakeholder- und Zielgruppenbedeutung*

Autor	Rang 1	Rang 2	Rang 3	Rang 4	Rang 5	Rang 6	Rang 7	Rang 8	Rang 9	Rang 10
Stippel (1998)	Kunden	Shareholder	Mitarbeiter	Lieferanten	Gesellschaft					
Walker Information (1999)	Kunden	Mitarbeiter	Shareholder	Lieferanten	Gemeinden	Staat	Finanzanalysten			
Bruhn/Boenigk (1999)	Aktuelle Kunden	Potenzielle Kunden	Mitarbeiter	Händler	Medien	Banken/ Anteilseigner	Lieferanten	Staat/ Behörden		
Einwiller/Will (2001)	Financial Community	Kunden	Potenzielle Mitarbeiter	Medien	Mitarbeiter	Öffentlichkeit	Politik	Branchenpartner	NGO's	
Capital (2002)	Kunden	Mitarbeiter	Geschäftspartner	Allgemeine Öffentlichkeit	Banken	Journalisten	Hochschulen	Behörden	Politik	
Zühlsdorf (2002)	Journalisten/ Multiplikatoren	Kunden/ Lieferanten	Allgemeine Öffentlichkeit	Führungskräfte/ Mitarbeiter	Politiker/ staatl. Institutionen	Aktionäre/ Kapitalgeber	Bürgerinitiativen/ Umweltverbände	Wettbewerber	Verbandsfunktionäre	Gewerkschafter
Manager Magazin (2002)	Kunden	Geschäftspartner	Banken	Mitarbeiter	Allgemeine Öffentlichkeit	Journalisten	Universitäten/ Hochschulen	Behörden		
Kranz (2004)	Konsumenten	Potenzielle Mitarbeiter	Privatanleger							
Franzen et al. (2005)	Mitarbeiter	Anteilseigner	Kunden	Öffentlichkeit						
Fraunhofer Institut (2007)	Kunden	Geschäftspartner	Management	Mitarbeiter	Anteilseigner/ Inhaber	Öffentlichkeit				
Fiedler (2007)	Kunden	Mitarbeiter	Medien	Aktionäre						
Bernat/Groß (2007)	Medien	Kunden	Mitarbeiter	Investoren	Politik/ Interessengruppe	Allgemeine Öffentlichkeit	Lieferanten			

Der tabellarische Überblick der sekundärempirischen Ergebnisse zeigt zunächst ein relativ uneinheitliches Bild der Bedeutungsrangreihen. Als Gründe hierfür sind insbesondere Divergenzen im Untersuchungsdesign und in der Erhebungsmethodik anzubringen. Dennoch wird in einer weiterführenden Gegenüberstellung der absoluten Nennungen und Gewichtungen deutlich, dass sich Tendenzen einer weiter gefassten Gruppenabgrenzung abzeichnen. So gehören die Kunden, Mitarbeiter, Journalisten und Shareholder zu den besonders relevanten Bezugsgruppen der Unternehmen. Im

Zielgruppenorientierte Steuerung der Unternehmenskommunikation

Vergleich dazu nehmen Vertreter der Wettbewerber, Politik, Behörden, Hochschulen und Gewerkschaften eine geringere Bedeutung ein.

Zur Ausrichtung der Unternehmenskommunikation reicht es jedoch nicht allein aus, die Bedeutungsrangreihe und die stakeholderspezifischen Anforderungen und Besonderheiten zu ermitteln. Es gilt darüber hinaus die formale Beziehung zwischen den Personen zum Unternehmen in einzelne Beziehungsphasen zu zerlegen, um anhand des Verbundenheitsgrades die Kommunikation weiter zu spezifizieren. Die Analyse der Beziehungszyklen ist deshalb so substanziell, da vielfach Abschmelzverluste im Zeitverlauf zu beobachten sind, sodass die berechtigte Gefahr einer Unterbrechung der jeweiligen Unternehmensbeziehung vorliegt. Deshalb sind im Rahmen des Beziehungs- und Bindungsmanagement eines Unternehmens die so genannten Bindungslücken zu identifizieren, um mit entsprechenden Marketing- bzw. Kommunikationsmaßnahmen den Abschmelzverlusten vorzubeugen. Hierbei ist nicht nur die Wahl von geeigneten Instrumenten von Belang, sondern auch die Berücksichtigung stakeholderspezifischer Bedürfnisse. Infolgedessen werden im nächsten Schritt die stakeholderspezifischen Beziehungszyklen für die besonders relevanten Gruppen charakterisiert.

3   Differenzierung von stakeholderspezifischen Beziehungszyklen

In den ursprünglichen austauschtheoretischen Überlegungen wurde der Aspekt des zeitbezogenen Verlaufs von Beziehungen kaum thematisiert. Erst später werden unterschiedliche Konzepte zur Identifizierung von allgemeinen Beziehungsphasen in der Literatur vorgestellt, die die Stakeholderbeziehungen im Zeitablauf betrachten. Ein Überblick der wichtigsten Phasenkonzepte von allgemeinen Austauschbeziehungen ist in der Tabelle 3-1 dargestellt. Diese lassen sich hinsichtlich ihrer Phasenabgrenzung, des entsprechenden Differenzierungsgrades der einzelnen Phasen und der theoretischen Begründung unterteilen. Trotz der Unterschiede in den aufgestellten Konzepten sind gewisse Ähnlichkeiten in den vorgenommenen Phasenstrukturierungen erkennbar. So gehören die Initiierung bzw. Anbahnung, die Sozialisation bzw. Vertiefung, das Finale bzw. die Abwicklung und die Reife bzw. Stabilisierung zu den wesentlichen vier Phasen. Für einige Autoren gehört zur vollständigen Einteilung der Austauschbeziehung ebenso der weitere Beziehungsverlauf von der Auflösung bis hin zur Rückgewinnung.

Manfred Kirchgeorg und Christiane Springer

Tabelle 3-1: *Phasenkonzepte zu allgemeinen Austauschbeziehungen*

Autor	Phase 1	Phase 2	Phase 3	Phase 4	Phase 5	Phase 6	Phase 7	Phase 8
Ford (1980)	Pre-relationship	Early	Development	Long Term	Final			
Frazier (1983)	Initiation	Implementation	Review					
Dwyer et al. (1987)	Awareness	Exploration	Expansion	Commitment	Dissolution			
Hentschel (1991)	Kennenlernen	Vertiefung	Routine	Infrage-stellung				
Homburg/Daum (1997)	Kenntnis-nahme	Frühe Entwicklung	Späte Entwicklung	Höchste Einbindung				
Diller (1995)	Vorbeziehung	Start	Penetration	Reife	Krise	Trennung		
Jung (1999)	Suche	Vereinbarung	Anpassung/ Kontrolle	Beendigung				
Stauss (2000)	Anbahnung	Sozialisation + Gefährdung	Wachstum + Gefährdung	Reife + Gefährdung	Degeneration	Kündigung	Abstinenz	Rück-gewinnung
Bruhn (2001)	Anbahnung	Sozialisation	Wachstum	Reife	Gefährdung	Auflösung	Abstinenz	
Schmitz (2001)	Anbahnung	Stabilisierung	Auflösung					
Buchholtz (2001)	Anbahnung	Vereinbarung	Abwicklung	Kontrolle	Anpassung			
Burmann et al. (2003)	Initiierung	Sozialisation	Vertiefung	Ausweitung	Stabilisierung	Rück-gewinnnung		

Obwohl diese Art von Phasenkonzepten grundsätzlich für extensive Austauschbeziehungen, bei der alle Phasen durchlaufen werden, entwickelt wurden, eignen sie sich auch für limitierte Prozessbetrachtungen, da einzelne Phasen durchaus verkürzt oder übersprungen werden können (Blackwell 2006, S. 70 ff.). Im Folgenden werden die vier wesentlichen Phasen aus Sicht der Kunden, Mitarbeiter, Journalisten und Shareholder diskutiert (Herrmann 2005, S. 226 f.) und in Abbildung 3-1 zusammenfassend dargestellt:

■ Kundenbeziehungszyklus

Ein Unternehmen richtet sein Leistungsportfolio von Produkten und Dienstleistungen zunächst an den Neukunden aus. Das Wahrnehmen und Kennenlernen des Unternehmens und der entsprechenden Marken ist Grundvoraussetzung für die Herausbildung eines Markenimages auf Kundenseite. Wird die im relevanten Set befindliche Marke zunehmend präferiert und anderen Marken vorgezogen, so

Zielgruppenorientierte Steuerung der Unternehmenskommunikation

schließt sich die Kaufentscheidung der Marke an. Dies hat zur Folge, dass aus dem Neukunden ein Erstkunde wird. Sobald sich der Kauf der Marke regelmäßig wiederholt, wird aus dem Erstkunden ein Stammkunde. Dementsprechend lauten die essentiellen kundenspezifischen Beziehungsphasen: Bekanntheit, Vertrautheit, Kaufentscheidung und Loyalität (Riesenbeck und Perrey 2004, S. 118 ff.; Caspar und Metzler 2002, S. 11).

- Mitarbeiterbeziehungszyklus
  Da Wissen als bestimmende wirtschaftliche Ressource betrachtet werden kann, ist die kontinuierliche Anwerbung von potenziellen Arbeitnehmern unabdingbar für die reibungslose Fortführung der Unternehmensgeschäfte. Im Wettbewerb um hochqualifizierte Mitarbeiter stehen die Unternehmen in der Verantwortung, sich als attraktive Arbeitgebermarken in den Köpfen der Zielgruppen zu verankern. Somit geht die Anwerbung geeigneter Personen einher mit dem Auftakt einer möglichen Unternehmensbeziehung. Denn kann sich das Unternehmen durch verschiedene Anforderungskriterien (Kirchgeorg et al. 2007, S. 38 ff.; Grobe 2003, S. 39) von anderen Wettbewerbern differenzieren, so mündet die Bewerbungsabsicht des Kandidaten zunächst in eine Bewerbung und bei Profileignung im Folgeschritt in eine Zusage. Es sollte von beiden Seiten die Zielstellung verfolgt werden, ein langfristiges Beschäftigungsverhältnis anzustreben. Insofern gehören die Bekanntheit, die Bewerbungsabsicht, die Bewerbungszusage und der Verbleib zu den wesentlichen Phasen der Mitarbeiterbeziehung.

- Journalistenbeziehungszyklus
  Entsprechend der oben aufgeführten Beziehungen zwischen dem Unternehmen und den Kunden bzw. Mitarbeitern kann auch der Beziehungszyklus der Journalisten skizziert werden. Die Bekanntheitsphase, in der die Medien erstmals auf die Unternehmensaktivitäten aufmerksam werden, wandelt sich in eine Berichtsabsicht, sofern sich die Unternehmensinformationen für eine Pressemitteilung eignen. Wird diese veröffentlicht und findet positive Resonanz, dann besteht für das Unternehmen ein Interesse, die Zusammenarbeit mit den jeweiligen Journalisten zu intensivieren, um wiederholte positive Unternehmensberichte zu erlangen. Folglich kennzeichnen die Phasen Bekanntheit, Berichtsabsicht, Berichterstattung und wiederholte Berichte den Journalistenbeziehungszyklus.

- Shareholderbeziehungszyklus
  Abschließend gilt es, die Beziehungsphasen zwischen den Unternehmen und den Shareholdern zu spezifizieren. Obwohl die obligatorischen Kommunikationsmaßnahmen des Investor Relation Marketing durch verschiedene Gesetze vorgeschrieben sind (Wichels 2002, S. 22), müssen sie den potenziellen Investoren noch nicht bekannt sein. Der verstärkte Wettbewerb an den Kapitalmärkten verlangt eine genaue Kenntnis der Financial Community-Zielgruppen und ihrer Bedürfnisse, um das Unternehmen so zu positionieren, dass es von den Anlegern am Ende präferiert wird. Wird dieses Bestreben erreicht, so schließen sich die Phasen der Investi-

tionsabsicht und Kaufentscheidung an. Und auch wenn es für das Ziel der Aktienwert-Maximierung nicht ausreicht, wenn die bestehenden Investoren ihre Anteile nur weiterhin halten, so ist dies dennoch eine Grundvoraussetzung für die fortdauernde Nachfrage nach Unternehmensaktien und der damit verbundenen Kurssteigerungen. Auf diese Weise gehören die Phasen der Bekanntheit, der Investitionsabsicht, der Kaufentscheidung und das Halten von Aktien zu den wesentlichen shareholderspezifischen Beziehungsphasen.

Abbildung 3-1: Beziehungszyklen der wesentlichen Stakeholdergruppen

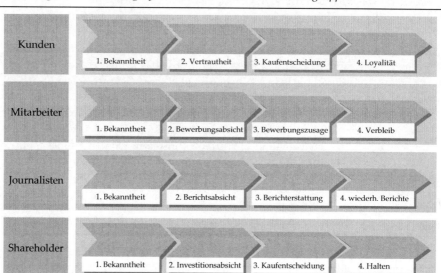

Vor allem die Kundenorientierung und damit die Berücksichtigung des Kundenbeziehungszyklus haben einen besonderen Stellenwert für die Unternehmen (Zellner 2003, S. 1). Schlagworte wie „Kundenbindungsmanagement", „Relationship Marketing", „Customer Retention" oder „Customer Recovery" prägen verstärkt die praxis- und wissenschaftlich orientierten Diskussionen (Meffert 2007, S. 4; Payne und Frow 2005, S. 167 ff.; Lorbeer 2003, S. 3). Aus diesem Grund wird im folgenden Kapitel eine nähere Analyse des Kundenbeziehungszyklus vorgenommen, um beispielhaft für diese Stakeholdergruppe Aussagen über die Ausgestaltung der Unternehmenskommunikation vornehmen zu können.

4 Analyse des Kundenbeziehungszyklus zur Steuerung der Kundenkommunikation

Neue Kundenbeziehungen aufzubauen und die bestehenden Beziehungen zu pflegen und weiterzuentwickeln sollte für jedes Unternehmen höchste Maxime sein. Die Bedingungen auf gesättigten Märkten veranlassen jedoch viele Unternehmen, einen Großteil der Werbeanstrengungen zu investieren, um Wechselkäufer von den vermeintlichen Vorzügen des eigenen Produktprogramms zu überzeugen (Kunz 1996, S. 15), während die Potenziale des bestehenden Kundenstamms vernachlässigt werden. Doch selten führen gemäß der häufig zitierten Pareto-Regel (Bartl 1992, S. 42) erhöhte Kundenfluktuationen mithilfe unstrukturierter und wahlloser Akquisitionsbemühungen zum gewünschten finanziellen Erfolg. Es ist aus Unternehmenssicht oftmals viel aussichtsreicher, vorhandene Kundenbeziehungen aufrecht zu erhalten, als neue Kunden zu akquirieren (Kunz 1996, S. 18). Als Gründe lassen sich hierfür folgende allgemeine Prinzipien anführen: Eine teure Neukundengewinnung geht zu Lasten der Pflege von profitablen Stammkunden und je länger die Beziehung zu einem Kunden andauert, umso profitabler entwickelt sich diese (Reichheld und Sasser 1990, S. 111). Es gibt jedoch keine Garantie dafür, dass ein Stammkunde am Ende auch ein profitabler Kunde sein wird (Krafft und Götz 2006, S. 343 ff.; Panzer 2003, S. 120 ff.; Reinartz und Kumar 2002, S. 86 ff.). Deshalb sind moderne Ansätze gefordert, die ermittelten Stammkundensegmente mithilfe zielgruppenspezifischer Kommunikationsaktivitäten zu steuern, um so die Effektivität und Effizienz der Maßnahmen zu erhöhen (Bruhn und Georgi 2005, S. 591 ff.; Payne und Frow 2005, S. 167 ff.).

Zur detaillierten Analyse des unternehmens- als auch branchenspezifischen Kundenbeziehungszyklus und des Einsatzes von geeigneten Kommunikationsinstrumenten können die Ergebnisse der wissenschaftlichen LiveTrend-Studien (vgl. Kirchgeorg et al. 2008; Kirchgeorg et al. 2007; Kirchgeorg und Springer 2006; Kirchgeorg und Springer 2005; Kirchgeorg und Klante 2003) herangezogen werden. Das umfassende Befragungssample, welches sich aus knapp 400 verantwortlichen Marketingmanagern führender Unternehmen aus insgesamt neun Schlüsselbranchen in Deutschland zusammensetzt, liefert profunde Aussagen über den Status Quo und die Entwicklungsperspektiven der Unternehmenskommunikation.

Hinsichtlich der Kundenstruktur bestätigen die Durchschnittsergebnisse die oben aufgezeigte Marktsituation, in der die Neukundenpotenziale in hohem Maße ausgeschöpft und Unternehmen verstärkt auf ihre Stammkunden angewiesen sind. Der Stammkundenanteil liegt bei den befragten Unternehmen in den LiveTrends 2006 bei 74,2%. 18% der Kundenbasis werden als Neukunden eingestuft. Die Kundenabwanderungsrate liegt bei 7,8%. Damit wäre nahezu die Hälfte der Neukundengewinnungen

Manfred Kirchgeorg und Christiane Springer

notwendig, um die Abwanderungszahlen auszugleichen. Oftmals wird dabei jedoch auf Unternehmensseite unterschätzt, dass die Kundenrückgewinnung erheblich kostengünstiger als die Neukundengewinnung ist (Heun 2002, S. 20 f.). Diese Kostendifferenzen resultieren nicht nur aus den unterschiedlichen Kontakthäufigkeiten, sondern vor allem durch die Verwendung verschiedener Kommunikationsinhalte, für die verschiedene Mediengattungen zu wählen sind. Es ist plausibel, dass ein Neukunde anders anzusprechen ist, als ein Kunde, der bereits mehrmals bei einem Unternehmen gekauft und sich dann von diesem wieder distanziert hat. Allerdings gewinnt die optimale Zielgruppenerreichung in einer durch Fragmentierung und Informationsüberflutung (Wiedmann et al. 2000, S. 16 f.) geprägten Kommunikationsepoche an Komplexität, sodass der Wahl geeigneter Kommunikationsinstrumente im Kundenbeziehungszyklus eine besondere Bedeutung zukommt.

Tabelle 4-1: *Primärempirische Ergebnisse zu sehr gut geeigneten Kommunikationsinstrumenten im Kundenbeziehungszyklus*

Autor	Erhöhung der Bekanntheit		Aufbau von Vertrauen		Erhöhung der Kaufentscheidungen		Stärkung der Loyalität	
Gesamt	Klassische Werbung	(64,5%)	Events	(23,7%)	Promotions	(42,6%)	Events	(36,6%)
nach Geschäftstyp:								
B2B-Bereich	Klassische Werbung	(58,7%)	Events	(26,3%)	Promotions	(32,7%)	Events	(51,3%)
B2C-Bereich	Klassische Werbung	(72,3%)	Klassische Werbung	(27,7%)	Promotions	(51,2%)	Direktmailings	(32,9%)
nach Unternehmensgröße:								
Mittelstand	Klassische Werbung	(72,1%)	Events	(33,3%)	Promotions	(51,1%)	Events	(26,7%)
Großuntern.	Klassische Werbung	(63,8%)	Messebeteiligung	(22,7%)	Promotions	(42,5%)	Events	(37,9%)
nach Branchen:								
Automotive	Klassische Werbung	(74,4%)	Events	(25,7%)	Promotions	(39,5%)	Direktmailings	(35,9%)
Fashion	Klassische Werbung	(66,8%)	Klassische Werbung	(19,1%)	Promotions	(52,4%)	Events	(30,2%)
Finance	Klassische Werbung	(67,5%)	Klassische Werbung	(30,0%)	Direktmailings	(37,5%)	Events	(31,7%)
Food	Klassische Werbung	(71,1%)	Klassische Werbung	(26,7%)	Promotions	(68,9%)	Promotions	(33,4%)
Health	Klassische Werbung	(68,4%)	Klassische Werbung	(26,3%)	Promotions	(38,1%)	Direktmailings	(26,2%)
High Tech	Klassische Werbung	(63,8%)	Events	(35,6%)	Promotions	(44,7%)	Events	(54,2%)
Industry	Klassische Werbung	(56,5%)	Messebeteiligung	(32,6%)	Promotions	(34,9%)	Messebeteiligung	(52,2%)
Supplier	Klassische Werbung	(43,3%)	Events	(32,1%)	Promotions	(41,4%)	Events	(48,3%)
Tourism	Klassische Werbung	(66,7%)	Neue Medien	(28,6%)	Events	(34,6%)	Direktmailings	(44,5%)

Zielgruppenorientierte Steuerung der Unternehmenskommunikation

Zur Analyse dieses Sachverhaltes wurden die Marketingmanager im Rahmen der LiveTrend-Studie gebeten, den Eignungsgrad von sechs Kommunikationsinstrumenten (Events, Direktmailings, Klassische Werbung, Messebeteiligung, Neue Medien und Promotions) zur Erreichung der bereits oben vorgestellten Kundenbeziehungsphasen einzuschätzen. In Tabelle 4-1 sind die als sehr gut für die jeweiligen Phasen geeigneten Kommunikationsinstrumente aus der Gesamt-, Geschäftstyp-, Unternehmensgrößen- und Branchen-Sicht zusammengefasst. Aus den Zahlen ergeben sich folgende aufschlussreiche Ergebnisse:

- Die Live Communication schafft Vertrauen und bindet Kunden.
  Zur „Erhöhung der Bekanntheit" plädiert die Mehrheit der Entscheider für die Instrumenteverwendung der klassischen Kommunikation. In den weiteren Kundenbeziehungsphasen, wenn es um die „Erhöhung von Vertrautheit" und der „Stärkung von Loyalität" geht, dominiert der Einsatz der Live Communication-Instrumente. Diese stellen die persönliche Begegnung und das aktive Erlebnis der Zielgruppe mit dem Hersteller und seiner Marke in einem inszenierten und häufig emotional ansprechenden Umfeld in den Mittelpunkt, wodurch einzigartige und nachhaltige Markenassoziationen vermittelt werden (Brühe 2003, S. 76; Kirchgeorg und Klante 2003, S. 11). Auf diese Weise können Instrumente der Live Communication, zu denen die u. a. Events, Messebeteiligungen und Brand Lands zählen, einen besonderen Beitrag zur Kundenbindung leisten, der über die klassische Kommunikation vielfach nicht erzielt werden kann.

- Die Kundenbindung wird verstärkt in den Fokus gerückt.
  In der Gegenüberstellung der sehr gut und gar nicht geeigneten Kommunikationsinstrumente in den einzelnen Phasen und den damit zu ermittelnden Eignungsgraden wird deutlich, dass es den Marketingmanagern bei den Phasen „Erhöhung der Kaufentscheidungen" und „Stärkung der Loyalität" leichter fällt, eine klarere Differenzierung ihrer Kommunikationsmaßnahmen vorzunehmen als in den ersten beiden Kundenbeziehungsphasen. Als Ursache kann angeführt werden, dass die Manager besonders in Folge der Wettbewerbssituation auf sämtlichen Absatz- und Ressourcenmärkten gefordert sind, dem entsprechend hohen Anteil an Stammkunden und deren Bedürfnissen gerecht zu werden.

- Die Kommunikationsinstrumente sind zielgruppenorientiert einzusetzen.
  Selbst die Einschätzung der sehr gut geeigneten Kommunikationsinstrumente fällt je nach Sichtweise unterschiedlich aus. Die größten Abweichungen vom Durchschnitt ergeben sich dabei in der Branchenbetrachtung. Hier verhalten sich ausschließlich die High Tech- und Supplier-Branche durchschnittskonform. Zum „Aufbau von Vertrauen" befürworten bspw. die Entscheidungsträger der Tourism-Branche den Einsatz Neuer Medien, während die Fashion-, Finance-, Food-, Health- und Industry-Branche die klassischen Werbemaßnahmen fortführen. Bei der „Erhöhung der Kaufentscheidungen" bewertet die Finance-Branche den Einsatz von Direktmailings als zielführend. Die Tourism-Branche setzt dagegen vor-

217

Manfred Kirchgeorg und Christiane Springer

rangig Events ein. Und für die abschließende Phase des Kundenbeziehungszyklus nutzen die Automotive-, Health und Tourism-Branche die Direktmailings zur Stärkung der Kundenbindung, während die Food-Branche verstärkt Promotionaktivitäten einsetzt und die Industry-Branche die Messebeteiligungen den Events vorzieht. Demzufolge wird die Effektivität der vorgegebenen Kommunikationsinstrumente in den verschiedenen Phasen des Kundenbeziehungszyklus von den Branchen äußerst unterschiedlich eingestuft. Insofern ist vor Pauschalaussagen über eine Aussteuerung des Kommunikationsmix zu warnen, da sonst mit gravierenden Fehlallokationen von Marketingressourcen zu rechnen ist.

Zusammenfassend bleibt festzuhalten, dass die Kunst der effektiven Bindung von Kunden ein differenziertes Vorgehen im Kundenbeziehungszyklus erfordert. Ein erfolgreiches Marketing begleitet den Kunden über alle Phasen beim Kauf einer Marke, sodass die Marketing-Ressourcen entlang des Kundenbeziehungszyklus bedarfsgerecht einzusetzen sind. Gerade in gesättigten und stagnierenden Märkten gewinnt die Aussteuerung der richtigen Kommunikationsinstrumente eine besondere Relevanz. Traditionelle Formen der Kundenansprache genügen allein oft nicht mehr, um sich im Wettbewerb zu behaupten (Riewoldt 2002, S. 8). Stattdessen werden Konzepte, die eine Kundenbindung und Kundenrückgewinnung in den Vordergrund stellen, wichtiger. Vor diesem Hintergrund sind die Unternehmen gefordert, ein modernes Kommunikationsverständnis zu erlangen, um das Potenzial ihrer Stammkunden optimal ausschöpfen zu können. Statt einseitiger und kurzfristiger Kommunikation sind zweiseitige Kommunikationsprozesse im Sinne von Dialogen gefragt, mit denen sich langfristige Beziehungen zwischen Unternehmen und Kunden aufbauen lassen. Während die Klassische Werbung als Treiber der Markenbekanntheit eingesetzt werden kann, so verliert sie, wenn es um die Stärkung der Kundenbindung geht. Hier werden die Instrumente der Live Communication verstärkt eingesetzt. Durch die persönliche und oftmals emotionale Begegnung sowie die dadurch mögliche Kundeninteraktion können die individualisierten Anforderungen der Kunden besser aufgenommen, interpretiert und in Dienst- und Produktleistungen überführt werden. Auf diese Weise erzielen die Unternehmen eine stärkere Bindung und Pflege ihrer Kunden.

5 Ableitungen für eine stakeholderübergreifende Unternehmenskommunikation

Mit Blick auf eine integrierte Unternehmenskommunikation, die den Ansprüchen der Effektivität und Effizienz gerecht werden soll, gilt es die Kommunikationsinstrumente und -inhalte auf die jeweiligen Beziehungsphasen der verschiedenen Stakeholder-

Zielgruppenorientierte Steuerung der Unternehmenskommunikation

gruppen auszurichten. Letztlich können die Erfahrungen des Customer Relationship Management (CRM) in einen Ansatz zum Stakeholder Relationship Management (SRM) überführt werden. So sind die Kommunikationsinstrumente und -inhalte für die jeweiligen Stakeholdergruppen differenziert nach ihrem Beziehungsstatus zu koordinieren. In diesem Zusammenhang stellt sich die Schlüsselfrage, inwieweit Instrumente und Botschaftsinhalte stakeholderübergreifend oder stakeholderspezifisch auszurichten sind.

Abbildung 5-1: Dimensionen der integrierten Unternehmenskommunikation

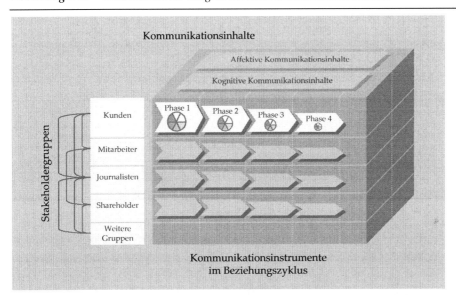

In der Abbildung 5-1 sind schematisch die wichtigsten Dimensionen dargestellt, die es im Rahmen der Unternehmenskommunikation abzustimmen gilt:

▪ Dimension der Stakeholdergruppen
Gemäß den diskutierten Beziehungshierarchien sind die Kommunikationsprioritäten gegenüber den Stakeholdergruppen festzulegen. Dabei ist die Bedeutung der jeweiligen Gruppen unternehmensindividuell zu definieren. Folgt man dem traditionellen rollenbasierten Ansatz zur Segmentierung von Stakeholdergruppen, dann führt dies unweigerlich dazu, dass Überschneidungen zwischen den Stakeholdergruppen nicht die Ausnahme sondern die Regel sind. So können Mitarbeiter eines Unternehmens gleichzeitig Kunden wie auch Shareholder sein. Eine unabgestimmte Unternehmenskommunikation wird bei diesen Zielgruppen zu erheblichen Irritationen führen.

- Dimension der Kommunikationsinhalte
  Grundsätzlich können affektive bzw. emotionale und kognitive bzw. rationale Kommunikationsinhalte unterschieden werden. Erste Untersuchungen über die Wirkungen eher emotional oder rational ausgerichteter Unternehmensbotschaften gegenüber den relevanten Stakeholdergruppen lassen erkennen, dass emotionale Ansprachen besonders zur zielgruppenübergreifenden Kommunikation geeignet sind (Fiedler und Kirchgeorg 2007, S. 177 ff.; Fiedler 2007, S. 197 ff.). Hingegen sind bei den Sachinformationen die spezifischen Anforderungen der unterschiedlichen Stakeholder im höheren Maße zu berücksichtigen.

- Dimension der Kommunikationsinstrumente im Beziehungszyklus
  Die Kommunikationsinhalte sind mit Rücksicht auf die jeweiligen Beziehungsphasen, in denen sich die Stakeholder befinden, zu definieren. Für die Neugewinnung von Aktionären sind beispielsweise andere Informationen und Kommunikationskanäle einzusetzen als bei der Bindung von bestehenden Aktionären. Ebenso wie beim Kundenbindungsmanagement sind die unterschiedlichen Erwartungen anderer Stakeholdergruppen in dem jeweiligen Beziehungsstatus zu berücksichtigen. Die beim Einsatz der kundengerichteten Kommunikationsinstrumente zu beobachtende Tendenz, dass der Einsatz von Instrumenten der Live Communication im Vergleich zur klassischen Massenkommunikation in höherem Maße einen Beitrag zur emotionalen Bindung leistet, kann zunächst auch für weitere Stakeholdergruppen unterstellt werden, wenngleich hier die Ausgestaltung z. B. von Events (z. B. Hauptversammlung) an den besonderen Anforderungen der Stakeholdergruppen anzupassen ist. Jüngste Forschungen (Fiedler 2007, S. 250 f.) belegen, dass es informelle Netzwerke zwischen den Stakeholdergruppen gibt. Die Kommunikationsaktivitäten einzelner Stakeholder innerhalb der Netzwerke können unterschiedlich ausgeprägt sein. Damit werden Unternehmensinformationen auch innerhalb eines Stakeholdernetzwerkes weitergeleitet. Aus Sicht der Kommunikationsinstrumente kommt hier die „Mund-zu-Mund-Propaganda" in besonderer Weise zum Tragen. Auch dieser Sachverhalt betont die Notwendigkeit einer abgestimmten Unternehmenskommunikation.

Die Ausführungen verdeutlichen, welchen besonderen Herausforderungen sich die Unternehmenskommunikation zu stellen hat. Die Erkenntnisse des viel diskutierten Customer Relationship Management sollten im Sinne eines „broadening" für den Ausbau eines Stakeholder Relationship Management umfassend genutzt werden.

Literaturverzeichnis

AMA (2008): Marketing, http:/www.marketingpower.com/mg-dictionary. php, abgerufen am: 01.02.2008.

AMBLER, T. UND S. BARROW (1996): The Employer Brand, in: Journal of Brand Management, 4 (3), S. 185-205.

BARTL, A. (1992): Gewinner im Licht der Sonne, in: Absatzwirtschaft, Sonderheft, 35 (10), S. 38-43.

BRAMANN, J. (2004): Investorenbindung als ein Ziel des Finanzmarketing. Eine Analyse des Verhaltens privater Investoren von DAX-Unternehmen, Bamberg.

BERNAT, R. UND M. GROß (2007): Wertkreation mit Kommunikation. Herausforderungen und Perspektiven für Unternehmen, Produkte und Marken, http:/www. peakom.de, abgerufen am: 01.02.2008.

BLACKWELL, R. D., J. F. ENGEL UND P. W. MINIARD (2006): Consumer Behavior, 10. Auflage, Mason.

BRUHN, M. (2001): Relationship Marketing. Das Management von Kundenbeziehungen, München.

BRUHN, M. (2005): Unternehmens- und Marketingkommunikation. Handbuch für ein integriertes Kommunikationsmanagement, München.

BRUHN, M. UND M. BOENIGK (1999): Integrierte Kommunikation. Entwicklungsstand in Unternehmen, Wiesbaden.

BRUHN, M. UND D. GEORGI (2005): Wirtschaftlichkeit des Kundenbindungsmanagement, in: M. Bruhn und C. Homburg (Hrsg.): Handbuch Kundenbindungsmanagement, 5. Aufl., Wiesbaden, S. 589-619.

BRÜHE, C. (2003): Messen als Instrument der Live Communication, in: M. Kirchgeorg, W. M. Dornscheidt, W. Giese und N. Stoeck (Hrsg.): Handbuch Messemanagement. Planung, Durchführung und Kontrolle von Messen, Kongressen und Events, Wiesbaden, S. 73-85.

BRÜNNE, M., F.-R. ESCH UND H.-D. RUGE (1987): Berechnung der Informationsüberlastung in der Bundesrepublik Deutschland, Saarbrücken.

BUCHHOLTZ, K. (2001): Verwaltungssteuerung mit Kosten- und Leistungsrechnung. Internationale Erfahrungen, Anforderungen und Konzepte, Wiesbaden.

BURMANN, C., L. BLINDA UND A. NITSCHKE (2003): Konzeptionelle Grundlagen des identitätsorientierten Markenmanagements, Arbeitspapier Nr. 1, Lehrstuhl für innovatives Markenmanagement (LiM), Bremen.

BURMANN, C. UND J. HEEMANN (2006): Identitätsbasierte Markenführungsbudgetierung, Arbeitspapier Nr. 23, Lehrstuhl für innovatives Markenmanagement, Bremen.

CAPITAL (HRSG.) (2002): Capital Corporate Branding, The Company as a Brand, A Capital Study, Köln.

CASPAR, M. UND P. METZLER (2002): Entscheidungsorientierte Markenführung. Aufbau und Führung starker Marken, Münster u.a.

DILLER, H. (1995): Kundenlebenszyklen, in: Marketing Newsletter, Nr. 4, S. 1-4.

DWYER, F. R., P. H. SCHURR UND S. OH (1987): Developing buyer-seller relationships, in: Journal of Marketing, 51 (4), S. 11-27.

EINWILLER, S. UND M. WILL (2001): Corporate branding study. Theoretical concepts and empirical findings, mcm-institute Working Report 2001-01, St. Gallen.

ESCH, F.-R. (1992): Positionierungsstrategien. Konstituierender Erfolgsfaktor für Handelsunternehmen, in: Thexis, 9 (4), S. 9-15.

FIEDLER, L. UND M. KIRCHGEORG (2007): The role concept in corporate branding and stakeholder management reconsidered. Are stakeholder groups really different?, in: Corporate Reputation Review, 10 (3), S. 177-188.

FIEDLER, L. (2007): Stakeholderspezifische Wirkung von Corporate Brands. Ein Modell zur integrierten Evaluation und Steuerung von Unternehmensmarken, Wiesbaden.

FORD, D. (1980): The development of buyer-seller-relationships in industrial markets, in: European Journal of Marketing, 14 (5/6), S. 339-353.

FRANZEN, O., J. KUMBARTZKI UND A. BURKHARDT (2005): Markenwert und Stakeholder, in: Markenartikel, 67 (12), S. 35-39.

FRAUNHOFER INSTITUT (HRSG.) (2007): Anforderungsorientierung als Erfolgsfaktor internationaler Dienstleistungen, http://www.icm-chemnitz.de/cms/upload/ Upload/pdf/3_van_Husen_IAO.pdf, abgerufen am: 01.02.2008.

FRAZIER, G. L. (1983): Interorganizational exchange behavior. A broadened perspective, in: Journal of Marketing, 47 (4), S. 68-78.

FREEMAN, R. E. (1984): Strategic Management. A Stakeholder Approach, Boston.

FREEMAN, R. E. UND D. L. REED (1983): Stockholders and Stakeholders. A new perspective on corporate governance, in: California Management Review, 25 (3), S. 88-106.

GOMEZ, P. UND G. WUNDERLIN (2000): Shareholder value-orientierte Unternehmensführung. Das Konzept des Performance Managements, in: H. H. Hinterhuber, S. A. Friedrich, A. Al-Ani UND G. Handlbauer (Hrsg.): Das neue strategische Management. Perspektiven und Elemente einer zeitgemäßen Unternehmensführung, 2. Aufl., Wiesbaden, S. 425-446.

GROBE, E. (2003): Corporate Attractiveness. Eine Analyse der Wahrnehmung von Unternehmensmarken aus Sicht von High Potentials, HHL-Arbeitspapier Nr. 50, Lehrstuhl Marketingmanagement, Leipzig.

HENTSCHEL, B. (1991): Beziehungsmarketing, in: Wirtschaftswissenschaftliches Studium, 20 (1), S. 25-28.

HERRMANN, S. (2005): Corporate Sustainability Branding. Nachhaltigkeits- und stakeholderorientierte Profilierung von Unternehmensmarken, Wiesbaden.

HOMBURG, C. UND D. DAUM (1997): Die Kundenstruktur als Controlling-Herausforderung, in: Controlling, 9 (6), S. 394-405.

JUNG, S. (1999): Das Management von Geschäftsbeziehungen. Ein Ansatz auf transaktionskostentheoretischer, sozialpsychologischer und spieltheoretischer Basis, Wiesbaden.

KIRCHGEORG, M., E. KÄSTNER, C. BRÜHE UND D. HARTMANN (2008): Uniplan LiveTrends 2008. Live Communication als Wertschöpfungsfaktor im Marketing, Kerpen.

KIRCHGEORG, M., E. KÄSTNER, C. BRÜHE UND D. HARTMANN (2007): Uniplan LiveTrends 2007. Live Communication 2.0, Kerpen.

KIRCHGEORG, M., K. JUNG UND E. GÜNTHER (2007): Top-Führungskräfte. Eigenschaften, Führungsverhalten und Herausforderungen im globalen Kontext, Arbeitspapier Nr. 196, Wissenschaftliche Gesellschaft für Marketing und Unternehmensführung e.V., Leipzig.

KIRCHGEORG, M. UND C. SPRINGER (2006): Uniplan LiveTrends 2006. Steuerung des Kommunikationsmix im Kundenbeziehungszyklus – eine branchenübergreifende Befragung von Marketingentscheidern unter besonderer Berücksichtigung der Live Communication, HHL-Arbeitspapier Nr. 71, 2. Aufl., Lehrstuhl Marketingmangement, Leipzig.

KIRCHGEORG, M. UND C. SPRINGER (2005): Uniplan LiveTrends 2004/2005. Effizienz und Effektivität in der Live Communication, HHL-Arbeitspapier Nr. 67, Lehrstuhl Marketingmanagement, Leipzig.

KIRCHGEORG, M. UND O. KLANTE (2003): Trendbarometer Live Communication 2003. Stellenwert und Entwicklung von „Live Communication" im Kommunikationsmix, Kerpen.

KIRCHGEORG, M. UND A. LORBEER (2002): Anforderungen von High Potentials an Unternehmen. Eine Analyse auf der Grundlage einer bundesweiten Befragung von High Potentials und Personalentscheidern, HHL-Arbeitspapier Nr. 48, Lehrstuhl Marketingmanagement, Leipzig.

KRAFT, M. UND O. GÖTZ (2006): Der Zusammenhang zwischen Kundennähe, Kundenzufriedenheit und Kundenbindung sowie deren Erfolgswirkungen, in: H. Hippner und K. D. Wilde (Hrsg.): Grundlagen des CRM, 2. Aufl., Wiesbaden, S. 325-356.

KRANZ, M. (2004): Die Relevanz der Unternehmensmarke. Ein Beitrag zum Markenmanagement bei unterschiedlichen Stakeholderinteressen, Frankfurt a. M.

KUNZ, H. (1996): Beziehungsmanagement. Kunden binden, nicht nur finden, Zürich.

MANAGER MAGAZIN (HRSG.) (2002): Imageprofile 2002, http://www.manager-magazin.de/unternehmen/imageprofile, abgerufen am: 28.03.2003.

MEFFERT, H. (2007): Stellenwert und Perspektiven des Marketing. Empirische Befunde aus Sicht von Wissenschaft und Praxis, in: Thexis, 24 (1), S. 2-7.

MEFFERT, H., C. BURMANN UND M. KIRCHGEORG (2008): Marketing. Grundlagen marktorientierter Unternehmensführung. Konzepte – Instrumente – Praxisbeispiele, 10. Aufl., Wiesbaden.

PANZER, J. (2003): Dynamische Kundenbewertung zur Steuerung von Kundenbeziehungen, Leipzig.

PAYNE, A. UND P. FROW (2005): A strategic framework for customer relationship management, in: Journal of Marketing, 69 (4), S. 167-176.

PIWINGER, M. UND V. PORÁK (2005): Kommunikations-Controlling. Kommunikation und Information quantifizieren und finanziell bewerten, Wiesbaden.

PÜRER, H. (2003): Publizistik- und Kommunikationswissenschaft. Ein Handbuch, Konstanz.

RAUSCHENBERGER, R. (2002): Nachhaltiger Shareholder Value, Bern.

REICHHELD, F. UND W. E. SASSER (1990): Zero defections. Quality comes to services, in: Harvard Business Review, 68 (5), S. 105-111.

REINARTZ, W. UND V. KUMAR (2002): The mismanagement of customer loyalty, in: Havard Business Review, 80 (7), S. 86-95.

RIESENBECK H. UND J. PERREY (2005): Mega-Macht Marke. Erfolg messen, machen, managen, 2. Aufl., Wiesbaden.

RIESENBECK H. UND J. PERREY (HRSG.) (2007): Marketing nach Maß, Heidelberg.

RIEWOLDT, O. (2002): Brandscaping. Worlds of experience in retail design. Erlebnisdesign für Einkaufswelten, Basel u.a.

SCHALLER, J., C. SCHOCH UND K. JONAS (2003): Informationsüberlastung. Eine Herausforderung für Unternehmen im Zeitalter der Informationsgesellschaft, in: Wirtschaftspsychologie, 5 (1), S. 152-155.

SCHMITZ, G. (2001): Die Dynamik dauerhafter Geschäftsbeziehungen in Dienstleistungsmärkten, in: M. Bruhn und B. Stauss (Hrsg.): Dienstleistungsmanagement Jahrbuch 2001. Interaktionen im Dienstleistungsbereich, Wiesbaden, S. 3-34.

STAUSS, B. (2000): Perspektivenwandel. Vom Produkt-Lebenszyklus zum Kundenbeziehungszyklus, in: Thexis, 17 (2), S. 15-18.

STIPPEL, P. (1998): Kunde schlägt Shareholder, in: Absatzwirtschaft, 41 (4), S. 14-15.

TOMCZAK, T. UND F. MÜLLER (1992): Kommunikation als zentraler Erfolgsfaktor der strategischen Markenführung, in: Thexis, 9 (6), S. 18-22.

TOMCZAK, T., A. HERRMANN, T. O. BREXENDORF UND J. KERNSTOCK (2005): Behavioral Branding. Markenprofilierung durch persönliche Kommunikation, in: Thexis, 22 (1), S. 28-31.

WALKER INFORMATION, INC. (HRSG.) (1999): Measurements, Indianapolis.

WIEDMANN, K. P., G. WALSH UND D. POLOTZEK (2000): Informationsüberlastung des Konsumenten. Stand der Forschung, Konzept und Messung, Hannover.

WICHELS, D. (2002): Gestaltung der Kapitalmarktkommunikation mit Finanzanalysten. Eine empirische Untersuchung zum Informationsbedarf von Finanzanalysten in der Automobilindustrie, Wiesbaden.

ZELLNER, G. (2003): Leistungsprozesse im Kundenbeziehungsmanagement. Identifizierung und Modellierung für ausgewählte Kundentypen, St. Gallen.

ZÜHLSDORF, A. (2002): Gesellschaftsorientierte Public Relations. Eine strukturationstheoretische Analyse der Interaktion von Unternehmen und kritischer Öffentlichkeit, Wiesbaden.

Dirk Standop und Guido Grunwald

Kommunikationsstrategien bei Produktkrisen und Rückrufsituationen

1 Einführung 229
    1.1   Problemhintergrund 229
    1.2   Problemstellung 230

2 Überblick über Strategien zur Bewältigung von Produktkrisen 231

3 Diskussion ausgewählter Inhalte von Krisenkommunikationsstrategien 235
    3.1   Strategien auf der Grundlage einer Einräumung von Verantwortlichkeit 235
         3.1.1   Eingeständnis-Strategie 235
         3.1.2   Strategie der Rechtfertigung 237
    3.2   Strategien auf der Grundlage einer Nicht-Einräumung von Verantwortlichkeit 238
         3.2.1   Strategie der Ausrede 238
         3.2.2   Strategie der Leugnung 241

4 Schlussbetrachtung 243

Kommunikationsstrategien bei Produktkrisen und Rückrufsituationen

1 Einführung

1.1 Problemhintergrund

Seit jüngerer Zeit scheinen sich negative Meldungen über Produkte, ob in Printmedien, im Internet oder in regelmäßigen Veröffentlichungen staatlicher Institutionen, zu häufen. In der Literatur hat sich für diese Form der nicht-kommerziellen und daher von Rezipienten häufig als besonders glaubwürdig eingestuften Kommunikation die Bezeichnung **negative Publizität** eingebürgert als „the noncompensated dissemination of potentially damaging information by presenting disparaging news about a product, service, business unit, or individual in print or broadcast media or by word of mouth" (Sherrell und Reidenbach 1986, S. 39).[1] Der Trend zu einer offeneren, intensiveren Verbraucherkommunikation verunsichert derzeit viele Unternehmen, da negative Publizität von ihren Rezipienten, von Käufern wie Nichtkäufern bzw. potentiellen Käufern, Betroffenen wie Nichtbetroffenen, häufig als negatives Qualitätssignal interpretiert wird. In der Folge kommt es zu vermindertem Vertrauen in die Qualität der Produkte des betroffenen Unternehmens, welches in der Konsequenz Marktanteile verliert, in Verruf oder gar in den Bankrott gerät (vgl. Standop 2006, S. 96; Mizerski 1982). Für einen von negativer Publizität betroffenen Anbieter spitzt sich die Situation oftmals zu einer Produktkrise zu.

Unter einer **Produktkrise** wird im Folgenden eine vom Anbieter nicht gewollte, außergewöhnliche Unternehmenssituation mit ambivalentem Ausgang verstanden, die das (die) Produkt(e) des Anbieters zum Gegenstand hat und die aufgrund ihrer nachteiligen Auswirkungen in Verbindung mit einer Vielzahl bereits bzw. möglicherweise betroffener Produkte eine unmittelbare Entscheidung über Gegenmaßnahmen erfordert (vgl. Krystek 1987, S. 6). Regelmäßig wird dem Anbieter eine (Mit-) Verantwortlichkeit für die Existenz eines Produktproblems öffentlich vorgeworfen, gleichwohl bildet die tatsächliche Verantwortlichkeit des Anbieters eine noch offene, ungeklärte Frage. **Rückrufsituationen** lassen sich als spezielle Form von Produktkrise kennzeichnen, bei der aufgrund eines aufgetretenen Mangels bzw. Mangelschadens an dem betreffenden Produkt und vermeintlicher Mangelfolgeschäden (Schäden an anderen Rechtsgütern) ein öffentlich geäußerter Verdacht besteht, dass vom Anbieter ausgelieferte Produkte mit besonderen physischen Risiken behaftet sind. Die Möglichkeit von Schäden im Produktumfeld, insbesondere auch von Personenschäden, nicht nur bei Benutzern (Käufern), sondern auch bei Dritten, mit dem Produkt in Kontakt kommenden Personen, tritt hier deutlich hervor. Um die Verfügung über die mit solchen besonderen Schadensrisiken behafteten Produkte zwecks Elimination der Risiken

---

[1] Neben einer hohen Glaubwürdigkeitswirkung wird negativer Publizität vielfach eine hohe Aufmerksamkeitswirkung sowie ein Potential für eine vergleichsweise schnelle Diffusion zugeschrieben. Vgl. Henthorne und Henthorne 1994, S. 45.

Dirk Standop und Guido Grunwald

zurückzubekommen, ist die Entscheidung für einen Produktrückruf bereits gefallen oder steht im Raume, d.h. ein Rückruf wird öffentlich thematisiert. Konkrete Fälle so verstandener Produktkrisen finden sich in der Wirtschaftspraxis reichlich: Standop (2005) skizziert reale Situationen, in denen ein öffentlich, in der Medienberichterstattung, diskutierter Produktrückruf im Raume steht, wobei die Entscheidung für oder gegen den Rückruf bereits gefallen ist (vgl. Standop 2005, S. 123 ff.). Unterschieden werden Fälle mit *klaren Entscheidungen für einen Rückruf* (der Fall Babynahrung „Super Soja" der Humana GmbH sowie der Fall „nimm 2"-Bonbongläser der August Storck KG), *diskussionswürdige Rückrufe* (der Fall Vioxx von Merck sowie der Fall Tiefkühltorten von Coppenrath & Wiese), *diskussionswürdige Unterlassungen von Rückrufen* (der Fall Celebrex von Pfizer sowie der Fall verschiedener bayerischer Hersteller von Fenchel-Kümmel-Tees) und schließlich *klare Entscheidungen für die Unterlassung eines Rückrufes* (der Fall Renault Vel Satis sowie der Fall Theramed Zahncreme von Henkel).

Die in einer Produktkrise von Unternehmen eingesetzten Maßnahmen als Reaktionen auf die negative Publizität mögen der Erreichung unterschiedlicher Ziele dienen. So weist die **Rückrufkommunikation** mit der eigentlichen Aufforderung zur Rückgabe einerseits und flankierender Kommunikation zur Absicherung von Reputation und Firmenimage andererseits zwei Teile auf, die ganz unterschiedlichen Zielen folgen. Die offene Aufforderung zur Rückgabe des kritischen Produktes orientiert sich an dem Ziel, den tatsächlichen Rücklauf zum Zweck der Schadensbegrenzung zu maximieren (vgl. Standop 1993, S. 961). Im Mittelpunkt dieses Beitrages stehen flankierende **Kommunikationsstrategien**, die durch Kommentierung der in der Öffentlichkeit thematisierten Produktprobleme darauf zielen, den krisenbedingten Reputationsverfall abzumildern oder die Entwicklung sogar umzukehren. Speziell geht es um eine Beeinflussung der durch den Krisenfall negativ ausgeprägten reputationsrelevanten Reaktionen der gegenwärtigen und potentiellen Käuferschaft des betreffenden Anbieters, mithin einer allgemeinen, mehr oder weniger von dem Problem betroffenen Öffentlichkeit als Rezipientenschaft. Insofern lassen sich die auf dieses Ziel gerichteten und im Weiteren ausschließlich betrachteten Maßnahmen gegen solche abgrenzen, die primär das Ziel verfolgen, den mit Produktkrisen, etwa Rückrufsituationen, häufig verbundenen erhöhten Schadens- und Haftungsanfall zu reduzieren (vgl. Standop 2005, S. 138; Standop 1993; Standop 1995, Sp. 2106).[2]

1.2 Problemstellung

Der von einer Produktkrise betroffene Anbieter sieht sich regelmäßig mit einem Entscheidungsproblem konfrontiert. Er hat aus einer kaum mehr überschaubaren Fülle ihm zur Verfügung stehender Kommunikationsstrategien auszuwählen, die der Errei-

---

[2] Der Strategieeinsatz setzt zudem den bereits eingetretenen Krisenfall voraus – im Unterschied zu einer Vermeidung (Prävention) von Krisen, um die es in diesem Beitrag nicht geht.

chung des unterstellten Zieles mehr oder weniger förderlich sein mögen. Die fundierte Entscheidungsfindung über den Einsatz einer bestimmten Strategie in einer gegebenen Produktkrisensituation setzt wiederum das Wissen um die grundsätzliche Wirkungsweise der prinzipiell einsetzbaren Kommunikationsstrategien voraus. Ein von einer Produktkrise betroffener Anbieter benötigt insbesondere Antworten auf folgende Fragen: *Welche unterschiedlichen, alternativ einsetzbaren Kommunikationsstrategien stehen zur Bewältigung einer Produktkrise im Grundsatz zur Verfügung? Wie sind diese Strategien im Hinblick auf die Reduzierung bzw. Beseitigung negativer Effekte auf die Anbieterreputation zu beurteilen?* Es sind dies die beiden zentralen Fragenkomplexe, die in dem vorliegenden Beitrag behandelt werden.[3]

Zunächst wird in Abschnitt 2 ein breit angelegter Überblick über unterschiedliche Gruppen von Reaktionsmöglichkeiten eines Anbieters in einer Produktkrise – auch jenseits von Kommunikationsstrategien – gegeben, aus dem sich eine Einordnung sowie nähere Charakterisierung von Kommunikationsstrategien und deren Elementen im Allgemeinen ergibt. In einem nächsten Schritt werden in Abschnitt 3 aus einem in Abschnitt 2 dargelegten Systematisierungsansatz heraus unterschiedliche spezielle, häufig in der Wirtschaftspraxis angewandte Inhalte von Krisenkommunikationsstrategien erläutert. Ihre grundsätzliche Eignung zur Bewältigung von Produktkrisen und insbesondere Rückrufsituationen wird im Lichte der einschlägigen Forschungsbeiträge diskutiert. In Abschnitt 4 werden die zentralen Ergebnisse des Beitrages zusammengefasst und ein Ausblick auf noch offene Forschungsfragen gegeben.

2 Überblick über Strategien zur Bewältigung von Produktkrisen

Die Möglichkeiten von Unternehmen, in einer Produktkrise zu reagieren, werden in den Wirtschaftswissenschaften, aber auch in der Publizistik und Kommunikationswissenschaft vielfältig diskutiert (vgl. Paschek 2000, S. 65; Shrivastava 1987, S. 125). Die zahlreichen in der Wirtschaftspraxis vorzufindenden und in unterschiedlichen Literaturzweigen theoretisch untersuchten Elemente als Bestandteile von Strategien zur

---

[3] Als Grundlage für die Beantwortung beider Fragenkomplexe dient die einschlägige Forschung zur Bewältigung von Produktkrisen bzw. zum Krisenmanagement einerseits und zur Kundenrückgewinnung sowie zum Beschwerdemanagement andererseits. In der Literatur zur Kundenrückgewinnung bzw. zum Beschwerdemanagement werden Elemente von Kommunikationsstrategien auf der Ebene direkter Kunde-Anbieter-Beziehungen, der persönlichen Kommunikation, in der Regel mit direkt von einem Problem Betroffenen analysiert. In der Literatur zum Umgang mit Produktkrisen und negativer Publizität bzw. zum Krisenmanagement werden Bestandteile von Kommunikationsstrategien auf der Ebene der Massenkommunikation untersucht.

Bewältigung von Produktkrisen lassen sich im Wesentlichen drei Gruppen zuordnen (vgl. Abbildung 2-1).

Kompensatorische Elemente von Krisenbewältigungsstrategien sind primär auf die Leistung eines materiellen Ausgleichs bzw. einer Gegenleistung im Sinne einer Entschädigung für ein vermeintliches Produktproblem ausgerichtet. Zu unterscheiden sind hier zum einen die Kompensationsart und zum anderen die Kompensationshöhe. Die Kompensationsart mag etwa als Leistung einer Geldzahlung, in Form eines Produktumtausches oder einer Reparatur für den Fall, dass bestimmte Bedingungen erfüllt sind, ausgestaltet werden. Hinsichtlich der Kompensationshöhe hat ein Anbieter grundsätzlich die Möglichkeit, von einem Problem Betroffene im Vergleich zu einer Situation, in der es kein Produktproblem gegeben hätte, entweder materiell wertmäßig gleich zu stellen (Vollkompensation), besser zu stellen (Überkompensation) oder schlechter zu stellen (Teilkompensation).

Die der Gruppe der **Logistik** zuzuordnenden Bewältigungsmerkmale stellen auf die technische Infrastruktur und Organisation ab, mit der ein Krisenfall bewältigt wird: Wie wird beispielsweise der Rücklauf fehlerhafter Produkte von den Kunden an den Hersteller organisiert? Welche Meldewege (etwa Beschwerdehotlines) stehen zur Verfügung? Über welche Medien wird der Kontakt zur Öffentlichkeit hergestellt? Wer übernimmt dabei die Sprecherrolle?

Abbildung 2-1: *Überblick über Strategieelemente zur Produktkrisenbewältigung*

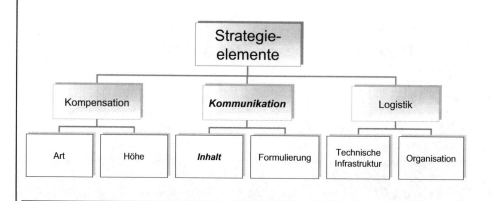

Die dem Bereich der **Kommunikation** zuzuordnenden Krisenbewältigungsstrategien versuchen im Wege einer Übermittlung krisenbezogener Informationen, nämlich einer Kommentierung der in der Öffentlichkeit thematisierten Produktprobleme, das Bewältigungsziel zu erreichen.[4] In Rückrufsituationen kann diese Kommunikation zum einen *direkt* in Verbindung mit der Aufforderung zur Rückgabe des vermeintlich fehlerhaften Produktes erfolgen und zum anderen *separat*. Die kommunikativen Elemente als Bausteine von Kommunikationsstrategien zur Krisenbewältigung lassen sich weiter nach zwei Bereichen gliedern:

Kommunikationsinhalte stellen auf die vom Anbieter gewählte Botschaft als den Gegenstand seiner Strategie ab. Es geht um die Frage, was kommuniziert werden soll. Beispiele hierfür bilden eine vom Anbieter gegebene Erklärung für das Zustandekommen eines vermeintlichen, öffentlich thematisierten Produktproblems, die Bekundung von Anteilnahme sowie die Leugnung der Existenz eines Problems.

Die **Formulierung** bezieht sich auf die Art und Weise der Argumentation, mit der ein einmal gewählter Kommunikationsinhalt Rezipienten nahe gebracht werden soll. Es geht um die Frage, wie die Botschaft ‚verbal eingekleidet' werden soll. Abbildung 2-2 zeigt einen Überblick über die unterschiedlichen Entscheidungsbereiche, um die es bei der Formulierung von Kommunikationsinhalten geht.

Abbildung 2-2: Entscheidungsbereiche bei der Formulierung von Kommunikationsinhalten

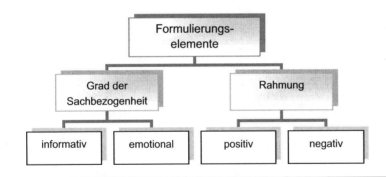

Nach dem **Grad der Sachbezogenheit** lässt sich zwischen informativer und emotionaler Formulierung unterscheiden (vgl. Standop 1993, S. 954 ff.). Bei informativer Formulierung läuft die Argumentation primär auf der kognitiven Schiene ab. Sie lässt sich in der Tendenz als rational, nüchtern-sachlich, an Fakten orientiert, durch Wahl von Expertensprache kennzeichnen. Beispiele bilden die Vermittlung technischer Angaben zu einzelnen Produkteigenschaften oder zur Funktionsweise des Produktes. Die emo-

---

4 Organisatorisch werden sich also Tätigkeiten rund um die Konzipierung und den Einsatz der im Weiteren fokussierten Kommunikationsstrategien typischerweise in Abteilungen von Unternehmen wie der Öffentlichkeitsarbeit (Public Relations) und Unternehmenskommunikation verorten lassen.

Dirk Standop und Guido Grunwald

tionale Formulierung benutzt emotionale Reize und zielt auf die Vermittlung von Erlebnissen. Sie lässt sich in der Tendenz als mitfühlend/empathisch, wenig an Fakten orientiert, durch Wahl von Empfängersprache charakterisieren. Als Beispiel mag man sich die öffentlich bekundete tiefe Betroffenheit und Rührung von Unternehmenslenkern als unmittelbare Reaktion auf bekannt gewordene Schadensfälle vorstellen.

Je nach den durch die Krisenkommunikation vermittelten angenehmen oder unangenehmen Assoziationen lässt sich von positiver und negativer **Rahmung** sprechen. So mag ein Anbieter im Falle positiver Rahmung durch geeignete Wortwahl dazu beitragen, dass das in der öffentlichen Medienberichterstattung angeprangerte Problem eher als Chance zum Neubeginn denn als Last gewertet wird. Es wird alles das vermieden, was die Bewertung des Vorfalls als schmerzhaft, unglücklich oder als Schadensfall begünstigt. Bei negativer Rahmung mag ein Anbieter noch schlimmere Ereignisse in der Vergangenheit als Referenzpunkt anführen, durch die das aktuell kritisierte Problem relativiert werden soll.

Die Formulierung von Kommunikationsinhalten stellt ein bereits breit und tiefgehend erforschtes Gebiet der Kommunikationsforschung im Allgemeinen und der Werbeforschung im Speziellen dar, die bereits vielfältige Gestaltungsmöglichkeiten hervorgebracht haben. Viele der dort aufgedeckten grundlegenden Wirkungsmuster der beeinflussenden Kommunikation lassen sich im Grundsatz auch auf die Bewältigung von Produktkrisen übertragen und haben bereits eine Würdigung im Rahmen speziellerer Arbeiten zur Krisenkommunikation[5], insbesondere auch zur Risiko- und Sicherheitskommunikation[6], gefunden. Die weitere Analyse konzentriert sich hier folglich auf mögliche inhaltliche Schwerpunkte von Krisenkommunikationsstrategien.

Den hier betrachteten Produktkrisen ist gemein, dass sie erstens auf ein existentes Produktproblem aufmerksam machen, für welches zweitens der Anbieter als (mit-)verantwortlich angeprangert wird. Nach diesen zwei zentralen Inhalten der hier betrachteten Produktkrisensituationen lassen sich die möglichen Inhalte von Kommunikationsstrategien zur Bewältigung von Produktkrisen weiter systematisieren. Bezogen auf diese Inhalte der Krisensituationen hat ein Anbieter grundsätzlich die Möglichkeit, zum einen Verantwortlichkeit für die Existenz der in den Krisensituationen thematisierten Produktprobleme zu bekunden (einzuräumen) oder nicht einzuräumen bzw. zu bestreiten; zum anderen mag ein Anbieter die Problemexistenz in seiner Stellungnahme anerkennen oder aber eine solche negieren. Durch Kreuzung dieser beiden Dimensionen, des Grades an Einräumung von Verantwortlichkeit für das thematisierte Produktproblem einerseits und des Grades an Anerkennung der Problemexistenz andererseits, in jeweils zwei Ausprägungsgraden, resultieren vier Gruppen unter-

---

[5] Vgl. etwa die Arbeiten von van Waes und van Wijk (2000/01); Rother (2003); Konken (2002); Stößlein und Mertens (2004); Wiedemann (1994); Töpfer (1999); Puchan (2001).

[6] Vgl. Cox, Cox und Zimet (2006); Seeger (2002); Standop (1993); Klinger (1998); Rethans und Hastak (1982); Reynolds und Seeger (2005); Gutteling (2000/01).

schiedlicher Inhalte von Kommunikationsstrategien zur Bewältigung von Produktkrisen (vgl. Tabelle 2-1).

Tabelle 2-1: *Inhalte von Krisenkommunikationsstrategien im Überblick*

Anerkennung der Problemexistenz Einräumung von Verantwortlichkeit	ja	nein
ja	Eingeständnis	Rechtfertigung
nein	Ausrede	Leugnung/Dementi

3 Diskussion ausgewählter Inhalte von Krisenkommunikationsstrategien

3.1 Strategien auf der Grundlage einer Einräumung von Verantwortlichkeit

3.1.1 Eingeständnis-Strategie

Bei einer **Eingeständnis-Strategie** (engl. *concession*) räumt der Anbieter öffentlich (explizit oder implizit) ein, in der Vergangenheit Fehler gemacht zu haben, die zu den in der Berichterstattung angeprangerten Produktproblemen geführt haben, deren Existenz er zugleich anerkennt, bzw. Maßnahmen unterlassen hat, die ein Aufkommen der als existent erachteten Probleme hätten verhindern können (vgl. Bradford und Garrett 1995, S. 878, 890).

Positive Wirkungen solcher Strategieinhalte im Hinblick auf die Bewältigung der hier betrachteten Produktkrisen mögen sich insbesondere aus dem Überraschungsmoment respektive der Unerwartetheit solcher betont freigiebiger Haltungen aus Rezipientensicht ergeben. Ein Unternehmen mag durch einen solchen Schritt signalisieren, dass es seine (potentiellen) Kunden in deren Belangen ernst nimmt, was wiederum günstig auf die Beurteilung weiterer, gegebenenfalls noch hinzutretender Bewältigungselemente ausstrahlen mag. Auf der anderen Seite bindet sich der Anbieter durch die

Dirk Standop und Guido Grunwald

Anerkennung von Verantwortlichkeit häufig zu einer – wie auch immer im Einzelfall gearteten – Kompensationszusage. Rezipienten werden also unter Umständen in einem vergleichsweise höheren Maße eine Kompensation des Anbieters erwarten als in dem Fall, wo sich der Anbieter entweder zur Existenz eines (vermeintlichen) Problems und seiner Verantwortlichkeit gar nicht äußert oder aber diese explizit in Zweifel zieht. Auch mögen im Einzelfall rechtliche Ansprüche auf Kompensation abgeleitet werden können (vgl. Coombs 1998, S. 188). Ein weiteres Problem der Eingeständnis-Strategie könnte sich in Krisensituationen ergeben, denen es an einem manifesten, objektivierbaren Kundenproblem (etwa einem Mangel oder Mangelschaden am Produkt) fehlt. Beispiele für solche Situationen bilden etwa negative Testberichte über ein Produkt, die jedoch keinen Mangel am Produkt implizieren, sowie massenhafte, an die Öffentlichkeit gerichtete Kundenbeschwerden über derartige Probleme als Ausdruck allgemeinen Unbehagens oder diffusen Missfallens der Produkte, aus denen sich Wünsche nach Rückabwicklungen von Kaufverträgen bzw. Umtauschwünsche abzeichnen. In solchen Situationen mag der Anbieter bei Wahl einer Eingeständnis-Strategie an **Glaubwürdigkeit** verlieren, da hier typischerweise vergleichsweise niedrige Erwartungen der Rezipienten an umfangreiche Bewältigungsbemühungen des Anbieters vorherrschen. Da in Rückrufsituationen umgekehrt rechtlich relevante, manifeste und intersubjektiv objektivierbare Kundenprobleme vorliegen, lassen sich höhere Bewältigungserwartungen der Rezipienten prognostizieren. Bei gegebenen hohen Bewältigungserwartungen erscheinen wiederum Kommunikationsstrategien im Hinblick auf die Bewältigung solcher Produktkrisen erfolgversprechender, die die Problemexistenz in keiner Weise leugnen und zudem eine scharfe Konfrontation mit den öffentlichen Vorwürfen durch Bestreiten von Verantwortlichkeit vermeiden.

Ein konkretes Beispiel für eine Eingeständnis-Strategie bildet eine vom Anbieter öffentlich ausgesprochene **Entschuldigung** für ein thematisiertes Produktproblem (vgl. Tedeschi und Reiss 1981, S. 296 f.). Auch wenn der Anbieter hiermit explizit keine Verantwortlichkeit für einen in der Vergangenheit liegenden Fehler einräumt, so setzen Rezipienten die Entschuldigung für etwaige Unannehmlichkeiten jedoch häufig gleich mit einer kausalen Verantwortlichkeit für die Existenz des Problems, eine Wirkung, die aus Anbietersicht oftmals eben gerade nicht intendiert ist (vgl. Jorgensen 1996, S. 348; Coombs 1998, S. 188). Folkes (1984) kann zeigen, dass Kunden im Falle externer, dem Anbieter zugeschriebener Produktprobleme eher eine Entschuldigung und eine materielle Entschädigung (dort in Form eines Preisnachlasses) erwarten als im Falle interner (kundenseitiger) Ursachenattribution (vgl. Folkes 1984, S. 398). Durch eine Entschuldigung mag aber, neben der Betonung kausaler Verantwortlichkeit, auch ein positives Signal gesetzt werden, welches das Gewicht der durch die Produktkrisensituation gegebenen negativen Informationen abzumildern vermag. Im Hinblick auf die Bewältigung von Produktkrisen wird Entschuldigungen vor allem eine flankierende Funktion zugesprochen, die darin liegt, dass sie vor allem andere, insbesondere kompensatorische, Bewältigungselemente in deren Wirkung unterstützen (vgl.

Kommunikationsstrategien bei Produktkrisen und Rückrufsituationen

Folkes und Kotsos 1986, S. 79; Miller, Craighead und Karwan 2000, S. 395; Goodwin und Ross 1992, S. 149 ff; Blodgett, Hill und Tax 1997, S. 185 ff.).

Ein anderer, wie die Entschuldigung, implizit auf die Einräumung von Verantwortlichkeit für ein thematisiertes Produktproblem ausgerichteter Strategieinhalt besteht darin, **zukunftsgerichtet Verantwortung** für das öffentlich thematisierte Produktproblem zu bekunden. Eine solche Verantwortungsbekundung kann zum einen abstrakt erfolgen, d.h. losgelöst von der Ankündigung spezifischer Maßnahmen: *Als kundenorientiertes Unternehmen übernehmen wir für etwaige nachteilige Folgen und im Hinblick auf die Vermeidung zukünftiger Probleme die Verantwortung.* Zum anderen besteht die Möglichkeit, konkrete Maßnahmen bekannt zu machen, die auf eine Abmilderung etwaiger negativer Folgen des Produktproblems bzw. das Abstellen oder Überprüfen etwaiger vermeintlicher (nicht notwendigerweise anbieterseitiger) Problemquellen hinwirken mögen, wodurch ein Anbieter implizit Verantwortungsbereitschaft signalisieren mag. In der Literatur wird in diesem Zusammenhang häufig auch die Aussprache von Verhaltensempfehlungen angeführt. Bei Rückrufsituationen mag eine solche Empfehlung in Erläuterungen zu einer adäquaten Verwendungsweise oder in Hinweisen auf andere Einsatzmöglichkeiten des Produkts bestehen, welche eine höhere Nutzenstiftung für den Kunden erwarten lassen. Die zukunftsgerichtete Übernahme bzw. Bekundung von Verantwortung ist logisch streng zu trennen von einer vergangenheitsbezogenen Übernahme von (Mit-) Verantwortlichkeit für ein bestehendes Problem, welche Kausalität zum Ausdruck bringt (vgl. Tedeschi und Reiss 1981, S. 275 f.). In der Wahrnehmung von Rezipienten vermengt sich jedoch die zukunftsgerichtete Bekundung von Verantwortung häufig mit einer vergangenheitsbezogenen Übernahme von (Mit-) Verantwortlichkeit bzw. Schuld für die Existenz von Produktproblemen. Insofern mögen auch aus einer rein zukunftsgerichteten Übernahme von Verantwortung in gleicher Weise aus Anbietersicht unerwünschte, potentiell reputationsschädliche Verantwortlichkeitszuweisungen resultieren (vgl. Dean 2004, S. 196).

3.1.2 Strategie der Rechtfertigung

Der Inhalt von **Strategien der Rechtfertigung** (engl. *justification*) besteht darin, dass der Anbieter zwar Verantwortlichkeit für das öffentlich diskutierte Kundenanliegen einräumt, der Sachverhalt jedoch nicht als Problem anerkannt wird (vgl. Tedeschi und Reiss 1981, S. 287; Ahluwalia, Burnkrant und Unnava 2000, S. 210; Coombs 1998, S. 180). Der Tenor dieser Strategievariante könnte dabei wie folgt lauten: *Wir als Anbieter sind für den angeprangerten Vorfall verantwortlich, ein Problem liegt jedoch keineswegs vor* (vgl. Shaver 1985, S. 163). So könnte ein von einer Produktkrise betroffener Anbieter das vermeintliche „Problem" näher oder anders (als in der öffentlichen Berichterstattung) erläutern bzw. etwaige Ursachen für die Wahrnehmung des Kundenanliegens als Problem aufklären.

Dirk Standop und Guido Grunwald

Durch eine auf **Aufklärung** bedachte Stellungnahme mag der Anbieter, etwa über die Erzielung von Einsicht und Verständnis, letztlich das Vertrauen der Rezipienten (wieder)gewinnen. So können Bitner, Booms und Tetreault (1990, S. 71 ff.) einen positiven Einfluss einer gegebenen Erklärung des Problemhergangs auf die Kundenzufriedenheit nachweisen, sogar in dem Fall, dass der Anbieter eine gewünschte Dienstleistung überhaupt nicht erbringen kann. Baer und Hill (1994) stellen im Rahmen einer empirischen Untersuchung zum Beschwerdemanagement fest, dass eine schriftliche, vom Anbieter gegebene **Erklärung** des Zustandekommens eines Kundenproblems die bei Konsumenten vorherrschende Meinung zu reduzieren vermag, der Anbieter habe Kontrolle über die Problemursache gehabt und hätte das Auftreten des Problems verhindern können. Die Abschwächung solcher, durch ungünstige Attributionen geprägte Meinungen führt im Ergebnis schließlich zu steigenden Zufriedenheitswerten (vgl. Baer und Hill 1994, S. 143 ff.). Diese Strategie der Erklärung oder Aufklärung etwaiger Produktprobleme dient nicht zuletzt dazu, einer verzerrten Berichterstattung oder als überzogen angesehenen Problemeinschätzungen in der veröffentlichten Meinung entgegen zu wirken bzw. vorzubeugen. Wie auch bei der Eingeständnis-Strategie so ergibt sich jedoch auch hier das Problem, dass der Anbieter durch die (vorschnelle) Einräumung von Verantwortlichkeit Kundenerwartungen an eine kompensatorische Problemlösung schüren mag, die unter Umständen nur schwer zu erfüllen sein werden.

3.2 Strategien auf der Grundlage einer Nicht-Einräumung von Verantwortlichkeit

3.2.1 Strategie der Ausrede

Bei der in der Wirtschaftspraxis häufig angewandten **Strategie der Ausrede** (engl. *excuse*) wird eine Leugnung von Verantwortlichkeit verknüpft mit einer grundsätzlichen Anerkennung des Vorliegens eines Problems. Der Tenor dieser Strategie könnte etwa wie folgt lauten: *Es gibt zwar ein Problem, dieses Problem ist jedoch durch außerhalb der Einflusssphäre des Unternehmens liegende Faktoren (etwa des Verwendungsverhaltens der Konsumenten, durch äußere, nicht kontrollierbare Umstände oder eine Verkettung beider Faktoren) herbeigeführt worden.* In der Literatur wird hier insbesondere die Abweisung von Verantwortlichkeit, entweder in einfacher Form ohne Zuweisung an andere Parteien, oder in Form einer Überwälzung von Verantwortlichkeit bzw. Schuld an andere Parteien diskutiert (vgl. Bradford und Garrett 1995; Shaver 1985, S. 216).[7] Ein Anbieter

---

[7] Ein Beispiel für eine solche Vorgehensweise findet sich in dem Ölverseuchungsskandal der Firma Exxon-Valdez. So machte der Vorstand der Exxon Öl-Gesellschaft die lokalen Behörden und die Küstenwache für die zeitlichen Verzögerungen bei der Säuberung der Verschmutzungen verantwortlich (Vgl. Tucker und Melewar 2005, S. 385.).

Kommunikationsstrategien bei Produktkrisen und Rückrufsituationen

mag eine ihm öffentlich zugewiesene (vorgehaltene) Verantwortlichkeit abweisen möglicherweise auf Grund mangelnder und kaum gegen ihn zu erbringender Beweise bzw. einer wenig stichhaltigen öffentlichen Diskussion. Er könnte etwa behaupten, dass er ein ihm vorgehaltenes Qualitätsversprechen auf seine in die Kritik geratenen Produkte in der angegebenen Art nie ausgesprochen hat und somit für etwaige wahrgenommene Mängel nicht verantwortlich sei (vgl. Tedeschi und Reiss 1981, S. 286).

Durch eine solche Kommentierung des Grades an ihm vorgeworfener Verantwortlichkeit für ein thematisiertes Produktproblem mag ein Anbieter den **Attributionsprozess** von Rezipienten gezielt zu beeinflussen, um auf ein für ihn günstiges Ergebnis dieses Prozesses hinzuwirken.[8] Erwünscht sein mag aus Anbietersicht insbesondere ein Attributionsergebnis, das gekennzeichnet ist durch eine (vollständige bzw. teilweise) *externe* (der Ort der Problemursache ist nicht oder nicht nur beim Anbieter zu suchen), *instabile* (das Problem wird sich in der vorliegenden Form mit hoher Wahrscheinlichkeit nicht nochmals wiederholen) und *nicht-kontrollierbare* (das Auftreten des Problems hätte durch den Anbieter nicht verhindert werden können) Ursachenattribution von Rezipienten (vgl. Coombs 1998, S. 182). Die Strategie der Ausrede stellt im Unterschied zur Strategie der Rechtfertigung zudem ein probates Mittel dar, um Handlungsspielräume bei der Ankündigung etwaiger Kompensationsleistungen zu bewahren. Durch Leugnen von Verantwortlichkeit bei gleichzeitiger Anerkennung des Problems kann sich ein Anbieter möglicherweise die ungeklärte Faktenlage der Krisensituation hinsichtlich der Frage tatsächlicher Verantwortlichkeit zunutze machen, ohne an Glaubwürdigkeit einzubüßen (vgl. Dean 2004, S. 198). Etwas anderes würde sich in Situationen ergeben, in denen die Frage der Verantwortlichkeit als geklärt gilt: *„As perceptions of crisis responsibility strengthen, the threat of image damage should strengthen, meaning crisis managers need to utilize more accomodative strategies. (..) Defensive strategies, such as denial or minimizing, logically become less effective as organizations are viewed as more responsible for the crisis"* (Coombs 1998, S. 180).

Grundsätzlich positive Wirkungen einer Strategie der Ausrede wie auch einer Strategie der Rechtfertigung lassen sich aus den Vorteilen **zweiseitiger Argumentation** ableiten, bei der ein Anbieter neben Vorzügen seines Produktes oder Unternehmens auch etwaige Nachteile erwähnt: Die Vorteile zweiseitiger Argumentation betreffen im Wesentlichen zwei Aspekte: Zum einen vermag sie Rezipienten mehr zu überzeugen als einseitige; zum anderen wird sie von Rezipienten häufig als glaubwürdiger eingestuft. Als theoretische Erklärungsansätze lassen sich sowohl Reaktanz- als auch Attributionstheorien anführen: Nach Golden und Alpert (1987, S. 18 ff.) wird rollendiskrepantes Verhalten dispositional attribuiert. Übertragen auf die hier betrachteten Produktkrisensituationen bedeutet dies: Einem Anbieter, der neben seinen Vorzügen, etwa völlig unverschuldet in eine Krise geraten zu sein, auch (rollendiskrepant) etwai-

---

8   Der *Attributionsprozess* lässt sich als Interpretationsvorgang definieren, durch den ein Individuum sozialen Ereignissen und Handlungen Gründe bzw. Ursachen zuschreibt (Vgl. Frey und Greif 1994, S. 122.).

Dirk Standop und Guido Grunwald

ge Nachteile seines Produktes respektive die Möglichkeit einer Problemexistenz in seiner Stellungnahme einräumt, wird die Disposition „Ehrlichkeit" attribuiert, weshalb seine Strategie für glaubwürdiger gehalten wird. Umgekehrt mögen einseitige, ausschließlich auf die Nennung von Vorteilen (etwa einer fehlenden Problemexistenz und Verantwortlichkeit) ausgerichtete Strategien bei Rezipienten **Reaktanz** auslösen oder verstärken, vor allem dann, wenn Rezipienten glauben, dass ihnen wichtige Informationen vorenthalten werden.[9] Dies wiederum mag die intendierte Persuasionswirkung der Kommunikationsstrategie einschränken oder gar umkehren (vgl. Jones und Brehm 1970, S. 47 ff.; Kroeber-Riel und Weinberg 1996, S. 207).

Die Eignung einer teilweise Vorwürfe anerkennenden und teilweise Vorwürfe abwehrenden Strategie im Sinne einer ambivalenten Unternehmensreaktion sehen Dawar und Pillutla (2000, S. 219) ebenso wie die einer eindeutigen (unzweifelhaften) Abwehrhaltung begrenzt auf den Fall vorliegender hoher Erwartungen an die Marke. Hohe **Konsumentenerwartungen** mögen hier gewissermaßen eine erwartungskonforme Auslegung des die Krisensituation konstituierenden Sachverhalts bewirken.

Um die potentiell aus der Ambivalenz einer Strategie der Ausrede erwachsenen Nachteile zu überwinden, wird im Rahmen der Bewältigung realer Produktkrisen häufig das im Grundsatz vom Anbieter in seiner Existenz anerkannte Kunden- bzw. Produktproblem mit dessen **Abwertung** verbunden (vgl. Shaver 1985, S. 164). Im Hinblick auf eine Reduktion der Bedeutung der (im Grundsatz explizit oder implizit als existent anerkannten) Produktprobleme stehen dem Anbieter unterschiedliche Ansätze zur Verfügung: Es könnten beispielsweise Hinweise gegeben werden, dass Konkurrenzunternehmen die gleiche Technologie oder die gleichen Rohstoffe verwenden, dass die vorliegenden Informationen zwar korrekt, aber im Hinblick auf den Produktgebrauch unerheblich und daher nicht aussagekräftig bzw. zu vernachlässigen sind oder dass das Problem statistisch nicht signifikant ist, demzufolge also nur sehr wenige ähnlich gelagerte Problemfälle existieren. So vermag in der Studie von Folkes und Kotsos (1986, S. 74 ff.) der vom Anbieter gegebene Hinweis, es liegen nur sehr wenige Problemfälle der gleichen Art vor (sog. Konsensusinformation), eine kundengerichtete (externe) Attribution der Problemursache zu begünstigen.[10] Ahluwahlia et al. (2000, S. 211 f.) leiten in ihrer experimentellen Studie Empfehlungen über den Einsatz alternativer Kommunikationsinhalte zur Bewältigung einer Produktkrise in Abhängigkeit unterschiedlicher Ausprägungsgrade der Markenbindung von Konsumenten ab. Die Autoren empfehlen bei Vorliegen stark markengebundener Konsumenten (die von

---

[9] *Reaktanz* bezeichnet eine Motivation von Rezipienten, welche eine Bedrohung oder Einschränkung ihrer Verhaltensfreiheit wahrnehmen, die sie veranlasst, sich der erwarteten Einengung zu widersetzen oder nach erfolgter Einengung ihre Freiheit zurückzugewinnen (Vgl. Kroeber-Riel und Weinberg 1996, S. 206).

[10] *Konsensusinformationen* sind Hintergrundinformationen darüber, wie einzigartig ein Effekt in sozialer Hinsicht wahrgenommen werden kann. Ein niedriger (hoher) Konsensus liegt vor, wenn der Effekt nur von wenigen (vielen) Personen beobachtet werden kann (Vgl. Niemeyer 1993, S. 41).

Kommunikationsstrategien bei Produktkrisen und Rückrufsituationen

sich aus nach Gegenargumenten gegen negative Produktinformationen suchen) eine Strategie, die die Relevanz der negativen Informationen (den Informationswert) abzuschwächen sucht. So könnte der Anbieter geltend machen, dass sich die in die Kritik geratene Marke hinsichtlich der betreffenden Produkteigenschaft nicht von anderen konkurrierenden Marken unterscheidet, da dieselbe Technologie zugrunde liegt. Dagegen sei im Falle schwach markengebundener Konsumenten (die nicht von sich selbst aus nach Gegenargumenten suchen) eine Strategie geeignet, die Konsumenten gezielt mit Gegenargumenten gegen die negativen Informationen versorgt. Unter Gegenargumenten verstehen Ahluwahlia et al. solche Informationen, die die Gültigkeit (Validität) und Zuverlässigkeit (Reliabilität) sowie die Vollständigkeit der negativen Information in Frage stellen.

3.2.2 Strategie der Leugnung

Bei Anwendung einer **Strategie der Leugnung** bzw. des **Dementi** (engl. *denial*) wird die Existenz des öffentlich thematisierten Produktproblems per se samt Verantwortlichkeit des Anbieters negiert. Dabei mögen Rezipienten bereits aus der Leugnung der Existenz des Problems als solcher auf die Nichtanerkennung von Verantwortlichkeit schließen, ohne dass der Anbieter in seiner Stellungnahme explizit Verantwortlichkeit bestritten hat. Die Eignung einer einseitig auf Negierung der Existenz von Produktproblemen bei gleichzeitiger (impliziter oder expliziter) Abweisung bzw. Überwälzung von Verantwortlichkeit für das Bestehen eines Produktproblems abzielenden Strategie wird im Hinblick auf die Bewältigung von Produktkrisen in der einschlägigen Forschung insgesamt als wenig günstig beurteilt. So messen die empirischen Analysen zum Beschwerdemanagement von Boshoff und Leong (1998, S. 24 ff.) sowie von Conlon und Murray (1996, S. 1040) wie auch zum Umgang mit negativer Publizität von Bradford und Garrett (1995, S. 883 f.) einer auf Anerkennung der öffentlichen Vorwürfe (insbesondere hinsichtlich der Verantwortlichkeit für die Existenz eines Produktproblems) abzielenden Kommunikationsstrategie einen deutlich höheren Erfolgsbeitrag im Hinblick auf die Bewältigung von Produktkrisen bei als einer Verantwortlichkeit abwehrenden Haltung. Bradford und Garrett (1995, S. 884 f.) untersuchen fünf verschiedene Kommunikationsinhalte auf ihre Eignung in vier verschiedenen Produktkrisensituationen, welche im Hinblick auf den Ort der Ursache (Konsument vs. Anbieter) und die Kontrollierbarkeit eines Produktproblems durch den Anbieter variieren. Einige der von Bradford und Garrett betrachteten Situationen nähern sich inhaltlich an die hier unter anderem betrachtete Fallgruppe der Rückrufsituationen an: Den Gegenstand aller betrachteten Fälle bildet ein Medikament, das im Verdacht steht, den Tod eines jungen Mannes verursacht zu haben und damit explizit auf die Existenz physischer Produktrisiken schweren Ausmaßes in Form von Personenschäden aufmerksam macht. Als Kommunikationsstrategien werden unterschieden (a) die Nicht-Reaktion, (b) die Leugnung der Existenz sowie der Verantwortlich-

Dirk Standop und Guido Grunwald

keit für ein vermeintliches Produktproblem, (c) die Anerkennung der Existenz eines Problems verbunden mit einer Leugnung von Verantwortlichkeit und Kontrollierbarkeit der Problemursache, (d) die Anerkennung der Existenz eines Problems sowie von Verantwortlichkeit und Kontrollierbarkeit verbunden mit dem Hinweis auf überzogene bzw. falsche Bewertungsmaßstäbe in der öffentlichen Diskussion sowie schließlich (e) die vollständige Anerkennung eines Problems, von Verantwortlichkeit und Kontrollierbarkeit sowie der in der öffentlichen Diskussion angewandten Bewertungsmaßstäbe. Im Ergebnis erweist sich die letztgenannte Strategie in nahezu allen betrachteten Situationen im Hinblick auf die Wiederherstellung der Anbieterreputation in einer Produktkrise als die optimale Strategie; ein Nicht-Reagieren stellt sich in allen Situationen als suboptimal heraus. Jorgensen (1996) untersucht die Strategien der Leugnung auf der einen und der Übernahme von Verantwortung in Verbindung mit einer Entschuldigung auf der anderen Seite. Es zeigt sich, dass die letztgenannte Strategie dazu führt, dass der Anbieter von Rezipienten zwar stärker für den Fehler verantwortlich gemacht wird, die Verärgerung über den Fehler allerdings geringer und die Sympathiebekundungen höher ausfallen (vgl. Jorgensen 1996, S. 349).

Da eine einseitige Leugnung der Existenz von Produktproblemen häufig mit Glaubwürdigkeitszweifeln einhergeht (vgl. Siegrist 2001, S. 14), wird die Leugnung der Problemexistenz oftmals verknüpft mit dem Anführen von **Gegenargumenten** gegen die negativen Produktinformationen bzw. für das Nicht-Vorliegen eines Problems, indem z. B. die Glaubwürdigkeit von Quellen oder Fakten angezweifelt wird oder Hinweise auf fehlende bzw. nicht-valide Daten vorgebracht werden.[11] Alternativ mag die Leugnung der Existenz eines Problems verbunden werden mit einer Fokusverlagerung auf andere Probleme (etwa andere Risiken oder andere Risikoquellen), die in der öffentlichen Diskussion derzeit keine Rolle spielen. Häufig werden im Rahmen eines **Issue-Managements**[12] bislang (noch) nicht thematisierte Aspekte eines potentiellen Kundenanliegens aufgegriffen und zu einem Problem erhoben, für welches gerade das hinsichtlich eines anderen Problemaspektes in die Schlagzeilen geratene Produkt bzw. Unternehmen – im Unterschied zu etwaigen Konkurrenzprodukten bzw. Konkurrenzunternehmen – einen Lösungsansatz bereitzuhalten verspricht. Durch Aussendung einer solchen, neuartigen Information wird versucht, von dem eigentlichen, bislang thematisierten Problem, abzulenken bzw. dieses zu überlagern. Eine Alternative besteht darin, die in der öffentlichen Diskussion des Produktproblems anklingenden **Bewertungsmaßstäbe** von Kunden bzw. kundennaher Quellen (Testinstitute, Medien,

---

[11] So betonte der Hersteller Coca-Cola im Rahmen seiner Produktkrise 1999 in Belgien, dass seine Produkte frei seien von unerwünschten Substanzen und das Abfüllsystem keinerlei Probleme verursachen würde. Der Hersteller betonte so die eigene Performanz (Vgl. Siegrist 2001, S. 45).

[12] Unter *Issues* sind grundsätzlich konflikthaltige Themen zu verstehen, die zum Gegenstand öffentlicher Diskussionen in den Medien werden können. Die kommunikationswissenschaftliche Methodik des „Issues Management" bezeichnet die systematische Beobachtung, Analyse und strategische Beeinflussung öffentlicher Kommunikation im Sinne der Reputation eines Unternehmens.

Verbraucherschutzorganisationen etc.) und damit die Legitimität der Kritik bzw. die Legitimation der die öffentlichen Vorwürfe prägenden Akteure anzuzweifeln. Speziell mag ein Hinweis auf eine unfaire Argumentation gegeben werden, etwa dergestalt, dass ähnliche Problemfälle bei Konkurrenzunternehmen in der Vergangenheit milder bewertet worden sind (vgl. Bradford und Garrett 1995, S. 878, 890). Alternativ mag der Anbieter die Kompetenz oder den Status der Beschwerdeführer in Zweifel ziehen (vgl. Tedeschi und Reiss 1981, S. 294).

4 Schlussbetrachtung

In diesem Beitrag werden vier Klassen unterschiedlicher Inhalte von Kommunikationsstrategien auf ihre Wirksamkeit zur Bewältigung von Produktkrisen und insbesondere Rückrufsituationen im Lichte der einschlägigen Forschungsergebnisse diskutiert. Im Ergebnis zeigt sich, dass von einer einseitig auf **Leugnung** von Verantwortlichkeit und Problemexistenz abzielenden Strategie infolge ihres provokativen und unglaubwürdigen Charakters eher abzuraten ist. Wird jedoch die Leugnung der Problemexistenz mit einer Abschwächung der Relevanz des Problems verbunden, so lassen sich günstigere Rezipientenreaktionen erwarten. Einer uneingeschränkten Anerkennung der Problemexistenz und Einräumung von Verantwortlichkeit im Sinne der **Eingeständnis-Strategie** wird in einschlägigen Untersuchungen eine vergleichsweise höhere Bewältigungswirkung beigemessen. Hierbei ergeben sich jedoch zwei Probleme. Zum einen bindet sich der Anbieter hiermit häufig zu einer bestimmten Kompensationsleistung bzw. werden die Erwartungen der Kunden an eine solche Leistung oftmals unbotmäßig gesteigert. Hierdurch verliert der Anbieter Freiheitsgrade bei einer gegebenenfalls zu einem späteren Zeitpunkt erfolgenden Ankündigung von Kompensationsleistungen. Zum anderen mag der Anbieter bei Wahl einer solchen Strategie in Produktkrisensituationen, denen es an manifesten Produktproblemen mangelt, auch in eine Glaubwürdigkeitsfalle geraten. Zwischen diesen beiden Extrempositionen, der Leugnung auf der einen und dem Eingeständnis auf der anderen Seite, stehen ambivalente Strategien, die entweder Verantwortlichkeit leugnen bei gleichzeitiger Anerkennung der Existenz eines Problems (Ausrede) oder aber die Problemexistenz negieren bei gleichzeitiger Übernahme von Verantwortlichkeit (Rechtfertigung). Der Verzicht auf die Einräumung von Verantwortlichkeit im Sinne der **Strategie der Ausrede** stellt im Unterschied zur **Strategie der Rechtfertigung** ein probates Mittel dar, um Handlungsspielräume bei der Ankündigung etwaiger Kompensationsleistungen zu bewahren. Der Einsatz ambivalenter Strategien scheint vor allem für den Fall geeignet, dass sich die Rezipientenschaft des Anbieters vorwiegend aus stark markengebundenen Konsumenten zusammensetzt, die aus eigener Motivation heraus nach Gegenargumenten gegen die öffentlichen Vorwürfe suchen.

Dirk Standop und Guido Grunwald

Die Forschung zur Aufdeckung von Wirkungen der hier aufgezeigten Strategien zur Bewältigung von Produktkrisen steht noch am Anfang. Insbesondere mangelt es an Arbeiten, die auf der Grundlage empirisch abgesicherter Ergebnisse theoriegeleitet situationsspezifische Handlungsempfehlungen für den Einsatz von Kommunikationsstrategien zur Bewältigung unterschiedlicher Arten von Produktkrisen ableiten. Strategieempfehlungen werden in der zahlreich vorhandenen Ratgeber- und praxisorientierten Managementliteratur oft unreflektiert krisensituationsunspezifisch, nahezu allgemeingültig, formuliert, ohne auf zentrale Besonderheiten der jeweiligen Krisensituation abzustellen. Offen ist auch insbesondere die Frage, wie unterschiedliche Strategieelemente zu kombinieren sind, um eine nach bestimmten Kriterien zu bestimmende ‚bestmögliche' Bewältigung der Produktkrise zu erreichen. Bei Rückrufsituationen ist nach wie vor ungeklärt, in welcher Weise Produktrückrufe auf die Anbieterreputation wirken. Die Rückrufinformation weist Signale für zugleich schlechte, aber auch gute Produktqualität auf: zum einen die Auslieferung fehlerhafter Produkte und zum anderen die beträchtlichen Anstrengungen, die Fehler wieder gut zu machen.

Literaturverzeichnis

AHLUWALIA, R., R. E. BURNKRANT UND H. R. UNNAVA (2000): Consumer Response to Negative Publicity: The Moderating Role of Commitment, in: Journal of Marketing Research, Vol. XXXVII, S. 203-214.

BAER, R. UND D. J. HILL (1994): Excuse Making: A Prevalent Company Response to Complaints?, in: Journal of Satisfaction, Dissatisfaction and Complaining Behavior, 7, S. 143-151.

BITNER, M. J., B. H. BOOMS UND M. S. TETREAULT (1990): The Service Encounter: Diagnosing Favorable and Unfavorable Incidents, in: Journal of Marketing, 54, S. 71-84.

BLODGETT, J. G., D. J. HILL UND S. S. TAX (1997): The Effects of Distributive, Procedural, and Interactional Justice on Postcomplaint Behavior, in: Journal of Retailing, 73 (2), S. 185-210.

BOSHOFF, C. UND J. LEONG (1998): Empowerment, attribution and apologising as dimensions of service recovery. An experimental study, in: International Journal of Service Industry Management, 9 (1), S. 24-47.

BRADFORD, J. L. UND D. E. GARRETT (1995): The Effectiveness of Corporate Communicative Responses to Accusations of Unethical Behavior, in: Journal of Business Ethics, 14, S. 875-892.

CONLON, D. E. UND N. M. MURRAY (1996): Customer Perceptions of Corporate Responses to Product Complaints: The Role of Explanations, in: Academy of Management Journal, 39 (4), S. 1040-1058.

COOMBS, W. T. (1998): An Analytic Framework for Crisis Situations: Better Responses From a Better Understanding of the Situation, in: Journal of Public Relations Research, 10 (3), S. 177-191.

COX, A. D., D. COX UND G. ZIMET (2006): Understanding Consumer Responses to Product Risk Information, in: Journal of Marketing, 70, S. 79-91.

DAWAR, N. UND M. M. PILLUTLA (2000): Impact of Product-Harm Crises on Brand Equity: The Moderating Role of Consumer Expectations, in: Journal of Marketing Research, Vol. XXXVII, S. 215-226.

DEAN, D. H. (2004): Consumer Reaction to Negative Publicity. Effects of Corporate Reputation, Response, and Responsibility for a Crisis Event, in: Journal of Business Communication, 41 (2), S. 192-211.

FOLKES, V. S. (1984): Consumer Reactions to Product Failure: An Attributional Approach, in: Journal of Consumer Research, 10 (3), S. 398-409.

FOLKES, V. S. UND B. KOTSOS (1986): Buyers` and Sellers` Explanations for Product Failure: Who Done It?, in: Journal of Marketing, 50, S. 74-80.

FREY, D. UND S. GREIF (1994): Sozialpsychologie. Ein Handbuch in Schlüsselbegriffen, 3. Aufl., Weinheim.

GOLDEN, L. L. UND M. I. ALPERT (1987): Comparative Analysis of the Relative Effectiveness of one-sided and two-sided Communication for Contrasting Products, in: Journal of Advertising, 16 (1), S. 18-25.

GOODWIN, C. UND I. ROSS (1992): Consumer Responses to Service Failures: Influence of Procedural and Interactional Fairness Perceptions, in: Journal of Business Research, 25, S. 149-163.

GUTTELING, J. M. (2000/01): Current views on risk communication and their implications for crisis and reputation management, in: Document Design, 2 (3), S. 236-246.

HENTHORNE, B. H. UND T. L. HENTHORNE (1994): The Tarnished Image: Anticipating and Minimizing the Impact of Negative Publicity in Health Services Organizations, in: Journal of Consumer Marketing, 11 (3), S. 44-54.

JONES, R. A. UND J. W. BREHM (1970): Persuasiveness of one-sided and two-sided communication as a function of awareness that there are two sides, in: Journal of Experimental Psychology, 6, S. 47-56.

JORGENSEN, B. K. (1996): Components of Consumer Reaction to Company-Related Mishaps: A Structural Equation Model Approach, in: Advances in Consumer Research, 23, S. 346-351.

KLINGER, E. (1998): Gestaltung von Sicherheitskommunikation: Eine Wirkungsanalyse sicherheitsrelevanter Produktaufschriften (zugl. Diss. Universität Osnabrück), Wiesbaden.

KONKEN, M. (2002): Krisenkommunikation: Kommunikation als Mittel der Krisenbewältigung, Limburgerhof.

KROEBER-RIEL, W. UND P. WEINBERG (1996): Konsumentenverhalten, 6. Aufl., München.

KRYSTEK, U. (1987): Unternehmenskrisen: Beschreibung, Vermeidung und Bewältigung überlebenskritischer Prozesse in Unternehmungen, Wiesbaden.

MILLER, J. L., C. W. CRAIGHEAD UND K. R.KARWAN (2000): Service recovery: a framework and empirical investigation, in: Journal of Operations Management, 18, S. 387-400.

MIZERSKI, R. W. (1982): An Attribution Explanation of the Disproportionate Influence of Unfavorable Information, in: Journal of Consumer Research, 9, S. 301-367.

NIEMEYER, H.-G. (1993): Begründungsmuster von Konsumenten. Attributionstheoretische Grundlagen und Einflussmöglichkeiten im Marketing (zugl. Diss. Universität Göttingen), Heidelberg.

PASCHEK, L. (2000): Sprachliche Strategien in Unternehmenskrisen: Eine linguistische Analyse von PR-Anzeigen (zugl. Diss. Universität Frankfurt), Wiesbaden.

PUCHAN, H. (2001): The Mercedes-Benz A-class crisis, in: Corporate Communications: An International Journal, 6 (1), S. 42-46.

RETHANS, A. J. UND M. HASTAK (1982): Representation of Product Hazards in Consumer Memory, in: Advances in Consumer Research, 9, S. 487-493.

REYNOLDS, B. UND M. W. SEEGER (2005): Crisis and Emergency Risk Communication as an Integrative Model, in: Journal of Health Communication, 10, S. 43-55.

ROTHER, A. (2003): Krisenkommunikation in der Automobilindustrie. Eine inhaltsanalytische Studie am Beispiel der Mercedes-Benz A-Klasse (zugl. Diss. Universität Tübingen), Tübingen.

SEEGER, M. W. (2002): Chaos and crisis: propositions for a general theory of crisis communication, in: Public Relations Review, 28, 2002, S. 329-337.

SHAVER, K. G. (1985): The Attribution of Blame – Causality, Responsibility, and Blameworthiness, New York u. a.

SHERRELL, D. L. UND R. E. REIDENBACH (1986): A Consumer Response Framework for Negative Publicity: Suggestions for Response Strategies, in: Akron Business and Economic Review, 17 (2), Summer, S. 35-44.

SHRIVASTAVA, P. (1987): Managing Industrial Crises. Lessons of Bhopal, New Delhi.

SIEGRIST, M. (2001): Die Bedeutung von Vertrauen bei der Wahrnehmung und Bewertung von Risiken, Arbeitsbericht Nr. 197, Akademie für Technikfolgenabschätzung in Baden-Württemberg, Stuttgart.

STANDOP, D. (1993): Sicherheitskommunikation, in: R. Berndt und A. Hermanns (Hrsg.): Handbuch Marketing-Kommunikation, Wiesbaden, S. 946-964.

STANDOP, D. (1995): Art. Produkthaftung, in: B. Tietz, R. Köhler und J. Zentes (Hrsg.): Handwörterbuch des Marketing, 2. Aufl., Stuttgart, Sp. 2102-2109.

STANDOP, D. (2005): Rückrufsituationen: Entscheidungsanalyse und die Frage bilanzieller Rückstellungen, in: O. A. Altenburger (Hrsg.): Rechnungswesen, Revision und Steuern Band 1: Reformbedarf bei der Abschlussprüfung – Umstrittene Rückstellungen, Wien, S. 119-143.

STANDOP, D. (2006): Der Verlust von Konsumentenvertrauen gegenüber Anbietern: Der Fall von Produktrückrufen, in: H. Bauer, M. Neumann und A. Schüle (Hrsg.): Konsumentenvertrauen: Konzepte und Anwendungen für ein nachhaltiges Kundenbindungsmanagement, München, S. 95-104.

STÖßLEIN, M. UND P. MERTENS (2004): Krisenkommunikation im Netz – Stand und Weiterentwicklungsmöglichkeiten, Arbeitspapier Nr. 5, Universität Erlangen-Nürnberg.

TEDESCHI, J. T. UND M. REISS (1981): Verbal Strategies in Impression Management, in: C. Antaki (Hrsg.): The Psychology of Ordinary Explanations of Social Behavior, S. 271-309.

TÖPFER, A. (1999): Plötzliche Unternehmenskrisen – Gefahr oder Chance?: Grundlagen des Krisenmanagement, Praxisfälle, Grundsätze zur Krisenvorsorge, Neuwied u. a.

TUCKER, L. UND T. C. MELEWAR (2005): Corporate Reputation and Crisis Management: The Threat and Manageability of Anti-corporatism, in: Corporate Reputation Review, 7 (4), S. 377-387.

VAN WAES, L. UND C. VAN WIJK (2000/01): The influence of politeness on the perception of product recall notices, in: Document Design, 2 (3), S. 272-279.

WIEDEMANN, P. M. (1994): Krisenmanagement & Krisenkommunikation, Arbeiten zur Risiko-Kommunikation, Heft 41, Jülich.

Teil 4

Rahmenbedingungen der Medienwirkung: Engagement, Glaubwürdigkeit und Vertrauen

Andrea Gröppel-Klein und Claas Christian Germelmann

Rahmenbedingungen der Medienwirkung: Engagement, Glaubwürdigkeit und Vertrauen
Einführung in das vierte Kapitel

Wenn das Zusammenspiel von Medien und Marketing untersucht werden soll, dann ist es unabdingbar, die Rahmenbedingungen zu analysieren, unter denen Medien ihre marketingrelevanten Wirkungen entfalten.

Eine grundlegende Dimension dieser Rahmenbedingungen ist das Engagement, mit dem die Konsumenten in den Kontakt mit dem Medium treten. In einer groß angelegten Studie haben *Calder* und *Malthouse* am Beispiel von Zeitschriften analysiert, welche Erfahrungen Konsumenten beim Konsum von Zeitschriften, Zeitungen, Fernsehen und Webseiten machen. Sie zeigen die verschiedenen Dimensionen des Medienengagements auf und erläutern, welchen Einfluss das Engagement auf die Wirkung von Werbung in den genannten Medien ausübt. Der Beitrag von *Calder* und *Malthouse* liefert im Anhang eine „table d'hôte", ein „Menu" der Statements zur Messung der Medienerfahrungen: Diese Übersicht gibt an, welche der im Beitrag vorgestellten und getesteten Statements für die Befragung ausgewählt werden sollten, wenn die Medientypen Magazin, Zeitung, Online-Medien, TV-Nachrichten sowie sonstige TV-Sendungen im Hinblick auf das Engagement untersucht werden, das die Konsumenten diesem Medium entgegenbringen.

Mit dem Vertrauen und der Möglichkeit, Vertrauen über Online-Medien im Rahmen der Öffentlichkeitsarbeit aufzubauen, setzen sich *Bekmeier-Feuerhahn* und *Eichenlaub* auseinander. Sie gehen von der Eigenschaft von Online-Medien aus, einen Dialog zwischen Sendern und Empfängern von Botschaften zu ermöglichen, und untersuchen die psychischen Prozesse beim Vertrauenserwerb in der dialogischen Internet-Kommunikation. Weil in der Öffentlichkeitsarbeit über das Internet die klassische Face-to-Face-Kommunikation nicht möglich ist, müssen die vertrauensbildenden Faktoren anders aufgebaut werden. *Bekmeier-Feuerhahn* und *Eichenlaub* zeigen in einer aufwendigen empirischen Studie, wie die psychologischen Konstrukte „wahrgenommene Ähnlichkeit" und „individuelle Vertrauensbereitschaft" einen positiven Einfluss

Andrea Gröppel-Klein und Claas Christian Germelmann

auf die Zuschreibung von Vertrauenswürdigkeit im Online-Kommunikationsprozess ausüben, und wie diese Dimensionen genutzt werden können, um erfolgreich Öffentlichkeitsarbeit über Online-Medien zu betreiben.

Mit der Bedeutung von „Medienmenschen" als Quellen von Botschaften befassen sich *Blümelhuber* und *Schnitzer*. Sie erläutern ausführlich den schillernden Begriff „Medienmenschen" und zeigen, dass solche Persönlichkeiten, die in den Medien stark präsent sind, Aufmerksamkeit sichern, als Meinungsführer agieren und insbesondere Botschaften senden, was sie für das Marketing interessant macht. Sie führen in ihrem Beitrag aus, welche Bedeutung das Vergessen der Quelle für die Wirkung dieser (Marketing-)Botschaften auf die Einstellung hat, und verdeutlichen zudem die Rahmenbedingungen, unter denen mehr oder weniger schnell vergessen wird, wer die Quelle einer Botschaft z. B. in der Werbung war. Dieses Thema dürfte in der Zukunft immer mehr an Bedeutung gewinnen, denn nicht zuletzt dank Web 2.0 kann heute laut *Blümelhuber* und *Schnitzer* jeder Konsument ein Medienmensch sein oder werden.

Das Thema „Vertrauen" spielt auch im Beitrag von *Gröppel-Klein* und *Germelmann* eine wichtige Rolle, der sich mit der Frage befasst, welche Rolle die Medien in Organisationskrisen von Spendenorganisationen spielen. Wenn Medien Krisen von Spendenorganisationen in ihrer Berichterstattung aufgreifen, kann es zu einem Verlust des Organisationsvertrauens kommen, dass die Spendenorganisationen genießen. Im Beitrag von *Gröppel-Klein* und *Germelmann* werden die verhaltenswissenschaftlichen Grundlagen des Organisationsvertrauens aufgezeigt und dargestellt, wie und unter welchen Bedingungen Medienberichte über Krisen dieses Vertrauen beschädigen können. Zudem wird dargestellt, welche Optionen Spendenorganisationen haben, um dieses Vertrauen zu sichern oder im Krisenfall wiederherzustellen. Am Beispiel der Krise von Unicef Deutschland 2007-2008 wird die Problemstellung exemplarisch dargestellt und in ein Modell des Medieneinflusses auf die Wirkung einer Organisationskrise auf das Organisationsvertrauen eingeordnet.

Bobby J. Calder und Edward C. Malthouse

Media Engagement

1	What Is Engagement? 255
	1.1 Engagement and Experiences 257
	1.2 Identifying Experiences... 260
2	Our Approach to Identifying Media Experiences 263
	2.1 Talking About and Sharing Experience 264
	2.2 Utilitarian Experience... 265
	2.3 Makes Me Smarter Experience.. 266
	2.4 Credible and Safe Experience.. 266
	2.5 Timeout Experience 267
	2.6 Visual Imagery Experience 267
	2.7 Regular Part of My Day Experience 268
	2.8 Overload, Too Much Experience.. 268
	2.9 Ad Interference Experience 269
	2.10 Community Connection Experience 269
3	Metrics for Measuring Media Experiences and Engagement 270
4	Engagement and Advertising Effectiveness 273
5	Congruence between Advertising and the Media Vehicle 275
6	The Potential Negative Effects of Engagement 280
7	Engagement with the Brand 282
8	The Future of Brands 284
9	APPENDIX 284
	9.1 Inspirational Experience 285
	9.2 Civic Looks Out for My Interests Experience 285
	9.3 Positive Emotional Experience.. 285
	9.4 Entertainment Experience.. 286
	9.5 Ad Attention, Turned on by Ads Experience 286
	9.6 Participation and Socialization Experience 287

Media Engagement

In an era of extreme advertising clutter and consumer avoidance, perhaps no other recent concept has captured more interest from marketers than "engagement." This interest is symptomatic of changes in the field. Traditionally, marketers have thought about advertising as a process of translating a brand, expressed as a benefit, a promise to the consumer, a value proposition, or a positioning in the consumer's mind into a message that is delivered to the consumer through some medium. This advertising will be effective to the extent that the consumer values the brand idea and the message does a good job creatively of communicating the idea. Two things are critical, the quality of the brand and the quality of the message. The media used is more of a tactical matter of achieving the desired reach and frequency against the consumer target group. The present interest in "engagement" brings something new to this picture.

You can think about engagement in two ways. One way, and the focus here, is on *engagement with the advertising medium*. If the journalistic or entertainment content of a medium engages consumers, this engagement may affect reactions to the ad. In the past the medium was thought of as only being a vehicle for the ad, a matter of buying time or space to put the ad in to expose the audience to it – a matter of buying eyeballs. But this ignores the fact that the medium provides a context for the ad. If the media content engages consumers, this in turn can make the ad more effective. Another way of thinking about engagement is in terms of *engagement with the advertised brand itself*. We will return to this at the end of the chapter; the focus here is on how engagement with the medium affects advertising effectiveness.

The Advertising Research Foundation (ARF) defines engagement as follows: "Engagement is turning on a prospect to a brand idea enhanced by the surrounding media context (ARF 2006)." This definition has the advantage of highlighting that it is the synergy between the brand idea and media context that is the key issue for marketers. What is not clear from the definition is what engagement is, as opposed to what it might do.

1   What Is Engagement?

We all know what engagement feels like. Intuitively it is a sense of involvement. If a person is engaged with a television program, they are connected with it and relate to it. But the concept is hard to pin down beyond this. In the end we need not only to pin it down but also to measure it.

Let's start with what engagement is not. Our conceptualization of engagement is different from others who often characterize it in ways that we regard as the *consequences* of engagement. Marc (1966), for example, defines engagement as "how disappointed someone would be if a magazine were no longer published." Syndicated market research often asks whether a publication is "one of my favorites," whether a respondent would "recommend it to a friend" or is "attentive." Many equate engagement with behavioral usage. That is, they define engaged viewers or readers as those who spend substantial time viewing or who read frequently.

While all of these outcomes are important, we argue that they are consequences of engagement rather than engagement itself. It is engagement with a television program that causes someone to want to watch it, be attentive to it, recommend it to a friend, or to be disappointed if it were no longer on the air. Likewise, it is the absence of engagement that will likely cause these outcomes not to occur. But, while these outcomes may reflect engagement, many other things can produce the same outcomes as well. A person may watch a television program for many reasons. Your spouse watches it so you watch it in order to be companionable. Someone in the household gets a magazine so you look at it in spare moments because it is on the coffee table. You like the local newspaper and even recommend it to people moving into the area, but you do not have time to read it yourself. All of these outcomes or consequences are due to something else besides engagement. They should not be confused with engagement. Moreover, to the extent that an outcome is due to engagement, the outcome still does not tell us what engagement actually *is*.

To think about what engagement really means, come back to engagement as a sense of involvement, of being connected with something. In our view this intuition is essentially correct. It needs elaboration to be useful but it is correct in that it captures a fundamental insight – engagement comes from *experiencing* something like a magazine or television program in a certain way. To understand engagement we need to be able to understand the experiences consumers have with media content.

The notion of focusing on consumer experiences has itself become a hot topic in marketing, and the question that arises of course is, what is an experience? A simple answer is that an experience is something that the consumer is conscious of happening in his or her life. In our view the philosopher John Dewey (1934) captured the nuances of experience best:

> ... we have an experience when the material experienced runs its course to fulfillment. Then and then only is it integrated within and demarcated in the general stream of experience from other experiences.... is so rounded out that its close is a consummation and not a cessation. Such an experience is a whole and carries with it its own individualizing quality and self-sufficiency. It is an experience (p. 35).

There is always experience, but Dewey points out that much of it is "so slack and discursive that it is not *an* experience (p. 40)." Much of what we do has, in Dewey's words, an "anesthetic" quality of merely drifting along. An experience is the sense of doing something in life that leads somewhere. Experiences can be profound but typically they just stand out from the ordinary in the stream of experience.

Experiences are inherently qualitative. That is, they are composed of the stuff of consciousness. They can be described in terms of the thoughts and feelings consumers have about what is happening when they are doing something. As such they are primarily accessible through qualitative research that attempts to "experience the experience" of the consumer (for more on this view of qualitative research see Calder 1977, 1993, 2000). Thus, in the case of media, we can seek to capture the qualitative experience of, for instance, reading a magazine. This experience will have a holistic or unitary quality but can be broken down into constitutive experiences that have their own holistic quality. As we will see, one such experience for magazines has to do with consumers building social relationships by talking about and sharing what they read with others, the *Talking About and Sharing* experience. (Probably you too have had the experience of reading something with an eye to using it in conversation with others). To the extent that this experience stands out in the ordinary stream of experience it constitutes a form of engagement with the magazine.

To further clarify what is unique about the engagement concept, it is useful to distinguish experiences that are closely related to engagement from other experiences. For this we turn to some ideas from psychology.

1.1   Engagement and Experiences

Although much of our work is anchored in qualitative research on experiences, a theoretical model proposed by the Columbia University psychologist Tory Higgins (2005, 2006) provides a useful framework for thinking about the relationship of engagement and experience. We follow Higgins and a long tradition in psychology of conceptualizing experience as either *approach* toward something or *avoidance* of something. Experiencing something positively means feeling attracted toward it; experiencing something negatively means feeling repulsion away from it. This holistic experience of approach or avoidance is what we want to understand.

Figure 1-1, after Higgins (2006), presents a model of the approach-avoidance experience. One factor affecting the experience is the hedonic value associated with the object of the experience: what is desirable or undesirable about it, the pleasure/displeasure taken in it. This factor, call it liking, primarily affects the direction of the experience, toward approach or toward avoidance. The second factor affecting the experience is engagement. Engagement is thus one of two components of experience, and it is different from the liking component of experience. I may like the local newspaper but not to be particularly engaged with it. Or, I may be engaged with it, but not particularly like it.

Bobby J. Calder und Edward C. Malthouse

Figure 1-1: *Engagement as Motivational Experience*

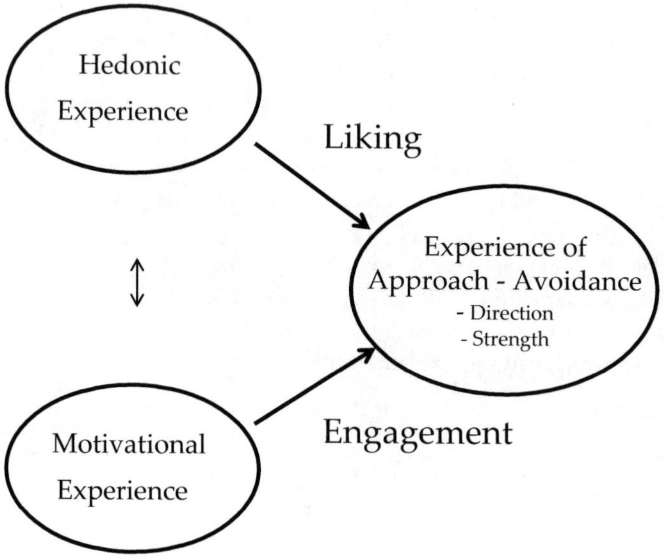

Engagement stems from the underlying motivational component of the experience. According to Higgins, it is a second source of experience that:

> ... *does not involve the hedonic experience of pleasure or pain per se but rather involves the experience of a motivational force to make something happen (experienced as a force of attraction) or make something not happen (experienced as a force of repulsion). Although the hedonic experience and the motivational force experience often are experienced holistically, conceptually they are distinct from one another* (2006, p. 441).

It is thus useful to separate the hedonic side of the experience from the motivational side and to view engagement as the motivational side of the experience.

Media engagement is to be distinguished from liking, i.e. the experience of the desirable or undesirable features of a particular magazine, program, or site. In contrast, engagement is about how the magazine or other media product is experienced motivationally in terms of making something happen (or not happen) in the consumer's life. Note that the magazine experience we described earlier, consumers building social relationships by talking about and sharing what they read with others, is just this sort of experience. It is more about what the content does for the consumer than what the consumer likes about it per se.

Media Engagement

These considerations lead us to view engagement as the sum of the motivational experiences consumers have with the media product. Our view is that the individual experiences contribute more or less to an overall level of engagement. We therefore analyze engagement in the way shown in Figure 1-2. Separate motivational experiences underlie an overall level of engagement. One of these might be the *Talking About and Sharing* experience. It is this overall level of media engagement and its constitutive experiences that could affect responses to an ad in the medium. Engagement and experiences may also affect things like usage of the media product, but this should be viewed as a consequence or side effect.

Figure 1-2: Model of Engagement and Experiences

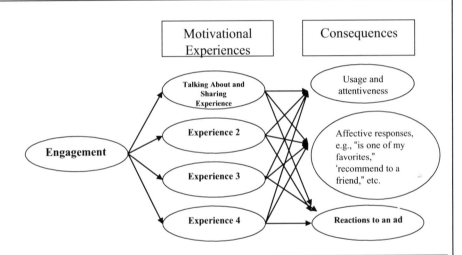

Besides providing some conceptual clarity for thinking about engagement, this discussion also points up the reason why media engagement may be important to marketing. All things being equal, it is probably a good idea to place ads in media vehicles that consumers like (have a positive hedonic experience with). It seems to us, however, that there is much more at stake with engagement. If consumers are engaged with a media vehicle, and thereby having at least some strong motivational experiences, an ad potentially becomes part of something the consumer is trying to make happen in his or her life.

1.2 Identifying Experiences

Engagement is comprised of motivational experiences. To understand and measure engagement we need to identify relevant experiences. It is useful to think about these experiences in the following way. As already indicated, some experiences may be positive, about Approach, whereas others may be negative, about Avoidance. Another useful distinction (see Deci and Ryan 1985) is that some experiences may reflect Intrinsic Motivation and others Extrinsic Motivation. In the former case, the consumer's goal is the activity – it is an end in itself. In the latter case, the activity is the means to an end – the goal is extrinsic to the activity itself. The difference between these two cases is the person who relaxes with the Sunday newspaper over brunch versus the person who busily scans the newspaper looking for something to do later in the evening or for travel tips for a vacation. This leads to the four types of experiences relevant to engagement shown in Figure 1-3.

Figure 1-3:   *The Four Types of Engagement Experiences*

	APPROACH	AVOIDANCE
INTRINSIC MOTIVATION	Transportation	Irritation
EXTRINSIC MOTIVATION	Promotion/ Prevention	Rejection

We refer to Approach experiences, where the activity itself is the goal, as Transportation. Here the consumer's goal is to be either transported into a different state, from bored to happy for example, or to be transported into the world of the activity. The latter is especially significant in the case of media. It is the experience of being absorbed into a story or program and shutting out the real world. Researchers (Green and Brock 2000; Green, Strange and Brock 2002) have defined this form of transportation as "a convergent process, where all mental systems and capacities become focused on events occurring in the narrative (2000, p. 701)." Csikszentmihalyi (1990, 1997) describes the more general variant of the experience as the individual being caught up in the "flow" of an activity and absorbed into it.

260

Media Engagement

Approach experiences where the goal is extrinsic to the activity are of two kinds. Higgins (1997) distinguished between Promotion experiences and Prevention experiences. The Promotion experience involves the pursuit of hopes and aspirations, the goal is to gain or attain something. The Prevention experience involves duties or obligations, what one ought to do. The goal is to avoid losses.

In our work on media experiences we have focused on Promotion experiences. Prevention experiences are to some extent just a different way some individuals approach a goal. The *Talking About and Sharing* experience noted above may be experienced more as a Prevention experience by some consumers (as in using the media content to be sure that one does not get left out of a conversation or appear ignorant). This distinction deserves more attention in future work. Wang and Lee (2006) demonstrate that exposure to an ad in the context of either a Promotion or a Prevention experience can differentially affect a given ad.

Avoidance experiences are of two types. When the goal is extrinsic to the activity, we have the simple case of Rejection. The person wants to have something not happen as a consequence of the activity. When the person wants to avoid the activity itself, we refer to this as Irritation. The person feels forced to perform the activity and is annoyed by this and adverse to it. Irritation experiences are mitigated, but not irrelevant, in the case of media use since in the main consumers exercise choice in this area. In both of these cases, the experience contributes negatively to engagement, that is to say, to disengagement. To see the difference between Rejection and Irritation think about local television news. A person who sees watching the news as a waste of time because the things it covers are trivial is experiencing Rejection. Probably this person rarely watches the news or views it incidentally. A person who watches the news but feels disheartened by the frequency of negative stories is experiencing Irritation.

This classification of experiences provides a framework for identifying the breath of experiences that may underlie media engagement. Another dimension to this, however, is depth. This dimension is illustrated in Figure 1-4.

Figure 1-4: Levels of Experience Description

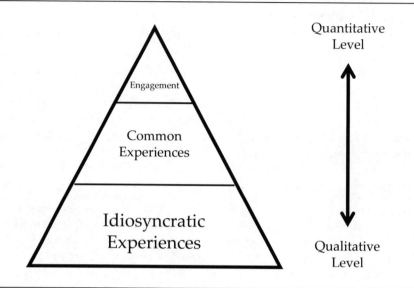

Every individual's experience is of course idiosyncratic to herself and the specific object of that experience. An example of an idiosyncratic experience is, for example, you reading a certain magazine. For marketing purposes we cannot hope to deal with experiences at this level. It is more feasible to try to identify common or shared experiences that cut across people and apply to a wide variety of media products. We can seek to deal with readers of the top 100 magazines, for instance. For these readers we can try to identify experiences that are common in the sense of being similar, though certainly not exactly the same, across readers and magazines. We seek to identify experiences that large numbers of consumers have, to varying extents, with different media products. At a higher level still, these experiences reduce to an overall level of engagement, and this is highly comparable across people.

There is one last point about identifying experiences. It is possible to take a top-down approach or a bottom-up approach. Fred Bronner and Peter Neijens (2006) at the University of Amsterdam have taken more of a top-down approach with their Dutch Media Experience Monitor study. Based on a review of the literature, they identified eight experiences as important for media and developed metrics (scales) to measure them. These experiences are described in Table 1-1. Our own approach is more bottom-up. We try to identify common experiences from qualitative research on idiosyncratic experiences, the bottom level in Figure 1-4. This tends to lead to a longer list of somewhat narrower experiences. Aside from this, however, the two approaches seem to yield comparable results.

Media Engagement

Table 1-1:   *Dutch Media Monitor Experiences*

Experience	Description
Information	Offered something new, gave useful information, taught me about what is going on
Stimulation	Excited me, made me curious, made me enthusiastic
Negative emotions	Irritated me, was unclear, disturbed me, made me sad
Transformation	Gave me enjoyment, made me cheerful, made me forget everything for a moment, was relaxing
Pastime	Filled an empty moment
Identification	Recognized myself in it, felt involved, empathized with it
Social	Subject of conversation
Practical use	Useful tips/advice, motivated to do something

We now describe our approach in more detail. Following this we describe specific media engagement experiences and consider the evidence that media engagement impacts advertising effectiveness.

2   Our Approach to Identifying Media Experiences

Media experiences, as noted above, can be described at different levels. At the most basic level of course there is the concrete experience of the particular content of a given media product. While this level of description may well be of interest, it is too saturated with specific details and unique characteristics of the particular content to be useful for comparison purposes. If our goal is to compare across different media products, we need a more abstract or generalized description of experiences, albeit one that tries to preserve something of the underlying idiosyncratic quality of experience.

Bobby J. Calder und Edward C. Malthouse

We approach this in the following way. As a first step, qualitative research in the form of individual in-depth interviews with users is conducted. Each interview focuses on a specific media product, such as a specific magazine. But we seek to describe the experiences talked about in the interviews at a level that is common across the media category, e.g., across magazines. We essentially seek to paraphrase the specific things that people report experiencing with individual media products in a way that preserves the common essence, or gist, across products but does not include details peculiar to individual products in the category. For example, exactly what people say about *Better Homes and Gardens* magazine is different from exactly what others say about *Parents*, but at a higher-level people may be describing the same experience. They may be describing the extent to which they would say, paraphrasing across users, that "I get ideas from this magazine." We refer to this description as an *experience item*. The "ideas" in the item could be about designing a flowerbed or keeping a toddler occupied on a long trip – in either case the reader is having a *Utilitarian* experience.

The logic of our approach is as follows. From qualitative interviews we induce a large number of experience items. Then we employ quantitative methods to explore the relationships among the items. If some experience items are highly interrelated, this indicates that they are alternative measures of the same experience. No single item is a perfect measure in that no one item captures a single experience in total. We refer to these sets of items as experience metrics or scales and use them to measure experiences.

We have applied this approach to magazines, newspapers, television, and online sites. Below are examples from our research of some media experiences we have identified. Although our research has focused on identifying experiences for different categories of media, for present purposes we describe experiences that occur similarly with several kinds of media. For each experience, we include some of the statements made by consumers that characterize the experience.

2.1   Talking About and Sharing Experience

1. Reading/looking at this magazine/newspaper/television programming/site gives me something to talk about.

2. I bring up things I have read/looked at in this magazine/newspaper/television programming/site in conversations with many other people.

3. I use things I have read/looked at in this magazine/newspaper/television programming/site in discussions or arguments with people I know.

4. A big reason I read it is to make myself more interesting to other people.

5. I show things in the magazine/newspaper/site/program to people in my family.

Media Engagement

This is a Promotion experience (though as noted earlier it could well have Prevention overtones for some consumers). The goal is to become more interesting to other people. Media enables people to be more interesting because they can talk to others, and even to themselves, about what they read or view. In some cases, topics could be about strange or silly things: "Did you see where some guy tried to dry his dog by sticking it in the microwave oven?" "Can you believe that some couple in New Zealand wants to call their son '4real?' Imagine when the poor kid goes to school." Some people like to argue about or debate current events. "Why on earth would the governor do this when all the facts show that it is the worst possible decision?" "How could the quarterback have been so stupid?" "Why is the team trading that player?" The media content engages the consumer in the experience of being more interesting conversationally.

2.2 Utilitarian Experience

1. I learn about things to do or places to go in this magazine/newspaper/television programming/site.

2. This magazine/newspaper/television programming/site gives good tips and advice.

3. It shows me how to do things the right way.

4. I get good ideas from this magazine/newspaper/television programming/site.

5. You learn how to improve yourself from this magazine/newspaper/television programming/site.

6. It helps me make up my mind and make decisions.

7. This magazine/newspaper/television programming/site provides a lot of "how-to" information.

This is another Promotion experience. A good example of content that is engaging in this way occurs with the experience of cooking television programs, cooking magazines, newspaper "food" sections, and the like. Consumers use the advice or tips to do something in their own lives – new techniques, ingredients, recipes, and so on. Likewise a gardening magazine could help a person decide what flowers to plant in a shady location. An online astronomy site could tell someone how to find a certain star. A television program could provide the viewer with diets and exercises to try out.

Bobby J. Calder und Edward C. Malthouse

2.3 Makes Me Smarter Experience

1. It addresses issues or topics of special concern to me.

2. It updates me on things I try to keep up with.

3. It's important I remember later what I have read/looked at.

4. Even if I disagree with information in this magazine/newspaper/television programming/site, I feel I have learned something valuable.

5. I look at it as educational. I am gaining knowledge.

The Makes Me Smarter experience is similar to the utilitarian experience, but is focused more on "keeping up" with certain topics than on how to do something specific. Keeping up with international affairs by using certain publications or programs is a Makes-Me-Smarter experience, as is keeping up with celebrities, next year's automobiles, fashion, technologies, etc. An article in a computer magazine describing the next generation of storage devices is providing a Makes-Me-Smarter experience, while an article describing how to install a program is perhaps more of a Utilitarian experience. A given media product may well produce both kinds of experience.

2.4 Credible and Safe Experience

1. They do a good job of covering things. They don't miss anything.

2. I trust it to tell the truth.

3. It does not sensationalize things.

4. You don't have to worry about accuracy with this magazine/newspaper/television programming/site.

5. It is unbiased in its reporting.

6. I would trust this site with any information I give it. (more for online sites)

7. I feel safe in using this site. (more for online sites)

This is more of a Prevention experience. The goal is about not being misled. This is distinct from the *Makes-Me-Smarter* experience, which is more about having confidence that topics and stories that the consumer thinks are important are covered.

Media Engagement

2.5   Timeout Experience

1. I lose myself in the pleasure of reading/looking at this magazine/newspaper/television programming/site.
2. It is a quiet time.
3. I like to kick back and wind down with it.
4. It's an escape.
5. The magazine/newspaper/television programming/site takes my mind off other things that are going on.
6. I like to go to this magazine/newspaper/television programming/site when I am eating or taking a break.
7. I feel less stress after reading it.
8. It is my reward for doing other things.
9. This magazine/newspaper/television programming/site improves my mood, makes me feel happier.

This is a Transportation experience. The experience is one of having a break and forgetting about everything else, of being transported into a better mood or state of mind. With some kinds of media it is also possible to separate out the experience of being transported into the narrative world of the content.

2.6   Visual Imagery Experience

1. I look at the pictures in it and think "Wow."
2. Most often I look at the pictures /videos before anything else. I like to look at the pictures/video even if I don't read the story.
3. I sometimes show a picture in it to someone else.
4. I like to look at the pictures for a while.
5. I love the photography on this show.
6. The photography is one of the main reasons why I watch this show.

This is another Transportation experience. The experience is one of being absorbed visually into the content. Travel magazines may feature photography that makes readers feel as if they are "there." Other magazines often feature pictures of beautiful homes and food that give a similar vicarious experience. Even newspaper photographs can convey this sense of being there. Television can obviously be visually intensive as well.

Bobby J. Calder und Edward C. Malthouse

2.7 Regular Part of My Day Experience

1. It's part of my routine.

2. I use it as a big part of getting my news for the day.

3. I usually read/look at it at the same time of the day.

4. This is one of the sites I always go to anytime I am online.

5. I follow a routine pattern each time I read it, reading the same sections in the same order.

6. It helps me get my day started in the morning.

For some, breakfast is not complete without having on a morning news program. Watching is part of a ritual: turn on the program, make coffee and breakfast, and watch or perhaps listen. For others, the morning newspaper is the habitual breakfast companion. Some people have a news site (e.g., cnn.com or nytimes.com) or aggregators such as Yahoo as their homepage. These sites become a habitual way of checking news. Some people have a ritual of watching the late-night news before going to bed. They do not feel ready for bed until they have watched it. Similar experiences occur with all sorts of other media content. This is a Transportation experience in the sense that the media content puts people in a comfortable, calming state of mind. For some people, as noted below, the news can result in an Irritation experience that is the opposite of this calming effect.

2.8 Overload, Too Much Experience

1. Reading/looking at this magazine/newspaper/television programming/site makes me feel like I am drowning in the flood of information that comes out each day.

2. It tries to cover too much.

3. Too many of the articles are too long.

4. It has too many special sections.

5. I wish this newspaper had fewer pages.

6. Unread copies of this newspaper pile up.

This is a Rejection experience. It is especially strong for many consumers for newspapers, as reflected in some of the above statements. Consumers wishes to avoid the deluge of information that they feel they are being exposed to continuously. The experience is a negative one, a feeling of drowning in too much information and wanting to escape. This experience also touches on the issue of control (especially with online media). Consumers resent having information forced on them.

Media Engagement

2.9 Ad Interference Experience

1. The number of ads makes it harder to read/look at the magazine/newspaper/television programming/site.

2. I make a special effort to skip over and avoid looking at ads.

3. I am annoyed because too many of the ads on this site have too much movement.

4. I don't like the number of pop-up ads on this site.

5. All too often the ads are dull or boring.

6. I hate the inserts they put in it.

7. Sometimes the ads are overdone or even weird.

8. The ads are so similar in style they blend together.

This is an Irritation experience. The consumer does not want to look at many of the ads in the media product but feels forced to. The same experience can occur with other kinds of content. For instance, with television many consumers experience violent stories in this way. The local news leads with the automobile accident and you cannot avoid seeing it. It should be noted that advertising is not necessarily part of a negative experience. In fact advertising can contribute to positive experiences as well.

The above experiences are good examples but represent only a few of the experiences consumers can have that engage them with media content. As already noted some of these experiences arise more with some media than others. The following is experience characteristic of online media.

2.10 Community Connection Experience

1. A big reason I like this site is what I get from other users.

2. I'm as interested in input from other users as I am in the regular content on this site.

3. Overall, the visitors to this site are pretty knowledgeable about the topics it covers.

4. This site does a good job of getting its visitors to contribute or provide feedback.

5. I'd like to meet other people who regularly visit this site.

6. I've gotten interested in causes I otherwise wouldn't have because of this site.

Bobby J. Calder und Edward C. Malthouse

As indicated, this Promotion experience is most associated with online sites. The experience is one of being able to connect to others and participate in a larger social collective.

The above examples illustrate the variety of motivational experiences consumers can have with media products. Keep in mind, however, that these are constitutive experiences. *An* experience with a media product will ordinarily be a combination of different constitutive experiences. While *an* experience is unitary, it does appear that its constitutive experiences affect advertising independently of each other. Wang and Calder (2006) have shown, for example, that a Transportation experience affects an ad independently of the effects of a Promotion experience with the media vehicle. Breaking down the holistic overall experience is useful for marketing purposes. We now turn to the measurement of experiences.

3 Metrics for Measuring Media Experiences and Engagement

We think advertising and media organizations should measure experiences and engagement for several reasons. First and foremost, experiences with media content can affect reactions to advertising. We will present evidence for this in the next section. Marketers need to understand the experiences offered by various media vehicles when placing ads. We shall also offer some evidence that ads appearing in vehicles that are experientially congruent with the ads will be more effective. So it may be that advertisers should consider media experiences even in creating the ad itself. As for media organizations, they should monitor consumer experiences as a marketing management tool. Recall that experiences, in part, drive usage of the media product. A drop in the *Talking About and Sharing* experience could be an early warning and a diagnostic tool, alerting the media organization to take action before usage levels also decrease. At a more micro level, a media organization may wish to test new content to determine whether certain experiences can be improved. For example, an online site might develop a feature to increase the *Utilitarian* experience. It is necessary for all of the above reasons to be able to measure media experiences and engagement.

An organization wishing to measure experiences has a choice between *à la carte* and *table d'hôte* options, depending on its objectives. Take an advertiser who wants a media vehicle high on certain experiences, or a media company that wants to focus on certain experiences to attract consumers and/or advertisers. Both could measure these particular experiences in an *à la carte* fashion, measuring just the experiences that are relevant to them. For a magazine, let's say, metrics might be added to an ongoing reader survey. The magazine would only have to add a set of questions specific to the experiences they are focusing on. If one of the experiences was the *Timeout* experience described above, measurement could be accomplished by asking survey participants to rate how much they agree or disagree on a five-point scale with the 3-5 statements selected from the *Timeout* statements above. The measurement scale might look like this.

1. I like to kick back and wind down with [magazine name].

2. I lose myself in the pleasure of reading [magazine name].

3. [Magazine name] takes my mind off other things that are going on.

4. I feel less stress after reading [magazine name].

The average of the four ratings of these statements measures a survey respondent's *Timeout* experience.

In our research we have developed scale items like the above for a variety of experiences. The resulting metrics or scales have been shown to have good psychometric properties. For most experiences with a particular medium, we have been able to show that the statements "hold together" as a scale in multiple studies using different data collection methods and across many publications within the medium. For example, in the case of online web sites we have run three separate experience studies. The first studied 39 general news, business, local news, and aggregator web sites using a marketing research panel. After identifying the experiences, we conducted two studies in which online users were intercepted at various web sites in order to confirm that the scales factored properly and had acceptable reliabilities. The experience scales are thus robust to sites and data collection methods. Likewise, we have run multiple studies for newspapers, magazines and TV news.

An organization may wish to add or substitute statements that are more specific to their media product. Care should be taken, however, to find items that relate to the motivational experience of interest. Ideally the reliability and validity of these items should be tested.

Experience scores can be factor analyzed to identify an overall engagement measurement. For example, Calder, Malthouse and Schaedel (2008) measured eight experiences with news web sites (the sample of sites included About.com, Washingtonpost.com, PalmBeachPost.com, Reuters.com, DallasNews.com, etc). The experiences were selected *à la carte* for relevance to the nature of the sites. We first used a confirmatory factor analysis to show that the eight experiences were distinct and reliable. Next, factoring the eight experiences yielded the structural relations shown in Figure 3-1. Notice that in this case two overall higher-level engagement factors emerged. One was personal engagement with the site reflecting a number of experiences such at the *Temporal Regular Part of My Day* experience. The factor loadings shown in Figure 3-1 indicate that this experience counts for a little less in the overall personal engagement experience than the *Stimulation and Inspiration* experience. Personal engagement is comparable to the sort of individualistic experiences found with magazines and newspapers. In the case of these news web sites, however, another type of overall engagement emerged, which we termed interactive engagement. Experiences such as the *Community Connection* experience described above factor more heavily into this. The "second-order" factor scores for personal and interactive engagement can be used in subsequent analyses, as we illustrate with a study described below.

Figure 3-1: Online Engagement and Experiences Measurement Model Used for Testing Effects on Advertising

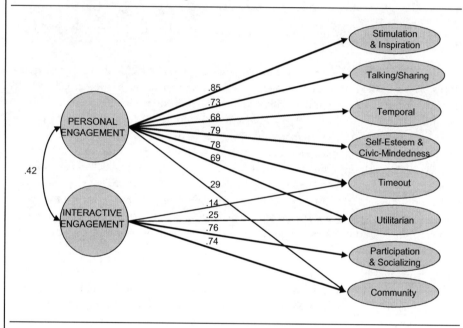

Advertisers and media companies in some cases may wish to conduct a more comprehensive assessment of experiences and engagement. Ideally this might be obtained from syndicated marketing research firms who could measure a broad cross section of experiences spanning many media vehicles. Due to the larger number of questions, this might have to be a stand-alone engagement study as opposed to adding a few questions to another survey. The Appendix at the end of the chapter makes some *table d'hôte* recommendations for magazines, newspapers, online sites, and television programming based on our research. These recommendations enable an organization to measure several types of experiences that are common for a medium.

In the case of media products with a wide breadth of content and high degree of similarity with other competitive products across publications, our *table d'hôte* recommendations provide a good starting point. It is more difficult to make *table d'hôte* recom-

Media Engagement

mendations for more specialized media products. They may wish to omit some experiences or even identify new, more relevant ones. For example, the distinction between the *Utilitarian* and another experience we call *Inspiration* may be too subtle for some purposes. *Utilitarian* is about feeling a media product gives actionable advice and tips while *Inspiration* is about making consumers feel they can do important and meaningful things in their life. If an article telling the story of a woman who lost 50 pounds is typical of a magazine's content, it is probably relevant to *Inspiration*. If the typical article gives specific diets and exercises then it is probably providing a *Utilitarian* experience. For some publications, e.g., shelter, health, parenting, the two are distinct and very important. For others, such as news weekly or business publications, the two blend together and this should be factored into the measurement approach.

Our point is that both an advertiser and a media company should think carefully about the experiences that it wants to measure. Our *table d'hôte* suggestions may be of help in this.

4 Engagement and Advertising Effectiveness

It may be useful at this point to give a précis of the role of media engagement in advertising. The effectiveness of advertising depends on the brand being advertised, the quality of the ad itself, and characteristics of the execution such as the size of the ad and placement in the medium (e.g., back cover, inner front cover, top of the web page, etc.). Marketers have not, however, considered one factor in an explicit way – the consumer's engagement with the surrounding media content. The emerging view is that media should not be treated as merely the passive vehicle through which consumers are exposed to ads simply because they are viewing or reading media content. The actual *contact* with the consumer is formed by both the ad and the surrounding media context. The journalistic or entertainment content of the media product itself provides experiences for the viewer or reader that may affect the advertising.

What is the evidence that media engagement and its constitutive experiences can actually impact advertising effectiveness? There have been many demonstrations that the context in which an ad appears can affect consumer reactions.[1] Here, we shall focus

---

1   See Malthouse et al. (2007), Calder et al. (2007), and Ware et al. (2007) for empirical tests of this claim and for extensive references to other studies. For magazines see Malthouse et al. (2007). For newspapers see Calder and Malthouse (2004). For online sites see Calder et al. (2007). Also see Bronner and Neijens (2006).

273

Bobby J. Calder und Edward C. Malthouse

more specifically on what is known about how context characterized by media experiences affects reactions. First, we summarize several studies that demonstrate the basic effect. Having established that engagement and experiences affect ads, we examine how generally this occurs and how important the context effects are relative to other factors such as the size and placement of the ad. Finally, we examine the interesting hypothesis that advertising can be more effective when ads are *experientially congruent* with the media vehicle.

Many different studies have shown that experiences with media content can affect reactions to ads. For example, Malthouse, Calder, and Tamhane (2007) have shown that the extent to which readers experience the content of a magazine as *Utilitarian* or as *Makes Me Smarter* is related to standard copy-testing measures for a test ad for a fictitious bottled water product (controlling for any spurious effects due to interest in bottled water and sensitivity to ads in general). The test ad is shown in Figure 4-1. As can be seen, both the product and the ad are very straightforward. Yet these and other experiences with the media context affect consumer reactions to it. A control group was used in this research to strengthen the case for a causal connection.

Figure 4-1: Media Experiences Increase the Effectiveness of a Generic Test Ad

Likewise, Calder, Malthouse and Schaedel (2007) have shown that web site users who are engaged with web sites are more positive toward an Orbitz (on-line travel agency) ad and are more likely to click on the ad. Interestingly, both the types of overall en-

Media Engagement

gagement described above, personal engagement and interactive engagement, as well as many of the constitutive experiences, affected reactions to the Orbitz ad. This research also showed that interactive engagement, which is more uniquely characteristic of online media, affected the ad independently of personal engagement. In other words, both types of engagement contributed to ad effectiveness. A control group was again used in this research to make a stronger case for causality.

In our view, the evidence for the impact of media engagement and experiences on advertising is persuasive. But how important is the effect? Existing research is limited to ad testing effects, though the above online research did show behavioral effects on click through behavior. Another way of getting at impact, however, is to compare the effects of media experiences with the effects of other advertising variables that are usually considered important for effectiveness and that enter into the cost of advertising. In another study of over 3,000 actual magazine advertisements, we show that the effects of experiences on ad recall and measures of the actions taken because of seeing the ad are very general, holding across this large sample of ads (Malthouse and Calder 2007). We also show that the experience effects are roughly comparable in strength to execution factors including the size (e.g., half-page, full page, etc.), placement (run-of-book, back cover, inner back cover, etc.) and the number of colors in the ad.

The implications of these findings for marketers is potentially profound in that the media selection and price of most advertising is currently determined by audience size and execution factors such as position and ad size, without consideration of engagement in any formal way. Take an example where two magazines have the same rate base and charge the same amount for an ad, but one magazine is more engaging: its readers find the content more *Utilitarian*. The above research suggests that an ad appearing in the more engaging magazine will be more effective than the same ad appearing in the other magazine.

5 Congruence between Advertising and the Media Vehicle

Perhaps an even bigger payoff from paying attention to media engagement lies in adjusting the ad itself to the experience of the media vehicle. It seems entirely reasonable to us that an ad that matches the experience of the medium may benefit even more from that experience. We call this the congruency hypothesis. It needs more research, but studies suggest that it is a real possibility. The study below is particularly intriguing in this regard.

Bobby J. Calder und Edward C. Malthouse

To examine whether some ads benefit from engagement and experiences more than others we turn to the idea of congruence between an ad and content. Dahlén (2005) reviewed the literature on media context effects and identified possible rationales for why context should affect reactions to ads. One is the congruity principle: "the medium and the advertised brand converge and become more similar in consumers' minds (p. 90)."

Defining congruity is difficult because there are many different, and potentially conflicting, ways that an ad can be congruent with a vehicle. An ad could be congruent in one respect and dissimilar on another. For example, a vehicle and an ad could both have a consistently emotional tone, but the vehicle could have more of a traditional look while the ad has a more modern look. Congruency could even be viewed simply in terms of "endemicness," whether the ad is for a product that fits the literal subject matter of the magazine, e.g., table saws in woodworking magazines.

Consistent with our focus on media experiences, however, we studied one form of congruence – the congruence between the experiences with a magazine and the experiences with the ad itself. We applied the logic of measuring experiences to the experience of ads and asked whether congruence between the two experiences impacts advertising effectiveness.

We have studied four Meredith magazines and four actual ads (Ware, Bahary, Calder, and Malthouse 2007). The four magazines are *Better Homes and Gardens (BHG)*, *Country Home*, *Fitness*, and *Parents*. All four magazines are read primarily by women, but come from different magazine categories. The four ads are shown Figure 5-1 and could plausibly appear in any of the four magazines.

Media Engagement

Figure 5-1:   *Ads Used To Test the Ad Experience-Media Experience Congruence Hypothesis*

After selecting the magazines and ads, we recruited readers of each of the magazines to come to an online research site. On the site they viewed a copy of the cover of one of the four magazines and read typical content from it. As shown in Figure 5-2, they could actually page through the magazine. One of the pages contained one of the four ads. The readers were asked about their *Visual Imagery* and *Timeout* experiences (and four other *à la carte* experiences) with the magazine and about their reactions to the ad. The magazine experiences were related to ad effectiveness as in other studies. But in

277

this study we also had another group of readers who were shown the ads without any surrounding editorial content. Each reader was shown one of the ads and asked to rate their Transportation (both *Visual Imagery* and *Timeout*) experience with the ad.

Figure 5-2: Illustration of Online Magazine Testing Procedure

We evaluated congruence in the following way. The difference between the average *Visual Imagery* experience with a magazine and the average *Visual Imagery* experience with an ad gave a measure of the experiential similarity between the ad and the magazine, as shown in the table below. The distance between *BHG* and the Behr paint is small (0.14) indicating that this ad is experientially similar to, or congruent with, this magazine. In contrast, the distance between *BHG* and the Neosporin ad is larger (1.28) indicating incongruence.

Table 5-1: Experiential Similarity: Four Magazines and Four Ads

	Behr	**Neutrogena**	**Woolrich**	**Neosporin**
Better Homes and Gardens	0.14	1.28	0.32	0.09
Country Home	0.27	1.41	0.19	0.22
Fitness	0.50	0.64	0.96	0.55
Parents	0.54	0.60	1.00	0.59

The congruity hypothesis predicts that the smaller the distance between the ad and magazine, the more effective the ad. We tested this empirically by relating the average ad effectiveness scores to these congruity measures. The graph in Figure 5-3 shows that there is a strong relationship. The more the *Visual Imagery* congruence between the magazine and the ad, the more effective is the ad.[2]

Figure 5-3: The Relationship Between Visual Imagery Congruence and Advertising Effectiveness

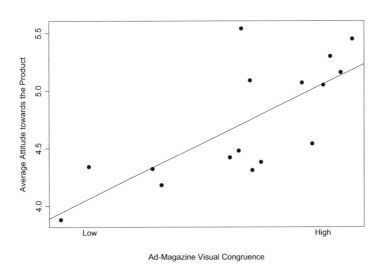

We thus have evidence that experiential congruence is related to advertising effectiveness. This finding has important implications for both advertisers and media companies. Since the experiential congruence of an ad with the media vehicle affects reactions to the ad, it may be that advertisers should sometimes attempt to maximize congruence. This can be done either in developing creative executions with consideration of the experiences in the intended vehicles or through the selection of vehicles. The thought that understanding the experiences offered by a vehicle should guide the creation of an ad is certainly non-traditional thinking. In our view it is something that deserves more consideration.

At a minimum, measures of experiential congruency could be incorporated into the media selection process. The experiences associated with particular ads could be ascertained through copy testing. These ad experience metrics and media experience met-

---

[2] See Ware et al. (2007) for a more thorough analysis controlling for other factors such as the quality of the ad, interest in the product category, and reader engagement with the magazine.

Bobby J. Calder und Edward C. Malthouse

rics could be used to identify the media products that are maximally congruent with a particular ad or ad campaign. The distance approach used in this research in fact provides a formula for calculating something like a *Magazine Fit Index* that could be used in this way.

Engagement is not just something that distinguishes one media vehicle from another. It is not just that one magazine offers more engaged readers than another. This research indicates that consumers have experiences with ads in the same way that they have experiences with editorial content. Advertisers need to think about ads, as well as media vehicles, in terms of engagement (below we expand this point to the brand itself). Both media companies and advertisers need to give more thought to the congruence of ads with vehicles by considering the fit of ad experiences to media experiences.

6 The Potential Negative Effects of Engagement

We have painted a rosy picture of media engagement and experiences. Unfortunately, things may be a little more complicated. Imagine that you are highly engaged in watching a television program. A pod of ads appears. You may or may not pay attention to any of the ads. If you do attend to an ad, will your high level of engagement always lead to a more positive impression? Could the effect sometimes even be negative?

The critical issue of course is *intrusion*. It is possible that an ad may intrude on a media experience. Intrusion may produce a negative response from consumers because the advertising harms the experience of the media content. This in turn could lead to a negative reaction to the advertising, compromising its effectiveness. The consumer may feel that the ad has intruded on the experience with the content and accordingly may have a less positive reaction to the ad.

Research has demonstrated that such negative effects can occur. A recent study (Parker and Furnham 2007) looked at an ad embedded in the television program *Sex and the City*, an episode entitled "Was It Good for You?" They compared reactions to the ad with reactions to the same ad in a non-sexually themed program (*Malcolm in the Middle*). The results of the study indicated that the sexually themed context decreased recall of the ads. It seems safe to assume that the sexually themed programming was engaging to the viewers (especially since they were students). This and similar studies thus suggest that engagement may not always enhance advertising.

Media Engagement

Engagement can result in positive effects but sometimes it can cause negative effects. Wang and Calder (2006, 2007) are doing ongoing research aimed at understanding this better. The research focuses on Transportation experiences, in particular the experience of being deeply caught up in the world of the story. In the case of print media and ads, they show that transportation enhances ad effectiveness when an ad is after the end of a story but decreases effectiveness if the ad appears in the middle of the story. As shown in Figure 6-1, an ad at the end of the story benefits from the positive transportation experience but an ad in the middle interrupts the transportation experience and is evaluated more negatively because of this. But it is not the placement of the ad per se that matters. It is the degree of intrusion. Suppose an ad is for a product that is particularly relevant the consumer. The consumer should pay more attention to this ad, which is good, but this also makes the ad potentially more intrusive. Wang and Calder show that even when an ad is at the end of a story, if the product is goal relevant for the consumer, a high transportation experience with the story decreases the ad's effectiveness compared to the same ad with a low transportation media experience.

Figure 6-1: Positive and Negative Effects of the Transportation Experience Depending on Ad Placement

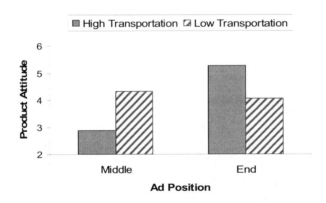

It seems that many things can make ads more intrusive on media experiences. Wang and Calder (2007) look at an ad in a pod of ads appearing at a climatic point in a television program, an episode of ER. In this case the ad was *less* effective for people who experienced high transportation with the program. The same ad was also tested in a pod of ads appearing at a non-climatic point in the program. The pod was at a point just after a key story line climaxed and just before another story line picked-up. In this case the ad was *more* effective for people who experienced high transportation with the program.

Bobby J. Calder und Edward C. Malthouse

Congruence also appears to play a role here. In both the *Sex in the City* and the *ER* television studies above, media-ad congruence in terms of whether the ad was sex or health themed mattered. The effect of the media experience on the ad was only obtained if the ad was congruent. This may simply reflect the fact that attention to television ads is low and that without congruence an ad was simply ignored. Or it may be that congruence accentuates intrusion.

Clearly further research along these lines is needed. It does seem clear at this point, however, that the intrusion factor should be of real concern to marketers. And, not surprisingly, this concern should perhaps be greater for television than for other media. One interesting finding in this regard comes from the work of Bronner and Neijens (2006). They had people report both media experiences and their experiences with advertising for different media. The correlation between television media experiences and the television advertising experience was lower than for print. This could be due to the more intrusive nature of television advertising.

Media engagement and experiences can make ads more effective. But if the ad intrudes on the media experience in any way, the ad may perform better in a less engaging media context. To date research has been designed to show that this is a possibility, not that this is likelihood. What is needed is a better understanding of how the experience of the media product and the experience of the ad fit together and how intrusion can interfere with this process. With more research we would be in a better position to judge how likely negative effects are and when they might occur.

7 Engagement with the Brand

We have focused here on engagement with the medium. This is important to marketers because media engagement affects advertising and offers a new avenue to making advertising more effective. But engagement is also important in terms of engagement with the brand. Much of what we have said here applies equally to brands. After all, media products are brands just like any other product. Popular as the notion of brand experience has been over the last few years, we believe that a more careful analysis of how the concept of experience applies, what it means and how it can be measured, along the lines proposed here, could be useful in marketing a great many products. For brands, experiences need to be identified at a deeper level (lower in the hierarchy in Figure 1-4), but the same principles apply.

The marketing of a great many products, not just media products, can be based on identifying, measuring, and improving overall engagement with the product and its constitutive experiences. In fact we have previously suggested how the marketing enterprise can be organized in this way (see Calder and Malthouse 2003, 2005a and

Malthouse and Calder 2005). The diagram in Figure 7-1 illustrates the process, which we refer to as integrated marketing for reasons that will be apparent.

Figure 7-1: Integrated Marketing as the Identification, Measurement, and Improvement of Experiences

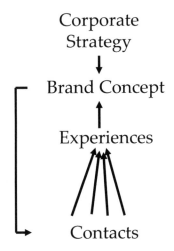

In an integrated marketing process centered on identifying, measuring, and improving consumer experiences, the brand becomes the concept that defines and describes *an experience that the marketer intends the consumer to have.* It is developed out of an understanding of what the consumer's experience currently is and how the product could be more relevant to that or other experiences. The focus is on the experience of the consumer, on the product in the context of the consumer's life experiences, and not on the product per se. Again, the brand is the concept that the marketer wants the consumer to have, the concept of how she or he should experience the product. Notice the loop in Figure 7-1, from experience to brand and back from brand to experience. The brand concept is based on experience and then is used to produce the experience and if necessary to improve it.

In this view, *contacts* are anything that creates experiences. A contact could be an aspect of the product that leads to an experience. Or it could be anything else that affects a relevant experience. An ad of course can be a contact, if it affects experience. *If a media vehicle helps engage consumer experiences, the ad is a better contact.* Advertising, or any particular kind of advertising, like television advertising, is not privileged. Any way of touching the consumer is equally a contact. If new media and new technologies can be used to engage consumers more, advertising should move in this direction. If

Bobby J. Calder und Edward C. Malthouse

old media can be managed to build better brands, in just the way suggested here, media engagement will help the old media to remain important in the future as well.

Marketing in our view should, above all, become an exercise in specifying the best set of contacts for matching consumer experiences to the experiences called for by the brand. The identification and measurement of experiences is crucial. The process shown in Figure 7-1 can thus be seen as a continuous feedback loop with experience identification, measurement, and improvement at its core.

8 The Future of Brands

Marketers love buzz words and there are already those who say that "engagement" and "experiences" are yesterday's buzz. Those looking for the next silver bullet may soon move on. One final thought, however.

We all know that marketing increasingly operates in a world of parity products. The danger of winding up with a commodity product is a clear and present danger to most companies. Faced with this, is there really any choice but to look at the experience of the consumer and to focus on what would make a consumer have *an* experience with the product. Can marketing not be centered on finding and creating experiences for consumers? The future of brands depends on finding and creating experiences, and not just experiences based on liking, but experiences reflecting engagement with what consumers are trying to make happen in their lives.[3]

9 APPENDIX

This appendix first gives some additional experiences. See Malthouse et al. (2007) for a complete listing for magazines, Calder and Malthouse (2004) for newspapers, Calder and Malthouse (2005b) for web sites and Peer et al. (2007) for TV news. We then make our *table d'hôte* suggestions for advertisers or media organizations wishing to do experience studies.

---

[3] The authors wish to thank the Magazine Publishers of America, the Newspaper Association of America, the Online Publishers Association, the Knight Ridder Foundation, the Meredith Corporation, Starcom USA and the Media Management Center at Northwestern University for supporting our research. We wish to thank Suzanne B. Calder for comments on the manuscript.

Media Engagement

9.1 Inspirational Experience

1. It makes me feel like I can do important things in my life.

2. Reading it makes me want to match what others have done.

3. It inspires me in my own life.

4. Reading this magazine makes me feel good about myself.

The *Inspirational* experience is about believing that one can do something. A good example of the *Inspirational* experience is in the "I Did It!" column of the *Better Homes and Gardens* magazine, featuring normal people who completed impressive projects on their homes. The emphasis is not on how they did it, but rather on the fact that they did it.

9.2 Civic Looks Out for My Interests Experience

1. Reading this newspaper/watching the news makes me feel like a better citizen.

2. I count on this newspaper/station to investigate wrongdoing.

3. Reading/watching makes me more a part of my community.

4. Our society would be much weaker without newspapers/TV news.

5. I think people who do not read this newspaper or one like it are really at a disadvantage in life.

People believe that news organizations are vital to the well being of a community because they connect them with others in the community. They believe news organizations can serve as a balance against the powerful; in particular, investigative reporting that exposes government corruption or illegal business practices give the reader this experience.

9.3 Positive Emotional Experience

1. The magazine/show definitely affects me emotionally.

2. Some articles/stories/episodes touch me deep down.

3. It helps me to see that there are good people in the world.

4. It features people who make you proud.

Bobby J. Calder und Edward C. Malthouse

Some people feel touched emotionally by stories or programs they read or watch. For example, seeing a children's choir during the holidays or the neighbor who helped someone in need can create this experience.

9.4   Entertainment Experience

1. It always has something that surprises me.
2. It often makes me laugh.
3. It is definitely entertaining.
4. Once you start surfing around this site, it's hard to leave.
5. I like stories about the weird things that can happen.
6. I really do have a lot of fun visiting this site.

This Transportation type experience is about feeling entertained and absorbed in a site, magazine, newspaper or television programming. Many TV networks and programs focus on this experience. Certain newspaper content such as the Metropolitan Diary column in the *New York Times* or newspaper stories about unusual topics deliver this experience.

9.5   Ad Attention, Turned on by Ads Experience

1. I like the ads as much as articles.
2. I look at most of the ads.
3. I like how colorful the ads are.
4. I click on the ads from this site more often than most other sites I visit.
5. This site has ads about things I actually care about.
6. I use the ads in this newspaper to understand what is on sale.
7. I value the coupons in the newspaper.

With some publications or programs, the advertising can be an important part of the content and can be an important reason for buying the publication, visiting the site or viewing the program. Looking at the ads is a core part of the experience of reading a fashion magazine. Likewise, the ads in hobby magazines and programs could be relevant to readers/viewers in this way.

9.6 Participation and Socialization Experience

1. I contribute to the conversation on this site.

2. I do quite a bit of socializing on this site.

3. I often feel guilty about the amount of time I spend on this site socializing.

4. I should probably cut back on the amount of time I spend on this site socializing.

This experience applies mostly to online sites and taps into the feeling that the site is replacing "real world" activities. "Second Life" is a good example. Other media create a community around a topic (e.g., *American Idol*) that is so involving to its members, they feel they almost spend too much time with it.

Our *table d'hôte* suggestions for measuring experiences for different media are given in the table below. A magazine, for example, might well want to ask about the 10 experiences for which the cells in the table contain the numbers of specific experience items recommended for magazines. The numbers refer to the experience items noted above or in the text. The experience items would be presented as agree-disagree questions.

Thus, for magazines the *Talking About and Sharing* experience lists "1" as the first recommended item. This refers to "Reading this magazine gives me something to talk about" which is the first item (number 1) in the text where this experience is discussed. Likewise, for Other TV the *Entertainment* experience lists "1, 2, 3, 5" where "1" is "It always has something that surprises me" from the experiences listed just above.

To be comparable with other studies, we recommend using the questions listed below. If comparability is not a goal (that is, the study is for internal tracking purposes), add or drop experiences and/or exchange items to meet the needs of the study.

Cells that have the notation "LA" indicate that the experience is less applicable in a particular medium. For example, the *Overload, Too Much* experience is less applicable to magazines because usage is more voluntary. "SA" indicates selectively applicable. The experience is highly relevant for some publications within a medium, but not for most. The *Civic Looks Out for My Interests* could be highly relevant for certain news magazines but will not be central for most hobby, shelter, health, parenting, or women's magazines. *Inspirational* will be relevant for certain cooking and fitness shows, but not for much television programming. Similarly, *Positive Emotional* will be highly relevant to the Hallmark network, but less so for a sports television network. Empty cells indicate we do not have recommendations at this time.

Bobby J. Calder und Edward C. Malthouse

Tabelle 9-1: Table d'Hôte *Suggestions for Measuring Experiences for Different Media*

Experiences	Magazines	Media Web	Newspapers	TV News	Other TV
Talking About and Sharing	1, 2, 3	1, 2, 3	1, 2, 3	1, 2, 3	1, 2, 3
Utilitarian	1, 2, 3	1, 2, 3	1, 2, 3	1, 2, 3	1, 2, 3
Makes Me Smarter	1, 2, 3, 4	1, 2, 3, 4	1, 2, 3, 4	1, 2, 3, 4	1, 2, 3, 4
Credible and Safe	1, 2, 3	1, 2, 3, 6, 7	1, 2, 3	1, 2, 3	
Timeout	1, 2, 3, 4	1, 2, 3, 4	1, 2, 3, 4	1, 2, 3, 4	1, 2, 3, 4
Visual Imagery	1, 2, 3	1, 2, 3	1, 2, 3	1, 6, 7	1, 6, 7
Regular Part of My Day		1, 2, 3, 4	1, 2, 3	1, 2, 3	
Overload, Too Much	LA	LA	1, 2, 3	LA	
Ad Interference	1, 3, 5, 7	1, 2, 3, 4	1, 2, 6	1, 2, 5	1, 2, 5
Community Connection	LA	1, 2, 3, 4	LA		
Inspirational	1, 2, 3	1, 2, 3	LA		SA 1, 2, 3
Civic Looks Out for My Interests	SA	1, 2, 3, 4	1, 2, 3, 4	1, 2, 3	SA
Positive Emotional	SA 1, 2, 3	SA	LA	1, 2, 3	SA 1, 2, 3
Entertainment	SA	1, 2, 4, 6	1, 2, 3, 5		1, 2, 3, 5
Ad Attention, Turned on by Ads	1, 2, 3	1, 2, 4, 5	2, 6, 7		

Literaturverzeichnis

ARF (2006): Engagement, from: http://www.thearf.org/research/engagement.html, retrieved 23 July 2007.

BRONNER, F. AND P. NEIJENS (2006): Audience Experiences of Media Context and Embedded Advertising: A Comparison of Eight Media, in: International Journal of Market Research, 48, S. 81-100.

CALDER, B. J. (1977): Focus groups and the nature of qualitative marketing research, in: Journal of Marketing Research, 14, S. 353-364.

CALDER, B. J. (1993): Qualitative marketing research, in: R. Bagozzi (ed.): Handbook of Marketing Research, London: Blackwell, S. 50-72.

Calder, Bobby J. (2000): Understanding Consumers, in: D. Iacobucci (ed.): Kellogg on Marketing, New York: Wiley, S. 151-164.

CALDER, B. J. AND E. MALTHOUSE (2003): What Is Integrated Marketing?, in: D. IACOBUCCI AND B. CALDER (eds.): Kellogg on Integrated Marketing, New York: Wiley, S. 6-15.

CALDER, B. J. AND E. C. MALTHOUSE (2004): Qualitative Media Measures: Newspaper Experiences, in: International Journal of Media Management, 6, S. 124-131.

CALDER, B. J. AND E. C. MALTHOUSE (2005a): Managing Media and Advertising Change with Integrated Marketing, in: Journal of Advertising Research, 43, S. 356-361.

CALDER, B. J. AND E. C. MALTHOUSE (2005b): Experiential Engagement with Online Content Web Sites and the Impact of Cross-Media Usage, in: Proceedings of 12th Worldwide Readership Research Symposium, Prague, October.

CALDER, B. J., E. C. MALTHOUSE, AND U. SCHAEDEL (2007): Engagement with Online Media and Advertising Effectiveness, under review at the Journal of Interactive Marketing.

CSIKSZENTMIHALYI, M. (1990): Flow: The Psychology of Optimal Experience, New York: Harper & Row.

CSIKSZENTMIHALYI, M. (1997): Finding Flow: The Psychology of Engagement with Everyday Life, New York: Basic Books.

DAHLÉN, M. (2005): The Medium as a Contextual Cue: Effects of Creative Media Choice, in: Journal of Advertising, 34, S. 89.

DECI, E. L. AND R. M. RYAN (1985): Intrinsic Motivation and Self-Determination in Human Behavior, New York: Plenum Publishing Co.

DEWEY, J. (1934/1980): Art as Experience, New York: Perigee.

GREEN, M. C. AND T. C. BROCK (2000): The Role of Transportation in the Persuasiveness of Public Narratives, in: Journal of Personality and Social Psychology, 79, S. 701-721.

GREEN, M. C., J. J. STRANGE AND T. C. BROCK (2002): Narrative Impact: Social and Cognitive Foundations, Mahwah, N.J.: Lawrence Erlbaum Associates.

HIGGINS, E. T. (1997): Beyond Pleasure and Pain, in: American Psychologist, 52, S. 1280-1300.

HIGGINS, E. T. (2005): Value from Regulatory Fit, in: Current Directions in Psychological Science, 14, S. 209-213.

HIGGINS, E. T. (2006): Value from Hedonic Experience and Engagement, in: Psychological Review, 113, S. 439-460.

MALTHOUSE, E. C. AND B. J. CALDER (2005): Relationship Branding and CRM, in: A. TYBOUT AND T. CALKINS (eds.): Kellogg on Branding, New York: Wiley, S. 150-168.

MALTHOUSE, E. C., B. J. CALDER AND A. TAMHANE (2007): The Effects of Media Context Experiences on Advertising Effectiveness, in: Journal of Advertising, 36, S. 7-18.

MALTHOUSE, E. C. AND B. J. CALDER (2007): The Robustness and Importance of Media Context Experiences on Advertising, working paper.

MARC, M. (1966): Using Reading Quality in Magazine Selection, in: Journal of Advertising Research, 6, S. 9-13.

PARKER, E. AND A. FURNHAM (2007): Does Sex Sell? The Effects of Sexual Programme Content on the Recall of Sexual and Non-Sexual Advertisements, in: Applied Cognitive Psychology, 21 (9), S. 1217-1228.

PEER, L., E. C. MALTHOUSE, M. NESBITT AND B. J. CALDER (2007): The local TV news experience: How to win viewers by focusing on engagement, from: Northwestern University Media Management Center technical report, http://www.mediamanagementcenter.org/localTV/localTV.pdf, retrieved 7 March 2008.

WANG, J. AND A. Y. LEE (2006): The Role of Regulatory Focus in Preference Construction, in: Journal of Marketing Research, 43, S. 28-38.

WANG, J. AND B. J. CALDER (2006): Media Transportation and Advertising, in: Journal of Consumer Research, 33, S. 151-162.

WANG, J. AND B. J. CALDER (2007): Understanding How Media Context Affects Advertising, submitted for publication.

WARE, B., J. BAHARY, B. J. CALDER, AND E. C. MALTHOUSE (2007): The Magazine Maximizer: A Model for Leveraging Magazine Engagement Dynamics, in: Proceedings of the 13th Worldwide Readership Research Symposia, Vienna, 21-24 October, 2007.

Sigrid Bekmeier-Feuerhahn und Angelika Eichenlaub

Aufbau von Vertrauen durch Öffentlichkeitsarbeit mit Online-Medien aus attributionstheoretischer Perspektive

1   Vertrauen und Online-Medien in der PR 295

2   Erklärungsansätze zur Entstehung von Vertrauen 297
    2.1   Interpersonelles Vertrauen und Systemvertrauen 297
    2.2   Aufbau von Vertrauen aus attributionstheoretischer Sicht 299

3   Empirische Untersuchung 302
    3.1   Forschungsansatz 302
    3.2   Zuschreibung von Ähnlichkeit anhand des Kommunikationsstils 303
    3.3   Zuschreibung von Vertrauenswürdigkeit 304
    3.4   Die Einflussfaktoren der Vertrauenserwartung 308

4   Fazit und Implikationen 309

1 Vertrauen und Online-Medien in der PR

Der Aufbau und Erhalt von Vertrauen in der Öffentlichkeit zählt zu den wesentlichen Aufgaben von Public-Relations (PR). Bereits Hundhausen (1951, S. 53) definiert PR als „die Unterrichtung der Öffentlichkeit [...] mit dem Ziel, um Vertrauen zu werben." Auch für den Nestor der deutschen Öffentlichkeitsarbeit, Albert Oeckel, ist Öffentlichkeitsarbeit gekennzeichnet durch „das bewußte, geplante und dauerhafte Bemühen, gegenseitiges Verständnis und Vertrauen in der Öffentlichkeit aufzubauen und zu pflegen" (Oeckl 1964, S. 43). Der Vertrauenserwerb gehört auch in neueren ökonomischen und mikrosoziologischen Ansätzen, bei denen das Management von Informations- und Kommunikationsprozessen im Mittelpunkt steht, zu den Basisgrößen der PR (Grunig und Hunt 1984; Bentele 1994 sowie Bentele und Seidenglanz 2005).

Vertrauen kann in Anlehnung an Luhmann (2000) als ein kommunikativer Mechanismus zur Reduktion von Komplexität aufgefasst werden. Wegen dieser Funktion wird die Zielgröße „Vertrauen" für die PR weiter an Bedeutung gewinnen. Zu den relevanten Bedeutungs-Treibern zählen vor allem:

- Der gegenwärtige Wandel zu einer Informations- und Kommunikationsgesellschaft sowie die zunehmende Globalisierung der Wirtschaft, die eine steigende Komplexität in wirtschaftlichen und sozialen Systemen bedingen. Unvollkommene Information, Informationsasymmetrie und Unsicherheit bezüglich möglicher Handlungsoptionen sind beispielhafte Folgen und erfordern von Individuen oder Institutionen bzw. Organisationen in zunehmendem Maße vertrauensvolles Handeln.

- Hinzu kommt der grundlegende gesellschaftliche Wertewandel, der diese strukturellen Veränderungen begleitet hat. Wesentliches Kennzeichen ist eine Aufweichung von Normen, Regeln und Moralkonzepten, durch die sich eine erhebliche Vergrößerung der individuellen Entscheidungsspielräume ergibt. Für Privatpersonen läuft dies ebenso wie für Unternehmen auf eine Zunahme der Komplexität hinaus.

- Die bereits seit Jahrzehnten zu beobachtenden gesellschaftlichen Veränderungen haben zu einem verstärkten Auftreten von Diskontinuitäten geführt. Die Mobilitätsanforderungen waren noch nie so hoch wie heute; die Personalfluktuation ist ausgeprägt, auch auf den oberen Hierarchieebenen. Diskontinuitäten erschweren den Aufbau vertrauensvoller Beziehungen zwischen Organisationen und ihren Anspruchsgruppen, was einen wachsenden Bedarf an Konzepten zur Vertrauensbildung zur Folge hat.

- Die Zielgröße „Vertrauen" ist auch für die Public Relations in eigener Sache relevant, weil PR-Botschaften leicht Misstrauen erregen. Eine aktuelle Studie von Bentele und Seidenglanz (2004) zeigt, dass im Vergleich mit anderen gesellschaftlichen

Sigrid Bekmeier-Feuerhahn und Angelika Eichenlaub

Institutionen und Akteuren PR-Berater bei der deutschen Bevölkerung nur geringes Vertrauen genießen.

■ Bentele und Seidenglanz (2005, S. 356) stellen zudem heraus, dass Public Relations im Zentrum vielfältiger institutionalisierter Vertrauensbeziehungen steht. PR-Akteure (wie z. B. PR-Agenturen, PR-Mitarbeiter und PR-Abteilungen) befinden sich nicht nur in einem Vertrauensverhältnis zum jeweiligen Auftrag- oder Arbeitgeber, sondern fungieren auch als Vertrauensmittler zu spezifischen Teilöffentlichkeiten wie den Medien. Beispielsweise ist das Vertrauen von Journalisten in die Informationen von Pressesprechern oder PR-Agenturen erforderlich, damit diese Informationen berücksichtigt und in der intendierten Form in den jeweiligen Medien veröffentlicht werden.

Nach einer Befragung von PR-Verantwortlichen aus 22 europäischen Ländern gehört der Aufbau und Erhalt von Vertrauen zu den bedeutenden Aufgaben der Öffentlichkeitsarbeit in den nächsten drei Jahren (Zerfaß et al. 2007, S. 30). Eine noch größere Herausforderung für die Öffentlichkeitsarbeit sind nach dieser Befragung jedoch Veränderungen, die sich aus den neuen Formen der Online-Kommunikation – vor allem den Web 2.0 -Technologien – ergeben (ebenda, S. 15).

Online-Kommunikation bezeichnet allgemein den computervermittelten Austausch von Aussagen zwischen Sender und Empfänger und wird synonym verwendet mit dem Begriff der computervermittelten Kommunikation, der computer-mediated communication. Als das bekannteste Online-Medium gilt das Internet, das häufig als eine Grenzaufhebung zwischen Massenkommunikation und Individualkommunikation besprochen wird. Dies liegt vor allem an den folgenden Charakteristika der Online-Kommunikation (vgl. Köhler 2006, S. 139ff):

■ Multimedialität: Zusammenführung und Kombination verschiedener Kommunikationskanäle wie Text, Bild, Ton und Video.

■ Intermedialität: Möglichkeit zur Transformation des Inhalts von einem Medium in ein anderes, z. B. eine Diskussion von Nachrichten im Rahmen von Blogs oder Foren (vgl. Osterrieder 2006, S. 40).

■ Interaktivität: Schneller Rollenwechsel zwischen Sender und Empfänger im Kommunikationsprozess (Rössler 1998, S. 33).

■ Individualität: Individuelle Gestaltung und Kontrolle der Kommunikationsinhalte bzw. des Kommunikationsaustausches.

Mit diesen Merkmalen verkörpert das Internet anscheinend die Ideologie der dialogorientierten Kommunikation: Die strikte Rollentrennung zwischen Kommunikator und Rezipient ist aufgehoben, und die Dialogpartner im Internet stehen sich theoretisch gleichwertig gegenüber (Lang und Bekavac 2004, S. 435). Die dialogische Prägung des Internets eröffnet neue Perspektiven und Möglichkeiten, die zu einer Weiter-

Aufbau von Vertrauen durch Öffentlichkeitsarbeit mit Online-Medien

entwicklung der traditionellen Public Relations führen können. Dies gilt in besonderem Maße für den Aufbau von öffentlichem Vertrauen (Bentele 1994, S. 141).

Im Folgenden wird untersucht, welche psychischen Prozesse beim Vertrauenserwerb in der dialogischen Internet-Kommunikation von Bedeutung sind und inwieweit diese Prozesse durch Kommunikationsstrategien unterstützt werden können. Dazu erfolgt eine Erörterung des psychologischen Konstrukts Vertrauenswürdigkeit, insbesondere aus attributionstheoretischer Perspektive. Anschließend wird eine empirische Überprüfung der vermuteten Wirkungszusammenhänge vorgenommen. Den Abschluss bildet ein kurzes Fazit, das auch praktische Einsichten für den Aufbau von Vertrauen durch Öffentlichkeitsarbeit in den Online-Medien bietet.

2 Erklärungsansätze zur Entstehung von Vertrauen

2.1 Interpersonelles Vertrauen und Systemvertrauen

Die Vertrauensdiskussion kann grundsätzlich aus zwei Perspektiven gesehen werden: im Hinblick auf das interpersonelle Vertrauen oder im Hinblick auf das Systemvertrauen (Bouncken 2000; Schweer und Thies 2003; Petermann 1996).

Interpersonelles Vertrauen bezieht sich auf das Vertrauen in bestimmte Einzelpersonen, also auf das Vertrauen, das eine Person in eine andere Person legt. Es ist somit als Größe zu verstehen, die die Qualität sozialer Beziehungen mitbestimmt (vgl. Lauken 2001, S. 375; Grunwald 1995, S. 74; Rempel et al. 1985; Meifert 2001, S. 60). Die am Vertrauensprozess beteiligten Personen sind zum einen der Vertrauensgeber und zum anderen der Vertrauensnehmer, wobei die Rollen zwischen den beteiligten Personen wechseln (Reziprozität der Vertrauensbeziehung). Der Vertrauensnehmer ist derjenige, dem der Vertrauensgeber das Vertrauen entgegenbringt. Als Vertrauensgeber wird die Person bezeichnet, die vor der Entscheidung steht, einer anderen Person ihr Vertrauen zu schenken. Definiert wird Vertrauen als „Nicht-Schadens-Erwartung", als Erwartung des Vertrauensgebers, dass der Vertrauensnehmer ihm keinen Schaden zufügen wird (Martin 2003, S. 132; Schweer 1998, S. 299; Ripperger 2003, S. 43). Die Literatur bietet für das interpersonelle Vertrauen im Wesentlichen zwei Erklärungsansätze (vgl. Kassebaum 2004, S. 19 f.; Ripperger 2003, S. 105).

Beim ersten Erklärungsansatz wird das interpersonelle Vertrauen als Persönlichkeitsvariable aufgefasst, als generalisierte Erwartung oder grundsätzliche Bereitschaft eines

297

Sigrid Bekmeier-Feuerhahn und Angelika Eichenlaub

Individuums, dem Versprechen eines anderen Individuums[1] Glauben zu schenken. Individuen können bei dieser Sichtweise auf einem Vertrauenskontinuum eingeordnet werden, das von „vertrauensvoll" bis „misstrauisch" reicht (Erikson 1963; Rotter 1967).[2] Bei der Erklärung dieses Entwicklungsprozesses kann die Neurowissenschaft wertvolle Hilfestellungen leisten (Gröppel-Klein und Germelmann 2006, S. 121).

Beim zweiten Erklärungsansatz wird das interpersonelle Vertrauen als situationsabhängige, spezifische Erwartungshaltung beschrieben, die zeitlich weniger stabil ist und davon abhängt, welche Erfahrungen bereits mit dem Gegenüber gesammelt wurden (Buck und Bierhoff 1986, S. 205 ff.). Als Schlüsselvariable sehen Mayer et al. (1995) die wahrgenommene Vertrauenswürdigkeit des Vertrauensnehmers. Es handelt sich hierbei um die subjektive Wahrnehmung von Eigenschaften, die der Vertrauensnehmer aus der Sicht des Vertrauensgebers besitzt. Als relevante Eigenschaften für Vertrauenswürdigkeit identifizieren Mayer et al. (1995) die Faktoren „Fähigkeiten", „Wohlwollen" und „Integrität". Mayer et al. (1995, S. 714) gelangen zu folgender These: Die Vertrauenserwartung des Vertrauensgebers, die ein vertrauensvolles Verhalten nach sich zieht, hängt von seiner persönlichen Vertrauensbereitschaft ab und außerdem davon, ob er dem Vertrauensnehmer Vertrauenswürdigkeit zuschreibt, d.h. die Faktoren Fähigkeiten, Wohlwollen und Integrität wahrnimmt. Während sich das vertrauensvolle Verhalten auf die Handlungsebene bezieht, nimmt die Vertrauenserwartung das Verhalten des Vertrauensnehmers gedanklich vorweg. Demnach besteht Vertrauen, wenn der Vertrauensgeber für das zukünftige Verhalten des Vertrauensnehmers eine „Nicht-Schadens-Erwartung" hat.

Systemvertrauen bezieht sich auf politisch-gesellschaftliche und/oder wirtschaftlich-gesellschaftliche Systeme und trägt wesentlich zu deren Erhalt bei. Nach Schweer (2003, S. 323) kann Systemvertrauen definiert werden als „das Vertrauen, das eine Person in bestimmten Organisationen und Institutionen erlebt". So vertraut die Person z. B. darauf, in einem Amt richtig beraten zu werden oder angemessen versichert zu sein (Schweer und Thies 1999, S. 154). Hierbei handelt es sich um eine Erwartungssicherheit, die auf institutionellen Arrangements wie Gesetzen, Regeln, Expertenwissen und Verfahrenstandards basiert (Schläger-Zirlik 2004, S. 22.). Je komplexer und unübersichtlicher die Gesellschaft, desto wichtiger ist für das Individuum die mit dem Systemvertrauen verbundene Komplexitätsreduktion.

Auch das System profitiert von der durch Vertrauen bewirkten Unsicherheitsreduktion. So wird in der Literatur die Auffassung vertreten, dass sich mit zunehmendem Systemvertrauen auch der gesellschaftlich abgesteckte Rahmen der Handlungsfreiheit

---

[1] Vertrauen als generalisierte Erwartung hat auch in Form der generalisierten Vertrauensbereitschaft bzw. individuellen Vertrauenstendenz Einzug in die Literatur gehalten (Schweer 1997, S. 44 ff.).

[2] In diesem Zusammenhang hat Rotter (1967) die „Interpersonal Trust Scale" entwickelt, die zur Messung von Vertrauen als Persönlichkeitsmerkmal, bzw. als individuelle Vertrauenstendenz herangezogen werden kann.

Aufbau von Vertrauen durch Öffentlichkeitsarbeit mit Online-Medien

von Organisationen erweitert (Bentele 1994, S. 151). Nach Schweer und Thies (2003, S. 50) ist systemisches Vertrauen allerdings deutlich schwieriger aufzubauen als personales Vertrauen, weil zwei wesentliche Voraussetzungen für die Entstehung von Vertrauen, nämlich die persönliche Interaktivität mit dem Vertrauensobjekt und die Wechselseitigkeit der Beziehung (Reziprozität), beim systemischen Vertrauen nicht oder nur sehr eingeschränkt gegeben sind.

Institutionen entwickeln Kommunikationsstrategien, die unter anderem dazu dienen, Schwächen bei den genannten zwei Merkmalen zu kompensieren. Hierzu werden häufig Systemvertrauen und Personenvertrauen eng miteinander verwoben. Beispielsweise wird eine Institution durch spezifische Repräsentanten vertreten, die selbst wiederum Vertrauensobjekte darstellen. Ein anderes Beispiel für eine derartige Kommunikationsstrategie bietet Mast et al. (2005, S. 73), indem sie dafür plädieren, dass Organisationen im Rahmen von Corporate Communications die für sie maßgeblichen Werte kommunizieren und sich wie eine Persönlichkeit präsentieren sollten, die es den Zielgruppen und Stakeholdern ermöglicht, sich mit dem Untenehmen und dessen werteorientierter Einstellung zu identifizieren. Auch Lauken (2001, S. 375 ff.) und Martin (2003, 119 f.) beschreiben diese Kommunikationsstrategie, wenn sie darauf hinweisen, dass Organisationen sich oftmals selbst personale Züge zuschreiben, z. B. einen eigenen Willen.

Durch diese Beispiele wird deutlich, dass personales Vertrauen auch beim Aufbau von systemischem Vertrauen eine wichtige Rolle spielt.

2.2 Aufbau von Vertrauen aus attributionstheoretischer Sicht

Interpersonelles Vertrauen setzt voraus, dass der Vertrauensgeber dem Vertrauensnehmer Vertrauenswürdigkeit zuschreibt. Hierbei kommt es nicht darauf an, ob zentrale Dimensionen der Vertrauenswürdigkeit wie „Fähigkeiten und Kompetenzen", „Wohlwollen" und „Integrität" objektiv vorhanden sind; ausschlaggebend ist die subjektive Wahrnehmung bzw. Attribution derselben.

Im Bereich der Attributionsforschung hat Kelly bereits 1971 postuliert, dass einer anderen Person nur dann Vertrauen zugeschrieben werden kann, wenn das Verhalten dieser Person *nicht* durch Regeln oder Rollen festgelegt ist. In diesem Fall kommt das Aufwertungsprinzip zum Tragen, nach dem das Verhalten der Person selbst zugeschrieben wird, wodurch dieser Person aufgrund ihres wahrgenommenen Verhaltens auch Vertrauenswürdigkeit zugeschrieben werden kann. Entspricht das Verhalten der Person dagegen bestimmten Regeln oder Rollen, so können die individuellen Eigenschaften der Person nicht als Ursache für ihr Verhalten angesehen werden. In diesem Fall kommt das Abwertungsprinzip zum Tragen, wonach das Verhalten der Person der

Sigrid Bekmeier-Feuerhahn und Angelika Eichenlaub

Situation oder anderen Umständen zugeschrieben wird. Die Zuschreibung von Vertrauenswürdigkeit bereitet dann Schwierigkeiten.

Neuere Beiträge zur Attributionstheorie zeigen, dass der Attributionsprozess in hohem Maße durch Attributionsirrtümer und -verzerrungen beeinflusst wird (Forgas 1999, S. 73). Diese basieren auf Wahrnehmungsfehlern oder können aus motivationsbedingten Gründen vorliegen. In der Literatur werden vor allem zwei Arten von Attributionsirrtümern diskutiert (Stroebe et al. 2004):

▪ Der Ansatz der Akteur-Beobachter-Verzerrung geht von einem Attributionsunterschied zwischen Handelndem und Beobachter aus. Hiernach neigen Handelnde dazu, ihr Verhalten auf situative Faktoren zurückzuführen, wohingegen Beobachter dazu tendieren, dasselbe Verhalten auf stabile Persönlichkeitsmerkmale zurückzuführen. Jones und Nisbett (1971) beschreiben dieses Phänomen folgendermaßen: „Andere handeln, weil sie es wollen, wir selbst handeln, weil es die Situation erfordert".

▪ Der Ansatz der selbstwertdienlichen Verzerrungen *(self-serving bias)* spielt vor allem in Leistungssituationen eine Rolle. Nach diesem Ansatz neigen Individuen dazu, Erfolge durch innere Ursachen zu erklären (Versagen des Abwertungsprinzips) und Misserfolge durch externe Ursachen (Versagen des Aufwertungsprinzips).

Beide Arten von Attributionsirrtümern treten auch in Gruppenbeziehungen auf. Je nachdem, ob eine andere Person als ähnlich oder unähnlich wahrgenommen wird, wird sie als zur Gruppe zugehörig (bei Ähnlichkeit) oder als nicht zugehörig eingestuft (bei Unähnlichkeit). Gegenüber Gruppenmitgliedern verhalten sich Attributoren wie Akteure (in-group Attribution). Zuschreibungen erfolgen dann vorwiegend anhand von situationalen Faktoren. Gegenüber Nicht-Gruppenmitgliedern verhalten sich Attributoren hingegen wie Beobachter (out-group Attribution). Zuschreibungen erfolgen dann stärker anhand von inneren Ursachen bzw. Dispositionen der Person (vgl. Forgas 1999). Die Wahrnehmung von Ähnlichkeit aktiviert darüber hinaus den self-serving bias. So werden ähnliche Personen für ein Vergehen weniger verantwortlich gemacht als unähnliche Personen. Nach dem gleichen Prinzip werden die Erfolge von ähnlichen Personen der Person zugeschrieben und die Misserfolge von ähnlichen Personen der Situation (Shaver 1970, S. 102 ff.; Sigall und Ostrove 1975, S. 412 ff.).

Die beschriebenen Attributionstendenzen zeigen auf, dass ähnliche Personen in einem positiveren Licht stehen und daher tendenziell als vertrauenswürdiger wahrgenommen werden als unähnliche Personen. Diesen Zusammenhang vermutet auch Martin (2003, S. 140 f.): „Es fällt leichter, sich mit den Mitgliedern der eigenen Gruppe zu identifizieren als mit Mitgliedern von Fremdgruppen und man wird ihnen daher auch leichter vertrauen. Gegenüber Mitgliedern von Fremdgruppen sind dagegen z. T.

erhebliche Vorbehalte zu überwinden. Ein unhinterfragtes Vertrauen kann hier eigentlich nicht entstehen"[3].

Zusammenfassend lässt sich somit vermuten, dass die wahrgenommene Ähnlichkeit spezifische Ingroup-Outgroup-Attributionsprozesse initiiert, welche die Art und Qualität der Zuschreibung von positiven Eigenschaften fördern. Daraus lässt sich die folgende These ableiten: Je größer die wahrgenommene Ähnlichkeit zum Kommunikationspartner, desto stärker die Wahrnehmung von Vertrauenswürdigkeit.

Wie aus den theoretischen Überlegungen zur personellen Vertrauensbildung bereits hervorgeht, spielt die individuelle Vertrauensbereitschaft eines Individuums eine zentrale Rolle für die Entwicklung von Vertrauen. Attributionstheoretische Erkenntnisse lassen vermuten, dass die individuelle Vertrauensbereitschaft auch die Zuschreibung von Vertrauenswürdigkeit beeinflusst. Zu erklären ist dieser Effekt mit dem sogenannten falschen Konsensus, der den Schluss von sich auf andere beinhaltet und auf die Verfügbarkeitsheuristik zurückgeführt werden kann (vgl. Tversky und Kahnemann 1973). So stellen Ross und Sicoly (1979) und auch Turner (1999, S. 136) heraus, dass Menschen zu der Annahme neigen, ihre Einstellungen, Überzeugungen, Werte und Verhaltensweisen würden im Großen und Ganzen auch von anderen geteilt. Dorsch et al. (2004) beschreiben dies als den entlastenden Glauben, andere seien wie man selbst, auch wenn es nicht stimmt.

Wird der „falsche Konsensus", also der Schluss von sich auf andere, auf die Zuschreibung von Vertrauenswürdigkeit übertragen, so ist zu erwarten, dass ein misstrauisches Individuum, das sich durch eine niedrige individuelle Vertrauensbereitschaft auszeichnet, eher zu dem Ergebnis gelangen wird, einem ähnlichen Gegenüber besser nicht zu trauen. Hingegen dürfte das Urteil einer Person mit einer hohen individuellen Vertrauensbereitschaft in dieser Situation positiver ausfallen, was auf die Zuschreibung von Vertrauenswürdigkeit hinauslaufen würde.

Demnach kann vermutet werden, dass die individuelle Vertrauensbereitschaft einen moderierenden Effekt auf die Wahrnehmung von Vertrauenswürdigkeit ausübt, in der Form, dass eine hohe individuelle Vertrauensbereitschaft die Wahrnehmung von Vertrauenswürdigkeit verstärkt und eine niedrige individuelle Vertrauensbereitschaft die Wahrnehmung von Vertrauenswürdigkeit verringert. Daraus lässt sich eine zweite These ableiten: Je höher die individuelle Vertrauensbereitschaft, desto stärker die Wahrnehmung von Vertrauenswürdigkeit.

Die vermuteten Zusammenhänge werden abschließend nochmals in Abbildung 2-1 dargestellt:

---

[3] Erklärungsansätze für das Attributionsverhalten gegenüber ähnlichen und unähnlichen Personen finden sich in einer Vielzahl weiterer Beiträgen. Zu nennen sind unter anderem die kognitive Balance von Newcomb (1961), Banduras soziale Lerntheorie (1976) und die Verstärkungstheorie der Attraktion (Burleson und Denton 1992).

Abbildung 2-1: *Attributionstheoretische Wirkungszusammenhänge im Prozess der Vertrauensbildung*

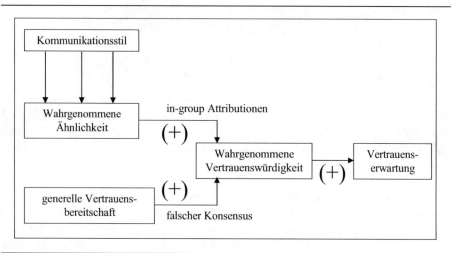

Zur Überprüfung des Wirkungsgefüges wird ein zweistufiges Vorgehen gewählt: Zunächst erfolgt eine differenzierte Analyse des Konstrukts wahrgenommene Vertrauenswürdigkeit. Im zweiten Schritt wird dann der Einfluss der wahrgenommenen Vertrauenswürdigkeit auf die vertrauensvolle Handlungsbereitschaft untersucht. Diese Betrachtung dient zudem auch der Validierung der Analyse.

3 Empirische Untersuchung

3.1 Forschungsansatz

Im Rahmen eines Experiments wurde untersucht, ob bei Online-Kommunikation eine Vertrauensentwicklung in der postulierten Art und Weise festzustellen ist. Im Vordergrund stand die Wahrnehmung von Ähnlichkeit und deren Wirkung auf die Zuschreibung von Vertrauenswürdigkeit.

Beim Experiment kommunizierten jeweils zwei Probanden miteinander. Hierzu bearbeiteten zwei einander zunächst unbekannte Partner über einen Zeitraum von sechs Tagen eine konkrete Fragestellung. Die Partner kommunizierten ausschließlich per E-Mail.

Aufbau von Vertrauen durch Öffentlichkeitsarbeit mit Online-Medien

Sämtlichen Probanden wurde entweder ein redundanter oder ein nicht-redundanter Kommunikationsstil vorgegeben. Weitere Anhaltspunkte zur Einschätzung der Ähnlichkeit des jeweiligen Kommunikationspartners gab es nicht. Die Probanden wurden zum Schluss danach befragt, wie sie die Vertrauenswürdigkeit ihres jeweiligen Partners und dessen vertrauensvolle Handlungsbereitschaft einschätzen.

Am Experiment haben insgesamt 90 Personen teilgenommen. Es gab 31 Zweiergruppen mit Ähnlichkeit im Kommunikationsstil und 14 Zweiergruppen[4] mit Unähnlichkeit im Kommunikationsstil.

3.2 Zuschreibung von Ähnlichkeit anhand des Kommunikationsstils

Dem beschriebenen Forschungsansatz liegt die Annahme zugrunde, dass durch den Einsatz eines einheitlichen Kommunikationsstils eine Wahrnehmung von Ähnlichkeit evoziert werden kann. Um diese Annahme prüfen zu können, konkretisierten die Probanden auf einer fünfstufigen Ratingskala (1=völlig ähnlich, 5=völlig unähnlich) zwei subjektive Wahrnehmungen:

1. In welchem Maße der Kommunikationsstil des jeweiligen Partners dem eigenen Kommunikationsstil ähnlich war.

2. In welchem Maße der jeweilige Partner dem Befragten ähnlich war.

Eine auf Basis der erhaltenen Antworten durchgeführte Regressionsanalyse bestätigt die Grundannahme: Je größer die wahrgenommene Ähnlichkeit im Kommunikationsstil, desto größer ist auch die wahrgenommene Ähnlichkeit zum Kommunikationspartner. Tabelle 3-1 fasst die Ergebnisse der Regressionsanalyse zusammen.

---

4   Eine Person musste aufgrund mangelnder Ausfüllqualität des Fragebogens von der weiteren Auswertung ausgeschlossen werden.

303

Sigrid Bekmeier-Feuerhahn und Angelika Eichenlaub

Tabelle 3-1: *Ergebnisse der Regressionsanalyse zu den Einflussfaktoren auf die wahrgenommene Ähnlichkeit zum Kommunikationspartner*

Multiples R: 0,658		R-Quadrat: 0,433			Korrigiertes R-Quadrat: 0,426
Quelle:	df	Quadratsumme	Mittel der Quadrate	F	Signif F
Regression	1	28,716	28,716		0,000
Residuen	87	37,644	0,433	66,366	
Koeffizienten:	B		Beta	T	Signif T
(Konstante)	2,774			10,926	0,000
Ähnlichkeit Kom.stil	0,116		0,261	8,147	0,000

Sowohl das Bestimmtheitsmaß (R-Quadrat) als auch der Regressionskoeffizient (Beta-Koeffizient) sind hochsignifikant[5]. Der Wert von R-Quadrat besagt, dass die wahrgenommene Ähnlichkeit des Kommunikationspartners zu 43% durch den Kommunikationsstil (unabhängige Variable) erklärt wird. Der standardisierte Regressionskoeffizient Beta, der die Steigung der Regressionsgerade angibt, ist positiv. Er zeigt das Ausmaß an, mit dem sich bei einer Zunahme der Ähnlichkeit des wahrgenommen Kommunikationsstils auch die Wahrnehmung der Ähnlichkeit des Kommunikationspartners erhöht. Die Ergebnisse bestätigen somit, dass im Rahmen von E-Mail-Kommunikation Ähnlichkeitswahrnehmungen über den Kommunikationsstil generiert werden können.

3.3   Zuschreibung von Vertrauenswürdigkeit

Im Mittelpunkt steht jetzt der Einfluss der wahrgenommenen Ähnlichkeit und der individuellen Vertrauensbereitschaft auf die Wahrnehmung von Vertrauenswürdigkeit des Kommunikationspartners.

Die Items für die Erhebung der wahrgenommenen Vertrauenswürdigkeit wurden in Anlehnung an Meifert (2001, S. 62) formuliert. Sämtliche Items finden sich in der linken Spalte der folgenden Tabelle. Aufgabe der Befragten war, bezogen auf den jeweiligen Kommunikationspartner aus dem Experiment, das Ausmaß ihrer persönlichen

---

[5]   Bei der Prüfung der Prämissen der Regressionsanalyse zeigt sich, dass die Betrachtung der Residuen keine Anhaltspunkte für Verletzungen erkennen lassen.

Aufbau von Vertrauen durch Öffentlichkeitsarbeit mit Online-Medien

Zustimmung auf einer fünfstufigen Ratingskala anzugeben (1=trifft gar nicht zu, 5=trifft voll zu).

Tabelle 3-2: *Faktorwerte zur wahrgenommenen Vertrauenswürdigkeit*

	Faktoren der Wahrnehmung von Vertrauenswürdigkeit	
	Integrität	Kompetenz
Mein Kommunikationspartner verhält sich mir gegenüber immer fair.	0,494	0,457
Mein Kommunikationspartner macht kluge Lösungsvorschläge.	0,021	**0,891**
Ich kann mich auf meinen Kommunikationspartner verlassen.	0,465	0,532
Bei meinem Kommunikationspartner stimmen Denken, Sprechen und Handeln überein.	**0,765**	0,294
Mein Kommunikationspartner hält Versprechen immer ein.	0,505	0,585
Mein Kommunikationspartner ist mir gegenüber loyal.	**0,883**	0,124
Mein Kommunikationspartner ist ein ehrlicher Mensch.	**0,851**	0,144
Mein Kommunikationspartner leistet einen guten Beitrag zur Erarbeitung unseres Konzeptes.	0,240	**0,820**
Mein Kommunikationspartner ist ein vertrauenswürdiger Mensch.	**0,795**	0,326
Erklärte Varianz	38,829%	30,506%

Die Ergebnisse der explorativen Faktorenanalyse bestätigen im Wesentlichen die von Mayer et al. (1995) identifizierten Dimensionen der Vertrauenswürdigkeit[6].

Der erste Faktor repräsentiert die Dimension Integrität. Integrität bezieht sich auf die Prinzipien, nach denen der Vertrauensnehmer handelt, wozu Offenheit, Ehrlichkeit, Zuverlässigkeit und Glaubwürdigkeit gehören.

Der zweite Faktor beschreibt die Dimension der Kompetenz. Er umfasst Fähigkeiten, Geschicke und Eigenschaften, die den Vertrauensnehmer dazu befähigen, bestimmte Handlungen zu tätigen und ausschlaggebend dafür sind, dass das Vertrauen seitens des Vertrauensgebers gerechtfertigt ist.

Mehrere Indikatoren mussten für die weitere Analyse ausgeschlossen werden, da sie den verwendeten Interpretations-Kriterien nicht entsprechen. Außerdem geht die Dimension des Wohlwollens im Faktor Integrität auf. Nähere Angaben zur Güte der verwendeten Datenbasis finden sich bei Eichenlaub (2008, i.V.).

Die individuelle Vertrauensbereitschaft wurde in Anlehnung an Krampen et al. (1982, S. 244 f.) operationalisiert, die ein deutschsprachiges Pendant zu Rotters (1967) interpersonal trust scale entwickelt haben. Die individuelle Vertrauensbereitschaft wurde durch fünf Items erhoben, die in der linken Spalte der folgenden Tabelle wiedergegeben sind. Aufgabe der Befragten war, zu jedem Item das Ausmaß ihrer persönlichen Zustimmung auf einer fünfstufigen Ratingskala anzugeben (1=trifft gar nicht zu, 5=trifft voll zu).

Eine Faktorisierung der individuellen Vertrauensbereitschaft führte zu folgenden Ergebnissen[7]:

---

[6] Bei der Durchführung der Faktorenanalyse wurde als Faktorenextraktionsverfahren die Hauptkomponentenanalyse, Varimax-Rotation, herangezogen (vgl. Backhaus et al. 2000, S. 285ff.). Die optimale Faktorenzahl wurde anhand des Kaiser-Kriteriums bestimmt. Bei der Faktorinterpretation wurden nur Items berücksichtigt, die eindeutig auf einen Faktor schließen lassen. Darüber hinaus musste die Faktorladung eines Items mindestens 0,5 betragen und eine Differenz von mindestens 0,2 zu allen anderen Faktoren aufweisen (vgl. ebenda).

[7] Zur einheitlichen Darstellung wurden die negativ formulierten Items in der Datenanalyse umkodiert (1 = trifft voll und ganz zu / 5 = trifft ganz und gar nicht zu).

Aufbau von Vertrauen durch Öffentlichkeitsarbeit mit Online-Medien

Tabelle 3-3: *Faktorenwerte zur individuellen Vertrauensbereitschaft*

	Faktoren der individuellen Vertrauenstendenz	
	Vertrauensvoll	Zuversicht
Ich bin ziemlich vertrauensselig.	**0,839**	0,048
Im Umgang mit Fremden ist man besser so lange auf der Hut, bis sie den Beweis erbracht haben, dass sie vertrauenswürdig sind. (umkodiert)	0,470	0,515
Bei dem heutigen Konkurrenzdenken ist es besser auf der Hut zu sein, wenn man nicht ausgenützt werden will. (umkodiert)	-0,063	**0,916**
Ich handle nach dem Motto "Vertrauen ist gut, Vorsicht ist besser". (umkodiert)	0,441	**0,698**
Fremden gegenüber bin ich misstrauisch. (umkodiert)	**0,808**	0,193
Erklärte Varianz	35,517%	32,638%

Der postulierte Zusammenhang wurde durch eine Regressionsanalyse überprüft. Basis waren die von den Probanden angegebenen Ratings für die eindeutig interpretierbaren Items der beiden Faktordimension. Die unabhängigen Variablen sind die Wahrnehmung von Ähnlichkeit im Kommunikationsstil und die individuelle Vertrauensbereitschaft, die abhängige Variable ist die Wahrnehmung von Vertrauenswürdigkeit. Tabelle 3-4 fasst die Ergebnisse der Regressionsanalyse zusammen:

Tabelle 3-4: *Ergebnisse der Regressionsanalyse zu den Einflussfaktoren auf die Wahrnehmung von Vertrauenswürdigkeit*

Multiples R: 0,379		R-Quadrat: 0,144		Korrigiertes R-Quadrat: 0,124	
Quelle:	df	Quadratsumme	Mittel der Quadrate	F	Signif F
Regression	2	6,005	3,002	7,218	0,001
Residuen	86	35,774	0,416		
Koeffizienten:	B		Beta	T	Signif T
(Konstante)	2,774			8,422	0,000
indiv.Vertr.bereitsch.	0,245		0,250	2,497	0,014
Wahrgen. Ähnlichk.	0,116		0,261	2,600	0,011

Sigrid Bekmeier-Feuerhahn und Angelika Eichenlaub

Die Regressionsgleichung als Ganzes hat sich auf einem hohen Signifikanzniveau (Sig. = 0,99) bewährt[8]. Auch die Prüfung der Regressionskoeffizienten ergibt für die „individuelle Vertrauensbereitschaft" wie auch für die „Wahrnehmung von Ähnlichkeit" signifikante Zusammenhänge (Vertrauenswahrscheinlichkeit von 0,99). Es zeigt sich, dass beide Variablen die Zuschreibung von Vertrauenswürdigkeit nahezu in gleichem Ausmaß beeinflussen.

Somit kann bestätigt werden, dass die Ähnlichkeit im Kommunikationsstil und die individuelle Vertrauensbereitschaft einen signifikant positiven Einfluss auf die Wahrnehmung der Vertrauenswürdigkeit ausüben. Durch diesen Zusammenhang eröffnen sich Möglichkeiten für ein vertrauensförderndes Kommunikationsmanagement.

3.4 Die Einflussfaktoren der Vertrauenserwartung

Abschließend interessiert nun, ob die Wahrnehmung von Vertrauenswürdigkeit und die individuelle Vertrauensbereitschaft, wie in Abbildung 2-1 postuliert, einen positiven Einfluss auf die Vertrauenserwartung ausüben.

Zur Messung der Vertrauenserwartung wurde in der experimentellen Studie ein Vertrauensspiel durchgeführt, bei dem der persönliche Erfolg eines Probanden vom Verhalten des jeweiligen Kommunikationspartners abhängig war.[9] Nach Abschluss des Spiels wurden die Probanden danach gefragt, wie stark sie während des Spiels mit einem nicht-schädigenden Verhalten ihres Kommunikationspartners gerechnet hatten. Sämtliche Probanden bewerteten den Grad ihrer subjektiv empfundenen Sicherheit auf einer fünfstufigen Ratingskala (1=völlig sicher bis 5=völlig unsicher).

Bei der auf Basis der erhobenen Ratings durchgeführten Regressionsanalyse ist die Wahrnehmung von Vertrauenswürdigkeit die unabhängige Variable und die Vertrauenserwartung die abhängige Variable. Die Ergebnisse sind in Tabelle 3-5 zusammengefasst. Es zeigt sich, dass die Regressionsgleichung als Ganzes hoch signifikant ist jedoch mit einem R-Quadrat von 0,15 nicht besonders stark ausgeprägt ist. Dennoch

---

[8] Eine Prüfung hinsichtlich Multikollinearität und Autokorrelation hat ergeben, dass keine Verletzungen der Prämissen der Regressionsanalyse zu erkennen sind.

[9] Das für die Studie verwendete Vertrauensspiel ist ähnlich aufgebaut wie das aus der Spieltheorie bekannte Gefangenen-Dilemma. Da es sich beim Gefangenen-Dilemma-Spiel allerdings eher um ein Kooperationsspiel und weniger um ein Vertrauensspiel handelt, wurden die Rahmenbedingungen so modifiziert, dass nicht nur das Vorliegen von Kooperation sondern auch von Vertrauen sicher gestellt wurde. Näheres zur Spieltheorie und zum Gefangenen-Dilemma findet sich bei Hardin (1982, S. 251 ff.) oder Morgenstern (1972, S. 699 ff.). Die Studie und das Vertrauensspiel sind bei Eichenlaub (2008, i.V.) ausführlich beschrieben.

Aufbau von Vertrauen durch Öffentlichkeitsarbeit mit Online-Medien

bestätigt dieses Ergebnis den postulierten Einfluss der Wahrnehmung von Vertrauenswürdigkeit auf die Vertrauenserwartung[10].

Tabelle 3-5: *Ergebnisse der Regressionsanalyse zum Einfluss der wahrgenommenen Vertrauenswürdigkeit auf die Vertrauenserwartung*

Multiples R: 0,383		R-Quadrat: 0,146			Korrigiertes R-Quadrat: 0,137	
Quelle:	df	Quadratsumme	Mittel der Quadrate	F	Signif F	
Regression	1	14,249	14,249	14,912	0,000	
Residuen	87	83,133	0,956			
Koeffizienten:	B		Beta	T	Signif T	
(Konstante)	0,843			1,398	0,166	
Wahrg. Vertr. würdigk.	0,584		0,383	3,862	0,000	

Somit bleibt festzuhalten: Die aufgrund von theoretischen Überlegungen abgeleiteten Zusammenhänge – siehe Abbildung 2-1 – sind durch die vorgestellte empirische Untersuchung bestätigt worden. Es zeigt sich sowohl für die individuelle Vertrauensbereitschaft als auch für die wahrgenommene Ähnlichkeit ein positiver Einfluss auf die Wahrnehmung von Vertrauenswürdigkeit. Darüber hinaus wirkt sich die Wahrnehmung von Vertrauenswürdigkeit positiv auf die Vertrauenserwartung aus.

Die Ergebnisse der empirischen Untersuchung bestätigen die Bedeutung der untersuchten Konstrukte für den Prozess des Vertrauensaufbaus. Zudem bieten sie einen Hinweis auf die Validität der untersuchten Konstrukte.

4   Fazit und Implikationen

Im Rahmen der empirischen Studie konnte bestätigt werden, dass in der Online Kommunikation die psychologischen Konstrukte „wahrgenommene Ähnlichkeit" und „individuelle Vertrauensbereitschaft" einen positiven Einfluss auf die Zuschreibung von Vertrauenswürdigkeit im Kommunikationsprozess ausüben.

---

10 Auch hier lässt eine Betrachtung der standardisierten Residuen keine Anhaltspunkte für eine Verletzung der Prämissen der Regressionsanalyse erkennen.

Sigrid Bekmeier-Feuerhahn und Angelika Eichenlaub

Zahlreiche Autoren betrachten Vertrauen als einen Entwicklungsprozess, der mehrere Stufen durchläuft (Lewicki und Bunker 1996, S. 119 ff.; Shapiro et al. 1992; Bekmeier-Feuerhahn und Eichenlaub 2004). Überwiegend ist eine Einteilung in drei Phasen zu finden: die Phase des ersten Eindrucks, die Phase des gegenseitigen Testens und die Phase der Vertrautheit. Die Ergebnisse der empirischen Studie sind nur für die erste Phase der Vertrauensbildung relevant, die Schweer und Thies (2003, S. 20 ff.) auch als Phase des „Ersten Eindrucks" bezeichnen. Sie ist dadurch gekennzeichnet, dass bislang nur wenig miteinander bekannte Kommunikationspartner versuchen, sich zu orientieren und ein konsistentes und stimmiges Gesamtbild vom Gegenüber zu erhalten. Im Prozess der Vertrauensbildung kommt dieser Phase besondere Bedeutung zu, denn sie hat das Potenzial, die Richtung der weiteren Vertrauensentwicklung zu bestimmen. Fällt der erste Eindruck positiv aus, kann Vertrauen wachsen. Andernfalls besteht die Gefahr, dass die Vertrauensentwicklung im Keim erstickt wird (Upmeyer 1985, S. 87; Göllner 2002, S. 99).

In der Face-to-Face-Kommunikation wird die Phase des ersten Eindrucks wesentlich vom äußeren Erscheinungsbild und der nonverbalen Kommunikation beeinflusst (vgl. Bekmeier-Feuerhahn und Eichenlaub 2004, S. 389 ff.). Luhmann (2000, S. 49) spricht in diesem Zusammenhang von der Persönlichkeit als unbewusstem Selektionsmechanismus und verweist dabei auf die unwillkürlichen und automatisierten Kodierungsprozesse, wegen der den Kommunikationssignalen der Face-to-Face-Kommunikation vom Rezipienten eine höhere Authentizität zugesprochen wird.[11]

In der Online-Kommunikation sind diese qualitativen Kommunikationsmerkmale jedoch nur noch bedingt vorhanden. Auch stärker dialogorientierte Online-Dienste wie z. B. E-Mail, Listserver, Newsgroups oder Weblogs übertragen nur wenige nonverbale Anhaltspunkte zur Einschätzung des Kommunikationspartners. Zur Verfügung stehen allerdings sprachliche Elemente wie z. B. der Kommunikationsstil. Die vorliegende Studie zeigt, dass Ähnlichkeit im Kommunikationsstil eine personale Wahrnehmung von Ähnlichkeit erzeugen kann, die wiederum einen positiven Einfluss auf die Attribution von Vertrauenswürdigkeit des Kommunikationspartners ausübt. Anders formuliert: Durch Kommunikationstechniken, die dem Kommunikationspartner Ähnlichkeit vermitteln, kann quasi ein Vertrauensvorschuss aktiviert werden.

Für Public Relations sind diese Ergebnisse von besonderer Relevanz. Zerfaß und Fietkau (2000, S. 59) weisen darauf hin, dass für Diskussionen mit Anspruchsgruppen, Experten und Wissenschaftlern, aber auch Laien, zunehmend Online-Dienste genutzt werden, insbesondere E-Mail. Im Rahmen einer verständigungsorientierten Public Relations spielt hierbei nicht zuletzt die kommunikative Auseinandersetzung mit

---

[11] Dies deckt sich mit Erkenntnissen der Neuropsychologie, wonach das Eindrucksbild vom Kommunikationspartner und damit auch die Beurteilung seiner Vertrauenswürdigkeit auf wenig bewussten und wenig kontrollierten Prozessen basiert. Der affektive Verarbeitungsprozess fußt größtenteils auf nonverbalen Kommunikationselementen, die bei der E-Mail-Kommunikation wegfallen (Kempter 1999, S. 111).

Aufbau von Vertrauen durch Öffentlichkeitsarbeit mit Online-Medien

anderen Positionen eine entscheidende Rolle, die auch die Möglichkeit einschließt, das eigene Verhalten zu korrigieren. Dies erfordert zunächst die Kontaktaufnahme in einem Kommunikationsklima, das eine vertrauensvolle Erwartungshaltung schafft. Kommunikationstechniken, die eine Attribution von Ähnlichkeit im Kommunikationsprozess generieren, scheinen hierfür eine vielversprechende Sozialtechnik zu sein.

Vermutlich werden diese quasi qualitativen Kommunikationsmerkmale im Prozess der Vertrauensbildung nur vorläufig vom Rezipienten genutzt. Im weiteren Verlauf dürfte das Vertrauen in erster Linie vom Verhalten abhängen und weniger von den Kommunikationstechniken. Insofern ist zu erwarten, dass langfristiges Vertrauen nicht durch eine konstruierte Fassade entstehen kann, die im weiteren Kommunikationsprozess schnell verloren gehen würde. Jedoch bedarf es, damit diese Reflexion überhaupt zustande kommen kann, zunächst der Bereitschaft, einen Vertrauensprozess einzugehen. Und dabei können die beschriebenen Kommunikationstechniken hilfreich sein.

Sigrid Bekmeier-Feuerhahn und Angelika Eichenlaub

Literaturverzeichnis

BACKHAUS, K., B. ERICHSON, W. PLINKE UND R. WEIBER (2000): Multivariate Analyseme-thoden: Eine anwendungsorientierte Einführung, 9. Auflage, Berlin.

BANDURA, A. (1976): Lernen am Modell – Ansätze zu einer sozial-kognitiven Lerntheo-rie, Stuttgart.

BEKMEIER-FEUERHAHN, S. UND A. EICHENLAUB (2004): Produktivfaktor Vertrauen – Neue Anforderungen an die Öffentlichkeitsarbeit von und in Unternehmen im Zeitalter der E-Mail-Kommunikation, in: A. Gröppel-Klein (Hrsg.): Konsumenten-Verhaltensforschung im 21. Jahrhundert, Deutscher Universitätsverlag Wiesbaden, S. 387–412.

BENTELE, G. (1994): Öffentliches Vertrauen – normative und soziale Grundlage für Public Relations, in: W. Armbrecht und U. Zabel (Hrsg.): Normative Aspekte der Public Relations: Grundlegende Fragen und Perspektiven. Eine Einführung, Opla-den, S. 131-158.

BENTELE, G. UND R. SEIDENGLANZ (2004): Das Image der Image-Konstrukteure. Eine repräsentative Studie zum Image der PR-Branche in Deutschland und eine Journa-listenbefragung, Leipzig.

BENTELE, G. UND R. SEIDENGLANZ (2005): Vertrauen und Glaubwürdigkeit, in: G. Bente-le, R. Fröhlich und P. Szyszka (Hrsg.): Handbuch der Public Relations, Wiesbaden, S. 346-360.

BOUNCKEN, R. (2000): Vertrauen – Kundenbindung – Erfolg? Zum Aspekt des Vertrau-ens bei Dienstleistungen, in: M. Bruhn, B. Strauss (Hrsg.): Dienstleistungsmanage-ment. Jahrbuch 2000, Wiesbaden, S. 3-22.

BUCK, E. UND H. W. BIERHOFF (1986): Verlässlichkeit und Vertrauenswürdigkeit: Skalen zur Erfassung des Vertrauens in eine konkrete Person, in: Zeitschrift für Differen-zielle und Diagnostische Psychologie, 7 (4), S. 205-223.

BURLESON, B. R. UND W. H. DENTON (1992): A new look at similarity and attraction in marriage: similarities in social-cognitive and communication skills as predictors of attraction and satisfaction, in: Communication monographs, 59, S. 268-287.

DORSCH, F., H. HÄCKER UND K.-H. STAPF (2004): Dorsch Psychologisches Wörterbuch, 14. überarbeitete und erweiterte Auflage, Göttingen.

EICHENLAUB, A. (in Vorbereitung): Virtuelle Kommunikation und Vertrauenskultur: Vertrauensaufbau zwischen Unternehmensmitgliedern im Rahmen von E-Mail-Kommunikation aufgrund von Attributionseffekten aus Ähnlichkeit.

ERIKSON, E. H. (1963): Wachstum und Krisen der gesunden Persönlichkeit, Stuttgart.

FORGAS, J. P. (1999): Soziale Interaktion und Kommunikation – Eine Einführung in die Sozialpsychologie, 3. Auflage, Weinheim.

GÖLLNER, C. (2002): Virtuelle Organisationen – empirische Analyse einer Organisationsform, Teilprojekt Relational Trust, Projektbericht Nr. 4, URL: http://lwi2.wiwi.uni-frankurt.de/projekte/virto/Teilprojekte/Relational%20Trust/Projektbericht%20RT4%20-%20emp.%20Analyse.pdf, abgerufen am: 13.02.2004.

GRÖPPEL-KLEIN, A. UND C.C. GERMELMANN (2006): Vertrauen in Menschen, Medien, „Medienmenschen" – eine verhaltenswissenschaftliche Analyse, in: H. H. Bauer, M. M. Neumann und A. Schüle (Hrsg.): Konsumentenvertrauen, München, S. 119-133.

GRUNIG, J. UND T. HUNT (1984): Managing Public Relations, New York.

GRUNWALD, W. (1995): Wie man Vertrauen erwirbt: Von der Misstrauens- zur Vertrauensorganisation, in: IO-Management Zeitschrift, 64 (1/2), S. 73-77.

HARDIN, R. (1982): Exchange Theory on Strategic Basis, in: Social Science Information, (21) 2, S. 251-272

HUNDHAUSEN, C. (1951): Werbung um öffentliches Vertrauen. Public Relations, Bd.1, Essen.

JONES, E. E. UND R. E. NISBETT (1971): The actor and the observer: divergent perceptions of the causes of behaviour, New York.

KASSEBAUM, U. (2004): Interpersonales Vertrauen: Entwicklung eines Inventars zur Erfassung spezifischer Aspekte des Konstruktes, URL: http://www.sub.uni-hamburg.de/opus/volltexte/2004/2125/pdf/Dissertation.pdf, abgerufen am: 24.11.05.

KELLY, H. H. (1971): Attribution in Social Interaction, Morristown.

KEMPTER, G. (1999): Das Bild vom Anderen. Skriptanimation als Methode zur Untersuchung spontaner Attributionsprozesse, 1. Auflage, Berlin.

KÖHLER, T. (2006): Krisen-PR im Internet. Nutzungsmöglichkeiten, Einflussfaktoren und Problemfelder, Wiesbaden.

KRAMPEN G., J. VIEBIG UND W. WALTER (1982): Entwicklung einer Skala zur Erfassung dreier Aspekte von sozialem Vertrauen, in: Diagnostica, 28, S. 242-247.

Sigrid Bekmeier-Feuerhahn und Angelika Eichenlaub

LANG, N. UND B. BEKAVAC (2004): World Wide Web, in: W. Faulstich (Hrsg.): Grundwissen Medien, 5. Auflage, München, S. 433-453.

LEWICKI, R. J. UND B. B. BUNKER (1996): Developing and Maintaining Trust in Work Relationships, in: R. M. KRAMER UND T. R. TYLER (Hrsg.): Trust in Organizations: Frontiers of theory and research, London, S. 114-139.

LUHMANN, N. (2000): Vertrauen. Ein Mechanismus der Reduktion sozialer Komplexität, 4. Auflage, Stuttgart.

LAUKEN, U. (2001): Zwischenmenschliches Vertrauen. Rahmenentwurf und Ideenskizze, Oldenburg.

MARTIN, A. (2003): Vertrauen, in: A. MARTIN (HRSG.): Organizational Behaviour – Verhalten in Organisationen, Stuttgart, S. 115-138.

MAST, C., S. HUCK UND K. GÜLLER (2005): Kunden-Kommunikation: ein Leitfaden, Stuttgart.

MAYER, C. R., J. DAVIS UND F. D. SCHOORMAN (1995): An Integrative Model of Organizational Trust, in: Academic of Management Review, 20 (3), S. 709-734.

MEIFERT, M. (2001): Vertrauensmanagement in Unternehmen: eine empirische Studie über Vertrauen zwischen Angestellten und ihren Führungskräften, München.

MORGENSTERN, O. (1972): Descriptive, Predictive and Normative Theory, in: Kyklos 25, S. 699-714.

NEWCOMB, T. M. (1961): The Acquaintance Process, New York.

OECKL, A. (1964): Handbuch der Public Relations: Theorie und Praxis der Öffentlichkeitsarbeit in Deutschland und der Welt, München.

OSTERRIEDER, U. (2006): Kommunikation im Internet. Kommunikationsstrukturen im Internet unter Betrachtung des World Wide Web als Massenmedium, Hamburg.

PETERMANN, F. (1996): Psychologie des Vertrauens, 3. Auflage, Göttingen.

REMPEL J. K., J. G. HOLMES UND M. P. ZANNA (1985): Trust in close relationships, in: Journal of Personality and Social Psychology, 49 (1), S. 95-112.

RIPPERGER, T. (2003): Ökonomik des Vertrauens: Analyse eines Organisationsprinzips, 2. Auflage, Tübingen.

RÖSSLER, P. (1998): Wirkungsmodelle: die digitale Herausforderung. Überlegungen zu einer Inventur bestehender Erklärungsansätze der Medienwirkungsforschung, in: P. RÖSSLER (HRSG): Online-Kommunikation. Beiträge zu Nutzung und Wirkung, Opladen, S. 17- 46.

ROSS, M. UND F. SICOLY (1979): Egocentric biases in availability and attribution, in: Journal of Personality and Social Psychology, 37, S. 322-336.

ROTTER, J. B. (1967): A new scale for the measurement of interpersonal trust, in: Journal of personality, 35, S. 651-665.

SCHLÄGER-ZIRLIK, P. (2004): Analyse und Bewertung regionaler Netzwerke in Westböhmen und Südungarn, in: J. MAIER (Hrsg.): forost-Arbeitspapier 22: Vertrauen und Marktwirtschaft. Die Bedeutung von Vertrauen beim Aufbau marktwirtschaftlicher Strukturen in Osteuropa, S. 19-27.

SCHWEER, M. (1997): Eine differenzielle Theorie interpersonalen Vertrauens – Überlegungen zur Vertrauensbeziehung zwischen Lehrenden und Lernenden, in: Psychologie in Erziehung und Unterricht: Zeitschrift für Forschung und Praxis, 44, S. 2-12.

SCHWEER, M. (1998): Vertrauen – Eine Basiskomponente erfolgreicher Mitarbeiterführung, in: Verwaltungsrundschau 98 (9), S. 298-301.

SCHWEER, M. (2003): Vertrauen als Organisationsprinzip: Vertrauensförderung im Spannungsfeld personalen und systemischen Vertrauens, in: Erwägen-Wissen-Ethik, 14 (2), S. 323-332.

SCHWEER, M. UND B. THIES (1999): Vertrauen - die unterschätzte Kraft, Zürich.

SCHWEER, M. UND B. THIES (2003): Vertrauen als Organisationsprinzip, Bern.

SHAPIRO, D., B. H. SHEPPARD UND L. CHERASIN (1992): Business on a handshake, in: Negotiation Journal, 8 (4), S. 365-377.

SHAVER, K. G. (1970): Defensive attribution: effects of severity and relevance on the responsibilities assigned for an accident, in: Journal of Personality and Social Psychology, 14, S. 101-113.

SIGALL, H. UND N. OSTROVE (1975): Beautiful but dangerous: effects of offender attractiveness and nature of crime in juridic judgements, in: Journal of Personality and Social Psychology, 31, S. 410-414.

STROEBE, W., K. JONAS UND M. HEWSTONE (2004): Sozialpsychologie: Eine Einführung, Berlin.

TURNER, J. H. (1999): Toward a General Sociological Theory of Emotions, in: Journal for the Theory of Social Behaviour, 29, S. 133-161.

TVERSKY, A. UND D. KAHNEMAN (1973): Availability: A heuristic for judging frequency and probability, in: Cognitive Psychology, 5, S. 207-232.

UPMEYER, A. (1985): Soziale Urteilsbildung, Stuttgart.

ZERFAß, A. UND K. FIETKAU (2000): Interaktive Öffentlichkeitsarbeit. Der Einsatz von Internet und Online-Diensten im PR-Management, Arbeitspapier 89, Lehrstuhl für Allgemeine Betriebswirtschaftslehre und Unternehmensführung der Universität Erlangen-Nürnberg.

Sigrid Bekmeier-Feuerhahn und Angelika Eichenlaub

ZERFAß, A., S. SANDHU UND P. YOUNG (2007): www.euroblog2007.org/euroblog2007-results.pdf, abgerufen am: 15.02.08.

Christian Blümelhuber und Tobias Schnitzer

Medienmenschen als Quellen von Botschaften
Relevanz, Quellenvergessen und Einstellungswirkung

1 Medienmenschen, eine kleine Charakterisierung 320

2 Lernen und Vergessen 323

3 Ausgewählte Thesen zum Lernen und Vergessen
von Botschaften und Quellen 325
    3.1   Zeit 325
    3.2   Involvement 326
    3.3   Attraktivität, Vertrautheit und Glaubwürdigkeit der Quelle 327
    3.4   Art der Botschaft: Meinung oder Fakt 328
    3.5   Schema(in)kongruenz 329
    3.6   Spezialfall: Einstellungswirkung 330

4 Ergänzungen, oder: Zwei Phänomene unserer Zeit 332
    4.1   "Learning from Jack Bauer", oder: fiktive Medienmenschen und ihre
Wirkung 332
    4.2   „DU BIST MEDIENMENSCH" 334

Medienmenschen als Quellen von Botschaften

Journalisten und Experten, Politiker, Monarchen und Sportstars, oder konkreter: Hademar Bankhofer und Jack Bauer, Dieter Bohlen und Hans-Ulrich Jörges, Königin Beatrix von Holland und Luca Toni vom FC Bayern München: sie alle sind Medienmenschen, die neben ihrer persönlichen (Kern-) Leistung auch Informationen anbieten, diese einer breiten Masse verfügbar machen, und die nicht zuletzt ein zusätzliches Einkommen generiert. Darin liegt ja die Kernthese Francks, der das Einkommen in Aufmerksamkeit als wesentliche Triebfeder (ökonomischen) Handelns popularisierte (Franck 1998, S. 2).

Als Informationsproduzenten oder -distributoren haben Medienmenschen das Potenzial Rezipienten dienstleistungsgleich zu transformieren. Sie sind damit eine spezielle Art von Dienstleistern, die ja generell das Ziel verfolgen sog. „externe Faktoren" zu verändern. In unserem Fall der Information als Transformationsobjekt und des Rezipienten als „externen Faktoren" spricht man dabei von „Lernen".

Und wir alle lernen – explizit oder implizit – von Medienmenschen: sie formen oder verändern unsere Einstellungen und sie liefern uns neue Fakten und Meinungen. Und sie sind Vorbilder, von denen wir Verhaltensweisen und Bewertungen übernehmen.

Dabei schaffen sie das, was vielen unserer alltäglichen Gesprächspartnern eben nicht gelingt: Sie faszinieren und gewinnen damit unsere Aufmerksamkeit. Zahlreiche Theorien belegen dass die Bekanntheit des Absenders einer Botschaft, seine Attraktivität, seine objektive oder subjektive Macht, sein Experten- oder sein sozialer Status dazu führen, dass der Botschaft eine deutlich höhere Relevanz beigemessen und ihr signifikant mehr Glauben geschenkt wird als vergleichbaren Botschaften, die von weniger oder gar unbekannten Quellen stammen (siehe beispielsweise Hovland, Janis und Kelley 1963, S. 21ff.; Petty und Cacioppo 1981, S. 61; Kelman 1961, S. 62).

Was aber, wenn der Rezipient den Medienmenschen als Quelle vergisst und sich alleine an die Botschaft erinnert? Wer kann sich in der heutigen Zeit schon noch daran erinnern welches Wahlgeschenk von welchem Kandidaten versprochen wurde? Diesen Fall bezeichnet man als Quellenvergessen oder als Source Amnesia.

Dass ein Versagen des Quellengedächtnisses zu schwerwiegenden Konsequenzen führen kann leuchtet schnell ein, wenn man die gerade im Marketing so breit diskutierte Bedeutung von Quellen als Instrument der Einstellungs- und Glaubwürdigkeitsbeeinflussung heranzieht: Die Empfehlung ein neues, frei verkäufliches OTC-Medikament[1] gegen „Gedächtnisstörungen" zu verwenden, wird eben glaubwürdiger und handlungsleitender sein, wenn sich der Kunde am POS daran erinnert, dass Professor Hademar Bankhofer, der beliebte Hausarzt des ARD Morgenmagazins, diese Empfehlung ausgesprochen hat und nicht sein Frisör (Spaniol und Bayen 2002, S. 632).

---

[1] „Over the counter", also rezeptfrei verkäuflich.

Christian Blümelhuber und Tobias Schnitzer

Mit diesen Themen werden wir uns nun auseinander setzen und einige zentrale Thesen diskutieren, die sich auf die Relevanz, das Quellenvergessen und die Einstellungswirkung von Medienmenschen in der heutigen Zeit beziehen.

Zunächst aber gilt es, den sperrigen Begriff des Medienmenschen zu fassen um dann mögliche Wirkungen aufzuzeigen.

1 Medienmenschen, eine kleine Charakterisierung

Lassen Sie uns hier nun zentrale Charakteristika derer aufführen, die sich in, mit und für die Medien inszenieren, dem Publikum Angriffsfläche und Identifikationsraum bieten und als eine Art „Marke" wesentliche Repräsentanten der Medienkultur sind: die sog. „Medienmenschen". Dabei werden wir, der Ausrichtung dieses Sammelbandes folgend, vor allem ökonomische Besonderheiten beleuchten und die Medienmenschen „im Marketing" verorten.

MEDIENMENSCHEN… BESCHREIBEN UND ERZÄHLEN DIE WELT

Auch wenn berühmte Autoren wie Walter Benjamin (1977) den Niedergang des Erzählens in der Moderne beklagen und als Ursache hierfür das Übermaß an Informationen, mit dem die Medien uns überschwemmen lokalisieren, so folgen wir eher der These, dass uns unsere Medienkultur nicht mit einem Mangel, sondern mit einem Überfluss an Erzählungen „konfrontiert" (Franck 1998, Lipovetksy 2004, S. 69ff., Marquard 2000, S. 60ff.). Das Erzählen von Geschichten hat überlebt: im Thriller wie in der Seifenoper, in Berichten über alltägliche Ereignisse und auch in der Darbietung von nachrichtlichen Fakten. Und natürlich in den Erzählungen über Waren, Marken und Experiences.

In diesem Sinne sind Medien „poetisch". Und sie liefern uns den Prominenten, den Star, den Medienmenschen quasi nach Hause. Wenn man in der Intimität des eigenen Wohnzimmers die Illustrierte aufschlägt oder den Fernseher einschaltet lässt man sich auf diese auch räumliche Transzendenz ein: die exakt bestimmbare physische Lokation trifft auf die breite, oft glamouröse, auf die spannende und manchmal auch abscheuliche Welt. Der Medienrezipient kann sich mit anderen verlinken (Cova 1995) und am Geschehen „da draußen" teilhaben. Die Medienmenschen werden dadurch Teil unseres Alltags und zugleich Alternativen zu ihm.

MEDIENMENSCHEN… GENERIEREN AUFMERKSAMKEIT

Das Management der Aufmerksamkeit gilt als zentrales Problem einer von Informationen überlasteten Hypermoderne (Lipovetsky 2004). Mechanismen der Informationsselektion werden wichtiger, je intensiver und dramatischer man der Informationsflut

Medienmenschen als Quellen von Botschaften

ausgesetzt ist. Wir sind auf Filter angewiesen, die gewisse Informationen als „Rauschen" disqualifizieren und so ignorieren. Die Medien mit ihrem Filter der Sensation und ihrer spezifischen Bedeutungszuschreibung werden so – obwohl sie gleichsam spiegelbildlich die Informationsüberflutung „mitverantworten" – zu wichtigen Selektionshilfen: Niemand macht sich die Mühe über Protokolle von Bundestagsdebatten die politische Realität zu verstehen. Es sind bspw. die sechzig Minuten nach dem Tatort, die die wichtigsten Meinungen zu den zentralen Themen bündeln. Anne Will und Professor Falter, Guido Westerwelle und Claudia Roth. Politiker und Schauspieler, Experten und Talkmaster: sie sind unsere Navigatoren durch den Informations- und Meinungsdschungel. Und je stärker diese Menschen leuchten, desto mehr Ignoranz erlaubt man sich Anderen gegenüber. Denn den Medienmenschen gelingt es, Aufmerksamkeit zu fokussieren – und zwar auf die eigene Botschaft, die sich vielleicht sogar als „öffentlichen Meinung" festigt. Dann verstummen Diskussionen (siehe die Noelle-Neumann'sche Schweigespirale), werden Meinung zur Marke. Ein Ziel ist erreicht!

Generell gilt Aufmerksamkeit nicht nur als Basiskategorie menschlichen Daseins (Goldhaber 1997, S. 9), sondern als knappes Gut, das nicht vermehrt werden kann (Leibnitz 1996/1704, S. 82). Im Kontext der Ökonomie ist damit aber nicht nur die gerade angesprochene selektive Aufnahme und zielgerichtete Verarbeitung von Informationen gemeint, die vor dem Hintergrund eines Information-Overkills und eines nicht erweiterbaren Wahrnehmungsapparates die Aufmerksamkeit als zentrale, knappe und bewirtschaftbare Ressource versteht, sondern eben auch das Einkommen in Form von Prestige, Reputation, Prominenz und Ruhm. Damit ist Aufmerksamkeit als zentrales Motiv wirtschaftlicher, gesellschaftlicher oder künstlerischer Aktivität eine wichtige Einkommensquelle (Franck 1998, S. 2ff). Und wir können erklären, warum es heute gerade für junge Menschen so attraktiv ist, Medienmensch zu sein (siehe hierzu auch unseren letzten Abschnitt).

MEDIENMENSCHEN… OPERIEREN ZWISCHEN AURA UND NÄHE

Vielfach wurde darauf hingewiesen (zusammenfassend: Silverstone 2007, S. 73), dass Rhetorik, um wirksam zu sein, ein gewisses Maß an Identifikation zwischen Redner und Publikum voraussetzt. Man kann nur überzeugen – Einstellungen formen – wenn man die Sprache der „Abnehmer" spricht. Diese, der Kern-Idee des Marketings folgende Fokussierung auf den Rezipienten, spricht eigentlich für eine persönliche, direkte Kommunikation. Der Medienmensch hat dem jedoch seine Aura, seine Ausstrahlung und Attraktivität entgegenzusetzen. Viele Rezipienten sind bereit, sich in die Lebens- und auch Sprachwelt des Medienmenschen einzudenken und einzufühlen. Dann werden uns die Medienmenschen vertraut und funktionieren nach dem Prinzip der Marke (Thomson 2006). Solchen, insbesondere aber den Medienstars, die von Jean Cocteau als „heiligen Monster" charakterisiert wurden, umgibt dann eine Aura (Benjamin 2006, S. 16ff.) der Einmaligkeit und „Ferne". Ihnen kann Relevanz unterstellt werden; sich an ihnen zu orientieren ist „effizient". Als schwache Verbindungen oder

Christian Blümelhuber und Tobias Schnitzer

„weak ties" sind die damit – Granovetter folgend – kommunikativ interessant und bedeutsam.

MEDIENMENSCHEN… SIND MEINUNGSFÜHRER

Bereits vor über vierzig Jahren hat Ernest Dichter (1966, S. 147f.) die Word-of Mouth-Kommunikation als die effektivere Form der Werbung bezeichnet. Klassischerweise wird als ihre Basis ein zweistufiger Kommunikationsprozess angenommen, der vom Unternehmen initiiert wird und in dem Meinungsführer (Opinion Leader) aus dem sozialen Umfeld der Konsumenten die unternehmensgetriebene Informationen aufnehmen und an End-Konsumenten weiter tragen. Diese klassische, strenge Sichtweise wird heute unter anderem dahingehend erweitert, dass die Informationsaktivität auch (a) vom Endkunden ausgehen kann, (b) der Meinungsführer nicht nur unternehmensgetriebene Informationen weiter trägt, sondern bspw. auch aus eigenen Erfahrungen berichtet und (c) dass – und jetzt sind wir beim Medienmenschen angelangt – auch prominente Personen als so genannte „distant opinion leader" akzeptiert werden (Thompson, Rindfleisch und Arsel 2006; McCracken 2005; S. 98ff; McCracken 1989).

Im Kern stellt eine solche, breiter interpretierte Word of Mouth-Kommunikation damit auf die persönliche Informationsvermittlung ab. Diese wird umso effizienter und effektiver sein, je bekannter der Sender ist, weil damit Zusatzinformationen – und dabei vor allem „Glaubwürdigkeit" – zur Information „addiert" werden, und so die Bewertbarkeit der Botschaft für den Rezipienten erleichtert wird.

MEDIENMENSCHEN… SIND QUELLEN

Jeder, Sie und die Autoren dieses kleinen Beitrages – alle sind wir Rezipienten von Botschaften, die von Medienmenschen „ausgesendet werden". Diese Persönlichkeit, sei sie nun fiktiv oder real, kann , wenn auch etwas vereinfacht, als Quelle dieser Botschaften bezeichnet werden – insbesondere dann, wenn auch der Rezipient die jeweilige Information auf diesen Absender (und eventuell auch auf die Situation der Informationsaufnahme) attribuiert (Kelley 1967; Kelley 1972; Jacoby, Kelley und Dywan 1989, S. 398; Schnitzer 2007, S. 73).

Ganz im Sinne der zentralen Marketingrhetorik von der Ausrichtung am Kunden ist die Quelle also keine „objektive und objektiv wahrnehmbare Realität", sondern entsteht in einem rekonstruierenden Prozess aus den Informationen, die einem Rezipienten zur Verfügung stehen. Durch eine solche (Re-) Konstruktion der Quelle stehen dem Rezipienten Zusatzinformationen bereit, die unter Umständen zu einer Neu- oder Umbewertung der Botschaft oder zur Veränderung von Einstellungen führen können (Johnson, Hashtroudi und Lindsay 1993, S. 3; Meiser und Bröder 2002, S. 116).

Selbstverständlich wird im Erinnerungsprozess die Quelle einer Botschaft nicht zwangsläufig rekonstruiert. Es ist durchaus möglich und wahrscheinlich, dass der Rezipient Bestandteile der Quelle teilweise oder vollständig vergisst oder im Extrem-

Medienmenschen als Quellen von Botschaften

fall sogar eine andere Quelle als die ursprüngliche „identifiziert" ohne sich dieses „Fehlers bewusst zu sein.

MEDIENMENSCHEN... UND IHRE BOTSCHAFTEN:

Folgt man – und dies ist nun eine bewusste Auswahl aus einem bunten Strauss an möglichen Erklärungsmustern – dem „Associative Learning Ansatz" so kann man davon ausgehen, dass eine Verbindung zwischen zwei oder mehreren unterschiedlichen Konzepten, also bspw. zwischen Botschaft und dazugehöriger Quelle durch ihre Abspeicherung in Form assoziativer Netzwerkstrukturen hergestellt wird (Anderson 1983; Collins und Loftus 1975). Quelle und Botschaft werden dabei als verbundene Knoten gespeichert; ein wiederholter Kontakt mit einem dieser Stimuli oder Knoten des Netzwerkes führt zu einer gleichzeitigen Aktivierung beider Knoten und langfristig sogar zur Stärkung ihrer Verknüpfung (Till und Shimp 1998, S. 68). Erst wenn also dieser Link – über zahlreiche Wiederholungen gefestigt – existiert, kann die Anreicherung der Botschaft (z. B. mit Glaubwürdigkeit) über den Absender erfolgen. Erst dann ist auch ein Imagetransfer – z. B. im Sinne McCracken'schen (1989) Modells des „Cultural Meaning Transfers" – möglich. Da diese nötige Verlinkung von Botschaft und Quelle nicht auf einem Automatismus beruht, setzen viele Medienmenschen – besonders gerne sicherlich Politiker – auf die „gebetsmühlenartige" Wiederholung der immer gleichen Botschaft. Hierdurch wird ganz offensichtlich die Vernetzung von Quelle und Botschaft gestärkt (Roediger III und Goff 1998, S. 261; Anderson 1995, S. 240) wodurch die rezipientenseitige Rekonstruktion der Quelle deutlich häufiger zu einem „objektiv korrekten" Ergebnis führt.

Unser Fall der Medienmenschen geht also über die „bloße" Informationsvermittlung hinaus. Es geht uns nicht alleine um die Information, sondern auch um den Ursprung der Information, also die Quelle, die ihrerseits als (Zusatz-)Information aufgefasst werden kann.

2 Lernen und Vergessen

Trotz aller Filter und Techniken: selbst im Langzeitgedächtnis gespeicherte Informationen können „verloren" gehen. So kann die Konkurrenz zwischen gleichartigen Informationen dazu führen, dass sich bestimmte Informationen gegenseitig blockieren und damit nicht mehr abgerufen werden können (Slamecka 1992, S. 176). Diese Interferenzen beziehen sich nicht nur auf die reine Information, sondern sie können auch durch den Kontext, d.h. die Präsentation der Information entstehen (Kumar und Krishnan 2004, S. 60). Die zunehmende Angleichung von Medienformaten und Austauschbarkeit der Medienmarken und –inhalten ist ein Grund, dass wir dieses Erklärungsmuster gerade auch für „unseren Fall" heranziehen können.

Christian Blümelhuber und Tobias Schnitzer

Vermindert oder gar verhindert wird die Entstehung von Interferenzen, wenn sichergestellt werden kann, dass der Rezipient einen Großteil seiner Aufmerksamkeit bzw. seiner Verarbeitungskapazität auf eine spezielle Information konzentriert (Underwood 1957, S. 56). Wenn es Medienmenschen also gelingt, besonders prägnant zu sein und ihren eigenen „Stil" zu pflegen, kann dies die Gefahr von Interferenzen verringern und die Erinnerungsleistung der Rezipienten deutlich erhöhen.

Das Vergessen betrifft dabei nicht nur wichtige Geburtstagstermine, sondern auch die Quellen bestimmter Information. Denn im Wahrnehmungs- und Enkodierprozess werden Botschaft und dazugehörige Quelle (also in unserem Fall der Medienmensch) zwar zusammen wahrgenommen; abgespeichert werden sie allerdings getrennt – und zwar im semantischen und im episodischen Gedächtnis (Johnson et al. 1993, S. 3). Die Quelleninformationen landen dabei im sog. episodischen Gedächtnis, die Botschaften dagegen im semantischen (Jurica und Shimamura 1999, S. 648; Spaniol und Bayen 2002, S. 631).

Die getrennte Abspeicherung beider Informationsarten führt nun dazu, dass diese völlig unabhängig voneinander wieder abgerufen werden können: Es besteht also keine automatische Verbindung zwischen Botschaft und Quelle (Tulving 1989, S. 15; Tulving 2002, S. 3). Und da der Abruf von Quelleninformationen aufwändig und das episodische Gedächtnis anfällig gegenüber Veränderungen ist, kann die Erinnerung an die Quelle nur korrekt erfolgen, wenn viele kognitive Ressourcen auf diesen Abruf verwendet werden und/oder ihre Identifikation eine hohe Priorität für den Rezipienten hat (Jacoby, Kelly, Brown und Jasechko 1989, S. 327). Dies ist aber nur selten der Fall. Das Vergessen der Quelle, bei gleichzeitiger Erinnerung der Botschaft, also Quellenvergessen oder Quellenamnesie, ist ein alltägliches, ein jederzeit persönlich „beobachtbares" Phänomen.

Neben dem reinen Vergessen der Quelle gibt es verwandte Effekte die ebenso durch die Trennung von Botschaft und Quelle entstehen, nämlich den Sleeper Effekt (Hovland und Weiss 1951-1952, S. 647), den Truth Effekt (Hasher, Goldstein und Toppino 1977, S. 112), die Misattribution (Johnson et al. 1993, S. 11) oder Cryptomnesia (Macrae, Bodenhausen und Calvini 1999, S. 273). Der **Sleeper Effekt** zeigt auf, dass die von einer spezifischen Quelle initiierte Einstellungsänderung nach einer gewissen Zeitspanne (nach einigen Wochen) wieder verblasst (Weaver-Lariscy und Tinkham 1999, S. 14). Der so genannte **Truth Effekt** dagegen führt die positive Einstellung gegenüber einer Aussage darauf zurück, dass diese als bereits bekannt identifiziert wird. Dabei ist es für die Veränderung der Einstellung weitgehend unerheblich wie oft die Aussage wiederholt wurde (Roggeveen 2002, S. 82). Denn nicht die tatsächliche Erinnerung an den Kontext der Wiederholung, also z. B. die konkrete Quelle führt zu einer Veränderung der Einstellung, sondern die erhöhte Vertrautheit mit dem semantischen Inhalt (Mandler, Nakamura und Van Zandt 1987, S. 646). Eng damit verbunden ist auch eine **Misattribution der Quelle.** Sie tritt immer dann auf, wenn wir uns daran erinnern, etwas gelernt zu haben, es aber einer falschen Quelle attribuieren. Ursprung ist ein starkes Gefühl der Vertrautheit bzw. des Wissens, in Verbindung mit dem Fehlen einer konkreten Erinnerung an das Ereignis (Percy 2004, S. 419; Jacoby et al. 1989, S. 401). Besonders genau untersucht wurde dieser Zusammenhang im Rahmen von Augenzeugenberichten (Mitchell und Johnson 2000, S. 182). Zahlreiche Untersuchungen haben hier gezeigt, dass Zeugen, beeinflusst durch die Polizei, Anwälte oder das Gericht, dazu gebracht werden können, Informationen nach dem eigentlichen Verbrechen als ihre eigenen Erinnerungen über den Ablauf des Ereignisses anzugeben (Mitchell und Johnson 2000, S. 182; Johnson et al. 1993, S. 11). Noch weiter geht das Phänomen der **Cryptomnesia**, das entsteht, wenn wir unfähig sind, uns an den Kontext der ursprünglichen Informationsaufnahme zu erinnern und als Folge die gewonnenen Informationen als eigene Gedanken auffassen (Macrae et al. 1999, S. 275). Auch dies kann eine starke – und gewollte -- Wirkung eines Medienmenschen sein. Der Rezipient übernimmt seine Meinungen, Ansichten, Geschichten und Beispiele und gibt sie – unbewusst – als seine eigenen aus. Dies kann im Falle eines klassischen mehrstufigen Kommunikationsprozess für die nächste Stufe, dann zu interessanten, glaubwürdigen Botschaften (persönlich bekannt) führen.

Aus Perspektive des Marketing stellen wir uns, anknüpfend an die kurz skizzierten Forschungsprogramme und –ergebnisse im Folgenden die Frage, welche Faktoren das Lernen und Vergessen von Medienmenschen und ihren Botschaften treiben bzw. unterstützen. Als Antwort präsentieren wir ihnen hierzu nun einige Thesen.[2]

3 Ausgewählte Thesen zum Lernen und Vergessen von Botschaften und Quellen

3.1 Zeit

Der wohl wichtigste Faktor, der sowohl im Marketing als auch in der Medienlandschaft gegen die Initiatoren von Botschaften arbeitet ist die Zeit. Wie bereits unter dem Punkt „Vergessen" aufgeführt, sind häufig Interferenzen dafür verantwortlich, dass wir uns an bestimmte Informationen nicht mehr erinnern. Je mehr Zeit vergeht zwischen der Aufnahme und dem Abruf einer Information, desto stärker steigt die Wahrscheinlichkeit, konkurrierenden Informationen ausgesetzt zu sein und desto schwieriger wird ein Abruf der Information.

---

[2] Die Ergebnisse der empirischen Überprüfung dieser und weiterer Thesen können auszugsweise in Blümelhuber und Schnitzer 2006 oder in Schnitzer 2008 nachgelesen werden.

Christian Blümelhuber und Tobias Schnitzer

> *These: Über die Zeit hinweg lassen sowohl die Erinnerung an die Botschaft, als auch die Erinnerung an die Quelle (den Medienmenschen) nach*

Schon Ebbinghaus und auch Thorndike gingen davon aus, dass Erinnerungen über die Zeit hinweg „verblassen"; dass die Stärke einer Erinnerung also abnimmt (Anderson 1995, S. 236) und – ähnlich wie ein nicht mehr genutzter Muskel – irgendwann verschwinden kann (Thorndike 1914; Ebbinghaus 1885). Werden also die bei der Aufnahme angelegten Gedächtnisspuren nicht weiter „trainiert", in dem sie bspw. wiederholt abgerufen werden, so geht die Erinnerung an sie verloren (Slamecka 1992, S. 176). Dieser Zusammenhang, der nicht zuletzt auch in Zielskes berühmten Experiment zur Werbewirkung nachgewiesen wurde (Zielske und Henry 1980) scheint unbestritten. Zusätzlich gehen wir allerdings davon aus, dass die Zeit einen deutlich negativeren Einfluss auf die Erinnerung an den Absender als an die Erinnerung an die Botschaft hat. Schließlich ist der Speicherort der Quelle – also das episodische Gedächtnis – stärker anfällig gegenüber der Veränderung und dem Verlust von Informationen als das semantische (Schacter, Harbluk und McLachlan 1984, S. 594).

3.2 Involvement

In den Modellen der Persuasionsforschung ist die tatsächliche Wirkung eines Überzeugungsversuches von der Tiefe der kognitiven Verarbeitung abhängig, die auf der Motivation des Rezipienten beruht (Gawronski und Erb 2001, S. 200). Ist dem Rezipienten die Information bzw. Situation sehr wichtig so wird der Inhalt der Botschaft genau analysiert, bei fehlender Relevanz spielen hauptsächlich periphere Reize wie Glaubwürdigkeit, Attraktivität, Expertentum, Vertrauenswürdigkeit oder Macht der Quelle eine Rolle (Petty und Cacioppo 1979, S. 1915). Der Rezipient folgt also eher Heuristiken bei der Bewertung (Chaiken und Maheswaran 1994, S. 460) und verarbeitet die Botschaft lediglich sehr oberflächlich (Chaiken, Liberman und Eagly 1989). Dieses Vorgehen stellt heute sicherlich den Regelfall bei der Verarbeitung medial vermittelter Informationen dar (Sengupta, Goodstein und Boninger 1997, S. 351).

> *These: Je höher das Involvement der betroffenen Personen ist, desto höher ist auch ihre Aufmerksamkeit, desto genauer erfolgt die Auseinandersetzung mit den präsentierten Informationen und desto leichter fällt der Abruf der Botschaft aus dem Gedächtnis und desto höher ist die Wahrscheinlichkeit eines Quellenvergessens.*

Da der Botschaft in einer low Involvement-Situation nur wenig Aufmerksamkeit geschenkt wird stehen (freie) kognitive Kapazitäten für die Aufnahme und Verarbeitung des Kontextes (Situation und Absender) zur Verfügung (Chattopadhyay und Nedungadi 1992, S. 27). In Situationen mit niedrigem Involvement werden also besonders Situation und Absender erinnert da diese peripheren Reize im Mittelpunkt der Verar-

Medienmenschen als Quellen von Botschaften

beitung stehen. Bei hohem Involvement jedoch wird die Aufmerksamkeit gezielt auf die Botschaft gelenkt wodurch sich die Erinnerung an die Situation und den Absender verschlechtert. Diese These wird nicht nur von empirischen Ergebnissen getragen, sondern auch durch die „Source-Item-Tradeoff-Hypothese" (Doerksen und Shimamura 2001, S. 5) gestützt, die eine steigende Erinnerung an die Botschaft bei gleichzeitig sinkender Erinnerung an die Quelle annimmt, wenn in der Lernphase die Aufmerksamkeit und Konzentration der Probanden gezielt auf die Botschaft gelenkt wird.

3.3 Attraktivität, Vertrautheit und Glaubwürdigkeit der Quelle

Die Attraktivität ist nicht nur die am stärksten hervorstechende und am einfachsten wahrnehmbare Eigenschaft eines Menschen, sondern die in der Forschung am intensivste analysierte Dimension einer Quelle (Maddux und Rogers 1980, S. 237). Dabei geht man allgemein davon aus, dass man sich an besonders attraktive Personen deutlich besser erinnert als an durchschnittlich oder weniger attraktive.

Unsere Untersuchungen zeigten dagegen, dass es weniger um hohe und niedrige, als vielmehr um extreme Attraktivität geht. Ähnlich wie auch z. B. Deblieck und Zaidel (2003, S. 939) stellten wir fest, dass man sich an besonders attraktive und auch an besonders unattraktive Gesichter besser erinnert, als an Personen mit einer durchschnittlichen Attraktivität. Der gleiche Zusammenhang gilt auch für die Erinnerung an die Botschaft (Wispé 1981, S. 198). Begründet werden kann diese These wieder durch die Aufmerksamkeit die man der Information schenkt. Und getrieben wird diese vor allem durch die Unterscheidungskraft extremer Attraktivität (Milord 1978, S. 206). Damit gilt ein „U-Kurven"-Zusammenhang zwischen Attraktivität und Erinnerung:

> *These: hohe und niedrige Attraktivität des Medienmenschen führen zu einer guten Erinnerung, durchschnittliche Attraktivität und damit wenig unterscheidbare Merkmale resultieren in einer schlechten Erinnerungsleistung*

Eine zweite zentrale, und detailliert untersuchte Einflussgröße des Absenders ist seine Glaubwürdigkeit für die Botschaft (Dholakia und Sternthal 1977; Ohanian 1990). Der Zusammenhang ist dabei einleuchtend:

> *These: Je glaubwürdiger die Quelle einer Marketingbotschaft ist, desto eher wird sich die Einstellung der Rezipienten in die Richtung der präsentierten Botschaft verändern*

Eine hohe Glaubwürdigkeit des Absenders hat zur Folge, dass sich die Rezipienten genauer mit der Präsentation der Informationen beschäftigen und im Rahmen einer semantischen Verarbeitung auch mehr Schlussfolgerungen über einen glaubwürdigen Absender als über unglaubwürdige ziehen. Die Charakteristika von glaubwürdigen

327

Quellen werden stärker gewichtet (Bink et al. 1999, S. 296), weswegen glaubwürdige Quellen leichter erinnert werden. Es gilt also:

These: Eine hohe Glaubwürdigkeit des Medienmenschen wirkt sich positiv auf die Erinnerung des Medienmenschen und seiner Botschaft aus.

Besonders Medienmenschen sind auf ein hohes Maß an Vertrautheit der Rezipienten mit ihnen angewiesen. Gerade Berühmtheiten haben einen sehr positiven Einfluss auf die Einstellung der Rezipienten (Sengupta et al. 1997). Damit dieser positive Effekt aber auch in Kraft treten kann, müssen Botschaft und Quelle gemeinsam erinnert werden. Hierbei ist eine hohe Vertrautheit mit der Quelle klar von Vorteil:

These: Je vertrauter der Medienmensch dem Rezipienten erscheint, desto besser ist die Erinnerung an ihn und seine Botschaft.

Berühmte und vertraute Medienmenschen besitzen dabei zwei Vorteile gegenüber unbekannten Quellen. Zum einen generiert die Bekanntheit des Medienmenschen eine höhere Aufmerksamkeit, die zu einer besseren Erinnerungsleistung führt (Alba 1983, S. 577). Und zum anderen kann der Rezipient im Falle berühmter und vertrauter Medienmenschen auf bereits etablierte Schemata zurückgreifen, die das Lernen neuer Informationen und deren Abruf deutlich vereinfachen (Albritton, McKoon und Gerrig 1995, S. 613) und darüber hinaus aktiv genutzt werden können, um die Quelle zu identifizieren (Spaniol und Bayen 2002, S. 631). Die Möglichkeit auf vorhandenes Wissen zurückzugreifen erhöhten die sog. „item fluency" und damit die Erinnerungsleistung deutlich (Spaniol und Bayen 2002, S. 633; Meiser und Bröder 2002, S. 116).

3.4   Art der Botschaft: Meinung oder Fakt

Anknüpfend an Autoren wie Holbrook (1978, S. 554), Darley und Smith (1993, S. 100) und Shimp und Preston (1981, S. 23) können wir zwei Arten von Botschaften unterscheiden, nämlich objektive, verifizierbare Informationen einerseits und subjektiven Annahmen bzw. Beurteilungen des Senders andererseits. Oder abstrakter: Fakten und Meinungen.

Dass diese Unterscheidung einen Einfluss auf die Einstellung der Rezipienten hat, konnte in zahlreichen Studien nachgewiesen werden. So werden faktische Aussagen vorgezogen, um positive Einstellungen zu generieren und Gegenargumente zu vermeiden (Holbrook 1978, S. 548). Da ihr Wahrheitsgehalt unabhängig von einer bestimmten Quelle überprüft werden kann und sie daher deutlich leichter und effizienter verarbeitet werden können (Cosmides und Tooby 2000, S. 70) zeigen sie auch bessere Erinnerungsleistungen.

Medienmenschen als Quellen von Botschaften

Meinungen hingegen müssen – z. B. um den Wahrheitsgehalt zu überprüfen – auf einer deutlich tieferen und extensiveren Stufe verarbeitet werden (Toth 1996). Dies trifft insbesondere auch dann zu, wenn Rezipienten an leicht verständlichen und bewertbaren Fakten ein geringeres Interesse haben als an Meinungen (Arkes, Hackett und Boehm 1989, S. 82). Ein so gesteigertes Interesse führt zu einem höheren Aktivierungsgrad, damit zu einer detaillierten Auseinandersetzung mit dem Stimulus und schließlich sogar zu einer besseren Erinnerung.

Kommen wir nun zur Erinnerung an den Absender: Im Falle der Meinung, stellt sich für den Rezipienten die Aufgabe zu entscheiden, ob, wie nützlich und wie glaubwürdig diese Information ist. Da die Bewertung einer Meinung schwer fällt (Cosmides und Tooby 2000, S. 65), werden Ersatzindikatoren wie z. B. die Glaubwürdigkeit, die Verlässlichkeit, oder das Expertenwissen der Quelle heran gezogen um zu einer Beurteilung zu gelangen (Shimp und Preston 1981, S. 28; Cosmides und Tooby 2000, S. 69). So sind bei Meinungen Botschaft und Absender eng verknüpft. Diese Verknüpfung, die bei faktischen Aussagen weitgehend lockerer ist, oder sogar fehlt, führt nun dazu, dass sich Rezipient deutlich einfacher an den Absender einer Meinung erinnern, als an den Absender einer Information (Tulving 1983, S. 386).

> *These: Rezipienten erinnern sich leichter an den Absender einer Meinung als an den Absender einer Botschaft*

Medienmenschen wirken also vor allem als „Meinungsmacher"! Selbst wenn ein ausgewiesener Experte – denken wir z. B. an Peter Scholl-Latour für den Irak Krieg – uns mit Informationen versorgt, werden wir von seiner „Aura" beeinflusst und eignen uns (auch) seine „Meinung" an, sei sie nun objektiv nachprüfbar oder nicht.

3.5 Schema(in)kongruenz

Jeder Mensch besitzt einen reichen Fundus an Wissen, Erwartungen, Ansichten, Prototypen, Gefühlen und Einstellungen über die Welt. Sind diese Informationen miteinander vernetzt und im Gedächtnis relational organisiert, so spricht man von Schemata (Mandler 1982, S. 5). Und die beeinflussen nicht nur die Verarbeitung von Informationen; sie beeinflussen auch die Erinnerungsleistung. So gehen das „Schema-Pointer Plus Tag Model (SP+T)" und das „Associative Network Model (AN)" davon aus, dass atypische, überraschende (Kahneman und Miller 1986, S. 136; Schützwohl 1998, S. 1185) Informationen, d.h. Informationen, die einem Schema „widersprechen", an einem separaten Ort im Gedächtnis abgespeichert und mit einem einzigartigen „Label" markiert werden welches sie leichter abrufbar macht. Je stärker also die erhaltenen Informationen von den Erwartungen auf Basis des Schemas abweichen, desto größer die Inkongruenz und damit auch die Überraschung (Alden, Mukherjee und Hoyer 2000, S. 12) sind, desto erregter und involvierter sind die Rezipienten (Peracchio und

Christian Blümelhuber und Tobias Schnitzer

Tybout 1996, S. 177). Um die neuen, überraschenden Informationen zu verstehen, versuchen die Rezipienten die Inkongruenz zu beheben (Loef, Antonides und van Raaij 2002, S. 7) und sie vielleicht sogar in das aktivierte Schema zu integrieren, wodurch die Informationen deutlich länger im Kurzzeitgedächtnis behalten, dort extensiver, elaborierter und auf einer tieferen semantischen Ebene verarbeitet und damit u. U. stärker mit anderen Inhalten des assoziativen Netzwerks verknüpft werden (Heckler und Childers 1992, S. 475; Houston, Childers und Heckler 1987, S. 360). Daraus folgt:

> *These: Die Erinnerung an einen Medienmenschen und seine Botschaft ist im Falle der überraschenden Information deutlich höher als im Falle der kongruenten, erwartungs-konformen Information.*

3.6   Spezialfall: Einstellungswirkung

BEDEUTUNG DER EINSTELLUNGEN

Das wichtigste Forschungsfeld in Zusammenhang mit „unseren Themen" wie Meinungsführerschaft, Lernen und Quellenvergessen ist ohne Zweifel das Thema Einstellung. Diesen wird eine zentrale Erklärungskraft bezüglich des Erlebens und Verhaltens von Konsumenten unterstellt. (Positive) Einstellungen zu formen ist deswegen ein wichtiges Anliegen, ein zentrales Marketing-Ziel für Anbieter aller Art.

Verstanden werden Einstellungen in der Regel als generelle psychologische Tendenz oder „Haltung", einen Meinungsgegenstand relativ stabil positiv oder negativ zu bewerten (bspw. Eagly und Chaiken, 1993, S. 1).

Auch wenn immer noch häufig auf die klare Richtung – also entweder positive oder negative Einstellungen – und die relativ lange „Haltbarkeit" von Einstellung hingewiesen wird, so kommt man doch an Forschungsergebnissen nicht vorbei, die nachweisen, dass Einstellungen nicht zwingend eine eindeutige Valenz aufweisen, dass Einstellungen auch kurzfristig konstruiert werden können und dass Menschen auch mehrere Einstellungen parallel zur Verfügung stehen können.

Schließen wir uns deshalb Autoren wie Wilson et al. (2000) an, die den „single-attitude Ansätzen", wie sie bspw. bei Fazio oder Greenwald anklingen ein Modell gegenüber stellen, in dem unterschiedliche Bewertungen – genauer: sowohl implizite als auch explizite Einstellungen – gegenüber ein- und desselben Meinungsgegenstandes unabhängig voneinander im Gedächtnis koexisiteren können. Die implizite Einstellung steht dabei für eine habitualisierte, automatisch aktivierte Bewertung unbekannten Ursprungs. Die angesprochene Entkoppelung von Encodierung und Abruf, also die Trennung zwischen semantischem und episodischem Gedächtnis mit der Folge der Quellenamnesie wird hier quasi vorausgesetzt.

Medienmenschen als Quellen von Botschaften

Explizite Einstellungen hingegen hatten keine Chance quasi automatisiert zu werden, sie werden aus bewussten Kognitionen gebildet, die auch kurzfristig entstehen können und leicht veränderbar sind.

Die Theorie der dualen Einstellungen sagt nun, dass implizite und explizite Einstellungen nebeneinander bestehen und durchaus eine unterschiedliche Richtungen aufweisen können. Einstellungsveränderungstechniken gelingt es meist „lediglich", die explizite und nicht die implizite Einstellung zu beeinflussen. Entgegen dem klassischen Modell der Einstellungsänderung wird bei vielen Lernprozessen die „alte Einstellung" also nicht zwangsweise gelöscht. Die Aussagen und Verhaltensweisen von Medienmenschen setzen also zunächst einmal an der expliziten Einstellung an, die im Zeitablauf in der Regel verblasst – es sei denn sie wird „praktiziert", in dem man beispielsweise daran denkt, darüber diskutiert und entsprechend handelt. Dann kann diese (neu geformte) explizite Einstellung, die implizite auch „überschreiben" bzw. ersetzen.

Einstellungen müssen also erworben und eingeübt, wiederholt und bewusst gemacht werden. Ein einmaliger Medienauftritt muss also, um auch langfristig auf Einstellungen zu wirken, diese entweder bestätigen, oder auf einer klaren, relevanten, überraschenden, einzigartigen Botschaft und Inszenierung aufbauen. Ansonsten ist eine gewisse „Seriellität" oder Zirkulation des „immer gleichen" notwendig, um auch langfristig und tiefgreifend Einstellungen verändern zu können.

Basis für die Einstellungswirkung von Medienmenschen sind die beim Rezipienten vorhanden Schemata. Unser Vorwissen über Prominente prägt unsere Wahrnehmung und beeinflusst die Wirkung, die sie auf unsere Einstellungen haben.

> ***These: Je stärker die kulturelle Bedeutung eines Medienmensch mit der intendierten Einstellung übereinstimmt (hoher Fit), desto eher wird auf Seiten des Rezipienten eine explizite Einstellungsänderung eintreten.***

Folgen wir dem oben genannten Sleeper Effekt, so wird der Einfluss, den Medienmenschen auf die implizite Einstellung haben eher gering sein. Bereits nach wenigen Wochen wird daher die implizite Einstellung die kurzfristig neu- oder um-gebildete explizite Einstellung wieder überlagern. Gerade bei Medienmenschen und Einstellungsänderung spielt ein bisher noch nicht angerissenes Phänomen eine wichtige Rolle: Das „Fan-Sein". Fans weisen eine hohe Identifikation mit dem Medienmenschen auf, besitzen ein sehr großes Vorwissen und folgen den Meinungen und Einstellungen ihres Vorbildes häufig „bedingungslos". Der Fan ist also sowohl auf affektiver wie auch auf kognitiver Ebene robust gegen „einstellungsändernde" Einflüsse oder Botschaften. Die Wirkung von Medienmenschen resultiert also auch aus der Beziehung zwischen ihnen und ihren Rezipienten – also bspw. ihren Fans, ihren neutralen Kennern oder ihren Skeptikern.

> *These: Loyale Fans sind weniger häufig vom Sleeper Effekt betroffen und werden ihre impliziten Einstellungen – aufgrund neuer Informationen – weniger häufig „überschreiben" bzw. verändern.*

4 Ergänzungen, oder: Zwei Phänomene unserer Zeit

Lassen Sie uns auch diesen Abschnitt, der das Thema Medienmensch um zwei wichtige Spielarten unserer Zeit erweitert, in zwei Thesen zusammenfassen:

> *These: Auch fiktive Medienpersonen erzielen die Wirkungen, die wir für reale Medienmenschen angenommen haben (siehe 4.1).*

> *These: Jedermann kann sich zur Medienperson entwickeln und damit die o.g. Wirkungen entfalten (siehe 4.2).*

4.1 „Learning from Jack Bauer", oder: fiktive Medienmenschen und ihre Wirkung

Bisher haben wir uns „lediglich" mit realen Menschen auseinander gesetzt. Dies ist natürlich eine unzulässige Verkürzung der Problematik, die wir jetzt aufheben wollen. Die oben genanten Wirkungen – so unsere These – können selbstverständlich auch von fiktiven Medienmenschen, also von „Rollen" – erreicht werden:

Das wichtigste Beispiel der jüngeren Mediengeschichte hierfür ist der Fall „Jack Bauer". Als Leiter und „field op" der fiktiven „Counter Terrorist Unit" CTU ist er mit den Herausforderungen der „modernen" post 9/11-Welt konfrontiert und dazu verdammt, unter enormen Zeitdruck effektive und effiziente Lösungen zu produzieren, die letztlich eine dauerhaft gefährdete Gesellschaft erlösen. Dass er hierbei vor Folter, oder gar dem von Präsident Palmer still unterstützen Mord an seinem ehrbaren Vorgesetzten nicht zurückschreckt ist mehr als der bloße Plot einer ausgezeichneten (u.a. Golden Globe und Emmy; jeweils für die beste Dramaserie) Fernsehserie von FOX Television. Es ist gleichzeitig Gegenstand hitziger Debatten, die in Zizeks (2006) Vergleich mit Himmler und seinen Mördern gipfeln. Jack Bauer – und nicht Kiefer Sutherland, der die Rolle verkörpert und regelmäßig gegen die fragwürdigen Methoden des Folterns argumentiert – wird damit als solides Vorbild anerkannt.

Medienmenschen als Quellen von Botschaften

So macht Jack deutlich dass Erfolge in bürokratischen Strukturen vor allem der auf eigene Faust, die wesentlichen Regeln ver- und missachtend handelnde „outlaw" erreicht. Wäre die Richtschnur für Jack´s Handeln alleine die Verfassung und das Recht seines Landes oder die internen Regeln der CTU, so wäre das größtmögliche Desaster in keiner einzelnen Folge abgewendet worden. Das gilt vor allem für die Technik des Folterns. Ohne Folter wäre vor dem Hintergrund des geschickt verknüpften „Szenariums der Tickenden Zeitbombe" kein Erfolg zu erzielen. Dass auch Fehlschläge dabei einzukalkulieren sind erscheint selbstverständlich. Mit dem in der Person unseres Jack Bauer vereinten Helden- und Opferszenariums gelingt es, die Handlungen des Protagonisten zu legitimieren – „things have to be done"! – und gleichzeitig den Folter"knecht" als warmen, sympathischen Helden zu zeichnen, der mit Stärken und Schwächen, liebend und zweifelnd und manchmal auch mordend, seine Aufgabe erfüllt. Der Medienmensch Jack Bauer erscheint uns vertraut, wird ohne Zweifel als professioneller Experte akzeptiert, und taugt somit zum Meinungsführer und Vorbild (ob bewusst oder implizit).

Die Serie „24" spielt noch einen zweiten Aspekt aus, nämlich die seit jeher mehr oder weniger beabsichtigte Wirkung der Medien, Zukünfte vorwegzunehmen, dadurch implizite Einstellungen aufzubauen und Rezipienten mit Argumenten und Botschaften zu versorgen, die ein Handeln und Überleben in der riskanten Zukunft (Beck 1986) sicher stellen. Prägnanter formuliert: Medien entwickeln unser „Gedächtnis der Zukunft". Dies wird nicht nur deutlich an der Diskussionen um die Todesstrafe im Film/Fernsehen, sondern vor allem an der Frage, ob eine Präsidentin oder gar ein „afroamerikanischer" Präsident denkbar sind. Auch hier nimmt „24" klar Stellung und investiert in den Aufbau eines lebendigen Zukunftsgedächtnisses der Rezipienten, wodurch solche sozialen Innovationen leichter akzeptierbar erscheinen. Bereits in der ersten Staffel (ausgestrahlt in den USA von November 2001 bis Mai 2002) lenkte mit David Palmer ein „Schwarzer" die Geschicke seines Landes. Und in der nächsten Staffel (season 7) führt mit Allison Tayler eine Frau die Vereinigten Staaten. Dabei wird ein Motiv aufgegriffen, welches der Konkurrenzsender „ABC" mit Geena Davis als „Commander in Chief" bereits 2005 angelegt hat. Dass dieser Sendung vorgeworfen wurde, mit der Rolle der „Mackenzie Allen", Hillary Clinton den Weg zu ebnen belegt die Bedeutung von fiktiven Medienpersonen und der Entwicklung des Zukunftsgedächtnisses zur (impliziten) Einstellungsbildung.

Der deutsche (Fernseh-) Film ist hier (leider) vergleichsweise bieder. Dies liegt wohl an der Schwäche im Thriller/Crime-Segment, das in einer von realer Gewalt bedrohten und als „Risikogesellschaft" wahrgenommenen zweiten Moderne anerkanntermaßen die Rolle einnimmt, die in der Hochzeit der sog. „Ersten Moderne" das Science Fiction Genre spielte. Gerade in Thriller und Crime-Movie können Handlungsmuster und Einstellungen erworben werden, die in flüchtigen (Bauman) und riskanten (Beck) Zeiten nützlich erscheinen.

Christian Blümelhuber und Tobias Schnitzer

4.2 „DU BIST MEDIENMENSCH"

Lassen Sie uns an der bekannten und akzeptierten Phasenbetrachtung des Internets ansetzen und aufbauend auf der Rhetorik vom Web 1.0 und des Web 2.0 unsere Gesellschaft als upload Gesellschaft bezeichnen und damit von der download Gesellschaft abgrenzen. Informationen werden heute aus den Medien nicht mehr nur abgerufen („download" als Technik des Rezipienten), sondern in zunehmenden Maße auch bereit gestellt, eben „upgeloadet", und damit Techniken der Produzentens – wenn auch als „Amateur"– angewendet. Bereits vor mehr als fünfundzwanzig Jahren betonte Michel de Certeau diese Praktik der Konsum-Taktiker, auch wenn er davon vor allem das Basteln am Objekt (und weniger die Informationen) im Blick hatte (de Certeau 2004). Aber das Motiv war eingeführt. Gewiefte Taktiker, z. B. Blogger, übernehmen die Aufgaben der professionellen Strategen aus den Redaktionen der Medien. Jeder kann Informationen bereitstellen, und das nicht „lediglich" im privaten Umfeld, sondern auch an eine breite, anonyme Masse.

Ein zweites Indiz für unsere Annahme, dass das Attribut Medienmensch für Jedermann erreichbar erscheint – vielleicht sogar ist – kann hinter dem Akronym DSDS, hinter den zahlreichen Nachmittagstalkshows oder auch der Inszenierung exemplarischer Banalität wie im Falle von Big Brother gefunden werden. Die Warhol´sche Prophezeiung von den fünfzehn Minuten Ruhm für Jedermann scheint sich zu erfüllen!

„It could be you" lautet das Versprechen (Anthony, oJ)! Wenn Ruhm und Aufmerksamkeit für alle möglich sind und sich auch zunehmend von Leistung emanzipieren, dann hat wirklich jeder das Potenzial zum Medienmenschen.

Die Wirkungen des „Jedermann" in der Einstellungsvermittlung begründen sich vor allem darin, dass er/sie nicht als Stern´scher Sponsor (Stern 1994) wahrgenommen wird, dass also unabhängige Informationen angeboten werden. Immer dann wenn diese Annahme verletzt wird, kann die Einstellungswirkung im ersten Schritt leiden – über die besprochenen Effekte der Quellenamnesie aber natürlich geheilt werden.

Wenn die Massenmedien mit ihren berühmten Medienmenschen Stabilität durch Schemata oder Marken erreicht haben, so gelingt die Nähe und Glaubwürdigkeit bei den interaktiven Medien durch Rückkoppelung. Ein Blogger informiert nicht nur, er regt zur Kommunikation, zur Auseinandersetzung, zur Gegenmeinung ein. Polemik und Parteilichkeit dominieren, um das Kerngut der Blogger – nämlich Authentizität– nicht abzuwerten.

Aber selbstverständlich gelten auch hier die Regeln der Aufmerksamkeitsökonomie: Was Aufmerksamkeit akkumuliert, wird weitere Aufmerksamkeit nach sich ziehen. Man ist berühmt, weil man berühmt ist. Und da das Web nicht einfach kartographiert, sondern „unendlich" ist und auch die Pfadfinder (wie Google) an der Informationsmenge scheitern (können) werden communities von „Fans" oder „permanenten Usern" um Blogger entstehen, was Nähe, Vertrautheit, und Glaubwürdigkeit bedeutet – und damit Erfolg!

Medienmenschen als Quellen von Botschaften

Literaturverzeichnis

ALBA, J. W. (1983): The Effects of Product Knowledge on the Comprehension, Retention, and Evaluation of Product Information, in: Advances in Consumer Research, 10, S. 577-580.

ALBRITTON, D. W., G. MCKOON, UND R.J. GERRIG (1995): Metaphor-Based Schemas and Text Representation: Making Connections Through Conceptual Metaphors, in: Journal of Experimental Psychology: Learning, Memory, and Cognition, 21 (3), S. 612-625.

ALDEN, D. L., A. MUKHERJEE UND W. D. HOYER (2000): The Effects of Incongruity, Surprise and Positive Moderators on Perceived Humor in Television Advertising, in: Journal of Advertising, 29 (2), S. 1-15.

ANDERSON, J. R. (1983): The Architecture of Cognition, Cambridge, Mass.

ANDERSON, J. R. (1995): Learning and Memory: An integrated approach, New York u.a.

ANTHONY, A. (O.J.): It could be you, The Observer, http://observer.guardian.co.uk/life/story/0,,639819,00.html, aufgerufen am 20. Dezember 2007.

ARKES, H. R., L. BOEHM UND G. XU (1991): Determinants of Judged Validity, in: Journal of Experimental Social Psychology, 27, S. 576-605.

BECK, U. (1986): Risikogesellschaft. Auf dem Weg in einer andere Moderne, Frankfurt.

BENJAMIN, W. (1977): Illuminationen, Frankfurt.

BENJAMIN, W. (2006): Das Kunstwerk im Zeitalter seiner technischen Reproduzierbarkeit, Frankfurt.

BINK, M. L., R. L. MARSH, J. L. HICKS UND J. D. HOWARD (1999): The Credibility of a Source Influences the Rate of Unconscious Plagiarism, in: Memory, 7 (3), S. 293-308.

BLÜMELHUBER, C. UND T. SCHNITZER (2006): Fehler des Quellengedächtnisses, in: Marketing ZfFP, 28 (2), S. 79-98.

Christian Blümelhuber und Tobias Schnitzer

BROWN, A. S. UND D. R. MURPHY (1989): Cryptomnesia: Delineating inadvertent Plagiarism, in: Journal of Experimental Psychology: Learning, Memory and Cognition, 15 (1), S. 432-442.

CHAIKEN, S. UND D. MAHESWARAN (1994): Heuristic Processing Can Bias Systematic Processing: Effects of Source Credibility, Argument Ambiguity, and Task Importance on Attitude Judgement, in: Journal of Personality and Social Psychology, 66 (3), S. 460-473.

CHAIKEN, S, A. LIBERMAN UND A. H. EAGLY (1989): Heuristic and Systematic Information Processing within and beyond the Persuasion Context, in: J. S. Uleman und J. A. Bargh (Hrsg): Unintended Thought, New York, London, S. 212-252.

CHATTOPADHYAY, A. UND P. NEDUNGADI (1992): Does Attitude toward the Ad Endure? The Moderating Effects of Attention and Delay, in: Journal of Consumer Research, 19 (1), S. 26-33.

COLLINS, A. M. UND E. F. LOFTUS (1975): A Spreading-Activation Theory of Semantic Pro-cessing, in: Psychological Review, 82 (6), S. 407-428.

COSMIDES, L. UND J. TOOBY (2000): Consider the Source: The Evolution of Adaptations for Decoupling and Metarepresentation, in: D. Sperber (Hrsg.): Metarepresentation, New York, S. 53-116.

COVA, B. (1995): Au-delà du marché: quand le lien importe plus que le bien, Paris.

DARLEY, W. K. UND R. E. SMITH (1993): Advertising Claim Objectivity: Antecedents and Effects, in: Journal of Marketing, 57 (4), S. 100-113.

DICHTER, E. (1966): How Word-of-Mouth Advertising Works, in: Harvard Business Review, 44 (6), S. 147-166.

DE CERTEAU, M. (2004): L'invention du quotidien, nouvelle ed, Paris.

DEBLIECK, C. UND D. W. ZAIDEL (2003): Hemifield Memory For Attractiveness, in: International Journal of Neuroscience, 113 (4), S. 931-941.

DHOLAKIA, R. R. UND B. STERNTHAL (1977): Highly Credible Sources: Persuasive Facilitators or Persuasive Liabilities? in: Journal of Consumer Research, 3 (4), S. 223-232.

DOERKSEN, S. UND A. P. SHIMAMURA (2001): Source Memory Enhancement for Emotional Words, in: Emotion, 1 (1), S. 5-11.

EBBINGHAUS, H. (1885): Über das Gedächtnis: Untersuchungen zur experimentellen Psychologie, Leipzig.

FRAGALE, A. R. UND C. HEATH (2004): Evolving Informational Credentials: The (Mis)Attribution of Believable Facts to Credible Sources, in: Personality and Social Psychology Bulletin, 30 (2), S. 225-236.

FRANCK, G. (1998): Ökonomie der Aufmerksamkeit, München/Wien.

GAWRONSKI, B. UND H.-P. ERB (2001): Meinungsführerschaft und Persuasion, in: Marketing ZFP, 23 (3), S. 199-208.

GOLDHABER, M. (2002): Die Aufmerksamkeitsökonomie und das Netz: hoot://www.heise.de/bin/tp/dl-artikel.cgi?artikelnr=6195&mode=html., aufgerufen am 12. Juli 2002.

HASHER, L., D. GOLDSTEIN UND T. TOPPINO (1977): Frequency and the Conference of Referential Validity, in: Journal of Verbal Learning & Verbal Behavior, 16 (1), S. 107-112.

HECKLER, S. E. UND T. L. CHILDERS (1992): The Role of Expectancy and Relevanc in Memory for Verbal and Visual Information: What Is Incongruency? in: Journal of Consumer Research, 18, S. 475-492.

HOUSTON, M. J., T. L. CHILDERS UND S. E. HECKLER (1987): Picture-Word Consistency and the Elaborative Processing of Advertisements, in: Journal of Marketing Research, 24, S. 359-369.

HOLBROOK, M. B. (1978): Beyond Attitude Structure: Toward the Informational Determinants of Attitude, in: Journal of Marketing Research, 15 (4), S. 554-556.

HOVLAND, C. I. UND W. WEISS (1951-1952): The Influence of Source Credibility on Communication Effectiveness, in: Public Opinion Quarterly, 15 (4), S. 635-650.

HOVLAND, C. I., I. L. JANIS UND H. H. KELLEY (1963): Communication and Persuasion, New Haven.

PETTY, R. E. UND J. T. CACIOPPO (1981): Attitudes and Persuasion: Classic and Contemporary Approaches, Dubuque, Iowa.

JACOBY, L. L., C. M. KELLEY UND J. DYWAN (1989): Memory Attributions, in: H.L. Roediger III und F. Craik (Hrsg.): Varieties Of Memory And Consciousness, Hillsdale, New Jersey, S. 391-422.

JACOBY, L. L., C. KELLY, J. BROWN UND J. JASECHKO (1989): Becoming Famous Overnight: Limits on the Ability to Avoid Unconscious Influences of the Past, in: Journal of Personality and Social Psychology, 56 (3), S. 326-338.

JOHNSON, M. K., S. HASHTROUDI UND S. D. LINDSAY (1993): Source Monitoring, in: Psychological Bulletin, 114 (1), S. 3-28.

JURICA, P. J. UND A. P. SHIMAMURA (1999): Monitoring Item and Source Information: Evidence for a Negative Generation Effect in Source Memory, in: Memory&Cognition, 27 (4), S. 648-656.

KAHNEMAN, D. UND D. T. MILLER (1986): Norm Theory: Comparing Reality to Its Alternatives, in: Psychological Review, 93 (2), S. 136-153.

KELLEY, H. H. (1967): Attribution Theory in Social Psychology, in: D. Levine (Hrsg.): Nebraska Symposium On Motivation, Lincoln, S. 192-240.

KELLEY, H. H. (1972): Attribution in Social Interaction, in: E. E. Jones (Hrsg.): Attribution: Perceiving The Causes Of Behavior, Morristown, S. 1-26.

KELMAN, H. (1961): Processes Of Opinion Change, in: Public Opinion Quarterly, 25 (1), S. 57-78.

KUMAR, A. UND S. H. KRISHNAN (2004): Memory Interference in Advertising: A Replication and Extension, in: Journal of Consumer Research, 30 (1), S. 602-611.

LEIBNITZ. G.W. (1996, ORIGINAL: 1704): Philosophische Werke in vier Bänden: Band 3: neue Abhandlungen über den menschlichen Verstand, Hamburg.

LIPOVETSKY, G. (2004): Les temps hypermodernes, Paris.

LOEF, J., G. ANTONIDES UND F. W. VAN RAAIJ (2002) The Role of Schema in Ad Processing and Evaluation, in: Management, E. R. I. o. (Hrsg.) Research in Management. Rotterdam, ERIM.

MADDUX, J. E. UND R. W. ROGERS (1980): Effects of Source Expertness, Physical Attractiveness, and Supporting Arguments on Persuasion: A Case of Brains Over Beauty, in: Journal of Personality and Social Psychology, 39 (2), S. 235-244.

MANDLER, G. (1982): The Structure of Value: Accounting for Taste, in: M.S. Clark und S. T. Fiske (Hrsg.): Affect and Cognition: The 17th Annual Carnegie Symposium, Hillsdale, N.J., S. 3-16.

MANDLER, G., Y. NAKAMURA UND B. J. S. VAN ZANDT (1987): Nonspecific Effects of Exposure on Stimuli That Cannot Be Recognized, in: Journal of Experimental Psychology: Learning, Memory, and Cognition, 13 (4), S. 646-648.

MACRAE, N. C., G. V. BODENHAUSEN UND G. CALVINI (1999): Contexts of Cryptomnesia: May the Source be with You, in: Social Cognition, 17 (3), S. 273-297.

MCCRACKEN, G. (1989): Who Is the Celebrity Endorser? Cultural Foundations of the Endorsement Process, in: Journal of Consumer Research, 16 (3), S. 310-321.

MCCRACKEN, G. (2005): Culture and Consumption: Markets, Meaning, and Brand Management, Bloominghton/Indianapolis.

MARQUARD, O. (2000): Narrare necesse est, in: ders.: Philosophie des Stattdessens, Stuttgart, S. 60-65.

MILORD, J. T. (1978): Aesthetic Aspects of Faces: A (Somewhat) Phenomenological Analysis Using Multidimensional Scaling Methods, in: Journal of Personality and Social Psychology, 36 (2), S. 205-216.

MITCHELL, K. J. UND M. K. JOHNSON (2000): Source Monitoring: Attributing Mental Experiences, in: E. Tulving und F.I.M. Craik (Hrsg.): The Oxford Handbook of Memory, Oxford u.a., S. 179-195.

MEISER, T. UND A. BRÖDER (2002): Memory for Multidimensional Source Information, in: Journal of Experimental Psychology: Learning, Memory, and Cognition, 28 (1), S. 116-137.

OHANIAN, R. (1990): Construction and Validation of a Scale to Measure Celebrity Endorsers' Perceived Expertise, Trustworthiness, and Attractiveness, in: Journal of Advertising, 19 (3), S. 39-52.

PERACCHIO, L. A. UND A. M. TYBOUT (1996): The Moderating Role of Prior Knowledge in Schema-Based Product Evaluation, in: Journal of Consumer Research, 23, S. 177-192.

PETTY, R. E. UND J. T. CACIOPPO (1979): Issue Involvement Can Increase or Decrease Persuasion by Enhancing Message-Relevant Cognitive Responses, in: Journal of Personality and Social Psychology, 37 (10), S. 1915-1926.

PERCY, L. (2004): Advertising and the Seven Sins of Memory, in: International Journal of Advertising, 23 (4), S. 413-427.

Christian Blümelhuber und Tobias Schnitzer

ROEDIGER III, H. L. UND L. M. GOFF (1998): Memory, in: W. Bechtel und G. Graham (Hrsg.): A Companion to Cognitive Science, Malden, Mass., S. 250-264.

ROGGEVEEN, A. L. (2002): Perceived Source Variability Versus Familiarity: Testing Competing Explanations for the Truth Effect, in: Journal of Consumer Psychology, 12 (2), S. 81-91.

SCHACTER, D. L. UND E. TULVING (1982): Memory, Amnesia, and the Episodic/Semantic Distinction, in: R.L. Isaacson und N. E. Spear (Hrsg.): The Expression of Knowledge, New York, S. 33-65.

SCHACTER, D. L., J. L. HARBLUK UND D. R. MCLACHLAN (1984): Retrieval without Recollection: An Experimental Analysis of Source Amnesia, in: Journal Of Verbal Learning And Behavior, 23, S. 593-611.

SCHNITZER, T. (2008): Fehler des Quellengedächtnisses – Theoretische Grundlagen und empirische Erkenntnisse, München.

SCHÜTZWOHL, A. (1998): Surprise and Schema Strength, in: Journal of Experimental Psychology: Learning, Memory and Cognition, 24 (5), S. 1182-1199.

SENGUPTA, J., R. C. GOODSTEIN UND D. S. BONINGER (1997): All cues are not created equal: Obtaining attitude persistence under low-involvement conditions, in: Journal of Consumer Research, 23 (4), S. 351-361.

SHIMP, T. A. UND I. L. PRESTON (1981): Deceptive And Nondeceptive Consequences Of Evaluative Advertising, in: Journal of Marketing, 45 (4), S. 22-32.

SPANIOL, J. UND U. J. BAYEN (2002): When Is Schematic Knowledge Used in Source Monitoring? in: Journal of Experimental Psychology: Learning, Memory, and Cognition, 28 (4), S. 631-651.

SILVERSTONE, R. (2007): Anatomie der Massenmedien. Ein Manifest, Frankfurt.

SLAMECKA, N. J. (1992): Forgetting, in: L. R. Squire (Hrsg.): Encyclopedia of Learning and Memory, New York, S. 175-179.

STERN, B. B. (1994): The Firm, the Author, and the Persona: A Literary Model of the Source of Advertising, in: Journal of Current Issues and Research in Advertising, 15 (2), S. 16-24.

THOMSON, M. (2006): Human Brands, Journal of Marketing, 70 (2), S. 104-119.

THOMPSON, C., A. RINDFLEISCH UND Z. ARSEL (2006): Emotional Branding and the Strategic Value of the Doppelgänger Brand Image, Journal of Marketing, 70 (1), S. 50-64.

THORNDIKE, E. L. (1914): The Psychology of Learning, New York.

TILL, B. D. UND T. A. SHIMP (1998): Endorsers In Advertising: The Case of Negative Celebrity Information, in: Journal of Advertising, 27 (1), S. 67-82.

TOTH, J. P. (1996): Conceptual Automaticity in Recognition Memory: Levels-of-processing Effects on Familiarity, in: Canadian Journal of Experimental Psychology, 50 (1), S. 123-138.

TULVING, E. (1983): Episodic and Semantic Memory, in: E. Tulving (Hrsg.): Organization of Memory, New York, London, S. 381-403.

TULVING, E. (1989): Memory: Performance, Knowledge, and Experience, in: European Journal Of Cognitive Psychology, 1 (1), S. 3-26.

TULVING, E. (2002): Episodic Memory: From Mind to Brain, in: Annual Review of Psychology, 53, S. 1-25.

UNDERWOOD, B. J. (1957): Interference and Forgetting, in: Psychological Review, 64 (1), S. 346-357.

WEAVER-LARISCY, R. A. UND S. F. TINKHAM (1999): The Sleeper Effect and Negative Political Advertising, in: Journal of Advertising, 28 (4), S. 13-30.

WILSON, T., S. LINDSEY UND T. SCHOOLER (2007): A Model of Dual Attitudes, in: Psychological Review, 107 (1), S. 101-126.

WISPÉ, L. (1981): Attractiveness and Learning, in: The Journal of General Psychology, 105 (1), S. 197-205.

ZIELSKE, H. A. UND W. A. HENRY (1980): Remembering And Forgetting Television Ads, in: Journal of Advertising Research, 20 (2), S. 7-13.

ZIZEK, S. (2006): The depraved heroes of 24 are the Himmlers of Hollywood, The Guardian, January 10, 2006.

Christian Blümelhuber und Tobias Schnitzer

„Belletristische" Texte:

COCTEAU, J. (1940): Les monstres sacrés.

24, season 1-6, Fox Television (als DVD bei 20th Century Fox).

COMMANDER IN CHIEF (2005/2006): Buena Vista Home Entertainment.

Andrea Gröppel-Klein und
Claas Christian Germelmann

Medienberichte und Vertrauensverlust von Spendern in Krisen von Spendenorganisationen

1 Persönliches Vertrauen und Organisationsvertrauen
aus verhaltenswissenschaftlicher Sicht..345
   1.1   Das Vertrauen in interdisziplinärer Perspektive...............................345
   1.2   Das Vertrauenskonstrukt im Marketing..348
   1.3   Unpersönliches Vertrauen und Organisationsvertrauen...................349

2   Entstehung und Relevanz und Organisationsvertrauen 352

3   Medienberichte über Organisationskrisen und Verlust des
Organisationsvertrauens 354

4   Möglichkeiten zur Sicherung und Wiederherstellung des
Organisationsvertrauens 357

5   Fallstudie zur Organisationskrise der Spendenorganisation Unicef.......359

6   Zusammenfassung und Ausblick 362

1 Persönliches Vertrauen und Organisationsvertrauen aus verhaltenswissenschaftlicher Sicht

Ausgelöst durch einen anonymen Brief vom 24. Mai 2007 an Heide Simonis, die damalige ehrenamtliche Vorsitzende von Unicef Deutschland, gerät die deutsche Sektion von Unicef in die schwerste Krise seit ihrer Gründung im Jahr 1953. Als schließlich im Februar 2008 Heide Simonis als Vorsitzende von Unicef Deutschland zurücktrat, berichten die Medien auch über die Wirkung der Krise auf das Spenderverhalten: Seit Beginn der öffentlichen Diskussionen um die Probleme von Unicef hatten im Februar 2008 bereits 5.000 Dauerspender ihre Unterstützung aufgekündigt (F.A.Z. vom 5.2.2008), und im April 2008 musste Unicef bereits den Verlust von 37.000 der 200.000 Fördermitglieder und einen Einbruch der Spendeneinkünfte um sieben Millionen Euro hinnehmen (Bornhöft 2008). So nimmt es kein Wunder, dass der neugewählte Geschäftsführer als Ziel für den Weg aus der Krise vorgibt, „Unicef so auf[zu]stellen, dass alle Spender und Partner so schnell wie möglich wieder unsere wichtige Arbeit für Kinder […] unterstützen" (o. V. 21.4.2008).

Wie konnte es zu einer solchen starken Reaktion der Spender auf die Krise und den damit offenbar verbundenen Vertrauensverlust kommen? Der vorliegende Beitrag untersucht, wie das Organisationsvertrauen durch Medienberichte erschüttert werden kann: Es wird gezeigt, wie Organisationskrisen, von denen Stakeholder zumeist aus den (Nachrichten-) Medien erfahren (Coombs 2007, S. 164), das Vertrauen der Konsumenten in die Organisation stören können. Dazu werden die Rolle der Medien für die Gewinnung und den Verlust des Organisationsvertrauens analysiert und die Verhaltensrelevanz des Organisationsvertrauens (z.B. für die Bereitschaft, an eine gemeinnützige Organisation zu spenden) untersucht.

1.1 Das Vertrauen in interdisziplinärer Perspektive

Betrachtet man das Vertrauenskonstrukt aus etymologischer Sicht, so stößt man auf den Ursprung des Wortes in dem althochdeutschen Verb trú(w)én, was soviel bedeutet wie „glauben", „hoffen" und „zutrauen". Das Vertrauen ist tief in der Geschichte der Menschheit verwurzelt. Aus evolutionsbiologischer Sicht dient es dazu, Mitgliedern der eigenen Gruppe Unterstützung zukommen zu lassen (Plutchik 2000). In vielen zwischenmenschlichen und wirtschaftlichen Situationen ist es notwendig, sich auf die Informationen und Verhaltensweisen eines anderen Individuums oder einer Institution zu verlassen, deren Wahrheitsgehalt nicht bekannt, nicht zweifelsfrei ermittelbar

Andrea Gröppel-Klein und Claas Christian Germelmann

oder/und nicht immer überprüfbar ist (Gröppel-Klein 2004, S. 262). Man muss somit der Richtigkeit einer Information glauben oder „sich trauen", sich auf das Verhalten einer anderen Person verlassen zu können. Vertrauen kann daher als eine generalisierte Erwartung beschrieben werden, sich auf mündliche bzw. schriftliche Versprechen oder Handlungen anderer verlassen zu können (Rotter 1967, S. 651). Um anderen zu vertrauen, werden nach Schottlaender (1957) die bisher gesammelten Erfahrungen, aber auch der Glaube an „das Gute im Menschen" in Erwägung gezogen. Hier zeigt sich das Prinzip der Reziprozität: Handlungen werden in der Hoffnung ausgeführt, dass sich der Gegenüberstehende in der erhofften Weise verhalten wird. Enttäuschungen der Erwartungen werden stets in Betracht gezogen, die Fortsetzung des Vertrauens nach der Enttäuschung hingegen nicht: Eine Sicherheit des Vertrauens begründet sich darauf, dass gerade im Enttäuschungsfall (also bei Überschreitung des „Vertrauenskredits"; Luhmann 2000a, S. 34) ein derart starker Bruch des Vertrauens gesehen wird, der zu einer radikalen Änderung der Beziehung führen muss (Luhmann 2000a, S. 103f.). In diesem Fall schlägt Vertrauen in Misstrauen um. Zusammenfassend kann festgehalten werden, dass zum einen mit Vertrauen die Erwartung einer positiven Reaktion des Vertrauensnehmers einhergeht, zum anderen ist damit aber auch stets die Unsicherheit über dessen Verhalten verbunden und eine mögliche Verletzbarkeit des Vertrauensgebers zu berücksichtigen (Moorman, Deshpandé und Zaltman 1993, S. 82).

Becker (1996) weist zudem darauf hin, dass Vertrauen nicht nur auf kognitiv geprägten Erwartungen und deren Erfüllung oder Nichterfüllung beruht, sondern gleichfalls eine affektive Komponente umfasst. Vertrauen geht oftmals mit Gefühlen der Zuneigung einher. Weiterhin sollte der Zusammenhang zwischen Selbstsicherheit und Vertrauen berücksichtigt werden. Luhmann (2000a, S. 104) bemerkt dazu, „dass Menschen ebenso wie Sozialsysteme eher vertrauensbereit sind, wenn sie über innere Sicherheit verfügen, wenn ihnen eine Art Selbstsicherheit innewohnt, die sie befähigt, etwaigen Vertrauensenttäuschungen mit Fassung entgegenzusehen, ohne sie als vorstellbare Möglichkeit schon jetzt zur Handlungsgrundlage zu machen"[1]. Der tiefenpsychologische Ansatz von Erikson (1992, S. 243) betont gleichfalls die Bedeutung des Selbstvertrauens für die Persönlichkeit: Danach ist das in der Kindheit entwickelte „Urvertrauen" der Eckstein einer gesunden Persönlichkeit.

Zusammenfassend kann hier zunächst festgehalten werden, dass Vertrauen ein komplexes Konstrukt darstellt, das notwendig für die Ausgestaltung der eigenen Persönlichkeit ist, dass aber Vertrauen dennoch stets von Unsicherheit geprägt ist („Risiko

---

[1] Wird anstelle des Vertrauens der Vertrauensbruch generalisiert, entsteht Zynismus, der gerade im Bereich von Marketing und Kommunikation mit Skeptizismus einhergeht (Helm 2004).

Medienberichte und Vertrauensverlust von Spendern in Krisen von Spendenorganisationen

der riskanten Vorleistung"[2], Luhmann 2000a), auf Reziprozität beruht (gegenseitiges Vertrauen) und im Zeitablauf entsteht.

Die Zeitdimension ist jedoch nicht eindeutig zu bestimmen (Schweer und Thies 2003). Auch wenn Menschen sich zum ersten Mal begegnen, kann innerhalb weniger Sekunden (teilweise sogar innerhalb weniger Millisekunden; vgl. Behrens und Neumaier 2004, S. 22) ein Vertrauensverhältnis entstehen. Hierbei spielt das „Anmutungsbild" des Gegenübers eine entscheidende Rolle. Entdeckt der Vertrauensgeber Ähnlichkeiten oder vermutet er intuitiv ähnliche Werte oder Lebensstile des Vertrauensnehmers, ist die Wahrscheinlichkeit hoch, dass zwischenmenschliches Vertrauen entsteht. Denkbar ist auch, dass innerhalb von Sekunden Vergleiche mit früheren Erfahrungen gezogen werden. Ähnelt das Gegenüber in Aussehen oder Verhalten einer Person, mit der positive Erfahrungen gemacht wurden, so kann auch hierdurch ein (unbewusster?) Übertragungseffekt und auf diese Weise ein Vertrauensvorschuss in Sekundenschnelle entstehen (Köszegi 2002, S. 110). Im Regelfall wird es sich beim Vertrauensprozess jedoch um einen längerfristigen Lernprozess handeln, bei dem sich das gegenseitige Vertrauen aus den wiederholten Erfahrungen und Erwartungen herausbildet. So muss der erste Eindruck, dass es sich bei der unbekannten auch um eine vertrauenswürdige Person handelt, durch spätere Erfahrungen bestätigt werden (Köszegi 2002, S. 110). Bei der Erklärung dieses Lernvorgangs kann die Attributionstheorie wertvolle Hilfestellungen leiten (vgl. den Beitrag von Bekmeier-Feuerhahn und Eichenlaub in diesem Band).

Vertrauen kann jedoch auch entstehen, wenn sich Vertrauensgeber und -nehmer nicht hören und sehen können, sondern wenn sie nur von den Verhaltensweisen des anderen erfahren. In einem ökonomischen Vertrauensspiel über zehn Runden (King-Casas et al. 2005) zwischen einem Investor und einem Treuhänder, die keinen persönlichen Kontakt zueinander hatten, ergab sich, dass das gegenseitige Vertrauen sehr stark von dem vorherigen Verlauf des Austausches abhing. Zeigten beide Partner reziprokes und faires Verhalten, erhöhten sich die Tauscheinsätze, und die Transaktionszeit verringerte sich signifikant. Da Investor und Treuhänder während ihrer Tauscheinsätze computertomographisch überwacht wurden (fMRI-Studie), konnten bei diesem Vertrauensspiel auch die Gehirnaktivitäten gemessen werden: Bei den 48 untersuchten Paaren konnten eindeutige Aktivitäten im sogenannten Nucleus Caudatus ausgemacht werden, ein Gehirnbereich, der u.a. auch aktiv wird, wenn sich Menschen verlieben.

In jüngerer Zeit befasst sich die Neurowissenschaft intensiv mit der Entstehung des menschlichen Vertrauens. Die gewonnenen Erkenntnisse sind allerdings noch vorläufig und verlangen zusätzliche empirische Befunde aus der Labor- und Feldforschung. Experimentelle Studien mit bildgebenden Verfahren deuten darauf hin, dass bei der

---

[2] Dieses Risiko unterscheidet das Vertrauen von der Hoffung: Wer vertraut, ist sich der Möglichkeit bewusst, dass das Handeln der Vertrauensnehmer dem Vertrauensgeber großen Schaden zufügen kann. Der Hoffende dagegen rechnet zuversichtlich damit, dass „schon irgendwie alles gut gehen wird" (Luhmann 2000a, S. 28f.).

Andrea Gröppel-Klein und Claas Christian Germelmann

Einschätzung der Vertrauenswürdigkeit von menschlichen Gesichtern die linke Amygdala, Regionen des präfrontalen Cortex und der somatosensorischen Cortices sowie mit dem Belohnungssystem verknüpfte Gehirnareale beteiligt sind (Harris 2003, S. 527; Singer et al. 2004; Winston et al. 2002). Insbesondere der vordere Teil des präfrontalen Cortex, der paracingulären Cortex, scheint eine wichtige Rolle für die Enstehung von Vertrauen zu spielen (Krueger et al. 2007). Ein bedeutender Part kommt auch dem Hormon „Oxytocin" zu, das für das Ausmaß an Vertrauen, das wir anderen Menschen entgegenbringen, verantwortlich zu sein scheint (Guastella et al. 2008; Kirsch et al. 2005). Aktuelle Erkenntnisse aus Zwillingsstudien zeigen, dass interindividuelle Unterschiede in der Bereitschaft, Vertrauen zu schenken, nicht nur auf die Sozialisation zurückgeführt werden können, sondern auch genetisch bedingt ist (Cesarini et al. 2008). Neurophysiologische Befunde zum sozialen Gedächtnis belegen, dass interpersonales Vertrauen dazu führen kann, sozialen Stress zu reduzieren (Takahashi 2005, S. 401). Damit wird bereits die Reaktionskomponente berührt, die sich zunächst in der Verhaltensintention zeigt, Vertrauen zu schenken oder zu verweigern. Diese Verhaltensintention kann zu gezielten Handlungen des Konsumenten in Bezug auf Unternehmen und Organisationen führen (Plötner 1995, S. 85ff.).

1.2 Das Vertrauenskonstrukt im Marketing

Das Vertrauenskonstrukt hat seit geraumer Zeit Einzug in das Marketing erhalten und ist sowohl von der informationsökonomischen Forschung (z.B. in Bezug auf die Reduktion der Transaktionskosten; Pratten 1997; Dyer und Chu 2003) als auch von verhaltenswissenschaftlichen Ansätzen als erklärende Variable für Marktprozesse eingesetzt worden. In diesen Ansätzen werden zumeist Erkenntnisse zum personenbezogenen Vertrauen auf die Beziehung zwischen Kunde und Unternehmen übertragen. Insbesondere im Relationship-Marketing spielen das Vertrauen des Kunden in das Unternehmen und die Vertrautheit zwischen Kunde und Unternehmen eine wesentliche Rolle (Bruhn 2001, S. 69). Morgan und Hunt (1994, S. 23f.) sehen das Vertrauen als Voraussetzung für Loyalität und definieren Vertrauen als die Bereitschaft des Kunden, sich auf das Verhalten des Unternehmens zu verlassen (Morgan und Hunt 1994, S. 23f.). Einflussfaktoren des Vertrauensaufbaus sind danach gemeinsame Werte, Dialog, Information, Glaubwürdigkeit, Zuverlässigkeit, Aufrichtigkeit zwischen Anbieter und Kunde (Morgan und Hunt 1994, S. 25). Zudem wird davon ausgegangen, dass auch die Kundenzufriedenheit einen Einfluss auf das Vertrauen ausübt, so z. B. im Business-to-Business-Bereich (Homburg, Koschate und Hoyer 2006). Wesentlich ist Vertrauen auch in Bezug auf das Medium Internet (vgl. den Beitrag von Bekmeier-Feuerhahn und Eichenlaub in diesem Band) oder in Bezug auf Krankenhäuser (Dubé und Morgan 1998).

Während Vertrauen eine mehr zukunftsorientierte Sicht abbildet, spiegelt Vertrautheit zwischen Kunde und Anbieter die bisherige Beziehungsqualität wider. Vertrautheit umschreibt den Grad der Bekanntheit bzgl. spezifischer Bedürfnisse, Einstellungen,

Medienberichte und Vertrauensverlust von Spendern in Krisen von Spendenorganisationen

Verhaltensweisen, Prozesse zwischen Beziehungspartnern (Bruhn 2001, S. 70). Entsprechend der Durchdringungstheorie vollziehen sich Beziehungsaufbau und Beziehungsstärkung derart, dass die Beziehungspartner während der Vielzahl der Interaktionen in immer mehr Bereichen (Persönlichkeitsbreite) immer vertraulichere Aspekte (Persönlichkeitstiefe) der Persönlichkeit des anderen durchdringen (Bruhn 2001, S. 37f.).

Gleichfalls spielt das Vertrauenskonstrukt eine entscheidende Rolle beim persönlichen Verkauf – auch wenn es sich nur um eine einmalige Transaktion handelt. Bei einem nur einmaligen Zusammentreffen zwischen Käufer und Verkäufer wirkt sich der bereits skizzierte Vertrauensvorschuss aufgrund des ersten Eindrucks aus. Hier könnte ebenfalls die Objektkommunikation des Verkäufers bzw. das gesamte nonverbale Erscheinungsbild einen Einfluss auf die Vertrauensbereitschaft des Kunden ausüben (Weinberg 1986, S. 93-113).

Ein wesentlicher Teil der Marketingliteratur zum Thema „Vertrauen" befasst sich mit dem oben beschriebenen personenbezogenen Vertrauen. Eine Ausnahme bildet der Beitrag zum „Organisationalen Vertrauen" von Möllering und Sydow im Sammelband „Konsumentenvertrauen" von Bauer, Neumann und Schüle (2006), der explizit die Perspektive wechselt: Möllering und Sydow (2006) zeigen, dass auch Organisationen (genauer: „kollektiven und korporativen Akteuren" innerhalb der Organisation, S. 68) vertrauen schenken können. Organisationen bzw. organisationale Einheiten werden dabei als kollektive Akteure betrachtet, deren Handeln nicht mehr individuellen Organisationsmitgliedern zugerechnet werden kann (Möllering und Sydow 2006, S. 64). Die Analyse des organisationalen Vertrauens geht von einer Business-to-Business-Situation aus: Vertrauensnehmer und Vertrauensgeber sind Organisationen und mithin kollektive Akteure; auf beiden Seiten kommt es zu einem Zusammenspiel individueller Handlungen und kollektiver Strukturen (Möllering und Sydow 2006, S. 70). Schweer (2003, S. 326) weist auf eine zweite Form des Organisationsvertrauens hin, die sich *innerhalb* der Organisation abspielt (intraorganisationales Organisationsvertrauen). Diese Perspektive des Organisationsvertrauens befasst sich vorrangig mit den Vertrauensbeziehungen zwischen einzelnen Akteuren innerhalb der Organisation, und zwar vorrangig mit dem Vertrauen zwischen Mitarbeitern und Vorgesetzten. Der vorliegende Beitrag befasst sich zwar gleichfalls mit Organisationen und Vertrauen, geht jedoch davon aus, dass der Vertrauensgeber ein Individuum und das Vertrauensobjekt die Organisation ist: Gefragt wird hier, wie und unter welchen Bedingungen individuelle Konsumenten abstrakten Organisationen vertrauen.

1.3 Unpersönliches Vertrauen und Organisationsvertrauen

Während sich die im Abschnitt 1.1 geschilderten Eigenschaften des Vertrauens konkret auf das Vertrauen in Individuen (personales Vertrauen) beziehen, verliert sich beim

Andrea Gröppel-Klein und Claas Christian Germelmann

Vertrauen in Organisationen der personale Aspekt. Bei dem Gegenüber, dem vertraut oder nicht vertraut werden kann, handelt es sich vielmehr um ein komplexes Gebilde, das in übergeordneter Perspektive als System betrachtet werden kann (Luhmann 2000a). Wenn die Organisation nicht (nahezu) ausschließlich über eine Person identifiziert wird (beispielsweise die „Stiftung Menschen für Menschen – Karlheinz Böhms Äthiopienhilfe", die den Namen ihres Gründers und Leiters im Namen trägt), sondern es sich um eine unpersönliche Organisation handelt, muss vom unpersönlichen Vertrauen (engl. „impersonal trust") gesprochen werden[3]. Dieses Organisationsvertrauen ist nicht mehr in eine persönliche Beziehung zwischen Vertrauensgeber und -nehmer eingebettet (Shapiro 1987, S. 634). Organisationsvertrauen kann angelehnt an die in Kapitel 1.1 aufgestellte Vertrauensdefinition wie folgt definiert werden:

- Organisationsvertrauen ist die zukunftsbezogene Tendenz eines Individuums, sich auf das Verhalten einer Organisation zu verlassen und trotz der bestehenden Verhaltensunsicherheit ein Risiko der riskanten Vorleistung zu tragen.

Die für das individuelle Vertrauen geforderte Reziprozität des Vertrauens ist für das Organisationsvertrauen keine notwendige Voraussetzung (Petermann und Winkel 2006, S. 80; Schweer 2003, S. 324; zur Reziprozität vgl. auch Fantapie Altobelli und Hoffmann 2006). Das Organisationsvertrauen des Konsumenten kann aber Voraussetzung für die Existenz der Organisation sein: Eine Spendenorganisation, der kein Spender seine Spenden anvertraut, wäre nicht existenzfähig. Anders als beim personenbezogenen Vertrauen ist beim Organisationsvertrauen ein direkter, persönlicher Kontakt des Vertrauensgebers mit dem Vertrauensnehmer „Organisation" nicht notwendig (z.B. mit Mitarbeitern der Organisation; vgl. Petermann und Winkel 2006, S. 80), indes aber auch nicht ausgeschlossen. Mit zunehmender Größe der Organisation und damit mit zunehmender Anonymität wird der persönliche Kontakt in den Hintergrund und Massenkommunikation mit den Spendern in den Vordergrund treten.

Ein wichtiger Aspekt der obenstehenden Definition des Organisationsvertrauens ist das Element der riskanten Vorleistung, denn anhand dieses Aspekts lassen sich ebenso wie beim individuellen Vertrauen („trust") und Hoffnung („confidence"[4]) unterscheiden. Luhmann (2000a, S. 28; 2000b) führt dazu aus, dass beiden Aspekten gemeinsam ist, dass sie die Zuversicht bezeichnen, dass die eigenen Erwartungen nicht enttäuscht werden. Vertrauen verlangt aber anders als die Hoffnung, dass sich auf dieser Erwartung eigene riskante Entscheidungen begründen. Fehlt diese „riskante Vorleistung",

---

[3] Es muss allerdings berücksichtigt werden, dass jede Organisation durch ihre Angehörigen nach außen aktiv wird, zu denen persönliches Vertrauen entwickelt werden kann; eine mögliche Konfundierung des Organisationsvertrauens durch das persönliche Vertrauen zu einzelnen Angehörigen muss daher stets berücksichtigt werden (Schweer 2003, S. 324).

[4] Luhmann (2000b, S. 97) hat in seinem englischsprachigen Aufsatz die Unterscheidung zwischen „trust" und „confidence" vorgeschlagen und die Unterscheidung konkretisiert; in seinem deutschsprachigen Werk werden die entsprechenden Konstrukte als „Vertrauen" und „Hoffnung" bezeichnet (Luhmann 2000a).

Medienberichte und Vertrauensverlust von Spendern in Krisen von Spendenorganisationen

bleibt es bei der reinen Hoffnung Luhmann (2000a, S. 28; 2000b). Auf das Organisationsvertrauen in Spendenorganisationen übertragen bedeutet dies, dass ein Konsument die Hoffnung haben muss, dass eine Spendenorganisation im Fall einer Katastrophe schnell und richtig handeln kann, um die Folgen zu lindern. Von ‚Vertrauen' als Folge dieser Erwartung kann erst dann gesprochen werden, wenn der Konsument im Vertrauen auf dieses Handeln der Organisation an die Organisation spendet und sich dabei im Klaren darüber ist, dass sein Vertrauen auch enttäuscht werden kann (beispielsweise wenn sich herausstellt, dass dieses Spendengeld nicht für den guten Zweck, sondern zum größten Teil für Verwaltungskosten aufgebraucht wurde).

Organisationsvertrauen ist in Situationen notwendig, in denen der Vertrauensgeber als Prinzipal an „körper- oder gesichtslose" Agenten Macht delegieren muss und dabei selbst keine Möglichkeit hat, die Leistung dieser Agenten zu prüfen und zu bewerten (Shapiro 1987, S. 634f.). Dies ist bei Spendenorganisationen der Fall: Die Spender haben kaum Möglichkeiten selbst zu prüfen, ob die Spendengelder von der Organisation überhaupt gemäß ihren Spendenzielen verwendet werden und nicht veruntreut werden. Dennoch müssen sie an die Organisation als Agenten die Macht über die Spendengelder abtreten, da vielfach nur die Organisation in der Lage ist, durch die Bündelung von Einzelspenden und durch die Organisation und Kontrolle der Verwendung der Spendengelder die Ziele zu erreichen, die ein einzelner Spender mit seiner kleinen Spende nicht erreichen könnte. Auch die konkreten Aktivitäten der Organisation sind für die Spender nicht leicht einzuschätzen: Sie müssen darauf vertrauen, dass die Maßnahmen, die durch Spenden finanziert werden, sinnvoll und effizient sind. Die Notwendigkeit, einer Organisation zu vertrauen, ergibt sich auch aus der ungleichen Verteilung der Informationen und Kompetenzen zwischen dem Spender als Agent und der Organisation als Prinzipal. Zudem sind die Spender meist nicht in das gleiche soziale Netzwerk wie die Organisation eingebunden (Shapiro 1987, S. 635), weshalb auch die soziale Kontrolle entfällt.

Um mit dieser hochkomplexen Umwelt umzugehen, bedarf der Konsument eines Vertrauens in die Organisation, das nicht mehr personenbezogenen ist. Ein solches Organisationsvertrauen liegt in der Erwartung, dass das System „Organisation" seinen Aufgaben korrekt nachkommt (Luhmann 2000a, S. 67). Dieses Vertrauen beruht anders als das personenbezogene Vertrauen nicht auf individuellen Eigenschaften der Mitglieder der Organisation, sondern auf „den wahrgenommenen Rahmenbedingungen, Strategien, Regeln und Verträgen der Gruppe oder Organisation" (Petermann und Winkel 2006, S. 80). Der Konsument, der an eine Organisation spenden möchte, muss sich darauf verlassen, dass ihm die Organisation korrekte Informationen über ihren Spendenbedarf vermittelt und nicht zum Beispiel Katastrophen erfindet, um mehr Geld einsammeln zu können. Hier wird wieder der Systemaspekt des organisationalen Vertrauens deutlich: Die Konsumenten vertrauen darauf, dass das System „Spendenorganisationen" erwartungsgemäß funktioniert.

Andrea Gröppel-Klein und Claas Christian Germelmann

Wegen der fehlenden Reziprozität ist das organisationale Vertrauen weniger tief verankert als das personengebundene Vertrauen (Petermann und Winkel 2006, S. 80). Es muss immer wieder durch erwartungsgetreues Handeln neu erworben werden und dürfte stärker als das individuelle Vertrauen Gefahren durch Krisen ausgesetzt sein. Aus diesen Gründen versuchen viele Spendenorganisationen, durch den Einsatz von prominenten bzw. medial präsenten Spokespersons als „Botschaftern" einen „quasi-persönlichen Kontakt" mit (potentiellen) Spendern aufzubauen. Unicef hat diese Strategie beispielsweise mit der Gewinnung von Joachim Fuchsberger, Pierre Brice oder Sabine Christiansen als Botschafter verfolgt. Dieses personenbezogene Vertrauen kann dann wiederum auf die Organisation übertragen werden, birgt aber auch eine Gefahr in sich: Lassen sich die „Vertrauenspersonen" etwas zuschulden kommen oder geraten sie negativ in die Schlagzeilen, dann kann auch umgekehrt ein Imagetransfer auf die Spendenorganisation erfolgen. Man denke z. B. an das Problem des Sportsponsoring von Fahrern bei der Tour de France.

Das Organisationsvertrauen kann von der Reputation einer Organisation abgegrenzt werden. Die Reputation einer Organisation ist eine eher vergangenheitsbezogene Größe, die aussagt, wie gut die Organisation die Erwartungen, die in sie gesetzt wurden, in der Vergangenheit erfüllt hat (Coombs 2007, S. 164). Die Reputation umfasst emotionale und kognitive Komponenten und basiert auf Erfahrungen der Konsumenten (Schwaiger 2004, S. 49). Das Vertrauen hingegen ist auf die Zukunft hin ausgerichtet und reflektiert die Erwartung des Konsumenten, dass sich die Organisation in Zukunft konform mit den Erwartungen des Konsumenten verhalten wird. Es ist jedoch durchaus denkbar, dass es Konsumenten leichter fällt, Organisationen Vertrauen zu schenken bzw. es ihnen im Krisenfall weniger schnell entziehen, wenn sie dieser Organisation eine hohe Reputation zumessen. Dieser Zusammenhang bedarf noch einer eigenständigen Untersuchung.

2 Entstehung und Relevanz und Organisationsvertrauen

Während es mittlerweile einen breiten Literaturkorpus zu Bestimmungsfaktoren der Reputation von Organisationen gibt, lassen sich nur wenige Beiträge in der Literatur finden, die sich mit der Entstehung von Organisationsvertrauen befassen. Bohn (2007) diskutiert in ihrer Arbeit die Bedeutung von Reorganisationen innerhalb einer Organisation (hier: IT-Unternehmen) für das Vertrauen der Mitarbeiter in die Organisation. Da in diesem Beitrag nicht die Organisationsmitglieder, sondern organisationsexterne Konsumenten als Vertrauensgeber betrachtet werden und zudem das Hauptinteresse auf Nonprofit-Organisationen liegt, muss auf andere Forschungsansätze zurückgegrif-

Medienberichte und Vertrauensverlust von Spendern in Krisen von Spendenorganisationen

fen werden. Schweer (2003) und Petermann und Winkel (2006) führen allgemeine Organisationscharakteristika wie „Größe" und „Finanzkraft" (als negative Einflussgrößen), aber auch die (vom Konsumenten wahrgenommene) Interessenlage der Organisationen als Parameter für die Intensität des Vertrauens an, das den Organisationen entgegengebracht wird. Es steht aber zu befürchten, dass diese Kriterien auf Spendenorganisationen gerade nicht zutreffen: Es wäre sogar denkbar, dass großen, finanzstarken Spendenorganisationen schnelle und kompetente Hilfe im Katastrophenfall eher als kleinen Organisationen zugetraut wird. Es muss daher nach spezifischeren Mechanismen gesucht werden, die die Entstehung des Vertrauens in Spendenorganisationen erklären können.

Qualitative Studien in Großbritannien zeigen, dass es vor allem die von der Nonprofit-Organisation vertretenen Werte sind, die die Basis des Vertrauens bilden (Tonkiss und Passey 1999, S. 264). In den von Tonkiss und Passey durchgeführten Fokusgruppenstudien wird jedoch bereits eine Gefahr für das Vertrauen deutlich, das spendenfinanzierte Organisationen genießen (1999, S. 265): Die Vertrauensgeber unterscheiden zwischen den eigentlichen karitativen Tätigkeit der Organisationen und deren Verhalten als Organisationen, und hier insbesondere deren finanziellen und administrativen Strukturen. Zur Vertrauensbasis gehört neben der Kernaufgabe „Gutes zu tun" („doing good") auch das „es gut zu tun" („doing well"), also das Beherrschen der administrativen Prozesse (Tonkiss und Passey 1999, S. 266).

Sargeant und Lee (2002) untersuchen in ihrer Studie zum Vertrauen in nichtstaatliche Nonprofit-Organisationen verschiedene Faktoren, die zum Organisationsvertrauen beitragen. Zudem analysieren sie, wie das Vertrauen in die Organisationen bei Spendern und Nichtspendern ausgeprägt ist: Beim Vergleich verschiedener Organisationen (Organisationen wie Regierung, Banken und Polizei im Vergleich zu wohltätigen Organisationen) zeigt sich, dass sich Spender und Nichtspender in ihrem Vertrauen zu den Organisationen nur bei den wohltätigen Nonprofit-Organisationen unterscheiden: Bei Nichtspendern genießen diese signifikant geringeres Vertrauen als bei Spendern (Sargeant und Lee 2002, S. 73). Dieses Ergebnis deutet darauf hin, dass das Vertrauen eine Ursache dafür sein kann, dass sich ein Konsument für oder gegen die Spende an eine solche Organisation entschließt (Sargeant und Lee 2002, S. 81). Dieses Ergebnis erweist sich als stabil über alle Dimensionen des Vertrauens zu Spendenorganisationen (z.B. „Handeln im Sinne der guten Sache" oder „Nutzung von angemessenen und zurückhaltenden Spendensammelmethoden"; Sargeant und Lee 2002, S. 74). Hier ist allerdings auch zu berücksichtigen, dass das geringere Vertrauen der Nichtspender ebenso eine Strategie zur Wahrung der kognitiven Konsistenz darstellen kann: Mit der Abwertung der Organisation in Bezug auf das Vertrauen könnten sich Nichtspender für ihr Verhalten vor sich selbst rechtfertigen. In einer Regressionsanalyse prüfen Sargeant und Lee (2002, S. 78ff.) zusätzlich die Voraussetzungen für das Bestehen von Organisationsvertrauen zu Spendenorganisationen: Als stärkster Einflussfaktor erweist sich der Faktor „Judgment" (die wahrgenommene Abwägung der Aktivitäten gegenüber Spendern und Hilfsempfängern), gefolgt von der Qualität des Services

Andrea Gröppel-Klein und Claas Christian Germelmann

gegenüber den Spendern, Akzeptanz der von der Spendenorganisation verfolgten Motive und der Einschätzung der Kompetenz der Organisation in Bezug auf ihre Tätigkeit. Eine weitere Regressionsanalyse liefert einen Beleg für die wirtschaftliche Bedeutung des Vertrauens: Das Vertrauen, das der Spendenorganisation entgegengebracht wird, erklärt immerhin 12,7% der Varianz der im letzten Jahr gespendeten Summe, wobei zu bedenken ist, dass eine Vielzahl anderer Ursachen gleichfalls die Spendenhöhe beeinflussen, die in der Studie nicht kontrolliert wurden (z. B. die Höhe der verfügbaren finanziellen Mittel oder das Vorhandensein von außerordentlichen Spendenanlässen im Berichtsjahr, wie beispielsweise die Spendenwelle nach der Flutkatastrophe an der Oder 1997).

Venable et al. (2005) untersuchen, welche Rolle die Markenpersönlichkeit von Nonprofit-Organisationen für die Bereitschaft der Konsumenten spielt, eine Spende für die Arbeit der Organisation zu leisten. Bei der Analyse der Faktoren der Markenpersönlichkeit können sie die Dimension „Integrität" identifizieren, die mit den Items „Ehrlichkeit" und „Reputation" drei Aspekte beschreibt, die eng mit dem Konzept des (Organisations-)vertrauens verbunden sind (Venable et al. 2005, S. 308). In der Prüfung der Vorhersagevalidität zeigte sich, dass diese Dimension den höchsten Erklärungsbeitrag für die Spendenbereitschaft aufweist und sogar wichtiger als die wahrgenommene Fürsorglichkeit der Organisation ist (Venable et al. 2005, S. 307).

Fasst man diese Ergebnisse zusammen, dann lässt sich festhalten, dass das Vertrauen gegenüber der Spendenorganisation im hohen Maße von der Wahrnehmung der Arbeit der Organisation abhängt, wobei sowohl die Hilfsarbeit als auch die Verwaltung der Spendengelder relevant sind. Das Vertrauen in die Organisation ist wiederum ein wichtiger Einflussfaktor für die Spendenbereitschaft der Konsumenten; der Verlust des Vertrauens gefährdet somit die wirtschaftliche Basis von Organisationen, die auf Spenden angewiesen sind. Im Folgenden soll daher untersucht werden, wie Organisationskrisen, über die in dem Medien berichtet wird, zu einem solchen Vertrauensverlust führen können.

3   Medienberichte über Organisationskrisen und Verlust des Organisationsvertrauens

Was geschieht nun, wenn ein Konsument aus den Medien Nachrichten darüber erhält, dass eine Organisation, der er bislang vertraut hat, sich anders als erwartet verhält? Im Kern gelten die gleichen Regeln für die Erschütterung des Organisationsvertrauens, wie sie auch für das personengebundene Vertrauen gelten: Wenn Organisationsmitglieder oder Teilinstitutionen so handeln, dass die Erwartungen der Vertrauensgeber grundlegend enttäuscht werden, so wird das Misstrauen auf die gesamte Organisation generalisiert (Petermann und Sydow 2006, S. 90).

354

Medienberichte und Vertrauensverlust von Spendern in Krisen von Spendenorganisationen

Das Organisationsvertrauen ist ebenso wie das personenbezogene Vertrauen durch einen „Vertrauenskredit" geschützt. Einzelne Ereignisse, die den Erwartungen an die Organisation zuwiderlaufen, müssen folglich nicht zu einem Vertrauensverlust führen. Damit es dazu kommt, müssen diese Ereignisse Schwellenwerte überschreiten. Ähnlich der Assimilations-Kontrast-Theorie postuliert Luhmann (2000a, S. 96ff.), dass Ereignisse, die als weniger gravierend eingestuft werden, im Sinne der Aufrechterhaltung des Vertrauens „zurechtinterpretiert" werden: Sie werden assimiliert und schaden dem Organisationsvertrauen nicht. Beispielsweise könnte ein Konsument die Information, dass ein Teil der Spendengelder für Katastrophen in die Verwaltung fließt, als „das ist zwar ärgerlich, aber sicher notwendig, und bei anderen Organisationen wird das sicher auch so gehandhabt" assimilieren. Erst, wenn eine Information den Schwellenwert überschreitet, kommt es zu einem Kontrast der Information mit den Erwartungen, und das Vertrauen kippt abrupt um in Misstrauen (Luhmann 2000a, S. 97): Eine Organisationskrise ist entstanden. Das Vertrauen in Organisation ist gegen die Anfechtungen einer Krise weniger gut abgeschirmt als das in ein Individuum, da Reziprozität des Vertrauens und damit eine intensivere Bindung des Vertrauensgebers fehlt. Die Schwellenwerte dürften also niedriger als beim personengebundenen Vertrauen liegen.

Nicht jede Krise muss jedoch gleich zu einem Verlust des Organisationsvertrauens führen. Standop (2006) zeigt auf, dass bestimmte Produktkrisen wie eine Rückrufaktion eines Automobilherstellers sogar zu einer Erhöhung des Vertrauens führen können: Dies ist dann der Fall, wenn die Rückrufaktion als Zeichen für verantwortungsvolles Handeln als Reaktion auf die Krise gewertet wird. Im vorliegenden Beitrag muss folglich untersucht werden, unter welchen Bedingungen aus Konsumentensicht die Medienberichterstattung über Organisationskrisen von Spendenorganisation zu einem Vertrauensverlust führen kann.

Bislang wurde kaum erforscht, welche konkrete Rolle die Medien für die Rezeption der Krise beim Konsumenten spielen. In den meisten Arbeiten zur Reaktion von Unternehmen zumeist wird davon ausgegangen, dass eine Krise, sobald sie entsteht, dem Konsumenten auch bekannt ist, und dieser auf die Krise reagieren kann. In den meisten Fällen dürfte dieser Informationsfluss aber medial vermittelt sein, denn in den meisten Unternehmenskrisen werden nur sehr wenige Konsumenten tatsächlich selbst Zeugen der Krise werden (eine Ausnahme bilden z. B. Krisen durch Produktrückrufe, bei denen Konsumenten vom Unternehmen selbst über das Problem erfahren). Zu unterscheiden ist damit die Situation einer Organisationskrise, die sich *innerhalb* einer Organisation abspielt und nicht zu den Vertrauensgebern durchdringt, von der Situation, in der die Medien die Organisationskrise in der Berichterstattung aufgreifen und diese *nach außen* tragen.

Gerade bei Nonprofit-Organisationen haben Krisen einen hohen Nachrichtenwert, da sie mehrere Selektoren für die Unterscheidung darüber, was eine berichtenswerte Nachricht ist, ansprechen (Luhmann 2004, S. 58-72): Ein Fehlverhalten, ein Normver-

Andrea Gröppel-Klein und Claas Christian Germelmann

stoß einer Organisation, der selbst ein hoher moralischer Anspruch zugebilligt wird, ist aus zwei Gründen eine Nachricht: Moralisches Fehlverhalten ist ein Normverstoß, der an sich berichtenswert ist; hinzu kommt der Überraschungswert des Normverstoßes („denen hätte man so etwas aber niemals zugetraut").

Eine der wenigen empirischen Studien zur Bedeutung der Medien in der Vermittlung von Organisationskrisen stellt der Beitrag von Dahlén und Lange (2006) dar. Sie berücksichtigen in ihrem Experiment ausdrücklich den Transport der Informationen über die Krise durch die Medien. In ihrer Studie zu traditionellen Banken und Online-Banken als Organisationen nutzen sie das Vertrauen in die Marke der Organisation („brand trust") als abhängige Variable. Dahlén und Lange können belegen, dass ein Medienbericht über eine Markenkrise zu signifikant geringeren Werten für das Markenvertrauen führt, und zwar auch bei den nicht direkt betroffenen Unternehmen aus der gleichen Branche, die der in die Krise geratenen Organisation lediglich ähnlich sind (also z B. den anderen Online-Banken, wenn eine Online-Bank, und nicht eine traditionelle Bank, von der Krise betroffen ist). Das Vertrauen in Unternehmen aus der Branche, die dem Krisenunternehmen unähnlich sind, profitieren dagegen sogar von der Krise; das Vertrauen in diese Organisationen steigt signifikant.

Wie stark negative Nachrichten in den Medien (auch als „negative publicity" bezeichnet) wirken, hängt unter anderem vom Commitment der Konsumenten, der empfundenen Bindung an eine Marke, ab. Ahluwalia et al. (2000) zeigen, dass allgemein negative Informationen in den Medien über ein Unternehmen bei Konsumenten mit niedrigem Involvement zu einer Verschlechterung des Images führen. Konsumenten mit hohem Commitment überlegen sich hingegen verstärkt Gegenargumente zum negativen Bericht, wodurch die Abwertung des Unternehmens infolge der negativen Berichte verhindert wird. Für die Wirkung von negativen Berichten über Unternehmenskrisen kann Dean (2004) die Bedeutung des Commitment auch für die Wirkung einer Reaktion der Organisation auf die Krise beobachten: Unternehmen, die vor der Krise eine hohe Reputation aufweisen, verlieren durch eine unangemessene Reaktion[5] auf die Krisenberichte signifikant mehr „Goodwill" der Konsumenten als Unternehmen, die vor der Krise bereits schlecht angesehen wurden. Eine hohe Reputation ist damit ein zweischneidiges Schwert (Dean 2004, S. 208), da sie zwar gegen negative Berichte schützen kann und zugleich die Glaubwürdigkeit einer Organisation erhöht (Lyon und Cameron 2004, S. 227f.), aber auch zu hohen Ansprüchen der Konsumenten an die Reaktion auf die Krisensituation führt.

---

[5]   Zu den Kommunikationsstrategien von Unternehmen in Krisen vgl. den Beitrag von Standop und Grunwald in diesem Band.

4 Möglichkeiten zur Sicherung und Wiederherstellung des Organisationsvertrauens

In diesem Beitrag konnte gezeigt werden, wie die Medienberichterstattung über die Krise einer Spendenorganisation dazu beitragen kann, das Organisationsvertrauen der Spender zu erschüttern. Um diese so wichtige Grundlage für die erfolgreiche Arbeit der Spendenorganisation wiederherzustellen, lassen sich grundsätzlich drei Strategien identifizieren, die parallel verfolgt werden sollten:

1. **Handeln im Sinne einer Erfüllung der Erwartungen:** Die Organisation muss sich wieder so verhalten, wie die Vertrauensgeber das von ihr erwarten

2. **Kommunikation:** Die Änderungen des Verhaltens der Spendenorganisation hin zu einem Verhalten, das wieder das Vertrauen der Spender rechtfertigt, muss diesen auch mitgeteilt werden

3. **Kontrolle durch „Wächter des Vertrauens":** Das Verhalten der Organisation wird durch externe Kontrolleure überwacht, die im Dienste der Vertrauensgeber dafür Sorge tragen, dass das Vertrauen nicht missbraucht wird

Die Erfüllung der Erwartungen, die die Vertrauensgeber an die Organisation haben, ist die notwendige Voraussetzung für die weiteren Schritte; von der Beendigung des vertrauensverletzenden Verhaltens der Organisation wird daher im Weiteren ausgegangen. Ob die Vertrauensgeber in der Folge ihr Misstrauen aufgeben und der Spendenorganisation wieder schenken, hängt auch davon ab, ob sie direkt von der Organisation (z. B. in Briefen an die Spender) oder aus den Medien Informationen erhalten, die ihr Vertrauen bestätigen. Zu denken ist hier vor allem an eine Strategie, die die Grenzüberschreitung nicht negiert, sondern in der die Organisation und ihre Mitglieder Verantwortung übernehmen (Standop und Grunwald 2008 in diesem Band; ergänzend Coombs 2007, S. 170). Ansprechpartner der Kommunikationsmaßnahmen sind neben den aktuellen und potentiellen Spendern alle relevanten Stakeholder der Organisation. Unter Stakeholdern können sämtliche Gruppen oder Individuen zusammengefasst werden, die eine aktive oder passive Rolle bei der Zielerreichung der Organisation spielen (Lewis, Hamel und Richardson 2001, S. 6). Gerade auch die Medien spielen als Stakeholder eine wichtige Rolle, sind sie es doch, die nicht nur die Krisenbotschaft vermitteln, sondern auch über die Aktivitäten zur Bewältigung der Krise berichten können.

Gerade bei komplexen Spendenorganisationen mit vielfältigen humanitären Aufgaben ist es für den einzelnen Spender nahezu unmöglich, die Einhaltung seiner Erwartungen und damit die Rechtfertigung seines Vertrauens zu kontrollieren. Zur Stützung des Organisationsvertrauens werden daher oft „Wächter des Vertrauens" installiert.

Andrea Gröppel-Klein und Claas Christian Germelmann

Sie kontrollieren die Organisationen im Hinblick darauf, ob sie die Verhaltensweisen zeigen, die die Vertrauensgeber erwarten. Solche Kontrolleure können die Vertrauensnehmer selbst, die Vertrauensgeber oder deren Vertreter, der Staat oder private Unternehmen sein (vgl. dazu ausführlich Shapiro 1987). Oft beauftragen die Vertrauensgeber mit der Überwachung Dritte. Diese stehen somit selbst in einer Vertrauensbeziehung zu ihren Auftraggebern, deren Vertrauen sie absichern sollen: Die Spender als Auftraggeber müssen ihnen vertrauen, dass sie ihre Aufgabe korrekt erfüllen, da den Auftraggebern zumeist die Möglichkeiten fehlen, die korrekte Erfüllung des Auftrags der „Vertrauenswächter" zu prüfen (Shapiro 1987, S. 645). Das Deutschen Zentralinstituts für soziale Fragen (DZI), das ein Spendensiegel verleiht, kann zu diesen Kontrollinstitutionen gezählt werden. Dieses Siegel kann an alle gemeinnützigen Spendenorganisationen verliehen werden und signalisiert, dass die Spendenorganisation nach strengen Maßstäben zur Spendengewinnung und -verwendung geprüft wurde. Auch Projekt „Guide Star", bei dem eine Datenbank über die Ziele, Aktivitäten, Personalstruktur und Spendengewinnung und -verwaltung erstellt werden soll (Westhoff 2008; zu den Kriterien vgl. Neff 2008), kann als ein solcher Vertrauenswächter bezeichnet werden, da es den Vertrauensgeber die Arbeit abnimmt, Transparenz über die Spendenorganisationen zu schaffen.

Das Spendensiegel weist jedoch neben seinen vertrauenssichernden Eigenschaften auch einen Aspekt auf, der das Vertrauen gefährden kann. Die Prüfung durch das DZI wird von den geprüften Spendenorganisationen selbst bezahlt, wobei zu einem jährlichen Fixbetrag noch variable Kosten treten, die abhängig vom Spendenvolumen sind. Unicef hat beispielsweise 10.000 Euro für die Prüfung bezahlt (Westhoff 2008). Aus dieser Finanzierungssituation ergibt sich ein neues Vertrauensproblem: Ein negatives Prüfungsergebnis dürfte mit dem Verlust der Einnahmen aus der Prüfung für die folgende Zeit einhergehen, bis sich die Spendenorganisation wieder um das Spendensiegel bewerben kann. Wenngleich davon ausgegangen werden kann, dass es nicht zu Bestechungen kommt, muss doch gefragt werden, ob die finanzielle Abhängigkeit der Spendensiegelherausgeber von den Organisationen, die sie kontrollieren sollen, nicht zu unerwünschten Abhängigkeiten führt. Hier offenbart sich ein wichtiges Feld für die Konsumentenforschung, da bislang Studien darüber fehlen, ob und wie Konsumenten Gütesiegel im Hinblick auf die Modalitäten ihres Erwerbs interpretieren: Spielt es für den Konsumenten eine Rolle, und fragt er sich überhaupt, wer hinter Gütesiegeln wie dem Spendensiegel steht, und wie diese von den ausgezeichneten Organisationen erworben werden können?

5 Fallstudie zur Organisationskrise der Spendenorganisation Unicef

Die Chronologie der Ereignisse um die Spendenorganisation Unicef Deutschland zeigt eine fast prototypische Anatomie einer Organisationskrise, die von den Medien aufgegriffen wird und die zu einem Vertrauensverlust führt (Abbildung 4-1).

Abbildung 5-1: *Chronologie der Organisationskrise um Unicef Deutschland 2007/08*

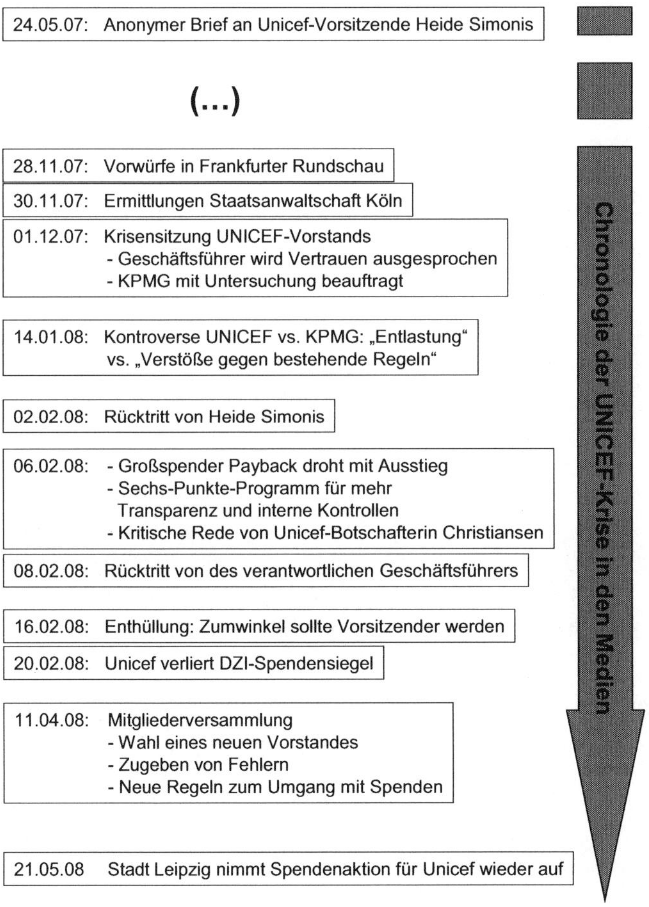

24.05.07: Anonymer Brief an Unicef-Vorsitzende Heide Simonis

(...)

28.11.07: Vorwürfe in Frankfurter Rundschau

30.11.07: Ermittlungen Staatsanwaltschaft Köln

01.12.07: Krisensitzung UNICEF-Vorstands
- Geschäftsführer wird Vertrauen ausgesprochen
- KPMG mit Untersuchung beauftragt

14.01.08: Kontroverse UNICEF vs. KPMG: „Entlastung"
vs. „Verstöße gegen bestehende Regeln"

02.02.08: Rücktritt von Heide Simonis

06.02.08: - Großspender Payback droht mit Ausstieg
- Sechs-Punkte-Programm für mehr
Transparenz und interne Kontrollen
- Kritische Rede von Unicef-Botschafterin Christiansen

08.02.08: Rücktritt von des verantwortlichen Geschäftsführers

16.02.08: Enthüllung: Zumwinkel sollte Vorsitzender werden

20.02.08: Unicef verliert DZI-Spendensiegel

11.04.08: Mitgliederversammlung
- Wahl eines neuen Vorstandes
- Zugeben von Fehlern
- Neue Regeln zum Umgang mit Spenden

21.05.08 Stadt Leipzig nimmt Spendenaktion für Unicef wieder auf

Chronologie der UNICEF-Krise in den Medien

Andrea Gröppel-Klein und Claas Christian Germelmann

Am 24. Mai 2007 erhält die damalige Vorsitzende von Unicef Deutschland, die ehemalige Schleswig Holsteinische Ministerpräsidentin Heide Simonis, einen anonymen Brief. In diesem Brief wird sie auf Misswirtschaft bei Unicef aufmerksam gemacht: Vorgeworfen wird der Geschäftsführung, mit Spendengelder Misswirtschaft betrieben zu haben und für die Spendeneinwerbung erfolgsabhängig Provisionen gezahlt zu haben (teilweise wie im Fall einer Großspende über 500.000 Euro ohne eine echte Leistung bei der Vermittlung von Spenden). Hier liegt ein Verstoß gegen das „Wohlverhalten" der Organisation bei ihrer Arbeit („doing well", Tonkiss und Passey 1999, S. 266) vor.

An diesem Punkt des Krisenverlaufs wird der Unterschied zwischen den beiden Phasen der Organisationskrise deutlich: Mit dem anonymen Brief beginnt die interne Organisationskrise (Phase 1). Ihre Außenwirkung entfaltet diese Organisationskrise aber erst sechs Monate später, als die Frankfurter Rundschau in ihrer Ausgabe vom 28. November 2007 die Vorwürfe öffentlich macht (Phase 2). Am 30. November 2007 kommt es zu staatsanwaltschaftlichen Ermittlungen. Zunächst spricht der Unicef-Vorstand auf einer Krisensitzung am 1. Dezember 2007 der Geschäftsführung das Vertrauen aus und beauftragt die Wirtschaftsprüfungsgesellschaft KPMG mit der Untersuchung des Geschäftsgebarens. In ihrem Bericht lastet die KPMG dem Management zwar keine Gesetzesverstöße, wohl aber Verstöße gegen bestehende Regeln an. Unicef hingegen behauptet am 14. Januar 2008 vor der Presse, KPMG habe die Führungsspitze der Spendenorganisation umfassend entlastet. Hier zeigt sich die Kommunikationsstrategie der Leugnung (vgl. Standop und Grunwald 2008 in diesem Sammelband). Einen Höhepunkt erreicht die mediale Aufbereitung der Organisationskrise im Gefolge des pressewirksam inszenierten Rücktritts von Heide Simonis als Vorsitzender von Unicef am 2. Februar 2008. Die Presse reagiert erwartungsgemäß mit intensiver Berichterstattung, kommt doch zum Nachrichtenwert durch den Normverstoß nun der Nachrichtenfaktor „Prominenz" hinzu (Luhmann 2004, S. 66ff.). In der Presseberichterstattung wird die Organisation nun immer häufiger mit Zuschreibungen wie „Misstrauen erweckend", „Imageschaden" oder „Vertrauensverlust" in Verbindung gebracht (vgl. o.V. 5.2.2008). Ebenfalls durch den Faktor „Prominenz" ist die Pressekonferenz der Uno-Botschafterin Sabine Christiansen am 6. Februar 2008 gekennzeichnet, was ihrer Botschaft, dass trotz der noch zu geringen Transparenz Unicef den erlittenen Vertrauensverlust nicht verdient habe, weite mediale Aufmerksamkeit sichert.

Einen Kulminationspunkt im Hinblick auf das Organisationsvertrauen erreicht die Berichterstattung über die Organisationskrise mit dem Entzug des DZI-Spenden-Siegels am 20. Februar 2008. Ein Verlust des Siegels kann dramatische wirtschaftliche Folgen haben: Als 1994 der Organisation Care Deutschland-Luxemburg das Spendensiegel entzogen wurde, brachen die Spendeneinnahmen von 15 auf 5 Millionen Mark ein (Diehl 2008). Der Verlust des Spendervertrauens und damit der Verlust der Spendeneinnahmen ist allerdings möglicherweise nicht nur auf den Verlust des Siegels zurückzuführen. Auch die Medienberichterstattung über die Krise und den Siegelent-

Medienberichte und Vertrauensverlust von Spendern in Krisen von Spendenorganisationen

zug kann zu einem Abspringen von Spendern geführt haben, die der Organisation bislang vertraut hatten: Bis zum Verlust des DZI-Siegels von Unicef im Februar 2008 hatte Unicef bereits 10 Prozent der 200.000 regelmäßigen Spender verloren, was zu Mindereinnahmen von sechs Millionen Euro von November 2007 bis Februar 2008 führte (Diehl 2008).

Weitere Probleme, die die Presse an die Öffentlichkeit bringt, treten hinzu: So schreibt am 16. Februar 2008 das Manager-Magazin, dass der ehemalige Postbankchef Klaus Zumwinkel neuer Unicef-Vorstand werden sollte, bevor die gegen ihn erhobenen Vorwürfe der Steuerhinterziehung ans Licht kamen.

Im April 2008 ändert sich die Medienberichterstattung über Unicef dann jedoch zum Positiven hin. Im Mittelpunkt stehen die Änderungen, die als Reaktion auf die Organisationskrise auf der Mitgliederversammlung der deutschen Sektion von Unicef am 11. April 2008 beschlossen wurden. Erstmals werden „echte Fehler" eingestanden und Maßnahmen zur Rückgewinnung des Organisationsvertrauens der Spender beschlossen. Zu den Maßnahmen zählen (Spiegel Online vom 21.4.2008):

- Transparente Darstellung der Verwaltungskosten in den Geschäftsberichten

- Erstellung eines Verhaltenskodex mit Richtlinien zum Finanz- und Vertragsmanagement

- Entwicklung von Standards für die Vergleichbarkeit von Hilfsorganisationen gemeinsam mit dem DZI und anderen großen Hilfsorganisationen

Im Nachgang zur Unicef-Krise haben sich mehrere Hilfsorganisationen mit ähnlichen Zielen für mehr Transparenz und eine Verpflichtung zur Prüfung durch das DZI ausgesprochen, um das Vertrauen der Spender zu halten (darunter neben Unicef die Welthungerhilfe, Care, Oxfam und World Vision; Bornhöft 2008). Diese „branchenweite" Reaktion lässt sich so interpretieren, dass die anderen Organisation sich der von Dahlén und Lange (2006) beschriebenen „Ansteckungsgefahr" bewusst sind, die von einer Organisationskrise auf das Vertrauen in ähnliche Organisationen ausgeht. Denkbar ist, dass die anderen Organisationen fürchten, dass das verlorene Organisationsvertrauen der Spender auf Spendenorganisationen allgemein generalisiert wird („Wenn man schon Unicef nicht trauen kann, welcher Spendenorganisation soll man dann überhaupt noch trauen?").

Nachdem die oben beschriebenen vertrauenssichernden Maßnahmen in den Medien bekannt gegeben wurden, wurde es um die Organisationskrise von Unicef in der Presseberichterstattung ruhiger. In den Vordergrund traten konkrete Unicef-Hilfsleistungen bei dem Erdbeben in China und der durch einen Zyklon ausgelösten Sturmkatastrophe in Burma. Die mediale Verbreitung der Organisationskrise neigt sich damit dem Ende zu. Am 21. Mai 2008 meldet die Presseagentur dpa schließlich, dass die Stadt Leipzig ihre Spendenaktion für Unicef wieder aufgenommen hat, da die Aufbereitung der Krise und der Neubeginn erfolgreich verliefen.

Andrea Gröppel-Klein und Claas Christian Germelmann

Als erstes Fazit kann festgehalten werden: Im Umgang mit der Medienberichterstattung über die Organisationskrise hat Unicef von Anfang an eine Strategie der Nicht-Einräumung von Verantwortung betrieben. So hat der Unicef-Vorstand beispielsweise nach der Veröffentlichung der Vorwürfe in der Presse der Geschäftsführung das Vertrauen ausgesprochen. Auf diese Weise wurde die Krise nicht durch ein Eingeständnis entschärft, sondern die Medien hatten nach wie vor Grund, den Ursachen der Organisationskrise auf den Grund zu gehen und darüber zu berichten. Das volle Eingeständnis der Fehler folgte erst fünf Monate später auf der Mitgliederversammlung im April 2008. Es kann vermutet werden, dass die fehlende öffentliche Bereitschaft der Spendenorganisation, zumindest die Möglichkeit von falschem, erwartungswidrigen Verhalten einzuräumen und sich offensiv an die Aufklärung der Fehler zu machen, zum Vertrauensverlust mit beigetragen hat. Dieser Verlust ist auch bei Dauerspendern eingetreten, denen ein hohes Commitment gegenüber der Organisation Unicef unterstellt werden kann: Hier zeigt sich, dass ein hohes Commitment nicht jeden Vertrauensbruch abfedern kann, sondern auch zu hohen Ansprüchen an das Verhalten der Organisation führt, die bei Fehlverhalten zu einem Vertrauensverlust führen.

Positiv hat sich dagegen offenbar die Thematisierung der vertrauenssichernden Maßnahmen ausgewirkt. Aus der Krise der Organisation Unicef hat sich in den Medien eine Diskussion darüber entwickelt, was getan werden kann, um das Vertrauen der Spender zu sichern. Hierbei wurde vor allem das Spendensiegel, das Unicef medienwirksam entzogen wurde, zu einem wichtigen Gegenstand der Berichterstattung. Es darf angenommen werden, dass dieses Spendensiegel durch die Krise an Bekanntheit gewonnen hat: Vertrauenswächter brauchen hin und wieder Krisen, um öffentlich wahrgenommen zu werden; ihre mediale Prominenz entsteht nicht aus krisenvorbeugenden Wachen, sondern aus dem sanktionierenden Einschreiten. Die Organisation in der Krise braucht wiederum den prominenten Vertrauenswächter, um das Organisationsvertrauen zurückzugewinnen, wenn die Sanktion wiederum medienwirksam aufgehoben wird. Hier handelt es sich um einen dyadischen Prozess zwischen der Organisation in der Krise und dem Vertrauenswächter, der mit Gewinn in weiteren Studien untersucht werden kann.

6 Zusammenfassung und Ausblick

Die Abbildung 6-1 zeigt noch einmal zusammenfassend den Zusammenhang zwischen der Organisationskrise, der Medienberichterstattung über die Krise und einem Verlust des Organisationsvertrauens.

Medienberichte und Vertrauensverlust von Spendern in Krisen von Spendenorganisationen

Abbildung 6-1: Konzeptionelles Modell der Rolle der Medien bei dem Verlust von Organisationsvertrauen in Organisationskrisen

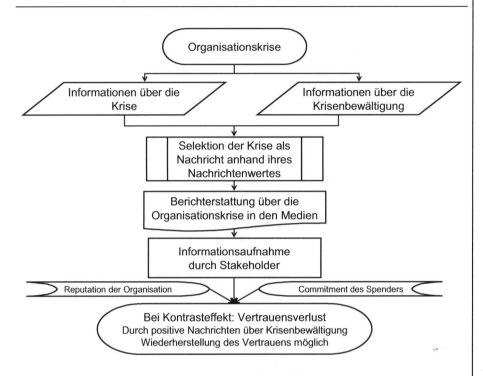

Ob es zu einem Vertrauensverlust kommt, hängt davon ab, ob der Schwellenwert überschritten wird, den der Konsument in Bezug auf eine Enttäuschung seiner Erwartungen an die Organisation hat. Dessen Höhe dürfte eng mit dem Commitment verknüpft sein. Die Medienberichterstattung spielt in einer Organisationskrise eine doppelte Rolle: Einerseits verstärkt sie die Organisationskrise, weil sie die Informationen über die Organisationskrise aus der Organisation herausträgt und an den vertrauensgebenden Konsumenten weitervermittelt. Zum anderen aber kann die Medienberichterstattung in späteren Krisenphasen einen Beitrag zur Rückgewinnung des Vertrauens leisten, wenn positiv über die Krisenbewältigung in der Organisation berichtet wird. Worüber berichtet wird, hängt unter anderem vom Nachrichtenwert der Botschaft ab. In einer Krisenphase ist eine Organisation also gut beraten, positive Nachrichten von hohem Nachrichtenwert zu erzeugen. Hierzu können beispielsweise Prominente eingesetzt werden, die als „Botschafter" auftreten und der Organisation und ihrer Krisenbewältigung ihr Vertrauen aussprechen. Auch die Inhalte der Kommunikation der Organisation mit ihren Stakeholdern spielt eine wichtige Rolle für die Erhaltung und

Andrea Gröppel-Klein und Claas Christian Germelmann

Rückgewinnung des Vertrauens – eine Leugnung der Krise (nach dem Motto: „es wird schon keiner merken") dürfte eine wenig empfehlenswerte Strategie sein, insbesondere dann, wenn zu erwarten ist, dass aus der Organisationskrise ein fulminantes Medienereignis werden kann.

Abschließend kann festgehalten werden: Die Medienberichterstattung über Organisationskrisen sind oft die Basis dafür, dass das Organisationsvertrauen zu Spendenorganisationen in Misstrauen umschlägt. Die harten ökonomischen Folgen durch das Ausbleiben der Spenden machen deutlich, dass die Organisation umgehend reagieren und versuchen muss, ihre Aktivitäten zur Krisenbekämpfung über die Presse zu vermitteln. Erfährt der Konsument aus der Presse über das neuerliche „Wohlverhalten" der Organisation, das zusätzlich durch „Wächter des Vertrauens" kontrolliert wird, kann er auf dieser Basis erneut Vertrauen schenken. Den Medien kommt daher auch eine wichtige Rolle bei der Wiederherstellung des Organisationsvertrauens zu.

Literaturverzeichnis

AHLUWALIA, R., R. E. BURNKRANT UND H. R. UNNAVA (2000): Consumer Response to Negative Publicity: The Moderating Role of Commitment, in: Journal of Marketing Research, 37 (2), S. 203-214.

BAUER, H. H., M. M. NEUMANN UND A. SCHÜLE (HRSG.) (2006): Konsumentenvertrauen. Konzepte und Anwendungen für ein nachhaltiges Kundenbindungsmanagement, München.

BECKER, L. C. (1996): Trust as noncognitive security about motives, in: Ethics, 107 (1), S. 43-61.

BEHRENS, G. UND M. NEUMAIER (2004): Der Einfluss des Unbewussten auf das Konsumentenverhalten, in: A. Gröppel-Klein (Hrsg.): Konsumentenverhaltensforschung im 21. Jahrhundert, Wiesbaden, S. 3.27.

BOHN, U. (2007): Vertrauen in Organisationen: Welchen Einfluss haben Reorganisationsmaßnahmen auf Vertrauensprozesse? Eine Fallstudie. Inaugural-Dissertation. Betreut von Prof. Dr. Dr. S. Kühl. München, Ludwig-Maximilians-Universität, online verfügbar unter http://edoc.ub.uni-muenchen.de/7157/1/Bohn_Ursula.pdf, abgerufen am: 13.05.2008.

BORNHÖFT, P. (2008): Unicef-Affäre: Hilfsorganisationen für gläsernen Spendentopf, Spiegel Online, http://www.spiegel.de/politik/deutschland/0,1518,545761,00.html, abgerufen am: 7.4.2008.

BRUHN, M. (2001): Relationship Marketing: Das Management von Kundenbeziehungen, München.

CESARINI, D.; C. T. DAWES, J. H. FOWLER, M. JOHANNESSON, P. LICHTENSTEIN UND B. WALLACE (2008): Heritability of cooperative behavior in the trust game, in: Proceedings of the National Academy of Sciences, 105 (10), S. 3721-3726.

COOMBS, W. T. (2007): Protecting Organization Reputations During a Crisis: The Development and Application of Situational Crisis Communication Theory, in: Corporate Reputation Review, 10 (3), S. 163-176.

DAHLÉN, M. UND F. LANGE (2006): A Disaster Is Contagious: How a Brand in Crisis Affects Other Brands, in: Journal of Advertising Research, 46 (4), S. 388-397.

DEAN, D. H. (2004): Consumer Reaction to Negative Publicity: Effects of Corporate Reputation, Response, and Responsibility for a Crisis Event, in: Journal of Business Communication, 41 (2), S. 192-211.

DIEHL, J. (2008): Hilfswerk sucht Hilfe, Spiegel Online, http://www.spiegel.de/politik/deutschland/0,1518,536641,00.html, abgerufen am: 20.2.2008.

DUBÉ, L. UND M. S. MORGAN (1998): Capturing the dynamics of in-process consumption emotions and satisfaction in extended service transactions, in: International Journal of Research in Marketing, 15 (4), S. 309-320.

DYER, J. H. UND W. CHU (2003): The Role of Trustworthiness in Reducing Transaction Costs and Improving Performance: Empirical Evidence from the United States, Japan, and Korea, in: Organization Science, 14 (1), S. 57-68.

ERIKSON, E. H. (1992): Kindheit und Gesellschaft, 11. Aufl., Stuttgart.

FANTAPIÉ ALTOBELLI, C. UND S. HOFFMANN (2006): Reziprozität und Konsumentenvertrauen, in: H. H. Bauer, M. M. Neumann und A. Schüle (Hrsg.): Konsumentenvertrauen. Konzepte und Anwendungen für ein nachhaltiges Kundenbindungsmanagement. München, S. 53-75.

GRÖPPEL-KLEIN, A. (2004): Vertrauen, in: M. Bruhn und C. Homburg (Hrsg.): Gabler-Marketing-Lexikon, 2. Aufl., Wiesbaden, S. 862-863.

GUASTELLA, A. J., P. B. MITCHELL, UND M. R. DADDS (2008): Oxytocin Increases Gaze to the Eye Region of Human Faces. Schizophrenia: From Genetics to Treatment, in: Biological Psychiatry, 63 (1), S. 3-5.

HARRIS, J. C. (2003): Social neuroscience, empathy, brain integration, and neurodevelopmental disorders. In: Physiology and Behavior, 79 (3), S. 525-531.

HELM, A. (2004): Cynics and Skeptics: Consumer Dispositional Trust, in: B. Kahn und M. F. Luce (Hrsg.): Advances in Consumer Research. Valdosta, GA, S. 345-351.

HOMBURG, C, N. KOSCHATE UND W. D. WAYNE D. (2006): The Role of Cognition and Affect in the Formation of Customer Satisfaction: A Dynamic Perspective, in: Journal of Marketing, 70 (3), S. 21-31.

KING-CASAS, B., D. TOMLIN, C. ANEN, C. F. CAMERER, S. R. QUARTZ UND P. R. MONTAGUE (2005): Getting to Know You: Reputation and Trust in a Two-Person Economic Exchange, in: Science, 308 (5718), S. 78-83.

KIRSCH, P., C. ESSLINGER, Q. CHEN, D. MIER, S. LIS, S. SIDDHANTI ET AL. (2005): Oxytocin Modulates Neural Circuitry for Social Cognition and Fear in Humans, in: The Journal of Neuroscience, 25 (49), S. 11489-11493.

KRUEGER, F.; K. MCCABE, J. MOLL, N. KRIEGESKORTE, R. ZAHN, M. STRENZIOK ET AL. (2007): Neural correlates of trust, in: Proceedings of the National Academy of Sciences, 104 (50), S. 20084-20089.

LEWIS, L. K., S. A. HAMEL UND B. K. RICHARDSON (2001): Communicating Change to Nonprofit Stakeholders: Models and Predictors of Implementers' Approaches, in: Management Communication Quarterly, 15 (1), S. 5-41.

LUHMANN, N. (2000A): Vertrauen. Ein Mechanismus der Reduktion sozialer Komplexität, 4. Aufl., Stuttgart.

LUHMANN, N. (2000B): Familiarity, Confidence, Trust: Problems and Alternatives, in: D. Gambetta (Hrsg.): Trust: Making and Breaking Cooperative Relations, Chapter 6, Electronic Edition, Oxford, S. 94-107.

LUHMANN, N. (2004): Die Realität der Massenmedien. 3. Aufl., Wiesbaden.

LYON, L. UND G. T. CAMERON (2004): A Relational Approach Examining the Interplay of Prior Reputation and Immediate Response to a Crisis, in: Journal of Public Relations Research, 16 (3), S. 213-241.

MÖLLERING, G. UND J. SYDOW (2006): Organisationen vertrauen – Organisationales Vertrauen in Kunden-Lieferanten-Beziehungen in: H. H. Bauer, M. M. Neumann und A. Schüle (Hrsg.): Konsumentenvertrauen. Konzepte und Anwendungen für ein nachhaltiges Kundenbindungsmanagement. München, S. 63-75.

MOORMAN, C., R. DESHPANDÉ UND G. ZALTMAN (1993): Factors Affecting Trust in Market Research Relationships, in: Journal of Marketing, 57 (1), S. 81-101.

MORGAN, R. M. UND S. D. HUNT (1994): The Commitment-Trust Theory of Relationship Marketing, in: Journal of Marketing, 58 (3), S. 20-38.

NEFF, C. (2008): Spenden-Siegel-Leitlinien 2008/9. Aktueller Stand und weiteres Verfahren der Fortentwicklung. Deutsches Zentralinstitut für soziale Fragen/DZI. (DZI Spenden-Siegel FORUM 2008), http://www.dzi.de/SPSFor08/Neff.pdf, abgerufen am 30.5.2008

O. V. (21.4.2008): Wolfgang Riotte wird Interims-Geschäftsführer. Online verfügbar unter http://www.spiegel.de/politik/deutschland/0,1518,548720,00.html, abgerufen am: 21.4.2008, erstellt am: 21.4.2008.

O. V. (5.2.2008): UNICEF verspielt Vertrauen: „Stinkt vom Kopf her", n-tv.de, http://www.n-tv.de/UNICEF_verspielt_Vertrauen_Stinkt_vom_Kopf_her/050220082420/914707.html, abgerufen am: 5.2.2008, erstellt am: 5.2.2008.

PETERMANN, F. UND S. WINKEL (2006): Interpersonelles Vertrauen - Grundlagen, Messung, empirische Befunde in: H. H. Bauer, M. M. Neumann und A. Schüle (Hrsg.): Konsumentenvertrauen. Konzepte und Anwendungen für ein nachhaltiges Kundenbindungsmanagement, München, S. 77-91.

PLÖTNER, O. (1995): Das Vertrauen des Kunden. Relevanz Aufbau und Steuerung auf industriellen Märkten, Wiesbaden.

Andrea Gröppel-Klein und Claas Christian Germelmann

PLUTCHIK, R. E. (2000): Emotions in the Practice of Psychotherapy: Clinical Implications of Affect Theories, Washington, D.C.

PRATTEN, S. (1997): The Nature of Transaction Cost Economics, in: Journal of Economic Issues, 31 (3), S. 781-803.

ROTTER, J. B. (1967): A new scale for the measurement of interpersonal trust, in: Journal of Personality, 35 (4), S. 651-665.

SARGEANT, A. UND S. LEE (2002): Improving public trust in the voluntary sector: An empirical analysis, in: International Journal of Nonprofit & Voluntary Sector Marketing, 7 (1), S. 68-83.

SCHOTTLAENDER, R. (1957): Theorie des Vertrauens, Berlin.

SCHWAIGER, M. (2004): Components and Parameters of Corporate Reputation – An Empirical Study, in: Schmalenbach Business Review, 56 (1), S. 46-71.

SCHWEER, M. K. W. (2003): Vertrauen als Organisationsprinzip: Vertrauensförderung im Spannungsfeld personalen und systemischen Vetrauens, in: Erwägen - Wissen - Ethik, 14 (2), S. 223-232.

SCHWEER, M. K. W. UND B. THIES (2003): Vertrauen als Organisationsprinzip. Perspektiven für komplexe soziale Systeme, Bern.

SINGER, T., S. J. KIEBEL, J. S. WINSTON, R. J. DOLAN UND C. D. FRITH (2004): Brain Responses to the Acquired Moral Status of Faces, in: Neuron, 41 (4), S. 653-662.

STANDOP, D. (2006): Der Verlust von Konsumentenvertrauen gegenüber Anbietern: Der Fall von Produktrückrufen, in: H. H. Bauer, M. M. Neumann und A. Schüle (Hrsg.): Konsumentenvertrauen. Konzepte und Anwendungen für ein nachhaltiges Kundenbindungsmanagement, München, S. 95–104.

TAKAHASHI, T. (2005): Social memory, social stress, and economic behaviors, in: Brain Research Bulletin, 67 (5), S. 398-402.

TONKISS, F. UND A. PASSEY (1999): Trust, Confidence and Voluntary Organisations: Between Values and Institutions, in: Sociology, 33 (2), S. 257-274.

VENABLE, B. T., G. M. ROSE, V. D. BUSH UND F. W. GILBERT (2005): The Role of Brand Personality in Charitable Giving: An Assessment and Validation, in: Journal of the Academy of Marketing Science, 33 (3), S. 295-312.

WEINBERG, P.(1986): Nonverbale Marktkommunikation, Heidelberg.

WESTHOFF, A. (2008): Das zähe Geschäft mit der Transparenz. In: Frankfurter Allgemeine Zeitung, Ausgabe vom 22.2.2008.

WINSTON, J. S., B. A. STRANGE, J. O'DOHERTY UND R. J. DOLAN (2002): Automatic and intentional brain responses during evaluation of trustworthiness of faces, in: Nature Neuroscience, 5 (3), S 277-283.

Teil 5

Konsequenzen für die

Marketingorganisation und

Marketingplanung

Andrea Gröppel-Klein und Claas Christian Germelmann

Konsequenzen für die Marketing-organisation und Marketingplanung
Einführung in das fünfte Kapitel

Die zunehmende Bedeutung der Medien für das Marketing strahlt nicht nur auf den Einsatz der Marketinginstrumente und die Wahl geeigneter Strategien unter Berücksichtigung verschiedenster Medienwirkungen aus, sondern sie manifestiert sich auch in der Notwendigkeit, Medien bereits auf der Ebene der Marketingorganisation zu berücksichtigen.

Scholz und *Eisenbeis* postulieren die „virtuelle Marketingabteilung" als Antwort auf die Herausforderungen, die die neuen Medien (hier Web 2.0 und Mobile Media) dem Marketing stellen. Sie zeigen, wie eine Virtualisierung der Marketingorganisationen entlang der Dimensionen „Zergliederung nach Kernkompetenzen", „weiche Integration" (z. B. durch das zur Verfügung stellen einer „integrativen Klammer" durch eine Vertrauenskultur im Unternehmen) und „multimediale Realisierung" im „virt.cube" möglich ist. Das Modell des virt.cube stellt ein heuristisches Modell für unterschiedliche Virtualisierungstendenzen dar, innerhalb dessen sich Virtualisierungsformen und Virtualisierungsbewegungen positionieren und analysieren lassen. *Scholz* und *Eisenbeis* zeigen, dass neue Medien Problem und Lösung für die Marketingorganisation zugleich sind: Sie verlangen einerseits eine Anpassung, bieten aber mit den neuen technischen Optionen zugleich ein weites Spektrum an Reaktionsmöglichkeiten der Marketingorganisation.

Medienwirkungen müssen auch in der Planung berücksichtigt werden. *Gierl* und *Hüttl* analysieren in ihrem Beitrag die Faktoren, wie das redaktionelle Umfeld, das Konkurrenzumfeld im gleichen Medium und die Art des Mediums in die Mediaplanung eingebracht werden können. Den Einfluss der Art des Mediums auf die Wirkung von Werbung untersuchen *Gierl* und *Hüttl* in zwei Experimenten. Sie können belegen, dass die Attraktivität des Mediums auf die Werbung in diesem Medium abfärbt. Bei der Auswahl des Mediums sollte zudem darauf geachtet werden, dass Werbung in diesem Medium nicht als störend empfunden wird. Bei so genannten „Giveaways" (Werbegeschenken) konnte bei zunehmender Integration der Werbung eine steigende Werbewirkung beobachtet werden; Reaktanzeffekte wurden nicht beobachtet.

Christian Scholz und Uwe Eisenbeis

Marketing im medialen Zeitalter —
Die Virtuelle Marketingabteilung

1 Problemstellung: Neue Medienwelt als Chance 375

2 Ausgangslage: Herausforderungen, Marketingorganisation und
Virtualisierungsidee als Basiskomponenten 376
   2.1 Die Herausforderungen 376
   2.2 Die Marketingorganisation 380
   2.3 Die Virtualisierungsidee 381

3 Lösung: Virtuelle Marketingabteilung als Strukturkonzept 385

4 Ergebnis: Medien als Problem und Lösung 389

1 Problemstellung: Neue Medienwelt als Chance

Unternehmen stehen im Hinblick auf betriebswirtschaftliche Entscheidungen und insbesondere im Bezug auf das Marketing bekanntermaßen vor zunehmend komplexeren Herausforderungen. Dies liegt sowohl in den generellen Veränderungen in der Arbeitswelt als auch Innovationen im Medien- und Technologiebereich begründet. Im Bereich der Arbeitswelt sind dies Entwicklungen, die bereits an anderer Stelle mit dem Begriff des Darwiportunismus beschrieben wurden (vgl. Scholz 2003).

Innovationen im Medienbereich, insbesondere die Entwicklungen des Internets, die unter den Stichworten „Social Software" und „Web 2.0" diskutiert werden, haben zu einer Diskussion über die zeitgemäße Ausgestaltung des Marketings geführt (vgl. z. B. Zerfaß und Boelter 2005; Wright 2006; Bauer, Martin und Albrecht 2007; Mezger und Sadrieh 2007; Suckow 2007, S. 192). Dabei wird immer wieder der Begriff des „Viralen Marketings" bemüht (vgl. z. B. Langer 2006, S. 215-236; Bauer et al. 2007; Bauer et al. 2007, S. 57-71). Hinzu kommen Entwicklungen hin zu einer mobilen Medienwelt. So ermöglichen mobile Anwendungen und Services wie „Mobile Television" oder „QR-Code-Scanning" (Quick Response Code) nicht nur neue Geschäftsmodelle für die Inhalteanbieter, sondern auch insbesondere für die werbetreibende Wirtschaft und damit das Marketing neue Möglichkeiten. Bei dieser Diskussion muss es allerdings um mehr gehen, als um reine Faszinationsszenarien und das Aufarbeiten von – als Revolution gefeierten – Fallbeispielen.

Dieser Beitrag reiht sich weder ein in die unzähligen Vorschläge, was man mit „Web 2.0" als Marketinginstrument alles machen kann, noch erweitert er die Liste schillernder Praxisbeispiele (vgl. z. B. den Herausgeberband von Pleil 2007). Es werden auch nicht die Chancen und Risiken der gerade entstehenden „mobilen Medienwelt" referiert. Somit geht es nicht um die Ausgestaltung von speziellen Marketingaktivitäten. Vielmehr wird hier diskutiert, wie sich die Marketingorganisation und damit die Marketingfunktionalität, organisatorisch im Hinblick auf die neue Medienwelt (um-) gestalten muss.

Dazu müssen zunächst „Web 2.0" und „Mobile Media" auf ihre Herausforderungen für das Marketing hin durchleuchtet werden. Diese Herausforderungen werden, wie auch das dem Beitrag zugrunde liegende Verständnis der Marketingorganisation sowie die grundsätzliche Virtualisierungsidee, als Ausgangsbasis beziehungsweise Basiskomponenten für eine problem- und lösungsorientiert ausgestaltete Virtuelle Marketingabteilung, beschrieben. Das Strukturkonzept der Virtuellen Marketingabteilung sowie deren Elemente und Charakteristika werden als Lösungsweg präsentiert.

Christian Scholz und Uwe Eisenbeis

2 Ausgangslage: Herausforderungen, Marketingorganisation und Virtualisierungsidee als Basiskomponenten

2.1 Die Herausforderungen

Will man sich problem- und lösungsorientiert einer sinnvollen Organisation der Marketingfunktionalität nähern, kann dies nur vor dem Hintergrund der an sie durch „Web 2.0" und „Mobile Media" gestellten spezifischen Herausforderungen erfolgen. Diese beziehen sich zum einen auf unternehmensinterne Aspekte, zum anderen aber insbesondere auf das Verhältnis des Unternehmens beziehungsweise der Marketingorganisation zur Umwelt sowie deren Umgang mit Umweltveränderungen.

Herausforderung 1: Verstärkte Kundenorientierung

Marketing muss vor dem Hintergrund des neuen Internets („Web 2.0") sowie der Entwicklungen hin zu „Mobile Media" noch stärker kundenorientiert agieren. Dies liegt in der Tatsache begründet, dass vor allem Kunden selbst im Web zu „Meinungsmachern" werden (vgl. Zerfaß und Boelter 2005, S. 109; Suckow 2007, S. 193). Die vielfältigen Kommunikationsformen und Anwendungsmöglichkeiten der „Social Software" verstärken die Macht der Konsumenten schon im Bereich der Information und Kommunikation über Produkte und Leistungen (vgl. Bruhn 2006, S. 25-26; Wright 2006, S. 215-216; Bender 2008, S. 175). Die Entwicklung hin zu Käufermärkten verstärkt sich somit durch die neuen Internetanwendungen weiter. Dadurch wird zunächst der Handlungsspielraum der Unternehmen weiter eingeschränkt. Allerdings: „Web 2.0" ermöglicht eine intensivere Kundenkommunikation sowie die Einbindung des Kunden in den Wertschöpfungsprozess (vgl. Grün und Brunner 2002, S. 22-28; Blömeke Braun und Clement 2008, S. 301).

Herausforderung 2: Erhöhte Geschwindigkeit

Vor dem Hintergrund der dynamischen Entwicklungen im Medien- und Technologiesektor stellt erhöhte Geschwindigkeit eine zentrale Herausforderung für die Marketingabteilung dar. Dies betrifft zum einen die Schnelligkeit, mit der sich Kunden- beziehungsweise Zielgruppeninteressen heute ändern (können) – gerade beeinflusst durch die „Meinungsmache" im Web (vgl. Suckow 2007, S. 193). Zum anderen betrifft dies aber auch die durch Digitalisierung und Modularisierung sich immer schneller erneuernden Technologien und die darauf aufbauenden Kommunikations- und In-

376

formationsanwendungen (vgl. Kollmann und Häsel 2007, S. 1-2). Hier gilt es, Entwicklungen zu antizipieren – schneller (und exakter) als die Konkurrenz, allerdings (und das ist gerade im Web 2.0 von besonderer Bedeutung) zumindest ähnlich schnell wie die Konsumenten.

Herausforderung 3: Umfassendes Monitoring

Sowohl die Zunahme des Wettbewerbs auf gesättigten Märkten als auch die Veränderungen auf Seiten der Konsumenten steigern die Bedeutung von Informationen über Marktgegebenheiten und –teilnehmer (vgl. Schenk und Döbler 2006, S. 763). Verliert man hier – und dies ist bei der Vielzahl an Kommunikationsformen und -foren schnell passiert – eine (möglicherweise anfangs) nur kleine Randentwicklung aus den Augen, verselbständigt sich diese unter Umständen und kann (wenn überhaupt) nur noch mit enormem Ressourcenaufwand kontrolliert beziehungsweise beeinflusst werden (vgl. Mezger und Sadrieh 2007, S. 74; Suckow 2007, S. 195-197). Gefordert sind also optimierte Instrumente der Markt- und Mediaforschung, die orts- und zeitungebunden, auch in unverwandten Märkten, Entwicklungen aufspüren und transparent machen. Hierzu sind umfassende Monitoringsysteme notwendig (vgl. Zerfaß und Boelter 2005, S. 162; Röttger und Zielmann 2006, S. 34; Eck 2006, S. 204-205; Strauss 2007, S. 258; Bender 2008, S. 184), die trotz breiterem Suchradius schnell zu nutzbaren Ergebnissen führen.

Herausforderung 4: Aktives Beeinflussen

Wie bereits beschrieben, verstärkt sich die Informations- und Kommunikationsmacht seitens der Konsumenten. Vor dem Hintergrund der Zielsetzung des Marketings, insbesondere den Konsumenten aktiv zu beeinflussen, führt dies zu Problemen, da in vielen Fällen nur noch ein passives Reagieren möglich ist. Aufbauend auf der Forderung nach Schnelligkeit und umfassendem Monitoring muss die Marketingabteilung Strategien entwickeln, die eine initiativ-aktive oder zumindest eine proaktive Aktionsorientierung erlauben (vgl. Zerfaß und Boelter 2005, S. 94-100; Mezger und Sadrieh 2007, S. 82-84). Hier gilt es unter Beachtung der Spielregeln des „Neuen Webs", Strategie- und Lösungsansätze zu finden.

Herausforderung 5: Systematische Varietätsbewältigung

Konvergierende Systemangebote seitens der Medien, sich ändernde Kundenpräferenzen, Kunden als Meinungsmacher und die Vielfalt der Informations- und Kommunikationsmöglichkeiten im Web machen das Beobachten, Systematisieren und Auswerten von Entwicklungen im Unternehmens- beziehungsweise Marktumfeld zunehmend komplexer (vgl. Baaken und Wild 2002, S. 288). Diese, durch Variablen- und Ausprägungsvielfalt entstehende Komplexität, verlangt nach Reduktion der System-, Aktions-

Christian Scholz und Uwe Eisenbeis

und Modellkomplexität (vgl. Scholz 2000, S. 49). Dem kann durch Varietätsreduktion insbesondere aber auch durch Varietätsgenerierung entsprochen werden (vgl. Scholz 2000, S. 184). Statt durch Informationsselektion nur bestimmte Variablen und Ausprägungen als relevant zu betrachten, weitet die Organisation durch Varietätsgeneration ihren Aktionsraum bewusst aus. Dadurch soll verhindert werden, dass neue Trends und Entwicklungen zu spät erkannt oder gar übersehen werden.

Herausforderung 6: Bewusste Alleinstellung

Gerade vor dem Hintergrund der Entwicklungen der Medien wird es zunehmend schwerer, das eigene Unternehmen von Wettbewerbern abzugrenzen und aus der Masse hervortreten zu lassen (vgl. Eisenbeis 2003, S. 147-148; Esch 2004, S. 27; Bauer et al. 2007, S. 268; Bauer, Große-Leege und Bryant 2007, S. 114-115). Die Austauschbarkeit zu erschweren, also unverwechselbare Identitäten zu schaffen, wird zunehmend zum Profilierungsproblem (jeder wird zum Medienunternehmen, Konsumenten-Konsumenten-Interaktion) (vgl. Bauer et al. 2007, S. 123-124; Wiedmann, Langner und Hennings 2007, S. 131). In dieser Situation gilt es, Lösungen zu finden, die das eigene Unternehmen mit Hilfe der Unternehmenskommunikation herausstellen. In der schnelllebigen Internetwelt ist Kontinuität (in Abhängigkeit von Umweltdynamik und Komplexität) zwingend erforderlich. Nur durch die Herstellung klarer Alleinstellungsmerkmale und die Herausbildung einer eindeutigen Marke, kann der systemimmanenten Austauschbarkeit auf Web 2.0-Märkten entgegengewirkt werden.

Herausforderung 7: Erhöhte Professionalisierung

Professionalisierung betrifft hier zum einen den Umgang mit neuen Medien im Sinne einer Problemlösungskompetenz, die eine umfassende Medienkompetenz sowohl im Bezug auf Funktionsweise und Wirkung als auch im Bezug auf interne wie externe Entwicklungen im Bereich Technologien, Märkte und Anspruchsgruppen in der Marketingabteilung voraussetzt. Hier gilt es also unter anderem, die richtigen Mitarbeiter mit den notwendigen Qualifikationen an der jeweiligen Stelle einzusetzen beziehungsweise einsetzen zu können. Professionalisierung bedeutet jedoch auch, Zusammenarbeit und Kooperation über Unternehmensgrenzen hinweg zuzulassen (auch mit der Konkurrenz und den Kunden). Hier gilt es, entsprechende Strukturen zu schaffen (vgl. Venkatraman und Henderson 1996), sowohl auf organisationaler Ebene als auch im unternehmenskulturellen Bereich.

Herausforderung 8: Erhöhte Kultursensibilität

Auch im Hinblick auf die Markenbildung, Markenwahrnehmung und der daraus resultierenden Markeneinstellung liegen in der neuen Medienwelt Herausforderungen. Hier gilt es, die Medien bewusst als Instrument zur Wirklichkeitsgenerierung und

Marketing im medialen Zeitalter - Die Virtuelle Marketingabteilung

kultureller Wertegenerierung einzusetzen (vgl. Scholz 2006, S. 40-49; S. 55-57). Dass dies vor dem beschriebenen Hintergrund der teilweisen Verlagerung der Medienproduzenten auf die Konsumenten schwerer wird, liegt auf der Hand. Extern gerichtete Kultursensibilität ist hier im Bezug auf die Einzigartigkeit von Kulturräumen (Landeskultur aber auch Netzkultur) notwendig. Hinzu kommt jedoch auch eine intern gerichtete Kultursensibilität: notwendig ist ein in der Unternehmenskultur verankertes, konsequentes Innovationsstreben. Nur so kann gewährleistet werden, dass sich die Organisation nicht vor Neuem verschließt. Insbesondere ein nach außen gerichtetes Markenmanagement setzt intern eine Unternehmenskultur voraus, in der die Mitarbeiter die Markenvision sowie die dahinter liegenden Werte kennen und verstehen und auch dementsprechend handeln (vgl. McEnally und Chernatony 1999, S. 29).

Herausforderung 9: Gezielte Individualisierung

Die zunehmende Mobilität der Menschen und damit auch der Trend zur Individualisierung (vgl. Schenk 2007) stellen ebenfalls Herausforderungen für das Marketing dar. Zumal die Medien sich dieser Mobilitätsentwicklungen schon sukzessive angepasst haben (vgl. Fritz und Klingler 2006, S. 234; ARD-Forschungsdienst und Gleich 2006). Ständige Verfügbarkeit, gesteigerter und veränderter Medienkonsum machen neue Werbeformen notwendig – auch vor dem Hintergrund einer Vermischung von interpersonaler und massenmedialer Kommunikation (vgl. Siegert und Hautzinger 2006, S. 122). Dabei geht es nicht nur darum, die zur Verfügung stehenden Budgets auf die neue Vielfalt an Medien aufzuteilen. Neue individualisierte und authentische Werbeformen müssen entwickelt werden (vgl. Rösger, Hermann und Heitmann 2007, S. 193-194), da auch kleine und sehr spezielle Kundengruppen zunehmend Marktmacht erlangen, es aber gleichzeitig einfacher wird, mit gleichem Ressourcenaufwand gleich mehrere Kundensegmente zu erreichen (vgl. Anderson 2007).

Herausforderung 10: Ent-Standardisierung

Auch wenn dies in vielerlei Hinsicht nicht dem Zeitgeist entspricht: Mit zunehmender Standardisierung können die Bedürfnisse der internen und externen Kunden nicht ausreichend berücksichtigt werden. Im Rahmen der Herausforderungen Kundenorientierung, Alleinstellung und Individualisierung wurde die Bedeutung der Verschiebungen im Bezug auf die Informations- und Kommunikationshoheit bereits angesprochen (vgl. Jäger et al. 2007). Um diesen gerecht zu werden, muss statt auf Standardisierung vielmehr auf steckkompatible Einzelmodule gesetzt werden (vgl. Hommen 2007). Dieses – bereits im „Web 2.0-Gedanken" verankerte – Kernprinzip setzt zwar standardisierte Plattformen voraus, auf diesen können dann aber beliebige Module aufsetzen (vgl. Kollmann und Häsel 2007, S. 7-8; Neimarlija 2007, S. 95). Also: Kompatibilität statt Normierung.

Christian Scholz und Uwe Eisenbeis

2.2 Die Marketingorganisation

Für das Marketing stellen Märkte sowohl Bezugsobjekte dar, indem sie die Rahmenbedingungen setzen, als auch Zielobjekte, indem Marketingaktivitäten so gestaltet werden, dass Märkte und deren Akteure zielgerichtet beeinflusst und gestaltet werden (vgl. Homburg und Krohmer 2006, S. 2). Die Instrumente zur Umsetzung der Marketingziele liegen im Marketingmix.

Das Marketing versucht, ausgehend von einem Zielsystem, alle Teilbereiche im Unternehmen auf den Markt hin auszurichten und dabei optimal zu gestalten sowie optimal aufeinander abzustimmen (vgl. Neske 1973, S. 11). „Marketing ist die bewußte marktorientierte Führung des gesamten Unternehmens oder marktorientiertes Entscheidungsverhalten in der Unternehmung" (Meffert 2000, S. 8). Marketing steht somit am Anfang aller Überlegungen und richtet die Führung des Unternehmens am Markt aus (vgl. Linnert 1970). Es geht also um das bewusste Führen des gesamten Unternehmens vom Absatzmarkt her (vgl. Becker 1998, S. 1).

Darüber hinaus bietet es sich an, Marketing als System zu betrachten (vgl. Neske 1973, S. 13-15): Dies impliziert sowohl die ganzheitliche Betrachtung des Marketings an sich als auch die Berücksichtigung der Marketingaktivitäten in Verbindung mit dem gesamten Unternehmensbereich. Zudem erlaubt der Systemansatz eine interdisziplinäre Herangehensweise, und – was für das Marketing wichtig ist – sieht somit eine Ausnutzung nachbarwissenschaftlicher Erkenntnisse bei der Lösung von Gestaltungsproblemen vor (vgl. Ulrich 1978, S. 275). Und schließlich kann nach dem Systemverständnis von einer permanenten Überprüfung der Aktivitäten im Sinne eines Regelkreismodells ausgegangen werden, wodurch permanente Rückmeldungen im Bezug auf die Sinnhaftigkeit und Erreichung der Marketing- und Unternehmensziele erfolgen (können).

Ein solcher, unmittelbar im strategischen Management verorteter Marketingbegriff, der Marketing als ganzheitliche marktorientierte Unternehmensführung versteht (wie bereits in den 80er Jahren zunächst diskutiert (vgl. Meffert 1980; Raffée 1984), jedoch heute mehrheitlich verfolgt (vgl. z. B. Becker 1998; Meffert 2000)), impliziert auch eine bestimmte Marketingorganisation.

Um die Marketingziele effizient zu erreichen, muss der Marketingbereich systematisch organisiert werden. Dabei müssen die Mitarbeiter in der Marketingabteilung, die spezifischen Aufgaben der Marketingabteilung, der Charakter und die Kultur des Unternehmens sowie eine Reihe von weiteren internen wie externen Kontextfaktoren berücksichtigen. Eine zweckmäßige Marketingorganisation ist somit auf die personellen Besonderheiten und funktionellen Erfordernisse des betreffenden Unternehmens und des jeweiligen Marktes zugeschnitten (vgl. Britt und Boyd jr. 1971, S. 69).

Letztlich gilt es, eine optimale Zusammenarbeit der Marketingabteilung intra- und interorganisatorisch zu realisieren, was sich in der jeweiligen idealen (passenden) Marketingorganisation widerspiegelt.

Eine Reihe zentraler Marketingwerke arbeitet im Bezug auf die Marketingorganisation die funktionsorientierten, objektorientierten, produktorientierten, kundenorientierten oder regionenorientierten Spezialisierungen der Unternehmen beziehungsweise der Marketingaktivitäten ab (vgl. z. B. Becker 1998, S. 838-847; Kotler 2000, S. 680-689; Homburg und Krohmer 2006, S. 1143-1180; Bruhn 2007, S. 279-292; Berndt, Fantapié Antobelli und Sander 2007, S. 281-297). Daraus ableitend werden zentrale versus dezentrale, formale versus informale sowie funktionale versus divisionale Organisationsformen und -strukturen sowie Kombinationen und Spezialvarianten dieser Strukturen (beispielsweise die Matrixorganisation) und die entsprechenden Koordinationsaspekte unterschieden.

Zur optimalen Organisation des Marketings gilt es also letztlich, Real- und Weisungssystem der Marketingabteilung beziehungsweise der Marketingorganisation im Unternehmen festzulegen. Entsprechende formale Bezugsrahmen ermöglichen zum einen Flexibilität, geben aber zum anderen Stabilität (vgl. Scholz 2000, S. 153). Diese aufbauorganisationalen Bezugsrahmen werden um den dynamischen Aspekt der Ablauforganisation (Prozesssicht) ergänzt, um das Funktionieren der notwendigen Teilprozesse sicherzustellen sowie Entscheidungen und Handlungen auf interne wie externe Kunden auszurichten (vgl. Scholz 2000, S. 166-167). Zudem dienen komplexe Steuerungsmechanismen zur Ausrichtung des Systems auf entsprechende Zielgrößen (vgl. Scholz 2000, S. 182-183).

2.3 Die Virtualisierungsidee

Das Konzept der Virtualisierung als Organisationsstruktur wurde bereits Anfang der 1990er Jahre als Managementtrend postuliert (vgl. Davidow und Malone 1993; Byrne, Brandt und Port 1993). Ausgehend von der Idee der Netzwerkstrukturen (vgl. Bartlett und Ghoshal 1990; Snow, Miles und Coleman 1992; Miles und Snow 1995), wurde versucht, die Auswirkungen der zunehmenden Computerisierung im Hinblick auf die Büroorganisation zu konzeptualisieren sowie die Wertschöpfungsaktivitäten im Hinblick auf größere Flexibilität zu optimieren (vgl. Clemons, Row und Miller 1992; Flaig 1992). Somit resultieren virtuelle Organisationen aus einem Wechselspiel technologischer und organisatorischer Gesichtspunkte. Im Ergebnis entwickelten sich Virtualisierungskonzepte (vgl. z. B. Scholz 1994; Venkatraman und Henderson 1996; Sieber 1998; Mertens, Griese und Ehrenberg 1998; Faisst 1998), die insbesondere auf dem Aspekt der Auflösung von zeitlichen und räumlichen sowie insgesamt organisationalen Grenzen abstellen. Sie realisieren vor dem Hintergrund sich auflösender Organisationsgrenzen immense Flexibilitätspotentiale, vergrößern die Wertschöpfung und maximieren den Kundennutzen (vgl. Davidow und Malone 1993; Scholz 1994).

Dabei ist wichtig, dass Virtualisierung zunächst – entgegen dem umgangssprachlichen Verständnis – nicht ausschließlich eine multimediale Umsetzung darstellt, sondern

Christian Scholz und Uwe Eisenbeis

vielmehr als eine Bewegung entlang von drei Dimensionen zu verstehen ist (vgl. Scholz 1994; 2000, S. 335-365).

Dimension 1: Zergliederung nach Kernkompetenzen

Erfolgreich im Markt sind Unternehmen, die auch veränderten Anforderungen schnell gerecht werden und Wertschöpfung betreiben. Diese permanenten Anpassungsnotwendigkeiten führen zu umfangreichen Reorganisationsmaßnahmen und Restrukturierungen der eigenen Wertschöpfungskette. Unternehmen versuchen, mit strategischer Planung und kritischer Selbsteinschätzung spezifische Leistungspotentiale zu isolieren und als Kernkompetenz weiter zu entwickeln. Erfolgreiche Unternehmen lösen deshalb angrenzende Segmente der Wertschöpfungskette auf, weil diese die Kernkompetenz verwässern und die Gesamteffizienz reduzieren. Gleichzeitig versuchen sie, im Segment der Kernkompetenz zu wachsen. Verlangt ist dazu eine ständige Evaluierung der eigenen Fähigkeiten im Vergleich zu den Wettbewerbern. Die extreme Rückführung auf die Kernkompetenzen ist ein leicht zu übersehender, dennoch ganz zentraler Bestandteil bei vielen Virtualisierungsprozessen. Trotzdem ist nicht jede Veränderung der Kernkompetenz eine Virtualisierung.

Im Ergebnis umfasst die organisatorische Virtualisierung mit Kernkompetenz-Fokus die flexible Zusammenarbeit spezifischer Segmente. Die beteiligten Einheiten legen fest, in welchem Ausmaß die Geschäftsaktivitäten nach dem Prinzip der Kernkompetenzen über die Verbundpartner verteilt werden.

Dimension 2: Weiche Integration

Die Zergliederung nach Kernkompetenzen führt zur Auflösung von gewohnten Strukturen und damit zu neuen Problemen: Angefangen bei potentiellen Identifikations- und Motivationsproblemen der Mitarbeiter bis hin zu der Gefahr, sich im Markt nicht mehr als Kompetenzträger zur Lösung komplexer Probleme profilieren zu können. Deshalb ist es wettbewerbsentscheidend, die am Leistungserstellungsprozess beteiligten unabhängigen Einheiten zusammenzuführen und nach außen ein "one-face-to-the-customer" zu schaffen. Erfolgreiche Unternehmen realisieren die Zusammenführung von räumlich, sachlich und hierarchisch unabhängigen Einheiten über Mechanismen der "Weichen" Integration. Der Zusatz "weich" signalisiert den expliziten Verzicht auf Koordination mittels kostenintensiver Bürokratie und detaillierter Kontrolle. Statt formaler Bürokratie gibt es eine gemeinsame Vision und Vertrauenskultur.

Die Zusammenführung der einzelnen Akteure erfolgt somit über die Definition einer integrativen Klammer, die berücksichtigt, dass es Integrationsmechanismen bedarf, die den Zusammenhalt der virtuellen Organisation unterstützen, so zum Beispiel einer ausgereiften Informations- und Kommunikationstechnologie, einer Vertrauenskultur, einem fairen Umgang der Partner miteinander sowie dem Bewusstsein einer Co-

Marketing im medialen Zeitalter - Die Virtuelle Marketingabteilung

Destiny. Diese Integrationsmechanismen sind jedoch bewusst nicht in einem umfassenden rechtlichen Dach zu sehen, da dies – entgegen der Zielstellung der virtuellen Organisation – bürokratieverstärkend und flexibilitätsreduzierend wirken würde.

Dimension 3: Multimediale Realisierung

Die Dimension der multimedialen Realisierung ergibt sich aus dem Umfang, in dem physikalische Objekte nachgebildet, also "in den Computer" verlagert werden (vgl. Scholz 2000, S. 336). Entscheidend für den Erfolg ist hier die Informationstechnologie. Als Driving Force ist die multimediale Informationstechnologie eine aktivierende Komponente mit spezifischer und schwer analysierbarer Eigendynamik: Immer neue Innovationen erzwingen über den Wettbewerb ihre Nutzung und schrauben die Messlatte für den wirtschaftlichen Erfolg hoch. Als Enabler ist die multimediale Informationstechnologie ein fakultativ nutzbares Wirkpotential: Sie erlaubt dem Unternehmen, Innovationen zu entwickeln. Damit nicht nur neue „entmenschlichte Welten" entstehen, sondern den Benutzern ein Mehrwert erschlossen wird, gilt es, gleichermaßen senso-motorische und sozio-emotionale Reize zu modellieren.

Im Hinblick auf die multimediale Realisierung legt eine Organisation das Ausmaß fest, in dem eine computermäßige Virtualisierung angestrebt wird. Dabei bemisst sich der Virtualisierungsgrad der Organisationsnachbildung danach, in welchem Umfang physikalische Objekte sowie emotionale und soziale Reize multimedial abgebildet werden.

Zusammenführung der Dimensionen im virt.cube

Setzt man diese drei Bewegungen zusammen, so erhält man den virt.cube als heuristisches Modell für unterschiedliche Virtualisierungstendenzen (vgl. Scholz 2000, S. 340-341). Innerhalb dieses Rahmens lassen sich Virtualisierungsformen und Virtualisierungsbewegungen positionieren und analysieren. Dabei können diese Positionen – angestoßen durch die Kontextfaktoren und Umweltherausforderungen – zunächst mehr ungewollt als gewollt, mehr unbewusst als bewusst, eingenommen werden. Virtualisierung ist demnach häufig eine emergente Strategie. Ihre bewusste Reflexion ermöglicht allerdings eine intendierte Gestaltung der Virtualisierungsbewegungen.

Aus diesem Grundmodell lassen sich vier Typen von virtuellen Organisationen ableiten, die über eine gewisse Stabilität verfügen (vgl. **Abbildung 2-1**). Nach innen gerichtet sind dies (intraorganisatorisch) virtuelle Büros oder virtuelle Abteilungen (beide als virtuelle Einzelorganisationen), nach außen gerichtet (interorganisatorisch) virtuelle Abteilungen oder virtuelle Verbundunternehmen (beide als virtuelle Verbundorganisationen).

Christian Scholz und Uwe Eisenbeis

- Arbeitet man ausschließlich auf der multimedialen Realisierung, so führt dies zur virtuellen Einzelorganisation vom Typ V. Hier werden organisatorische Einheiten durch VR-Technologie nachgebildet und den Anwendern der visuelle Eindruck des realen Objektes vermittelt. Beispiele hierfür sind das virtuelle Büro und das virtuelle (Einzel-)Unternehmen.

- Das Besondere am Typ KV liegt in der zusätzlichen Ausarbeitung und Berücksichtigung von Kernkompetenzen. Hier erfolgt eine Konzentration auf die Wettbewerbsstärken und diese (eine) Leistung wird in einem möglichst großen Rahmen per Internet angeboten. Auch dieser Typ manifestiert sich im virtuellen Büro und im virtuellen (Einzel-)Unternehmen.

- Der Zusammenschluss von Kompetenzträgern über Weiche Integration liefert die virtuelle Verbundorganisation Typ KI. Sie manifestiert sich als virtuelle Abteilung beziehungsweise virtuelles Verbundunternehmen (das durchaus ohne multimediale Realisierung auskommt).

- Der Typ KIV bringt zusätzlich die Berücksichtigung der multimedialen Realisierung. Auch hier entsteht eine virtuelle Verbundorganisation, die je nach Innen- oder Außenrichtung als virtuelle Abteilung beziehungsweise virtuelles Verbundunternehmen existiert.

In der Konsequenz dieser Typologie ergibt sich die Notwendigkeit, Emergenz im Virtualisierungsprozess so zu strukturieren, dass sie durch eine sinnvolle Intendierung ergänzt wird. Es sind für die Virtualisierung explizit die Zielpunkte zu definieren, die das Unternehmen durch seine Virtualisierungsbewegungen erreichen will.

Marketing im medialen Zeitalter - Die Virtuelle Marketingabteilung

Abbildung 2-1: Der virt.cube als Analysemodell für virtuelle Organisationen
(Scholz 2000, S. 341)

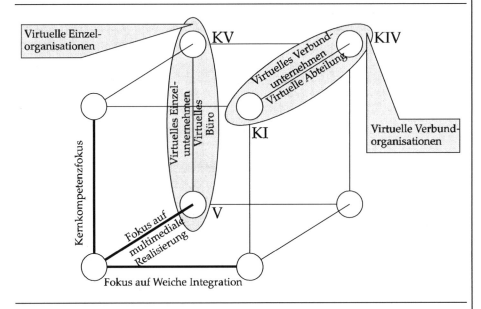

3 Lösung: Virtuelle Marketingabteilung als Strukturkonzept

Konkretisiert man die Virtuelle Marketingorganisation anhand der drei Dimensionen des virt.cube (Zergliederung nach Kernkompetenzen, Weiche Integration, Multimediale Realisierung) ergibt sich, ausgehend von den Herausforderungen der neuen Medienwelt, folgende Konzeption mit entsprechenden Lösungspotentialen.

Bezogen auf die Marketingorganisation bedeutet der Fokus auf Kernkompetenzen, dass eine Zergliederung streng nach der Idee der Kernkompetenzorientierung erfolgt. Konzentration auf Kernkompetenzen im Sinne eines effizienten und effektiven Einsatzes der Unternehmensressourcen verlangt nach einer systematischen Identifikation dieser Kernkompetenzen sowie deren Auf- und Ausbau.

Christian Scholz und Uwe Eisenbeis

Um eine professionelle Erfüllung der Marketingaktivitäten zu gewährleisten, ist es dabei wichtig, die Zuständigkeiten (unter anderem Befugnisse) klar zu definieren und zuzuteilen. Das Marketing ist dabei netzwerkartig mit allen Unternehmensteilen verwoben, sodass eine größere Nähe der Marketingfunktion zu den anderen wertschöpfenden Aktivitäten gewährleistet ist. Daneben wird ein Netz aus internen und externen Experten installiert, die für konkrete Projekte auf Zeit zur Verfügung stehen. Die einzelnen Marketingaufgaben werden letztlich an dem Ort im Unternehmen realisiert, wo sie am professionellsten erledigt werden (können). Diese Orte können wechseln, je nach dem wo die einzelfallspezifische Kernkompetenz vorliegt. Dies bedeutet auch, dass man nicht alles selbst machen muss, sondern sich gezielt für bestimmte Elemente im Wertschöpfungsprozess für geeignete Kooperationspartner (Kernkompetenzträger) auf Zeit entscheidet.

Die Zergliederung nach Kernkompetenzen stellt insbesondere auf die Herausforderung Professionalisierung ab, von der ausgehend dann die Herausforderungen Kundenorientierung, Kultursensibilität und Individualisierung gemeistert werden können.

Bezogen auf die Marketingorganisation bedeutet der Fokus auf Weiche Integration zunächst, dass die einzelnen Kernkompetenzträger nach außen im Sinne eines „oneface-to-the-customer", nach innen im Hinblick auf einen funktionierenden reibungslosen Ablauf zusammenarbeiten. Dies betrifft sowohl die Akteure innerhalb der Marketingorganisation als auch die Zusammenarbeit dieser mit anderen Unternehmensbereichen. Spezialisierungsvorteile der Kernkompetenzzergliederung dürfen nicht durch aufwendige Koordinationsmechanismen überkompensiert werden. Notwendig ist daher eine visionär-kulturelle Klammerung, die sicherstellt, dass alle Marketingaufgaben auch weiterhin wahrgenommen werden und den diversen Kundengruppen wie aus einer Hand erstellt erscheinen.

Weiche Integration und damit Kooperation geht in der neuen Medienwelt jedoch über die partnerschaftliche Zusammenarbeit zwischen Unternehmen hinaus. Gerade vor dem Hintergrund der Heterogenität der Wertvorstellungen, Denk- und Verhaltensweisen der Konsumenten und der nutzergetriebenen Medienentwicklungen des „Mitmachwebs", müssen gerade auch Externe viel stärker integriert werden. Dies erfolgt über weiche Integrationsmechanismen, die insbesondere auch in der Nutzung der neuen Medientechnologien liegen.

Die Weiche Integration stellt somit insbesondere die Kompatibilität der einzelnen Module (Kernkompetenzträger) sicher und leistet somit (richtig angewendet) der Ent-Standardisierung Vorschub. Ebenso trägt sie über ihre Integrationsmechanismen, wie beispielsweise einer gemeinsam geteilten Kultur und einer gemeinsamen Vision, dazu bei, dass sowohl nach innen als auch nach außen gerichtet Alleinstellungsmerkmale generiert werden können.

Marketing im medialen Zeitalter - Die Virtuelle Marketingabteilung

Das Zusammenspiel von Kernkompetenzorientierung und Weicher Integration macht Varietätsbewältigung durch Varietätsgenerierung möglich. Wenn unterschiedliche Einheiten sinnvoll zusammenarbeiten können, ist dies effizient möglich. Auch ist nur so ein aktives Beeinflussen der Märkte und Akteure erreichbar. Durch den Spezialisierungsvorteil und die Integration – auch der Kunden – in den Gesamtprozess, können funktionierende Wege erkannt und passende Strategien formuliert werden.

Bezogen auf die Marketingorganisation bedeutet die multimediale Realisierung, dass die neu entstehenden Gestaltungsspielräume sowohl im Hinblick auf die Kernkompetenzfokussierung als auch als Integrationsmechanismus genutzt werden. Neue Internetmedien sowie mobile Medien sind dann nicht mehr nur noch im Rahmen von Budgetentscheidungen im Marketingmix zu berücksichtigen, sondern gezielt für die internen wie externen Aufgaben des Marketings einzusetzen.

Die multimediale Realisierung wirkt dann sowohl als Enabler und Driving Force. So können durch den gezielten Einsatz von Social-Software einerseits Kundengruppen analysiert und neue kreative Möglichkeiten evaluiert sowie implementiert werden – also neue Wege des Marketings ermöglicht werden. Andererseits fordern neue Technologien und darauf basierende Anwendungen auch neue Innovationen und tragen damit zwingend zur ständigen Weiterentwicklung des Marketings bei.

Nur über den Einsatz dieser multimedialen Technologien kann den Herausforderungen der notwendigen Schnelligkeit sowie des umfassenden Monitorings Rechnung getragen werden. Die externe Umwelt gibt dabei den Takt vor. Beim Einsatz von multimedialen Technologien muss dabei die Herausforderung der Ent-Standardisierung berücksichtigt werden, da sonst die Integration der Kernkompetenzträger beeinträchtigt wird.

Je nach dem, inwieweit die drei Dimensionen berücksichtigt werden, sind im virt.cube grundsätzlich die bereits allgemein vorgestellten Ausprägungsformen virtueller Organisationen (Typ KV, Typ KI, Typ V, Typ KIV) auch für die Marketingorganisation möglich:

Denkbar ist der Typ KV. Allerdings ist hier zu hinterfragen, ob ohne weiche Integrationsmechanismen langfristig das Zusammenwirken von Kernkompetenzträgern sichergestellt werden kann und wie gerade im Hinblick auf die Kommunikationsaufgaben der Marketingabteilung gegenüber internen und externen Kunden ein „one-face-to-the-customer" realisiert werden soll.

Ebenfalls denkbar ist der Typ KI. Dieser weist zwar die Schwachstellen von Typ KV nicht auf (Kernkompetenzfokus und Fokus auf Weiche Integration sind erfüllt) allerdings fehlt hier eine umfassende multimediale Realisierung. Langfristig ist diese Position gerade im Hinblick auf die Aufgaben der Marketingorganisation und die skizzierten medialen Herausforderungen nicht optimal. Als gefährlich im Hinblick auf die Funktionsfähigkeit der Marketingorganisation und damit Sicherstellung der Marketingfunktion im Unternehmen, ist die Positionierung als Typ V einzustufen. Zwar wird hier Vieles in den Computer verlagert und umfassend Informations- und Kommunikationstechnologie zur Realisierung von Leistungen eingesetzt. Allerdings fehlt hier völlig die Idee, für diese virtualisierte Leistungserstellung die jeweiligen Kernkompetenzträger zu identifizieren und zu integrieren, was zu einem Professionalisierungsrückgang und im Extremfall zu einer völligen Ent-Personalisierung der Marketingaktivitäten führen könnte.

Typ KIV stellt sich somit als Ideallösung heraus. Die Ausrichtung an Kernkompetenzen in Kombination mit (weichen) Integrationsmechanismen bei zusätzlich umfassendem Einsatz von Informations- und Kommunikationstechnologien sorgen hier für hohe Wettbewerbsfähigkeit mit allen Vorteilen der virtuellen Organisation.

Als Ergebnis ergibt sich somit aus der Konkretisierung der Marketingorganisation als virtuelle Verbundorganisation (Typ KIV) die Virtuelle Marketingabteilung, die sowohl den Fokus auf Kernkompetenzen, den Fokus auf Weiche Integration sowie den Fokus der multimedialen Realisierung berücksichtigt (vgl. **Abbildung 3-1**) und damit den konkreten Herausforderungen der neuen Medienwelt begegnet.

Abbildung 3-1: Die Virtuelle Marketingabteilung vor dem Hintergrund zukünftiger Herausforderungen im virt.cube

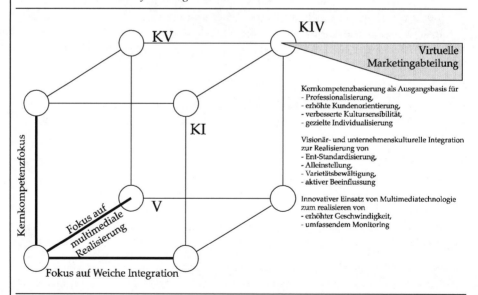

Marketing im medialen Zeitalter - Die Virtuelle Marketingabteilung

Die Vorteile des Strukturkonzeptes der Virtuellen Marketingabteilung liegen in der professionellen Erfüllung der verschiedenen Aufgaben des Marketings, ohne diese jedoch zwingend alle alleine durchführen zu müssen. Somit können die (bislang) zwingende räumliche Verbundenheit und die unmittelbare Zuordnung der Marketingmitarbeiter zur Marketingabteilung beziehungsweise einem übergeordneten Verantwortlichen aufgelöst werden. Stattdessen werden die „Marketingmitarbeiter" weitgehend auf andere wertschöpfende Einheiten im Unternehmen verteilt. Die entstehenden Netzwerkverbindungen zwischen Marketing und anderen Arbeitsbereichen führen letztlich zu einer größeren Nähe des Marketings zu den anderen wertschöpfenden Aktivitäten und zu einer gleichzeitig größeren Durchdringung des Gedanken der Markt- und Kundenausrichtung im gesamten Unternehmen. In der Konsequenz werden sowohl eine schnellere Reaktionsfähigkeit, Flexibilität sowie die Möglichkeit einer proaktiven oder gar initiativaktiven Aktionsorientierung am Markt als auch eine durch kürzere Informations- und Kommunikationswege effizientere Nutzung von Ressourcen möglich. Durch diese organisatorischen und strukturellen Vorteile kann das Unternehmen letztlich den neuen medialen Herausforderungen besser begegnen und auf die neue Medienwelt gemünzte Dimensionen des Marketings realisieren (vgl. Suckow 2007, S. 197-205).

4 Ergebnis: Medien als Problem und Lösung

Unternehmen und insbesondere deren Marketingorganisation stehen aufgrund einer sich verändernden Medienwelt vor der Herausforderung, ihre Organisationsstrukturen anpassen zu müssen. Die Veränderungen hin zum „neuen Web" sowie die zunehmende Bedeutung von „Mobile Media" betreffen das Marketing im Besonderen, ist doch das Marketing unmittelbar mit den Entwicklungen im Medien- und Technologiebereich verwoben.

Im Hinblick auf die Erweiterung der klassischen Organisations- und Koordinationsstrukturen liefert die Virtuelle Marketingabteilung (als Strukturkonzept) das notwendige Flexibilisierungs- und Koordinationspotential, was letztlich für die Marketingorganisation Wettbewerbsvorteile sichert.

Konkretisiert man die Virtuelle Marketingabteilung dann über die drei Achsen des virt.cube, werden über dessen Dimensionen die Potentiale zur Lösung der Marketingherausforderungen deutlich: Der Kernkompetenzfokus kann zur Professionalisierung, zur erhöhten Kundenorientierung, zur verbesserten Kultursensibilität sowie zur gezielten Individualisierung beitragen. Der Fokus auf Weiche Integration hilft mit, die Kernkompetenzträger durch visionäre- und unternehmenskulturelle Wirkmechanis-

Christian Scholz und Uwe Eisenbeis

men zusammenzuführen, was die Realisierung von Ent-Standardisierung, Alleinstellung, Varietätsbewältigung und aktiver Beeinflussung ermöglicht. Der Fokus auf multimediale Realisierung kann durch den innovativen Einsatz von Multimediatechnologie zur Realisation von höherer Geschwindigkeit und umfassendem Monitoring verhelfen.

Dem Fokus auf multimediale Realisierung kommt insgesamt eine besondere Bedeutung zu. Zum einen, da das Marketing, wie schon beschrieben, ohnehin sehr eng mit dem Medien- und Technologiebereich verwoben ist. Zum anderen, da – wie sich in der Virtualisierungskonzeption gezeigt hat –, Medien, Informations- und Kommunikationstechnologie vielfach zum Einsatz kommen (müssen). Sei es zur Realisierung der Zusatzspezifikationen, als Integrationsmechanismus zur Weichen Integration oder zur Realisierung der multimedialen Realisierung selbst.

Medien(entwicklungen und -veränderungen) sind somit sowohl das „Problem" als auch zu großen Teilen der Lösungsansatz und bieten damit vielfältige und spannende Chancen – nicht zuletzt im Rahmen der Marketingorganisation. Wird die Virtuelle Marketingabteilung als Typ KIV realisiert, kann diese den Anforderungen, die die zukünftige Medienwelt an das Marketing stellt, gerecht werden.

Literaturverzeichnis

ANDERSON, C. (2007): The Long Tail, Der lange Schwanz. Nischenprodukte statt Massenmarkt. Das Geschäft der Zukunft, München.

ARD-FORSCHUNGSDIENST UND U. GLEICH (2006): Nutzung neuer Medien, in: Media Perspektiven, (10/2006), S. 538-544.

BAAKEN, J. T. UND R. WILD (2002): Electronic Customer Relationship Management – dargestellt am Beispiel der Finanzdienstleistung, in: U. Manschwetus und A. Rumler (Hrsg.): Strategisches Internetmarketing – Entwicklungen in der Net-Economy, Wiesbaden, S. 279-302.

BARLETT, C. UND S. GHOSHAL (1990): Internationale Unternehmensführung. Innovation, globale Effizienz, differenziertes Marketing, Frankfurt – New York.

BAUER, HANS, T. E. HABER, T. LABAND UND C.-M. ALBRECHT (2007): Viral Advertising, in: H. H. Bauer, D. Große-Leege und J. Rösger (Hrsg.): Interactive Marketing im Web 2.0+. Konzepte und Anwendungen für ein erfolgreiches Marketingmanagement im Internet, München, S. 267-282.

BAUER, H. H., D. GROßE-LEEGE UND M. D. BRYANT (2007): Erlebnisorientiertes Marketingmanagement im Internet – Ansatzpunkte und Problemfelder am Beispiel von (virtuellen) Brand Communities, in: H. H. Bauer, D. Große-Leege und J. Rösger (Hrsg.): Interactive Marketing im Web 2.0+. Konzepte und Anwendungen für ein erfolgreiches Marketingmanagement im Internet, München, S. 113-125.

BAUER, H. H., I. MARTIN UND C.-M. ALBERECHT (2007): Virales Marketing als Weiterentwicklung des Empfehlungsmarketings, in: H. H. Bauer, D. Große-Leege und J. Rösger (Hrsg.): Interactive Marketing im Web 2.0+. Konzepte und Anwendungen für ein erfolgreiches Marketingmanagement im Internet, München, S. 57-71.

BECKER, J. (1998): Marketing-Konzeption. Grundlagen des strategischen und operativen Marketing-Managements, 6. Auflage, München.

BENDER, G. (2008): Kundengewinnung und -bindung im Web 2.0, in: B. Hass, G. Walsh und T. Kilian (Hrsg.): Web 2.0. Neue Perspektiven für Marketing und Medien, Berlin – Heidelberg, S. 173-190.

BERNDT, R., C. FANTAPIÉ ANTOBELLE UND M. SANDER (2007): Internationales Marketing-Management, 3. Auflage, Berlin – Heidelberg.

BLÖMEKE, E., A. BRAUN UND M. CLEMENT (2008): Kundenintegration in die Wertschöpfung am Beispiel des Buchmarkts, in: B. Hass, G. Walsh und T. Kilian (Hrsg.): Web 2.0. Neue Perspektiven für Marketing und Medien, Berlin – Heidelberg, S. 289-303.

BRITT, S. H. UND H. W. JR. BOYD (1971): Marketing – Management. Marketing – Management und Organisation, München.

BRUHN, M. (2006): Integrierte Kommunikation, in: T. Schwarz und G. Braun (Hrsg.): Leifaden Integrierte Kommunikation. Wie das Web 2.0 das Marketing revolutioniert, Waghäusel, S. 23-79.

BRUHN, M. (2007): Marketing. Grundlagen für Studium und Praxis, 8. Auflage, Wiesbaden.

BYRNE, J. A., R. BRAND UND O. PORT (1993): The Virtual Corporation, in: Business Week (08.02.1993), S. 36-40.

CLEMONS, E. K., M. C. ROW UND D. B. MILLER (1992): Rosenbluth International Alliance: Information Technology and the Global Virtual Corporation, in: J. F. Nunamaker und R. H. Sprague (Hrsg.): Proceedings of the 25th Hawaii International Conference on System Science, Vol. IV, Los Alamitos, S. 678-686.

DAVIDOW, W. H. UND M. S. MALONE (1993): Das virtuelle Unternehmen. Der Kunde als Co-Produzent, Frankfurt – New York.

ECK, K. (2006): Weblogs in der Kundenkommunikation, in: T. Schwarz und G. Braun (Hrsg.): Leifaden Integrierte Kommunikation. Wie das Web 2.0 das Marketing revolutioniert, Waghäusel, S. 201-214.

EISENBEIS, U. (2003): Alleinstellung: Wertschöpfung durch Kulturprägung, in: C. Scholz und J. Gutmann (Hrsg.): Webbasierte Personalwertschöpfung. Theorie – Konzeption – Praxis, Wiesbaden, S. 145-157.

ESCH, F.-R. (2004): Strategie und Technik der Markenführung, 2. Auflage, München.

FAISST, W. (1998): Die Unterstützung Virtueller Unternehmen durch Informations- und Kommunikationssysteme – eine lebenszyklusorientierte Analyse, Karlsruhe.

FLAIG, S. (1992): The „Virtual Enterprise": Your New Model for Success, in: Electronic Business (30.03.1992), S. 153-155.

FRITZ, I. UND W. KLINGER (2006): Medienzeitbudgets und Tagesablaufverhalten, in: Media Perspektiven, (4/2006), S. 222-234.

GRÜN, O. UND J.-C. BRUNNER (2002): Der Kunde als Dienstleister: Von der Selbstbedienung zur Co-Produktion, Wiesbaden.

HOMBURG, C. UND H. KROHMER (2006): Marketingmanagement. Strategie – Instrumente – Umsetzung – Unternehmensführung, 2. Auflage, Wiesbaden.

Marketing im medialen Zeitalter - Die Virtuelle Marketingabteilung

HOMMEN, N. (2007): Mashups und weborientierte Architekturen als Technologie-Trends des Web 2.0, in: T. Kollmann und M. Häsel (Hrsg.): Web 2.0. Trends und Technologien im Kontext der Net Economy, Wiesbaden, S. 103-120.

JÄGER, W., M. JÄGER UND S. FRICKENSCHMIDT (2007): Verlust der Informationshoheit, in: Personal, (2/2007), S. 8-12.

KOLLMANN, T. UND M. HÄSEL (2007): Trends und Technologien des Web 2.0 – Neue Chancen für die Net Economy, in: T. Kollmann und M. Häsel (Hrsg.): Web 2.0. Trends und Technologien im Kontext der Net Economy, Wiesbaden, S. 1-14.

KOTLER, P. (2000): Marketing Management, 5. Auflage, Upper Saddle River/NJ.

LANGER, S. (2006): Viral Marketing – Mundpropaganda in der integrierten Kommunikation, in: T. Schwarz und G. Braun (Hrsg.): Leifaden Integrierte Kommunikation. Wie das Web 2.0 das Marketing revolutioniert, Waghäusel, S. 215-236.

LINNERT, P. (1970): Die neuen Techniken des Marketing, München.

MCENALLY, M. UND L. DE CHERNATONY (1999): The evolving nature of branding: consumer and managerial considerations, Academy of Marketing Science Review, 99 (2), S .1-38.

MEFFERT, H. (1980): Marketing. Einführung in die Absatzpolitik, 5. Auflage, Wiesbaden.

MEFFERT, H. (2000): Marketing. Grundlagen marktorientierter Unternehmensführung. Konzepte – Instrumente – Praxisbeispiele, 9. Auflage, Wiesbaden.

MERTENS, P., J. GRIESE UND D. EHRENBERG (1998): VIRTUELLE UNTERNEHMEN UND INFORMATIONSVERARBEITUNG, BERLIN – HEIDELBERG – NEW YORK.

MEZGER, M. UND A. SADRIEH (2007): Proaktive und reaktive Markenpflege im Internet, in: H. H. Bauer, D. Große-Leege und J. Rösger (Hrsg.): Interactive Marketing im Web 2.0+. Konzepte und Anwendungen für ein erfolgreiches Marketingmanagement im Internet, München, S. 73-92.

MILES, R. E. UND C. C. SNOW (1995): The New Network Firm: A Spherical Structure Built on a Human Investment Philosophy, in: Organizational Dynamics 23 (Spring 1995), S. 5-18.

NEIMARLIJA, I. (2007): Web Services als interorganisationale Schnittstellen für Online-Geschäftsmodelle im Web 2.0, in: T. Kollmann und M. Häsel (Hrsg.): Web 2.0. Trends und Technologien im Kontext der Net Economy, Wiesbaden, S. 91-102.

NESKE, F. (1973): Marketing-Organisation, Gernsbach.

PLEIL, T. (HRSG.): Online-PR im Web 2.0. Fallbeispiele aus Wirtschaft und Politik, Konstanz 2007.

RAFFÉE, H. (1984): Strategisches Marketing, in: E. Gaugler, O. H. Jacobs und A. Kieser (Hrsg.): Strategische Unternehmensführung und Rechnungslegung, Stuttgart 1984, S. 3-33.

RÖSGER, J., A. HERRMANN UND M. HEITMANN (2007): Der Markenareal-Ansatz zur Steuerung von Brand Communities, in: H. H. Bauer, D. Große-Leege und J. Rösger (Hrsg.): Interactive Marketing im Web 2.0+. Konzepte und Anwendungen für ein erfolgreiches Marketingmanagement im Internet, München, S. 93-112.

RÖTTGER, U. UND S. ZIELMANN (2006): Weblogs – unentbehrlich oder überschätzt für das Kommunikationsmanagement von Organisationen? in: A. Picot und T. Fischer (Hrsg.): Weblogs professionell, Heidelberg, S. 31-50.

SCHENK, G. (2007): Individualisierung und Personalisierung – Kernprinzipien für Online-Geschäftsmodelle im Web 2.0, in: T. Kollmann und M. Häsel (Hrsg.): Web 2.0. Trends und Technologien im Kontext der Net Economy, Wiesbaden, S. 35-51.

SCHENK, M. UND T. DÖBLER (2007): Marktforschung – Reichweite, Zielgruppe und Image, in: C. Scholz (Hrsg.), Handbuch Medienmanagement, Berlin – Heidelberg – New York, S. 761-787.

SCHOLZ, C. (1994): Die virtuelle Organisation als Strukturkonzept der Zukunft? Diskussionsbeitrag Nr. 30 des Lehrstuhls für Betriebswirtschaftslehre, insb. Organisation, Personal- und Informationsmanagement, Universität des Saarlandes, Saarbrücken.

SCHOLZ, C. (2007): Medienmanagement – Herausforderungen, Notwendigkeit und ein Bezugsrahmen, in: C. Scholz (Hrsg.): Handbuch Medienmanagement, Berlin – Heidelberg – New York, S. 11-71.

SCHOLZ, C. (2003): Spieler ohne Stammplatzgarantie. Darwiportunismus in der neuen Arbeitswelt, Weinheim.

SCHOLZ, C. (2000): Strategische Organisation. Multiperspektivität und Virtualität, 2. Auflage, Landsberg/Lech.

SIEBER, P. (1998): Virtuelle Unternehmen in der IT-Branche. Die Wechselwirkung zwischen Internet-Nutzung, Strategie und Organisation, Bern – Stuttgart – Wien.

SIEGERT, G. UND N. HAUTZINGER (2006): Marketing und Vermarktung unter Konvergenzbedingungen, in: M. Karmasin und C. Winter (Hrsg.): Konvergenzmanagement und Medienwirtschaft, München, S. 117-130.

SNOW, C. C., R. E. MILES UND H. J. JR COLEMAN (1992): Managing 21st Century Network Organizations in: Organizational Dynamics, 20 (Winter 1992), S. 5-20.

STRAUSS, B. (2007): Weblog als Herausforderung für das Customer Care, in: H. H. Bauer, D. Große-Leege und J. Rösger (Hrsg.): Interactive Marketing im Web 2.0+. Konzepte und Anwendungen für ein erfolgreiches Marketingmanagement im Internet, München, S. 251-266.

SUCKOW, C. (2007): Marketing im Web 2.0 – Neue Herausforderungen im Dialog mit dem Kunden, in: T. Kollmann und M. Häsel (Hrsg.): Web 2.0. Trends und Technologien im Kontext der Net Economy, Wiesbaden, S. 191-206.

ULRICH, H. (1978): Der systemorientierte Ansatz in der Betriebswirtschaftslehre, in: M. Schweitzer (Hrsg.): Auffassungen und Wissenschaftsziele der Betriebswirtschaftslehre, Darmstadt, S. 270–291.

VENKATRAMAN, N. UND J. C. HENDERSON (1996): The Architecture of Virtual Organizing: Leveraging Three Interdependent Vectors, Discussion Paper, Systems Research Center, Boston University School of Management, Boston.

WIEDMANN, K.-P., S. LANGNER UND N. HENNINGS (2007): Collaborated Marketing: Die motivationalen Treiber der konsumentenseitigen Beteiligung an Open Source-orientierten Marketingprojekten – Ergebnisse einer explorativen Studie, in: H. H. Bauer, D. Große-Leege und J. Rösger (Hrsg.): Interactive Marketing im Web 2.0+. Konzepte und Anwendungen für ein erfolgreiches Marketingmanagement im Internet, München, S. 127-149.

WRIGHT, J. (2006): Blog-Marketing als neuer Weg zum Kunden, Heidelberg.

ZERFAß, A. UND D. BOELTER (2005): Die neuen Meinungsmacher, Graz.

Heribert Gierl und Verena Hüttl

Die Berücksichtigung von Medienwirkungen in der Mediaplanung

1 Problemstellung 399

2 Redaktionelles Umfeld 400
   2.1 Kongruenz der Thematik des redaktionellen Umfelds
       mit der beworbenen Produktkategorie 400
   2.2 Verschmelzung von redaktionellem Umfeld und Produktwerbung 403
   2.3 Kongruenz der Tonalität des redaktionellen Teils und der
       Produktwerbung 405
   2.4 Kongruenz zwischen redaktionellem Umfeld und Werbeargument 407
   2.5 Unterbrechung des redaktionellen Umfelds durch Werbung 408

3 Konkurrenzumfeld 410

4 Art des Mediums 413
   4.1 Image des Mediums 413
   4.2 Geschenkfähigkeit des Mediums 418

5 Zusammenfassung 420

Die Berücksichtigung von Medienwirkungen in der Mediaplanung

1   Problemstellung

Der folgende Beitrag thematisiert Eigenschaften des Mediums, in dem Werbung platziert wird. Zu den wichtigsten Mediakategorien werden Zeitungen und Zeitschriften, Fernsehen und Rundfunk, Plakate und andere in der Öffentlichkeit sichtbare Werbeflächen (z. B. Busse), Schaufenster und Messen, Produktverpackungen, Direktwerbung, d.h. per Post oder Email versandte Werbebriefe, elektronische Medien wie z. B. Websites und Videospiele sowie Events wie bspw. Werksführungen oder in der Öffentlichkeit durchgeführte Veranstaltungen, in deren Rahmen geworben wird (z. B. Skirennen), gerechnet (Schweiger und Schrattenecker 2005, S. 280 ff.). Diese Liste könnte um weitere originelle Medien ergänzt werden wie z. B. T-Shirts mit Aufdruck und Filme mit Produktplacement. Auch der Verkäufer, der den Kunden berät, ist ein Werbemedium.

Auf Grund von Sachzwängen ist es für Werbetreibende im Einzelfall erforderlich, auf bestimmte Medien zu verzichten. So wird bspw. ein lokal tätiger Einzelhändler aus Kostengründen keine nationale TV-Werbung durchführen. Wenn die Werbeinhalte aus vielen technischen Informationen bestehen, wird das Medium „T-Shirt" ausscheiden. In dieser Abhandlung wird die Auswahl einer Mediakategorie, also z. B. TV vs. Internet, daher nicht tiefer gehend betrachtet; jedoch werden einige Überlegungen zum möglichen Werbeerfolg neuerer Medien, die in jüngerer Zeit Aufmerksamkeit erlangt haben, vorgestellt.

Drei wichtige Aspekte der Mediaplanung lauten:

- In welchem redaktionellen Umfeld soll Werbung platziert werden? Diese Frage ist insbesondere für Werbung in klassischen Medien (Printwerbung, TV und Rundfunk) relevant, aber auch bspw., wenn mit einem Banner auf einer Internetseite eines anderen Anbieters geworben wird.

- Soll im Werbekontext Konkurrenzwerbung enthalten sein, oder sollte ein Werbeumfeld gesucht werden, in welchem keine Konkurrenzwerbung vorliegt?

- Welche Rolle spielen das Image des Mediums und seine Geschenkfähigkeit?

Zu den eben genannten Fragen existiert teilweise sehr umfangreiche Forschung. Wir verzichten darauf, Studien vorzustellen, in denen die Aufmerksamkeitswirkung von Werbung in Abhängigkeit von Aspekten des Mediums (gemessen als Recognition- oder Recallwerte) oder die Glaubwürdigkeit und das Gefallen der Werbung untersucht wird. Wir konzentrieren uns vor allem auf Studien, in denen die Einstellung zum Werbeobjekt im Vordergrund steht. Abbildung 1-1 gibt einen Überblick über die Aspekte, die im Folgenden ausgeführt werden. Wir werden dazu häufig zitierte Forschungsergebnisse aus der Literatur vorstellen und die Erkenntnisse um Befunde aus einigen Experimenten, die wir zu dieser Thematik durchgeführt haben, ergänzen.

Abbildung 1-1: Übersicht über wichtige Aspekte des Mediums für die Mediaplanung

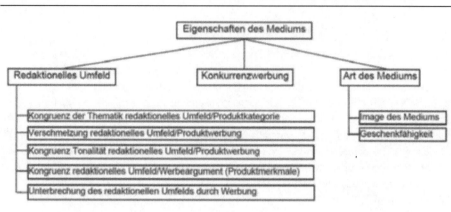

2 Redaktionelles Umfeld

Koschnick (2003, S. 2302) führt aus, dass mit dem Begriff „redaktionelles Umfeld" in den Studien der 80-er Jahren hauptsächlich der Tatbestand umschrieben wird, ob ein Medium zur beworbenen Produktkategorie passt (z. B. ein Produkt für Frauen in einer Frauenzeitschrift) und ob der redaktionelle Teil, der der Werbung vorausgeht (z. B. TV-Sendung über Pkw), mit dem Werbeobjekt (Automarke) stimmig ist. Wir unterscheiden diese Komponente der Mediaplanung im Folgenden noch genauer.

2.1 Kongruenz der Thematik des redaktionellen Umfelds mit der beworbenen Produktkategorie

Von Moorman, Nijens und Smit (2002) und Moore, Stammerjohan und Coulter (2005) stammen neuere Studien zur Frage, ob es von Vorteil ist, dass die beworbene Produktkategorie und die Thematik des Mediums „zusammenpassen". Die letztgenannten Autoren erklären den möglichen Effekt mit der Schemakongruenztheorie von Mandler (1982). Mandler nimmt an, dass Personen im Fall des Kontakts mit einem Stimulus urteilen, ob dieser zu einem vorhandenen Schema passt. Mit zunehmender Inkongruenz haben Personen steigende Schwierigkeiten, den neuen Reiz (hier: Werbung) zu

Die Berücksichtigung von Medienwirkungen in der Mediaplanung

interpretieren. Werbung für Autos in einer Autozeitschrift wäre in diesem Sinne passend, Werbung für Autos in einer Business-Zeitschrift moderat inkongruent und Werbung in einer Zeitschrift für „Wohnen und Garten" sehr inkongruent. Im Fall der moderaten Inkongruenz können Personen die Inkongruenz mit einer gewissen Wahrscheinlichkeit erfolgreich auflösen (im Beispiel: das Auto eignet sich auch für Manager), und das hierdurch bewirkte positive Gefühl könnte sich auf das Werbeobjekt übertragen. Insofern wird erwartet, dass ein umgekehrt u-förmiger Zusammenhang zwischen der Kongruenz zwischen Thematik der Zeitschrift und Produktkategorie einerseits und der Einstellung zur beworbenen Marke andererseits besteht. Moorman, Nijens und Smit (2002) unterschieden in ihren Experimenten jedoch nur geringe vs. hohe Kongruenz und ermittelten keinen Effekt der hier thematisierten Art von Kongruenz. Moore, Stammerjohan und Coulter (2005) testeten den Effekt, indem sie die Kongruenz in drei Kategorien einteilten. Sie positionierten auf einer Website alternative Werbebanner, die für Produkte warben, die mehr oder minder gut zur Produktkategorie, für die die Website warb, passten. Sie konnten den erwarteten Zusammenhang zeigen (vgl. Tabelle 2-1).

Tabelle 2-1: *Befunde eine Studie von Moore, Stammerjohan und Coulter (2005, S. 78)*

Medium	Kongruenz zwischen der Thematik des redaktionellen Umfelds und der beworbenen Produktkategorie		
	Banner für thematisch gut passendes Produkt („Camera Mart")	Banner für thematisch moderat passendes Produkt („Advanced Business Equipment")	Banner für thematisch sehr umpassendes Produkt („Body'n Action Fitness Club")
Website „The Buyer Guide: Choosing a Camera"	3,68	6,06	5,07

Skala von 1 = schlechte bis 9 = gute Bewertung der Werbung, N = 90.

Moore, Stammerjohan und Coulter (2005) prüften nur den Effekt auf die Einstellung zur Werbung. Daher führten wir zu dieser Thematik ein neues Experiment durch, welches darauf abzielte, die Wirkung auf die Einstellung zum Werbeobjekt zu testen.

Als Medium diente das Stadtmagazin „myheimat aichacher", welches unentgeltlich an Haushalte verteilt wird. Die Originalausgabe vom 23.02.2007, die 16 Seiten umfasste, wurde in vier Versionen verteilt, wobei jeder Haushalt nur eine Version erhielt. Die Seiten 9 und 12 waren manipuliert. Seite 9 enthielt in allen vier Versionen im unteren rechten Viertel eine Werbeanzeige eines Reisebüros, welches für eine Reise nach Südafrika warb, und Seite 12 zeigte in der unteren Hälfte eine Werbeanzeige für einen Anbieter von Sportevents. Die Versionen unterschieden sich dahingehend, ob in der oberen Hälfte von Seite 9 ein zur Werbung redaktionell gut oder schlecht passender Text enthalten war und wie die Tonalität dieses Texts war, d.h. ob er positive oder

Heribert Gierl und Verena Hüttl

negative Aspekte herausstellte. Die obere Hälfte von Seite 12 enthielt Hybridwerbung (Mischungen von redaktionellem Text und Werbung), wobei sich die vier Versionen dahingehend unterschieden, wie offensichtlich es für die Leser war, dass es sich dabei ebenfalls um Werbung handelte (dieser Aspekt wird in Kapitel 2-2 thematisiert). Insgesamt nahmen 140 Auskunftspersonen an einer Befragung teil. Sie unterschieden sich systematisch dahingehend, welche Version an sie zuvor zum Lesen verteilt worden war. Die Probanden erhielten vier Anzeigen im Rahmen der Befragung vorgelegt, worunter sich die zwei Testanzeigen (von den Seiten 9 und 12 des Stadtmagazins) und zwei nicht in dem Stadtmagazin enthaltene Anzeigen befanden. Die Personen mussten die in den vier Printanzeigen werbenden Anbieter anhand der Statements „interessant", „ansprechend", „gefällt mir", „bewerte ich positiv", „würde ich gerne machen" und „könnte ich mir vorstellen zu buchen" bewerten (7-stufige Skala, Cronbachs Alpha = 0,944). Tabelle 2-2 zeigt den Befund zur Wirkung der thematischen Kongruenz.

Tabelle 2-2: *Ergebnisse eines neuen Experiments zur Wirkung der Kongruenz des redaktionellen Umfelds und der beworbenen Produktkategorie*

Thematisch passender redaktioneller Teil		Thematisch nicht passender redaktioneller Teil	
Tonalität des redaktionellen Teils:			
positiv	negativ	positiv	negativ
• Bericht und Bilder über Metropolen und die landschaftliche Vielfalt in Südafrika	• Bericht und Bilder über die Armut, Kriminalität und Gewalt in Südafrika	• Bericht und Bilder über die Vorteile der Ernährung mit Bio-Produkten	• Beitrag und Bilder über die Gefahr, dass so genannte Bio-Produkte nicht immer tatsächlich Bio-Produkte sind
5,07 (35)	3,08 (35)	5,40 (35)	3,62 (35)

Skala: 1 = negative, …, 7 = positive Einstellung zum Reiseveranstalter, der eine Reise nach Südafrika bewirbt, in Klammern: Fallzahl.
ANOVA $F_{passend}$ = 3,910 (p < 0,05), $F_{Tonalität}$ = 72,070 (p < 0,001), $F_{passend \times Tonalität}$ = 0,224 (n.s.)

Die Befunde zur Wirkung der Tonalität des redaktionellen Teils werden in Abschnitt 2-3 thematisiert. Zum hier diskutierten Aspekt, der Kongruenz von redaktionellem Teil und beworbener Produktkategorie, ist festzustellen, dass das themenfremde Umfeld eine positivere Einstellung zum Werbeobjekt bewirkte. Wir vermuten, dass zwischen dem themenfremden Umfeld (Bioprodukte) und der Werbung für eine Reise nach Südafrika doch gewisse Ähnlichkeiten bestehen (Naturbilder); die Inkongruenz war offensichtlich nicht so hoch, als dass sie die Probanden nicht hätten bewältigen können. Der daraus resultierende positive Affekt könnte erklären, warum das themenfremde Umfeld von Vorteil für die Bewertung des Reiseanbieters war.

2.2 Verschmelzung von redaktionellem Umfeld und Produktwerbung

Es ist möglich, dass sich das redaktionelle Umfeld stark von Werbung abgrenzt (z. B. Werbeblöcke im ZDF) oder dass beide vermischt werden (z. B. Präsentation eines Audi in der ZDF-Sendung „Wetten, dass …"). Zwischen positiven Berichten über Firmen durch Journalisten und Produktwerbung im selben Medium besteht ein fließender Übergang. Cameron und Haley (1992), Balashbramanian (1994), van Reijmersdahl, Neijens und Smit (2005) thematisieren, ob diese Art von Werbung seitens der Konsumenten akzeptiert wird. Einerseits wird argumentiert, dass Hybridformen eine höhere Glaubwürdigkeit aufweisen als „pure Werbung", weswegen ein positiver Effekt dieser Werbung vermutet wird. Andererseits tritt die Gefahr auf, dass Konsumenten sich durch Hybridwerbung in besonderem Maße manipuliert fühlen. Allerdings mangelt es nach unseren Recherchen an Erkenntnissen, ob die Bewertung einer Marke tatsächlich insgesamt positiver oder negativer ausfällt, wenn anstelle von Produktwerbung eine Hybridform verwendet wird. Im Folgenden skizzieren wir die Ergebnisse von zwei neuen Experimenten.

Im eben vorgestellten Experiment, in dem Seiten eines Stadtmagazins manipuliert worden waren (Beschreibung vgl. Kapitel 2-1), befand sich auf Seite 12 Hybridwerbung. Die vier Versionen des Stadtmagazin enthielten in der oberen Hälfte jeweils einen vermeintlich redaktionellen Beitrag und in der unteren Hälfte Werbung für einen Sporteventveranstalter. Dass es sich bei der oberen Hälfte ebenfalls um Werbung handelte, war in den vier Versionen in unterschiedlich hohem Ausmaß erkennbar. In der einen Extremvariante war der „redaktionelle Text" lediglich mit dem Wort „Anzeige" gekennzeichnet (diese Werbeform wird zuweilen als Advertorial bezeichnet). In der anderen Extremvariante waren zusätzlich die Bilder des „redaktionellen Teils" mit den Bildern der Werbeanzeige identisch, der Name des Werbetreibenden war als Autor des „redaktionellen Texts" genannt, das Logo des Werbetreibenden war auch im „redaktionellen Teil" enthalten, und die Hintergrundfarben beider Teile der Seite waren identisch. Tabelle 2-3 zeigt den Befund aus dieser Studie.

Es wird ein u-förmiger Verlauf zwischen der Offensichtlichkeit, dass der „redaktionelle Teil" Werbung ist, und der Bewertung des Werbeobjekts ersichtlich. Wenn die Offensichtlichkeit gering ist, wird der „redaktionelle Teil" nicht als Werbung erkannt, und der positive Glaubwürdigkeitsaspekt könnte zu der positiven Bewertung führen. Ist die Offensichtlichkeit dagegen sehr hoch, sehen die Konsumenten vermutlich keine Manipulationsabsicht, so dass der „redaktionelle Teil" die Werbewirkung erhöht, weil mehr Inhalte übermittelt werden. Dass die beiden Zwischenformen zu einer vergleichsweise geringeren Werbewirkung führten, kann auf die von den Probanden unterstellte Manipulationsabsicht zurückgeführt werden.

Heribert Gierl und Verena Hüttl

Tabelle 2-3: *Ergebnisse eines neuen Experiments zur Wirkung der Offensichtlichkeit, dass der „redaktionelle Teil" ebenfalls Werbung ist*

Offensichtlichkeit, dass der redaktionelle Teil ebenfalls Werbung ist			
gering	moderat	hoch	sehr hoch
• Redaktioneller Teil enthält Zusatz „Anzeige" in de rechten Ecke des Textfeldes	• „Anzeige" & drei Bilder im redaktionellen Teil und im Werbetext identisch	• „Anzeige" & „drei Bilder" & der Anbieter als Autor des redaktionellen Teils angegeben	• „Anzeige" & „drei Bilder" & „Autor" & redaktioneller Teil enthält Logo des Werbetreibenden, und die Hintergrundfarbe von redaktionellem Teil und Werbeanzeige sind identisch
5,43 (35)	4,60 (35)	4,06 (35)	5,36 (35)

Skala: 1 = negative, …, 7 = positive Einstellung zum Sporteventveranstalter, in Klammern: Fallzahl
ANOVA $F_{Offensichtlichkeit}$ = 6,707 (p < 0,001).

In einem weiteren Experiment, welches in 2008 stattfand und ebenfalls die Werbewirkung von hybriden Werbeformen testen sollte, sahen Studentinnen Werbung für eine Handtasche von Guess, für ein T-Shirt der Marke Ed Hardy und für einen MP3-Player von Sony. Weiterhin unterschieden sich die Auskunftspersonen dahingehend, ob sie die Werbung in Form von Produktwerbung mit prominentem Testimonial oder in Form eines redaktionellen Beitrags über die Prominenten, welche das Produkt verwendeten, sahen (Celebrity Placement). Abbildung 2-1 zeigt die verwendeten Werbestimuli. Die Probandinnen mussten nach dem Werbekontakt die Marken mit Hilfe der Statements „gutes Produkt", „qualitativ hochwertig", „würde ich kaufen", „weiterempfehlen" (7-er Skala, Cronbachs Alpha = 0,920) bewerten. Tabelle 2-4 gibt den Befund der Studie wieder. Das Ergebnis zeigt, dass die Bewertung des Werbeobjekts positiver ausfiel, wenn anstelle von Produktwerbung eine Hybridform der Werbung verwendet wurde. Eine Erklärung für diesen Effekt ist, dass Celebrity Placement als weniger manipulierend als Produktwerbung empfunden wird.

Tabelle 2-4: *Ergebnisse eines neuen Experiments zur Wirkung von Celebrity Placement*

	Fiktives Testimonial	Fiktives Medium	Produktwerbung mit Testimonial	Celebrity Placement	t-Wert	Signifikanz
Handtasche von Guess	Christina Aguilera	InStyle	3,54 (40)	4,12 (40)	1,715	p < 0,10
T-Shirt von Ed Hardy	Madonna	In Touch	3,30 (40)	3,87 (40)	1,664	p < 0,10
MP3-Player von Sony	Gwen Stefanie	Glamour	4,11 (40)	4,40 (40)	0,893	p > 0,10
Gesamt			3,65 (120)	4,13 (120)	2,452	p < 0,01

Skala: 1 = negative, …, 7 = positive Bewertung der Marke, in Klammern: Fallzahl.

Die Berücksichtigung von Medienwirkungen in der Mediaplanung

Abbildung 2-1: Stimulusmaterial in einem Experiment zu Celebrity Placement[1]

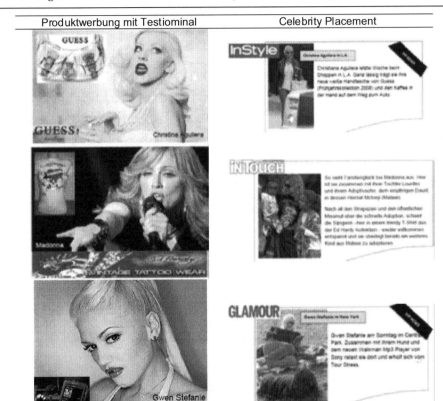

2.3 Kongruenz der Tonalität des redaktionellen Teils und der Produktwerbung

In der Literatur zur Wirkung des redaktionellen Umfelds wird zuweilen kognitives und affektives Priming unterschieden. Mit kognitivem Priming wird der Tatbestand bezeichnet, dass der Inhalt bzw. die Thematik des redaktionellen Umfelds und die beworbene Produktkategorie mehr oder minder gut zusammenpassen. Mit affektivem Priming wird der Tatbestand beschrieben, dass das redaktionelle Umfeld bestimmte

---

[1] Zu den Bildquellen vgl. die ausführlichen Angaben am Ende des Literaturverzeichnisses.

Heribert Gierl und Verena Hüttl

Gefühle bewirken kann, die sich auf die Werbung und das beworbene Produkt übertragen (Yi 1990). Diese Gefühle lassen sich nach Art und Richtung unterscheiden.

De Pelsmacker, Geuens und Anckaert (2002) zielten in einem Experiment darauf ab, die *Art der Gefühle*, die aufgrund des redaktionellen Umfelds entstehen, zu manipulieren. Sie unterschieden die Gefühle „warm feelings" und „humorous". Einen Bericht über eine Reise zum Kennenlernen der italienischen Gastronomie sahen die Autoren als typisch an, um „warm feelings" zu erzeugen, und eine Folge der TV-Serie „Die Simpsons" als typisch, um eine Humorreaktion auszulösen. Die Kontrollgruppe sah eine sachlich gestaltete Dokumentation über ägyptische Pyramiden. Nach dem Kontakt mit entsprechenden redaktionellen Inhalten sahen Auskunftspersonen Werbung für verschiedene Produkte, die sich ebenfalls im Hinblick auf die Tonalität der Werbung unterschieden („warm feelings", „humorvoll" und „informativ"). Die Autoren konnten nicht feststellen, dass es von Vor- oder Nachteil ist, bestimmte Tonalitäten des redaktionellen Umfelds mit denselben oder anderen Tonalitäten der Werbung zu kombinieren.

Yi (1990) führte ein Experiment durch, in dem die *Richtung der Gefühle*, die das Werbeumfeld erzeugt, variiert wurde. Die getestete Werbeanzeige zeigte ein Auto, dessen Besonderheit die Größe war. Ein Pretest hatte ergeben, dass dieses beworbene Attribut mit positiven Konnotationen („sicheres Auto") und negativen Konnotationen („Auto mit hohem Benzinverbrauch") verbunden wird. Hinsichtlich des redaktionellen Textes, den die Probanden zuvor lasen, unterschieden sich die Probanden. Ein Teil der Probanden las einen Bericht über die Sicherheit von Flugreisen, ein anderer eine Reportage über die Tätigkeit von Unternehmen im Ölgeschäft, wobei sich die Gruppen weiterhin dahingehend unterschieden, ob der Bericht eher positive oder negative Aspekte der Sicherheit von Flugreisen bzw. des Ölgeschäfts hervorhob. In einer Replikationsstudie wurde auch das Wissen der Konsumenten in der Kategorie Auto berücksichtigt (Yi 1993). Yi stellte fest, dass der Tatbestand, ob der redaktionelle Teil positive oder negative Gefühle bewirkt, keinen Effekt auf die Einstellung zum beworbenen Produkt ausübt (Tabelle 2-5).

Tabelle 2-5: *Ergebnisse der Studie von Yi (1990b, S. 45)*

Redaktionelles Umfeld erzeugt positive Gefühle		Redaktionelles Umfeld erzeugt negative Gefühle	
redaktionelles Umfeld passt zu positiven Produkteigenschaften	redaktionelles Umfeld passt zu negativen Produkteigenschaften	redaktionelles Umfeld passt zu positiven Produkteigenschaften	redaktionelles Umfeld passt zu negativen Produkteigenschaften
3,69 (18)	3,06 (18)	3,57 (18)	2,85 (18)

Skala: 1 = negative bis 7 = positive Bewertung der Marke, in Klammern: Fallzahl

In dem Experiment, welches in Abschnitt 2-1 dargestellt worden war (Manipulation von einzelnen Seiten eines Stadtmagazins), war ebenfalls die *Richtung der Gefühle* im Sinne von positiv vs. negativ, die der redaktionelle Teil induziert, variiert worden. Tabelle 2-2 zeigt, dass – konträr zu den Ergebnissen von Yi – positive (vs. negative) Gefühle, die der redaktionelle Kontext induziert, in bemerkenswert starkem Maß auf das jeweilige Werbeobjekt übertragen werden. Wir erklären den Befund von Yi, wonach der Bericht über Misserfolge von Unternehmen im Ölgeschäft keinen deutlichen negativen Effekt auf die Bewertung des Werbeobjekts (Auto) hatte, damit, dass dieses redaktionelle Umfeld eine zu geringe persönliche negative Betroffenheit auslöste.

2.4 Kongruenz zwischen redaktionellem Umfeld und Werbeargument

In Abschnitt 2-1 war die Kongruenz zwischen Werbeumfeld und beworbener Produktkategorie betrachtet worden. Im eben vorgestellten Experiment von Yi (1990) war eine weitere Art von Kongruenz variiert worden: die Kongruenz zwischen Werbeumfeld und dem beworbenen Produktargument. Yi stellte fest, dass es von Vorteil ist, wenn das redaktionelle Umfeld Themengebiete behandelt, die Ähnlichkeiten mit den Eigenschaften aufweisen, bei denen das beworbene Produkt Vorteile besitzt (im Fallbeispiel: Sicherheit beim Fliegen als Kontext, Sicherheit des Autos als positives Werbeargument). Demgegenüber ist es von Nachteil, wenn der redaktionelle Teil Themen anspricht, die Gemeinsamkeiten mit Nachteilen des beworbenen Produkts aufweisen (im Fallbeispiel: Ölgeschäft als Kontext, Benzinverbrauch des Autos als dessen Nachteil).

Das Experiment von Coulter und Sewall (1995) war dem Experiment von Yi (1990) sehr ähnlich. Die Probanden lasen zuerst einen mehrseitigen Zeitschriftenartikel zum Thema „Rückgang der weltweit verfügbaren Energieressourcen". Anschließend sahen sie eine von drei Versionen einer Werbung für ein Auto; die drei Versionen unterschieden sich dahingehend, inwieweit das Werbeargument passend zum redaktionellen Kontext gewählt worden war (Tabelle 2-6).

Heribert Gierl und Verena Hüttl

Tabelle 2-6: *Ergebnisse der Studie von Coulter und Sewall (1995, S. 180)*

Kontext: Energiesparen ist eine wichtige gesellschaftliche Aufgabe:		
Werbeargument passt zum Kontext (Auto verbraucht wenig Benzin)	Werbeargument widerspricht Kontext (Auto ist sehr groß und geräumig)	Werbeargument steht in neutraler Beziehung zum Kontext (Auto bietet Fahrvergnügen)
5,30 (20)	2,52 (20)	3,08 (20)

Skala: 1 = negative bis 7 = positive Bewertung des Auto, in Klammern: Fallzahl.
Anmerkung: Diese Befunde wurden für die High-Involvement-Gruppe erzielt.
Für die Low-Involvement-Gruppe ergaben sich keine unterschiedlichen Bewertungen.

Auch diese Studie bestätigt den Befund, dass es vor- bzw. nachteilig für den Werbeerfolg ist, wenn das redaktionelle Umfeld Gedanken an die Vor- bzw. an die Nachteile eines Werbeobjekts auslöst.

2.5 Unterbrechung des redaktionellen Umfelds durch Werbung

Eine insbesondere für die TV-Werbung wichtige Frage lautet, ob Werbung einen redaktionellen Beitrag unterbrechen darf oder ob Werbung am Anfang bzw. am Ende von Programmteilen zu platzieren ist. Der naheliegende Vorteil einer Platzierung eines Werbeblocks in der Mitte eines Spielfilms oder eines Sportevents besteht naturgemäß darin, dass vergleichsweise viele Zuseher das Programm weiter betrachten, d.h. als TV-Zuseher nicht zu einem anderen Sender wechseln, um die Werbung zu umgehen.

Es wird als problematisch erachtet, wenn Personen im Prozess des „Transportation" eine Unterbrechung erleben. Green und Brock (2000, S. 701) definieren diesen Prozess als „convergent process, where all mental systems and capacities become focused on events occurring in the narrative". Zuschauer eines TV-Films könnten vom Film so gebannt sein, dass sie Störungen als unangenehm empfinden und dieses negative Gefühl auf das beworbene Produkt übertragen, das sie als Ursache für die Unterbrechung der Spannung erleben. Wang und Calder (2006, S. 152) vermuten, dass Werbung zu Beginn oder am Ende eines Films diesen negativen Effekt vermeidet.

Als klassisches Experiment hierzu wird auf die Studie von Soldow und Principe (1981) verwiesen. Diese Autoren integrierten Werbung für ein Reinigungsmittel, ein Lebensmittel und ein Auto in eine Werbeunterbrechung einer spannenden TV-Serie und in eine Unterbrechung einer wenig spannenden Serie. Eine Kontrollgruppe sah nur die Werbung ohne ein TV-Umfeld. Die Ergebnisse zeigt Tabelle 2-7. Es wird deutlich, dass eine Unterbrechung einer Spannung einen negativen Effekt auf die Werbewirkung hat.

Die Berücksichtigung von Medienwirkungen in der Mediaplanung

Tabelle 2-7: *Ergebnisse der Studie von Soldow und Principe (1981, S. 64)*

Werbung ist ein Werbeblock in einer spannenden TV-Serie	Werbung ist ein Werbeblock in einer weniger spannenden TV-Serie	Werbung wird nicht in eine TV-Serie integriert
1,45	2,28	2,56

Skala von 1 = geringe, ..., 7 = hohe Kaufabsicht, N = 87, Daten sind über Produkte aggregiert.

An Anlehnung an Experimente von Wang und Calder (2006) führten wir zwei neue Experimente durch, um zu analysieren, ob sich die Positionierung einer Werbung am Anfang oder am Ende eines Films oder eines anderen redaktionellen Beitrags positiver auf die Einstellung zum Werbeobjekt auswirkt als die Positionierung inmitten einer als spannend erlebten Passage einer TV-Sendung.

Im ersten Experiment diente die Folge „Und der Mörder ist…" der Comic-Serie „Die Simpsons" und im zweiten eine Folge der RTL-Quizsendung „Wer wird Millionär" als Kontext. Die Werbeblöcke und die Sendung (d.h. Film oder Quiz) sahen die Auskunftspersonen auf einem PC, da der Originalbeitrag des Fernsehens manipuliert wurde. Die Auskunftspersonen wurden in drei Gruppen eingeteilt: eine erste Gruppe sah Werbung vor der Sendung, eine zweite Gruppe sah Werbung an der spannendsten Stelle der Sendung – die spannenden Stellen waren vorab per Pretest ermittelt worden –, und eine dritte Gruppe sah die Werbung am Ende der Sendung. Im Fall „Die Simpsons" bestand der Werbeblock aus TV-Spots für „Fisherman's Friend", „m&m's" und „Mini von BMW". Im Fall der Quizsendung bestand die Werbung aus einem TV-Spot für den österreichischen Telekommunikationsanbieter „Drei". Im Anschluss an die Präsentation wurden die Personen zuerst durch einige Fragen abgelenkt. Sodann mussten sie die beworbenen Marken bewerten. Die Statements lauteten „mag ich", „attraktiv", „sehr gut", „sympathisch", „interessant", „gefällt mir" „würde kaufen/Vertrag abschließen" (7-stufige Skalen, Cronbachs Alpha = 0,878). Abschließend mussten sie angeben, als wie spannend sie die Sendung empfunden hatten (Transportation). Die Statements lauteten im Fall des Kontakts mit dem Film „Die Simpsons": „Umgebung nicht wahrgenommen", „auf Film konzentriert", „wollte wissen, wie es ausgeht", „an etwas anderes gedacht" (rekodiert) und „konnte mich in die Geschichte hineinversetzen" (7-stufige Skala, Cronbachs Alpha = 0,842). Im Fall des Betrachtens der Quizsendung waren sie wie folgt formuliert: „Ich habe mich vollständig auf die Sendung ‚Wer wird Millionär' konzentriert", „Ich wollte die Lösungen der Fragen unbedingt wissen", „Während der Sendung ‚Wer wird Millionär' war ich mit meinen Gedanken ganz woanders" (rekodiert), „Ich konnte mich sehr gut in den Kandidaten hineinversetzen", „Die Sendung ‚Wer wird Millionär' hat mich in ihren Bann gezogen" und „Ich habe die Sendung ‚Wer wird Millionär' aufmerksam verfolgt" (7-stufige Skala, Cronbachs Alpha = 0,882). An der ersten Studie beteiligten sich 180 Personen im Alter zwischen 18 und 35, und am zweiten Experiment wirkten 105 Studenten mit. Die Probanden wur-

Heribert Gierl und Verena Hüttl

den am Median der Variable „Transportation" in zwei Gruppen geteilt, so dass ein 3 (Position der Werbung) x 2 (Transportation) between-subjects Design vorlag. Tabelle 2-8 zeigt das Ergebnis dieser Experimente.

Diese Studie liefert den Befund, dass sich eine Platzierung von Werbung an einer spannenden Stelle einer Sendung negativ auf die Bewertung des Produkts auswirkt. Selbst die Personen, die den Film bzw. die Quizsendung als vergleichsweise wenig spannend empfunden haben (Transportation gering), beurteilten das beworbene Produkt weniger positiv als die Personen, die beim Betrachten einer Sendung nicht durch Werbung unterbrochen wurden.

Tabelle 2-8: *Ergebnisse eines neuen Experiments zur Wirkung der Platzierung von Werbung vor, mitten oder nach einer Sendung*

	Transportation gering			Transportation hoch		
	Position der Werbung:					
	vor dem Film	an der span-nendsten Stelle	nach dem Film	vor dem Film	an der span-nendsten Stelle	nach dem Film
Fisherman's Friend	3,67 (30)	3,18 (30)	3,83 (30)	4,22 (30)	3,78 (30)	4,27 (30)
m&m's	4,60 (30)	3,60 (30)	4,51 (30)	4,65 (30)	4,36 (30)	4,73 (30)
Mini von BMW	4,27 (30)	3,82 (30)	3,96 (30)	4,53 (30)	4,54 (30)	4,45 (30)
Telekommunikations-anbieter „Drei"	3,33 (17)	2,50 (17)	2,68 (17)	3,71 (18)	2,94 (18)	3,24 (18)

Skala: 1 = negative, ..., 7 = positive Einstellung zur beworbenen Marke, in Klammern: Fallzahl.

3 Konkurrenzumfeld

Eine zweite wichtige Eigenschaft eines Mediums besteht darin, dass dieses Medium auch Werbung für die Konkurrenz enthalten kann. Auch hierzu existiert eine Fülle an Forschung, wobei die Ergebnisse in der Tendenz besagen, dass Werbung in einem intensiven Konkurrenzumfeld eine vergleichsweise geringere Aufmerksamkeit für ein beworbenes Produkt zur Folge hat (z. B. Burke und Srull 1988, Kent und Allen 1993, Pieters und Bijmolt 1997).

In Bezug auf die Frage, wie sich im Umfeld gesehene Konkurrenzwerbung darauf auswirkt, wie Konsumenten das Zielprodukt *bewerten*, existiert vergleichsweise weniger Forschung. Positive Aspekte von Konkurrenzwerbung bestehen darin, dass Personen für eine bestimmte Produktkategorie sensibilisiert werden. In Spezialzeitschriften könnten Konsumenten sogar gezielt Werbung für alternative Produkte suchen. Der

Die Berücksichtigung von Medienwirkungen in der Mediaplanung

negative Aspekt von Konkurrenzwerbung ergibt sich daraus, dass der Rezipient von Werbung erkennt, dass Wettbewerber Vorteile bieten, die das eigene Produkt möglicherweise nicht aufweist. Zwei typische Experimente werden im Folgenden vorgestellt:

Burke und Srull (1988) zeigen 96 Personen eine Serie von 22 Werbeanzeigen. Das Experiment war ein 4 (reale Zielprodukte: Armbanduhr, Laufschuh, Bier, Pkw) x 3 (Anzahl, wie oft Werbung für das Zielprodukt in der Serie enthalten war: einmal an Position 14 vs. zweimal an den Positionen 9 und 14 vs. dreimal an den Positionen 4, 9 und 14) x 4 (Anzahl der Konkurrenten, für die ebenfalls Werbung zu sehen war: keine vs. für einen an Position 20 vs. für zwei an den Positionen 16 und 20 vs. für drei an den Positionen 12, 16 und 20). Die Probanden mussten im Anschluss an die Präsentation der 22 Werbeanzeigen das jeweilige Zielprodukt bewerten und die Kaufabsicht auf Ratingskalen angeben. Die Autoren berichten, dass weder die Kontakthäufigkeit mit dem Zielprodukt noch die Anzahl der Wettbewerber einen Effekt auf dessen Beurteilung hatte.

Ein Experiment von Malaviya, Meyers-Levy und Sternthal (1999) war ähnlich aufgebaut. 91 Studenten sahen eine Serie von 22 Printanzeigen, darunter eine Anzeige für ein Faxgerät von Epson (Zielprodukt). Die Probanden wurden nach einem 2 (Häufigkeit der Epson-Anzeige in der Serie: 1 vs. 3) x 2 (Konkurrenzanzeigen: keine vs. eine Werbung für Sharp und eine Werbung für Canon) in vier Gruppen eingeteilt, und sie mussten das Zielprodukt bewerten. Diese Studie lieferte den Befund, dass sich Konkurrenzwerbung nachteilig darauf auswirkt, wie das Zielprodukt bewertet wird (Tabelle 3-1).

Tabelle 3-1: *Ergebnisse der Studie von Malaviya, Meyers-Levy und Sternthal (1999, S. 111)*

Keine Konkurrenzwerbung		Werbung für zwei Konkurrenten	
ein Kontakt mit Zielanzeige	drei Kontakte mit Zielanzeige	ein Kontakt mit Zielanzeige	drei Kontakte mit Zielanzeige
4,91	5,04	4,72	4,60

Skala: 1 = negative Einstellung, 7 = positive Einstellung zum Zielprodukt, N = 91.

Keller (1991) untersuchte, ob die Antwort auf die Frage, ob sich Konkurrenzwerbung im Umfeld einer Zielwerbung negativ auf die Einstellung zum Zielprodukt auswirkt, davon abhängt, ob die Werbung für das Zielprodukt besser oder schlechter gestaltet ist als die Werbung für die Konkurrenzprodukte. 145 Studenten konnten eine Broschüre, die neun Werbeanzeigen enthielt, durchsehen. Diese Werbeanzeigen zeigten fiktive Marken aus den Bereichen Waschmittel, Frühstückscerealien, Schmerzmittel und Zahnpasta. Jeweils eine Marke pro Kategorie war die „Zielmarke". Die Personen

Heribert Gierl und Verena Hüttl

wurden systematisch dahingehend eingeteilt, ob sie neben Werbung für die Zielmarke noch weitere Werbeanzeigen für Marken aus derselben Kategorie sahen (und gegebenenfalls für wie viele) und ob die Werbung für die Zielmarke bzw. die Werbung für die Konkurrenzmarke gut oder schlecht gestaltet war. Anschließend sahen die Probanden eine Ansicht der Produktverpackung, wobei als eine weitere – für diesen Beitrag nicht relevante – Treatmentvariable dahingehend unterschied, ob diese Attrappe ein kleines Schwarz-Weiß-Foto der Werbeanzeige enthielt oder nicht. Die Einstellung zur beworbenen Marke wurde mittels 7-stufiger Skalen erfasst (bad-good, unpleasant-pleasant, dislikable-likable, low quality-high quality). Tabelle 3-2 zeigt das Ergebnis.

Der Befund von Keller besagt, dass sich im Fall einer gut gestalteten Werbung für ein Zielprodukt Konkurrenzwerbung nur dann nicht negativ auswirkt, wenn das Werbemittel aus der Printwerbung auch in die Produktverpackung integriert wird. Wird sie hingegen nicht in die Verpackung integriert, so verschlechtert Werbung für Konkurrenzmarken die Einstellung zur Zielmarke. Ist die Werbung für die Zielmarke hingegen eher schlecht gestaltet – so legen die Aussagen von Keller nahe –, so sollte der Kontext von gut gestalteter Konkurrenzwerbung gezielt gesucht werden; diese Folgerung erscheint allerdings kontraintuitiv zu sein. Das Zustandekommen eines derartigen Befunds könnte man vielleicht damit erklären, dass die Probanden im vorliegenden Experiment die Zielmarken mit den Konkurrenzmarken verwechselten.

Tabelle 3-2: *Ergebnisse der Studie von Keller (1991, S. 472)*

Qualität der Gestaltung der Anzeige für die Zielmarke	Bild der Anzeige auf der Produktverpackung	Konkurrenzwerbung				
		keine	eine gut gestaltete	eine schlecht gestaltete	eine gut und zwei schlecht gestaltete	eine schlecht und zwei gut gestaltete
gut	ja	4,78	4,58	4,86	4,63	-
	nein	4,72	4,25	4,47	4,05	-
schlecht	ja	3,46	3,82	-	-	4,28
	nein	2,83	3,64	-	-	3,61

Skala: 1 = negative Einstellung zur Marke, 7 = positive Einstellung zur Marke, N = 145 insgesamt.

Zusammenfassend ist festzuhalten, dass sich die Existenz von Konkurrenzwerbung nicht nur auf die Aufmerksamkeitswirkung, sondern ceteris paribus – von Spezialfällen abgesehen – auch auf die Bewertung des Zielprodukts negativ auswirkt.

4 Art des Mediums

4.1 Image des Mediums

Eine weitere für die Mediaplanung interessante Frage lautet, ob es möglich ist, dass das beworbene Produkt vom „Image" des Mediums profitiert. Verschiedene Medien erzeugen unterschiedliche Assoziationen. Beispielsweise wird Fachzeitschriften eine höhere Glaubwürdigkeit beigemessen als Boulevardblättern. Manche Internetauftritte können technisch anspruchsvoll anmuten; dieser Eindruck könnte sich auf das auf einer entsprechend gestalteten Website beworbene Produkt übertragen.

Im Folgenden wird an einigen Beispielen gezeigt, dass das Medium derartige Spill-over-Effekte auslösen kann, so dass ein Produkt attraktiver erscheint.

Dahlén (2005) untersuchte, ob sich das Image von Eierschalen und das von Fahrstühlen als Werbeträgern auf die Bewertung mittels dieser Medien beworbener Produkte auswirken. Sie nahmen an, dass Eierschalen das Image des Schutzes für etwas Schutzbedürftiges haben und Fahrstühle Assoziationen wie „uplifting" erzeugen. Insofern postulierte der Autor, dass Produkte, deren Nutzen im Schutz vor Unannehmlichkeiten besteht, vom Image des Werbeträgers „Eierschale" profitieren. Das Image von Produkten, deren Nutzen in einer Art „Steigerung" besteht, könnte durch das Image des Werbeträgers „Fahrstuhl" positiv beeinflusst werden (vgl. auch Dahlén und Edenius 2007). Eine Werbung für eine Versicherung platzierte der Autor alternativ in einer Zeitung, auf einem Ei (ungewöhnlich-passend) und auf den Knöpfen eines Fahrstuhls (ungewöhnlich-unpassend). Eine Werbung für einen Energy Drink zeigte er ebenfalls in einer Zeitung, auf einem Ei (ungewöhnlich-unpassend) und auf den Knöpfen eines Fahrstuhls (ungewöhnlich-passend). Das Ergebnis dieser Studie zeigt Tabelle 4-1. Es wird ersichtlich, dass die auf einer Eierschale beworbene Versicherung und der im Kontext eines Fahrstuhls beworbene Energy Drink vergleichsweise positiv bewertet werden, was die These, dass das Medium einen Spillover-Effekt auf das Werbeobjekt bewirkt, stützt.

Tabelle 4-1: *Ergebnisse der Studie von Dahlén (2005, S. 94 f.)*

| | Gewöhnliches Medium (Zeitung) | Ungewöhnliches Medium | | | |
| | | Eierschale | | Knöpfe auf einem Fahrstuhl | |
		zum Produkt passend	nicht zum Produkt passend	zum Produkt passend	nicht zum Produkt passend
Versicherung	3,26	3,75	-		3,23
Energy Drink	2,76	-	2,80	3,35	-

Skala: 1 = negative, …, 7 = positive Bewertung der Marke, N = 598.

Heribert Gierl und Verena Hüttl

Mit den beiden im Folgenden vorgestellten Experimenten sollte die Wirkung des Mediums „Computerspiel" auf die Einstellung zum Werbeobjekt analysiert werden.

Im ersten Experiment wählten wir „Pacman" als Medium. Das Prinzip dieses von Toru Iwatani im Jahr 1980 entwickelten Spiels besteht darin, die als „Pacman" bezeichnete Figur durch ein Labyrinth zu steuern, in dem „Punkte herumliegen" und in welchem plötzlich „Feinde" auftreten, die ihn am Sammeln der Punkte hindern. Als Werbeobjekt diente eine Anti-Katerpille namens Cure-X, deren Zielgruppe jüngere Konsumenten sind, die den Kater am Tag nach dem „Party Feiern" beseitigen möchten. Für das Experiment wurden im Rahmen einer online Befragung fünf Experimentalgruppen gebildet:

- Gruppe 1 spielte eine aktuelle Originalversion von Pacman (N = 30),

- Gruppe 2 sah Printwerbung für Cure-X (N = 31),

- Gruppe 3 spielte Pacman, wobei einige zu sammelnde Punkte durch das Cure-X Symbol ausgetauscht worden waren (N = 36),

- Gruppe 4 spielte ebenfalls diese Version, wobei die zu sammelnden Punkte teils durch Biergläser und teils durch das Cure-X Symbol ersetzt waren (N = 30), und

- Gruppe 5 spielte das Spiel, in welchem die zu sammelnden Punkte durch das Cure-X Symbol und durch Spirituosenflaschen, die das Etikett von sehr gut bekannten Marken trugen, ersetzt waren (N= 42).

Das Ziel des im Jahr 2006 durchgeführten Experiments war es zu prüfen, ob sich das Image des Pacman-Spiels auf die den Auskunftspersonen unbekannte Marke Cure-X überträgt. Die Probanden waren zwischen 14 und 48 Jahren alt. Auf der Basis der Statements „zeitgemäß", „modern", „fortschrittlich", „cool", „aufregend" und „jugendlich" (7-stufige Skala, Cronbachs Alpha = 0,844) mussten sie die Originalversion von Pacman (Gruppe 1) bzw. die Marke „Cure-X" (Gruppen 2 bis 5) bewerten. Die mittleren Bewertungen des Spiels sowie der Marke sind in Abbildung 4-1 aufgeführt.

Die Berücksichtigung von Medienwirkungen in der Mediaplanung

Abbildung 4-1: Assimilation der unbekannten Marke Cure-X an die Bewertung des Computerspiels „Pacman"

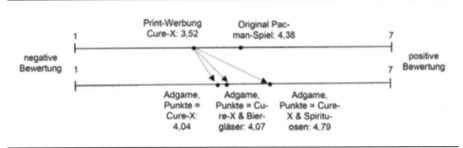

Diese Grafik zeigt auf der oberen Linie, dass das Pacman-Spiel positiver bewertet wird als das Produkt Cure-X auf Basis der Printwerbung (4,38 > 3,52, t = 2,893, p < 0,01). Wird Cure-X im Medium „Pacman-Spiel" beworben, assimiliert sich die Bewertung von Cure-X an die Bewertung von Pacman (4,04 > 3,52, t = 1,669, p < 0,05). Im Fall der Integration von Spirituosenmarken in den Werbeträger scheint Cure-X noch zusätzlich von deren Image zu profitieren.

Im zweiten Experiment wählten wir weitere vier zum Zeitpunkt der Studie (2007) gut bekannte Computerspiele und integrierten darin die Mineralölmarke Shell und die Restaurantkette Mc Donald's. Die Marke Shell wurde in die Computerspiele „Need for Speed: Most Wanted" und „Star Wars: Empire at War" integriert, und die Marke „Mc Donald's" wurde in die Computerspiele „World of Warcraft" und „Mafia" eingebunden. Neben der Variation des Spiels, in die die Marken jeweils eingebunden wurden, war auch der Integrationsgrad der Marke in das Spiel in drei Stufen variiert worden. Abbildung 4-2 zeigt diese Variation am Beispiel McDonald's/World of Warcraft.

Heribert Gierl und Verena Hüttl

Abbildung 4-2: *Manipulierter Grad der Integration der Marke Mc Donald's in das Computerspiel World of Warcraft*

Geringer Integrationsgrad	Mittlerer Integrationsgrad	Hoher Integrationsgrad
Die Marke ist während der Ladezeiten des Spiels auf dem Bildschirm zu sehen	Im Spielverlauf ist mehrfach das Logo der Marke zu sehen	Der virtuelle Akteur im Spiel interagiert mit der Marke

Da pro Marke das Computerspiel, in welches die Marke integriert wurde (jeweils zwei Spiele), und der Grad an Integration (jeweils drei Integrationsgrade) experimentell variiert wurden, liegen pro Marke sechs Experimentalgruppen vor. Eine Kontrollgruppe bewertete die Marken Shell und Mc Donald's ohne Werbekontakt. Ferner beurteilten vier Kontrollgruppen die vier Computerspiele in dem Fall, dass keine Integration von Werbung für Shell bzw. für Mc Donald's erfolgte. Am Experiment, welches online durchgeführt wurde, nahmen über 5.000 Personen teil, die sich auf die Experimental- und Kontrollgruppen aufteilten. Die Personen, die das Computerspiel spielen konnten, spielten es ca. ½ bis 1 Stunde. Im Anschluss daran mussten die Personen aus den Experimentalgruppen die Marke und sodann das Spiel bewerten, und die Kontrollgruppen bewerteten entweder nur beide Marken oder nur jeweils ein Videospiel. Die dazu verwendeten Statements lauteten: „Ich mag … sehr/gar nicht", „Ich finde … sehr gut/sehr schlecht", „Ich bevorzuge … sehr/gar nicht", „Ich finde … sehr hochwertig/nicht hochwertig" (7-stufige Skalen, Cronbachs Alpha = 0,918). Die Ergebnisse des Experiments sind in Tabelle 4-2 aufgeführt.

Diese Tabelle zeigt zunächst, dass die Computerspiele in der Stichprobe unterschiedlich attraktiv anmuteten. Vergleichsweise positiv beurteilten die Probanden im Mittel „Need for Speed: Most Wanted" (Mittelwert 3,82 auf einer 7-stufigen Skala), während die weiteren drei Spiele etwas schlechter bewertet wurden. Es kann nun überprüft werden, ob sich die Bewertung von Shell und McDonald's an die Beurteilung des Mediums, in dem sie beworben werden, assimiliert.

Tabelle 4-2: *Ergebnisse des Experiments der Integration von Shell und McDonald's in bekannte Computerspiele*

Marke	Computerspiel	Bewertung des Spiels	Bewertung der Marke Integration der Marke in das Spiel gering	mittel	hoch	keine Werbung
Shell	Need for Speed: Most Wanted	3,82 (266)	4,00 (206)	3,84 (217)	3,65 (234)	3,63 (268)
	Star Wars: Empire at War	2,85 (263)	3,26 (241)	3,34 (219)	3,37 (226)	
McDonald's	World of Warcraft	2,92 (266)	3,60 (612)	3,65 (679)	3,78 (670)	3,99 (269)
	Mafia	3,02 (265)	3,66 (247)	3,66 (219)	3,65 (240)	

Skala: 1 = negative, ..., 7 = positive Bewertung der Marke, in Klammern: Fallzahl.

Die Manipulation des Integrationsgrads der Marke in das Videospiel hatte einen numerisch vergleichsweise geringen Effekt auf die Bewertung der Marke. Wählt man daher exemplarisch die Ergebnisse, die für den Fall des mittleren Integrationsgrads erzielt werden konnten, aus, so zeigt sich der erwartete Assimilationseffekt der Marke an das Computerspiel. Die Marken und das Spiel werden sich, wie Abbildung 4-3 zeigt, durch die Integration der Marken in das Spiel ähnlicher.

Abbildung 4-3: *Assimilation der Marken Shell und McDonald's an die Bewertung verschiedener Computerspiele*

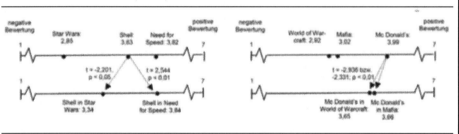

Für die Planung von Computerspielen als Werbeträger bedeutet der auf Basis der Gesamtmittelwerte erzielte Befund, dass eine Marke nur dann an Attraktivität gewinnt, wenn das Computerspiel attraktiv ist. Eine Marke wird hingegen an Attraktivität verlieren, wenn sie in ein negativ bewertetes Computerspiel eingebunden wird.

Teilt man die Personen danach ein, als wie attraktiv sie das konkrete Computerspiel bewerten, so zeigt sich, dass die Bewertung der Marke, die in das Spiel integriert wird, mit zunehmend positiver Beurteilung des Spiels zunimmt. Wird also ein Medium zwar im Durchschnitt der Bevölkerung eher negativ bewertet, aber in der Zielgruppe, der die beworbene Marke angeboten wird, positiver beurteilt als diese Marke, so profitiert die Marke vom Image des Werbeträgers. Diesen Effekt zeigt Abbildung 4-4.

Abbildung 4-4: Zusammenhang zwischen Bewertung von Computerspielen und von darin integrierten Marken

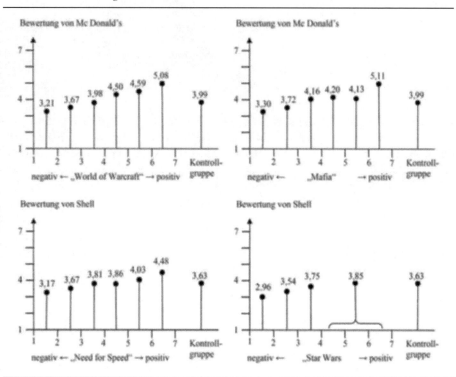

4.2 Geschenkfähigkeit des Mediums

Werbung kann von vielen Konsumenten als störend oder aufdringlich empfunden werden. Daher besteht eine weitere wichtige Funktion der Mediaplanung darin, Medien zu wählen, die den Zielpersonen einen Zusatznutzen bieten. Beispielsweise haben hochwertige Kugelschreiber mit Werbeaufdruck nicht nur den Effekt, dass der Verwender dieses Schreibgeräts die beworbene Marke wahrnimmt, sondern die Werbung besitzt durch die Nützlichkeit des Kugelschreibers einen *added-value*. Werbeträger, die verschenkfähig sind, werden oft auch als Giveaways bezeichnet. Da Givea-

Die Berücksichtigung von Medienwirkungen in der Mediaplanung

ways üblicherweise teurer sind als klassische Werbung per Print- oder Funkmedien, erscheint es wichtig, besonders viel Information über das beworbene Produkt mit einem Giveaway verbinden zu können. Zur Frage, inwieweit ein hohes Maß an Werbung, welches ein Giveaway übermittelt, von den Rezipienten dieser Werbung akzeptiert wird, sind uns ebenfalls noch keine Forschungsergebnisse bekannt.

Die Idee für ein innovatives Giveaway, dessen Wirkung in einer Studie getestet werden sollte, lieferte die Firma KUKA, ein Hersteller von Industrierobotern. In dem James Bond Film „Die Another Day" traten Industrieroboter von KUKA auf, die dem Filmhelden nach dem Leben trachteten; Kunden von KUKA könnten diesen Film als Werbegeschenk erhalten. In Analogie zu diesem Beispiel sollten sich Firmenkunden eines Anbieters (A) vorstellen, eine Version eines Films, der mit A in Verbindung gebracht werden kann, zu erhalten. Auf der DVD wurde das Ausmaß an Werbung für A in drei Stufen variiert. Die Inhalte waren jedoch im Experiment nur realitätsnah verbal bzw. mit Bildunterstützung beschrieben, d.h. die Auskunftspersonen sahen den Film und das Werbematerial nicht tatsächlich auf einer DVD an. Die Responsevariablen zur Bewertung der Aktion waren „gestiegene Kaufbereitschaft", „hohes Ansehen des Anbieters", „Attraktivität der Produkte" und „Wahrnehmung des Anbieter als gut" (7-stufige Skala, Cronbachs Alpha = 0,883). Tabelle 4-3 zeigt die Ergebnisse dieses Experiments.

Tabelle 4-3:   *Wirkung von zunehmender Integration von Werbung in ein Giveaway*

Ausmaß an Werbung, die das Giveaway transportiert:		
gering:	mittel:	hoch:
Aufdruck der Firma A auf der Verpackung plus Vorspann im Film, wonach „Ihnen A den Film präsentiert"	wie Version 1 plus Film über die Dienstleistungen und Produkte von A	wie Version 2 plus Programm zum individuellen Zugang zur Website von A plus Dateien mit Detailinformationen der Produkte von A
2,99 (40)	3,98 (40)	4,46 (40)

Skala: 1 = negative, …, 7 = positive Bewertung der Produkte der Firma A, in Klammern. Fallzahl.

Die Auskunftspersonen bewerteten die Idee, Produktinformation in Kombination mit spannenden Kinofilmen zu verknüpfen, positiv. Mit zunehmender Menge an Werbung für A auf dem Werbeträger konnte sogar eine höhere Werbewirkung erzielt werden ($F = 19,155$, $p < 0,001$). Inwieweit sich diese Ergebnisse aus dem Bereich der Geschäftskunden auf Konsumenten übertragen lassen, wäre eine interessante Fragestellung, die für die Auswahl von geschenkfähigen Medien von Interesse ist.

Heribert Gierl und Verena Hüttl

5 Zusammenfassung

Das Thema dieses Beitrags war es, einige wichtige Aspekte der Medien, in denen Werbung platziert wird, vorzustellen. Die Ausführungen zielten darauf ab, Wirkungen dieser Aspekte auf die Bewertung des beworbenen Produkts oder dessen Marke seitens der Empfänger der Werbung deutlich zu machen. Die zentralen Aussagen dieser Überlegungen sind in Tabelle 5-1 zusammenfassend dargestellt.

Tabelle 5-1: *Überblick über die wichtigsten Befunde zum Effekt der Media auf der Bewertung des beworbenen Produkts*

Aspekte der Media	Wichtigste Befunde
Redaktionelles Umfeld:	
▪ Kongruenz der Thematik des redaktionellen Umfelds mit der beworbenen Produktkategorie	Sowohl eine sehr geringe als auch eine sehr hohe Inkongruenz wirken sich negativ aus.
▪ Verschmelzung von redaktionellem Umfeld und Produktwerbung	Die Verschmelzung von Umfeld und Werbung darf nicht als manipulierend empfunden werden. Moderate Ausmaße der Verschmelzung führen zu negativen Bewertungen.
▪ Kongruenz der Tonalität des redaktionellen Teils und der Produktwerbung	Das redaktionelle Umfeld sollte keine allzu negative Stimmung erzeugen, wenn das Werbeobjekt mit positiven Gefühlen und Gedanken verbunden werden soll.
▪ Kongruenz zwischen redaktionellem Umfeld und Werbeargument	Es ist vorteilhaft (nachteilig), wenn das redaktionelle Umfeld positive (negative) Merkmale des beworbenen Produkts thematisiert.
▪ Unterbrechung des redaktionellen Umfelds durch Werbung	Eine Unterbrechung eines als spannend empfundenen Teils des redaktionellen Umfelds durch Werbung wirkt sich negativ aus.
Konkurrenzumfeld	In der Tendenz erweist sich Konkurrenzwerbung im Umfeld der eigenen Werbung als nachteilig.
Art des Mediums:	
▪ Image des Mediums	Image-Eigenschaften des Mediums und die globale Attraktivität des Mediums übertragen sich auf das Werbeobjekt.
▪ Geschenkfähigkeit des Mediums	Auch umfangreiche Produktwerbung wird akzeptiert, wenn ein attraktiver Werbeträger an den Empfänger der Werbung verschenkt wird.

Insgesamt betrachtet besagen die Befunde, dass sich Mediaplanung nicht allein darauf konzentrieren sollte, eine hohe Reichweite von Werbung in der Zielgruppe anzustreben, sondern auch beachtet werden muss, dass das Werbeobjekt aufgrund der Werbung positiv anmutet. Hierauf haben die Art des Mediums, das redaktionelle Umfeld, in dem die Werbung platziert ist, und das Konkurrenzumfeld einen starken Einfluss.

Literaturverzeichnis

BALASUBRAMANIAN, S. K. (1994): Beyond Advertising and Publicity: Hybrid Messages and Public Policy Issues, in: Journal of Advertising, 23 (4), S. 29-46.

BURKE, R. R. UND T. K. SRULL (1988): Competitive Interference and Consumer Memory for Advertising, in: Journal of Consumer Research, 15 (1), S. 55-68.

CAMERON, G. T. UND J. E. HALEY (1992): Feature Advertising: Policies and Attitudes in Print Media, in: Journal of Advertising, 21 (3), S. 47-55.

COULTER, K. S. UND M. A. SEWALL (1995): The Effects of Editorial Context and Cognitive and Affective Moderators on Responses to Embedded Ads, in: Advances in Consumer Research, 22, S. 177-183.

DAHLÉN, M. (2005): The Medium as a Contextual Cue, in: Journal of Advertising, 34 (3), S. 89-98.

DAHLÉN, M. UND M. EDENIUS (2007): When Is Advertising Advertising? Comparing Responses to Non-Traditional and Traditional Advertising Media, in: Journal of Current Issues and Research in Advertising, 29 (1), S. 33-42.

DE PELSMACKER, P., M. GEUENS UND P. ANCKAERT (2002): Media Context and Advertising Effectiveness: The Role of Context Appreciation and Context/Ad Similarity, in: Journal of Advertising, 31 (2), S. 49-61.

GREEN, M. UND T. BROCK (2000): The Role of Transportation in the Persuasiveness of Public Narratives, in: Journal of Personality and Social Psychology, 79 (5), S. 701-721.

KELLER, K. L. (1991): Memory and Evaluation Effects in Competitive Advertising Environments, in: Journal of Consumer Research, 17 (4), S. 463-476.

KENT, R. J. UND C. T. ALLEN (1993): Does Competitive Clutter in Television Advertising „Interfere" with the Recall and Recognition of Brand Names and Ad Claims?, in: Marketing Letters, 4 (2), S. 175-184.

KOSCHNICK, W. J. (2003): FOCUS-Lexikon: Werbeplanung, Mediaplanung, Marktforschung, Kommunikationsforschung, Mediaforschung, 3. Aufl., München.

MALAVIYA, P., J. MEYERS-LEVY UND B. STERNTHAL (1999): Ad Repetition in a Cluttered Environment: The Influence of Type of Processing, in: Psychology & Marketing, 16 (2), S. 99-118.

MANDLER, G. (1982): The Structure of Value: Accounting for Taste, in: M. S. CLARKE UND S. T. FISKE (Hrsg): Affect and Cognition, Hillsdale, S. 203-230.

MOORE, R. S., C. A. STAMMERJOHAN UND R. A. COULTER (2005): Banner Advertiser-Web Site Context Congruity and Colour Effects on Attention and Attitudes, in: Journal of Advertising, 34 (2), S. 71-84.

MOORMAN, M., P. C. NEIJENS UND E. G. SMIT (2002): The Effects of Magazine-Induced Psychological Response and Thematic Congruence on Memory and Attitude Toward the Ad in a Real-Life Setting, in: Journal of Advertising, 31 (4), S. 27-39.

PIETERS, R. UND T . BIJMOLT (1997): Consumer Memory for Television Advertising: A Field Study of Duration, Serial Position, and Competitive Effects, in: Journal of Consumer Research, 23 (4), S. 362-372.

SCHWEIGER, G. UND G. SCHRATTENECKER (2005): Werbung, 6. Aufl., Stuttgart.

SOLDOW, G. F. UND V. PRINCIPE (1981): Response to Commercials as a Function of Program Context, in: Journal of Advertising Research, 21 (2), S. 59-65.

VAN REIMERSDAL, E., P. NEIJENS UND E. SMIT (2005): Readers' Reaction to Mixtures of advertising and Editorial Content in Magazines, in: Journal of Current Issues of Research in Advertising, 27 (2), S. 39-53.

WANG, J. UND B. CALDER (2006): Media Transportation in Advertising, in: Journal of Consumer Research, 33 (2), S. 151-162.

YI, Y. (1990): Cognitive and Affective Priming Effects of the Context for Print Advertisements, in: Journal of Advertising, 19 (2), S. 40-48.

YI, Y. (1993): Contextual Priming Effects in Print Advertisements: The Moderating Role of Prior Knowledge, in: Journal of Advertising, 22 (1), S. 1-10.

QUELLENANGABE ZUR ABBILDUNG 2-1:

Die einzelnen Werbeanzeigen basieren auf einer Zusammenstellung von im Internet zugänglichen Elementen:

- „Produktwerbung mit Testimonial/Christina Aguilera": Foto der Handtasche: http://www.jelmoli.ch/images/content/teaM_sub_guess_0603.jpg / Sängerin: http://www.viva.tv/Common/Image/field/pic_article/id/40360/filename/XtinaAguil era_989_EllenvonU.jpg

- „Celebrity Placement/Christina Aguilera": Bildausschnitt aus: http://bp3.blogger.com/__JEfod91MzU/RkoTn-LI7jI/AAAAAAAAAqA/nYZW93MKOMc/s1600-h/14.5+xtina.jpg

Die Berücksichtigung von Medienwirkungen in der Mediaplanung

- „Produktwerbung mit Testimonial/Madonna": Bilder aus einem Blog, der nicht mehr online ist.

- „Celebrity Placement/ Madonna": http://www.rollingstone.com/artists/madonna/photos/gallery/17592172/photo/40/large?source=madonna_rssfeed

- „Produktwerbung mit Testimonial/Gwen Stefani": Walkman: http://www.sony.de/view/ShowHubPage.action?site=odw_de_DE&hubpage=1203501618 Sängerin: http://entimg.msn.com/i/gal/GwenStefani/StefaniGwen_NK003_400.jpg

- „Celebrity Placement/Gwen Stefani": Bildelement aus Zeitschrift Glamour, Ausgabe 01/2005, S. 25.

Die Autoren danken Frau Stefanie Dentinger, Claudia Fischer, Katharina Rösch, Kathrin Roll, Gloria Schneider, Stefanie Stuhlmiller, Anita Weber sowie Herrn Florian Fuchs, Bernd Plattner und Christian Spieth für die Mitwirkung an den Experimenten, die erstmals in diesem Beitrag dargestellt worden sind.

Teil 6

Anwendungsfelder für

Medien im Marketing

Andrea Gröppel-Klein
und Claas Christian Germelmann

Anwendungsfelder für Medien im Marketing
Einführung in das sechste Kapitel

Im sechsten Kapitel dieses Buchs soll nun anhand von branchenorientierten Betrachtungen und anhand von Fallstudien gezeigt werden, welche Rolle die Medien in einzelnen Bereichen des Marketing spielen können.

Die ersten drei Beiträge beschäftigen sich mit der Einzelhandelsbranche. *Thelander, Hansson, Hansson* und *Johansson* untersuchen die Rolle der Medienberichterstattung über IKEA in Großbritannien und Schweden bei der Entstehung des Image dieses Unternehmens in beiden Ländern. Sie gehen dabei auf die Bedeutung der Medien als „Image-Agenten" ein, die über ihre Berichterstattung verschiedene imageprägende Aspekte von Einzelhandelsunternehmen betonen oder vernachlässigen können. So zeigte sich beispielsweise, dass die Geschäfte von IKEA selbst nur selten Gegenstand der positiven Berichterstattung sind. Hier sehen *Thelander, Hansson, Hansson* und *Johansson* einen möglichen Ansatzpunkt für Marketingtechniken wie dem Eventmarketing in den Geschäften. Langfristig, so zeigen die Ergebnisse, ist jedoch eine strategisch angelegte Pressearbeit notwendig, um einen Teil der Kontrolle über die Berichterstattung übernehmen und das Image eines Handelsunternehmens gezielt durch die Berichterstattung steuern zu können.

Zentes und *Schramm-Klein* bieten mit ihrem Beitrag einen umfassenden Überblick über die Bedeutung klassischer und neuer Medien im Handel. Einen Schwerpunkt ihrer Darstellung legen sie auf die Wirkungen des Einsatzes dieser Medien für die Werbung auf das Konsumentenverhalten im Handel. Zudem zeigen *Zentes* und *Schramm-Klein*, wie der Handel klassische und neue Medien übergreifend in cross-medialen Kampagnen nutzen kann. Dabei ist zu erwarten, dass sich der Handel von der klassischen Einwegkommunikation (Stichwort „Schweinebauchanzeigen") immer stärker lösen und Dialogkomponenten in seine Marketingstrategien einbauen wird – eine Entwicklung, die durch die neuen Medien begünstigt und beschleunigt wird.

Mit einer speziellen Form des Handels befassen sich *Silberer, Schulz* und *Büttner*. Sie untersuchen, wie Internetapotheken das Vertrauen der Konsumenten gewinnen können. Angesichts des hohen Risikos, dass Konsumenten beim Kauf von Medikamenten

Andrea Gröppel-Klein und Claas Christian Germelmann

empfinden, und dem Zwang, kritische Informationen z. B. zu Krankheiten weiterzugeben, um das richtige Produkt zu erhalten, stellt sich im Internet das Vertrauensproblem in besonderer Weise. *Silberer, Schulz* und *Büttner* geben einen aktuellen Überblick über die empirischen Befunde zum Vertrauen in Internetapotheken. Das Vertrauen erweist sich als entscheidender Faktor für den Kauf in Internetapotheken. Weiterer Forschungsbedarf kann dagegen für die Rolle des von den Konsumenten empfundenen Risikos diagnostiziert werden.

Mit der Filmbranche setzen sich *Clement, Papies* und *Schmidt-Stölting* auseinander. Sie gehen der Frage nach, ob Filmpreise wie z. B. der Oscar™, über deren Verleihung intensiv in der Presse berichtet wird, einen Einfluss auf den Erfolg der preisgekrönten Filme haben. Der Beitrag liefert eine ausführliche Analyse der Studien, die zu dieser Frage bereits durchgeführt wurden, und geht zudem auf methodische Probleme bei der Messung des Erfolgs ein. *Clement, Papies* und *Schmidt-Stölting* zeigen, dass eine Erfolgswirkung nur von wenigen Studien belegt werden konnte, und ordnen die Ergebnisse kritisch ein.

Medien können auch dazu dienen, Berufsimages zu verbreiten und zu ändern. *Enke, Geigenmöller* und *Schöpe* haben in einer Fallstudie inhaltsanalytisch untersucht, wie die Medien in Bezug auf den Fachkräftemangel im Bereich der Ingenieurswissenschaften Agenden setzen. Die Ergebnisse belegen, dass die Medien im betrachteten Zeitraum das Thema immer stärker aufgreifen und dadurch möglicherweise die Aufmerksamkeit potentieller Nachwuchskräfte auf die Berufschancen lenken können. *Enke, Geigenmöller* und *Schöpe* weisen jedoch auch darauf hin, dass oft nur der Mangel selbst, nicht aber die Attraktivität des Ingenieurberufs thematisiert wird. Hinzu kommt, dass die Öffentlichkeitsarbeit über Medien nur ein Instrument der Kommunikationspolitik für einen Studiengang ist. Sie empfehlen daher, neben der Inhaltsanalyse weitere qualitative und quantitative Methoden anzuwenden, um die Wirkungsmuster der Medien auf diesem interessanten und zukunftsträchtigen Feld zu ermitteln.

Sport und große Sportevents sind heute ohne Medienbeteiligung kaum noch denkbar. *Woratschek, Kunz* und *Ströbel* untersuchen vor diesem Hintergrund Rahmenbedingungen und Geschäftsmodelle für Fernsehen und Internet TV im Sportmarketing. Dazu kehren sie die Grundperspektive dieses Buches um und untersuchen, wie das Sportmarketing Einfluss auf die Medien nimmt. Dieser Frage kommt nicht zuletzt deshalb hohe Relevanz zu, weil mittlerweile Sportorganisationen selbst als Medien agieren. *Woratschek, Kunz* und *Ströbel* gehen auf den Medienwandel ein, zeigen verschiedene Ausprägungsformen von Sportmedien auf, und gehen dann auf das bilaterale Verhältnis von Sport und Medien ein: Attraktive Sportereignisse sind Medieninhalte, die bei der Vermarktung der Medien helfen. Die Medienpräsenz von Sport hilft dem Sport umgekehrt bei der Vermarktung seines eigenen Produkts „Sport". Ausführlich werden Erlösquellen und Geschäftsmodelle von Sportmedien dargestellt, wobei mit dem Internet TV auch ein Ausblick auf Medien- bzw. Vermarktungskanäle der Zukunft geworfen wird.

Åsa Thelander, Charlotte Hansson, Fredrik Hansson und Ulf Johansson

Newspapers — image formation agents for retailers?
A comparative study of the representation of IKEA in British and Swedish newspapers

1 Introduction 431

2 Outline of the research 432

3 Image formation and image formation agents 433
   3.1 Newspapers and newspaper-reading in Britain and Sweden 436
   3.2 IKEA in Britain and Sweden 437

4 Method 438

5 Results 440

6 Analysis 444

7 Conclusions 447

1   Introduction

"IKEA store forced to close in Russia" ran the headline of a major Swedish newspaper[1] on December 7, 2006. The story behind the headline was that a customer had lost control of a shopping trolley in the passageway between the ground and first floor in one of IKEA's newly opened stores in Russia in the city of Nizhny Novgorod. The trolley, laden with products and weighing about two hundred kilos in total, careered down the passageway and into a five-year-old boy, killing him on impact. The tragic incident received widespread coverage in the Russian media and an investigation was initiated. At the same time the fire authorities conducted an inspection of the shopping centre were the IKEA store was located, also partly owned by IKEA according to some newspaper reports. The inspection revealed a number of safety issues and a local court decided that work needed to be carried out. The shopping centre was to remain closed for the duration.

Why did the story hit the headlines? Swedish newspaper readers would not generally be interested in an accident in a shopping centre in a city most had probably never heard of. The only reason to report the incident was, of course, that it involved the Swedish retailer IKEA.

December 27, just a couple of weeks later, IKEA hit the headlines again: *"Ingvar reveals IKEA profit"*.[2] Ingvar Kamprad, the founder of IKEA, had let slip the size of the company's tax bill in a speech at the staff Christmas party. Knowing this figure and the current tax rate, journalists could easily calculate the company's annual profit at an estimated EUR 2.8 billion.

These two recent examples of news reports focusing on the Swedish retailer IKEA are not unique to the company. They are neither extreme nor particularly uncommon. In fact they are the sort of articles that can be found in almost any newspaper on any day of the week. However, the impact they have on the general public should not be underestimated. News is a source of "image formation" as it provides the public with information about events (both good or bad) relating to a company or a brand. News reports may even be the main agent of image formation for people who are not particularly familiar with the company or brand in question. The media put the company on the public agenda and raise the general level of awareness and interest in it. This enables other communication activities to take place, such as marketing. Once people are aware of a company, its recognition increases. News reports can develop the image the company is trying to create, or call this image into question. Public relations (PR) work recognises the importance of the media by trying to influence it.

---

1   Aftonbladet, December 7, 2006
2   Aftonbladet, December 27, 2006

Åsa Thelander, Charlotte Hansson, Fredrik Hansson und Ulf Johansson

The story about the Russian IKEA store is an interesting example of the logic of the press. The incident becomes an important news story in Sweden because it involves IKEA. The whole framing of the story puts IKEA in the limelight. News production follows its own logic: in countries with a free press, the contents of newspapers cannot be controlled. But what actually makes the news about a retailer? What is considered newsworthy? What kind of image does the news create about a retailer? Is the story worth publishing in other countries as well? And what are the implications for managers concerned with creating an international image for a retailer? These are some of the questions we address in this chapter.

2 Outline of the research

The content of the press – i.e. what is considered newsworthy – is one of the main issues investigated in the field of media and communication studies. This question has occupied researchers since the beginning of the 20th century (Lippman 1922). What becomes news, how news passes the "gatekeepers" and what type of news gets through has been a major area of research (McQuail 2005). The power of the media to influence people's attitudes, knowledge and behaviour has also been a major focus. As early as the 1930s, American researchers looked at how news influences people's attitudes towards American presidential candidates and their voting behaviour. The amount of news presented was believed to influence what people believe is important. The "agenda-setting theory" was established by Maxwell McComb and Donald L. Shaw in 1972. Since then researchers have emphasised that how the news is framed also plays an important role in its interpretation. There are numerous studies of news reports on different topics. The importance of media coverage and the role of the media in creating a corporate, brand or retail image have been investigated. These factors are mentioned as one agent of image formation (Kotler and Armstrong 1994; McGoldrick 2002).

Consumers' image of retailers is a well-researched area (McGoldrick and Ho 1992; McGoldrick 1998; Burt and Encinas-Carralero 2000; Mavromatis and Burt 2001). However, few studies exist on the role of media in image formation for retail companies, and very few (if any) look at the role of the media for international retailers. Although the role of the media in image formation is considered relevant in the literature, there are thus very few actual studies of this phenomenon focusing on retail. Retail image is also believed to be different from corporate image, as the store is an important agent of image formation (Rosenbloom 1983 in Davies and Ward 2002). However, the role of the store in creating news about a retail company has also been neglected in studies.

Newspapers – image formation agents for retailers?

The aim of the study reported here was to investigate how newspapers report on one specific retailer, and to compare the news reported in two different media markets. This allows us to explore how different images can be formed, and what the implications are for managers. The international retailer IKEA, established in 33 countries worldwide, is the focus of the study. Press material was collected from the very different media markets in Sweden and Britain. The role of IKEA also differs in these two countries.

We begin by reviewing existing research into the role of the press in image formation, discussing the various theories about what becomes news. The special features of the two newspaper markets investigated are also briefly discussed, as an important aspect of context. Following this we turn to the question of methodology, in this case content analysis. Finally we discuss the results of the comparative analysis of British and Swedish newspapers and comment on the role of newspapers as image formation agents for retailers.

3 Image formation and image formation agents

The concept of image in a marketing context has its origins in the 1950s. Studies of retail image have a long history, starting with Martineau (1958). Researches have investigated many different aspects of image: the image of specific chain stores, shopping centres, and individual stores; comparisons of different stores and departments within stores; and the contrasting perceptions of management and store personnel compared to customers (e.g. Manrai and Manrai 1995; McGoldrick 1979; Hart and Davies 1996; Birtwistle et al. 1999; Zimmer and Golden 1988). During the past decade, researchers have turned their attention to the image of international retail companies across two or more markets (McGoldrick and Ho 1992; McGoldrick 1998; Burt and Carralero-Encinas 2000; Mavrommatis and Burt 2001). Few studies looked at the role of the media in influencing retail image, however.

Since Martineau's work, efforts have been made to define the dimensions influencing store image, with the aim of making it possible to control and manage that image. Nine main categories are identified by Lindquist (1974): merchandise, service, clientele, physical facilities, convenience, promotion, store atmosphere, institutional factors and post-transactional satisfaction. Davies and Ward (2001, p. 178) synthesise various authors' definitions into four main categories, namely merchandise, store, service and promotion. McGoldrick (2002) presents a list of 90 specific elements that contribute to the customer's formation of store image. Some of these dimensions are fully controllable by managers and others are not. It would appear logical that the challenges of

Åsa Thelander, Charlotte Hansson, Fredrik Hansson und Ulf Johansson

managing the image of a retail store become greater as cultural differences between different consumer markets increase. Yet store image is not only formed by the retailer, and thus it is hard for the retailer to fully control it.

Holt (2002) focuses on brands, suggesting that four different types of agents build a brand: the firm, "cultural producers", countercultural movements and other consumers. Firms seek to build brands according to the values, principles and so on that they have agreed on. They use different strategies to create a corporate image. However, consumers then interpret the messages, and these consumers are also influenced by other messages about the firm – from countercultural movements, cultural producers and other consumers, for instance. Cultural producers include artists, musicians and journalists. They also use the firm, but do not build the corporate image except as part of their cultural work. They produce work about the brand for different reasons and from a completely different perspective than that of the firm. This work reaches large groups of consumers, including those not forming part of the company's target group. Countercultural movements such as Adbusters, for example, have different perspectives and aims than those of the firm, so the company is placed in new contexts. Other consumers also have their own image of the company, and they express this in their day-to-day conversations and other contexts. The different agents thus produce different stories about a company, which consumers can take part in and base their image of the company on. The resulting image is more like an interpretative portrait than a blueprint of the corporate image aimed for by the firm. The situation is even more complex for international retailers.

MacKay and Fesenmaier (1997) propose a typology of eight image formation agents. This typology was originally created for describing different image-forming agents for holiday destinations, but it can easily be applied to the retail context too. It adds complexity to the four groups suggested by Holt (2002). The different agents differ in terms of the degree of control over the message exerted by the promoter of the destination, and the level of credibility in the target market. "Overt induced I" and "Overt induced II" are the categories where the degree of control exerted by the promoter is highest, but credibility lowest. Advertising is an example. Newspaper adverts are an expensive way of conveying messages to readers. Their effectiveness has been questioned. They also lack credibility with readers, who tend to give greater faith to editorial content. Ries and Ries (2002) argue that "you can't build a new brand with advertising because advertising has no credibility". "Covert induced I" and "Covert induced II" are categories where the degree of control over the message is lower, but credibility higher. Advertisements featuring a spokesperson are an example. In this case, the level of credibility depends on the credibility of the spokesperson. "Autonomous image formation agents" are credible but difficult to control. This group includes news and popular culture. These agents are sources of information that are widely received, beyond the control of the promoter and credible, as they are believed to be unbiased. "Unsolicited and solicited organic image formation agents" are highly credible and also beyond the control of the promoter. Information requested from unbiased sources

Newspapers — image formation agents for retailers?

or "knowledgeable others" is an example. Finally, "organic image formation agents" such as one's own experience are the most credible sources and also beyond the control of the promoter. The image formed by organic, induced and autonomous agents (equivalent to cultural producers in Holt's terms) are perceived to be the most important when a person lacks personal experience (Phelps 1986 in Beerli and Martin 2004). They therefore play an important role in forming the image of a holiday destination, brand or such like.

The present study focuses on news as an example of an autonomous image formation agent, in the category of "cultural producers". News is an important agent, believed by readers to be a credible source of information but difficult to control by the retailer. News production has long been a topic of research. In 1922 the American journalist Walter Lippman claimed that a common characteristic of news was that it evokes feelings among the audience and the possibilities for identification are good. Since then researchers have tried to establish dimensions to describe what stories actually become news.

According to Henk Prakke (1969), geographical distance, time and cultural distance are important dimensions here. The chances of an event being reported are best if it is close in time and geographically or culturally close to the audience. As one journalist has put it, "it takes 5,000 people dead in Burundi but only 5 in Belgium" to be newsworthy in Sweden. Researchers have also come up with different lists of characteristics for news (see Harcup and O'Neille 2001; Galtung and Holmboe 1965; Östgaard 1965). Hvitfelt (1989) summarises some of these characteristics. He claims that the chances of an event being reported are better if: (1) it concerns politics, money, accidents or crime; (2) it is important or relevant; (3) it is unexpected; (4) it is close in time, distance and culture (Prakke's dimensions); (5) it fits the agenda of the newspaper, journalist and audience; (6) prominent people are involved; (7) it is understandable by the audience; and (8) it concerns individuals. Other events are also an important factor, as news stories are in competition with each other. When the civil war broke out in Burma, a well-known Swedish journalist was present and reported on the situation. However, the story did not make the main news: around the same time the Queen of Sweden's legs were exposed for a few seconds when the wind took hold of her skirt during an official visit.

News is not only selected by editors, it is also framed according to the conventions of the genre and the ethical standards and politics of the media. Journalists use special techniques to grab the attention of the audience and then hold it (Asp 1990; Strömbäck 2000). Hernes (1978) identifies six such techniques: sharpening, simplification, polarisation, intensification, personification and concreteness. Strömbäck (2000) adds stereotyping to this list. The article about IKEA in Russia is an example of several framing techniques being used at once. Thus the story is framed around IKEA and implies a causal relationship between the incident and the closure of the store (sharpening, sim-

Åsa Thelander, Charlotte Hansson, Fredrik Hansson und Ulf Johansson

plification and polarisation). Readers of the newspaper are led towards blaming IKEA for acting in a careless fashion.

Media reporting does not follow the logic of strategic image work. Representation by the media may even contradict the image created by the company, as journalists may focus on other aspects than those stressed by the company. In this way they may create a negative image for the company – which is why news reporting and its consequences cannot be neglected. Public relations (PR) work attempts to influence the news. It is a special technique for reaching the general public in order to inform and persuade them. The practice of PR is growing. According to Grunig and Hunt (1984), around half of the news printed in US newspapers has had some involvement from PR workers. Companies have their own news agenda and most of this agenda does not interest the press. But a skilful PR worker can turn the company's agenda into media stories or effectively bring the corporate angle into the news. Several well known brands have come to prominence through such publicity.

McGoldrick (2002) acknowledges the role of PR for retailers. Advertising is expensive and retailers try to find other means of communicating with their customers, ways that are cheaper and more effective. Although it is not the aim of this study to decide whether IKEA's PR strategies are successful or not, the importance of such work cannot be denied. Before turning to the details of our study, however, we first describe the newspaper market and newspaper-reading habits in Britain and Sweden as the background to our investigation. We follow this with a short description of IKEA in Britain and Sweden.

3.1 Newspapers and newspaper-reading in Britain and Sweden

Britain has long been a leading country as regards the number of newspapers sold and the level of newspaper-reading. Today it is ranked fifth country in the world with 375 newspapers sold per 1000 inhabitants and about 1,000 different newspaper titles in total (Tench and Yeomans 2006). Over a third of the EU print media is located in the UK (Davis 2004). This leads to a large concentration of media and a great number of journalists looking for a good story.

The British newspaper market has three important characteristics. First, London-based newspapers with national coverage dominate the market. Second, two types of newspapers are found: the quality press and the popular press (Sunday newspapers form a special group). The circulation of the quality press, e.g. The Times and The Guardian, is limited with regard to the mass market, while the circulation of the popular or "tabloid" press is very large (The Sun, for example, has 3.3 million readers). The circulation figure for the regional press is 5 million. The recent trend is towards growing circula-

Newspapers — image formation agents for retailers?

tion for the quality press and falling circulation for the tabloids. The Financial Times, one of the most influential business newspapers with worldwide coverage, is also printed in Britain. Third, newspaper-reading in Britain has been falling since the 1950s. According to Hadenius and Weibull (2005, p. 402), only 30 percent of the population now reads newspapers three or more days a week.

Sweden sells 505 newspapers per 1,000 inhabitants, a much higher level than in Britain (Hadenius and Weibull 2005). The Swedish press can be categorised into five groups: daily morning papers with national coverage, evening papers, the daily regional press, regional press producing a few issues per week, and free papers. Morning papers with national, regional or local coverage dominate the market. Most readers are subscribers. The evening press holds 20 percent of the market. Free newspapers represent a recent addition to the market; their numbers and circulation have increased over the last five years (Hadenius and Weibull 2005). Almost all newspapers also have an online version and the number of online readers is increasing. Nearly 90 percent of Swedes read a newspaper three or more days a week (Hadenius and Weibull 2005); the high level of subscriptions is one reason for this.

The Swedish and British press thus differ both in terms of the type of papers and their reach. Consequently, the role of the newspapers as image formation agents also differs between both countries. In both countries, the number of journalists has fallen over the last twenty years. This has led journalists to rely increasingly on information from PR agencies. Thus, from a corporate point of view, the chances of companies getting their own information published have grown.

3.2   IKEA in Britain and Sweden

IKEA is an international retailer established in 39 countries with 243 stores around the world (see IKEA corporate website, October 10, 2006). IKEA's domestic market is Sweden, where it was founded in 1943. The store is closely associated to the transformation of Sweden into a modern society; indeed, some say that IKEA is a part of Swedish national culture. Today there are eleven stores in Sweden, contributing eight percent of total worldwide sales. IKEA remains the best known and most liked retail company in Sweden according to a recent survey.

IKEA has been operating in Britain since 1987. It has 14 UK stores and these contribute 11 percent of worldwide sales. The company's presence is not as dominant as in Sweden; the UK population is seven times as large as that of Sweden. Nor does IKEA dominate the furniture market in the UK in the same way as it does in Sweden; IKEA is merely one of several furniture and home decoration retailers in the UK. In a study of the image of retailer Marks & Spencer in Spain and France, Mavromatis and Burt (2001) found that it was seen quite differently from in Britain. In Spain and France,

Åsa Thelander, Charlotte Hansson, Fredrik Hansson und Ulf Johansson

Marks & Spencer is seen as just another retailer, while it is considered "an institution" in Britain. In the case of IKEA, the company is well known in Britain but it is still seen as a foreign retailer, so its image with consumers can be expected to be different from in Sweden, where it has existed for generations. This difference in image may also have consequences for news reporting.

IKEA is generally considered to have a standardised and centralised overall strategy. However, it is also well-known for its corporate communication. IKEA uses the same marketing instruments in the same way wherever it is present. Its main channel of communication is the IKEA catalogue, produced in Sweden. Advertisements and PR activities are organised locally by country offices. Different advertising campaigns have been run in different countries, but with the same theme everywhere. Products, promotions and product placement in interior decoration magazines and interior decoration supplements are also organised on a national level. The responsibility for promoting specific stores lies with the store manager in question: he or she is responsible for contacts with the local press, as well as for adverts for the store.[3] Thus, individual countries and stores have limited possibilities for communicating unique or different images. Consequently, the question is whether one can expect news reports about products in newspapers with national coverage, and news reports about stores in local or regional newspapers?

4   Method

To establish what was written and published about IKEA in Sweden and Britain, we carried out a content analysis. The term "content analysis" is used inconsistently in the literature, often simply to mean all methods that involve analysing content. It is defined more precisely by Berelson (1952, p. 147) as a "research technique for the objective, systematic and quantitative description of the manifest content of communication". The word "manifest" here refers to observable content, the word "objective" to the aim of being value-free. However, true objectivity is not possible, as the researcher makes several assumptions during the analysis; these are described below. The aim of content analysis is to quantify the salient and manifest features of a large number of texts, using statistics to present the results (Deacon, Pickering, Golding and Murdoch 1999). One of the strengths of this method is that it enables comparisons between different categories, both within one body of material and over time. For instance, differences and similarities in the amount and type of news articles can be analysed – an important consideration for this study.

---

[3]   Information based on interviews with IKEA managers conducted as part of a larger research project on communication strategies around the world.

Newspapers – image formation agents for retailers?

Print media were selected for this analysis. Print media are historically the dominant source of information in both the UK and Sweden. They are also an important image formation agent. However, this position of dominance has been challenged since the arrival on the market of the new media, and circulation figures for traditional newspapers have fallen. Today, other media also contribute to image formation. Nevertheless, similar or identical articles generally appear in the print and Web versions of most newspapers, and the print media are easily available for analysis thanks to databases.

Newspapers with a large reach, viewed as leading public opinion, were selected for the analysis. These papers are considered the most influential agents for image formation. Circulation figures (from Tidningsstatistik AB and the Audit Bureau of Circulation) were taken as an indication of newspapers' reach. Newspapers from different genres were also selected, as their choice and framing of news stories differs. National daily papers/quality press, regional and local press, evening papers/popular press, and papers focusing on retail and business were examined. The same criteria were used for selecting Swedish and British newspapers. In total six Swedish and seven British newspapers were included in the analysis (see Table 4-1).

Table 4-1: *Newspapers selected for content analysis*

Sweden	Britain
Dagens Nyheter	The Daily Telegraph
Helsingborgs Dagblad	The Sunday Times
Aftonbladet	The Sun
Expressen	The News of the World
Dagens Industri	Aberdeen Press and Journal
Dagens Handel	Financial Times
	Retail Week

The selection of newspapers does not take into consideration the differences between the two countries regarding the newspaper system and the media landscape. There are considerably more newspapers in Britain, which means that the audience is more fragmented; the ability of newspapers to influence the consumer image of IKEA is therefore different. However, the aim of this study was to compare the content of the media, not to establish their effect on different audiences. The characteristics of the media market are taken into consideration in our discussion of image aspects.

Several databases (Affärsdata, Mediarkiv, Presstext, Lexis-Nexis Executive) were used to gather articles from the selected newspapers. A general search on IKEA in these

Åsa Thelander, Charlotte Hansson, Fredrik Hansson und Ulf Johansson

databases generated several hundred articles published throughout the year. To reduce the material, we selected only articles published between March 1 and April 1, 2006. This can be considered a representative period, in the sense that no new stores were opened generating increased press coverage. However, it should be borne in mind that IKEA founder Ingvar Kamprad himself turned 80 at the end of March; we thus anticipated more press coverage at this time and took this into consideration in our analysis.

In total, 154 articles were selected and analysed. Some 110 articles were published in Swedish newspapers and 43 articles in British newspapers in the period. Due to limitations of the databases, we only considered text. Articles were coded according to the newspaper they appeared in, the type of newspaper, country of origin, and day of the week. Articles were also coded according to topic and whether or not IKEA was the main subject of the article. As framing was important, the tone of the articles was also analysed using SPSS.

Content analysis and studies of latent meaning are by their very nature subjective, relying on the researcher's own interpretation to a high extent. We used two approaches to establish the codes and coding scheme. First, we used theoretical constructs to establish important categories and codes. For instance, three different image levels were used as categories when deciding what topic articles dealt with (a deductive approach). However, in order to reflect the character of the articles it was important that not all categories were not established beforehand; the character of the articles had to be taken into consideration. We therefore also used "in vivo" codes (an inductive approach). Some topics became apparent when reading the articles which had been impossible to foresee. Two of the themes in the articles were established in this way – the fact that IKEA is used as a metaphor, and as a point of reference. These codes added important insights into how newspapers report on IKEA and how images may be formed.

5 Results

IKEA receives more media attention in Sweden than in Britain. News about IKEA is "closer to home" for Swedes and Sweden in a number of different senses. First, Sweden is IKEA's domestic market. Second, IKEA is culturally close to Swedes as the company has been established there for a long time. Third, IKEA is the market leader in its segment in Sweden. And fourth, IKEA is closely linked to the Swedish national identity. According to Prakke (1969), these facts increase the possibility for publishing news about IKEA.

Newspapers – image formation agents for retailers?

News about the Swedish retailer is not regarded in the same way in Britain. In terms of the level of news, Swedish newspapers are therefore a stronger image formation agent in Sweden than British newspapers in the UK. However, we are not only interested in the amount of news about published IKEA, but also which type of papers publish it and how they report it. Thus, we first present a short overview of the categories of newspapers' writing about IKEA (Table 5-1).

Table 5-1: News articles about IKEA in different types of newspapers (percent)

Type of newspaper	Total	Britain	Sweden
Morning papers/quality press	19.5	35	14
Regional or local press	15	4.5	19
Evening papers/popular press	27.5	7	35
Retail newspapers	10	18.5	6
Business newspapers	28	35	26
Total	100	100	100

It can be seen from Table 5-1 that the business press and evening papers/popular press publish the majority of articles about IKEA. It is not surprising that business newspapers write about a retailer. More surprising is the fact that newspapers focusing on retailing published the smallest share of articles.

Comparing the Swedish and British press, it is evident that in both countries different categories of newspapers report on IKEA. In Britain, the business press (The Financial Times) and the quality press (The Sunday Times) dominate the reporting, while in Sweden the evening or popular press (Aftonbladet and Expressen) publish the most articles about IKEA. These differences may be explained by the different character of the evening and popular press in the two countries: the evening press in Sweden is more serious than its British equivalent. It is also interesting that the regional and local press in Sweden writes more about IKEA than their equivalents in Britain.

The distribution by type of newspaper in Britain and Sweden indicates that different groups are exposed to news about IKEA. In Britain people with a special interest in business can read articles about IKEA in the papers aimed at them. The audience here may not, in fact, be limited to Britain, as these papers also have readers outside Britain. Readers of the quality press, which represent a wider group, also have opportunities to read about IKEA. In Sweden it is newspapers aimed at a broader audience (such as the morning, regional and evening press) that publish articles about IKEA. Since a high proportion of Swedes read newspapers several days a week, the probability of hearing a news story about IKEA from a newspaper is greater in Sweden than in Britain. For a broader audience, then, the morning, regional and evening press are important image formation agents in Sweden.

News about IKEA is published in different sections of newspapers. This has consequences for who might read the stories. Most articles in our study were published in sections about housing, home or design (18%), business (11%) or national news (7%). For 34 percent of the articles, no category could be clearly assigned due to shortcomings in the databases; this makes it more difficult to draw conclusions. However, the dominant categories appeal to those already interested in home, interior decoration and business. Few articles were published in the more general or frequently read sections of the newspapers. In Sweden, local news is the section of newspapers that is most read (Hadenius and Weibull 2005). This is explained by readers' interest in news that is geographically and cognitively close to them. It is interesting to note that none of the British articles was published in such a section of a newspaper.

The topic of the articles is also of key importance. IKEA is mentioned in all the articles, but not always as the main subject. Even where IKEA is just mentioned, it is important to note in what context the company or its products appear. Table 5-2 (below) gives this information.

Table 5-2: Topics of articles (percent)

Topic	Total amount	Britain	Sweden
The company	15	21.5	12
Stores	1.5	0	2
Products	24	14.5	28
Staff	12	0	17
Stakeholders	8.5	9.5	8
IKEA's founder (Ingvar Kamprad)	2	0	3
IKEA as a point of reference	14.5	23.5	11
IKEA as a metaphor	4	5	4
Other	18.5	26	15
Total	100	100	100

It can be seen from Table 5-2 that IKEA products form the major topic of the articles. Most of these articles are about interior decoration or furniture, and one or more IKEA products are mentioned in them. For instance, one of the Swedish newspapers

Newspapers – image formation agents for retailers?

(Helsingborgs Dagblad) wrote the following about IKEA: *"Classic but with a modern touch – this is how IKEA presents the Stockholm series consisting of eighty products"*. Articles presenting new products, comparing them and giving their price, also belong in this category. A third of the articles in this category are about problems with IKEA products.

Articles about IKEA as a company form the second-largest category. These articles deal with the concept, success, marketing or expansion of IKEA. Most of them concern the expansion of IKEA, new markets, or new stores in other parts of the world.

On the largest categories is "IKEA as a point of reference". In these articles IKEA is not the main focus, but is used literally as a landmark – a car accident took place "near an IKEA store", for instance. In other articles IKEA is used as a point of reference figuratively in comparing business concepts. The company also serves as a reference point for "Swedishness". This topic occurs in British press, where IKEA is sometimes used in jokes about famous Swedes unrelated to the store. Thus, the concept and the store seem to be well known enough to be used both for comparisons and as a landmark.

Another similar topic is "IKEA as a metaphor". Here, IKEA has nothing to do with the original story but the journalist uses IKEA's business concept or products to emphasize some element of the story. For instance, one Swedish journalist writes *"I tried to find something contrasting but only found 'a naïve and politically correct multiculturalism' (everyone feels bad about it, but for different reasons), an 'IKEA democracy'…"*. Another journalist compares a person with an IKEA armchair. Or, again, a British journalist describes a task in the following way: *"Last winter I nearly got divorced after trying, with my husband, to apply that cling-film material over our single-paned north facing windows. It was a fiddly, frustrating job inspiring more profanity than an IKEA flatpack …"*. In some articles the metaphor is positive, but in other cases IKEA is used as a symbol of bad quality, uninspiring design, mass market products or such like.

Another fairly large category are articles about IKEA staff; here the focus is not on IKEA as a company, but on a person who is or has been in the past employed by IKEA. "IKEA stakeholders" refers to articles about IKEA's suppliers or partners. "Other" is also quite a sizeable category, covering articles that do not fit into any other category and have nothing in common with each other. This is also the category used for articles mentioning IKEA only incidentally, where IKEA does not add any specific meaning.

Table 5-2 reveals that there are major differences between the topics dealt with by British and Swedish newspapers. Articles about the company and its products, or using IKEA as a point of reference, dominate in British newspapers. Swedish newspapers, by contrast, tend to report mainly about products, although staff are also important. The topics in the British press thus appear to be more general or to relate to IKEA as a concept, while the articles in the Swedish press are more specific. Notably, Ingvar Kamprad's birthday did not receive any attention from the British press.

Åsa Thelander, Charlotte Hansson, Fredrik Hansson und Ulf Johansson

The tone of the articles also differs between the countries. Articles were categorised according to whether the tone was positive, negative or neutral. In the British press, the tone was more often positive than in the Swedish press (40 percent versus 26 percent). In Sweden, the articles were more often neutral than in Britain (64 percent versus 49 percent). Despite the role of IKEA in its home market and the fact that the company is liked by Swedes, the image of IKEA thus turns out to be more positive in the British newspapers. This difference is partially due to the fact that the articles appear in different kinds of newspapers with different genre conventions: positive articles appear in the specialised press, while a negative tone dominates in articles in the morning and the quality press. Nevertheless, importantly for image formation, we should note that the majority of articles about IKEA in the British press are positive, while that the majority of articles about IKEA in the Swedish press are more neutral.

6   Analysis

The results of our study are summarised in Table 6-1. We find that the image of IKEA in the British press is limited in terms of the number of articles and restricted to newspapers specialising in business news. The articles are mainly about IKEA as a company and, to a lesser extent, about the products. Articles are often written in a positive tone. The image of IKEA based on British newspaper reporting focuses on IKEA as a company, its business concept, its performance and its products. Additionally, articles often deal with success or positive aspects of product design. In this way they contribute to a positive corporate image.

Table 6-1: Comparison of press coverage for IKEA in Britain and Sweden

	Britain	Sweden
Number of articles	43	110
Type of media	Business newspapers	Evening newspapers
Dominant theme	Company	Products
Other key themes	Products; IKEA as a point of reference	Company; staff
Dominant tone	Positive	Neutral

Newspapers – image formation agents for retailers?

However, the positive corporate image is only propagated to people interested in business or interior design. Opportunities for IKEA's target group – the mass market – to form this image is limited. Nevertheless, stakeholders represent an important group and they can be reached by these categories of newspapers.

It is interesting to note that IKEA is used as a point of reference in the press in different ways. This could simply mean that the business idea, products and locations of stores are well known and can be used as points of orientation. Alternatively, it could mean that IKEA's concept is different and unique. The brand is used as a way of explaining or making associations with a country or an ideology. Furthermore, it is an indication of how IKEA has become a part of popular culture. In many ways, this is a "dream scenario" for managers: the image is widespread and reaches many people. The study also reveals that this image is positive. On the other hand, an image formed in this way is difficult to control. In order to impact on popular culture, other strategies are needed.

PR is one of these strategies for influencing journalists, and it is a strategy clearly used by IKEA. However, it would appear that IKEA could further develop its PR activities in Britain: not a single article was found about the company's founder on the occasion of his 80th birthday. This event could have been used to put IKEA in the limelight. Kamprad is thought to be one of the world's richest men, and this alone makes him newsworthy. A skilful PR worker could frame this information, add a corporate angle, and get the story published – or at least arouse some interest from the press. Of course, it is possible that IKEA does not want that focus on the private fortune of the company's founder. Either it is a deliberate strategy or it is neglect.

People in PR are less able to influence how and when IKEA is used as a metaphor or point of reference. This depends on the company's existing image. This reveals how important it is to maintain and develop a positive image so that the company does not run the risk of being used as metaphor for anything negative.

Table 6-1 also reveals that there were more than twice as many articles about IKEA published in Sweden than in Britain during the period. These articles were published in media with a large reach. The circulation of the two Swedish evening papers is almost one million daily in a population of nine million. The large number of articles and the fact that they were published in newspapers reaching the masses (i.e. IKEA's target group), makes the company's image in these newspapers highly significant. The company's employees also read the newspapers and this is another way to communicate with them. The articles should reinforce the corporate image, otherwise it may adversely affect the perceptions of the employees.

The dominant themes in the articles are IKEA products, new designs, products in a particular setting or IKEA's products compared to those of its competitors. There are also a considerable amount of articles about the company, its staff or other people associated with the company, indicating that a connection with IKEA is worth mentioning. Compared to the British newspapers, the tone in the Swedish newspapers is more neutral. Thus, the image of IKEA in the Swedish press is different from that in the British press. Specifically it is more focused on products and less positive – a surprising finding that runs counter to our expectations. Newspapers are thus an important agent of image formation in Sweden, but that image is more negative than in Britain, and most likely different from the one IKEA wants to create.

Some of the differences were to be expected due to differences in the news value of stories in differing contexts. Thus, the chances of corporate news being covered are higher in a company's home country, where interest will be greater than in foreign companies. However, news is also the result of attempts to influence journalists, and we may conclude that IKEA's strategies here could be improved in Britain.

So far we have looked mainly at the differences between the two countries, but there are also a number of similarities. In both countries, IKEA is used as a metaphor and as a reference point. This may indicate that the company is well-known company or stands out in some way. If this is so, IKEA it is not presented in a negative way, as may be the case for other international companies.

IKEA's role as a retailer in particular is not reflected in the articles. It is remarkable that news related to specific stores is rare. Such items did not appear in any British newspaper during the period. This topic is essential if consumers are to form an image of specific stores. A quick search in press material about IKEA indicates that news related to stores appears when new stores open or other events take place in the store. The tragic incident in Russia is an example of how a negative event can put IKEA in the limelight. However, positive events can be used to draw attention to the store and to get positive press coverage. IKEA did not open any new stores during the period of time analysed, and it does not do so very often in a mature market such as Sweden. Other events or ideas should therefore be used to draw attention to the stores. This area appears to have been neglected, or may be a consequence of IKEA's strategy of delegating responsibility for store advertising to store managers.

Retailers can use their stores as arenas for events attracting press coverage. To put a store in a favourable light or associate it with a context where it would not usually appear is an effective strategy for reaching new audiences. Such events are of greatest interest to local or regional newspapers, and so are a good way of reaching both the mass market and consumers living near the store – i.e. potential customers. This phenomenon is not new: product placement is well established. The many articles focusing on IKEA products is also probably no coincidence, but the result of the company's PR activities.

Newspapers — image formation agents for retailers?

7   Conclusions

This chapter has analysed the media in its role as an image formation agent. We have investigated the type of news stories published about one retailer in particular, the Swedish company IKEA. The media are considered one of four categories of agents that provide texts about a company, brand or retailer (Holt 2002). They are viewed as a trustworthy agent, so their reporting is influential. However, it is not only the existence of newspaper reports that are important, but their contents. For an international company, this makes building a corporate image more complicated.

In both Britain and in Sweden, IKEA is so well known that it is often used as a metaphor for something else. The company is also used as a point of reference – but with the meaning the journalist ascribes to it, not necessarily the one the company would like. We find that the image of IKEA presented in the media differs between the two countries. Our study is explorative in nature, so the results cannot be generalised. However, we have seen that quite different aspects of IKEA are reported in the two countries, implying that different images are formed by consumers from the media in different countries.

This finding confirms the claims made by Holt (2002) and others that there are many stakeholders with different agendas influencing the image of a company. Different target groups are reached by the image created in different newspapers, which means that the company's image may vary considerably for different groups, depending on how important the media is to them. The image of the company found in newspapers is also different from the image promulgated by the company itself, i.e. the corporate image. In this sense, the company has lost control of its public image. Journalists cannot be made to write according to the company's ideas and aims, so consumers are exposed to very different texts about the company. We have presented examples of such differences.

A useful avenue for future research would be to conduct a more in-depth analysis of selected categories of articles. This could include a text analysis of how IKEA is used as a point of reference or metaphor in newspapers, what business ideas are focused on, or what values are associated with IKEA, for example. The findings of such a study would provide a deeper understanding of the image of IKEA among journalists. This would be useful as journalists are an important target group and lead public opinion. The image produced by journalists should then be compared to the corporate image in order to identify any problematic areas.

What are the implications of our findings from a managerial perspective? First, they show how texts differ and reveal what they are about. The work of journalists should not be neglected but rather taken into account in the company's strategic work. Instead of focusing only on the image the company wants to project through the media it can control, managers should also consider the other sources of information that influence

Åsa Thelander, Charlotte Hansson, Fredrik Hansson und Ulf Johansson

consumers. Here, understanding how the company is represented in the press is a vital input. Being in contact with the different messages that reach the customer rather than just focusing on the company's own message can help managers formulate a message that is more relevant to the customer. Again, the company is just one element that influences its image with the customer. Acknowledging and actively trying to incorporate other elements may make the image more relevant to the customer. The arena for image work extends far beyond that which the company can pay for and fully control.

The type of press reporting found in this study was not alarming. However, when it comes to bad news, reporting by one agent can easily overshadow all other reporting – especially the company's own efforts to save its image. Research has shown that monitoring media reports is important to prevent negative reporting. Our study further shows that newspaper reporting focuses on certain aspects of the company's image at the expense of others. For example, the stores themselves are largely ignored in the articles. One explanation for this may be that the stores are not newsworthy in their own right. Yet most topics can be made newsworthy, and we can conclude that few efforts have been made in this direction. In particular, the option of using stores as arenas for other events or stories has not been fully exploited; such "store placement" offers unique potential to retailers in their PR efforts.

Literaturverzeichnis

ASP, K. (1990): Medialisering, medielogik, mediekrati, in: i Nordicom-Information, 4, S. 47-50.

BEERLI, A. UND J. D. MARTIN (2004): Factors Influencing Destination Image, in: Annals of tourism Research, 31 (3), S. 657-681.

BIRTWISTLE G., I. CLARKE UND P. FREATHY (1999): Store Image in the UK Fashion Sector: Consumer verses Retailer Perceptions, in: International Review of Retail Distribution and Consumer Research, 9 (1), S. 1-16.

BURT, S. UND J. CARRALERO-ENCINAS (2000): The Role of Store Image in Retail Internationalization, in: International Marketing Review, 17 (4/5), S. 433-453.

DAVIES, A. (2004): Mastering Public Relations, New York: Palgrave MacMillan.

DAVIES, B. J. UND P. WARD (2002): Managing Retail Consumption, Chichester: John Wiley & Sons.

DEACON, D., M. PICKERING, P. GOLDING UND G. MURDOCH (1999): Researching Communications, London: Arnold.

GALTUNG, J. UND R. M. HOLMBOE (1965): The Structure of Foreign News, in: Journal of Peace Research, 2, S. 64-91.

GRUNIG, J.R. UND T. HUNT (1984): Managing Public Relations, New York and London: Holt, Rinehart & Winston.

HADENIUS, S. UND L. WEIBULL (2005): Massmedier. En bok om press, radio och TV, Stockholm: Bonnier.

HART, C. A. UND M.A.P. DAVIES (1996): Consumer Perceptions of Non-Food Assortments: an empirical study, in: Journal of Marketing Management, 12 (4), S. 297-312.

HERNES, G. (1978): Det mediavridde samfunn, in: G. Hernes (Hrsg.): Förhandlingsökonomi og blandningsadministrasjon, Oslo: Universitetsförlaget.

HVITFELT, H. (1989): Nyheterna och verkligheten. Byggstenar till en teori, Göteborg: Göteborgs universitet.

HOLT, D. (2002): Why Do Brands Cause Trouble? A Dialectical Theory of Consumer Culture and Branding, in: Journal of Consumer Research, 29, S. 70-90.

JOHANSSON, B. (2004): Journalistikens nyhetsvärderingar, in: L. Nord und J. Strömbäck (Hrsg.): Medierna och demokratin, Lund: Studentlitteratur.

KOTLER, P. UND G. ARMSTRONG (1994): Principles of Marketing, 6. Aufl., Englewood Cliffs, N.J.: Prentice Hall.

LIPPMAN, W. (1922): Public Opinion, New York: Harcourt Brace.

MACKAY, K. UND D. R. FESENMAIER (1997): Pictoral element of destination in image formation, in: Annals of Tourism Research, 24 (3), S. 537-565.

MANRAI, A. K. UND L. A. MANRAI (1995): A Comparative Analysis of Two Models of Store Preference incorporating the Notion of Self-Image and Store Image: some empirical results, in: Journal of Marketing Channels, 4 (3), S. 33-51.

MARTINEAU, P. (1958): The Personality of the Retail Store, in: Harvard Business Review, 36 (January/February), S. 47-55.

MAVROMMATIS, A. UND S. BURT (2001): International Store Image Transferability: standardize your image or not?, in: Proceedings of the 11th International Conference on Research in the Distributive Trades, Tilburg University, the Netherlands, June, section C.5.2.

MCGOLDRICK, P. (1979): Store image: how departmental images differ in a variety chain, in: Retail & Distribution Management, 7 (5), S. 21-24.

MCGOLDRICK, P. UND S. L. HO (1992): International Positioning: Japanese Department Stores in Hong Kong, in: European Journal of Marketing, 26 (8/9), S. 65-73.

MCGOLDRICK, P. (1998): Spatial and Temporal Shifts in International Retail Images, in: Journal of Business Research, 42, S. 189-196.

MCGOLDRICK, P. (2002): Retail Marketing, 2. Aufl., London: McGraw & Hill.

MCQUAIL, D. (2000): McQuail's Mass Communication Theory, 4. Aufl., London: Sage.

ÖSTGÅRD, E. (1965): Factors Influencing the Flow of News, in: Journal of Peace Research, 2, S. 39-63.

PRAKKE, H. (1969): Kommunikation der Gesellschaft: Einführung in die funktionale Publizistik, Münster: Regensberg.

RIES, A. UND L. RIES (2002): The Fall of Advertising & The Rise of PR, New York: Harper Collins.

SHOEMAKER, P. J., T. CHANG UND N. BRENDLINGER (1987): Deviance as a predictor of newsworthiness: Coverage of international events in the US media, in: Communication Yearbook, 10, S. 348–365.

STRÖMBÄCK, J. (2000): Makt och medier, Lund: Studentlitteratur.

TENCH, R. UND L. YEOMANS (2006): Exploring Public Relations, Essex: Pearson Education.

ZIMMER, M. R. UND L. L. GOLDEN (1988): Impressions of Retail Stores: A Content Analysis of Consumer Images, in: Journal of Retailing, 64 (3), S. 265-293.

Joachim Zentes und Hanna Schramm-Klein

Handel und Medien
Einsatz und Wirkung traditioneller und neuer Medien im Einzelhandel

1 Medieneinsatz von Handelsunternehmen 453

2 Klassische Massenmedien im Handel 456
   2.1 Überblick über klassische Massenmedien 456
   2.2 Bedeutung der klassischen Massenmedien
       für das Konsumentenverhalten 458

3 Neue Medien im Handel 459
   3.1 Neue Medien und Interaktivität
       im Marketing von Handelsunternehmen 459
   3.2 Einsatzmöglichkeiten neuer Medien für Handelsunternehmen 461
   3.3 Wirkung des Einsatzes neuer Medien im Handel auf das
       Konsumentenverhalten 465

4 Integrierte Kommunikation und Cross-Media-Kommunikation im Handel 466

5 Ausblick 468

1 Medieneinsatz von Handelsunternehmen

Analysiert man den Einsatz von Medien durch Einzelhandelsunternehmen, so zeigt sich, dass es sich hierbei um einen Bereich handelt, der sich gerade in den letzten Jahren sehr deutlich verändert hat. Während noch vor wenigen Jahren v.a. die Konsumgüterindustrie die führende Rolle in der Kommunikation mit den Konsumenten gespielt hat, ist der Handel inzwischen mit einem Gesamtbudget von knapp 2 Mrd. EUR der größte Kunde der deutschen Werbewirtschaft (Nielsen Media Research 2008). Dies zeigt sich v.a. auch bei der Betrachtung der am stärksten beworbenen Marken in Deutschland (siehe Tabelle 1-1). Unter den TOP 10 „Produkten", auf welche die größten Werbeinvestitionen in den klassischen Massenmedien entfallen, befinden sich acht Handelsunternehmen. Diese Veränderungen hängen damit zusammen, dass sich der Handel im Rahmen von Retail-Branding-Strategien immer stärker selbst als Marke positioniert und vor allem gegenüber der Konsumgüterindustrie zu profilieren versucht (Morschett 2002).

Tabelle 1-1: *Die 10 am stärksten beworbenen Marken in Deutschland: Bruttowerbeinvestitionen in den Massenmedien in Mio. EUR*

Produkt	2004	2005	2006	2007
Media Markt	218,5	238,6	268,5	305,0
Aldi	245,2	263,8	275,7	280,1
Lidl	334,2	344,6	356,8	221,8
Saturn	129,6	157,1	184,0	193,4
C&A	152,4	160,1	151,0	131,5
Schlecker	90,4	88,0	113,7	111,0
McDonald's Snackbars	89,5	97,4	90,6	107,4
Edeka Aktiv-Markt/E-Center/Neukauf	k.A.	k.A.	21,5	95,0
Premiere	78,5	69,8	60,7	91,0
Rewe	k.A.	k.A.	51,3	83,4

Quelle: Nielsen Media Research.

Zum Teil wurden die Ausgaben der Handelsunternehmen in den klassischen Medien gerade in den letzten Jahren deutlich gesteigert. So haben einzelne Unternehmen ihre Aktivitäten gerade im Bereich der Massenmedien enorm ausgeweitet. Diese Veränderungen beziehen sich v.a. darauf, dass der Handel nach dem traditionell starken Engagement in den Printmedien immer stärker auch eine Präsenz im Fernsehen zeigt. Beispielsweise hat Edeka eine Steigerung der Ausgaben für Above-the-line-Werbung, insbesondere durch Verstärkung der Präsenz im TV, im Jahr 2007 gegenüber dem Vorjahr um 234,2 % vorgenommen. Auch Real hat die klassische Kommunikation mit Ausgabensteigerungen um knapp 170 % sehr stark intensiviert, indem z. B. auch verstärkt TV-Kampagnen eingesetzt wurden.

Der Medieneinsatz durch Handelsunternehmen erfolgt mit unterschiedlichen Zielsetzungen. Besonders hohe Bedeutung hat er im Rahmen der Kommunikation mit den Zielgruppen der Unternehmen. Während dieser Einsatzbereich in vielen Branchen den Hauptbezugspunkt des Medieneinsatzes darstellt, kommt ihm im Handel jedoch eine weitere wesentliche Relevanz zu, indem vor allem auch im Rahmen des Point-of-Sale-Marketing (PoS-Marketing) immer stärker der Einsatz von Medien zur Information und Kommunikation mit den Kunden der Handelsunternehmen erfolgt. Gerade dieser Kommunikation am PoS wird eine besondere Bedeutung zugemessen, weil ein sehr hoher Anteil von Kaufentscheidungen erst in den Geschäften des Handels getroffen wird.

Entsprechend dieser Überlegungen lassen sich somit zwei Hauptansatzbereiche für den Medieneinsatz von Handelsunternehmen unterscheiden, nämlich der Medieneinsatz außerhalb bzw. unabhängig von den Verkaufsstellen des Handels, der sowohl auf aktuelle als auch auf potenzielle Kunden (und sonstige Anspruchsgruppen) bezogen ist, und der Medieneinsatz in den Verkaufsstellen des Handels, bei dem die Kommunikation und Information im Rahmen der Kaufprozesse der Kunden im Vordergrund steht. Gerade im Hinblick auf die Verkaufsstellen des Handels ist dabei zu beachten, dass hierunter sowohl stationäre als auch virtuelle Verkaufsstellen zu fassen sind, um dem Facettenreichtum der unterschiedlichen Betriebs- und Vertriebstypen der Handelsunternehmen entsprechen zu können.

Fokussiert man auf die Einsatzmöglichkeiten von Medien im Handel, so steht häufig die Systematisierung in klassische Medien und in neue Medien im Vordergrund (siehe Abbildung 1-1). Die mit den unterschiedlichen Medien verbundenen Kommunikationsmaßnahmen des Handels werden häufig, dieser Systematisierung entsprechend, in „Above-the-line-Maßnahmen", bei denen klassische Medien eingesetzt werden, und in „Below-the-line-Aktivitäten" unterteilt, bei denen neuartige, „nicht-klassische" Medien genutzt werden. Dabei zeigt sich, dass im Handel verstärkt Budgets für Below-the-line-Aktivitäten eingesetzt werden, da ihnen das Potenzial zugesprochen wird, Probleme wie z. B. die zunehmende Informationsüberlastung der Konsumenten zu überwinden und einen höheren Aufmerksamkeitsgrad der Konsumenten in Bezug auf die Kommunikationsbotschaft zu generieren. In dem sich sehr dynamisch entwickelnden Bereich der Below-the-line-Aktivitäten kommen laufend neue Kommunikationsformen hinzu wie z. B. Werbung in Computerspielen, Ad-Games, Mobile Marketing u.Ä.

Abbildung 1-1: Systematisierung der Medien im Handel

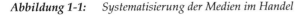

Klassische Medien		Neue Medien
Werbemittel in Printmedien • Anzeigen • Inserate • Beilagen • Beihefter / -kleber • Handzettel	**Werbemittel im Kino** • Spots • Dias • Placements	**Werbemittel in Online-Medien** • Banner • Buttons • Textlinks • Placements • Pop-ups • Interstitials • Sticky-Ads • Spiele • E-Mercials • Streaming Video Ads
Werbemittel im Fernsehen • Spots • Placements • Split-Screens • Dauerwerbesendungen / Infomercials	**Werbemittel im Radio / Hörfunk** • Spots • Placements • Dauerwerbesendungen	**Werbemittel in mobilen Medien** • SMS • MMS • Spiele

Quelle: in Anlehnung an Zentes, Swoboda und Schramm-Klein 2006, S. 402.

Insgesamt steigen die Werbeausgaben der Handelsunternehmen weiter an, jedoch zeigt die Betrachtung der Werbeausgaben, die in den Massenmedien getätigt werden, dass viele Unternehmen die Kommunikation über die „klassischen" Massenmedien immer stärker durch neue Medien und neue Kommunikationsformen ergänzen. Neben der Veränderung der Intensität des Medieneinsatzes ist also v.a. auch eine Verschiebung zwischen den Medien erfolgt, die von den Handelsunternehmen genutzt werden.

Das durchschnittliche Marketingbudget eines Handelsunternehmens teilt sich aktuell etwa folgendermaßen auf: Anzeigenwerbung 18,6%, TV 2,5%, Radio 6,8%, Plakat 4,9%, Handzettel 40,4%, Kundenbindungsprogramme 16,9%, In-Store-Marketing 6,7% und andere Werbemaßnahmen 3,2% (EHI Retail Institute 2006). Es wird also deutlich, dass klassische Massenmedien dabei (noch) die größte Bedeutung einnehmen, wobei auch aktuell v.a. der Einsatz von Handzetteln dominiert. Jedoch sind diesbezüglich wesentliche Veränderungen zu erwarten. Bedeutend ist dabei nicht nur, dass sich innerhalb der klassischen Medien eine Verschiebung zeigt, v.a. einen Trend weg von Handzettelwerbung, die fast ausschließlich der Preis-Kommunikation dient, hin zu stärker imageorientierten Kampagnen in den Massenmedien. Relevant ist vor allem aber auch die immer stärkere Nutzung neuer Medien im Rahmen der Kommunikation.

Joachim Zentes und Hanna Schramm-Klein

Betrachtet man beispielsweise die Unternehmen, die am stärksten in der Online-Werbung aktiv sind, so war hier Plus im Jahr 2007 mit einem Budget von rd. 42 Mio. EUR einer der Top-Akteure im Internet. Zudem setzen immer mehr Handelsunternehmen verstärkt auf Direktmarketing. Beispielsweise hat Quelle das Budget für Direct-Mails im Jahr 2007 auf knapp 135 Mio. EUR erhöht. Auch im Lebensmitteleinzelhandel wurden die Below-the-line-Aktivitäten deutlich verstärkt, indem die Ausgaben hierfür von Unternehmen wie Real, Lidl, Rewe oder Plus um bis zu 120 % gegenüber dem Vorjahr gesteigert wurden (Nielsen Media Research 2008).

Diese Betrachtungen zur Relevanz des Medieneinsatzes zeigen die hohe und tendenziell wachsende Bedeutung, die Medien generell im Handel haben. Im Folgenden erfolgt eine spezifischere Betrachtung des Medieneinsatzes differenziert nach klassischen (Massen-) Medien und neuen interaktiven Medien, die im Rahmen der Kommunikation sowohl außerhalb der Verkaufsstellen des Handels im Rahmen der (Massen-) Kommunikation mit den aktuellen und potenziellen Kunden als auch innerhalb der Verkaufsstellen des Handels im Rahmen der In-Store-Kommunikation eingesetzt werden können.

2 Klassische Massenmedien im Handel

2.1 Überblick über klassische Massenmedien

Wie dargestellt, dominiert im Handel aktuell (noch) der Einsatz klassischer Massenmedien. Der Handel war in der Vergangenheit traditionell v.a. auf Printmedien fokussiert, denn diese wurden v.a. genutzt, um die Preiskompetenz in den Vordergrund zu rücken. In diesem Zusammenhand setzten viele Handelsunternehmen v.a. im Food-, aber auch im Non-Food-Bereich auf Werbung in Zeitungen (meist in Regionalzeitungen) oder Anzeigenblättern. Dominierend erfolgt im Bereich der Printmedien jedoch der Einsatz von Handzetteln, Beilagen oder Prospekten, in denen über Angebote, Aktionen oder neue Produkte informiert wird. Diese werden oft regional ausgestaltet und (z. B. als Beilagen in Zeitungen oder in direkter Zustellform) kostenlos an die im jeweiligen Einzugsbereich liegenden Haushalte verteilt. Sie können jedoch auch in den Verkaufsstellen ausgelegt werden, werden dann allerdings Bestandteil der In-Store-Kommunikation.

Weniger relevant im Lebensmittelhandel oder für regional agierende Handelsunternehmen, aber von höherer Bedeutung gerade für große Handelsunternehmen im Non-Food-Bereich ist die Zeitschriftenwerbung. Gerade zur Ansprache spezifischer Zielgruppen, aber auch zur Platzierung von regional breit angelegten Printkampagnen wird die Zeitschriftenwerbung als besonders relevant angesehen.

Handel und Medien

Das Fernsehen wird als Medium im Rahmen der Kommunikation von deutlich weniger Handelsunternehmen eingesetzt. Dies hängt v.a. damit zusammen, dass der Einsatz dieses Mediums auf Grund des erforderlichen Budgets für TV-Kampagnen und der Reichweite vor allem für die großen, marktführenden und i.d.R. filialisierten Handelsunterunternehmen lohnenswert ist. Während noch vor einigen Jahren nur in sehr seltenen Fällen ein Einsatz von TV-Kampagnen durch Handelsunternehmen erfolgte, wurde hier eine deutliche Präsenzverstärkung realisiert. Dies hängt vor allem damit zusammen, dass in der Fernsehwerbung bekanntlich durch die gleichzeitige Einsatzmöglichkeit von Bild, Ton und Text eine besondere Eignung für die Vermittlung emotionaler Werbebotschaften gegeben ist, weshalb sie gerade für imageorientierte Kampagnen in den letzten Jahren stärker eingesetzt wurde (Liebmann, Zentes und Swoboda 2008, S. 579). Beispielsweise nutzen Unternehmen wie Edeka oder Rewe TV-Kampagnen bewusst, um von der reinen Preis-Werbung abzurücken und stattdessen alternative Positionierungen in den Vordergrund zu rücken, die v.a. auf Frische und Qualität abzielen. Ähnlich agieren auch Unternehmen im Textilbereich wie C&A oder H&M, die v.a. versuchen über imageorientierte Kampagnen einen hohen Fashiongrad zu vermitteln.

Neben dem Fernsehen ist der Rundfunk ein weiteres bedeutendes Nicht-Printmedium. Hierbei handelt es sich zwar um ein klassisches Medium, das der Handel traditionell einsetzt, jedoch liegt die Hauptproblematik darin, dass Radiowerbung einer verhältnismäßig geringen Aufmerksamkeit und eher beiläufiger Wahrnehmung durch die Konsumenten unterliegt. Zwar nutzen auch überregional tätige Handelsunternehmen wie z. B. Obi, Media Markt oder Saturn gezielt Radiowerbung, jedoch liegt einer der Hauptvorteile dieses Mediums darin, dass viele Radioprogramme regional ausgestrahlt werden. Aus diesem Grund ist es den Handelsunternehmen möglich, differenzierte Radiospots zu schalten, und gerade lokal agierende Unternehmen können auf das Radio (häufig als einziges Nicht-Print-Massenmedium) zurückgreifen (Berekoven 1995, S. 249).

Alternative klassische Massenmedien sind darüber hinaus das Kino oder Medien im Rahmen der Außenwerbung. Gerade Kinowerbung wird als Werbeform mit hoher Kontaktwahrscheinlichkeit und –intensität angesehen, jedoch ist hier die Reichweite oftmals gering und auf eine bestimmte Zielgruppe beschränkt (Barth, Hartmann und Schröder 2007, S. 235), sodass sie für Handelsunternehmen eine begrenzte Bedeutung hat. Bei der Außenwerbung sind unterschiedliche Formen denkbar wie z. B. Plakate oder City-Lights, elektronische Videoboards oder die Nutzung von Verkehrsmitteln (z. B. Taxi, Busse, Straßenbahnen) als Träger für kommunikative Botschaften.

Bezüglich der Mediennutzung sind im Handel z.T. deutliche Branchenunterschiede zu beobachten. Wenngleich sich Veränderungen in der Mediennutzung andeuten, wird im Lebensmitteleinzelhandel v.a. mittels Handzetteln geworben, während überregional tätige Unternehmen des Textilhandels (z. B. C&A), des Elektronikhandels (z. B. Media Markt, Saturn), im Do-it-Yourself-Handel (z. B. Praktiker) verstärkt das Fernse-

Joachim Zentes und Hanna Schramm-Klein

hen als Medium nutzen. Kleinere Handelsunternehmen setzen hingegen (neben klassischer Printwerbung) auf Grund von Budgetrestriktionen und regionaler Ausrichtung häufig auf Medien wie z. B. den (regionalen) Rundfunk.

2.2 Bedeutung der klassischen Massenmedien für das Konsumentenverhalten

Spezifische Untersuchungen zur Wirkungen des Medieneinsatzes von Handelsunternehmen im Rahmen der Kommunikation mit ihren Zielgruppen sind verhältnismäßig selten. Insbesondere bezogen auf klassische Massenmedien erfolgen nur selten spezifische Betrachtungen der Wirkungen auf das Konsumentenverhalten. Im Vordergrund der Untersuchungen steht mit spezifischem Bezug auf Handelsunternehmen weniger die Frage, welche Medien zur Kommunikation eingesetzt werden, sondern stärker die Frage der inhaltlichen Dimension, auf die sich die Kommunikation bezieht.

In diesem Zusammenhang wird dem Handel vorgeworfen, dass gerade in den klassischen Massenmedien die Preiswerbung dominiert. Vor allem im Lebensmitteleinzelhandel zeigt sich diese Tendenz, die sich auch in der hohen empirischen Relevanz des Einsatzes von Handzetteln widerspiegelt. Im Gegensatz zu Preiswerbung ist es jedoch anhand von Imagewerbung möglich, Nicht-Preis-Elemente wie z. B. emotionale Aspekte der Retail-Brand zu transportieren (Mulhern 1997; Lincoln und Samli 1981). Dies wird als vorteilhafter angesehen, da anhand reiner Preiswerbung kein tatsächlicher, langfristiger USP gegenüber der Konkurrenz aufgebaut werden kann. In der Handelspraxis ist deshalb auch – jedoch vornehmlich im Non-Food-Bereich (z. B. IKEA, H&M) – eine zunehmende Bewegung von der reinen Preiswerbung hin zu verstärkter Image-Werbung zu beobachten (Zentes, Janz und Morschett 2000).

Insbesondere im Kontext von Handelsunternehmen wurde die Frage analysiert, inwieweit Image- oder Preiswerbung vorzuziehen sind (vgl. zu einem Überblick über diese Forschungsfrage bzw. unterschiedliche Studien z. B. Morschett 2002; Kaul und Wittink 1995).[1] Die Bedeutung von Image-Werbung wird v.a. daran deutlich, dass anhand von Preiswerbung, die häufig in Form der Präsentation von Sonderangeboten (z. B. in Form von Handzetteln) erfolgt, vornehmlich kurzfristige Effekte auf das Konsumentenverhalten erzielt werden können (vgl. z. B. Walters und MacKenzie 1988; Gijsbrechts, Campo und Goossens 2003; Ailawadi, Neslin und Gedenk 2001), langfristige Aspekte des Aufbaus von Kundenloyalität zumeist jedoch nicht realisiert werden können, während anhand von Image-Werbung langfristige Loyalitätswirkungen erzielt werden können (Mela, Gupta und Lehmann 1997; Jedidi, Mela und Gupta 1999).

---

[1] Vgl. hierzu auch die Untersuchungen zur Wirkung von Werbung im Kontext der Informationsverarbeitungstheorie (zu einem Überblick siehe z. B. Chandy u.a. 2001).

Handel und Medien

Neben der Wirkung der inhaltlichen Aussagen im Rahmen der Kommunikationspolitik ist jedoch auch die Intensität, mit der Werbung betrieben wird, von hoher Bedeutung, denn Werbung hat nicht nur eine generelle Informationsfunktion für die Konsumenten (Shum 2004), sondern die Werbeintensität hat einen positiven Einfluss auf die Bekanntheit, die Differenzierung gegenüber der Konkurrenz und damit verbunden auf die Markenstärke der Unternehmen (Andresen und Esch 2000; Esch und Andresen 1997; Aaker 2002; Keller 1998). Wenngleich auch hier bisher praktisch keine konkreten Untersuchungen mit direktem Bezug zum Werbeeinsatz von Handelsunternehmen durchgeführt wurden, konnte in einer Vielzahl empirischer Untersuchungen generell gezeigt werden, dass eine höhere Werbeintensität mit positiven Auswirkungen auf die Loyalität gegenüber den beworbenen Objekten verbunden ist (z. B. Blair und Rabuck 1998; Miller und Berry 1998; Shum 2004; Assmus, Farley und Lehmann 1984; Woodside und Walser 2007). Dies unterstreicht die besondere Relevanz des Einsatzes der klassischen Massenmedien, die tendenziell eine hohe Reichweite und eine hohe Aufmerksamkeitswirkung bei den Konsumenten haben, dies allerdings bei tendenziell hohen Streuverlusten.

3 Neue Medien im Handel

3.1 Neue Medien und Interaktivität im Marketing von Handelsunternehmen

Werden neue Medien im Rahmen der Kommunikationspolitik von Handelsunternehmen genutzt, so wird häufig auch vom „Multimediamarketing" gesprochen. Diese Medien sind durch mehrere Merkmale gekennzeichnet, so durch die Multimodalität, also die gleichzeitige Ansprache mehrer Sinne, durch die digitale Integration anhand der Kombination unterschiedlicher Informationsträger aus den Bereichen der sog. „TIME-Industrien" (Telekommunikation, Informationstechnologie, Medienindustrie und audiovisuelle Elektronik) und durch Interaktivität in Form von „Dialogkomponenten", indem mit bzw. anhand des Mediums interagiert bzw. kommuniziert wird (Bruhn 2005; Oystein, Endresen und Gavlen 2003). Die wichtigsten neuen Medien, die vom Handel eingesetzt werden, sind (Bruhn 2005):

- Online-Systeme wie z. B. das Internet

- Mobile Speichermedien wie z. B. CD-ROMs, USB-Sticks

- Kiosk-Systeme, also computergestützte Terminals, die von dem Unternehmen z. B. zur Information („Point-of-Information-Terminals"), zur Transaktion („PoS-

Terminals") oder zur Unterhaltung („Point-of-Fun-Terminals") bereitgestellt werden (Swoboda 1996)

- Mobile Kommunikationsmedien wie v.a. Mobiltelefone oder PDAs (Personal Digital Assistants), aber auch Notebooks oder mobile Spielekonsolen (z. B. die PSP von Sony), die mit W-LAN-Techniken ausgestattet sind, können auf Grund der Befähigung zur mobilen Internetnutzung zu den mobilen Kommunikationsmedien gezählt werden.

Gerade bei der Betrachtung der mobilen Kommunikationsmedien zeigt sich die Tendenz, dass die Bereiche der Online- und der mobilen Medien zunehmend miteinander verschmelzen.

Von den angesprochenen Merkmalen neuer Medien steht bei den folgenden Betrachtungen v.a. ihre Interaktivität im Vordergrund, wenngleich auch der Einsatz neuer Medien ohne direkt interaktive Elemente von Handelsunternehmen erfolgen kann. Durch die Nutzung interaktiver Medien sollen Effizienz und Effektivität im Rahmen der Kommunikation gesteigert werden. Während bei den bisher betrachteten klassischen Massenmedien lediglich in eine Richtung – nämlich vom Sender zum Empfänger – kommuniziert wird, ist es bei interaktiven Medien möglich, Feedback-Prozesse im Rahmen der Kommunikation und damit eine 2-Wege-Kommunikation bzw. Mehr-Wege-Kommunikation zu etablieren. Die Kommunikation im Rahmen interaktiver Medien ist durch den Dialog und den Austausch zwischen den Kunden und dem Unternehmen gekennzeichnet (McMillan und Hwang 2002).

Es existieren unterschiedliche Definitionsansätze der Interaktivität, die vor allem danach klassifiziert werden können, ob sie den Fokus auf die „user-machine interaction" die „user-user interaction" oder die „user-message interaction" legen. „User-machine interaction" bezeichnet die Interaktion über Computer, „user-user interaction" bezieht sich auf Formen der persönlichen Kommunikation und unter „user-message interaction" werden Interaktionsformen verstanden, bei denen die Nutzer die Kommunikationsinhalte kontrollieren und verändern können (Liu und Shrum 2002).

Die Interaktivität kann als gradueller Prozess angesehen werden, der von einfachen Interaktionsformen eines passiven „Durchgehens" durch Geschäfte oder Internet-Shops bis zur tatsächlichen Veränderung dieser Umgebung reichen kann (Diehl, Terlutter und Weinberg 2007). Durch Interaktivität steigt somit die Integration der Kunden. Werden interaktive Elemente im Rahmen des Handelsmarketing eingesetzt, so liegt meist eines der Hauptziele darin, die Kommunikationsprozesse mit den Kunden zu optimieren, aber auch das Einkaufserlebnis der Konsumenten zu steigern.

Handel und Medien

3.2 Einsatzmöglichkeiten neuer Medien für Handelsunternehmen

Ein besonderer Vorteil des Einsatzes neuer Medien liegt darin, dass ein unterhaltungs-bezogener Kontext in den Vordergrund gestellt werden kann, der v.a. dem Aufbau einer emotionalen Bindung der Kunden dienen soll. Im Vordergrund steht die Etablierung von Dialogkomponenten, indem mit bzw. anhand des Mediums interagiert bzw. kommuniziert wird. Derartige Merkmale neuer Medien sind gerade für den Versandhandel, insbesondere den Online-Handel, und für Unternehmen mit Mehrkanalsystemen, also Multi-Channel-Unternehmen, die unterschiedliche Absatzkanäle parallel einsetzen, von besonderer Bedeutung. Aber auch im stationären Handel kommen gerade in den letzten Jahren verstärkt neue Medien zum Einsatz.

Anhand des Einsatzes neuer, interaktiver Medien kann z. B. auch im Versandhandel, d.h. vor allem in den Online-Shops von Handelsunternehmen eine One-to-One-Kommunikation oder Personalisierung umgesetzt werden, also eine individuelle Ansprache der Konsumenten. Vor dem Hintergrund immer besser ausgereifter Kundeninformationssysteme kann auf diese Weise eine gezieltere, auf die individuellen Kundenbedürfnisse abgestimmte Ansprache der Kunden (z. B. mit spezifischen Angeboten, Kommunikationsformen oder Kommunikationsinhalten) erfolgen.

Für Multi-Channel-Retailer ergeben sich zusätzlich weitere Vorteile, denn viele Formen neuer Medien sind nicht an den spezifischen Betriebstyp gebunden, sondern können übergreifend im gesamten Absatzkanalsystem eingesetzt oder genutzt werden, um das Vertriebssystem für die Kunden zu verknüpfen, indem sie eingesetzt werden können, um die Kunden von einem Ansatzkanal im Rahmen des Multi-Channel-Systems zu den weiteren Kanälen zu leiten bzw. zu begleiten. Dies kann z. B. anhand der Information über Einkaufsmöglichkeiten, Angebote oder spezifische Vorteile der weiteren Kanäle der Handelsunternehmen erfolgen. Über interaktive Medien kann auch eine direkte Verknüpfung von Kanälen vorgenommen werden. Zum Beispiel ist dies über den Einsatz von Kioskterminals in stationären Geschäften möglich. Diese können einerseits für medial orientierte Beratungs-, Informations- oder Produkt- und Leistungskonfigurationssysteme auch in stationären Kanälen genutzt werden, sie können aber auch durch eine direkte Anbindung an den Online-Shop z. B. mit direkten Bestellmöglichkeiten im Geschäft nicht verfügbarer Produkte die direkte Kanalverbindung ermöglichen.

Abstrahiert man von absatzkanalübergreifenden Aspekten und fokussiert auf den Einsatz neuer Medien in den unterschiedlichen Betriebs- und Vertriebstypen des Handels, so werden im stationären Handel neue Medien z. B. in Form von In-Store-Radio, In-Store-TV oder multimedialen Displays eingesetzt. Über In-Store-Radio oder In-Store-TV können die Unternehmen beispielsweise eigens für die Geschäfte konzipierte oder auch kommerziell verfügbare Radio- oder TV-Sendungen ausstrahlen. Diese

Joachim Zentes und Hanna Schramm-Klein

dienen zum einen dazu, eine angenehme Einkaufsatmosphäre zu schaffen (zur Wirkung von Musik, Farben u.Ä. auf das Konsumentenverhalten vgl. z. B. Kaltcheva und Weitz 2006; Areni und Kim 1994; Mattila und Wirtz 2001; Salzmann 2007; Baker u.a. 2002; zu spezifischen Aspekten des PoS-Marketing vgl. zudem ausführlich Gröppel-Klein 2006). Darüber hinaus bieten sie den Handelsunternehmen die Möglichkeit, im Rahmen solcher Radio- oder TV-Systeme, aber auch über Systeme des Digital Advertising (z. B. in Form von multimedialen, elektronischen „Plakaten") ihre Kunden (ggf. tageszeitspezifisch) über Angebote oder Neuigkeiten in den Geschäften zu informieren.

Fokussiert man auf interaktive Medien am PoS, so stehen bisher v.a. Kiosk-Systeme im Vordergrund. Diese haben gerade in den letzten Jahren an Bedeutung gewonnen. Sie bieten Zusatzinformationen (Swoboda 1996, 1998) und beeinflussen die Wahrnehmung des Ladens positiv und bewirken tendenziell eine Zunahme der getätigten Käufe (z. B. der ungeplanten Käufe). Gerade „miniaturisierte" Formen von Informationsterminals am PoS können z. B. direkt an den Regalen der Handelsunternehmen angebracht und eingesetzt werden, um produktspezifische Informationen (z. B. über die Warenherkunft, Sonderpreise o.Ä.) für die Konsumenten bereitzustellen. Über den Einsatz von Kiosk-Systemen zur multimedialen Kommunikation mit den Kunden ist es möglich, die Informationsaufnahme und -verarbeitung zu steigern und gleichermaßen auch den Erlebnis- und Unterhaltungswert des Einkaufs zu erhöhen. Allerdings ist die Nutzung derartiger Terminals durch die Konsumenten abhängig vom Involvement, der Erfahrung mit dem PC-Umgang usw. (Swoboda 1998).

Neben solchen Kiosk-Systemen sind sog. Personal-Shopping-Assistants eine weitere Form moderner Technologien, die in stationären Geschäften eingesetzt werden können. Derartige portable Computer, die z. B. auf den Einkaufswagen montiert werden können, bieten den Kunden als Scout und Einkaufsberater Such- und Orientierungshilfen in den Geschäften und können genutzt werden, um den Kunden zusätzliche Produktinformationen oder –angebote bereit zu stellen. Sie können zudem mit Kundenkartensystemen verknüpft werden und damit eine weitere Personalisierung und weitere Funktionalität wie z. B. persönliche Einkaufslisten, individuelle Angebote oder kundenspezifische Beratungssysteme ermöglichen (Liebmann, Zentes und Swoboda 2008, S. 612; Gröppel-Klein 2006).

Während somit im stationären Handel unterschiedliche Formen des Einsatzes neuer Medien denkbar sind, stehen diese v.a. in Online-Shops auf Grund der Absatzkanalstruktur deutlich stärker im Vordergrund. Diese besondere Bedeutung ergibt sich daraus, dass hier soziale Interaktionsprozesse nur eingeschränkt möglich sind, interaktive Elemente jedoch andere Formen der Interaktion ermöglichen. Spezifische Interaktionsmöglichkeiten liegen z. B. in der Auswahl von persönlichen Avataren, der (Vor-) Konfiguration von Produkten im Online-Shop oder der Nutzung von Personalisierungs- und Individualisierungsmöglichkeiten von Shop-Systemen (Bauer/Neumann/Mäder 2005; Diehl 2002). Im Online-Shop ist die Informationsvermittlung dabei

Handel und Medien

begrenzt, denn auf Grund der technischen Restriktionen sind letztlich nur solche Informationen vermittelbar, die z. B. durch Abbildungen, erläuternde Texte und Beschreibungen oder in Form von „Video-Clips" vorgestellt werden können. Haptische oder olfaktorische Elemente sind damit nicht oder höchstens begrenzt anhand elektronischer Medien vermittelbar (Burke 1997).

Von besonderer Bedeutung im Rahmen des interaktiven Marketing in Online-Kanälen sind Elemente der User-User-Interaktion, die in die Online-Shops integriert werden können, die aber auch als zusätzliche Kommunikationsangebote rein stationär aktiver Handelsunternehmen eingesetzt werden können. Viele der hiermit verbundenen Interaktionsformen werden unter dem Schlagwort „Web 2.0" diskutiert. Unter Web 2.0 werden eine Vielzahl von Internettechnologien und Anwendungen zusammengefasst, welche die Nutzer zu einer aktiven Teilnahme, Interaktion und Zusammenarbeit im Internet anregen. Im Vordergrund steht häufig die Stimulierung von „User genereated Content", also die Anregung der Kunden, eigene Inhalte im Internet zu publizieren, sei es Text, Bild, Ton oder Video. Im Vordergrund der Integration von Web 2.0-Systemen im Rahmen der Multi-Channel-Integration steht aktuell der Aufbau von Communities bzw. Online-Foren (Clement, Panten und Peters 2005; Herrmann, Algesheimer und Heitmann 2005), in denen die Handelsunternehmen Inhalte, die für ihre Kunden von Bedeutung sind, von anderen Kunden generieren lassen.

Beispielsweise hat Hornbach ein Internet-Forum, den „Projekt-Stammtisch", eingerichtet, in dem die Kunden von anderen Kunden in dem Forum Renovierungshinweise bekommen können. Ein ähnliches System hat Fressnapf mit seiner Online-Community, die sich mit allen Fragen „rund um das Haustier" befasst. Ein besonderer Vorteil dieser Foren liegt zudem darin, dass die Kunden selbst oft sehr weit gehende und spezialisierte Beratungsfunktionen für andere Kunden übernehmen – aber eben als Teil einer vom Handelsunternehmen betreuten Community. Dabei kann nicht nur Spezialwissen der Kunden genutzt werden, das oftmals über das Wissen des Verkaufspersonals hinausgeht (Steyer, Garcia-Bardidia und Quester 2006). Die emotionale Bindung, die über diese Communities erreicht werden kann, ist sehr hoch und zeigt weitere Potenziale der Integration von Web 2.0-Elementen im Rahmen der Kommunikation auf (Chen, Griffith und Shen 2005).

Ein besonders weit entwickeltes Web 2.0-System hat auch Globetrotter etabliert. In der Online-Community können Tipps und spezifische Fragen der Kunden diskutiert werden und es kann Content in Form von Bildern oder Videos eingestellt werden. Auf der anderen Seite werden von dem Unternehmen selbst Videos und Bilder eingestellt, die mit interaktiven Elementen ausgestattet sind. Die Kunden erhalten in diesem Content nicht nur Informationen über Reiseziele, Aktivitäten sowie die notwendige Ausrüstung, sondern sie können die in den Videos präsentierten Produkte auch direkt online bestellen. Über den Aufbau von Web 2.0-Systemen kann somit in besonderer Form eine Integration der Absatzkanäle realisiert werden.

Joachim Zentes und Hanna Schramm-Klein

Eng mit dem Online-Umfeld hängt auch der Bereich mobiler Medien zusammen. In diesem Zusammenhang stehen mobile Endgeräte im Vordergrund, die im Rahmen der Einkaufsprozesse genutzt werden können. Hier ist auf Grund von technischen Fortentwicklungen eine starke Konversion von mobilen und Online-Lösungen zu beobachten. Mit mobilen Endgeräten kann in zunehmendem Maße auf Online-Content zurückgegriffen werden und es können zusätzliche mobile Kommunikationselemente bzw. Angebote etabliert werden. Hierzu zählen z. B. sog. „location-based Services", bei denen Handelsunternehmen über mobile Kanäle potenziell spezifische lokale Angebote an die Konsumenten übermitteln und lokale Feedback-Prozesse beispielsweise zwischen mobilen und stationären Kanälen ermöglichen können. Als Vorteil steht hier neben der Individualisierung in der Kommunikation (z. B. indem Kunden individualisierte Angebote oder Informationen über Aktionen und Bonusprogramme zugestellt bekommen, wenn sie ein Geschäft des Handelsunternehmens betreten) die Ortsunabhängigkeit der Mediennutzung durch die Konsumenten im Vordergrund. Mobile Medien bieten für Handelsunternehmen dabei v.a. Vorteile als Medium „on demand".

Eine wichtige Form des traditionellen Versandhandels stellen Kataloge dar. Hierbei handelt es sich zwar ursprünglich um „statische Absatzkanäle", bei denen Interaktion nur sehr eingeschränkt, beispielsweise im Rahmen von Bestellprozessen, erfolgt, jedoch finden gerade zwischen traditionellen Printkatalogen und Online-Kanälen sehr häufig sehr intensive Kanalverknüpfungen mit interaktiven Elementen statt. So werden Kataloge häufig als bildgestützte „Blätterkataloge" in die Online-Shops integriert oder Online-Bestellmöglichkeiten über die Direkteingabe der Katalog-Bestellnummern angeboten.

Zusätzlich greifen einige Handelsunternehmen als weiteres Medium auf das Fernsehen zurück und nutzen TV-Shops als Absatzkanäle – sowohl im interaktiven Fernsehen als auch als Online-TV-Kanal –, die ebenfalls interaktive Elemente beinhalten. Hier besteht z. B. über Call-in-Möglichkeiten auch die Möglichkeit zu direkter Kommunikation zwischen Kunden und Unternehmen in Form einer spezifischen Form des persönlichen (Telefon-) Gesprächs über den TV-Kanal.

Interaktive Medien können zudem auch bei dem Einsatz von Verkaufsautomaten eingesetzt werden. Dabei kann der direkte Verkauf von Produkten über die Automaten durch integrierte Online-Elemente erweitert werden. Hier zeigt sich eine Konversion zwischen Automaten und Online-Terminals, bei denen über die Terminal-Systeme direkte Bestellungen an den Internet-Shop weitergeleitet werden können bzw. ein direkter Zugriff auf den Internet-Shop möglich ist.

Handel und Medien

3.3 Wirkung des Einsatzes neuer Medien im Handel auf das Konsumentenverhalten

Anhand des Einsatzes neuer Medien können auch im Rahmen der Kommunikation und der Absatzkanalsysteme von Versandhandelsunternehmen Formen „quasi-persönlicher" Kommunikation mit den Kunden aufgebaut werden. In stationären Geschäften stellt die Interaktivität der Kommunikationsprozesse zwischen Kunden und dem Verkaufspersonal eines der traditionellen Merkmale bzw. eine traditionelle Serviceleistung dar. Das Potenzial sozialer Interaktion ist in diesen Kanälen somit sehr hoch (Schramm-Klein 2003). Der Interaktionserfolg hängt dabei zwar sehr stark vom situativen Umfeld, von persönlichen Faktoren der Kommunikatoren und – bezogen auf Einkaufsprozesse – von dem Know-how des Verkaufspersonals ab, jedoch wird persönlichen Kommunikationsformen eine höhere Wirkungsintensität auf das Konsumentenverhalten zugeschrieben (Kroeber-Riel und Weinberg 2003). In Versandhandelskanälen von Handelsunternehmen sind derartige persönliche Interaktionsprozesse jedoch nicht oder nur eingeschränkt möglich. Neue Medien können hier jedoch einen Ausgleich schaffen, denn sie bieten potenziell sehr hohe Personalisierungsmöglichkeiten, wenngleich dennoch praktisch keine Face-to-Face-Interaktion möglich ist.

Allgemein wird tendenziell davon ausgegangen, dass durch den hohen Personalisierungsgrad, der im Rahmen interaktiver Marketingkommunikation über neue Medien realisiert werden kann, grundsätzlich positive Wirkungen auf das Konsumentenverhalten resultieren sollten. Als wesentliche theoretische Erklärungsansätze, die diese Annahme fundieren, stehen die Umweltpsychologie, die Flow-Theorie und die konstruktivistischen Lerntheorien im Vordergrund (Diehl 2002). Jedoch wird dennoch auch das Argument angeführt, dass eine hohe Interaktivität besonders hohe kognitive Anforderungen an die Konsumenten stellt, die dazu führen können, dass sie z. B. in Online-Shops die Orientierung verlieren (Diehl, Terlutter und Weinberg 2007).

Inwieweit Interaktivität im virtuellen Umfeld somit positiv oder negativ wirkt, ist deshalb umstritten. Dies zeigen auch die Forschungsergebnisse zur Wirkung interaktiver Kommunikation im Internet, denn sie sind nicht einheitlich (z. B. Bezjian-Avery, Calder und Iacobucci 1998; Gerpott und Wanke 2004; Ghose und Wenyu 1998; Liu und Shrum 2002; Macias 2003). Insgesamt überwiegen jedoch Forschungsansätze, die aufzeigen, dass ein höherer Grad an Interaktivität positive Auswirkungen auf Kaufverhalten und Loyalität der Konsumenten gegenüber den Unternehmen hat (Diehl 2002).

Joachim Zentes und Hanna Schramm-Klein

4 Integrierte Kommunikation und Cross-Media-Kommunikation im Handel

Im Rahmen integrierter Kommunikationssysteme von Handelsunternehmen steht der kombinierte Einsatz unterschiedlicher Medien im Vordergrund. Im Vordergrund steht dabei zunächst die Abstimmung des Erscheinungsbildes der Handelsunternehmen in den alternativen Medien im Hinblick auf konsistente Kommunikationskonzepte, die durch die inhaltliche, formale und zeitliche Abstimmung aller Kommunikationsmaßnahmen über alle Medien hinweg sicherzustellen sind (Bruhn 2007, S. 588).

Im Hinblick auf die optimale Kombination und Abstimmung der alternativen Medien im Handel ist zu berücksichtigen, dass die unterschiedlichen Medien unterschiedliche Wirkungsebenen betreffen. Anhand des Einsatzes klassischer Massenmedien (z. B. über die Distribution von Handzetteln durch Handelsunternehmen) wird v.a. das Ziel der Verhaltenssteuerung der Konsumenten nach dem Sender-Empfänger-Modell verfolgt. Diese klassischen Medien werden, wie dargestellt, durch den Einsatz neuer Medien ergänzt bzw. teilweise auch abgelöst. Dabei wird versucht, die Konsumenten in den Mittelpunkt zu stellen und mit ihnen konsensuelle und gemeinsame Realitäten zu entwickeln. Dadurch können die Handelsunternehmen eine verstärkte Präsenz in der Welt der Kunden aufbauen und sich stärker mit ihnen vernetzen (siehe Abbildung 4-1).

Abbildung 4-1: Erweiterung der kommunikativen Wirkung durch Integration der Medien

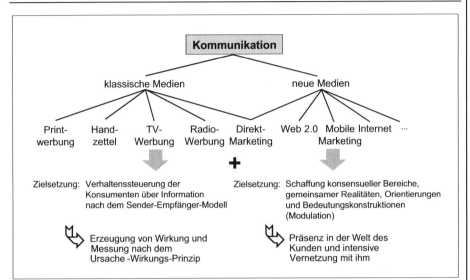

Quelle: in Anlehnung an Liebmann, Jungwirth und Klug 1999, S. 152.

Neben der Integration der unterschiedlichen Medien steht für Handelsunternehmen häufig die Etablierung cross-medialer Kampagnen im Vordergrund. Dies bedeutet, dass die alternativen Medien nicht nur aufeinander abgestimmt werden, sondern dass medienübergreifende Kommunikationskonzepte aufgebaut werden, um den Kommunikationserfolg zu erhöhen. Bei Cross-Media-Kampagnen erfolgt ein zeitlich aufeinander abgestimmter Einsatz inhaltlich verknüpfter Kommunikationsmaßnahmen über unterschiedliche Medien hinweg. Derartige Kampagnen sollen nicht nur den Kommunikationserfolg wesentlich steigern, indem unterschiedliche Kontaktmöglichkeiten mit den Kunden genutzt werden können. Darüber hinaus spielen sie gerade für Multi-Channel-Retailer eine besondere Rolle, denn in der Praxis hat sich gezeigt, dass die Kunden solcher Unternehmen häufig einen Wechsel zwischen den Kanälen in den unterschiedlichen Phasen der Einkaufsprozesse vornehmen. Die Ansprache der Konsumenten sollte deshalb auch in alternativen Kommunikationskanälen über die entsprechenden Medien – also in cross-medialer Form – erfolgen, um eine möglichst hohe Ausschöpfung des Kundenpotenzials erreichen zu können.

Joachim Zentes und Hanna Schramm-Klein

5 Ausblick

Fasst man die Überlegungen zum Einsatz und zur Wirkung der unterschiedlichen Medien im Handel zusammen, so ist davon auszugehen, dass in der Zukunft jene Medien an Bedeutung gewinnen werden, welche die Etablierung spezifischer Beziehungen zu den Kunden ermöglichen. Hier ist zu erwarten, dass sich die Handelsunternehmen in der Zukunft noch weiter weg von den traditionellen Medien und damit von der klassischen Massenkommunikation bzw. Einweg-Kommunikation, bei der die Information der Kunden hierarchisch organisiert ist, über die Dialog-Kommunikation, in deren Rahmen die Kommunikation mit dem Kunden bilateral organisiert ist, zu einem Community-Modell der Kommunikation bewegen werden.

Betrachtet man allerdings die in der Praxis aktuell eingesetzten Kommunikationssysteme, so ist zu beobachten, dass die Kommunikation in den unterschiedlichen Medien Kanälen bisher oft nur teilweise oder gar nicht aufeinander abgestimmt wird. Die Konsequenzen daraus, wie z. B. erhebliche Defizite in Kommunikationseffektivität und –effizienz, Image-Defizite, Verärgerung der Verbraucher oder Abwanderungen von Kunden, weisen darauf hin, dass derartige Unterschiede sich negativ auf das Verbraucherverhalten auswirken können. Gerade der Einsatz interaktiver Elemente wird in der Praxis häufig gesplittet, indem im klassischen Kanalumfeld fast ausschließlich klassische Massenmedien und multimediale Kommunikationsinstrumente lediglich im Online-Kanal eingesetzt werden.

Gerade die Bedeutung neuer Medien mit ihren Potenzialen, interaktive Elemente aufzubauen, ist besonders hoch. Über Interaktivität können die Kunden besser kommunikativ eingebunden werden, weil sie sich intensiver in den Kommunikationsprozess einbringen und gleichermaßen gezielter adressiert werden können. Hier sind v.a. Feedback- bzw. Dialogelemente, die bei interaktiven Marketingsystemen genutzt werden können, besonders vorteilhaft. Insbesondere dann, wenn die Handelsunternehmen nicht nur mit einem Betriebstyp auf dem Markt präsent sind, sondern Multi-Channel-Systeme aufgebaut haben, können gerade interaktive Elemente dazu eingesetzt werden, um die Kunden von einem Kanal des Multi-Channel-Systems in die weiteren Kanäle zu leiten. Auf diese Weise können die Einkaufsprozesse insgesamt optimiert werden, was langfristig mit positiven Wirkungen auf das Kaufverhalten verbunden sein sollte. Dies ist v.a. auch darauf zurückzuführen, dass die Motivation und die emotionale Bindung der Konsumenten über die Interaktivität wesentlich gesteigert werden können. Durch die Interaktivität kann zudem das Einkaufserlebnis für die Konsumenten wesentlich erweitert werden (Diehl 2002). Dadurch steigt oftmals auch die Freiwilligkeit der Kommunikation mit den Unternehmen. Diese höhere Bereitschaft der Auseinandersetzung mit dem Unternehmen führt dazu, dass die Aufmerksamkeit der Konsumenten hinsichtlich der Retail-Brand länger gebunden werden kann als dies über herkömmliche Medien der Fall ist.

Handel und Medien

Literaturverzeichnis

AAKER, D.A. (2002): Building strong brands, London.

AILAWADI, K.L., S.A. NESLIN UND K. GEDENK (2001): Pursuing the Value-Conscious Consumer: Store Brands Versus National Brand Promotions, in: Journal of Marketing, 65 (1), S. 71-89.

ANDRESEN, T. UND F.-R. ESCH (2000): Messung der Markenstärke durch den Markeneisberg, in: ESCH, F.-R. (Hrsg.): Moderne Markenführung: Grundlagen - Innovative Ansätze - Praktische Umsetzungen, 2. Aufl., Wiesbaden, S. 989-1011.

ARENI, C.S. UND D. KIM (1994): The influence of in-store lighting on consumers' examination of merchandise in a wine store, in: International Journal of Research in Marketing, 11 (2), S. 117-125.

ASSMUS, G., J.U. FARLEY UND D.R. LEHMANN (1984): How Advertising Affects Sales: Meta-Analysis of Econometric Results, in: Journal of Marketing Research, 21 (1), S. 65-74.

BAKER, J., A. PARASURAMAN, D. GREWAL UND G.B. VOSS (2002): The Influence of Multiple Store Environment Cues on Perceived Merchandise Value and Patronage Intentions, in: Journal of Marketing, 66 (2), S. 120-141.

BARTH, K., M. HARTMANN UND H. SCHRÖDER (2007): Betriebswirtschaftslehre des Handels, 6. Aufl., Wiesbaden.

BAUER, H.H., M.M. NEUMANN UND R. MÄDER (2005): Die Wirkung von Avataren im Elektronischen Handel, in: Marketing ZFP, 27, S. 9-14.

BEREKOVEN, L. (1995): Erfolgreiches Einzelhandelsmarketing, München.

BEZJIAN-AVERY, A., B. CALDER UND D. IACOBUCCI (1998): New Media Interactive Advertising vs. Traditional Advertising, in: Journal of Advertising Research, 38 (4), S. 23-32.

BLAIR, M.H. UND M.J. RABUCK (1998): Advertising Wearin and Wearout: Ten Years Later--More Empirical Evidence and Successful Practice, in: Journal of Advertising Research, 38 (5), S. 7-18.

BRUHN, M. (2005): Kommunikationspolitik. Systematischer Einsatz der Kommunikation für Unternehmen, 3. Aufl., München.

BRUHN, M. (2007): Marketing. Grundlagen für Studium und Praxis, 8. Aufl., Wiesbaden.

BURKE, R.R. (1997): Do you see what I see? The Future of Virtual Shopping, in: Journal of the Academy of Marketing Science, 25 (4), S. 352-360.

CHANDY, R.K., G.J. TELLIS, D.J. MACINNIS UND P. THAIVANICH (2001): What to Say When: Advertising Appeals in Evolving Markets, in: Journal of Marketing Research, 38 (4), S. 399-414.

CHEN, Q., D.A. GRIFFITH UND F. SHEN (2005): The Effects of Interactivity on Cross-Channel Communication Effectiveness, in: Journal of Interactive Advertising, 5 (2), o.S.

CLEMENT, M., G. PANTEN UND K. PETERS (2005): Effiziente Kommunikation in Communities, in: Thexis, 22 (3), S. 21-26.

DIEHL, S. (2002): Erlebnisorientiertes Internetmarketing, Wiesbaden.

DIEHL, S., R. TERLUTTER UND P. WEINBERG (2007): Die Wirkung von Interaktivität in Online-Shops auf den Kunden, in: T. BAYON, A. HERRMANN UND F. HUBER (Hrsg.): Vielfalt und Einheit in der Marketingwissenschaft: Ein Spannungsfeld, Wiesbaden, S. 479-798.

EHI RETAIL INSTITUTE (Hrsg.) (2006): Marketingmonitor Handel 2006 – Daten, Fakten, Fallbeispiele, Köln.

ESCH, F.-R. UND T. ANDRESEN (1997): Messung des Markenwertes, in: MTP E.V.; U. HAUSER (Hrsg.): Erfolgreiches Markenmanagement: vom Wert einer Marke, ihrer Stärkung und Erhaltung, Wiesbaden, S. 11-39.

GERPOTT, T.J. UND H. WANKE (2004): Interactivity Potentials and Usage of German Press--Title Web Sites: An Empirical Investigation, in: Journal of Media Economics, 17 (4), S. 241-260.

GHOSE, S. UND D. WENYU (1998): Interactive Functions and Their Impacts on the Appeal of Internet Presence Sites, in: Journal of Advertising Research, 38 (2), S. 29-43.

GIJSBRECHTS, E., K. CAMPO UND T. GOOSSENS (2003): The impact of store flyers on store traffic and store sales: a geo-marketing approach, in: Journal of Retailing, 79 (1), S. 1-16.

GRÖPPEL-KLEIN, A. (2006): Point-of-Sale-Marketing, in: J. ZENTES (Hrsg.): Handbuch Handel, Wiesbaden, S. 671-692.

HERRMANN, A., R. ALGESHEIMER UND M. HEITMANN (2005): Brand Community Management - Ansatz für eine netzwerkorientierte Perspektive im Marketing, in: Thexis, 22 (3), S. 6-10.

JEDIDI, K., C.F. MELA UND S. GUPTA (1999): Managing Advertising and Promotion for Long-Run Profitability, in: Marketing Science, 18 (1), S. 1-22.

Handel und Medien

KALTCHEVA, V.D. UND B.A. WEITZ (2006): When Should a Retailer Create an Exciting Store Environment?, in: Journal of Marketing, 70 (1), S. 107-118.

KAUL, A. UND D.R. WITTINK (1995): Empirical generalizations about the Impact of Advertisting on Price Sensitivity and Price, in: Marketing Science, 14 (3), S. G151-G160.

KELLER, K.L. (1998): Strategic brand management: building, measuring, and managing brand equity, New Jersey.

KROEBER-RIEL, W. UND P. WEINBERG (2003): Konsumentenverhalten, 8. Aufl., München.

LIEBMANN, H.-P., G. JUNGWIRTH UND S. KLUG (1999): HandelsMonitor 2000: Wie wird Handel im Jahre 2005 'gemacht'?, Frankfurt a.M.

LIEBMANN, H.-P., J. ZENTES UND B. SWOBODA (2008): Handelsmanagement, 2. Aufl., München.

LINCOLN, D.J. UND A.C. SAMLI (1981): Assessing the Usefulness of Attribute Advertising for Store Image Enhancement: An Experimental Approach, in: Journal of Advertising, 10 (3), S. 25-34.

LIU, Y. UND L.J. SHRUM (2002): What Is Interactivity and Is It Always Such a Good Thing? Implications of Definition, Person, and Situation for the Influence of Interactivity on Advertising Effectiveness, in: Journal of Advertising, 31 (4), S. 53-64.

MACIAS, W. (2003): A Beginning Look at the Effects of Interactivity, Product Involvement and Web Experience on Comprehension: Brand Web Sites as Interactive Advertising, in: Journal of Current Issues & Research in Advertising, 25 (2), S. 31-44.

MATTILA, A.S. UND J. WIRTZ (2001): Congruency of scent and music as a driver of in-store evaluations and behavior, in: Journal of Retailing, 77 (2), S. 273-289.

MCMILLAN, S.J. UND J.S. HWANG (2002): Measures of Perceived Interactivity: An Exploration of the Role of Direction of Communication, User Control, and Time in Shaping Perceptions of Interactivity, in: Journal of Advertising, 31 (3), S. 29-42.

MELA, C.F., S. GUPTA UND D.R. LEHMANN (1997): The long-term impact of promotion and advertising on consumer brand choice, in: Journal of Marketing Research, 34 (2), S. 248-261.

MILLER, S. UND L. BERRY (1998): Brand salience versus brand image: two theories of advertising effectiveness, in: Journal of Advertising Research, 38 (5), S. 77-82.

MORSCHETT, D. (2002): Retail Branding und Integriertes Handelsmarketing: Eine verhaltenswissenschaftliche und wettbewerbsstrategische Analyse, Wiesbaden.

MULHERN, F.J. (1997): Retail marketing: from distribution to integration, in: International Journal of Research in Marketing, 14 (2), S. 103-124.

OYSTEIN, M., I. ENDRESEN UND M. GAVLEN (2003): Use of the Internet in International Marketing: A Case Study of Small Computer Software Firms, in: Journal of International Marketing, 11 (4), S. 129-149.

SALZMANN, R. (2007): Multimodale Erlebnisvermittlung am Point of Sale, Wiesbaden.

SCHRAMM-KLEIN, H. (2003): Multi-Channel-Retailing - Verhaltenswissenschaftliche Analyse der Wirkung von Mehrkanalsystemen im Handel, Wiesbaden.

SHUM, M. (2004): Does Advertising Overcome Brand Loyalty? Evidence from the Breakfast-Cereals Market, in: Journal of Economics & Management Strategy, 13 (2), S. 241-272.

STEYER, A., R. GARCIA-BARDIDIA UND P. QUESTER (2006): Online Discussion Groups as Social Networks: An empirical Investigation of Word-of-Mouth on the Internet, in: Journal of Interactive Advertising, 6 (2), S. 61-70.

SWOBODA, B. (1996): Interaktive Medien am Point of Sale: verhaltenswissenschaftliche Analyse der Wirkung multimedialer Systeme, Wiesbaden.

SWOBODA, B. (1998): Conditions of Consumer Information Seeking: Theoretical Foundations and Empirical Results of Using Interactive Multimedia Systems, in: The International Review of Retail, Distribution and Consumer Research, 8 (4), S. 361-381.

WALTERS, R.G. UND S.B. MACKENZIE (1988): A structural equation analysis of the impact of price promotions on store performance, in: Journal of Marketing Research, 25 (1), S. 51-63.

WOODSIDE, A.G. UND M.G. WALSER (2007): Building strong brands in retailing, in: Journal of Business Research, 60 (1), S. 1-10.

ZENTES, J., M. JANZ UND D. MORSCHETT (2000): HandelsMonitor 2001: Retail Branding - Der Handel als Marke, Frankfurt a. M.

ZENTES, J., B. SWOBODA UND H. SCHRAMM-KLEIN (2006): Internationales Marketing, München.

Sebastian Schulz, Oliver B. Büttner
und Günter Silberer

Vertrauen und Vertrauenswürdigkeit im Internet am Beispiel von Internetapotheken

1 Einleitung.. 475

2 Internetapotheken und der Internetapothekenmarkt............................... 476

3 Vertrauen 490
   3.1 Vertrauensdisposition und spezifisches Vertrauen........................... 478
   3.2 Wahrgenommene Vertrauenswürdigkeit und Vertrauen als
       Verhaltensbereitschaft 481

4 Empirische Befunde zum Vertrauen bei Internetapotheken..................... 484

5 Zusammenfassung und Diskussion 486

1 Einleitung

Vielen Interaktionen in unserem Leben liegt ein gewisses Maß an Vertrauen zugrunde (vgl. Nadin 2001), ob wir nun mit dem Flugzeug in den Urlaub fliegen, einem Freund Geld leihen oder unser Mittagessen in der Kantine zu uns nehmen. Besonders bei ökonomischen Transaktionen ist die Wichtigkeit aufgrund der unvollkommenen Märkte, mit denen wir in der Realität konfrontiert sind, unumstritten (vgl. Walgenbach 2006). Dies trifft besonders auf Interaktionen und Transaktionen im WWW zu, da es sich um ein Distanzmedium ohne persönlichen Kontakt handelt (vgl. Schulz 2008).

Die Bedeutung des Vertrauens für menschliches Verhalten wurde in verschiedenen Wissenschaftsdisziplinen erforscht. In der Psychologie beschäftigten sich einige Autoren bereits früh mit dem Thema Vertrauen, etwa Deutsch (1958) im Rahmen von *conflict resolution* oder Rotter (1967) mit seinen Arbeiten zu *interpersonal trust*. Das Interesse in der Betriebswirtschaftslehre begann in der Mitte der 1980er Jahre (Arnott 2007, S. 982) mit der Untersuchung von persönlichen Beziehungen zwischen Käufer und Verkäufer (z. B. Dwyer et al. 1987). Seit den Veröffentlichungen von Moorman et al. (1992, 1993) zum Thema *Trust in market research relationships* ist die Anzahl der Veröffentlichungen zu diesem Thema stark gestiegen. In jüngerer Zeit erkennt man das anhaltende Interesse am Vertrauenskonstrukt an entsprechenden Special Issues verschiedener Zeitschriften (z. B. International Journal Human Computer Studies 2003 Vol. 53 und European Journal of Marketing 2007 Vol. 49 No. 9/10) sowie an Sammelwerken (wie z. B. Bauer et al. 2006) zu diesem Thema.

Vor allem der Verbindung von internetrelevanten Aspekten und Vertrauen wird in den letzten Jahren besondere Beachtung geschenkt (vgl. Büttner, Schulz und Silberer 2006b, S. 356ff.; Arnott 2007, S. 982); Vertrauen konnte hier als eine der wichtigsten Einflussgrößen bei Geschäftsbeziehungen im Internet identifiziert werden. Besonders in Branchen, die hochriskante Produkte vertreiben oder bei denen brisante persönliche Informationen des Kunden im Transaktionsprozess nötig sind, scheint das Vertrauen eine wichtige Größe für den Transaktions- und langfristigen Geschäftserfolg eines Unternehmens zu sein. Ein solches Geschäftsfeld stellt der Apothekenmarkt dar. Seit Anfang 2004 können deutsche Apotheken rezeptfreie und verschreibungspflichtige Medikamente über das Internet an private Endverbraucher in Deutschland verkaufen.

In der Konsumentenverhaltensforschung wurden seitdem einige Erkenntnisse zum Verständnis der Rolle des Vertrauens bei Internetapotheken generiert. Im Rahmen dieses Beitrags soll ein Überblick über diese Ergebnisse präsentiert werden. Zuerst wird jedoch der Begriff Internetapotheke erläutert und ein kurzer Einblick in den deutschen Apothekenmarkt, speziell in den Internetapothekenmarkt, gegeben. Anschließend wird das Konstrukt Vertrauen vorgestellt. Nach der Präsentation empirischer Befunde zum Vertrauen bei Internetapotheken schließt der Beitrag mit einer Zusammenfassung und Diskussion.

Sebastian Schulz, Oliver B. Büttner und Günter Silberer

2 Internetapotheken und der Internetapothekenmarkt

Bei Internetapotheken bzw. Online-Apotheken handelt es sich um Apotheken, die über einen Online-Shop Medikamente (verschreibungspflichtige und OTC[1]-Produkte) anbieten und diese an Endverbraucher nach den Bestimmungen des Fernabsatzgesetzes versenden (Arruñada 2004; Gersch 2004; o.V. 2006a; Schulz 2008). Die Begriffe Online-, Versand-, Internetversand- und Internetapotheke werden in der Literatur und in der Praxis teils uneinheitlich, meist aber synonym verwendet.

Der Apothekenmarkt in Deutschland ist mit seiner geringen Konjunkturabhängigkeit seit Jahren einer der stabilsten Märkte bzw. Branchen in Deutschland (vgl. o.V. 2006b, S. 1). Im Jahr 2005 erwirtschafteten 21.476 Apotheken (eine Veränderung zum Vorjahr von + 0,4%) einen Umsatz von 35 Mrd. Euro (s. Tab 2-1). Im Jahr 2006 fiel der Umsatz leicht auf 34,9 Mrd. Euro, stieg im Jahr 2007 jedoch auf ca. 36 Mrd. Euro. Die Apothekenzahl in Deutschland stieg 2006 erneut leicht auf jetzt 21.551 Apotheken und 2007 auf 21.570 an (s. Tab. 2-1).

Den deutschen Apotheken ist es seit dem 01.01.2004 erlaubt, eine Versandhandelserlaubnis nach § 11a Apothekengesetz (ApoG) zu beantragen und Medikamente auch über das WWW an Endverbraucher zu vertreiben (vgl. Dierks 2004, S. 25ff.). Für das Jahr 2004 liegen keine Zahlen zur Anzahl deutscher Apotheken mit Versandhandelserlaubnis vor. Im Jahr 2005 belief sich die Anzahl der Apotheken mit Versandhandelserlaubnis auf ca. 1.200, stieg im Jahr 2006 auf 1.400 Apotheken und liegt aktuell bei ca. 1.800 (s. Tab 2-1). Dazu kommen noch einige ausländische Versender, wie z. B. die Internetapotheke DocMorris aus den Niederlanden. Die Zahl der Versandapotheken mit Marktbedeutung belief sich 2007 auf ca. 20 (2006: 25-30). Nach Schätzungen agieren aber nur zehn Versandapotheken auf dem deutschen Markt, die mehr als 1.000 Bestellungen pro Tag abwickeln (vgl. Stiftung Warentest 2007, S. 88).

Der prozentuale Anteil der Versandapotheken am Gesamtumsatz auf dem deutschen Apothekenmarkt betrug 2004 2% und ist auf ca. 4% in den Jahren 2005 bis 2007 gestiegen und beläuft sich damit aktuell auf ca. 1,44 Mrd. Euro (vgl. BVDVA 2006, 2007). Betrachtet man die Ausgaben für rezeptpflichtige Medikamente, die die gesetzlichen Krankenkassen jährlich ausgeben, entfällt auf die Versandapotheken ein knappes Prozent des Umsatzes (Stiftung Warentest 2007, S. 88). Die deutschen Versandapotheken streben mittelfristig einen Anteil am Gesamtumsatz von 8% an. In den USA (als größter Markt für den Versand von Arzneimitteln) beträgt der Anteil momentan 15% (ebda).

---

[1] OTC = Over The Counter, englische Bezeichnung für nicht verschreibungspflichtige Medikamente.

Vertrauen und Vertrauenswürdigkeit im Internet am Beispiel von Internetapotheken

Laut einer Analyse des EuPD Research Instituts (PayPal 2006, 2007; eine repräsentative Befragung deutscher Online-Nutzer nach W3B Merkmalen) haben im Jahr 2005 16,6 Prozent (2004: 8,8%) der Online-Nutzer schon Medikamente über das Internet bestellt und 33,7% (2006: 25,3%) geben an, dass der Medikamentenkauf über das Internet für sie in Betracht kommt. Laut den AGOF Internet Facts (2006, S. 20) informieren sich ca. 25,5% der Internetnutzer zum Thema Gesundheit und Medikamente im Internet und weisen eine Konversionsrate (Nutzer die sich informieren und daraufhin kaufen bzw. Dienstleistungen in Anspruch nehmen) von 28,2% auf. Überdies bekunden 37,5% der Internetnutzer im Jahr 2007 Interesse am Medikamentenkauf im Internet (AGOF 2007 S. 20). Laut dem Allensbacher Institut (IPSOS) kauft sogar jeder dritte Internetnutzer (35%) Arzneimittel über das WWW. Der Großteil von ihnen (60%) bestellt rezeptfreie Arzneimittel, aber jeder dritte Befragte (35%) kauft sowohl rezeptfreie als auch verschreibungspflichtige Mittel (IPSOS 2006).

Tabelle 2-1:   *Der Apotheken- und Internetapothekenmarkt in Deutschland*

Jahr:	2004	2005	2006	2007*
■ Apothekenzahl	21.392	21.476	21.551	21.570
■ Apotheken mit Versanderlaubnis	k.A.	ca. 1.200	ca. 1.400	1.800
■ Anzahl der Versandapotheken mit marktanteil-relevanten Volumen[1]	k.A.	24	ca. 25-30	20
■ Gesamtumsatz Apothekenmarkt	32,5 Mrd.	35 Mrd.	34,9 Mrd.	36 Mrd.
davon verschreibungspflichtig	23,5 Mrd.	25,5 Mrd.	25,4 Mrd.	27,4 Mrd.
davon apothekenpflichtig und nicht verschreibungspflichtig	5,8 Mrd.	5,8 Mrd.	5,9 Mrd.	6,5 Mrd.
■ Umsatz der Versandapotheken	650 Mio.	1,4 Mrd.	1,39 Mrd.	1,44 Mrd.
■ Prozentualer Anteil der Versandapotheken am Gesamtumsatz	2 %	4 %	4 %	4%

Quelle: ABDA 2006; o.V. 2006b; BVDVA 2006; Stiftung Warentest 2007;
*[1]mehr als 500 Aussendungen pro Tag; *Anmerkung: Ab 2007 z. T. geänderte Datenbasis*

Basierend auf Studien des BVDVA, der Postbank E-Commerce Studie (EuroPressedienst 2004) und dem IKK-Bundesverband lässt sich der *typische Kunde* wie folgt umreißen (Schulz 2008):

■ Der überwiegende Teil der Kunden sind Menschen mit einem planbaren Arzneimittelbedarf, also chronisch Kranke.

Sebastian Schulz, Oliver B. Büttner und Günter Silberer

- Bei den Kunden sind gut verdienende Frauen und Senioren über sechzig Jahre führend.

- Das Altersprofil von Versicherten, die ihre Arzneimittel bei Versandapotheken bestellen, liegt zwischen 40 und 75 Jahren (BVDVA 2007).

Die herausragende Rolle des Vertrauens im Gesundheits- bzw. Internetapothekensektor lässt sich vor allem über das Sortiment begründen. Internetapotheken führen neben risikoarmen Produkten auch riskante, zum Teil lebensgefährdende Produkte. Überdies sind hoch brisante Informationen über den Gesundheitszustand des Konsumenten im Spiel. Des Weiteren scheint es für ältere Personen ein immenser Vertrauensbeweis zu sein, wenn sie ihr Rezept aus der Hand geben, vor allem dann, wenn sie die Firma bzw. die Person ihnen gegenüber nicht kennen (vgl. Schulz 2008). Damit rückt das Vertrauen in den Mittelpunkt der Betrachtung und soll im folgenden Abschnitt erläutert werden.

3 Vertrauen

3.1 Vertrauensdisposition und spezifisches Vertrauen

Zu Vertrauen existiert eine große Zahl unterschiedlicher Begriffsverständnisse (Arnott 2007, S. 983). Dabei lassen sich zwei grundsätzliche Ansätze unterscheiden: Das _generalisierte Vertrauen_ und das _spezifische Vertrauen_ (Petermann 1996, S. 19). Eine weitere Vertrauensart, nämlich das Systemvertrauen, stellt einen Grenzfall dar, der im weiteren Verlauf noch erläutert wird. Auch im alltäglichen Umgang mit Personen oder Objekten lassen sich die verschiedenen Vertrauensarten identifizieren. Im allgemeinen Sprachgebrauch _vertraut_ eine Person (Trustor) einer anderen Person oder einem Objekt (Trustee). Im E-Commerce Kontext wird meist der (potentielle) Kunde als Trustor betrachtet. Dabei kann von drei verschiedenen Klassen von Trustees ausgegangen werden. Die allgemeine Aussage (Ein Trustor vertraut einem Trustee) kann dementsprechend auf drei Arten umgeformt werden, die dann verschiedene (generalisiertes Vertrauen, spezifisches Vertrauen und das Systemvertrauen) Vertrauensarten verbalisieren bzw. ausdrücken (s. Abb. 3-1; vgl. McKnight und Chervany 2002, S. 43). So kann der Onlinekunde im Allgemeinen vertrauen, d.h. er besitzt eine hohe Vertrauensneigung, er kann einem bestimmten Onlinehändler vertrauen (spezifisches Vertrauen) oder er vertraut dem Internet als System.

478

Vertrauen und Vertrauenswürdigkeit im Internet am Beispiel von Internetapotheken

Abbildung 3-1: Sprachgebrauch und Arten von Vertrauen (McKnight und Chervany 2002)

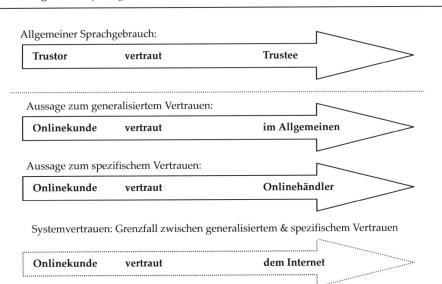

Generalisiertes Vertrauen bezieht sich auf den Trustor selbst und lässt sich auch als Neigung (Vertrauensdisposition) der Person beschreiben, anderen generell zu vertrauen (Rotter 1967). Vertrauen wird dabei als Persönlichkeitsmerkmal verstanden, das kontextunabhängig ist (Petermann 1996, S. 20; Büttner 2006, S. 19). Ahlert et al. (2007, S. 5) definieren die Vertrauensdisposition in Anlehnung an McKnight und Chervany (2002) als *Ausmaß der beständigen Tendenz und Bereitschaft, sich auf Personen oder Dinge generell zu verlassen, unabhängig von der spezifischen Situation oder der Art des Vertrauensnehmers.* Das generalisierte Vertrauen wird v.a. durch die Kultur oder den eigenen Lebensweg geprägt (Cheung und Lee 2001, S. 25). Trotz der Beständigkeit und Kontextunabhängigkeit spielt die Vertrauensdisposition, d.h. ob der Kunde eher vertraut oder nicht, eine Rolle bei Interaktionen oder Transaktionen z. B. auf Websites bzw. -shops (z. B. Ahlert et al. 2007). Sie muss jedoch vom Online-Händler als gegebene, nicht beeinflussbare Variable hingenommen werden.

Dagegen ist das spezifische Vertrauen vom Interaktionspartner selbst und weiteren Kontextfaktoren abhängig (vgl. Büttner 2006, S. 19; Ahlert et al. 2007, S. 5ff.). Arnott (2007, S. 981) definiert spezifisches Vertrauen als „…a belief in the reliability of a third party, particulary when there is an element of personal risk." Überdies sieht er wie Zand (1972) *integrity, benevolence* und *credibility* als Dimensionen von Vertrauen. Bei Moorman, Zaltman und Deshpande (1992, S. 315) ist Vertrauen definiert als „…a willingness to rely on an exchange partner in whom one has confidence". Sitkin und Roth

Sebastian Schulz, Oliver B. Büttner und Günter Silberer

(1993, S. 373) verstehen Vertrauen als "a belief in a person's competence to perform a specific task under specific circumstances". Diese und weitere Definitionen von Vertrauen spiegeln sowohl einen kognitiv-affektiven Aspekt (Vertrauen als Eigenschaftszuschreibung bzw. wahrgenommener Vertrauenswürdigkeit oder trusting beliefs; vgl. Jones 1996, S. 5) als auch einen Verhaltensaspekt (Vertrauen als Verhaltensbereitschaft oder trusting intentions) von Vertrauen wider (Schlosser et al. 2006, S. 134). Weitere Autoren gehen auf diese Unterscheidung explizit ein: Büttner (2006) unterscheidet beim spezifischen Vertrauen das *Vertrauen als Eigenschaftszuschreibung* und *Vertrauen als Verhaltensbereitschaft*. Diese Unterscheidung findet sich bei Mayer, Davis und Schorman (1995), mit der Unterscheidung von *Vertrauen als Intention* und *wahrgenommener Vertrauenswürdigkeit* (Eigenschaftszuschreibung) sowie bei Moorman et al. (1992, 1993) und McKnight, Cummings und Chervany (1998) mit der Unterscheidung in *trusting beliefs* und *trusting intentions*. Alle diese Perspektiven haben gemein, dass ein Risiko vorhanden sein muss, damit Vertrauen für Auswahlentscheidungen oder Verhalten relevant wird (Doney, Cannon und Mullen 1998, S. 603). Auf die Rolle und Abgrenzung der wahrgenommenen Vertrauenswürdigkeit und Vertrauen als Verhaltensbereitschaft soll im Abschnitt 3.2 genauer eingegangen werden.

Das Systemvertrauen stellt einen Grenzfall zwischen spezifischem und generalisiertem Vertrauen dar. Systemvertrauen bezeichnet Vertrauen in das *Funktionieren* eines Systems und nicht in eine spezielle Person (Luhmann 2000). Am Beispiel des Internets lässt sich argumentieren, dass Systemvertrauen eher generelles Vertrauen in das (Funktionieren) des Internets darstellt und nicht kontextabhängig ist. Jedoch tritt in der Realität oftmals doch eine situationsabhängige Einschätzung und Beurteilung der Eigenschaften dieses Systems, z. B. beim Online-Banking, auf. Dies lässt sich dadurch erklären, dass Personen ein ständiges Feedback benötigen und suchen, um das Systemvertrauen zu rechtfertigen bzw. aufrecht zu erhalten. Nach Luhmann (2000, S. 64) wechseln Kunden von Personenvertrauen auf Systemvertrauen, da es keine Innengarantien erfordert und für die Kunden leichter und nicht immer wieder aufs Neue zu erlernen ist. Das Systemvertrauen ermöglicht es, eine große Zahl der spezifischen Aspekte auszuschalten. Es ist damit widerstandfähiger als Personenvertrauen gegen spezifische Einflüsse, jedoch nicht vollständig unabhängig von ihnen, da es eines ständigen Feedback bedarf (vgl. ebda, S. 75). Giddens (1990, S. 114) stellt fest, dass das Systemvertrauen nicht die Intimität oder Gegenseitigkeit von spezifischem Vertrauen liefern kann, sondern den Glauben an ein unpersönliches Prinzip beinhaltet. Ob Systemvertrauen eher generell oder spezifisch ist, scheint daher auch mit der Zeit und den Erfahrungen des Lernprozesses zusammenzuhängen. So ist z. B. das Vertrauen in unser politisches System durch ein langjähriges positives Feedback genereller und stabiler als das Vertrauen in das neuartige System Internet, bei dem spezifische Einflüsse noch eine größere Rolle spielen und das Systemvertrauen erschüttern können.

Fraglich ist, ob das Systemvertrauen bei Transaktionen im Internet von Bedeutung ist. Studien von Einwiller, Herrmann und Ingenhoff (2005), Ahlert et al. (2007) und Schlosser et al. (2006) fanden keinen Einfluss des Systemvertrauens auf die Absicht, bei einem Anbieter zu kaufen; zudem bestanden nur geringe bis mittelstarke Zusammenhänge zwischen Systemvertrauen und Vertrauen in den Anbieter. Einwiller et al. (2005, S. 31) stellen fest: „Das Vertrauen in das System scheint also für die konkrete Kaufabsicht, in einem bestimmten Zeitraum bei einem konkreten Anbieter im Internet etwas zu kaufen, keinen direkten Einfluss auszuüben".

3.2 Wahrgenommene Vertrauenswürdigkeit und Vertrauen als Verhaltensbereitschaft

Wahrgenommene Vertrauenswürdigkeit

Die wahrgenommene Vertrauenswürdigkeit (trusting beliefs bei McKnight et al. 1998) definieren Moorman et al. (1993, S. 315) als "sentiment, or expectation about an exchange partner's trustworthiness". Dabei steht die Einschätzung des Vertrauenden (Trustor) bzw. dessen Eigenschaften bezüglich der Person, der vertraut werden soll (Trustee) im Vordergrund. Dementsprechend kann Vertrauen auch als Einstellung (kognitive und affektive Bewertung von Eigenschaften) des Trustor gegenüber einem Trustee gesehen werden (vgl. Kahle 1999, S. 3, zitiert nach Ahlert 2007, S. 4).

Verschiedene Eigenschaften wurden in diesem Zusammenhang als Dimensionen der wahrgenommenen Vertrauenswürdigkeit vorgeschlagen. Diese lassen sich in drei große Gruppen einteilen: Fähigkeiten (ability), Motive (benevolence) und Werte (integrity) (vgl. McKnight, Choudhury und Kacmar 2002a, S. 338; Büttner 2006, S. 23; Schlosser et al. 2006, S. 134). Einige Autoren (z. B. Morgan und Hunt 1994; McKnight et al. 1998; Büttner und Göritz 2008) berücksichtigen mit der Verhaltensstabilität des Anbieters eine vierte Dimension (predictability). Sie kommt überdies in einigen Messinstrumenten zum Einsatz.

Eine Übersicht der berücksichtigten bzw. untersuchten Dimensionen der wahrgenommenen Vertrauenswürdigkeit bei Autoren der Vertrauensforschung (s. auch McKnight et al. 2002a, S. 338) findet sich in Tabelle 3-1. McKnight et al. (2002a) haben insgesamt 33 Studien untersucht, 15 verschieden Dimensionen der wahrgenommenen Vertrauenswürdigkeit berücksichtigt und konnten sie den drei Gruppen zuordnen.

Die Dimension *Fähigkeiten* spiegelt die Zuversicht des Kunden wider, dass die Firma alle nötigen Kompetenzen für die Durchführung der Transaktion besitzt (Mayer et al. 1995). Bei der Dimension *Motive* geht es um den Glauben der Konsumenten, dass der Anbieter neben eigenen Interessen auch das Wohlergehen des Kunden im Blick hat, d.h. Kundenorientiertung im Gegensatz zu reinen Umsatz- und Gewinnmotiven in den Vordergrund stellt (ebda, S. 717). Die Dimension *Werte* beinhaltet den Glauben an einen moralischen und professionellen Umgang mit den Kunden (Schlosser et al. 2006, S. 134). Dass der Konsument eine gewisse Konstanz im Verhalten des Anbieters wahr-

Sebastian Schulz, Oliver B. Büttner und Günter Silberer

nimmt bzw. den Anbieter dementsprechend einschätzt, kommt in der Dimension *Verhaltensstabilität* zum Ausdruck.

Tabelle 3-1: *Dimensionen der wahrgenommenen Vertrauenswürdigkeit bei ausgewählten Autoren der Vertrauensforschung*

Quelle	Kontext	Dimensionen der wahrgenommenen Vertrauenswürdigkeit			
		Fähigkeiten	Motive	Werte	Verhaltens-stabilität
Kee & Knox 1970	Sozialpsychologie	Competence	Motives		
Zand 1972	Organisations-forschung	Credibility	Benevolence	Integrity	
Larzalere & Huston 1980	Sozialpsychologie		Benevolence	Honesty	
Morgan & Hunt 1994	Marketing			Integrity	Reliability
Mayer et al. 1995	Organisations-forschung	Ability	Benevolence	Integrity	
Ganesan & Hess 1997	Marketing	Credibility	Benevolence		
McKnight et al. 1998	Organisations-foschung	Competence	Benevolence	Honesty	Predictability
Hall et al. 2002	Arzt-Patienten Beziehung	Competence	Fidelity	Honesty	
Corritore et al. 2003, 2005	Marketing (Websites)	Credibility			
Schlosser et al. 2006	Marketing (Online-Shops)	Ability	Benevolence	Integrity	
Arnott 2007	Marketing	Credibility	Benevolence	Integrity	
Büttner & Göritz 2008	Marketing (Online-Shops)	Credibility	Benevolence	Integrity	Predictability
Schulz 2008	Marketing (Online-Shops)	Fähigkeit	Motive	Werte	Verhaltens-stabilität

Quelle: erweitert nach Büttner 2006, S. 23; vgl. auch Mayer et al. 1995, S. 718

Auch wenn viele Autoren die einzelnen Dimensionen bei der Definition zwar unterscheiden, werden sie bei der Erfassung der wahrgenommenen Vertrauenswürdigkeit meist nicht berücksichtigt. Bei dem entsprechenden Messinstrument findet man dann eindimensionale Operationalisierungen. Jedoch existieren auch Studien, die eine getrennte Betrachtung durchführen, um differentielle Wirkungen von vertrauensbildenden Maßnahmen auf die wahrgenommene Vertrauenswürdigkeit zu untersuchen (Schlosser et al. 2006). Empirische Befunde zur tatsächlichen Dimensionalität der wahrgenommenen Vertrauenswürdigkeit sind jedoch selten und teilweise widersprüchlich (Büttner & Göritz 2008); dies sollte in weiteren Studien berücksichtigt werden (vgl. dazu auch Schulz 2008).

Vertrauen als Verhaltensbereitschaft

Beim Vertrauen als Verhaltensbereitschaft (*trusting intentions*) liegt der Fokus auf dem Verhalten des *Trustors* in Hinblick auf den *Trustee* (Büttner 2006, S. 19). Mayer et al. (1995, S. 712) definieren Vertrauen als Verhaltensbereitschaft als „the willingness to be vulnerable to the actions of another party based on the expectation that the other will perform a particular action important to the trustor, irrespective of the ability to monitor or control that other party". Nach Kim et al. (2004, S. 105) repräsentiert Vertrauen als Verhaltensbereitschaft "…a willingness to make oneself vulnerable to another in the presence of risk". Die Definitionen zeigen, dass ohne Risiko Vertrauen hinsichtlich einer Verhaltensintention keine Rolle spielt (vgl. Moorman et al. 1993, S. 82). Das Risiko ist der entscheidende Aspekt, der eine normale Verhaltensabsicht von der Vertrauensabsicht bzw. -bereitschaft abgrenzt (Schlosser et al. 2006, S. 134; Mitchell 1999, S. 174). Da es sich beim Internet um ein Distanzmedium handelt und dem Konsumenten Risiken z. B. bei der Lieferung oder beim Umgang mit persönlichen Daten bewusst sind, spiegeln online Verhaltensabsichten auch immer Vertrauensabsichten wider (ebda).

Abschließend lässt sich festhalten, dass in der Marketingforschung zu Vertrauen vornehmlich das spezifische Vertrauen untersucht wird (Büttner 2006, S. 19ff.). Über den Zusammenhang zwischen *wahrgenommener Vertrauenswürdigkeit* und *Vertrauen als Verhaltensbereitschaft* sowie darüber, was spezifisches Vertrauen ausmacht bzw. wie man es erfassen kann, bestehen unterschiedliche Ansichten (Moorman et al. 1992; Morgan und Hunt 1994; Mayer et al. 1995; McKnight et al. 2002a, 2002b; McKnight und Chervany 2002; Schlosser 2006). Morgan und Hunt (1994, S. 23f.) argumentieren, dass alleine die Berücksichtigung der wahrgenommenen Vertrauenswürdigkeit ausreiche um das Konstrukt Vertrauen zu erfassen, da auf die *wahrgenommene Vertrauenswürdigkeit* automatisch *Vertrauen als Verhaltensbereitschaft* folgt. Andere Autoren (Mayer et al. 1995; McKnight et al. 2002b) fordern hingegen sowohl eine Berücksichtigung beider Dimensionen des spezifischen Vertrauens, aber auch eine klare begriffliche Trennung. Moorman et al. (1992, 1993) gehen davon aus das sowohl eine wahrgenommene Vertrauenswürdigkeit (*trusting beliefs*) als auch Vertrauen als Verhaltensbereitschaft (*trusting intentions*) vorliegen muss, damit Vertrauen vorliegt. Schlosser et al. (2006, S. 134) argumentieren in die gleiche Richtung: *Die wahrgenommene Vertrauenswürdigkeit* sei eine notwendige, aber nicht hinreichende Bedingung für die Existenz von Vertrau-

Sebastian Schulz, Oliver B. Büttner und Günter Silberer

en. Von den Autoren, die eine Unterscheidung zwischen wahrgenommener Vertrauenswürdigkeit und Vertrauen als Verhaltensbereitschaft fordern, erfassen jedoch nur McKnight et al. (2002a, 2002b) die beiden Dimensionen mit unterschiedlichen Skalen.

4 Empirische Befunde zum Vertrauen bei Internetapotheken

Aufgrund des hohen wahrgenommen Risikos der Kunden und dem Zwang brisante Informationen an die Internetapotheken weiterzugeben, ist das Vertrauen für den Geschäftserfolg in dieser Branche von besonderer Bedeutung und schon des Öfteren Gegenstand der empirischen Forschung geworden. Dabei sind einerseits die Determinanten des Vertrauens und ihre Relevanz bei der Vertrauensbildung im WWW von Interesse. Andererseits stehen auch Wirkungen des Vertrauens in Form der Angabe persönlicher Informationen oder der Kaufbereitschaft, die den Geschäftserfolg letztendlich ausmachen, im Fokus der Betrachtung. Studie existieren überdies nicht nur im Internetapothekenkontext, sondern auch im Zusammenhang mit E-Health-Anbietern im Allgemeinen, z. B. Vertrauen in Gesundheitsportale (vgl. Kirchgeorg und Lorbeer 2004).

Im Folgenden soll speziell der Erkenntnisstand der empirischen Forschung zur Rolle des Vertrauens bei Internetapotheken und relevanter Wirkungen anhand ausgewählter Studien berichtet werden. Folgende Studien finden Berücksichtigung: Büttner und Göritz (2008), Büttner, Schulz und Silberer (2006a, 2006b), Ahlert et al. (2007) und erste Erkenntnisse aus den Studien von Schulz (2008).

In einer Online-Studie von **Büttner und Göritz (2008)** interagierten N = 634 Probanden mit einer simulierten Internet-Apotheke. Die Autoren entwickelten und validierten im Rahmen der Studie eine Skala zur Erfassung der wahrgenommenen Vertrauenswürdigkeit von Online-Anbietern. Die endgültige Version der Skala besteht aus zwölf Items, wovon jeweils drei Items den vier Eigenschaften *ability, benevolence, integrity* und *predictability* zugeordnet werden können. Die Prüfung der faktoriellen Struktur sprach jedoch dafür, die Skala als eindimensionales Messinstrument zu verwenden. Die psychometrischen Gütekriterien weisen auf eine gute Qualität der Skala hin.

Die Ergebnisse zeigen, dass eine hohe wahrgenommene Vertrauenswürdigkeit auch zu einer hohen Kaufabsicht führt. Zudem hing die wahrgenommene Vertrauenswürdigkeit auch mit dem tatsächlichen Eingehen eines Risikos gegenüber dem Anbieter zusammen (operationalisiert als Einsatz der Teilnahmebelohnung in einer Entscheidung unter Unsicherheit). Eine Moderatorfunktion des wahrgenommenen Risikos beim Medikamentenkauf im Internet auf den Zusammenhang zwischen wahrgenommener Vertrauenswürdigkeit und Kaufabsicht konnte nicht bestätigt werden. Die

Vertrauen und Vertrauenswürdigkeit im Internet am Beispiel von Internetapotheken

Ergebnisse sprechen stattdessen dafür, dass der Einfluss des wahrgenommenen Risikos auf die Kaufabsicht teilweise von der wahrgenommenen Vertrauenswürdigkeit mediiert wird (vgl. Baron und Kenny 1986).

Büttner, Schulz und Silberer (2006a, 2006b) führten ein Laborexperiment mit N = 94 Probanden zum Thema Vertrauen von Internetapotheken durch. Als Untersuchungsobjekte wurden die beiden realen Internetapotheken DocMorris und MyCare[2] gewählt. Der Studie lag ein 2 (Produktrisiko: hoch vs. niedrig) x 2 (Risiko des Anbietertyps, d. h. Internetapotheken: hoch vs. niedrig) x 2 (Anbieter A vs. B) Design zugrunde. Die beiden Risikoarten wurden im Rahmen von Szenarien (Art des zu kaufenden Produktes; Informationen über Internetapotheken) systematisch variiert. Mit Hilfe der videogestützten Gedankenrekonstruktion (Silberer 2005) wurden Daten zur Informationssuche und Informationsverarbeitung während der Interaktion mit dem Anbieter erhoben. Im Anschluss wurde die wahrgenommene Vertrauenswürdigkeit anhand der Skala von Büttner und Göritz (2008) erfasst. Zusätzlich wurde die Usability der Website erhoben sowie die Bereitschaft, den Anbietern gegenüber Risiken einzugehen (Kauf, Befolgen von Ratschlägen, Angabe persönlicher Informationen). Folgende zentrale Ergebnisse lassen sich zusammenfassen:

Das Risiko beeinflusst die Informationsverarbeitung während des Surfprozesses. Der entscheidende Einfluss kann auf das Produktrisiko zurückgeführt werden. Wenn das Produktrisiko hoch ist, werden auf der Website mehr Informationen gesucht und der Schwerpunkt der Informationsverarbeitung liegt auf dem Inhalt (im Gegensatz zu Gedanken zum Design, Navigation etc.). Das Risiko des Anbietertyps führt zwar ebenfalls zu einer eher inhaltlichen Informationsverarbeitung, der Effekt ist jedoch deutlich geringer. Auf die Informationssuche wirkt sich das Anbieterrisiko nur aus, wenn das Produktrisiko hoch ist.

Eine Regressionsanalyse zeigte, dass die wahrgenommene Vertrauenswürdigkeit umso höher ist, je niedriger das wahrgenommene Risiko eines Kaufs (erfasst als Eintrittswahrscheinlichkeit negativer Konsequenzen) ist und je weniger negative Gedanken sowohl zu inhaltlichen als auch zu Interface-Aspekten während der Interaktion mit dem Anbieter gebildet werden. Die Bedeutung der Interaktion mit der Website zeigte sich auch in einem hohen Zusammenhang zwischen Usability und wahrgenommener Vertrauenswürdigkeit. Die Wichtigkeit des Vertrauens für die Interaktion mit dem Anbieter wurde ebenfalls bestätigt: Die wahrgenommene Vertrauenswürdigkeit korreliert hoch mit der Bereitschaft, bei dem Anbieter zu kaufen, seine Ratschläge zu befolgen sowie persönliche Informationen preiszugeben.

Ahlert et al. (2007) untersuchten in ihrer empirischen Feldstudie (eine reale Internetapotheke) mit N = 249 Probanden den Einfluss der Vertrauensdisposition auf das Händler- und Systemvertrauen. Als finale Wirkungen berücksichtigten die Autoren die Kaufabsicht und gehen des Weiteren von einem Moderatoreffekt des wahrge-

---

[2] URL: [http://www.docmorris.de & http://www..mycare.de]

Sebastian Schulz, Oliver B. Büttner und Günter Silberer

nommenen Risikos auf den Zusammenhang zwischen Vertrauen und Kaufabsicht aus. Die Prüfung erfolgt anhand eines Strukturgleichungsmodells, das die geforderten globalen FIT-Maße erfüllt. Folgende Erkenntnisse lassen sich aus der Studie ableiten (Ahlert et al. 2007, S. 24):

Die Vertrauensdisposition hat einen signifikanten Einfluss auf beide Vertrauensarten. Der Einfluss fällt mit Pfadkoeffizienten von .28 und .17 jedoch geringer aus als erwartet. Das Vertrauen in den Anbieter beeinflusst die Kaufabsicht stark (Pfadkoeffizienten von .80). Entgegen der Erwartungen den Autoren ist der Zusammenhang zwischen Systemvertrauen und Kaufabsicht nicht signifikant. Die Moderatorrolle des Risikos konnte auch in dieser Studie nicht nachgewiesen werden.

Schulz (2008) untersuchte in einen Feldexperiment mit N= 1.002 den Zusammenhang zwischen der Usability und der wahrgenommenen Vertrauenswürdigkeit. Die Usability wurde in der Studie als Experimentalfaktor systematisch variiert, indem vier verschiedenen Designs für eine real existierende Apotheke entwickelt wurden (2 mit guter Usability, 2 mit schlechter Usability). Das Vertrauen wurde als wahrgenommene Vertrauenswürdigkeit anhand einer Kurzversion der Skala von Büttner und Göritz (2008) erfasst (vier Items). Als Wirkung der wahrgenommenen Vertrauenswürdigkeit wurde überdies die Kaufabsicht erhoben. In einer weiteren Studie wurden das Risiko und der Kundenstatus neben der Usability systematisch variiert (2x2x2 Experimentaldesign) und eine detaillierte Prozessanalyse des Vertrauens durchgeführt. Detaillierte Ergebnisse der zweiten Studie liegen noch nicht vor. Als Ergebnis der ersten Studie lässt sich festhalten:

Die wahrgenommene Vertrauenswürdigkeit unterscheidet sich signifikant in Abhängigkeit von der Usability. Post-hoc-Tests zeigen, dass sich dieser Effekt auf signifikante Unterschiede zwischen den Versionen mit guter und schlechter Usability zurückführen lässt; innerhalb der beiden guten bzw. der beiden schlechten Versionen ergeben sich keine signifikanten Unterschiede. Die wahrgenommene Vertrauenswürdigkeit und Kaufabsicht korrelieren bei r= .65 höchst signifikant.

5 Zusammenfassung und Diskussion

Vertrauen im Internet wird in den letzten Jahren zu Recht besondere Beachtung geschenkt, denn es stellt eine der wichtigsten Einflussgrößen bei Geschäftsbeziehungen im Internet dar. Speziell für Internetapotheken, die seit 2004 rezeptfreie und verschreibungspflichtige Medikamente über das Internet an private Endverbraucher in Deutschland verkaufen und ein großes Wachstumspotential aufweisen, spielt Vertrauen eine besondere Rolle. Diese Branche zeichnet sich dadurch aus, dass hochriskante Produkte vertrieben werden und brisante persönliche Informationen des Kunden im Transaktionsprozess nötig sind.

Vertrauen und Vertrauenswürdigkeit im Internet am Beispiel von Internetapotheken

Für eine sinnvolle Analyse und Steuerung des Vertrauens ist ein klares Verständnis des Konstruktes unumgänglich. So lassen sich beim Einkauf im Internet das generelle Vertrauen, d.h. die Vertrauensneigung einer Person, das spezifische Vertrauen, z. B. das Vertrauen in den Anbieter, und das Systemvertrauen in das Internet als mögliche Determinanten der Kaufentscheidung identifizieren. Dabei hat sich das spezifische Vertrauen (*wahrgenommene Vertrauenswürdigkeit* und *Vertrauen als Verhaltensbereitschaft*) in Form des Vertrauens in den Anbieter in der Marketingforschung durch seine konkrete Beeinflussbarkeit als das wichtigste Konstrukt herausgestellt. Eine validierte Skala zur Messung der wahrgenommenen Vertrauenswürdigkeit (trusting beliefs) liegt in Form der Vertrauensskala von Büttner und Göritz (2008) in einer Lang- und Kurzversion vor. Im Gegensatz zum spezifischen Vertrauen spielt das Systemvertrauen eine untergeordnete Rolle. So scheint es, dass das Vertrauen in das Internet beim konkreten Kauf im Internet keinen direkten Einfluss ausübt (Einwiller et al. 2005). Der Einfluss der Vertrauensneigung auf das Vertrauen in den Anbieter und Systemvertrauen konnte in der Studie von Ahlert et al. (2007) nachgewiesen werden.

Zusammenfassend zeigen die angeführten empirischen Studien, dass das Vertrauen in den Anbieter entscheidend für den Kauferfolg ist, was sich in hohen Korrelationen in allen Studien äußert. Der starke Zusammenhang mit Vertrauen (trusting beliefs) lässt sich vor allem dadurch erklären, dass Kaufabsichten im WWW auch immer Vertrauensabsichten (trusting intentions) darstellen (vgl. Schlosser et al. 2006).

Die wahrgenommene Vertrauenswürdigkeit wird im hohen Maße von der Usability der Website beeinflusst. Dies hat sich sowohl im Rahmen von korrelativen Untersuchungen als auch bei einer systematischen Variation der Usability gezeigt (Büttner et al. 2006b; Schulz 2008). Im Rahmen weiterer Forschung wäre der Einfluss der Erfahrung mit dem Händler auf diesen Zusammenhang von Interesse. So könnten mehr bzw. intensivere Erfahrungen mit dem Anbieter einen moderierenden Effekt ausüben und den Zusammenhang abschwächen (vgl. dazu Schulz 2008).

Das Risiko beeinflusst überdies die Informationsverarbeitung auf der Website, die wiederum einen Einfluss auf das Vertrauen hat. Die genaue Rolle des Risikos ist jedoch noch nicht abschließend geklärt. Ein Moderatoreffekt, wie vielfach angenommen, konnte bisher nicht bestätigt werden. Die Ergebnisse sprechen eher für einen direkten Einfluss des Risikos auf das Vertrauen bzw. die Kaufabsicht (Büttner et al. 2006; Schulz 2008; Büttner und Göritz 2008). Diesem Aspekt sollte in weiteren Studien Beachtung geschenkt werden.

Sebastian Schulz, Oliver B. Büttner und Günter Silberer

Literaturverzeichnis

ABDA (2006): Zahlen, Daten, Fakten zum Apothekenmarkt URL: [http://www.abda.de/zdf.html] (Stand: 02.02.2007).

AGOF (2007): Berichtsband – Zusammenfassung zu Internet Facts 2007-I, URL: [http://www.agof.de/if-2007-ii-teil-1-online.download. 65b910589fb366cb5a3a8c6b35cc910c.pdf], (Stand: 01.12.2007).

AHLERT, D., S. HEIDEBUR UND M. MICHAELIS (2007): Kaufverhaltensrelevante Effekte des Konsumentenvertrauens im Internet - eine vergleichende Analyse von Online-Händlern, Arbeitsbereicht Nr. 48 des Kompetenzzentrums Internetökonomie und Hybridität, Münster, URL:
[http://www.wi.uni-muenster.de/aw/download/hybride-systeme/Hybrid%2048.pdf].

ARNOTT, D. C. (2007): Trust – Current Thinking and Future Research, in: European Journal of marketing, 41 (9/10), S. 981-987.

ARRUÑADA, B. (2004): Quality Safeguards and Regulation of Online Pharmacies, Health Economics, 13 (4), S. 329-44.

BARON, R. M. UND KENNY, D. A. (1986): The Moderator-mediator Variable Distinction in Social Psychological Research: Conceptual, Strategic, and Statistical Considerations, in: Journal of Personality and Social Psychology, 51 (6), S. 1173-1182.

BAUER, H.H., M.M.NEUMANN UND A. SCHÜLE (2006): Konsumentenvertrauen – Konzepte und Anwendungen für ein nachhaltiges Kundenbindungsmanagement, München: Verlag Vahlen.

BÜTTNER, O. B. (2006): Vertrauen in E-Health-Angebote - Ein psychologisches Konstrukt in der Marketingforschung, in: NeuroPsychoEconomics, 1 (1), S. 18-29.

BÜTTNER, O. B. UND A. S. GÖRITZ (2008): Perceived Trustworthiness of Online Shops, in: Journal of Consumer Behaviour (im Druck).

BÜTTNER, O. B., S. SCHULZ UND G. SILBERER (2006A): Perceived Risk and Deliberation in Retailer Choice: Consumer Behavior Towards Online Pharmacies, in: Advances in Consumer Research, Vol. 33, ed. by C. Pechmann and L. Price.

BÜTTNER, O. B., S. SCHULZ UND G. SILBERER (2006B): Vertrauen, Risiko und Usability bei der Nutzung von Internetapotheken, in: H. H. Bauer, M. M. Neumann und A. Schüle (Hrsg.). Konsumentenvertrauen: Konzepte und Anwendungen für ein nachhaltiges Kundenbindungsmanagement, München: Vahlen, S. 355-366.

BVDVA (2006): Arznei-Versandhandel: Status Quo Stand: 1. Oktober 2006, URL: [http://www.bvdva.de/fileadmin/content/pdf/Daten_und_Fakten_zum_Versandha ndel_okt_06.pdf], (Stand: 03.03.2007).

BVDVA (2007): Arznei-Versandhandel: Status Quo Stand: 1. Oktober 2007, URL: [http://www.bvdva.de/fileadmin/content/pdf/Daten_und_Fakten_zum_Versandha ndel_okt_07.pdf], (Stand: 10.12.2007).

CHEUNG, C. M. K. UND M. K. O. LEE (2001): Trust in Internet Shopping: Instrument Development and Validation through Classical and Modern Approaches, in: Journal of Global Information Management, 9 (3), S. 23-35.

CORRITORE, C. L., R. P. MARBLE, S. WIEDENBECK, B. KRACHER UND A. CHANDRAN (2005): Measuring Online Trust of Websites: Credibility, Perceived Ease of Use, and Risk, in: Proceedings of the Eleventh American Conference on Information Systems, Omaha, NE, USA, August 11th-14th 2005, S. 2419-2427.

CORRITORE, C. L., B. KRACHER UND S. WIEDENBECK (2003): On-line Trust: Concepts, Evolving Themes, a Model, in: International Journal of Human Computer Studies, 58 (6), S. 737-758.

DEUTSCH, M. (1958): Trust and Suspicion, in: Journal of Conflict Resolution, 2 (4), S. 265-79.

DIERKS, C. (2004): Arzneimittelvertrieb in der GKV – Rechtliche Konfliktfelder in Europa, in: P. Oberender und V. E. Schaub (Hrsg.): Arzneimittelversandhandel: Viel Lärm um nichts?, München: Wolf & Sohn, S. 25-40.

DONEY, P. M., J. P. CANNON UND M.R. MULLEN (1998): Understanding the Influence of National Culture on the Development of Trust, in: The Academy of Management Review, 23 (3), S. 601-620.

DWYER, R. F., P. H. SCHURR UND S. OH (1987): Developing Buyer-Seller Relationships, in: Journal of Marketing, 51 (2), S. 11-27.

EINWILLER, S., A. HERMMANN UND D. INGENHOFF (2005): Vertrauen durch Reputation – Grundmodell und empirische Befunde im E-Commerce, in: Marketing ZFP, 27 (2), S. 24-40.

EUROPRESSEDIENST (2004): eCommerce 2004 Strukturen und Potenziale des eCommerce in Deutschland aus Kunden- und Händlersicht, URL:[http://www.postbank.de/-snm-0184330283-1197366507-049d400010-0000000598-1197367952-enm-csfiles/fk_ecommerce_studie_1.pdf], Bonn: Europressedienst.

GANESAN, S. UND R. HESS (1997): Dimensions and Levels of Trust: Implications for Commitment to a Relationship, in: Marketing Letters, 8 (4), S. 439-448.

GERSCH, M. (2004): Versandapotheken in Deutschland - Die Geburt einer neuen Dienstleistung. Wer wird eigentlich Vater?, Marketing - ZFP, 26 (Spezialausgabe Dienstleistungsmarketing), S. 59-70.

GIDDENS, A. (1990): The Consequences of Modernity, Cambridge: Polity.

HALL, M. A., B. ZHENG, E. DUGAN, F. CAMACHO, K. E. KIDD, A. MISHRA UND R. BALKRISHNAN (2002): Measuring Patients' Trust in their Primary Care Providers, in: Medical Care Research and Review, 59 (3), S. 293-318.

IPSOS (2006): Apothekenpreise und wie man ihnen entgeht - Ipsos-Studie zur Arzneimittelbestellung bei Internet-Usern – Teil 1, URL: [http://knowledgecenter.ipsos.de/downloads/KnowledgeCenter/67F6B1C4-CC4A-4636-A948-1860CB7A00B1/PI-online-ApothekeTeil1.pdf], (Stand: 11.12.2007).

JONES, K. (1996): Trust as an Affective Attitude, in: International Journal of Ethics, 107 (1), S. 4-25.

KEE, H. W. UND R. E. KNOX (1970): Conceptual and Methodological Considerations in the Study of Trust and Suspicion, in: Journal of Conflict Resolution, 14 (3), S. 357-365.

KIM, P. H., D. L. FERRIN, C. D. COOPER UND K. T. DIRKS (2004): Removing the Shadow of Suspicion: The Effects of Apology Versus Denial for Repairing Competence- Versus Integrity-Based Trust Violations, in: Journal of Applied Psychology, 89 (1), S. 104–118.

KIRCHGEORG, M. UND A. LORBEER (2004): Vertrauenswirkungen in Kundenbeziehungen bei E-Health-Service-Anbietern, in: K.-P. Wiedmann (Hrsg.): Fundierung des Marketing – Verhaltenswissenschaftliche Erkenntnisse als Grundlage einer angewandten Marketingforschung, Wiesbaden: DUV, S. 440-462.

LARZALERE, R. E. UND T. L. HUSTON (1980): The Dyadic Trust Scale: Toward Understanding Interpersonal Trust in Close Relationships, in: Journal of Marriage and the Family, 42, S. 595-604.

LUHMANN, N. (2000): Vertrauen, 4. Aufl., Stuttgart: UTB.

MAYER, R. C., J. H. DAVIS UND D. F. SCHORMAN (1995): An Integrative Model of Organizational Trust, in: Academy of Management Review, 20 (3), S. 709-34.

MCKNIGHT, D. H., L. L. CUMMINGS UND N. L. CHERVANY (1998): Initial Trust Formation in new Organizational Relationships, in: Academy of Management Review, 23 (3), S. 473-490.

MCKNIGHT, D. H., V. CHOUDHURY UND C. KACMAR (2002A): Developing and Validating Trust Measures for e-Commerce: An Integrative Typology, in: Information System Research, 13 (3), S. 334-359.

McKNIGHT, D. H., V. CHOUDHURY UND C. KACMAR (2002B): The Impact of Initial Consumer Trust on Intentions to Transact with a Web Site: A Trust Building Model, in: Journal of Strategic Information Systems, 11, S. 297-323.

McKNIGHT, D. H. UND N. L. CHERVANY (2002): What Trust Means in E-Commerce Customer Relationships: An Interdisciplinary Conceptual Typology, in: International Journal of Electronic Commerce, 6 (2), S. 35-59.

MITCHELL, V.-W. (1999): Consumer Perceived Risk: Conceptualisations and Models, in: European Journal of Marketing, 33 (1/2), S. 163-95.

MOORMAN, C., G. ZALTMAN UND R. DESHPANDE (1992): Relationships between Providers and Users of Market Research: the Dynamics of Trust within and between Organizations, in: Journal of Marketing Research, 29 (3), S. 314-28.

MOORMAN, CHRISTINE, DESHPANDE, ROHIT & ZALTMAN, GERALD (1993): Factors Affecting Trust in Market Research Relationships, in: Journal of Marketing, 57 (1), S. 81-101.

MORGAN, R. M. UND HUNT, S. D. (1994): The Commitment–Trust Theory of Relationship Marketing, in: Journal of Marketing, 58 (3), S. 20–39.

NADIN, M. (2001): Trust - Antizipation und Überleben, in: M. Nadin (Hrsg.), Trust - Das Prinzip Vertrauen, Heidelberg: Synchron Publishers GmbH, S. 1-10.

O.V. (2006A): Was ist das Arzneimittel-Gesetz (AMG)?, Bundesverband der Arzneimittel-Hersteller e.V., URL: [http://www.bah-bonn.de/arzneimittel/recht/amg.htm], (Stand: 01.01.2007).

O.V. (2006B): Branchen Special Apotheken, Bundesverband der deutschen Volksbanken., URL: [http://www.vrbank-suedpfalz.de/__C1256C0E0033B280.nsf/ (GrafikAnhaenge)/55.PDF/$File/55.PDF], (Stand: 02.02.2007).

PAYPAL (2006): eCommerce 2006 Berichtsband - EuPD Research, URL: [http://www.shareholder.com/paypal/news/PAY0627.pdf], (Stand: 07.06.2007), 99. Seiten.

PAYPAL (2007): eCommerce 2007 Berichtsband - EuPD Research, URL: [https://www.paypal-deutschland.de/presse/media/0/11896129774470/ ecommerce_2007.pdf], (Stand:02.12.2007).

PETERMANN, F. (1996): Psychologie des Vertrauens, 3. Auflage, Göttingen: Hogrefe.

ROTTER, J. B. (1967): A New Scale for the Measurement of Interpersonal Trust, in: Journal of Personality, 35 (4), S. 651-665.

SCHLOSSER, A. E., T. B. WHITE UND S. M. LLOYD (2006): Converting Web Site Visitors into Buyers: How Website Investment Increase Consumer Trusting Beliefs and Online Purchase Intentions, in: Journal of Marketing, 70 (2), S. 133-148.

Sebastian Schulz, Oliver B. Büttner und Günter Silberer

SCHULZ, S. (2008): Der Einfluss der Usability und des Risikos auf den Surfprozess und die Auswirkungen auf das Vertrauen - Eine Prozessanalyse am Beispiel von Internetapotheken, unveröffentlichte Dissertation am Institut für Marketing und Handel, Universität Göttingen (Einreichung voraussichtlich 2008).

SILBERER, G. (2005): Videogestützte Rekonstruktion kognitiver Prozesse beim Ladenbesuch, in: Marketing ZFP, 27 (4), S. 263-280.

SITKIN, S. B. UND N. L. ROTH (1993): Explaining the Limited Effectiveness of Legalistic 'Remedies' for Trust/Distrust, in: Organization Science, 4 (3), S. 367–392.

STIFTUNG WARENTEST (2007): Pillenklick, in: test, Nr. 10 (2007), S. 88-93.

WALGENBACH, P. (2006): Wieso ist Vertrauen in ökonomischen Transaktionsbeziehungen so wichtig, und wie lässt es sich generieren?, in: H.H. Bauer, M.M. Neumann und A. Schüle (Hrsg.): Konsumentenvertrauen: Konzepte und Anwendungen für ein nachhaltiges Kundenbindungsmanagement, München: Vahlen, S. 17–26.

ZAND, D. E. (1972): Trust and Managerial Problem Solving, in: Administrative Science Quarterly, 17 (2), S. 229-239, Reprinted 2001.

Michel Clement, Dominik Papies und Christina Schmidt-Stölting

Filmpreise und Filmerfolg

1   Einleitung.. 495

2   Oscar und der Erfolg von Filmen.. 497
   2.1   Empirische Vorgehensweisen 497
   2.2   Kino.. 498
   2.3   Video und DVD.. 503

3   Filme und der Erfolg beim Oscar.. 504

4   Fazit 507

1 Einleitung

Zu Beginn jeden Jahres richten sich die Augen vieler Filmfans gen Hollywood, wo die Academy of Motion Picture Arts and Sciences (AMPAS) die Academy Awards, besser bekannt als „Oscars", verleihen. Das von Milliarden TV-Zuschauern verfolgte Spektakel nimmt seinen offiziellen Anfang, wenn etwa einen Monat zuvor die fünf Nominierungen in jeder Kategorie bekannt gegeben werden. Schon vorher wird umfassend in der Presse über die potenziellen Kandidaten spekuliert – ein Medienereignis par excellence. Aber nicht nur die Oscars führen zu einem gigantischen Presserummel: Auch andere Ereignisse, wie das Filmfestival in Cannes, die Filmfestspiele in Venedig oder das größte deutsche Festival – die Berlinale – führen zu großer Presseresonanz.

Für *Filmmanager* steht es außer Frage, dass Filmpreise als Werbung dienen: je größer der Presserummel ist, desto mehr Umsatz wird der Film an der Kinokasse – aber auch an nachgelagerten Verwertungsstufen (DVD, Video-on-Demand, TV) - einspielen. Da die Filmauszeichnungen von den Filmfans als „Qualitätssiegel" angesehen werden, wird auf Filmplakaten oder DVDs häufig mit den Auszeichnungen geworben. Auch die Intensität, mit der die Studios die nominierten oder gekürten Filme bewerben, lässt vermuten, dass dieses aus dem ökonomischen Kalkül heraus geschieht, da die so beworbenen Filme sich besser im Markt durchsetzen können. Es wird offensichtlich, dass die Filmpraxis an den erfolgssteigernden Einfluss von Filmpreisen (vor allem beim Oscar) glaubt und dementsprechend auch systematisch versucht, die Nominierungswahrscheinlichkeit eines Filmes zu „managen" (Clement et al. 2007).

Die *theoretische Bedeutung* von Filmpreisen liegt darin begründet, dass es sich bei Filmen um hedonische Güter handelt, die durch einen starken Erfahrungsgutcharakter geprägt sind. Das führt dazu, dass für Konsumenten vor dem Anschauen eines Filmes ein hohes Maß an Unsicherheit über die Qualität besteht (Hennig-Thurau, Houston und Sridhar 2006; Dhar und Wertenbroch 2000; Hirschman und Holbrook 1982). Um dieses Konsumrisiko zu minimieren, suchen Konsumenten nach Signalen, die Aufschluss über die Qualität eines Filmes geben können. Neben klassischer Werbung kommen vor allem Kritiken, Star-Schauspieler und bekannte Regisseure als Qualitätssignale in Betracht (Basuroy, Chatterjee und Ravid 2003; Bagella und Becchetti 1999; Eliashberg und Shugan 1997; Levin, Levin und Heath 1997; Wallace, Seigerman und Holbrook 1993). Besonders geeignet als Qualitätssignal erscheinen Filmauszeichnungen, da diese meist von Juroren vergeben werden, die sich durch Fachkenntnis und eine herausgehobene Stellung in der Branche auszeichnen. Sie können somit als neutrale Experten angesehen werden, deren Qualitätsurteil gewährleistet, dass die durch die Jury ausgezeichneten Filme tatsächlich von überlegener Qualität sind. Allerdings ist nicht zwingenderweise eine ausschließlich positive Wirkung einer Auszeichnung zu erwarten. Das Siegel eines „kulturell anspruchsvollen Filmes" kann zwar die Unsicherheit über die Qualität des Filmes reduzieren, aber auch dazu führen, dass eine

Michel Clement, Dominik Papies und Christina Schmidt-Stölting

kleinere Zielgruppe attrahiert wird. Wie stark dieser negative Effekt wirkt, ist aus Sicht der Praxis eine zu kritisierende „rein akademische Diskussion".

Die praktische Relevanz und theoretische Fundierung der Erfolgswirkung von Filmpreisen wurde in zahlreichen *empirischen Untersuchungen* – vor allem hinsichtlich der Wirkung von Academy Awards auf den Umsatz an den Kinokassen (und nur selten in nachgelagerten Verwertungsstufen) – adressiert. So finden sich Studien, die als Konsequenz einer Auszeichnung oder Nominierung eine höhere Erfolgswahrscheinlichkeit des betroffenen Filmes zeigen (Dodds und Holbrook 1988; Nelson et al. 2001; Deuchert, Adjamah und Pauly 2005). Diese kann sich zum einen darin äußern, dass der Film länger im Kino bleibt und somit eine höhere „Staying Power" aufweist (Nelson et al. 2001). Zum anderen kann der Film in nachgelagerten Verwertungsstufen von einer Auszeichnung profitieren. Neben den direkten Wirkungen eines Filmpreises auf den Umsatz bzw. auf die Distributionsquote (Anzahl der bespielten Leinwände) können auch indirekte Effekte auf den Umsatz wirken. So wird der Starwert der Schauspieler durch eine Auszeichnung positiv beeinflusst, so dass dieser über den Star-Effekt dann positiv auf den Filmerfolg wirkt (Gehrlein und Kher 2004; Elberse 2007).

Die zahlreichen empirischen Befunde bezüglich der Wirkung der Oscars auf den Filmerfolg zeigen jedoch keineswegs einheitlich positive Effekte auf: Trotz der theoretischen Relevanz und der Meinung der Praktiker lassen sich mehrere Studien identifizieren, in denen kein Einfluss eines Awards auf den Erfolg identifiziert werden kann (z. B. Ravid 1999). Zudem zeigen neuere Studien, dass auch methodische Probleme (vor allem die Vernachlässigung des Selektionseffekts) zu einer Überschätzung der Oscarwirkung führen (Clement et al. 2007). Die vorherrschende Unsicherheit hinsichtlich der empirischen Wirkung steht daher im Fokus dieses Beitrags, der insgesamt zwei zentrale Ziele verfolgt: Zum einen sollen die Wirkungen von Filmauszeichnungen mit Blick auf den Erfolg an der Kinokasse und in nachgelagerten Verwertungsstufen untersucht werden. Zum anderen sollen die Treiber von Nominierungen für einen Filmpreis am Beispiel des Oscars diskutiert werden. Wir konzentrieren uns in unserer Analyse primär auf den Oscar als herausragendes Beispiel für Filmpreise, da sich die überwiegende Mehrheit der empirischen Veröffentlichungen auf die spezifische Wirkung von Oscars bezieht. Die Funktion als Qualitätssignal hat der Oscar aber mit anderen Filmpreisen gemein, sodass wir davon ausgehen, dass die Wirkung anderer Filmpreise ähnlich ist, wenn auch möglicherweise in einem anderen Ausmaß.

Unser Beitrag erweitert den aktuellen Stand der Forschung in mehrere Richtungen. (1) In der Literatur wird die Erfolgswirksamkeit von Oscars hauptsächlich mit Blick auf die Wirkung an der Kinokasse untersucht. Während die meisten Untersuchungen hier einen positiven Einfluss feststellen, kommen Publikationen jüngeren Datums zu differenzierteren Ergebnissen. Die vielfältige und teilweise widersprüchliche Literatur zu dieser Frage wird daher zusammengeführt und synthetisiert. (2) Wenig Beachtung in der empirischen Analyse hat bisher die Wirkung auf den Erfolg in nachgelagerten Distributionsstufen gefunden. Um die Betrachtung der Erfolgswirkung eines Oscars

496

Filmpreise und Filmerfolg

zu vervollständigen, adressieren wir dieses Thema ebenfalls mit einem Literaturüberblick. (3) Da die Nominierung für einen Filmpreis in zahlreichen Veröffentlichungen als wichtige Determinante künftigen Erfolgs identifiziert wird, führen wir die Erkenntnisse darüber zusammen, was die Nominierung zu einem Filmpreis treibt.

2 Oscar und der Erfolg von Filmen

In der Literatur finden sich zahlreiche Veröffentlichungen, die die Erfolgswirksamkeit von Oscars untersuchen. Tabelle 2-1 enthält eine Übersicht von empirischen Untersuchungen, die einen Beitrag zu Klärung der Frage leisten, welchen Einfluss ein Oscar auf den Erfolg des betroffenen Filmes an der *Kinokasse* hat. Tabelle 2-2 adressiert diese Frage mit Blick auf den *Videomarkt*.

2.1 Empirische Vorgehensweisen

Die verfügbaren Studien zur Wirkung von Oscars auf den wirtschaftlichen Erfolg von Filmen können nicht als Replikationen einer identischen Fragestellung mit gleichem oder abweichendem Datenmaterial interpretiert werden. Sie unterscheiden sich vielmehr in mehreren Aspekten, deren unterschiedliche Ausgestaltung die Vergleichbarkeit der Studien untereinander erschwert.

Oscar-Wirkung. Eine Oscar-Auszeichnung kann mindestens zwei unterschiedliche Wirkungen ausüben. Zum einen kann die Nominierung eines Schauspielers oder eines Regisseurs als Qualitätsindikator bei *folgenden* Filmen eingesetzt werden. Das Qualitätssignal ist dann nicht mehr filmspezifisch, sondern schauspielerspezifisch zu interpretieren. Diese Herangehensweise ist beispielsweise bei Ravid (1999) und Basuroy, Chatterjee und Ravid (2003) zu finden. Zum anderen kann ein bestimmter Film oder einer der beteiligten Akteure aufgrund seiner Mitwirkung in dem Film nominiert werden, sodass die Auszeichnung direkt die Qualität des Filmes signalisiert. Diese Messung ist deutlich häufiger in der empirischen Literatur anzutreffen (z. B. Nelson et al. 2001; Deuchert, Adjamah und Pauly 2005; Hennig-Thurau, Houston und Walsh 2006). Während die erstgenannte Operationalisierung in einer Regression als Messung des Startwertes der beteiligten Akteure eingesetzt wird, misst die letztgenannte Operationalisierung, inwieweit sich der Erfolg eines Filmes bei den Oscars auf seinen Umsatz auswirkt.

497

Fokussierung. Während sich einige Veröffentlichungen direkt auf die Rolle des Oscars konzentrieren (Clement et al. 2007; Deuchert, Adjamah und Pauly 2005; Nelson et al. 2001), verfolgt die Mehrzahl der Untersuchungen ein allgemeineres Erklärungsziel. Der Oscar ist dann eine von zahlreichen unabhängigen Variablen, die gleichrangig behandelt werden. Der empirische Erklärungsbeitrag wird von dieser Unterscheidung meist wenig betroffen, da alle Autoren um eine relative Vollständigkeit des Modells bemüht sind. Lediglich der Umfang der theoretischen Darstellung zur Wirkung eines Oscars ist in den auf den Oscar fokussierten Artikeln naturgemäß deutlich größer.

Erfolgsmaße. Die meisten empirischen Untersuchungen zur Relevanz des Oscars sind im Kontext der Erfolgsfaktorenforschung zu verorten, sodass die abhängige Variable meist Umsatz (Box Office) ist. Während einige Untersuchungen den Umsatz kumulieren (z. B. Ravid 1999), wird er in anderen Untersuchungen disaggregiert über die Zeit analysiert (bspw. Deuchert, Adjamah und Pauly 2005; Basuroy, Chatterjee und Ravid 2003).

Operationalisierung. Von eher technischer Natur ist die Frage der Operationalisierung des Erfolgs eines Filmes beim Oscar. Zahlreiche Studien nehmen eine Dummyvariable (DV) auf, wenn ein Film nominiert wurde, wobei diese DV typischerweise kategoriespezifisch zugewiesen wird. Andere Studien berücksichtigen die Anzahl der Nominierungen (Nelson et al. 2001), bilden gewichtete Indizes über die verschiedenen Kategorien (Hennig-Thurau, Houston und Walsh 2006) oder differenzieren zwischen Nominierung und Gewinn (Deuchert, Adjamah und Pauly 2005). Die kategoriespezifischen DV bieten den Vorteil, dass die Wirkungen der einzelnen Kategorien differenziert betrachtet werden können, wobei der Vorteil dieser Lösung mit einer Vielzahl an unabhängigen Variablen erkauft wird. Die Zusammenfassung zu einer Variablen ermöglicht ein sparsameres Modell bei entsprechendem Verlust an Detailgenauigkeit. Die Gewichtung innerhalb eines Index kann dieses partiell kompensieren, wobei stets a priori Annahmen über die Bedeutung der einzelnen Kategorien getroffen werden müssen.

2.2 Kino

Die große Vielfalt an Studien, die sich mit dem Themenkomplex der Wirkungen eines Oscars beschäftigt, spiegelt sich in einer ähnlichen Vielfalt der Ergebnisse wider. Zusammenfassend lässt sich sagen, dass die Befunde uneindeutig sind, wobei sich die Studien anhand der Ergebnisse grob in vier Richtungen einteilen lassen. Während ein Teil der Untersuchungen zu dem Ergebnis kommt, dass eine Nominierung (NOM) oder der Gewinn (WIN) eines Oscars einen positiven Einfluss auf das Erfolgsmaß ausüben (1), kommen andere Studien zu dem Ergebnis, dass dies über die Zeit variiert (2) oder nur bei spezifischen Modellkonfigurationen der Fall ist (3) oder dass der Einfluss insgesamt insignifikant ist (4).

Filmpreise und Filmerfolg

(1) Einen signifikant positiven Einfluss von Nominierungen und Auszeichnungen auf den langfristigen Box Office stellen Hennig-Thurau, Houston und Walsh (2006) mit Hilfe eines PLS-Modells fest. In eine ähnliche Richtung deuten die Ergebnisse von Litman (1983), Ginsburgh (2003) und Sochay (1994), die sowohl einen positiv signifikanten Effekt der Nominierung als auch des Gewinns dieser Auszeichnung auf die Mieteinnahmen des Distributors feststellen. Weiterhin ermittelt Holbrook (1999), dass sich die Anzahl der Oscarnominierungen eines Films positiv auf sowohl das öffentliche Meinungsbild als auch auf das Expertenurteil über diesen Film auswirkt.

(2) Dennoch existieren mehrere Studien, die stärker differenzierte und zum Teil auch konträre Ergebnisse berichten. So kann der Oscareinfluss über die Zeit variieren bzw. vom Timing des Startzeitpunktes in den Filmtheatern abhängen. In diesem Zusammenhang fokussieren Basuroy, Chatterjee und Ravid (2003) mit Hilfe eines Panelmodells darauf, wie positive und negative Kritiken den Erfolg an den Kinokassen zeitlich beeinflussen und wie diese Effekte durch Stars, deren Qualität in Form von Oscarnominierungen bzw. der Gewinne gemessen werden, moderiert werden. Nelson et al. (2001) zeigen, dass lediglich Nominierungen und Auszeichnungen in den Hauptkategorien den Box Office erhöhen. Weiterhin stellen sie fest, dass eine zeitliche Verlagerung des Filmstarts nach hinten im Jahr die Wahrscheinlichkeit einer Oscarnominierung und somit monetärer Entlohnung erhöht. Deuchert, Adjamah und Pauli (2005) identifizieren zunächst positive Wirkungen der Oscarnominierung auf den Erfolg eines Filmes (dabei hat die Kategorie „Bester Film" die größte Wirkung), der Einfluss der Nominierung nimmt aber für die Filme, die anschließend einen Oscar gewinnen, über die Zeit ab. Weiterhin stellen sie heraus, dass Filme mit der gewonnenen Auszeichnung „Bester Film" stärker von einer Nominierung profitieren als nur nominierte und nicht anschließend preisgekrönte Filme dieser Kategorie. Smith und Smith (1986) vergleichen über mehr als drei Jahrzehnte hinweg den Einfluss von Filmpreisen auf die monetäre Erfolgsgröße und stellen eine Veränderung der Effektstärke über die Zeit hinweg für mehrere Hauptkategorien fest.

(3) Zudem haben Oscarnominierungen und Auszeichnungen nicht immer den gleichen Einfluss bzw. Effekt auf die Umsätze an den Kinokassen bzw. die Mieteinnahmen der Distributoren. Dieser kann, je nach Detailgrad bestimmter Filmcharakteristika, variieren. Hennig-Thurau und Wruck (2000) ermitteln lediglich bei der Genrekategorie „Drama" einen positiven signifikanten Einfluss der zu einem Index gebildeten Oscarvariablen auf die monetäre Erfolgsgröße, bei alle anderen Genrekategorien zeigen sich insignifikante Effekte. Bei Terry, Butler und De'Armond (2005) beeinflussen die Anzahl der Nominierungen eines Filmes positiv den Box Office, insignifikante Effekte müssen die Autoren aber bei der Anzahl der gewonnen Auszeichnungen feststellen.

Michel Clement, Dominik Papies und Christina Schmidt-Stölting

Tabelle 2-1: *Studien zu Filmpreisen als Treiber des Kinoerfolges*

Studie	Daten/Methode	Erfolgsmaß	Einfluss-variablen	Oscar-Kodierung	Ergebnis Oscar-Effekt
Hennig-Thurau/Houston/Walsh (2006)	331 Filme, PLS	B.O. (ohne Eröffnungswochen-ende)	Persönliche Attraktivität, Familienfilm, MPAA, Saison, Werbung, Screens, Kritiken, Qualität, Oscar, B.O. WE1	Gewichteter Index aus Anzahl NOM und Anzahl WIN über HK	Indexvariable pos. sign.
Litman (1983)	125 Filme, OLS	Mieteinnahmen	Genre, Stars, Produktionsbudget, Distributor, Saison, Oscar, Kritiken	1 DV für NOM in Hauptkategorie, 1 DV für WIN in HK	NOM pos. sign. WIN pos. sign.
Ginsburgh (2003)	368 Filme, OLS	Mieteinnahmen (normiert)	Oscar, Präsens in best movie lists (in einer Liste, in 2 Listen, in allen 3 Listen)	DV für NOM (not WIN), 1 DV für WIN	NOM pos. sign. WIN pos. sign.
Sochay (1994)	263 Filme, OLS	Mieteinnahmen, Anzahl Wochen in Variety Top 50	Genre, Star, MPAA, Wettbewerb Oscar, Ditributor, Saison, Screens Woche 1&2, Kritiken	Je 1 DV für NOM und WIN in HK	NOM und WIN immer pos. sign.
Basuroy/Chatterjee/Ravid (2003)	175 Filme, Panel, Fuller-Battese-Estimation	wöchentlicher B.O. (Woche 1 bis 8); seperate Analyse für pos./neg. Reviews	Kritiken, Star-Power (gemessen durch Oscar), Stars, Produktionsbudget, Leinwände, Serie, MPAA, Saison	DV für WIN in HK, DV für NOM in HK; Anzahl NOM& WIN in K	Star-Power erhöht B.O. für Filme, die mehr negative als positive Reviews erhalten haben
Holbrook (1999)	1000 Filme, OLS, Differenzen-Test	(1) öffentliches Meinungsbild (2) Expertenurteil	Genre, Herkunftsland- und Sprache, Power, Oscar, Farbe, Länge, Jahr, Gewalt- bzw. Erotischer Inhalt	Anzahl NOM für einen Film in HK und SupActs	(1) pos. sign. (2) pos. sign.; Differenzen-Test: (1) weniger pos. sign. als (2)
Nelson et al. (2001)	262 Filme, Panel, Survival Analyse	Leinwandanteil; durchschn. Umsatz pro Leinwand; Laufzeit des Films	Laufzeit, Saison; Oscar	Jeweils Anzahl NOM und Anzahl WIN für die HK und SupActs-Kategorien	NOM und WIN HK; NOM und WIN SupActs n.s.; späterer Startzeitpkt. im Jahr erhöht Chance einer NOM u. Erfolg

Filmpreise und Filmerfolg

Studie	Deuchert/Adjamah/Pauly (2005)	Smith/Smith (1986)	Hennig-Thurau/Wruck (2000)	Terry/Butler/De'Amond (2005)	Prag/Casavant (1994)
Daten/Methode	2244 Filme, (1) Panel, (2) Panel mit Favoriten für Oscar WIN und Zeiteinfluss, (3) Survival Analyse	600 Filme aus drei Jahrzehnten (50er und früher, 60er, 70er Jahre), OLS (jeweils für 50er, 60er und 70er)	270 Filme (Deutschland), 196 Filme (US), OLS	505 Filme, OLS	652 Filme (195 Filme mit Kosten für Prints & Advertising), OLS
Erfolgsmaß	wöchentlicher B.O.	Mieteinnahmen	(1) B.O. Deutschland (2) B.O. USA (3) Gewinn USA (4) ROI USA	(1) B.O. (2) ln(B.O.)	(1) Mieteinnahmen (2) P&A
Einfluss-variablen	Anzahl Wochen nach Release, B.O. erste Woche, Saison, Genre, Distributor, Oscar	Oscar, Jahr	Symbolhaftigkeit, Stars, Qualität, Kritiken, Genre, Budget, Genre, US-Einspielergebnis für (1)	Kritiken, Saison, R-Rated Film, Serie, Genre, Oscar, Screens 1. WO, Produktions- und Werbebudget	Anzahl Jahre seit Release, Oscar, MPAA, Genre, Star, Kritiken, Serie/Folge, P&A
Oscar-Kodierung	DV für NOM und WIN in HK und SupActs (jeweils pro Kategorie), DV für NOM|WIN und NOM|ONLY NOM	Anzahl IWN, jeweils DV WIN HK	Gewichteter Index aus Anzahl NOM und Anzahl WIN über HK	Anzahl NOM (alle Kategorien) Anzahl WIN (alle Kategorien)	DV für WIN
Ergebnis Oscar-Effekt	(1) NOM pos. sign., stärkster Effekt bei „Best Picture"; WIN n.s. (2) Einfluss NOM|WIN nimmt über die Zeit ab, (3)NOM in HK erhöht Laufzeit	Anzahl WIN immer pos. sign., BestFilm, (-60er, +70er), BestAct (-50er,-60er), BestActs (+50er,-70er), BestDir (+60er,-70er),	Nur bei Genrespezifischer Regression on „Drama" sign. auf (1), (2), (3), (4)	(1) Anzahl NOM pos. sign., Anzahl WIN n.s. (2) Anzahl NOM pos. sign.; Anzahl WIN n.s.	(1a) WIN n.s., wenn P&A in OLS; (1b) WIN pos. sign, wenn P&A nicht in OLS; (2) WIN pos. sign. auf P&A

Michel Clement, Dominik Papies und Christina Schmidt-Stölting

Studie	Ravid (1999)	Gemser/Leenders/Wijnberg (2008)	Clement et al. (2007)	Dodds/Holbrook (1988)	Simonoff/Sparrow (2000)
Daten/Methode	175 Filme, OLS	308 Filme, OLS	407 Filme, Propensity Score Matching	500 Filme, OLS	311 Filme, OLS
Erfolgsmaß	Domestic B.O., Internat. B.O., Total B.O., Rate of Return	B.O., Anzahl Leinwände (jeweils Woche 2 und 4 nach Gewinnverkündung)	B.O., B.O. der ersten drei Wochen	B.O post NOM; B.O. post WIN; Anzahl Leinwände post NOM; Anzahl Leinwände post WIN	ln (B.O.)
Einfluss-variablen	Star-Power (über Oscar gemessen), Stars, Serie, Kritiken, MPAA, Budget, Saison	Werbung, Produktionsbudget, Saison, Genre, Distributor, Filmtyp (independ. vs. mainstream), 13 versch. Filmpreise, B.O und Leinwände vor WIN	Genre, Moviemeter, Starmeter, erotischer/Gewaltinhalt, Folge, Herkunftsland, Oscar, Golden Globe, Kritiker, Distributor, Saison, Filmlaufzeit	Umsatz vor NOM bzw. WIN, Wochen vor NOM bzw. WIN, Anzahl Leinwände vor NOM bzw. WIN, Umsatz/Leinwand vor NOM bzw. WIN, Oscar	Genre, MPAA, Herkunftsland, Stars, Budget, Serie, Saison, Anzahl Leinwände erstes WE, B.O. erstes WE, Kritiken, Oscar
Oscar-Kodierung	(1) DV für WIN HK; (2) DV für NOM HK (3) Anzahl NOM & WIN	DV Urteilsart* DV Oscar, Award Timing, Medienpower, Kategorie, Preisvielfalt, Anzahl WIN, Anzahl NOM	DV für NOM Oscar, DV für NOM Golden Globe	(1) je 1 DV für NOM und WIN in HK (2) Ungewichteter Index über NOM und WIN (3) DV für NOM in HK (4) DV für WIN in HK	Anzahl NOM bzw. Anzahl WIN (HK und SupAct zusammen)
Ergebnis Oscar-Effekt	(1), (2), (3) n.s.	Stärkster Effekt Indep. Filme von Experten gekürt, Oscar WIN gleiche Bedeutung wie andere Preise	Ungematchtes Sample: Oscar NOM und GG NOM pos. sig.; Gematchtes Sample: Oscar NOM und GG NOM n.s.	NOM Best Actor $6,5 Mio.; NOM Best Actress $7 Mio.; NOM Best Picture $7,9 Mio.; WIN Best Actor $8,3 Mio., WIN Best Picture $27 Mio. Wert; WIN Best Actress n.s.	NOM führt zu 250% Umsatzsteigerung, wenn Filmstart auf weniger als 10 Leinwänden; 30% bei NOM, wenn Film auf mehr als 10 Leinwänden gestartet ist, WIN wenig bzw. kein Einfluss auf Umsatz

DV=Dummyvariable; NOM=nominiert; WIN=gewonnen, n.s.=nicht signifikant, HK: Hauptkategorie. *Experten-, Industrie- oder Konsumentenurteil.

Prag und Casavant (1994) konzentrieren sich lediglich auf den Oscargewinn, nicht aber auf eine Nominierung. Sie ermitteln einen signifikanten positiven Einfluss von Werbemaßnahmen (Print&Advertising), der wiederum von Filmen, die einen Oscar gewinnen, beeinflusst wird. Ein direkter Effekt auf den Erfolg bleibt aber insignifikant. Nach Simonoff und Sparrow (2000) steigert eine Nominierung den Box Office um 250%, wenn der Film auf weniger als 10 Leinwänden gestartet wurde und um lediglich 30%, wenn die Leinwandanzahl beim Start über 10 lag. Dodds und Holbrook (1988) schließlich betrachten den ökonomischen Einfluss eines Oscars nach Verkündung der Nominierung und nach der Verleihungszeremonie. So ist beispielsweise die Nominierung zum „Besten Film" 7,9 Mio. US$, der Gewinn eines Oscars dieser Kategorie 27 Mio. US$ wert. Der Fokus von Clement et al. (2007) ist ebenfalls die Erfolgswirkung einer Oscarnominierung. Um dem Selektionseffekt[1] Rechnung zu tragen, wählen die Autoren ein ökonometrisches Matching-Verfahren, das diesen Effekt kontrolliert und so die Wahrscheinlichkeit eines statistischen Artefakts reduziert. Die Autoren kommen zu dem Ergebnis, dass unter Berücksichtigung des Selektionseffektes kein signifikanter Einfluss des Oscars auf den Erfolg identifiziert werden kann. Gemser et al. (2008) vergleichen die ökonomische Performance von 13 verschiedenen Filmauszeichnungen. Die Autoren teilen die Filmpreise in drei Klassen ein, je nachdem, wie der Gewinner bestimmt wird (durch Experten-, durch Industrie- oder durch Konsumentenurteil). Sie ermitteln, dass der anschließende Erfolg im Kino bei Independent Filmen, die von Experten gekürt werden, am größten ist. Weiterhin stellen sie fest, dass die Oscars, obwohl das Interesse der Öffentlichkeit und Medien hier am größten ist, im Vergleich zu anderen Filmauszeichnungen keine stärkere Bedeutung in ihrer Performancewirkung im Kino haben.

(4) In der Studie von Ravid (1999), die den Starwert von Schauspielern und Regisseuren mit Hilfe vorheriger Oscarnominierungen bzw. Oscar-Gewinnen (DV bzw. Anzahl) untersucht (wie auch Basuroy, Chatterjee und Ravid 2003), kann kein signifikanter Effekt dieser Starvariablen auf den Box Office Umsatz festgestellt werden.

2.3 Video und DVD

Tabelle 2-2 enthält zwei Veröffentlichungen, die den Einfluss einer Oscarnominierung auf den Umsatz in nachgelagerten Verwertungsstufen untersuchen. Allein die geringe Anzahl an Studien zu diesem Aspekt des Themas zeigt, dass der Fokus der Untersuchungen zu den Erfolgswirkungen von Oscars auf dem Kino als erster Verwertungsstufe liegt. Dies ist umso erstaunlicher als der Umsatz im Markt für Videos, DVDs etc. den Umsatz an der Kinokasse deutlich übersteigt (Eliashberg, Elberse und Leenders

---

[1] Der Selektionseffekt entsteht dadurch, dass regressionsanalytisch nicht zu trennen ist, ob ein statistisch positiver Einfluss eines Oscars auf den Erfolg die tatsächliche Wirkung abbildet oder der Tatsache geschuldet ist, dass vor allem bereits erfolgreiche Filme nominiert werden.

Michel Clement, Dominik Papies und Christina Schmidt-Stölting

2006). Keine der hier vorgestellten Untersuchungen fokussiert auf die Zweitverwertung. Ravid (1999) analysiert nicht nur – wie oben beschrieben – die Wirkung von Stars, wobei der Oscar als schauspieler-spezifisches Qualitätssignal fungiert, auf verschiedene Kino-Erfolgsmaße, sondern auch auf den Absatz von Videos. Die Wirkung des Oscars, die Ravid (1999) für das Sample von 175 Filmen berechnet, ist auch hier insignifikant. Es kann also nicht davon ausgegangen werden, dass die Einbindung von Schauspielern und Regisseuren, die bei den Oscars erfolgreich waren, den Erfolg von Filmprojekten bei nachgelagerten Verwertungsstufen erhöht. Hennig-Thurau, Houston und Walsh (2006) beziehen im Gegensatz zum Modell von Ravid (1999) die Auszeichnungen auf den spezifischen Film. Entgegen der Hypothese, die von den Autoren formuliert wird, üben aber diese Auszeichnungen keinen signifikanten Einfluss auf den Erfolg des Filmes im DVD-Geschäft aus. Hennig-Thurau, Houston und Walsh (2006) kommen daher zu dem Schluss, dass die Präferenzen der auszeichnenden Einrichtungen mit den Präferenzen der ausleihenden Konsumenten unkorreliert sind. Die Ursache ist entweder darin zu suchen, dass die Information, dass ein Film einen Oscar gewonnen, von den Konsumenten nicht als hilfreich empfunden wird, oder dass der zeitliche Abstand zwischen Nominierung oder Verleihung und dem Ausleihen zu groß ist.

Tabelle 2-2:   *Studien zum Einfluss eines Oscars auf nachgelagerte Verwertungsstufen*

Studie	Daten/ Methode	Erfolgsmaß	Einflussvariablen*	Oscarcodierung
Ravid (1999)	175 Filme, OLS	Videoumsatz	Stars; Serie; Kritiken; **MPAA, Fortsetzung, Budget**, Saison, Oscars	DV WIN
Hennig-Thurau/ Houston/Walsh (2006)	331 Filme, PLS	Videoumsatz	Persönliche Attraktivität, **Kulturelle Nähe (-)**, **MPAA (+)**; Timing of Video Release, **Werbung (+)**, **Kritiken (-)**, Oscars, Qualität; B.O. (+) Kopien	Gewichteter Index aus Anzahl NOM und Anzahl WIN über HK

*Anmerkung: Signifikante Variablen (5%-Niveau) sind fett markiert.

3   Filme und der Erfolg beim Oscar

Die Frage, wer für einen Oscar nominiert wird, und wem bei der Verleihung der Auszeichnungen tatsächlich ein Oscar zugesprochen wird, beschäftigt regelmäßig zum

Filmpreise und Filmerfolg

Jahreswechsel weltweit zahlreiche Kritiker, Journalisten, Brancheninsider und Film-Fans (Gehrlein und Kher 2004; Vahabzadeh 2008). Die inhaltlichen Kriterien für die Nominierung sind nicht definiert, sondern unterliegen allein den Präferenzen der abstimmenden Mitglieder (AMPAS 2007). Entsprechend sind die Resultate oft nur schwer vorhersehbar und anekdotische Evidenz liefert außerdem Hinweise darauf, dass die Entscheidungen teils wenig rational und von „local Hollywood politics" geprägt sind (Pardoe und Simonton 2008; Peary 1993; Levy 2001). Unabhängig von dem Ausmaß an Rationalität, das den Akteuren unterstellt wird, ist die Frage, welche Faktoren die Wahrscheinlichkeit einer Nominierung erhöhen, für zahlreiche Akteure von sehr großer finanzieller Relevanz. Daher führen wir den aktuellen Stand der Forschung zu dieser Frage im Folgenden zusammen. Tabelle 3-1 zeigt eine Übersicht relevanter Studien.

Die Untersuchung von Christensen et al. (2008) wählt einen vergleichbaren Ansatz wie Clement et al. (2007): beide Untersuchungen berichten Regressionsanalysen (Probit bzw. Logit) mit einer binär kodierten abhängigen Variable (Nominiert ja/nein) und kommen zu ähnlichen Befunden. Positiven Einfluss haben mit der Kritikerbewertung und dem Golden-Globe-Gewinn zwei Variablen, die die *Anerkennung* des Filmes in der Öffentlichkeit widerspiegeln. Primär *wirtschaftliche* Aspekte berühren die Variablen Vorlaufzeit (Laufzeit des Films in Wochen vor dem Nominierungszeitpunkt) und der Umsatz pro Leinwand bis zum Nominierungszeitpunkt. Während der negative Einfluss der Vorlaufzeit als Tendenz der Academy-Mitglieder zum „Vergessen" von früh gestarteten Filmen interpretiert werden kann, zeigt der positive Einfluss des Umsatzes, dass wirtschaftliche erfolgreiche Filme tendenziell häufiger bei der Nominierung berücksichtigt werden. Als *inhaltliche* Treiber werden erotischer Inhalt mit negativem und Fortsetzungsfilme mit positivem (Christensen et al. (2008): negativem) Einfluss identifiziert. Christensen et al. (2008) stellen im Gegensatz zu Clement et al. (2007) die Identifizierung der Treiber einer Nominierung in den Vordergrund, sodass eine ausführlichere Interpretation der Befunde auf Basis einer deutlich größeren Stichprobe erfolgt.

Holbrook und Addis (2007) analysieren die Beziehungen zwischen den Marketinganstrengungen (Budget, Opening Box Office, Screens) und der Anerkennung (Oscars und andere Auszeichnungen) eines Filmes in der Branche. Die Marketinganstrengungen üben einen hochsignifikanten direkten Effekt auf die Anerkennung aus, sodass die Ergebnisse der oben diskutierten Untersuchungen bestätigt werden. Die Beziehung zwischen Marketinganstrengungen und Anerkennung wird teilweise durch die Bewertung mediiert (Müller 2006), die ein Film durch Kritiker und die interessierte Öffentlichkeit erfährt. Der Mediator der Bewertung wird negativ durch das Marketing beeinflusst, wirkt aber positiv auf die Anerkennung, sodass der positive direkte Effekt des Marketings auf die Anerkennung durch die partielle Mediation abgeschwächt wird.

Michel Clement, Dominik Papies und Christina Schmidt-Stölting

Tabelle 3-1:   *Studien zu den Treibern einer Oscar-Nominerung / Gewinns*

Studie	Daten/Methode	Erfolgsmaß	Einflussvariablen
Clement/Christensen/ Albers/Guldner (2007)	407 Filme, Probit	DV NOM	Genre; Moviemeter; Star-meter Schauspieler; Star-meter Regisseur, **Erotische Inhalte (-)**; Gewaltinhalte; **Fortsetzung (+)**; Herkunfts-land; **Golden Globe (+)**; **Kritiken (+)**; Marktanteil Verleiher; Saison; **Vorlauf-zeit (-)**; **Erlös pro Lein-wand bis Nominierung (+)**
Christensen/Clement/ Papies/Schmidt-Stölting/Briese (2008)	692 Filme, Logit	(1) DV NOM (2) DV NOM pro Kategorie (3) Anzahl NOM	**Produktionsbudget (+)**; US-Distributor; Moviemeter; Starmeter; **MPAA (+)**; **Fortsetzung (-)**; **Kritiken (+)**; **Vorlaufzeit (-)**; Saison; **Erlös pro Leinwand bis Nominierung (+)**
Holbrook/Addis (2007)	190 Filme, OLS, Faktoren-analyse	Branchenanerkennung (Oscars, andere Aus-zeichnungen)	(1) **Marketing Clout (+)** (Produktionsbudget, Anzahl Screens, B.O.), Performan-ce (B.O., Videomiete) (2) **Kritiken (+)** (IMDb User Ratings, Yahoo User Ra-tings, YahooRevsRatings, RotTomRevsRatings)
Pardoe/Simonton (2008)	Alle NOM Filme 1938-2006, Discrete Choice models	Vorhersage WIN	**Anzahl Nom.; Nom. Re-gie; Nom. Film; Golden Globe; Guild; Vorh. Nom., Vorh. Gewinne; Nom.-Score**

Anmerkung: Signifikante Variablen (5%-Niveau) sind fett markiert.

Einen gänzlich anderen Ansatz verfolgen Pardoe und Simonton (2008). Ihr Ziel ist die Prognose des Oscar-Gewinners aus den Nominierungen jeden Jahres. Sie nutzen Disc-rete Choice-Modelle für die Prognose des Gewinners in den Hauptkategorien. Die Variablen, die zur Prognose genutzt werden, bilden primär das Ansehen der betroffe-nen Schauspieler bzw. des Films in der relevanten Öffentlichkeit ab. So wird bei-spielsweise erfasst, ob der Film in anderen Kategorien nominiert ist, ob die Beteiligten bereits vorher nominiert wurden und ob der Film andere Preise (z. B. Golden Globe) erhalten hat. Die Ergebnisse zeigen, dass mit einer Genauigkeit von 77% (für die Kate-gorien Bester Film, Schauspieler, Schauspielerin) bis 93% (Beste Regie) der Gewinner vorhergesagt werden kann. Obwohl alle Variablen, die im Modell verwendet werden, signifikant zur Verbesserung der Prognosegüte beitragen, weisen die Parameter über die Zeit nicht-monotone Verläufe auf. Dieser Befund legt nahe, dass das Wahlverhal-

Filmpreise und Filmerfolg

ten der Academy-Mitglieder unbeobachtbaren dynamischen Prozessen folgt, die nicht in Richtung eines Gleichgewichtes konvergieren. Obwohl das Modell eine ausgezeichnete Prognosegüte aufweist, ist es mit einem Nachteil in der operativen Umsetzbarkeit verbunden, da primär Variablen berücksichtigt werden, die die Wirkung des Filmes beschreiben. Um einen Film aber bei der Produktion auf einen Gewinn oder eine Nominierung hin optimieren zu können, sind inhaltliche Variablen notwendig, die von den Produzenten beeinflussbar sind.

4 Fazit

Unternimmt man den Versuch, aus der vielfältigen empirischen Literatur über die Rolle von Oscars in der Filmindustrie wenige Kernaussagen heraus zu destillieren, bleiben drei Kernaspekte. (1) Nur wenige Studien können uneingeschränkt und signifikant positive Wirkungen von Oscars auf den Umsatz an der Kinokasse oder in nachgelagerten Verwertungsstufen identifizieren. Die meisten Studien kommen zu gemischten oder insignifikanten Befunden. (2) Signifikante Ergebnisse scheinen am ehesten für die *Nominierung* identifizierbar. Die Ergebnisse deuten darauf hin, dass der Befund auch von der gewählten Methode, vom Aggregationsniveau und von der gewählten Datengrundlage abhängt. Dies legt nahe, dass der Einfluss nur in einigen latenten Segmenten und nicht allgemein für alle Filme eine Rolle spielt, sodass der Effekt von anderen, bisher nicht systematisch analysierten Variablen moderiert wird. (3) Die Wahrscheinlichkeit, dass ein Film für einen Oscar nominiert wird, hängt signifikant vom finanziellen Erfolg des Filmes vor der Nominierung ab. Dieser Befund lässt darauf schließen, dass ein möglicher positiver Einfluss eines Oscars auf den Umsatz ein statistisches Artefakt ist, das bei entsprechender Korrektur des Selektionseffektes nicht auftritt.

Michel Clement, Dominik Papies und Christina Schmidt-Stölting

Literaturverzeichnis

AMPAS (2007): 80th Annual Academy Awards - Rules for Distinguished Achievements During 2008, in: http://www.oscars.org/80academyawards/rules/80th_aa_rules.pdf.

BAGELLA, M. UND L. BECCHETTI (1999): The Determinants of Motion Picture Box Office Performance: Evidence from Movies Produced in Italy, in: Journal of Cultural Economics, 23 (4), S. 237-256.

BASUROY, S., S. CHATTERJEE UND A.S. RAVID (2003): How Critical are Critical Reviews? The Box Office Influence of Film Critics, Star-Power, and Budgets, in: Journal of Marketing, 67 (October), S. 103-117.

CHRISTENSEN, B., M. CLEMENT, D. PAPIES, C. SCHMIDT-STÖLTING UND A. BRIESE (2008): Wer wird nominiert und wer nicht? Eine empirische Analyse der Treiber einer Oscar-Nominierung, in: Medienwirtschaft, forthcoming.

CLEMENT, M., B. CHRISTENSEN, S. ALBERS UND S. GULDNER (2007): Was bringt ein Oscar im Filmgeschäft? Eine empirische Analyse unter Berücksichtigung des Selektionseffekts, in: Zeitschrift für betriebswirtschaftliche Forschung, 59 (2), S. 198-220.

DEUCHERT, E., K. ADJAMAH UND F. PAULY (2005): For Oscar Glory or Oscar Money? Acad-emy Awards and Movie Success, in: Journal of Cultural Economics, 29 (August), S. 159-176.

DHAR, R. UND K. WERTENBROCH (2000): Consumer Choice Between Hedonic and Utilitarian Goods, in: Journal of Marketing Research, 37 (2), S. 60-71.

DODDS, J.C. UND M.B. HOLBROOK (1988): What's an Oscar worth? An Empirical Estimation of the Effects of Nominations and Awards on Movie Distribution and Revenues, in: Current Research in Film Audiences, Economics and Law, 4, S. 72-87.

ELBERSE, A. (2007): The Power of Stars: Do Star Actors Drive the Success of Movies?, in: Journal of Marketing, 71 (4), S. 102-120.

ELIASHBERG, J., A. ELBERSE UND M. LEENDERS (2006): The Motion Picture Industry: Critical Issues in Practice, Current Research, and New Research Directions, in: Marketing Science, 25 (6), S. 638-661.

ELIASHBERG, J. UND S.M. SHUGAN (1997): Film Critics: Influencers or Predictors?, in: Journal of Marketing, 61 (April), S. 68-78.

GEHRLEIN, W.V. UND H.V. KHER (2004): Decision Rules for the Academy Awards Versus Those for Elections, in: Interfaces, 34 (3), S. 226-234.

GEMSER, G., M.A.A.M. LEENDERS UND N.M. WIJNBERG (2008): Why Some Awards Are More Effective Signals of Quality Than Others: A Study of Movie Awards, in: Journal of Management, 34 (1), S. 25-54.

GINSBURGH, V. (2003): Awards, Success, and Aesthetic Quality in the Arts, in: Journal of Economic Perspectives, 17 (2), S. 99-111.

HENNIG-THURAU, T., M. HOUSTON UND S. SRIDHAR (2006): Can good marketing carry a bad product? Evidence from the motion picture industry, in: Marketing Letters, 17 (3), S. 205-219.

HENNIG-THURAU, T., M.B. HOUSTON UND G. WALSH (2006): The Differing Roles of Success Drivers Across Sequential Channels: An Application to the Motion Picture Industry, in: Journal of the Academy of Marketing Science, 34 (4), S. 559-575.

HIRSCHMAN, E.C. UND M.B. HOLBROOK (1982): Hedonic Consumption: Emerging Concepts, Methods and Propositions, in: Journal of Marketing, 46 (Summer), S. 92-101.

HOLBROOK, M. UND M. ADDIS (2007): Art versus commerce in the movie industry: a Two-Path Model of Motion-Picture Success, in: Journal of Cultural Economics, forthcoming.

HOLBROOK, M.B. (1999): Popular Appeal versus Expert Judgments of Motion Pictures, in: Journal of Consumer Research, 26 (September), S. 144-155.

LEVIN, A.M., I.P. LEVIN UND C.E. HEATH (1997): Movie Stars and Authors as Brand Names: Measuring Brand Equity in Experimental Products, in: Advances in Consumer Research, 24, S. 175-181.

LEVY, E. (2001): Oscar Fever - The History and Politics of the Academy Awards, New York, London.

LITMAN, B.R. (1983): Predicting Success of Theatrical Movies: An Empirical Study, in: Journal of Popular Culture, 16 (Spring), S. 159-175.

MÜLLER, D. (2006): Moderatoren und Mediatoren in der Regression, in: S. Albers, et al. (Hrsg.): Methodik der empirischen Forschung, Wiesbaden, S. 257-274.

NELSON, R.A., M.R. DONIHUE, D.M. WALDMAN UND C. WHEATON (2001): What's an Oscar worth?, in: Economic Inquiry, 39 (1), S. 1-16.

PARDOE, I. UND D.K. SIMONTON (2008): Applying discrete choice models to predict Academy Award winners, in: Journal of the Royal Statistical Society, forthcoming.

PEARY, D. (1993): Alternate Oscars: One critic's defiant choices for best picture, actor, and actress from 1927 to the present, New York.

PRAG, J. UND J. CASAVANT (1994): An Empirical Study of the Determinants of Revenues and Marketing Expenditures in the Motion Pictures Industry, in: Journal of Cultural Economics, 18, S. 217-235.

Michel Clement, Dominik Papies und Christina Schmidt-Stölting

RAVID, A.S. (1999): Information, Blockbusters, and Stars: A Study of the Film Industry, in: Journal of Business, 72 (4), S. 463-492.

SIMONOFF, J.S. UND I.R. SPARROW (2000): Predicting movie grosses: Winners and losers, blockbusters and sleepers, in: Chance, 13 (3), S. 15-24.

SMITH, S.P. UND V.K. SMITH (1986): Successful Movies: A Preliminary Empirical Analysis, in: Applied Economics, 18, S. 501-507.

SOCHAY, S. (1994): Predicting the Performance of Motion Pictures, in: Journal of Media Economics, 7 (4), S. 1-20.

TERRY, N., M. BUTLER UND D.A. DE'ARMOND (2005): The Determinants of Domestic Box Office Perfomance in the Motion Picture Industry, in: Southwestern Economic Review, 32 (1), S. 137-148.

VAHABZADEH, S. (2008): Düster wird's auf jeden Fall, in: Süddeutsche Zeitung, 23. Januar 2008, München.

WALLACE, T.W., A. SEIGERMAN UND M.B. HOLBROOK (1993): The Role of Actors and Actresses in the Success of Films: How much is a Movie Star Worth?, in: Journal of Cultural Economics, 17 (1), S. 1-27.

Anja Geigenmüller, Tom Schöpe und Margit Enke

Relevanz und Wirkung der Medien bei der Vermittlung von Berufsimages
Case Study zur Gewinnung qualifizierter Nachwuchskräfte in den Ingenieurwissenschaften

1 Berufswahlentscheidung als Marketingproblem 513

2 Berufsimages – Vorstellungsbilder aus der Medienumwelt? 514
    2.1 Begriff und Relevanz des Berufsimages für die Berufs- und Studienwahl ... 514
    2.2 Einfluss der Medienumwelt auf Gestaltung
        und Wahrnehmung von Berufsimages 516

3 Fallstudie: Der Ingenieurmangel in Deutschland
   und seine mediale Präsenz in deutschen Tageszeitungen 518
    3.1 Ziel und Methodik 518
    3.2 Ergebnisse 519

4 Fazit 522

Relevanz und Wirkung der Medien bei der Vermittlung von Berufsimages

1 Berufswahlentscheidung als Marketingproblem

Angesichts der unumstrittenen Bedeutung talentierter und motivierter Mitarbeiter für die Zielerreichung von Organisationen gilt der Gewinnung qualifizierter Nachwuchskräfte eine wachsende Aufmerksamkeit. Sowohl Unternehmen als auch Institutionen, staatliche Einrichtungen, Verbände und Universitäten engagieren sich in der Aufgabe, junge Menschen zu einer Berufswahl – und damit verbunden – zu einer entsprechenden Studienwahl zu motivieren. Dies trifft in besonderem Maße auf die Ingenieurwissenschaften zu. Nach Schätzungen des Instituts der Deutschen Wirtschaft konnten allein in 2006 etwa 48.000 Stellen in Ingenieurberufen nicht besetzt werden. Damit entging der Bundesrepublik eine Wertschöpfung von ca. 3,5 Mrd. Euro (IWD 2007). Eine stagnierende bzw. rückläufige Zahl von Studienanfängern in technischen bzw. ingenieurwissenschaftlichen Studiengängen verstärkt diesen Ingenieurmangel erheblich (Heine, Spangenberg und Sommer 2005).

Seit langem schon setzen sich Soziologen und Psychologen mit Berufs- und Studienwahlentscheidungen auseinander. Durch den entsprechenden Fachkräftemangel wird diese Auseinandersetzung nunmehr auch aus betriebswirtschaftlicher Sicht relevant. Neben demographischen Rahmenbedingungen gilt als ein Hauptgrund für das geringe Interesse von Jugendlichen an einem entsprechenden Studium das unattraktive Image des Ingenieurberufs. Beispielsweise verweisen Kruse, Schomburg und Dittler (2006) auf das Problem, dass die Rolle des Ingenieurs für die Innovativität einer Volkswirtschaft von der Gesellschaft nur unzureichend wahrgenommen wird. Technische Innovationen gelten als selbstverständlich. Dagegen werden gesellschaftlich derzeit relevante Innovationsfelder wie ökologische und soziale Themen nicht genügend mit dem Ingenieurberuf in Verbindung gebracht. Dieses Phänomen ist zudem keineswegs auf Deutschland beschränkt. Studien der OECD belegen ähnliche Tendenzen auch in anderen europäischen Ländern und in den USA (Schreiner und Sjøberg 2007; Lightbody und Durndell 1996).

Daraus folgt die Aufgabe, die Attraktivität des Ingenieurberufs zu erhöhen, ein positives Image zu fördern und die Einstellungen junger Menschen zu einem ingenieurwissenschaftlichen Studium positiv zu beeinflussen. In ihrer „Rose-Studie" kommen Wissenschaftler der Universität Oslo zum Schluss, dass die Darstellung der beruflichen Tätigkeit von Ingenieuren in der Öffentlichkeit kaum den Werten und Motiven Jugendlicher entspricht. Es sei u. a. eine deutlich zielgruppenorientiertere Kommunikation notwendig, um talentierte Schüler für ein ingenieurwissenschaftliches Studium zu begeistern (Schreiner und Sjøberg 2007). Für alle Beteiligten – Unternehmen, Institutionen, Schulen, Universitäten und Verbände – stellt sich daher die Herausforderung, diesem Problem mit Strategien und Instrumenten des Marketing zu begegnen.

Anja Geigenmüller, Tom Schöpe und Margit Enke

Studienwahlentscheidungen repräsentieren besonders komplexe Entscheidungssituationen unter hoher Unsicherheit. Universitäten sind Anbieter hochkomplexer, immaterieller Leistungen, deren Wahrnehmung und Beurteilung aufgrund fehlender „sichtbarer" Eigenschaften erschwert ist. Die Qualität der Lehre und Forschung ist im Vorfeld und auch häufig nach Inanspruchnahme der Leistung schwierig einzuschätzen. Daher ist ein Studium eine Leistung mit erheblichem Vertrauenscharakter (Corsten und Gössinger 2006; Güthoff 1995). Die Entscheidung für ein Studienfach hat langfristige Konsequenzen, da sie den späteren beruflichen Tätigkeitsbereich maßgeblich bestimmt (Galotti und Kozberg 1996). Die Qualität der erhaltenen Ausbildung wird jedoch erst im Berufsleben deutlich. Daraus resultiert eine höhere Unsicherheit bei Zielgruppen dieser Leistungen, z. B. bei Studenten, Studieninteressenten oder Unternehmen. Außerdem verfügen Studieninteressenten kaum über geeignete Referenzmaßstäbe und Erfahrungen, die die Unsicherheit dieser Entscheidung reduzieren könnten (Byrne und Willis 2005; Galotti und Kozberg 1996; siehe auch BLK 2005).

Folglich kommt der Kommunikation zur Reduktion von Unsicherheit bei der Entscheidung für einen Beruf, ein Studienfach bzw. eine Universität eine entscheidende Bedeutung zu. Diese Kommunikation muss, um wirksam zu sein, individuell relevante Kriterien adressieren, die eine Studien- und Berufswahl bestimmen. Zudem wird die Entscheidung für ein Studium oder einen Beruf von verschiedenen Multiplikatoren beeinflusst. Neben dem unmittelbaren sozialen Umfeld (z. B. das Elternhaus, Bekannte, Lehrer) spielen Medien für die Vermittlung von Vorstellungen zu bestimmten Berufsbildern eine herausragende Rolle. Verschiedene Quellen wie Rundfunk- und TV-Beiträge, Presseartikel, Wissensmagazine bis hin zu Berufen von Protagonisten in TV-Serien lassen mehr oder weniger realistische Vorstellungsbilder entstehen, die die Berufs- und Studienwahl stark beeinflussen (o.V. 2007). Folglich ist die Gestaltung und Steuerung von Berufsimages über Medien wesentlich, damit bestimmte Berufs- und Studienalternativen für eine intensivere Bewertung überhaupt herangezogen werden.

2 Berufsimages – Vorstellungsbilder aus der Medienumwelt?

2.1 Begriff und Relevanz des Berufsimages für die Berufs- und Studienwahl

Aufgrund ihrer Immaterialität ist es für Dienstleistungen in besonderem Maße wichtig, ein positives Image aufzubauen (Onkvisit und Shaw 1989). Images sind Vorstellungen und Assoziationen über ein Unternehmen, eine Marke oder ein Individuum,

Relevanz und Wirkung der Medien bei der Vermittlung von Berufsimages

die von mehreren Personen einer Gruppe geteilt werden (Balderjahn und Scholderer 2007). In Images komprimieren sich oft verschiedene Facetten zu einem subjektiven Bild, das das Verhalten von Individuen steuert (Foscht und Swoboda 2007). Dies gilt insbesondere dann, wenn alternative Bewertungskriterien nicht oder nur unzureichend vorhanden sind.

Dies trifft auf eine Berufs- und Studienwahl ganz besonders zu, da es kaum objektive Bewertungsmaßstäbe z. B. über die Qualität eines Studiums gibt. Daher kommt dem Berufsimage, d.h. subjektiven Gefühlen, Erfahrungen und Kenntnissen über eine berufliche Tätigkeit, eine besondere Rolle zu. Diese subjektiven Vorstellungen über eine spätere berufliche Tätigkeit oder über das gesellschaftliche Ansehen eines Berufsstandes prägen die Wahl eines Berufs bzw. eines Studiums. Und je weniger eigene Erfahrungen aus einem Berufsfeld eingebracht werden können, desto mehr orientieren sich Studieninteressenten an stereotypen Vorstellungen über einen Arzt, Rechtsanwalt oder Ingenieur (Swanson und Tokar 1991; Schuster et al. 2004). Aus diesen stereotypen Rollenerwartungen folgt eine subjektiv empfundene Eignung eines Berufs für ein Individuum (Holland 1992).

Aus der Konsumentenverhaltensforschung ist die Relevanz des Selbstbildes eines Konsumenten für seine Konsumentscheidungen evident. So werden beispielsweise Marken desto eher akzeptiert, je stärker deren wahrgenommene Persönlichkeit mit dem eigenen Selbstkonzept übereinstimmt (Bauer, Mäder und Wagner 2006; Solomon 1983). Kaufentscheidungen sind damit Ausdruck eines individuellen Werte- und Selbstkonzepts. Ist dieses Selbstkonzept bzw. das Idealkonzept eines Konsumenten bekannt, können Strategien der Markenführung gezielt daran ausgerichtet werden, um Bekanntheit, Sympathie und damit die Profitabilität einer Marke zu erhöhen (Huber, Herrmann und Weis 2000; Sirgy 1982).

Dieser Mechanismus wird auch zur Erklärung des Berufs- und Studienwahlverhaltens herangezogen. Stimmen Rollenvorstellungen eines Berufs mit dem eigenen „Bild von sich selbst" überein, werden dieser Beruf bzw. das zugehörige Studium als sinnvolle Wahlalternative betrachtet (Holland 1992; Super 1970; 1980). Die Entscheidung für einen Beruf ist auch Ausdruck der Verwirklichung der eigenen Persönlichkeit. Es wird angenommen, dass sich durch eine entsprechende Darstellung des Berufs die Kongruenz zwischen Selbstbild und Berufsimage und damit die Berufs- und Studienwahl von außen beeinflussen lassen (Brennan 2001; Potocnik 1990).

Folglich basiert die Wahl einer ingenieurwissenschaftlichen Studienrichtung entweder auf der Übereinstimmung der Rollenerwartungen im Ingenieurberuf mit dem eigenen Selbstbild oder auf persönlichen Neigungen und Fähigkeiten, die als relevant für den Ingenieurberuf wahrgenommen werden. In beiden Fällen ist jedoch die Entscheidung für ein solches Studium abhängig von Vorstellungsbildern über das Studium und den späteren Beruf.

Anja Geigenmüller, Tom Schöpe und Margit Enke

Daher stellt sich die Frage, wodurch diese Vorstellungsbilder geprägt werden bzw. durch welche äußeren Einflüsse Berufsimages entstehen können. Zunächst gelten Erfahrungen aus dem unmittelbaren sozialen Umfeld, d.h. durch die Prägung durch das Elternhaus, Berufe von Eltern und Verwandten oder das schulische Umfeld, als wichtige Determinanten. Darüber hinaus übt aber die Medienumwelt in der Gestalt einer „zweiten Wirklichkeit" einen starken und zunehmend dominierenden Einfluss auf Vorstellungsbilder (Kroeber-Riel und Weinberg 2003) und damit auf Berufsimages aus.

2.2 Einfluss der Medienumwelt auf Gestaltung und Wahrnehmung von Berufsimages

Die Medienumwelt repräsentiert Formen der Massenkommunikation, d.h. der Kommunikation, die über räumliche und zeitliche Distanzen hinweg öffentlich über Massenmedien verbreitet wird (Kroeber-Riel und Weinberg 2003; Maletzke 1998). Insbesondere über ihre Breitenwirkung kann Massenkommunikation Meinungen beeinflussen bzw. verändern. Beispielsweise ist bekannt, dass das Fernsehen eine „Kultivierungswirkung" entfaltet, indem es die Wahrnehmung der sozialen Realität und damit Normen und Verhaltensmuster des Einzelnen bestimmt. So kann z. B. die Identifikation mit den Protagonisten in TV-Serien zu einer besonderen Prägung oder auch Veränderung von sozial relevanten Einstellungen und Verhaltensweisen führen (Stern, Russell und Russell 2007; Shrum et al. 1991).

Die Beeinflussung von Normen und Verhaltensweisen durch Medien im Rahmen der Kultivierungswirkung gilt folglich auch für Berufsimages. Die Darstellung von Personen in bestimmten beruflichen Tätigkeiten führt zu stereotypen Vorstellungen über Persönlichkeitseigenschaften und Rollenbilder derjenigen, die diesen Beruf ausüben (Zugazaga et al. 2006; Reid und Misener 2001). Der subjektive Vergleich zwischen diesen Rollenbildern und dem eigenen Selbstkonzept kann dazu führen, dass ein bestimmter Beruf als besonders attraktiv erscheint, da die Persönlichkeit der darstellenden Figur dem eigenen Ideal sehr nahe kommt. Tatsächlich zeigen Untersuchungen zu Berufswünschen Jugendlicher eine tendenzielle Übereinstimmung diesbezüglicher Präferenzen mit der Darstellungshäufigkeit dieser Berufe im Fernsehen (IfD Allensbach 2003; Krüger 2005).

Danach dominieren Ärzte, Rechtsanwälte sowie Kriminal- und Polizeibeamte das Geschehen in TV-Sendungen. Im Vergleich dazu sind technisch-naturwissenschaftliche Berufe in gerade einmal 1,6 % aller Unterhaltungsangebote der fünf am stärksten genutzten Fernsehprogramme vertreten (IFEM 2005). Dies legt den Schluss nahe, dass das Fernsehen die berufliche Sozialisation junger Menschen prägt und damit die Gewinnung qualifizierter Nachwuchskräfte nicht nur in den Ingenieurwissenschaften mitbestimmt.

Relevanz und Wirkung der Medien bei der Vermittlung von Berufsimages

Eine weitere wichtige Beeinflussungswirkung von Medien mit Blick auf die Bildung von Berufsimages ist die so genannte Thematisierungsfunktion (Agenda Setting). Aus dem Politikmarketing bzw. den Kommunikationswissenschaften ist bekannt, dass Medien durch ihre Berichterstattung als „Gatekeeper" der öffentlichen Meinung fungieren können. Durch die Art und Gestaltung der Berichterstattung ist es möglich, die öffentliche Aufmerksamkeit zu steuern und bestimmte Themen einer Diskussion zuzuführen bzw. in den Hintergrund zu drängen. Eine häufige Präsenz von Themen z. B. in der Tagespresse führt zu einer höheren wahrgenommenen Wichtigkeit beim Publikum (Kroeber-Riel und Weinberg 2003; Cohen 1963). Außerdem ist die Tonalität der Themenbearbeitung ausschlaggebend für die gedankliche und auch emotionale Bewertung durch die Rezipienten. Auf diese Weise beeinflussen Medien die Meinungsbildung der Öffentlichkeit (Soroka 2002; McCombs und Shaw 1972). Neben dem Fernsehen und dem Internet wird vor allem Zeitungen und Zeitschriften ein hoher Einfluss in der Meinungsbildung zugesprochen (Kroeber-Riel und Weinberg 2003).

Die Darstellung von Berufsbildern unterliegt ebenfalls dem „Agenda Setting". Sowohl die Häufigkeit der Berichterstattung als auch die inhaltlichen Schwerpunkte, die kommuniziert werden, formen ein Bild der Öffentlichkeit über den betreffenden Berufsstand. Eine Untersuchung in Großbritannien zeigte beispielsweise, dass die berufliche Tätigkeit von Sozialarbeitern bzw. soziale Dienstleistungen in der britischen Tagespresse überwiegend kritisch dargestellt wurden. Dies resultierte in einer neutralen bis negativen Einstellung der Öffentlichkeit gegenüber Sozialarbeitern bzw. einer beruflichen Tätigkeit im Sozialwesen mit unmittelbaren Folgen für die Rekrutierung bzw. Bindung von Mitarbeitern (Franklin 1998).

Im Bereich der Ingenieurwissenschaften existieren derzeit nach Kenntnisstand der Autoren keine empirischen Untersuchungen zur Darstellung des Ingenieurberufs in der Presse. Allerdings erhebt sich angesichts des Fachkräftemangels durchaus die Frage, ob und in welcher Form eine mediale Auseinandersetzung mit diesem Thema stattfindet. Es ist vorstellbar, dass eine Thematisierung durch führende Pressemedien berufliche Herausforderungen, Entwicklungschancen und damit das Image des Ingenieurberufs fördern und die Gewinnung qualifizierter Nachwuchskräfte in den Ingenieurwissenschaften unterstützen kann. Daraus ließen sich wertvolle Implikationen für eine strategische Öffentlichkeitsarbeit aller Interessengruppen – Unternehmen, Institutionen, Verbände, Universitäten usw. – ableiten.

Im Rahmen eines von der Deutschen Forschungsgemeinschaft geförderten Projektes an der TU Bergakademie Freiberg erfolgt daher eine Auseinandersetzung mit Determinanten und Konsequenzen des Berufsimages zur Entwicklung von marketingstrategischen Ansätzen zur Gewinnung von Studieninteressenten. In diesem Kontext ist die nachfolgende Fallstudie erarbeitet worden.

Anja Geigenmüller, Tom Schöpe und Margit Enke

3 Fallstudie: Der Ingenieurmangel in Deutschland und seine mediale Präsenz in deutschen Tageszeitungen

3.1 Ziel und Methodik

Ziel der explorativen Analyse ist es, herauszufinden, ob und mit welchen Schwerpunkten der Ingenieurberuf in deutschen Pressemedien thematisiert wird. Daraus können Schlussfolgerungen zum Einfluss der Medien auf das Berufsimage des Ingenieurs und damit auf Möglichkeiten einer Einflussnahme auf dieses Image gezogen werden. Dabei liegt die Annahme zugrunde, dass eine gezielte Einflussnahme auf die Darstellung des Ingenieurberufs in der Öffentlichkeit dessen Attraktivität steigern und die Gewinnung qualifizierter Studienanfänger unterstützen kann.

Zur Beantwortung der Frage, inwiefern das Image des Ingenieurs Gegenstand eines „Agenda Setting" ist, wurde die in diesem Bereich vorherrschende Methode der Inhaltsanalyse angewandt (Semetko et al. 1991). Gegenstand der Inhaltsanalyse ist die Analyse von Kommunikation, oft in Form von Texten bzw. Bildmaterial, zur Interpretation darin vertretener Argumente, Meinungen usw. (Krippendorff 2004). Die Inhaltsanalyse wird häufig als qualitative Methode der Marktforschung charakterisiert, obgleich ihr auch quantitative Elemente innewohnen. So stellen die Bildung und Zuordnung inhaltlicher Kategorien qualitative Untersuchungsschritte dar. Die Bestimmung von Kategoriehäufigkeiten oder Relationen zwischen verschiedenen Variablen erlauben aber zudem quantitative Einschätzungen (Mayring 2007).

Für die vorliegende Fallstudie wurden für eine inhaltsanalytische Betrachtung Zeitungsartikel herangezogen, die zwischen dem 1.11.2005 und dem 31.08.2007 in den regulären Ausgaben der fünf größten deutschen Tageszeitungen „Frankfurter Allgemeine Zeitung", „Frankfurter Rundschau", „Die Welt", „Süddeutsche Zeitung" und „taz" (IVW 2007) erschienen. Außerdem wurden das „Handelsblatt" sowie die „Financial Times Deutschland" als wichtigste Vertreter der nationalen Wirtschaftspresse herangezogen. Damit lagen der Analyse die Medien mit dem vermutlich größten Einfluss auf die öffentliche Meinungsbildung zugrunde.

Um relevante Artikel zu identifizieren, wurden für die Recherche allgemein zugängliche Datenbanken (GENIOS) sowie die Online-Archive der jeweiligen Zeitungsverlage genutzt. Die Auswahl der Artikel erfolgte nach dem Vorkommen der Begriffe „Ingenieur(e)" „Ingenieurberuf", „Image des Ingenieurs", „Fachkräftemangel" sowie „Ingenieurwissenschaften" in der Artikelüberschrift bzw. im Text. Mit dieser Suchroutine und nach Ausschluss irrelevanter Beiträge ergab sich über den genannten Zeitraum ein Sample von 196 Presseartikeln.

Relevanz und Wirkung der Medien bei der Vermittlung von Berufsimages

Jeder Artikel wurde nach Erscheinungsdatum, Quelle (Zeitung) und Wortzahl codiert. Diese Variablen stellen häufig verwendete quantitative Messgrößen dar (vgl. zur Vorgehensweise u.a. Harris, Kolovos und Lock 2001; Phelps, Gonzenbach und Johnson 1994). Weiterhin wurden die Texte inhaltlichen Kategorien zugeordnet, um auch eine qualitativ-interpretative Analyse zu ermöglichen. Nach Durchsicht aller Artikel erfolgte die Definition der Kategorien. Insgesamt ergaben sich mehr als 50 Einzelkategorien, die thematisch erfasst werden konnten. Diese Einzelkategorien lassen sich wiederum in fünf übergeordnete Kategorien zusammenfassen: 1) in die Beschreibung des Zustandes des Ingenieurmangels, 2) die Diskussion von Ursachen dieses Zustandes, 3) die Darstellung von Konsequenzen auf Unternehmens- bzw. auf der volkswirtschaftlichen Ebene, 4) die Auseinandersetzung mit Maßnahmen, die diesen Zustand entgegengesetzt werden und schließlich 5) Analysen zum Berufsimage des Ingenieurs. Eine weitere Kategorie „sonstiges" beinhaltete einige wenige Berichte zur Situation in den Ingenieurwissenschaften im Ausland. Aufgrund des Fokus der vorliegenden Fallstudie auf Deutschland und dem geringen Umfang der betreffenden Texte wurden diese Berichte daher in dieser Kategorie eingeordnet.

Unabhängig voneinander führten zwei Personen die Zuordnung der Texte zu den definierten Einzelkategorien durch. Da in den meisten Texten mehrere Kategorien repräsentiert waren, wurde für jeden Text zunächst eine Hauptkategorie bestimmt. Diese Hauptkategorie richtete sich nach der Thematik der Hauptüberschrift und dem Schwerpunkt mit dem größten textlichen Umfang. Zusätzlich erfolgte eine Erfassung aller angesprochenen Kategorien in Form von Mehrfachantworten. Eine Prüfung der Übereinstimmung zwischen den Ergebnissen der Codierungen beider involvierter Wissenschaftler ergab zufrieden stellende Werte (Scandura und Williams 2000), so dass diese Ergebnisse in die Auswertung übernommen werden konnten.

3.2 Ergebnisse

Der erste Schritt der Auswertung umfasst die Betrachtung der quantitativen Messgrößen. Erstens zeigt eine statistische Analyse der zeitlichen Verteilung der Artikel zwischen November 2005 und August 2007 einen signifikanten Anstieg von Presseberichten (χ^2 = 114,19; df = 21; p = 0,000). Dies spricht für eine intensivierte Berichterstattung, mit einer deutlichen Erhöhung im April 2007 (vgl. Abbildung 3-1). Allerdings geht diese gesteigerte Aufmerksamkeit für das Thema nicht mit einer signifikanten Veränderung des Umfangs der Artikel einher. Ein Vergleich der Wortzahl in Abhängigkeit des Zeitpunktes identifiziert keine signifikante Abweichung von einer Gleichverteilung.

Anja Geigenmüller, Tom Schöpe und Margit Enke

Abbildung 3-1: *Erscheinungshäufigkeit relevanter Artikel im Zeitverlauf*

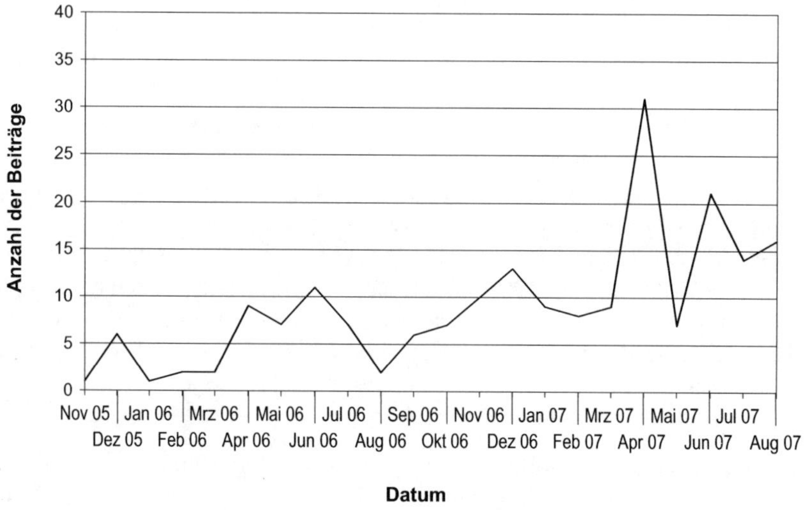

Quelle: Eigene Untersuchungen.

Dagegen existieren jedoch offensichtliche Unterschiede in der Wichtigkeit, die die betrachteten Medien dem Thema einräumen. Am häufigsten thematisieren die „Frankfurter Allgemeine Zeitung" bzw. „Die Welt" Aspekte des Ingenieurberufs bzw. des Ingenieurmangels. Betrachtet man außerdem die durchschnittliche Wortzahl als Messgröße für den Umfang der Artikel, zeigen sich weitere signifikante Unterschiede zwischen den einzelnen Medien. Während Beiträge der „Frankfurter Allgemeinen Zeitung", der „Welt" und des „Handelsblatts" eine überdurchschnittliche Wortzahl aufweisen, sind z. B. die Beiträge der „Süddeutschen Zeitung" im Durchschnitt auffällig geringer (vgl. Tabelle 3-1).

In einem weiteren Schritt standen die thematisierten Schwerpunkte der Presseberichte im Vordergrund. Anhand der Häufigkeit der Hauptkategorien lässt sich zeigen, dass sich die überwiegende Mehrheit der Beiträge hauptsächlich mit dem Zustand des Mangels an qualifizierten Ingenieuren auseinandersetzt (27,0 %). Dem folgen branchenspezifische Darstellungen der Situation (12,7 %) sowie die Berichterstattung zu Arbeitsplatzaussichten für Ingenieure (9,3 %). Dem folgt die Thematisierung von Maßnahmen, wie die Technikbegeisterung bzw. das Verständnis von Kindern und Jugendlichen für technisch-naturwissenschaftliche Zusammenhänge gefördert werden soll (6,4 %). Eine detailliertere Analyse der in den Pressebeiträgen diskutierten Themen differenziert dieses Bild weiter. Neben einer Charakterisierung des Ingenieurmangels stehen vor allem Maßnahmen für verschiedene Zielgruppen zur Behebung dieses Mangels im Mittelpunkt.

Relevanz und Wirkung der Medien bei der Vermittlung von Berufsimages

Tabelle 3-1: *Häufigkeit und Umfang von Artikeln in Abhängigkeit des Mediums*

Medium	Häufigkeit der Artikel (Anzahl der Fälle, N = 196)	durchschnittliche Wortzahl (Mittelwerte; Standardabweichung in Klammern)
Frankfurter Allgemeine Zeitung	53	701,30 (401,96)
Die Welt	53	654,21 (454,18)
Handelsblatt	37	627,59 (269,50)
Süddeutsche Zeitung	21	273,71 (209,63)
Financial Times Deutschland	15	407,27 (206,49)
Frankfurter Rundschau	11	487,10 (431,18)
taz	6	291,50 (268,71)
gesamt	196	581,77 (389,64)
	(χ^2 = 82,93; df = 6; p = 0,000)	(F = 5,160; df = 6, p = 0,000)

Quelle: Eigene Untersuchungen

Tabelle 3-2: *Häufigkeit diskutierter Themen zum Ingenieurmangel (Nennungen ≥ 5 %)*

Thema	Häufigkeit (in Prozent der Fälle, N = 196, Mehrfachnennungen)
Zustand: Mangel an Ingenieuren in Deutschland	48,0
Zustand: Branchenspezifische Fachkräftesituation	29,9
Maßnahmen: Förderung von Kindern/Jugendlichen	17,6
Zustand: Arbeitsmarktaussichten für Ingenieure	12,3
Maßnahmen: Gestaltung universitärer Lehre	12,3
Zustand: Arbeitslosigkeit v.a. älterer Ingenieure	11,3
Maßnahme: Zusammenarbeit von Universitäten und Unternehmen	10,8
Zustand: Mangel an Studieninteressenten	10,3
Berufsimage: aktuelle Qualifikationsanforderungen	10,3
Konsequenzen: Beeinträchtigung der Wertschöpfung	8,8
Maßnahmen: Personalmarketing durch Unternehmen	8,8
Maßnahme: Förderung von Frauen und Mädchen	7,8
Maßnahme: Förderung des naturwiss.-techn. Schulunterrichts	7,8
Konsequenzen: Umsatzrückgang in Unternehmen	6,9
Maßnahmen: Qualifikation arbeitsloser Ingenieure	6,9
Maßnahme: Einwanderung ausländischer Fachkräfte	6,4
Maßnahme: Förderung der beruflichen Weiterbildung	6,4
Konsequenzen: Gefährdung der Innovationsfähigkeit	5,9
Zustand: Absolventenmangel in den Ingenieurwissenschaften	5,4
Ursachen: Entlassungspolitik der Unternehmen	5,4
Ursachen: Technikfeindlichkeit	5,4
Berufsimage: Image des Ingenieurs in der Öffentlichkeit	5,4
Berufsimage: Aufstiegs- /Karrierechancen für Ingenieure	5,4

Quelle: Eigene Untersuchungen.

Anja Geigenmüller, Tom Schöpe und Margit Enke

Mit Blick auf die Fragestellung dieses Beitrags – der Darstellung des Ingenieurberufs in der Presse – fällt auf, dass sich vergleichsweise wenige Beiträge mit dem Image bzw. dem Berufsbild des Ingenieurs beschäftigen. Es überwiegt die Beschreibung von Maßnahmen, wie mehr Studieninteressenten bzw. mehr und besser ausgebildete Fachkräfte akquiriert werden können. Sofern das Berufsbild des Ingenieurs Gegenstand ist, werden zukünftig relevante Anforderungen an Fachkräfte thematisiert. Unter anderem wird die zunehmende Bedeutung betriebswirtschaftlicher Kenntnisse sowie sozialer und kommunikativer Fähigkeiten betont. Relativ wenige Artikel beispielsweise portraitieren Ingenieure in ihrem beruflichen und sozialen Umfeld. Werden berufliche Perspektiven für Ingenieure diskutiert, stehen extrinsische Motive wie Gehälter, Leitungstätigkeiten oder die Reputation des Arbeitgebers im Vordergrund. Intrinsische Motive, wie z. B. das Einbringen persönlicher Neigungen und Fähigkeiten, werden selten betont. Untersuchungen zur Studienwahl weisen jedoch gerade darauf hin, dass intrinsische Motive einen größeren Einfluss auf die Studienwahlentscheidung haben als extrinsische Motive (Pfenning, Renn und Mack 2002).

In diesem Zusammenhang wurde außerdem überprüft, ob sich diese Themenkategorien hinsichtlich der Artikellänge bzw. der zeitlichen Verteilung unterscheiden. Außerdem war von Interesse, ob bestimmte Zeitungen eine relevante Themenpräferenz besitzen und über ein oder mehrere Themen bevorzugt berichten. Die entsprechenden statistischen Analysen gelangten zu keinen signifikanten Ergebnissen. Weder der Umfang der Beiträge noch ihr Erscheinungsdatum lassen eine Spezifik erkennen. Außerdem erwies sich die Häufigkeit der einzelnen Hauptthemen als unabhängig von der jeweiligen Tageszeitung.

4 Fazit

Im Rahmen des „Agenda Setting" haben Zeitungen und Zeitschriften, vor allem die Tagespresse, einen weit reichenden Einfluss auf die öffentliche Meinungsbildung. Unter anderem beeinflussen Medien damit das Image von Berufen bzw. von Personen, die bestimmte Berufe ausüben. Diese mediale Darstellung wiederum hat Konsequenzen für die Wahrnehmung des Berufsbildes z. B. bei Studieninteressenten. Damit steht die Darstellung von Berufen in den Medien in einem wichtigen Zusammenhang mit den Möglichkeiten, qualifizierte und motivierte Fachkräfte zu gewinnen und zu binden. Dies gilt für Unternehmen ebenso wie für Organisationen, Verbände oder Institutionen.

Angesichts des Ingenieurmangels in Deutschland und auch in anderen Ländern Europas und in den USA widmete sich die vorliegende Fallstudie der Darstellung des Ingenieurberufs in den Printmedien. Es lag die Annahme zugrunde, dass Massenmedien einen wichtigen Kanal zur Beeinflussung des Berufsimages von Ingenieuren darstel-

Relevanz und Wirkung der Medien bei der Vermittlung von Berufsimages

len. In dem Maße, in dem von verschiedenen Seiten ein Imagewandel und eine bewusste Kommunikation des Ingenieurberufs eingefordert werden, stellt die Öffentlichkeitsarbeit unter Einbezug der Medien, wie z. B. der Presse, ein unentbehrliches Element des Marketing für Berufsstände zur Gewinnung von Nachwuchskräften dar.

Am Beispiel des Ingenieurberufs wurde verdeutlicht, dass die Medien in dem betrachteten Zeitraum den Mangel an Fachkräften zunehmend aufgreifen und damit die Grundlage für eine gestiegene öffentliche Aufmerksamkeit für dieses Problem, mögliche Ursachen und Strategien zur Behebung des Mangels schaffen. Damit dürfte ein größeres Bewusstsein für den Ingenieurberuf in der Öffentlichkeit sowie bei Entscheidern in Wirtschaft und Politik ermöglicht werden.

Die explorative Analyse von Publikationen der wichtigsten deutschen Tageszeitungen demonstrierte aber auch, dass sich die Berichterstattung auf Dimensionen und Konsequenzen des Fachkräftemangels sowie auf zahlreiche Maßnahmen zur Bewältigung dieses Mangels konzentrieren. An dieser Stelle ist zu fragen, ob die Attraktivität des Ingenieurberufs auf diese Weise unterstützt werden kann. Die Attraktivität eines Berufs und die damit verbundenen Rollenerwartungen haben für junge Menschen einen nachweislich hohen Einfluss auf die Studien- und Berufswahl. In dem hier betrachteten Zeitraum ergaben sich allerdings nur wenige Publikationen, die diese Faktoren widerspiegelten.

Daraus folgt die Implikation, dass es Unternehmen und Institutionen noch besser gelingen muss, über verfügbare Instrumente der Öffentlichkeit ein positives Berufsimage des Ingenieurs zu fördern. Zum Beispiel ist vorstellbar, dass intensiver als bisher Ingenieure in ihrem beruflichen und sozialen Umfeld portraitiert werden. Weiterhin können über rein extrinsische Motive hinaus Möglichkeiten kommuniziert werden, individuelle Stärken und Neigungen in den Beruf des Ingenieurs einzubringen, d.h. statt des „Berufs" eher die „Berufung" zu kommunizieren. Die Tagespresse stellt aufgrund ihrer Aktualität und der Überregionalität einen wichtigen, wenn auch nicht den einzigen Zugang zur Öffentlichkeit dar. Die Studie gibt hierzu Anhaltspunkte zu unterschiedlichen Positionierungen des Themas in den untersuchten Tageszeitungen. So widmen u.a. die „Frankfurter Allgemeine Zeitung" oder „Die Welt" Teile ihrer regelmäßigen Ausgaben Themen der Berufswahl, -planung und Karrieremöglichkeiten. Diese Rubriken repräsentieren eine Plattform, Berufsimages in einem entsprechenden journalistischen Umfeld zu kommunizieren und die Attraktivität ingenieurwissenschaftlicher Studiengänge besonders hervorzuheben.

Zur kritischen Würdigung der empirischen Ergebnisse bleibt folgendes festzuhalten. Erstens stellen Zeitungen und Zeitschriften nur ein Instrument der Öffentlichkeitsarbeit dar. Mit Blick auf das Informationsverhalten von Jugendlichen muss zudem angenommen werden, dass nicht die Jugendlichen selbst, sondern eher Multiplikatoren in ihrem Umfeld (z. B. Eltern, Lehrer) eine wichtige Zielgruppe von Presseartikeln sind.

Anja Geigenmüller, Tom Schöpe und Margit Enke

Um Studieninteressenten zu erreichen, sollten daher neben der Presse weitere Kanäle genutzt werden. Insbesondere das Internet sowie relevante Fernsehformate können zur gezielten Beeinflussung des Ingenieursimages Erfolg versprechend sein.

Zweitens müssen bei der Interpretation der Ergebnisse die Grenzen der Inhaltsanalyse beachtet werden. Ungeachtet der Leistungsfähigkeit dieser Methode zur Untersuchung des Phänomens des „Agenda Setting" lässt insbesondere die Kategoriedefinition erheblichen subjektiven Interpretationsspielraum zu (Mayring 2007). Umso wichtiger ist es, diese Methode mit weiteren qualitativen und auch quantitativen Methoden zu ergänzen. Außerdem stellt der Vergleich der Ergebnisse der Inhaltsanalyse mit realen Gegebenheiten, z. B. die Entwicklung der Studienanfängerzahlen im gleichen Zeitraum oder die Darstellung ingenieurwissenschaftlicher Studiengänge durch Universitäten, eine interessante Erweiterung der hier gewonnen Erkenntnisse dar.

Literaturverzeichnis

BALDERJAHN, I. UND B. SCHOLDERER (2007): Konsumentenverhalten und Marketing. Grundlagen für Strategien und Maßnahmen, Stuttgart.

BAUER, H. H., R. MÄDER UND S.-N. WAGNER (2006): Übereinstimmung von Marken- und Konsumentenpersönlichkeit als Determinante des Kaufverhaltens. Eine Metanalyse der Selbstkongruenzforschung, in: Zeitschrift für betriebswirtschaftliche Forschung (ZfbF), 58 (November), S. 838 – 863.

BRENNAN, L. (2001): How Prospective Students Choose Universities: A Buyer-Behavior Perspective, PhD Thesis, Centre for the Study of Higher Educataion, The University of Melbourne.

BUND-LÄNDERKOMMISSION FÜR BILDUNGSPLANUNG UND FORSCHUNGSFÖRDERUNG BLK (2005): Kooperative Strukturen an der Schnittstelle Schule/Hochschule zur Studien- und Berufswahlorientierung. Bericht, Empfehlungen und Handreichung, in: Materialien zur Bildungsplanung und Forschungsförderung, 126, Bonn.

BYRNE, M. UND P. WILLIS (2005): Irish secondary students' perceptions of the work of an accountant and the accounting profession, in: Accounting Education, 14 (4), S. 367 – 381.

COHEN, B. C. (1963): The Press and Foreign Policy, Princeton.

CORSTEN, H. UND R. GÖSSINGER (2007): Dienstleistungsmanagement, 5., vollst. überarb. u. erw. Aufl., München, Wien.

DOSTAL, W. UND L. TROLL (2005): Die Berufswelt im Fernsehen, in: Beiträge zur Arbeits- und Berufsforschung, BeitrAB 292, Institut für Arbeits- und Berufsforschung der Bundesagentur für Arbeit IAB, Nürnberg.

FOSCHT, T. UND B. SWOBODA (2007): Käuferverhalten. Grundlagen – Perspektiven – Anwendungen., 3., aktual. Aufl., Wiesbaden.

FRANKLIN, B. (1998): HARD PRESSED, LONDON.

GALOTTI, K. M. UND S. F. KOZBERG (1996): Adolescents' experience of a life-framing decision, in: Journal of Youth and Adolescence, 25 (1), S. 3 – 16.

GÜTHOFF, J. (1995): Qualität komplexer Dienstleistungen. Konzeption und empirische Analyse der Wahrnehmungsdimensionen, Wiesbaden.

HARRIS, P., A. KOLOVOS UND A. LOCK (2001): Who sets the agenda? An analysis of agenda setting and press coverage in the 1999 Greek European elections, in: European Journal of Marketing, 35 (9/10), S. 1117 – 1135.

HEINE, C., H. SPANGENBERG UND D. SOMMER (2005): Studienberechtigte 2004. Erste Schritte in Studium und Berufsausbildung. Vorauswertung der Befragung der Studienberechtigten 2004 ein halbes Jahr nach Schulabgang im Zeitvergleich, in: HIS Kurzinformation, Nr. A 10.

HOLLAND, J. L. (1992): Making vocational choices: a theory of vocational personalities and work environment, 2. Aufl., Odessa.

HUBER, F., A. HERRMANN UND M. WEIS (2000): Markenloyalität durch Markenpersönlichkeit, in: Marketing Zeitschrift für Forschung und Praxis (ZFP), 23 (1), S. 5 – 14

IfD ALLENSBACH (2003): Umfragen zum Berufsprestige, in: Allensbacher Bericht, 7, www.ifd-allensbach.de, abgerufen am: 10.01.2008.

INFORMATIONSGESELLSCHAFT ZUR FESTSTELLUNG DER VERBREITUNG VON WERBETRÄGERN E.V. IVW (2007): Auflagen der deutschen Presse im 3. Quartalk 2007, www.ivw.de, abgerufen am: 10.01.2008.

INSTITUT DER DEUTSCHEN WIRTSCHAFT IWD (2007): Ingenieurmangel in Deutschland – Ausmaß und wirtschaftliche Konsequenzen, Köln.

INSTITUT FÜR EMPIRISCHE MEDIENFORSCHUNG IFEM (2005): Das Bild des Unternehmers und Freiberuflers in der Fernsehunterhaltung, Köln.

KRIPPENDORFF, K. (2004): Content analysis: an introduction to its methodology, Thousand Oaks.

KROEBER-RIEL, W. UND P. WEINBERG (2003): Konsumentenverhalten, 8. Aufl., München.

KRÜGER, U. M. (2005): Berufe im Fernsehen, in: W. Dostal und L. Troll (Hrsg.): Die Berufswelt im Fernsehen, in: Beiträge zur Arbeits- und Berufsforschung, BeitrAB 292, Institut für Arbeits- und Berufsforschung der Bundesagentur für Arbeit IAB, Nürnberg, S. 19 – 154.

KRUSE, P., F. SCHOMURG UND A. DITTLER (2006): Wertewelt Technik. Zusammenfassende Ergebnisse von einhundert Tiefeninterviews, Bremen.

LIGHTBODY, P. UND A. DURNDELL (1996): Gendered Career Choice: is sex-stereotyping the cause or the consequence?, in: Educational Studies, 22 (2), S. 133 – 146.

MALETZKE, G. (1998): Kommunikationswissenschaften im Überblick. Grundlagen, Probleme, Perspektiven, Wiesbaden.

MAYRING, P. (2007): Qualitative Inhaltsanalyse. Grundlagen und Techniken, 9., überarb. Aufl., Stuttgart.

McCombs, M. E. und D. L. Shaw (1972): The Agenda-Setting Function of Mass Media, in: Public Opinion Quarterly, 36 (2), S. 176 – 187.

Onkvisit, S. und J. J. Shaw (1989): Service Marketing: Image, Branding, and Competition, in: Business Horizons, 32 (1), S. 13 – 18.

O.V. (2007): Ingenieure sind noch immer Exoten im TV, VDI Nachrichten vom 23.02.2007, www.vdi-nachrichten.com/vdi_nachrichten/aktuelle_ausgabe/akt_ausg_detail.asp? source= volltext & cat=4& id=32004, abgerufen am: 10.01.2008.

Pfenning, U., O. Renn und U. Mack (2002): Zur Zukunft technischer und naturwissenschaftlicher Berufe. Strategien gegen den Nachwuchsmangel, Stuttgart.

Phelps, J., W. Gonzenbach und E. Johnson (1994): Press Coverage and Public Perception of Direct Marketing and Consumer Privacy, in: Journal of Direct Marketing, 8 (2), S. 9 -22.

Potocnik, R. (1990): Entscheidungstraining zur Berufs- und Studienwahl: Theorie - Konzeption – Evaluierung, Bern.

Reid, W. J. und E. Misener (2001): Social work in the press: a cross-national study, in: International Journal of Social Welfare, 10, S. 194 – 201.

Schreiner, C. und S. Sjøberg (2007): Science education and youth's identity construction – two incompatible projects?, in: D. Corrigan, J. Dillon und R. Gunstone (Hrsg.): The Re-emergence of Values in the Science Curriculum, Rotterdam, S. 1 – 17.

Scandura, T. A. und E. A. Williams (2000): Research methodology in management: Current practices, trends, and implications for further research, in: Academy of Management Journal, 43 (6), S. 1248 – 1264.

Schuster, M., A. Sülzle, G. Winkler und A. Wolffram (2004): Neue Wege in Technik und Naturwissenschaften. Zum Berufswahlverhalten von Mädchen und jungen Frauen, Stuttgart.

Semetko, H. A., J. G. Blumler, M. Gurevitch, D.H. Weaver, D. S. Barkin und G. C. Wilhoit (1991): The Formation of Campaign Agednas: a Comparative Analysis of Party and Media Roles in Recent American and British Elections, Hillsdale.

Shrum, L. J., T. C. O'Guinn, R. J. Semenilt und R. J. Faber (1991): Processes and Effects in the Construction of Normative Consumer Beliefs: The Role of Television, in: Advances in Consumer Research, 18 (1), S. 755 - 763.

Sirgy, J. M. (1982): Self-Concept in Consumer Behavior: A Critical Review, in: Journal of Consumer Research, 9 (1), S. 287 – 300.

Anja Geigenmüller, Tom Schöpe und Margit Enke

SOLOMON, M. R. (1983): The Role of Products as Social Stimuli: A Symbolic Interactionism Perspective, in: Journal of Consumer Research, 10 (December), S. 319 – 329.

SOROKA, S. N. (2002): Agenda-setting dynamics in Canada, Vancouver.

STERN, B., C. A. RUSSELL UND D. W. RUSSELL (2007): Hidden persuasions in soap operas: damaged heroines and negative consumer effects, in: International Journal of Advertising, 26 (1), S. 9 - 36.

SUPER, E. D. (1970): Career Development, in: J. R. Davitz und S. Ball (Hrsg.): Psychology of the Educational Process, Maidenhead, S. 428 – 475.

SUPER, E. D. (1980): A Life-Span, Life-Space Approach to Career Development, in: Journal of Vocational Behavior, 16 (3), S. 282 – 298.

SWANSON, J. L. UND D. M. TOKER (1991): College students' perception of barriers to career development, in: Journal of Vocational Behavior, 38 (1), S. 92 – 106.

ZUGAZAGA, C. B., R. R. SURETTE, M. MENDEZ UND C. W. OTTO (2006): Social Worker Perceptions of the Portrayal of the profession in the News and Entertainment Media: An Exploratory Study, in: Journal of Social Work Education, 42 (3), S. 621 – 636.

Herbert Woratschek, Reinhard Kunz und Tim Ströbel

Sportmedien Marketing
Rahmenbedingungen und Geschäftsmodelle für Fernsehen und Internet TV

1 Einleitung.. 531

2 Medienwandel 531

3 Sportmedien 533

4 Vermarktung von Medien durch Sport... 534

5 Vermarktung von Sport durch Medien 537

6 Erlösquellen für Sportmedien... 538

7 Geschäftsmodelle für Sportmedien 540

Sportmedien Marketing

1 Einleitung

Der Titel des vorliegenden Herausgeberwerks „Medien im Marketing" deutet zunächst auf die Fragestellung hin, welche Rolle Medien im Hinblick auf das Marketing von Organisationen spielen. In diesem Zusammenhang werden Medien also konkret als Mittel des Marketings verstanden. Dieser Beitrag befasst sich gezielt mit dem Thema „Sportmedien Marketing" und lässt dabei auch eine andere Sichtweise zu. Schließlich ist gerade im Bereich Sportmedien auch die Frage nach der Rolle des Marketings für Medien als Organisationen von großer Bedeutung. Somit sind beide Sichtweisen im Sportmedien Marketing von Relevanz und Interesse, da zum einen die Medien den Sportorganisationen als Mittel zur Vermarktung von Sportereignissen dienen, und zum anderen das Marketing von den Medienorganisationen auch als Mittel der Selbstvermarktung eingesetzt wird. Zudem agieren auf der einen Seite Sportorganisationen heute selbst manchmal als Medien, wie z. B. beim Klub-TV einzelner Fußballvereine. Auf der anderen Seite kreieren Medienorganisationen ihren eigenen Mediensport, wie z. B. bei der von Pro Sieben ausgestrahlten Wok WM.

Das Sportmedien Marketing ist ein interdisziplinäres Forschungsfeld, das aus unterschiedlichen Richtungen betrachtet und bearbeitet werden kann, bspw. der Sportökonomie, Medienökonomie oder Kommunikationswissenschaft. Forscher verschiedener Disziplinen können zum Erkenntnisgewinn in diesem praxisrelevanten Schnittstellenbereich der Sport-, Medien- und Telekommunikationswirtschaft beitragen.

Ziel dieses Beitrags ist die Darstellung der Rahmenbedingungen und Geschäftsmodelle des Sportmediensektors. Bei den Geschäftsmodellen wird der Fokus auf die stationären audiovisuellen Medien Fernsehen und Internet gelegt. Im Folgenden werden die Entwicklungen des Medienwandels aufgezeigt, der Untersuchungsgegenstand Sportmedien dargestellt, die Vermarktung von Medien und Sport betrachtet sowie Erlösquellen und Geschäftsmodelle des audiovisuellen Sportmediensektors skizziert und diskutiert.

2 Medienwandel

Entwicklungen bei der Technologie, Konvergenz, Globalisierung, Kommerzialisierung und Deregulierung (Nicholson 2007; Turner 2007) treiben den stetigen Wandel der Medien voran. Dieser Medienwandel hat erheblichen Einfluss darauf, wie Sport heute und in der Zukunft medial präsentiert wird sowie auf welche Art und Weise dadurch Erlöse generiert werden können, um nachhaltige Erfolge zu erzielen – in sportlicher und wirtschaftlicher Hinsicht.

Herbert Woratschek, Reinhard Kunz und Tim Ströbel

Ein zentraler Entwicklungstreiber des Mediensektors ist der **technologische Fortschritt**. Die Übertragung von audiovisuellen Sportinhalten hat ihren Ursprung in Radio und Kino. Mit der zunehmenden Verbreitung von Fernsehern, die durch das Interesse der Zuschauer an Massensportereignissen zusätzlich angetrieben wurde, hielt der Sport Einzug in die Wohnzimmer der Zuschauer, wo er bis heute am häufigsten konsumiert wird. Zunächst als Schwarz-Weiß-Übertragung im öffentlich-rechtlichen Fernsehen gestartet, gewann der Mediensport durch die Übertragung in Farbe an Qualität und durch das Hinzukommen privater Sender an Vielfalt. Das Aufkommen von Verschlüsselungssystemen ermöglichte neben dem Free-TV die Ausstrahlung im Pay-TV. Die Digitalisierung und Abschaltung analoger Kanäle vermindert die Kanalknappheit bei Antenne, Kabel und Satellit. Neben den klassischen Medien mischen heute auch Telekommunikationsunternehmen im Sportmedienbereich mit. Aufgrund der zunehmenden Verbreitung von Endgeräten und Hochgeschwindigkeitsverbindungen der Neuen Medien existieren nun durch Computer und Breitband-Internet (DSL, VDSL, Glasfaserkabel) sowie Handys und Mobilfunk der Dritten Generation (3G, UMTS) weitere Sportübertragungswege. Diese bieten den Rezipienten zahlreiche innovative Möglichkeiten des medialen Sportkonsums.

Durch die Digitalisierung der Produktion und Distribution können dieselben Sportinhalte auf unterschiedlichen Medien gezeigt und rezipiert werden. Diese zunehmende Vereinigung der vormals unabhängig operierenden Industrien Telekommunikation, Informationstechnologie, Medien und Entertainment (TIME Industrien) wird als **Konvergenz** bezeichnet (Ramme 2005, S. 27 ff.). Den Sportorganisationen steht heute eine Vielzahl an Distributionskanälen zur Verfügung. Da sie zudem ihre Kräfte bspw. durch die Zentralvermarktung bündeln, steigt ihre Anbietermacht. Die TIME Unternehmen versuchen durch Konzentration bzw. Kooperation und die Sicherung von kanalunabhängiger Exklusivität der Sportübertragungsrechte auf diese Entwicklungen zu reagieren.

Auch die **Kommerzialisierung** treibt den Medienwandel voran. Sport, Medien und Wirtschaft bilden heute ein gemeinsames, unzertrennliches Netzwerk (Jeanrenaud und Késenne 2006, S. 5). Dies war nicht immer der Fall. Erst mit der zunehmenden Verbreitung betriebswirtschaftlicher Strukturen innerhalb der Sportorganisationen und dem Eintritt privatwirtschaftlich organisierter Fernsehsender in den 1980er Jahren begann eine an wirtschaftlichen Interessen orientierte Zusammenarbeit zwischen Sport und Medien.

Regulierung und Deregulierung beeinflussen den Medienwandel maßgeblich. So ist bspw. durch das Recht auf Kurzberichterstattung (§ 5 RStV) jeder in Europa zugelassene Fernsehsender dazu berechtigt, 90 Sekunden kostenlos über ein Sportereignis zu berichten. Eine Regulierung z. B. der im frei empfangbaren Fernsehen auszustrahlenden Großereignisse wie die Olympischen Spiele oder die Spiele der Fußball Weltmeisterschaft und Europameisterschaft mit deutscher Beteiligung durch Schutzlisten (§§ 4, 5 RStV) hemmt die Verbreitung von Pay-TV und anderer Medienformen. Die Deregulierung hat andererseits erst dazu geführt, dass neue Medien existieren. Heute ist es

Sportmedien Marketing

deshalb Anbietern aus dem Ausland oder aus der Telekommunikationsbranche erlaubt und möglich, auf heimischen Medienmärkten zu agieren. Die bestimmte Medienformen betreffende Regulierung wird mit zunehmender Konvergenz künftig einer alle Medien umfassenden Regulierung weichen müssen.

Der Medienwandel erfordert somit sowohl vom Mediensektor, sich über die Rolle des Sports klar zu werden als auch vom Sportsektor, sich mit den zukünftigen Potenzialen der medialen Vermarktung zu beschäftigen. Im folgenden Abschnitt wird daher zunächst der Begriff der Sportmedien genauer betrachtet.

3 Sportmedien

Sport existiert in den vielfältigsten Formen. Er wird von Amateuren in der Freizeit oder von Profis als Beruf betrieben, wird individuell oder in Mannschaften ausgeübt, wird von Sportorganisationen veranstaltet oder unorganisiert durchgeführt, unterliegt bestimmten Regeln oder erfolgt Regel ungebunden, findet real oder virtuell statt, ist Massenphänomen oder Randerscheinung, etc. Der Begriff **Medien** bezieht sich auf die unterschiedlichen materiellen und immateriellen Formen der Massenkommunikation, wobei darunter sowohl die Organisationen (Sender) und Träger (Endgeräte) als auch die Übermittlung von Daten und Inhalten (Sport) aufgefasst werden können.

In diesem Beitrag werden allein die professionellen Sportorganisationen und die digitalen, audiovisuellen Massenmedien betrachtet. Der Untersuchungsgegenstand **Sportmedien** umfasst folglich alle Darstellungsformen von Sport in den Massenmedien Fernsehen, Internet und Mobilfunk durch Bild sowie Ton mittels digitaler Signale. Sport und Medien sind in diesem Zusammenhang Partner oder bilden vereinzelt sogar eine Einheit. Medien fungieren für die Sportorganisationen in unterschiedlicher Weise als Marketinginstrumente. Umgekehrt dienen Sportereignisse den Medien als attraktive Inhalte. Beide, Sport und Medien, wollen durch die Zusammenarbeit relevante Zielgruppen erreichen und Erlöse generieren. Sie buhlen dabei um die Aufmerksamkeit der sportinteressierten Zuschauer, Nutzer und Konsumenten (Rezipienten). Als audiovisuelle Sportmedien werden somit all jene Medien bezeichnet, deren Geschäftsmodelle voll oder teilweise auf Sportübertragungen basieren. Der Fokus dieses Beitrags liegt auf den Formen der stationären Nutzung Fernsehen und Internet.

Als die relevanten Teilnehmer des Sportmediensektors können neben den Sportorganisationen, den Sportmedien und den Rezipienten die Sportrechtevermarkter, die Produzenten und die Werbewirtschaft identifiziert werden (Elter 2003).

Bei den **Sportorganisationen** handelt es sich um nationale und internationale Verbände (FIFA, UEFA, DFB), Ligen (Champions League, Bundesliga) und Vereine (FC Bayern München, FC Schalke 04). Sie erzeugen durch die Veranstaltung von Sportereignissen Inhalte. Die Übertragungsrechte an diesen bieten sie den Sportmedien entweder direkt oder über einen Sportrechtevermarkter an. **Sportrechtevermarkter** wie z. B. Sirius Sportsmedia, SportA, Sportfive, Primus Sport oder Bwin fungieren als Intermediäre zwischen Anbietern und Nachfragern von Sportübertragungsrechten. Diese medialen Verwertungsrechte eines Sportereignisses werden entweder als Bündel oder als Einzel- bzw. Teilrechte gehandelt und bestimmen somit den Grad der Exklusivität des Sportinhalts. Die Sportmedien fragen die Rechte an Sportinhalten nach, kaufen und verwerten diese. Sie kaufen dabei fertige, von den Sportorganisationen oder Vermarktern in Auftrag gegebene Sportprogramme, beauftragen selbst **Produktionsunternehmen** wie z. B. Plazamedia oder stellen diese in Eigenproduktion her. Beispiele für audiovisuelle Sportmedien in Fernsehen und Internet sind ARD, ZDF, RTL, SAT.1, DSF, Eurosport, Premiere, Arena, T-Home, Spox.com, Maxdome.de, Sportdigital.tv, FCB.tv oder EmpireofSports.com. Die Sportmedien bündeln die Sportprogramme mit den Botschaften der **Werbewirtschaft**, sprich den Werbetreibenden und Sponsoren, und senden die Sportübertragungen an die Endgeräte der **Rezipienten**. Die sportinteressierten Zuschauer, Nutzer und Konsumenten fragen attraktive Sportprogramme nach und können diese über Antenne, Kabel, Satellit, Internet und Mobilfunk empfangen.

Sport ist lediglich ein möglicher **Medieninhalt**. Innerhalb der Medien lassen sich grundsätzlich verschiedene Genres von Inhalten unterscheiden, bspw. Unterhaltung, Information, Kultur und Bildung. Diese sind jedoch nicht trennscharf voneinander abgrenzbar. So weisen Sportinhalte unterhaltende, informierende, kulturelle und bildende Elemente auf. Sport tritt in den audiovisuellen Medien bei der Ereignisübertragung selbst als Live-Berichterstattung oder Wiederholung, der Vor- und Nachberichterstattung zum Sportereignis, den Zusammenfassungen und Highlight-Shows, Magazinen und Talkrunden oder als Nachrichtenmeldung in Erscheinung. Hinzu kommen Reportagen und Dokumentationen. Einige Programme und Channels fokussieren ganz auf den Sport, für andere ist Sport nur einer der präsentierten Medieninhalte.

4 Vermarktung von Medien durch Sport

Die besondere **Bedeutung des Inhalts Sport** für Medien resultiert aus dem großen Interesse einer breiten Bevölkerungsschicht an Sport. Viele Menschen treiben in ihrer Freizeit selbst aktiv Sport und verfolgen ihre Sportart auch in der Medienberichterstattung. Neben allgemeinen **rundfunkspezifischen Motivationen** sind in Bezug auf

Sportmedien Marketing

Sportinhalte auch sportspezifische Motivationen der Zuschauer von Belang. Ein zentraler Ansatz zur theoretischen Erklärung der Medienrezeption ist der Uses-and-Gratifications-Ansatz (Rossmann 2006; Raney 2004, S. 51), der auf die Befriedigung menschlicher Bedürfnisse durch Medieninhalte abstellt. Individuen fragen demnach in Abhängigkeit ihrer jeweils zu unterschiedlicher Zeit vorherrschenden Bedürfnisse und Motivationen verschiedene Medieninhalte nach. Schafmeister (2007) liefert einen systematischen Überblick über die in der Literatur (Trail et al. 2003; Wann et al. 2001; Aimiller und Kretzschmar 1995; Wenner und Gantz 1998) genannten **Motivationen der Rezipienten von Sportübertragungen** im Fernsehen und identifiziert selbst sechs Motivationsfaktoren: Teilhaben an der Erlebniswelt Sport, Sportfaszination, Identifikation mit Sportlern, Wirtschaftlicher Zugewinn, Ausgleich negativer Erlebnisse im Alltag, Show und Ästhetik. Darüber hinaus kann es letztlich für die Rezipienten in Bezug auf jede Sportart sowie die jeweiligen Sportorganisationen und Ereignisse innerhalb der Sportart unterschiedliche **sportartspezifische Motivationen** geben.

Massenattraktiver Mediensport unterscheidet sich grundsätzlich von Randsportarten. Im Jahr 2004 lag die Anzahl der im Fernsehen gezeigten Sportarten bei 46 (Zubayr 2007, S. 63). Sportereignisse wie die Olympischen Spiele, die Fußball Weltmeisterschaft, Europameisterschaft oder Bundesliga und die Formel 1 stoßen in Deutschland bei einer breiten Öffentlichkeit auf Interesse. **Randsportarten** wie Golf, Surfen oder Snooker interessieren kleinere Zuschauergruppen und führen im Fernsehen lediglich ein Nischendasein (Elter 2003, S. 215). Als zentrale Einflussfaktoren auf die Nachfrage nach Sportübertragungen im Fernsehen nennt Schafmeister (2007, S. 87 ff.) die Konkurrenzsituation, die Popularität der Sportler, der Vereine und der Sportart, das sportspezifische Konsumkapital, die einer Sportart innewohnende Spannung, die unterschiedlichen Präsentationsformen und die technischen sowie ökonomischen Rahmenbedingungen. Mediensport unterscheidet sich von Sportarten ohne große Medienpräsenz zudem durch die Visualisierbarkeit und Ästhetik (Schierl und Ludwig 2007, S. 95 ff.).

Die **Attraktivität von Sportinhalten** in den Medien hängt aus Sicht der Rezipienten maßgeblich von der zeitlichen Nähe zum Sportereignis ab. Hierbei unterscheidet sich ein Fußballspiel von einem Spielfilm in seiner medienökonomischen Halbwertszeit sowie Mehrfachverwertbarkeit (Schauerte 2004, S. 42 f.). Während ein Spielfilm in der Regel zeitlos ist und sich oftmals wiederholen lässt, weist ein Fußballspiel als Live-Übertragung für die Mehrheit der Zuschauer die größte Attraktivität auf und verliert mit zunehmendem zeitlichem Abstand an Attraktivität. Die Wiederholungen und Highlight-Shows im Massenmedium Fernsehen finden deshalb noch am selben oder nächsten Tag des Spiels statt. Spätere Verwertungen stoßen auf geringeres Interesse und eignen sich weniger für das Fernsehen. An dieser Stelle kommt das Internet ins Spiel, da sich hier zahlreiche Möglichkeiten zur Verwertung bieten.

Herbert Woratschek, Reinhard Kunz und Tim Ströbel

Sport dient den Medien gegenüber den Rezipienten immer wieder als Kauf entscheidendes Argument. Fans bringen ihrem präferierten Sport oftmals ein hohes Maß an Verbundenheit entgegen. Dies führt bspw. dazu, dass sie Pay-TV Abos abschließen, um Sportereignisse live zu erleben, HDTV Programme hinzu buchen, um höchste Bild- und Tonqualität zu haben und interaktive Decoder verwenden, um während einer Sportübertragung zusätzliche Services wie Informationsabrufe nutzen zu können. Sie folgen ihrem Sport, ihrem Team oder Athleten auch in die Neuen Medien. Voraussetzung für die Annahme neuer Applikationen ist die durch Sportmedien geleistete **Nutzenstiftung**. Sofern die Fans und Sportinteressierten ihre Wünsche und Bedürfnisse durch technische Entwicklungen besser befriedigt sehen, werden sie diese nachfragen. Die Bereitschaft der Rezipienten, für innovative Sportübertragungen Geld zu bezahlen, machen sich die Sportmedien bei ihrer Vermarktung zunutze. Sportfans als Early Adopters von Innovationen wie iTV (Kattestart 2007) sorgen oftmals für erste Erlöse und fungieren als **Multiplikatoren**.

Neben der Preisbereitschaft ist für die Sportmedien im Allgemeinen insbesondere die Bereitschaft der Rezipienten von Bedeutung, den Sportübertragungen sowie den dabei ausgestrahlten Werbebotschaften ihre **Zeit und Aufmerksamkeit** zu widmen. Da die Preise für Übertragungsrechte massenattraktiver Sportereignisse heutzutage immens sind und sich die Kosten (Übertragungsrechte; Kameras, Produktionstechnik und Personal; Moderatoren und Kommentatoren; Infrastruktur) der reinen Übertragung eines Massensportereignisses mittels der Erlöse aus Werbung, Sponsoring und/oder Entgelte i.d.R. schwer decken lassen, wird die Sendezeit durch die Vor- und Nachberichterstattung oder die Einbindung des Events in andere Programme gestreckt. Deshalb wird bei Sportübertragungen auch von „inszenierter Unterhaltung" gesprochen (Gleich 2000, S. 512). Durch das Werben eines Senders oder Portals im Rahmen der Übertragung eines Massensportereignisses versucht dieser für seine anderen Programme oder Channels Aufmerksamkeit zu schaffen (Schwier und Schauerte 2006, S. 23), seine Reichweite oder Zugriffshöhe zu erhöhen und die Rechte durch Erlöse aus anderen Bereichen zu refinanzieren. Die Übertragung populären Sports kann zudem zum Imageaufbau des Sportmediums beitragen. Sein Profil wird geschärft (Schierl 2004, S. 107), wodurch es sich leichter von der Konkurrenz abgrenzt (z. B. RTL als Formel 1 und SAT.1 als Champions League Sender) und seine Marke mit positiven Attributen des Sports belegt (Heinrich 1999, S. 188). Durch massenattraktiven Sport sollen Wahrnehmung und Bekanntheit des jeweiligen Sportmediums steigen, um neue Rezipienten interessieren, gewinnen und binden zu können (Schauerte 2004, S. 42). Zuschauerbindung geschieht oftmals aber auch einfach dadurch, dass die Zuschauer oder Nutzer nach der Rezeption einer Sendung beim selben Sender oder Portal hängen bleiben. Sie werden durch Premiuminhalte angelockt und gebunden (Siegert und Lobigs 2004, S. 175).

Sportmedien Marketing

5 Vermarktung von Sport durch Medien

Bis zu Beginn der 1980er Jahre wurden TV-Übertragungen von Sportereignissen lediglich als reine Informationsvermittlung angesehen. Allerdings erkannten die sich neu am Markt etablierenden privatwirtschaftlichen Medienunternehmen bereits in den anschließenden Jahren früh, dass Live-Übertragungen von bestimmten Sportereignissen überdurchschnittlich hohe Einschaltquoten generieren konnten. Erste Erfahrungen sammelte man hier bspw. mit der Übertragung des Tennis-Turniers in Wimbledon bzw. des Turniersiegs von Boris Becker im Jahr 1985. Mit dem Auftreten dieser privatwirtschaftlichen Medienunternehmen und dem hohen Interesse an der zeitgleichen Übertragung von Sportereignissen veränderte sich die Sportmedienlandschaft in Deutschland erheblich. Ausgehend von dieser Entwicklung konkurrieren zunehmend mehr Medienunternehmen um Sportübertragungsrechte, was in der Folge zu einem Preisanstieg führte. Der **Medienrechteverkauf** stellt heute die größte **Einnahmequelle** für europäische Fußballvereine dar (Ernst & Young 2006, S. 12). So bestätigte bspw. die Deutsche Fußball Liga GmbH (DFL), dass in der Saison 2006/2007 der Anteil an Einnahmen aus den Medienübertragungen auf knapp 33% der Gesamteinnahmen der Fußball Bundesliga anstieg (DFL 2008, S. 67). Die wachsende Anzahl an Medien und somit Verhandlungspartnern für die Sportorganisationen verspricht noch weiteres Steigerungspotenzial. Da die Anzahl der an Fußball interessierten Internetuser von 2002 mit 38% bis 2004 auf 52% zunahm, werden die Internetübertragungsrechte immer wichtiger. Dieser Anteil entspricht einer Gesamtanzahl von 26,3 Mio. Nutzern, die sowohl Webseiten mit spezieller Sportberichterstattung als auch eigene Webseiten von Fußballklubs besuchen (Sportfive 2004, S. 33).

Das Sportmanagement sieht sich in diesem Zusammenhang vielerlei Herausforderungen konfrontiert. Der medialen Vermarktung kommt heutzutage eine herausragende Stellung zu. Die Medien ermöglichen es den Fans, am Geschehen teilhaben zu können, ohne im Stadion oder bei der Sportstätte sein zu müssen. Durch die Medien lässt sich für den Sport ein weitaus größeres Publikum erschließen und somit auch solche Fans erreichen, die sich zwar für den jeweiligen Sport interessieren, ihn aber ohne die Medien gar nicht verfolgen könnten oder wollten. Sportfans, die das Ereignis bereits live vor Ort verfolgt haben, erhalten zudem über die Medien die Möglichkeit, im Anschluss die Highlights nochmals präsentiert zu bekommen. Die Medien stellen somit aus Sicht der Sportorganisationen **Marketingmittel** dar, um ihre Wettbewerbe und Ereignisse im Inland und Ausland zu vermarkten. Darüber hinaus erhöht sich durch die mediale Vermarktung auch die **generelle Aufmerksamkeit** für den Sport, was wiederum zu steigenden Ticket- und Merchandisingerlösen bei den jeweiligen Sportereignissen führen kann (Szymanski 2006, S. 429; Pesahl 2006, S. 24 und 41 ff.).

537

Herbert Woratschek, Reinhard Kunz und Tim Ströbel

Durch den medialen Hebel kann also eine Vielzahl an möglichen und tatsächlichen Sportfans erreicht werden. Gegenüber ihren Sponsoren und sonstigen Werbepartnern dient die gesteigerte Reichweite den Sportorganisationen als Argument, ihre Preise zu erhöhen. Sportmedien sind Multiplikatoren von Werbebotschaften und tragen somit auch indirekt zur Generierung von Erlösen aus Sponsoring, Bandenwerbung o. ä. bei.

Eine zentrale Aufgabe für (Sport-)Medienunternehmen ist es, geeignete Geschäftsmodelle zu finden, die den Erfolg des Mediums am Markt und im Wettbewerb nachhaltig sichern. Dabei können auf verschiedenen Märkten Erlöse generiert werden, um die bei dem jeweiligen Geschäftsmodell entstandenen Kosten zu decken und Gewinne zu realisieren. Erlösquellen und Geschäftsmodelle werden in den beiden folgenden Kapiteln näher betrachtet.

6 Erlösquellen für Sportmedien

Erlöse lassen sich traditionell über den Staat sowie den Werbemarkt, den Rezipientenmarkt und den Rechtemarkt erzielen (Wirtz 2006, S. 71). Hinzu kommen weitere Erlösquellen. In Deutschland greift der Staat indirekt über die hoheitliche Gewährung von **Rundfunkgebühren** in den Sportmedienmarkt ein. Jeder Nutzer audiovisueller Medien hat in Deutschland eine monatliche Gebühr in Höhe von derzeit 17,03 EUR (Fernsehgerät und neuartige Rundfunkgeräte) bzw. 5,52 EUR (ausschließlich neuartige Rundfunkgeräte) an die Gebühreneinzugszentrale (GEZ 2008) zu entrichten. Die Gebühren fließen im Anschluss überwiegend den öffentlich-rechtlichen Rundfunkanstalten zu. Dabei ist es unerheblich, ob die Zuschauer die Angebote der Öffentlich-Rechtlichen in Anspruch nehmen. Ausschlaggebend ist die alleinige Bereithaltung eines Rundfunkempfängers (Fernseher oder neuartige Rundfunkgeräte wie Computer und Handys), nicht dessen tatsächliche Nutzung. Darüber hinaus kann der Staat den Medienunternehmen auch **Subventionen und Steuervorteile** gewähren, durch die sich die Erlössituation der Medien verbessern lässt.

Werbung ist die derzeit dominierende Erlösquelle von privatwirtschaftlich organisierten Medienunternehmen. Sowohl private Free-TV als auch Pay-TV Sender greifen auf Werbung als Erlösquelle zurück. Aber auch die öffentlich-rechtlichen Rundfunkanstalten wollen nicht auf Werbung verzichten. Ausschlaggebend für werbetreibende Unternehmen ist die Anzahl der Kontakte zu ihren potenziellen Kunden. Als Maß für Fernsehprogramme dient momentan die Einschaltquote der „werberelevanten" Zielgruppe von Zuschauern zwischen 14 und 49 Jahren. Die Werbung im Rahmen von Spitzensportereignissen birgt das Potenzial, viele dieser Zuschauer zu erreichen und auf die eigenen Angebote aufmerksam zu machen. Neben der absoluten Höhe der Einschaltquote kann aber auch die Zuschauerstruktur entscheidend sein. Da sich z. B.

Sportmedien Marketing

unter den Zuschauern von elitären Sportarten wie Golf oder Segeln in der Regel viele zahlungskräftige Konsumenten befinden, werben insbesondere Premiummarken wie BMW in diesem Umfeld. Werber sehen sich jedoch einer abnehmenden Aufmerksamkeit der Rezipienten und einer steigenden Tendenz zum Zapping und Zipping konfrontiert. Zapping meint in diesem Zusammenhang das Umschalten zum nächsten Sender, bspw. sobald Werbung gezeigt wird, Zipping wird durch digitale Videorecorder ermöglicht und bedeutet, dass bei einer aufgezeichneten Sendung der Werbeblock übersprungen wird (Wengenroth 2006, S. 28). Neben dem klassischen Werbespot sind daher heute in zunehmendem Maße neue innovative Werbeformen notwendig (Siegert et al. 2007). Bei diesen **Sonderwerbeformen** spielt insbesondere das **Medien- und Programmsponsoring** eine entscheidende Rolle, bei dem ein Zeichen, ein Produkt oder eine Marke eines Unternehmens mit einem Medium oder einer Sendung verbunden werden (Bruhn 2003, S. 298).

Der Rundfunkmarkt unterschied sich bislang von anderen Märkten dadurch, dass die Kunden nicht direkt für die nachgefragten Medienleistungen bezahlen mussten: Die Rundfunkgebühren wie auch die Werbegelder fließen den Rundfunkanstalten und Privatsendern indirekt zu. **Paid-Content** Anbieter im Fernsehen und Internet haben heute noch mit Akzeptanzproblemen zu kämpfen, da Free-TV bzw. Free-Content im Internet eine vermeintliche Kostenlos-Mentalität bei den Rezipienten fördern. Bei den direkt von den Rezipienten erzielten Entgelten lassen sich solche für den **Medienzugang** und solche für die **Mediennutzung** unterscheiden. Unter den Medienzugang fallen Grundgebühren für Telekommunikations- und Kabelgesellschaften, unter die Mediennutzung Entgelte für **Abonnement (Pay-per-Channel)** und **Einzelabruf (Pay-per-View)**, die bei der Inanspruchnahme von Sportmedienleistungen anfallen. Während beim Abonnement für einen bestimmten Zeitraum ein Pauschalpreis für ein Programmpaket im TV, Internet oder Mobilfunk zu entrichten ist, wird beim Einzelabruf ein zeit-, volumen- oder eventbasiertes Entgelt fällig, sobald die Rezipienten einen Sportinhalt anschauen oder herunterladen. Wenn ein Zuschauer lediglich ausgewählte Sportevents wie z. B. den Formel 1 Grand Prix in Monaco sehen möchte, könnte er die eventbasierte Pay-per-View Variante bevorzugen (Trefzger 2005, S. 49 f. und 70).

Der Weiterverkauf von **Rechten und Lizenzen** an andere Sportmedien im In- und Ausland kann einen erheblichen Beitrag zur Erlösgenerierung leisten. Dabei kann es sich um Rechte und Lizenzen für Sportinhalte handeln, die der Rechteinhaber selbst nicht verwerten kann oder will, da er sich z. B. allein auf die Live-Berichterstattung fokussieren möchte. Die Deutsche Telekom, Inhaberin der Fußball Bundesliga Übertragungsrechte für Internet und Mobilfunk, gewährte bspw. ihrem Konkurrenten Vodafone für dessen Mobile TV eine Sublizenz.

Nicht jede Sportart lässt sich von den Medien über Gebühren, Werbeeinnahmen, Rezipientenentgelte oder Sublizenzen refinanzieren. Um dennoch Medienpräsenz zu erhalten und Bekanntheit zu steigern, können manche **Sportorganisationen** in Erwägung ziehen, Sportmedien für die Ausstrahlung ihrer Events zu bezahlen. Bei Pferderennen haben **Wettanbieter** ein besonderes Interesse an der Übertragung und sind gewillt, diese wie im Fall des australischen Senders Sky Racing zu bezahlen (Sky 2008). Das Wettgeschäft könnte in der Zukunft an Bedeutung als Erlösquelle für Sportmedien gewinnen. Premiere hatte mit "Premiere Win" bereits einen Versuch gestartet, diese Erlösquelle für TV und Internet zu erschließen.

Interaktive Dienste ermöglichen eine zunehmende Individualisierung und Personalisierung der Angebote. Sportmedien können mittels interaktiver Dienste durch die Promotion von Produkten und Dienstleistungen, die im Rahmen von Sportübertragungen in Erscheinung treten, Impulskäufe bei den Rezipienten anregen. **E-Commerce und Merchandising** könnten für Mehreinnahmen bei den Sportmedien sorgen. Eine schwache Form der Interaktivität ist darüber hinaus heute schon weit verbreitet. Call-In Shows wie das Sport Quiz auf DSF werden dazu genutzt, um über **Telefongebühren** die eigentlichen Sportübertragungen des Senders querzusubventionieren.

7 Geschäftsmodelle für Sportmedien

Ein **Geschäftsmodell** stellt nach Amit und Zott den Inhalt, die Struktur, die Steuerung und Führung von wertschöpfenden Aktivitäten einer Organisation dar, wie die sich in einem Geschäftsumfeld ergebenden Chancen ergriffen und die Risiken von der Organisation abgewendet werden (Amit und Zott 2001, S. 511). Die Funktion audiovisueller Sportmedien besteht im Aufbau und in der Unterhaltung einer Plattform. Die Wertschöpfung folgt der Logik einer Intermediation (Thompson 1967, S. 15) und weist die Struktur eines Wertnetzwerks auf (Stabell und Fjeldstad 1998, S. 429 ff.). Die primär wertschöpfenden Aktivitäten geschehen durch die Netzwerkinfrastruktur, Netzwerkservices und Netzwerkpromotion. Die konkrete Ausgestaltung des Geschäftsmodells erfolgt durch die Steuerung und Führung der wertschöpfenden Aktivitäten zusammen mit den Partnern der Sportmedien. Die Rezipienten, Sportorganisationen und werbetreibenden Unternehmen stellen in diesem Zusammenhang die kritischen Stakeholder dar.

Die **Medieninhalte** sind dabei das Mittel, um die Partner zusammenzubringen. Die Vergangenheit hat gezeigt, dass Spitzenport ein Premiuminhalt ist, der für die Medien als Entwicklungstreiber fungiert und ihre Geschäftsmodelle sichert. Die öffentlich-rechtlichen Rundfunkanstalten bedienen sich massenattraktiver Inhalte, um die breite Öffentlichkeit zu erreichen und gegenüber dieser ihre Rundfunkgebühren zu rechtfertigen. Die Privatsender versuchen über Sportprogramme ihre Einschaltquoten und Zugriffe (werbefinanziertes Free-TV und Internet TV) oder Abonnentenzahlen zu steigern (Pay-TV und Paid Content Angebote im Internet).

Die **Mediennutzung** hat in den letzten zwei Jahrzehnten stark zugenommen (Colman et al. 2006, S. 52). Beim Fernsehen beträgt die tägliche Nutzungsdauer von Erwachsenen 226

Minuten. 14- bis 19-jährige Zuschauer sehen täglich 109 Minuten fern (Tillmann 2007, S. 141 f.). Sie nutzen zunehmend die Angebote im Internet und Mobilfunk.

Die **öffentlich-rechtlichen Fernsehsender** Das Erste, ZDF und die Dritten Programme wie das Bayerische Fernsehen verfügen über die größte Reichweite in Deutschland. Ihre Verbreitung über alle möglichen Distributionswege wird durch die Must-Carry Garantie gesichert. Sie haben einen politisch gewollten Grundversorgungsauftrag zu erfüllen und dürfen sich im Gegenzug überwiegend durch Rundfunkgebühren finanzieren (§§ 11, 13 RStV). Die breite Öffentlichkeit als Zielgruppe wird u. a. durch Live-Übertragungen der Megasportevents von nationalem Interesse (Olympische Spiele, Fußball WM und EM, Handball WM) sowie durch Highlights nationaler Sportligen (Fußball Bundesliga) zu erreichen versucht. Diese bilden attraktive Werbeflächen, jedoch ist Werbung im öffentlich-rechtlichen TV beschränkt (§ 15 ff. RStV). Dabei findet die Übertragung von Megasportereignissen vereinzelt auch auf den Digitalsendern von ARD und ZDF statt. Für den Zeitraum der Olympischen Spiele wurden bspw. vier der sechs öffentlich-rechtlichen Digitalsender in Sportsender umgewandelt. Um dem Grundversorgungsauftrag nachzukommen, wird zudem über ausgewählte Randsportarten sowie regionale und lokale Sportereignisse berichtet.

Bei **privaten Free-TV Sendern** sind Vollprogramme und Spartenprogramme zu unterscheiden. Vollprogramme sind solche, bei denen Sport nur einer der offerierten Medieninhalte ist. Sportspartenkanäle stellen überwiegend oder ganz auf den Inhalt Sport ab. **Vollprogramme** wie RTL oder SAT.1 fokussieren ausschließlich auf die Live-Übertragung der (sonstigen) Megasportevents wie die Formel 1 oder die UEFA Champions League. Sie messen ihren Erfolg ausschließlich an der Einschaltquote und damit an der Akzeptanz ihrer Zuschauer. Denn die Refinanzierbarkeit der Rechte hat ausschließlich über Werbung und Sponsoring zu erfolgen, die im Rahmen des Sportprogramms geschaltet werden. **Sportspartensender** wie DSF oder Eurosport verwerten die übrig bleibenden Sportrechte und bieten die größte Vielfalt (Rühle 2003, S. 220). Sie berichten über Spitzensportereignisse und ausgewählte Randsportarten, die noch eine genügend große Zuschauermasse oder homogene Segmente erreichen, um für die Werbeindustrie interessant zu sein. Für Spartensender ist es viel schwieriger durch Werbeerlöse bei Sportprogrammen die Rechte- und Programmkosten zu decken. Sie versuchen deshalb z. B. durch Erotikprogramme zusätzliche Zuschauer und Werbetreibende zu gewinnen oder durch Quizshows Erlöse durch Call-In Entgelte zu erwirtschaften.

Pay-TV basiert auf der Verschlüsselung von Übertragungssignalen. Die Signale werden nur für jene Zuschauer entschlüsselt, die für ganze Sportprogramme (Pay-per-Channel) und/oder einzelne Sportsendungen (Pay-per-View) bezahlen. Grundlegend für den Erfolg des Geschäftsmodells Pay-TV sind somit ein funktionierendes Verschlüsselungssystem und eine ausreichende Marktpenetration mit Decodern. Der Zuschauernutzen von Pay-TV liegt u. a. darin, dass nur ein ausgewählter Kreis zahlender Kunden Zugang zur Pay-TV Plattform erhält und die Sportübertragungen

Herbert Woratschek, Reinhard Kunz und Tim Ströbel

unter dem Ausschluss der breiten Öffentlichkeit stattfinden (Gaustad 2000, S. 104). Weitere essenzielle Voraussetzungen sind die Exklusivität der Sportinhalte, die Qualität der Sportprogramme sowie attraktive Value Added Services wie iTV, um den Zuschauern einen Mehrwert im Vergleich zu frei empfangbaren Sportmedien zu bieten. Der Zugang zu Sportinhalten ist für Pay-TV Kunden einer der wichtigsten Gründe überhaupt ein Abonnement abzuschließen (Schierl 2004, S. 107; Burk 2006, S. 34). Sportfernsehen im Pay-TV, das in Deutschland in erster Linie durch Premiere und Arena präsentiert wird, offeriert den zahlenden Zuschauern Live-Übertragungen von Megasportevents aller Art, insbesondere aber die Spiele und Konferenzschaltungen der Fußball Bundesliga und der UEFA Champions League, die nicht live im Free-TV gezeigt werden, oder die Rennen der Formel 1 ohne Werbeunterbrechungen. Darüber hinaus findet eine Berichterstattung über ausgewählte Randsportarten statt (z. B. Eishockey, Golf, Tennis, NBA). Im Pay-TV können auch solche Nischensportarten angeboten werden, die von einer kleinen, zahlungswilligen Fangemeinde nachgefragt werden. Um den heterogenen Präferenzen der Abonnenten zu entsprechen und deren Preisbereitschaften abzuschöpfen, werden die verschiedenen Sportangebote jedoch in der Regel in Sendern und Programmpaketen gebündelt (Schafmeister 2007, S. 23; Roth 2005, S. 260-267). Werbung findet im Pay-TV in geringerem Maße statt, erfährt dort jedoch aufgrund des exklusiven Umfelds Beliebtheit bei der Werbewirtschaft.

Grundsätzlich lassen sich alle vorgenannten Geschäftsmodelle des Fernsehens auch im Internet realisieren. **IPTV** stellt zunächst lediglich einen weiteren Distributionsweg neben Antenne, Kabel und Satellit dar, doch nicht per se ein eigenes Geschäftsmodell. Es handelt sich dabei um die Übertragung von Signalen über digitale Datennetze auf Basis des Internet Protokolls, wodurch die Infrastruktur erweitert wird. Diese bleibt aber nicht auf den Computer als Endgerät beschränkt, sondern kann mittels eines Decoders auch auf den Fernseher gesendet werden. Da das Internet im Gegensatz zu den anderen Übertragungswegen im Hinblick auf die Anzahl der Kanäle keinen Kapazitätsbeschränkungen unterliegt, können hier unzählige Sportprogramme auf Sendung gehen. Das Internet ist auch nicht auf einzelne Länder begrenzt, so dass IPTV Sender theoretisch von allen Internetnutzern empfangen werden können, die eine breitbandige Verbindung haben. Der Nutzen für die Rezipienten liegt grundsätzlich in der weltweiten Empfangbarkeit, der Nutzen für die Sportorganisationen und Werbetreibenden in der erhöhten potenziellen Kontaktzahl mit Rezipienten. Über das Internet können Sportmedien relativ kostengünstig eine hohe Anzahl an Rezipienten erreichen, die für die Nutzung der Sportangebote entweder mit Geld oder Zeit bezahlen. Das Internet bietet zahlreiche Anwendungen, die den Zuschauern im Vergleich zu anderen Übertragungswegen einen Zusatznutzen schaffen. So können die Nutzer des IPTV von T-Home Entertainment Comfort mit der Timeshift Funktion eines digitalen Online Videorecorders die Programme auch zeitversetzt ansehen und sind nicht mehr auf feste Sendezeiten angewiesen (T-Home 2008).

Sportmedien Marketing

Das Internet eröffnet damit neue Vermarktungsmöglichkeiten, so dass zukünftig Sportprogramme vermehrt als Internet TV Sender starten und später auch über Kabel und Satellit ausgestrahlt werden könnten. Ein Beispiel dafür ist Sportdigital.tv, ein Internet TV Sender, der heute auch im Paket von ArenaSat zu empfangen ist. Auf der anderen Seite ermöglicht das Internet Sportorganisationen, d. h. Ligen, Verbänden oder einzelnen Vereinen, selbst als Medienunternehmen aktiv zu werden. Über Sportdigital.tv verbreiten die BBL, HBL und DVL ihre Inhalte (Sportdigital.tv 2008). Ein weiterer Vorteil der Internet-basierten Übertragung liegt im vorhandenen Rückkanal, der Interaktionen zwischen den Netzwerkteilnehmern ermöglicht. Folglich wird aus dem Konsumenten, der die Sportübertragung lediglich rezipiert (lineares Fernsehen), ein Prosument (Produzent + Konsument; Toffler 1980), der proaktiv zur Individualisierung der Medienleistung gemäß seiner Präferenzen beiträgt. Die Nutzer können auf **Web-TV** Portalen wie z. B. Maxdome neben den Streams somit auch zahlreiche zusätzliche Dienste nutzen. So finden sich dort bspw. Hintergrundberichte zu Spielen, Mannschaften und Spielern oder es lassen sich verschiedenste Tabellen und Statistiken abrufen (Woratschek, Kunz und Ströbel 2008, S. 151). Über die Integration von Usergenerated Content auf den Sportportalen wird zudem versucht, den Fans die Möglichkeit zu geben, sich untereinander auszutauschen und das Angebot mitzugestalten (Boyle und Haynes 2003, S. 98). Die Nutzer können über das Portal auch direkt mit den Sportorganisationen in Kontakt treten oder die beworbenen Produkte und Dienstleistungen kaufen. Web-TV ermöglicht zahlreiche Möglichkeiten des E-Commerce. Da die User sich bei Internet TV in der Regel registrieren müssen, geben Sie Informationen über sich preis, die zu einer Personalisierung des Angebots führen (Wirtz und Lihotzky 2003, S. 42 f.).

Infolge der **Interaktion**smöglichkeiten mit den Rezipienten ist zukünftig zu erwarten, dass die werbenden Unternehmen zunehmend auf Internet TV setzen werden. Die Voraussetzungen für den Erfolg von Geschäftsmodellen im Bereich Internet TV liegen insbesondere in der Infrastruktur begründet. So haben Sportmedien zusammen mit den Telekommunikationsunternehmen eine hohe Serverleistung und technische Übertragungsqualität bereitzustellen. Die Rezipienten benötigen zudem eine hohe Bandbreite und eine intelligente Internet Programmzeitschrift, um den Überblick zu behalten.

Literatur

AIMILLER, K., H. KRETZSCHMAR (1995): Motive des Sportzuschauers: Umfeldoptimierung durch motivationale Programmselektion (MPS); in: DSF-Studie 1995.

AMIT, R. UND C. ZOTT (2001): Value Creation in E-Business, in: Strategic Management Journal, Vol. 22 (6/7), pp. 493-520.

BOYLE, R. UND R. HAYNES (2003): New Media Sport; in: A. Bernstein and N. Blain (Hrsg.): Sport, media, culture: global and local dimensions, London, pp. 95-114.

BRUHN, M. (2003): Sponsoring: Systematische Planung und integrativer Einsatz, 4. Auflage, Wiesbaden.

BURK, V. (2006): Fußball auf europäischen Bildschirmen, in: E. Müller und J. Schwier (Hrsg.): Medienfußball im europäischen Vergleich, Köln, S. 29-46.

COLMAN, J., M. GILLI, C. SCHÄFERS UND D. ZIEGLER (2006): Analyse des Marktes „Handy-TV", http://www.memi-koeln.de/cms/files/memi%20Studie_Handy-TV.pdf, abgerufen am: 10. Mai 2008.

DFL (2008): Bundesliga Report 2008, Frankfurt am Main.

ELTER, V.-C. (2003): Verwertung medialer Rechte bei Fußballunternehmen – Vermarktung und Refinanzierung im Sport, Diss., Berlin.

ERNST & YOUNG (2006): Fußballstudie „Bälle, Tore und Finanzen III", Essen.

GAUSTAD, T. (2000): The Economics of Sports Programming; in: Nordicom Review, 21 (2), pp. 101-113.

GEZ (2008): http://www.gez.de/door/gebuehren/gebuehrenuebersicht/index.html, abgerufen am: 10. Mai 2008.

GLEICH, U. (2000): Merkmale und Funktionen der Sportberichterstattung, Sport und Medien – ein Forschungsüberblick, in: Media Perspektiven, 11/2000, S. 511-516.

HEINRICH, J. (1999): Medienökonomie Band 2: Hörfunk und Fernsehen, Wiesbaden.

JEANRENAUD, C. UND S. KÉSENNE (2006): Sport and the Media: An Overview, in: C. Jeanrenaud and S. Késenne: The Economics of Sport an the Media, Cheltenham.

KATTESTAART, P. (2007): Sport Consumption and New Media Technology: Australian Rules Football Fans and the Early Adoption of Interactive Television, Thesis Masters by Research, La Trobe University, Bundoora, Victoria 3086, Australia.

NICHOLSON, M. (2007): Sport and the media – managing the nexus, Oxford.

PESAHL, F. (2006): Entstehung, Entwicklung und Vermarktung von Sportübertragungsrechten, Hamburg.

RAMME, G. (2005): Strategien von TV-Unternehmen in konvergierenden Märkten – Optionen und ihre Bewertung, Diss. Uni Potsdam, Baden-Baden.

RANEY, A. A. (2004): Motives for using sport in the media: Motivational Aspects of Sport Reception Processes, , in: H. Schramm (Hrsg.): Die Rezeption des Sports in den Medien, Köln, S. 49-74.

ROSSMANN, C. (2006): Uses-and-Gratifications-Ansatz, in: G. Bentele and H.-B. Brosius and O. Jarren (Hrsg.): Lexikon Kommunikations- und Medienwissenschaft, Wiesbaden, S. 293-295.

ROTH, S. (2005): Preistheoretische Analyse von Dienstleistungen, in: H. Corsten und R. Gössinger (Hrsg.): Dienstleistungsökonomie: Beiträge zu einer theoretischen Fundierung. Berlin, S. 241-272.

RSTV: Staatsvertrag für Rundfunk und Telemedien (Rundfunkstaatsvertrag) in der Fassung vom 01.03.2007.

RÜHLE, A. (2003): Sportprofile deutscher Fernsehsender 2002, in: Media Perspektiven, 5/2003, S. 216-230.

SCHAFMEISTER, G. (2007): Sport im Fernsehen - was wollen eigentlich die Zuschauer? Eine Analyse der Kundenpräferenzen für mediale Dienstleistungen (Focus Dienstleistungsmarketing).

SCHAUERTE, T. (2004): Die Sport-Medien-Wirtschafts-Allianz: Gleiche Ziele – unterschiedliche Perspektiven, in: T. Schauerte und J. Schwier (Hrsg.): Die Ökonomie des Sports in den Medien, Köln, S. 39-60.

SCHIERL, T. (2004): Ökonomische Aspekte der Sportberichterstattung. Mögliche Strategien der ökonomisch motivierten Mediatisierung des Sports; in: T. Schauerte und J. Schwier (Hrsg.): Die Ökonomie des Sports in den Medien, Köln, S. 105-126.

SCHIERL, T. UND M. LUDWIG (2007): Visualisierung und Ästhetik des Sports in den Medien, in: T. Schierl (Hrsg.): Handbuch Medien, Kommunikation und Sport, Schorndorf, S. 94-110.

SCHWIER, J. UND T. SCHAUERTE (2006): Ökonomische Aspekte des Medienfußballs, in: E. Muller und J. Schwier (Hrsg.): Medienfußball im europäischen Vergleich, Köln, S. 13-28.

SIEGERT, G. UND F. LOBGIS (2004): Powerplay – Sport aus der Perspektive des strategischen TV-Managements; in: T. Schauerte und J. Schwier (Hrsg.): Die Ökonomie des Sports in den Medien, Köln, S. 168-197.

Herbert Woratschek, Reinhard Kunz und Tim Ströbel

SIEGERT, G., W. WIRT, J. MATTHES, K. PÜHRINGER, P. RADEMACHER, C. SCHEMER UND B. VON RIMSCHA (2007): Die Zukunft der Fernsehwerbung - Produktion, Verbreitung und Rezeption von programmintegrierten Werbeformen in der Schweiz, Bern, Stuttgart, Wien.

SKY (2008): http://www.skychannel.com.au/company/company_profile.php, abgerufen am: 10. Mai 2008

SPORTDIGITAL.TV (2008): http://WWW.SPORTDIGITAL.TV/, ABGERUFEN AM: 10. MAI 2008.

SPORTFIVE (2004): Fußballstudie 2004, Hamburg.

STABELL, C. B. UND Ø. D. FJELDSTAD (1998): Configuring Value for competitive advantage: on chains, shops and networks, in: Strategic Management Journal, 19/1998, pp. 413-437.

SZYMANSKI, S. (2006): The Economic Evolution of Sport and Broadcasting; in: The Australian Economic Review, 39 (4), pp. 428-434.

T-HOME (2008): http://www.t-home.de/entertain, abgerufen am: 10. Mai 2008.

THOMPSON, J. D. (1967): Organizations in Action, New York.

TILLMANN, H. (2007): Vom Bewegtbild zum mobilen Fernsehen, in: J. Eberspächer, und J. Speidel (Hrsg.): Wachstumsimpulse durch mobile Kommunikation, Berlin, S. 141-152.

TOFFLER, A. (1980): The Third Wave, New York.

TRAIL, G. T., J. S. FINK UND D. F. ANDERSON (2003): Sport Spectator Consumption Behavior, in: Sport-Marketing Quarterly, 12 (1), pp. 8-17.

TREFZGER, J. (2005): Mobile TV-Launch in Germany – Challenges and Implications, Arbeitspapiere des Instituts für Rundfunkökonomie an der Universität zu Köln, Köln.

TURNER, P. (2007): The Impact of Technology on the Supply of Sport Broadcasting, in: European Sport Management Quarterly, 7 (4), December 2007, pp. 337-360.

WANN, D. L., M. J. MELNICK, G. W. RUSSELL UND D. G. PEASE (2001): Sport Fans - The Psychology and Social Impact of Spectators, New York.

WENGENROTH, K. (2006): Neue Erlösformen im deutschen Fernsehen – Entwicklung und Zukunft der Fernsehfinanzierung, Saarbrücken.

WENNER, L.A., W. GANTZ (1998): Watching sports on television: Audience experience, gender, fanship and marriage, in: L. A. Wenner (Hrsg.): MediaSport, London, pp. 233-251.

WIRTZ, B. W. (2006): Medien- und Internetmanagement, 5. Auflage, Wiesbaden.

WIRTZ, B. W., N. LIHOTZKY (2003): Kundenbindungsmanagement bei Internet-Geschäftsmodellen – eine empirische Analyse; in: ZfB Ergänzungsheft 1/2003, S. 31-51.

WORATSCHEK, H., R. KUNZ UND T. STRÖBEL (2008): Co-Branding zwischen Sport und Medien: Eine Analyse des Fallbeispiels Schalke 04 TV, in: M. Bruhn und B. Stauss (Hrsg.): Dienstleistungsmarken (Forum Dienstleistungsmanagement), Wiesbaden, S. 140-161.

ZUBAYR, C. (2007): Das Angebot von Sport in den Medien in Deutschland, in: T. Schierl (Hrsg.): Handbuch Medien, Kommunikation und Sport, Schorndorf, S. 56-67.

Glossar

Dissonanz - Unter Dissonanz wird ein emotionaler Spannungszustand verstanden, der darauf beruht, dass man zwei miteinander unvereinbare Informationen erhält. (AH/HP/CP)

Effektstärke - Unter der Effektstärke versteht man bei Experimenten das Ausmaß der Wirkung eines experimentellen Faktors. Sie werden meist von 0 (kein Effekt) - 1 (sehr starker Effekt) angegeben, teilweise auch mit Vorzeichen um die Richtung des Effektes anzudeuten. (AH/HP/CP)

Fiktionale Medieninhalte - beruhen vordergründig auf Ereignissen und/oder Charakteren, die erdacht sind, deren Charakteristika jedoch innerhalb des fiktionalen Systems Sinn ergeben. Die tatsächliche Existenz dieser Ereignisse und Charaktere kann, muss aber nicht möglich sein. (AGK/AS)

Integrierte Kommunikation - Unter integrierter Kommunikation versteht man die inhaltliche und formale Abstimmung aller Maßnahmen der Marktkommunikation. Das verfolgte Ziel der integrierten Kommunikation ist die Vereinheitlichung und Verstärkung der durch die Kommunikation erzeugten Eindrücke, indem sich die durch die Kommunikationsmittel hervorgerufenen Wirkungen gegenseitig unterstützen. (FRE/KHK/KS)

Markenbekanntheit - Die Markenbekanntheit gilt als notwendige Bedingung für den Markenerfolg. Durch eine entsprechende Markenbekanntheit wird eine Marke bei einer Kaufentscheidung überhaupt erst berücksichtigt, ein Anker zur Befestigung markenspezifischer Assoziationen hergestellt sowie Vertrautheit und Zuneigung bei den Konsumenten geschaffen. Bei der Markenbekanntheit ist zwischen der der Tiefe (den Bekanntheitsstufen) und der Breite (den Bekanntheits-Facetten) zu differenzieren. (FRE/KHK/KS)

Markenidentität - Die Markenidentität umfasst die charakteristischen und wesensprägenden Eigenschaften einer Marke. Im Gegensatz zum Markenimage, welches die Wahrnehmung der Konsumenten beschreibt, spiegelt die Markenidentität das Selbstbild der Marke wider. Zur Erfassung der Markenidentität dient u. a. das Markensteuerrad, das sich an der Hemisphärenforschung orientiert und das Wesen einer Marke multimodal erfasst. (FRE/KHK/KS)

Markenimage - Das Markenimage gilt als wesentliche Grundlage für den Markenwert und hinreichende Bedingung für den Markenerfolg. Das Markenimage beschreibt die Wahrnehmung der Marke durch die Anspruchsgruppen. Dieses kann durch die Art der Assoziationen (emotional oder kognitiv), die Stärke der mit einer Marke verbun-

Glossar

denen Assoziationen, die verbale oder nonverbale Repräsentation der Assoziationen, die Anzahl der Assoziationen, die Einzigartigkeit der Assoziationen, die Richtung der Assoziationen, die Relevanz der Assoziationen und die Zugriffsfähigkeit der Assoziationen beschrieben werden. (FRE/KHK/KS)

Markenpositionierung - Die Positionierung einer Marke beschreibt die Stellung der Marke in den Köpfen der Konsumenten. Die Markenpositionierung zielt darauf ab, dass die Marke in den Augen der Zielgruppe als attraktiv wahrgenommen wird und gegenüber konkurrierenden Marken so abgegrenzt wird, dass diese gegenüber den Konkurrenzangeboten vorgezogen wird. (FRE/KHK/KS)

Medienkontext - Medienkontext beschreibt die Charakteristiken und Eigenschaften eines Mediums (z. B. redaktionelle Artikel und Werbung in einem Magazin oder einer Zeitung, redaktionelle Beiträge und Programm im Fernsehen). Dieser hat neben der Gestaltung der Werbung einen entscheidenden Einfluss auf die Wahrnehmung und Effizienz der Werbung sowie auf die Einstellung zur Werbung und zur Marke. (FRE/KHK/KS)

Mobile Media - Oberbegriff für speziell auf mobile Endgeräte zugeschnittene Inhalte, Anwendungen und Dienste über reine Telekommunikationsnetze sowie Rundfunknetze, die sowohl Informations- und Unterhaltungsleistungen (beispielsweise Nachrichtenmeldungen, Mobile Television) als auch Serviceangebote (beispielsweise Routenplanung, Navigation) umfassen. Mobile Media eröffnet neue Erlösquellen für Anbieter sowie Werbeformen (beispielsweise über Quick Response Codes). Aufgrund der zunehmend verfügbaren hohen Bandbreiten im Bereich der mobilen Kommunikation sowie Innovationen im Bereich der tragbaren Endgeräte (Mobiltelefonie, Personal Digital Assistents, Musik- und Videoplayer, Laptops) werden zunehmend auch klassische Medienformen und -inhalte mobil nutzbar. (CS/UE)

Nachrichtenwert - Der Nachrichtenwert gibt an, wie hoch die Wahrscheinlichkeit ist, dass die Medien eine Information zur Verbreitung auswählen. Bestimmungsgrößen sind z. B. die Betroffenheit der Nachrichtenempfänger, Intensität eines Konflikts oder Normverstoßes, Prominenz der Beteiligten und vor allem die Aktualität der Information. (AGK/CCG)

Organisationskrise - Von einer Organisationskrise kann gesprochen werden, wenn eine Organisation bzw. ihre Mitglieder gegen die Erwartungen verstoßen, die ihre Stakeholder haben. Hat eine solche Krisen einen →Nachrichtenwert, der dazu führt, dass die Medien die Nachricht von der Organisationskrise für berichtenswert halten, erfahren auch nicht direkt betroffene Stakeholder der Organisation von der Krise. Überschreitet der Verstoß gegen die Erwartungen der Stakeholder in ihrer Wahrnehmung einen Schwellenwert, kommt es zu einer Vertrauenskrise der Organisation, und das vorhandene →Organisationsvertrauen schlägt in Misstrauen um. Unterhalb des Schwellenwertes wird dagegen der Verstoß assimiliert, also entschuldigt, und das Organisationsvertrauen bleibt bestehen. (AGK/CCG)

Glossar

Organisationsvertrauen - Organisationsvertrauen ist die zukunftsbezogene Tendenz eines Individuums, sich auf das Verhalten einer Organisation zu verlassen und trotz der bestehenden Verhaltensunsicherheit ein Risiko der riskanten Vorleistung zu tragen. (AGK/CCG)

Parasoziale Interaktion / Parasoziale Beziehung - Im Gegensatz zu sozialen Interaktionen, wo das Verhalten von zwei Menschen voneinander abhängig ist, existiert bei medial vermittelten Situationen keine Wechselseitigkeit der Reaktion zwischen Medienperson und Rezipient. Stattdessen verhält sich die Medienperson völlig unabhängig davon wie die Zuschauer reagieren. Es existiert lediglich eine Richtung des Einflusses – von der Medienperson auf den Rezipienten –, was die Interaktion zu einer asymmetrischen Interaktionsform macht, die als parasozial bezeichnet wird. Aus wiederholten parasozialen Interaktionen entwickelt sich die parasoziale Beziehung. (AGK/AS)

Produktkrise - eine vom Anbieter nicht gewollte, außergewöhnliche Unternehmenssituation mit ambivalentem Ausgang, die das (die) Produkt(e) des Anbieters zum Gegenstand hat und die aufgrund ihrer nachteiligen Auswirkungen in Verbindung mit einer Vielzahl bereits bzw. möglicherweise betroffener Produkte eine unmittelbare Entscheidung über Gegenmaßnahmen erfordert. (DS/GG)

Rückrufkommunikation - Die in einer Rückrufsituation von Unternehmen eingesetzten kommunikationspolitischen Maßnahmen als Reaktionen auf die negative Publizität. Sie umfasst mit der eigentlichen *Aufforderung zur Rückgabe* einerseits und *flankierender Kommunikation* andererseits regelmäßig zwei Teile, die ganz unterschiedlichen Zielen folgen. Die offene Aufforderung zur Rückgabe des kritischen Produktes orientiert sich an dem Ziel, den tatsächlichen Rücklauf zum Zweck der Schadensbegrenzung zu maximieren; die flankierende Kommunikation dient zur Absicherung bzw. Rückgewinnung von Reputation und Firmenimage. (DS/GG)

Rückrufsituation - spezielle Form von Produktkrise, bei der aufgrund eines aufgetretenen Mangels bzw. Mangelschadens an dem betreffenden Produkt und vermeintlicher Mangelfolgeschäden (Schäden an anderen Rechtsgütern) ein öffentlich geäußerter Verdacht besteht, dass vom Anbieter ausgelieferte Produkte mit besonderen physischen Risiken behaftet sind. Um die Verfügung über die mit solchen besonderen Schadensrisiken behafteten Produkte zwecks Elimination der Risiken zurückzubekommen, ist die Entscheidung für einen Produktrückruf bereits gefallen oder steht im Raume, d.h. ein Rückruf wird öffentlich thematisiert. (DS/GG)

Schemata - Schemata sind vorgeprägte, standardisierte Vorstellungen des Menschen über sich selbst und seine Umwelt. Diese umfassen große, komplexe Wissenseinheiten von Objekten, Sachverhalten und Ereignissen. So genannte Marken- und Produktschemata repräsentiert das Markenwissen, welches typische und standardisierte Eigenschaften von Marken und Produkten bzw. Services umfasst. Schemata lassen sich mit Hilfe semantischer Netzwerke abbilden. (FRE/KHK/KS)

551

Glossar

Selbstwert - Unter Selbstwert versteht man den Eindruck oder die Bewertung, die man von sich selbst hat. Das kann sich auf den Charakter und die Fähigkeiten des Individuums, die Erinnerungen an die Vergangenheit und das Ich-Empfinden oder auf das Selbstempfinden beziehen. (AH/HP/CP)

(Psychologische) Skala - Um nicht direkt messbare Begriffe wie Intelligenz oder Selbstwert messbar zu machen, werden in der Psychologie Skalen eingesetzt. Diese bestehen meist aus mehreren Aussagen zum gleichen Phänomen. Diese Skalen werden in einem systematischen, wissenschaftlichen Prozedere überprüft, um damit standardisiert anwendbar zu sein. (AH/HP/CP)

Soziale Vergleichsprozesse - Menschen streben danach, ihre eigenen Meinungen auf Gültigkeit zu überprüfen und ihre Fähigkeiten einzuschätzen. Wenn dafür keine objektiven Vergleichsmaßstäbe vorhanden sind, wird der vergleich auf sozialer Ebene mit anderen Menschen gesucht. (AH/HP/CP)

Transportation - kann als ein Prozess des Hineinversetzens und Eintauchens in narrative Medienwelten beschrieben werden, „a convergent process, where all mental systems and capacities become focused on events occuring in the narrative" (Green und Brock 2000, 701). (AGK/AS)

virt.cube - „Saarbrücker" Modell zur Typologisierung von Virtualisierungsformen, das die drei Dimensionen der organisatorischen Virtualisierung (Kernkompetenzfokus, Fokus auf Weiche Integration, Fokus auf multimediale Realisierung) zusammenführt. Im virt.cube können unterschiedliche Virtualisierungstendenzen, die zu unterschiedlichen Formen virtueller Organisationen führen, sowie Bewegungen und Virtualisierungsentwicklungen abgebildet werden. Somit können Organisationen hinsichtlich ihres Virtualisierungsgrades sowie ihrer durchlaufenen Virtualisierungsentwicklung analysiert werden. Ebenso sind anzustrebende Positionen im Hinblick auf ein Virtualisierungsvorhaben möglich. (CS/UE)

Virtuelle Marketingabteilung - Denkhaltung und Strukturkonzept zur Organisation der Marketingfunktion und letztlich ein künstliches Gebilde im Unternehmen, das (im Hinblick auf maximalen Kundennutzen) basierend auf individuellen Kernkompetenzen eine flexible Integration unabhängiger Partner entlang der gesamten Wertschöpfungskette realisiert, sowie auf einen umfassenden Einsatz multimedialer Informations- und Kommunikationstechnologien setzt. (CS/UE)

Web 2.0 - ein durch Tim O'Reilly geprägter, jedoch sehr unterschiedlich definierter, Begriff einer neuen Generation von Internettechnologien und Anwendungen sowie eines neuen Netzverständnisses. Als Grundprinzipien von Web 2.0-Technologien und -Anwendungen werden in der Regel sowohl die umfassende Partizipation der Nutzer an der Inhalteerstellung, deren globale Vernetzung sowie das dadurch entstehende Phänomen der kollektiven Intelligenz als auch geräteunabhängige, datengetriebene, leichtgewichtige sowie in ständiger Weiterentwicklung befindliche Systeme und Plattformen aufgeführt. (CS/UE)

Glossar

Willing Suspension of Disbelief - beschreibt das Phänomen, dass sich Konsumenten bei der Rezeption fiktionaler Medieninhalte weder von unrealistischen Szenen noch von kleineren logischen Brüchen in der Handlung in ihrem Rezeptionsgenuss stören lassen, sondern vielmehr bestimmte Informationen unterdrücken, indem sie den Inhalt einer fiktionalen Geschichte nicht hinterfragen, sondern sich darauf einlassen. (AGK/AS)

SUCHEN IST WOANDERS.

Wählen Sie aus dem umfassenden und aktuellen Fachprogramm und sparen Sie dabei wertvolle Zeit.

 Sie suchen eine Lösung für ein fachliches Problem? Warum im Labyrinth der 1000 Möglichkeiten herumirren? Profitieren Sie von der geballten Kompetenz des führenden Wirtschaftsverlages und sparen Sie Zeit! Leseproben und Autoreninformationen erleichtern Ihnen die richtige Entscheidung. Bestellen Sie direkt und ohne Umwege bei uns. Willkommen bei **gabler.de**

www.gabler.de   Kompetenz in Sachen Wirtschaft

Printed and bound by PG in the USA